조선후기 실학과 다산 정약용

조선후기 실학과 다산 정약용

김 용 흠

혜안

　이 책은 필자가 박사학위 논문을 구상할 단계부터 지금까지 발표한 '조선
후기 실학(實學)' 관련 논문을 모은 것이다. 필자는 조선후기 정치사 전공자
다. 즉 일반적으로 말하는 '당쟁(黨爭)'이 전공 영역이다. 그런데 일견 당쟁과
는 무관해 보이는 실학에 대해 논문을 쓰게 된 것은 정치사에 대한 필자
나름의 시각에서 나온 것이다.

　조선후기에 200여 년이 넘는 장구한 기간에 걸쳐서 당쟁이 격렬하게
전개된 것은 사실이었다. 그 와중에 당리당략과 권력자의 사리사욕에 의해
모략과 음모가 다반사로 일어나고 고문과 살육이 반복된 것도 사실이었다.
그렇지만 그것이 전부는 아니었다. 당시에도 정치는 정책을 마련하는 것이
본령이라는 것을 자각한 지식인들이 광범위하게 존재하였으며, 이들은
당시의 절박한 현실적 모순을 극복하기 위해 지배층인 자신들이 누리고
있던 양반 지주로서의 기득권을 포기하는 제도 개혁을 주장하는 것도 주저
하지 않았다.

　이들이 주장했던 경세론(經世論)은 오늘날의 시각에서 보면 실학의 범주
에 속하는 것이었는데, 결국 반대파의 반발을 넘어서지 못하고 좌절하였다.
이들의 제도개혁 주장을 반대하는 세력이 내세운 것이 바로 주자학(朱子學)
이었다. 그리하여 당쟁에는 실학과 주자학이라는 사상적 대립이 저변에
깔려 있었다는 것이 필자의 기본 시각이다.

　조선후기 당쟁이 격렬하게 전개되었으므로 매우 복잡해 보이지만 정치의
본령이 정책 마련에 있다는 원칙에 입각해 보면 아주 간명하게 이해할

수 있다. 지금도 그렇지만 당시에도 국가의 위기, 사회의 모순을 극복하는 방안을 마련하는 것은 그렇게 어려운 일이 아니었다. 문제는 그것을 반대하는 사람들과 그들이 내세우는 논리를 어떻게 극복할 것인가에 있었다.

저들은 중세 정치사상 가운데 가장 방대한 규모와 정합적이고도 치밀한 체계를 자랑하는 주자학에 입각하여 양반 지주로서의 자신들의 계급적 이익을 방어하는 일에 골몰하였다. 저들이 중세적 의리론(義理論)에 의거하여 자신들의 당파적 의리를 절대적 진리인 것처럼 내세울수록 당쟁은 격화될 수밖에 없었다. 저들은 끊임없이 새로운 의리(義理)를 창출하여 제도 개혁을 추진하는 것을 사사건건 저지하려 하였다. 저들에 맞서서 국가의 위기 극복을 위한 제도 개혁을 추진한 세력이 내세운 것이 바로 탕평론(蕩平論)이었다. 즉 실학을 조정에서 정책으로 구현하려는 정치론이 바로 탕평론이었던 것이다. 따라서 탕평론을 주장하거나 그에 동조하는 사람들은 실학에 공감하는 사람들임이 분명하였다.

이렇게 본다면 실학이 재야(在野) 학자의 전유물일 수는 없으며, 주자학과 실학이 차이가 없다고 주장할 수도 없을 것이다. 조선후기 정치사, 즉 당쟁에 대한 새로운 이해를 통해서 실학에 대한 이해를 심화시킬 수 있었던 것이다. 필자는 특히 실학이 등장하는 과정에서 정치적 논쟁이 중요한 역할을 하였다는 것을 밝히면서 이러한 점들에 대한 확신을 가질 수 있었다. 본서의 제2편에 마련된 실학의 선구자들에 대한 탐색은 바로 그것을 보여준다.

돌이켜 보면 '조선후기 실학'에 대해서는 지금까지도 학계에서 논란이 지속되고 있는데, 여기에는 선입관과 편견에 의한 그릇된 이해가 초래한 측면도 컸다고 여겨진다. 실학이 재야 학자의 학문이므로 정치와는 관련이 없다는 것은 그 대표적인 경우인데, 사실은 그보다 뿌리 깊은 이유가 있어 보인다. 필자가 볼 때 그것은 오늘날 우리나라의 인문학 내지 인문사회과학을 지배하고 있는 서구 중심주의에 있었다.

오늘날 인문사회과학의 연구방법론은 모두 서구에서 온 것이므로 이것은 불가피한 측면이 있었다. 즉 우리는 서구적 연구방법론으로 서구 중심주의를 극복해야 한다는 딜레마에 빠져 있는 것이다. 따라서 이러한 측면에 대하여 첨예한 문제의식이 없다면 실학에 대한 논란은 피할 수 없는 일이었다. 국가와 왕권, 지배계급과 유학에 대한 이해에서 서구 중심주의를 벗어나지 못하면 실학에 대한 올바른 이해를 갖기 어려운 것은 어쩌면 당연한 일이었다. 서양의 역사를 절대적 기준으로 삼고 우리 역사를 폄하하여 우리 역사의 발전 그 자체를 부정하는 경향이 일반 대중은 물론 학계까지도 지배하고 있는 현실이 조선후기 실학에 대한 부정적 인식을 부채질하였다. 특히 실학과 탕평론의 관련성에 대해 주의를 기울이지 못한 것은 그 대표적인 사례가 될 것이다.

서구 중심주의가 문제가 있다고 해서 서양의 학문을 무조건 배척하는 것이 능사는 아닐 것이다. 역사 연구에서 서구 중심주의를 극복하는 첩경은 역사를 보는 입장을 명확히 하는 것이다. 우리는 직접 생산자로서 노동하는 민의 입장에서 역사를 보려고 한다. 다수 근로대중의 노력으로 생산력이 발전함에 따라서 우리 역사가 발전해 온 것을 부정할 수는 없다. 이것을 가장 과학적으로 이론화 한 것이 맑스주의 역사학이었다. 맑스주의에 입각하여 제출된 역사적 유물론은 생산력과 생산관계에 따른 사회구성체의 변동으로 역사의 발전을 설명한다. 역사적 유물론에 입각한 역사 발전 단계론은 다수 근로대중 입장에서 역사의 발전을 과학적으로 정식화하였다는 점에서 아직도 유효하다고 볼 수 있다. 따라서 그것이 서양에서 수입된 역사학이라 하더라도 우리 역사의 발전을 다수 근로대중의 입장에서 과학적으로 설명하기 위해 역사 발전 단계론을 수용할 수 있다는 것이다.

그런데 맑스주의 역사학은 맑스가 살던 시대 서구 지식인들의 동양에 대한 편견을 극복하지는 못하였다. 예를 들면 한국과 중국, 일본 등에서는 장구한 기간 국가로 대표되는 정치 공동체를 발전시켜 왔는데, 맑스주의자들은 그것을 동양의 근로대중의 입장에서 이해하지 못하였다. 그리하여 국가는 계급지배의 도구이며, 국왕은 지배계급을 대표하여 인민을 착취하는 존재일 뿐이고, 지배계급은 피지배계급을 착취하는 존재에 불과하였으므로 계급투쟁만이 역사 발전의 동력이라는 가설을 동양에도 무차별적으로 적용하여 사실상 동양에서의 역사 발전을 부정하였다.

한국과 중국에서는 집권국가가 연속성을 갖고 발전하였다. 맑스주의에 입각한 역사적 유물론은 유럽 대륙 차원에서 역사의 단계적 발전을 상정하였으므로 개별 국가에는 적용할 수 없지만 한국과 중국에서는 개별 국가 차원에서 역사 발전 단계설을 적용할 수 있는 풍부한 역사적 자산을 갖고 있다. 이들 국가들은 계급 갈등을 넘어서서 다수 근로대중을 보호하는 기능을 수행하였기 때문에 존립할 수 있었다. 따라서 역사적으로 존재했던 국가가 계급착취의 도구로 전락한 적은 있었지만 지배계급의 피지배 계급 착취를 일방적으로 보장하기 위해 국가를 만든 것은 아니었다.

한국과 중국에서 역사적으로 존재했던 국가들은 근로대중에 대한 지배계급의 착취를 적절하게 제어하여 민을 보호하지 않으면 국가의 존립이 위태롭게 된다는 것을 인식하고 직접생산자를 보호하기 위한 법과 제도를 만들려고 노력하였다. 국가는 스스로를 유지 보존하기 위해서도 지배계급의 자의적 횡포와 착취로부터 민을 보호하는 역할을 수행할 수밖에 없었다. 국가가 법과 제도를 통해서 지배계급을 효율적으로 통제하면 민의 창조적 역량이 극대화되어 국가가 번영하였지만 이러한 제도가 이완되어 지배계급의 계급적 착취가 만연되면 민의 저항으로 국가는 위기에 빠졌다.

동아시아에서 유학 사상은 기본적으로 국가와 민의 이러한 관계를 반영하여 마련된 정치사상이었다. 그렇지만 그것이 발현되는 양상은 생산력 발전 단계에 따른 국가 발전의 정도에 따라서 다르게 나타났다. 중국에서 한(漢)-당(唐)-송(宋)-원(元)-명(明)-청(淸)으로 통일왕조가 주기적으로 교체되는 것과 함께 유학도 훈고학(訓詁學)-성리학(性理學)-양명학(陽明學)-고증학(考證學)으로 변화되었는데, 이것은 무엇보다도 기층 민중의 생산력 수준과 그에 따른 민의 의식을 반영한 변화·발전 과정으로 보아야 할 것이다. 그 과정에서 유학은 체제 유지를 위한 이데올로기적 기능을 수행한 것이 사실이지만, 동시에 생산력 발전에 발맞추어 새롭게 국가 경영을 모색하는 경향도 존재하였다. 그리하여 생산력 발전에 따라서 사회가 변동되거나 왕조가 교체되는 시기에는 양자 사이에 정치적 갈등을 피할 수 없었다. 중국과 한국에서 중세의 정치적 갈등은 기본적으로 이러한 구도 위에서 전개되었다. 즉 정치와 학문이 직접 생산자인 민의 존재와 의식을 반영하여 전개된 측면도 존재하였다는 것이다.

한국 중세 국가 역시 연속성을 갖고 발전한 것은 국가가 민을 보호하는 기능을 수행하였기 때문에 가능한 일이었다. 신라보다는 고려가, 고려보다는 조선이 민을 보호할 수 있는 제도적 장치를 더 많이 갖추었다는 점에서 한국 중세는 발전하였다고 말할 수 있다. 마지막 중세 왕조국가 조선은 이전 시기에 축적된 경험과 기술에 입각하여 생산력을 비약적으로 발전시키고, 성장한 민의 역량과 의식을 바탕으로 하여 중앙집권 국가의 새로운 체계를 선보였다. 이른바『경국대전(經國大典)』체제가 바로 그것이었다. 그렇지만 그것은 계급갈등으로 인하여 당대의 성숙한 민의 의식과 역량을 충분히 반영하지는 못하였다. 경국대전 체제의 모순을 해소하지 못한 채 왜란과 호란, 즉 양란으로 조선왕조 국가는 존립의 위기에 빠졌다. 당시의 국정교학(國定敎學)이었던 주자학만으로는 그러한 국가의 위기를 해소하는 방안을 마련할 수 없었다. 그리하여 새롭게 등장한 유학이 바로 조선후기 실학이었다. 그런데 맑스주의를 비롯한 서구 사상만을 맹신하게 되면 우리 역사의 이러한 특수한 측면을 제대로 포착하기 어렵게 된다.

양란으로 인한 국가의 위기를 겪으면서 뜻 있는 지식인들 사이에서 당색을 떠나 이것을 극복하는 방안을 진지하게 모색하는 경향이 등장하였다. 그 결과 당시의 기득권층이었던 양반과 지주의 양보 없이는 국가의 위기를 해소할 수 없다는 결론에 이르게 되었다. 이 시기에 대동(大同)과 균역(均役)이 시대적 화두가 된 것이 그것을 보여준다. 즉 양반과 지주의 부담을 늘리는 제도 개혁이 불가피하다는 인식이 등장하여 확대되었던 것이다. 조선후기 실학은 바로 이러한 경향을 학문적으로 체계화하여 등장한 것이었으며, 이것을 정책으로 구현하려는 정치론이 바로 탕평론이었다.

탕평론은 조선의 현실에 입각하여 주자학 정치론을 극복하고 개발한 정치론이었다. 그것은 주자학 의리론의 편향으로부터 유학 본래의 경세 지향을 회복하여 제도 개혁을 정치의 중심 문제로 끌어들이기 위한 정치론이었고, 양반 지주 계급이 국가의 유지·보존을 위해서 스스로의 계급적 이익을 포기하는 제도 개혁을 추진하려는 정치론이기도 하였다. 따라서 실학과 탕평론을 통해서 유학은 양반 지주 계급의 이익만을 배타적으로 비호하던 학문으로부터 대다수 국민 대중의 이익을 뒷받침하는 정치경제학 (政治經濟學)으로 거듭날 수 있는 가능성을 보여주었다.

이러한 관점에서 먼저 실학의 이해와 관련된 여러 문제들에 대한 필자의 입장을 제시할 필요를 느끼고 마련한 것이 제1편이다. 조선후기 실학을 전개한 실학자들은 모두 양반·지주였음에도 불구하고 자신들의 계급적 이익을 제거하는 제도 개혁을 주장한 독특한 측면이 있다는 것을 발견하였는데, 그것은 이들에게만 특유한 일이 아니었다. 우리나라에는 지배계급이 스스로의 계급적 이익을 절제하거나 제한함으로써 국가를 유지·보존하려는 지향이 중세 내내 나타난 것을 확인할 수 있었다. 더구나 중세의 정치적 갈등이 일어난 핵심 문제가 바로 그것에 대한 찬반에도 있다는 것을 깨닫게 되었다. 즉 한국사 전체적인 시야에서 조선후기 실학의 위치를 비정해 보려 한 것이 제1장(「한국 중세 국가 연구의 방향과 사회인문학」)이다.

제2장(「'조선후기 실학'과 사회인문학」)에서는 우리나라에서 서구 중심주의에 대한 문제의식이 처음으로 표출된 것이 바로 일제 강점기에 일어난 '조선학(朝鮮學) 운동'이며, 해방 이후 그러한 시각을 계승한 것이 내재적 발전론에 입각한 실학 이해였다고 그간의 실학 연구사를 정리하였다. 그런데 실학과 정치와의 관련성을 소홀히 하여 근대화론에 입각한 공세를 방어하지 못하였다고 보고, 양자의 관련성을 규명하는 것이 가진 의의를 밝혔다.

제3장(「홍이섭 사학의 성격과 조선후기 실학」)은 남한에서 실학에 대한 이해에 큰 영향을 미친 홍이섭의 역사관을 검토하였다. 그가 민족주의 역사학을 계승하였으면서도 맑스주의의 영향을 강하게 받았다는 것을 드러내고, 민족주의에 입각하여 통일을 지향하는 역사학을 전개한 것은 오늘날에도 계승 발전시켜야 할 측면으로 보았다. 그렇지만 실학을 '실증'과 '실용'의 측면으로만 제한하여 이해한 것은 후대 실학 이해에 결정적 영향을 주었는데, 이는 서구 중심주의에서 벗어나지 못했기 때문에 나온 오류였다는 것을 밝히고, 유학에서도 근대를 전망할 수 있는 담론이 나올 가능성을

인정해야 한다고 주장하였다.

제4장(「조선후기 정치와 실학」)에서는 조선후기를 통해서 전체적으로 정치와 실학의 관련성을 개괄적으로 정리하였다. 여기서는 인조반정 공신인 이귀(李貴)와 최명길(崔鳴吉), 관인(官人) 조익(趙翼), 산림(山林) 박지계(朴知誡) 등을 새롭게 실학의 선구자로 자리매김하였다. 또한 기존에 많이 연구된 유형원(柳馨遠)에서 비롯된 남인 실학 이외에도 박세당(朴世堂)과 최석정(崔錫鼎) 등 소론 실학의 존재를 탕평론과 함께 거론하여 정치와 실학의 관련성을 규명하였다. 나아가서 영조와 정조대 탕평정치가 실학에 대한 찬반의 성격을 갖고, 실학과 주자학의 갈등을 저변에 깔고 전개되었다는 것을 보이려 하였다.

제2편에서는 인조대 정치적 갈등을 변통론과 의리론의 대립구도로 정리했던 필자의 학위논문에 바탕을 두고, 변통론 진영에서 활동했던 이귀, 최명길, 조익, 박지계 네 사람의 정치론과 경세론이 어떻게 실학과 접속하였는지를 실증적으로 규명하였다. 이를 통해서 유형원을 모델로 하여 제시된, 실학자는 재야 학자라는 기존의 편견을 극복하려고 시도하였다. 그리하여 공신(功臣 : 이귀·최명길), 관인(官人 : 조익), 산림(山林 : 박지계)이면서도 당시 현실적으로 존재했던 국가의 위기를 극복하려는 학문적 노력을 통해서 새로운 학문, 즉 실학을 모색하는 과정을 실증적으로 드러내려 하였다. 그 과정에서 주자학만을 금과옥조로 내세우는 의리론자들과의 정치적 논쟁이 새로운 학문이 싹트는 계기가 되기도 하였다는 것을 보였다. 즉 정치 그 자체가 실학의 발생 과정에서 중요한 계기가 되기도 하였다는 것이다.

제3편에서는 탕평론을 제창했던 소론 실학의 계통을 추적하였다. 우선 박세당의 『대학사변록』을 분석하여, 그가 주자학의 편향을 어떻게 바로잡으려 했는지를 보이려 하였다. 유학의 본령은 수기치인(修己治人)으로 집약되는데, 박세당은 주자학이 이것을 수기(修己)에 치중하여 이해하는 편향을 드러냈다고 하면서 유학의 본령이 치인(治人), 즉 경세(經世)에 있다는 것을 확인하여 탕평론을 뒷받침하려 하였다고 주장하였다. 이어서 박세채(朴世采)가 제창하고 최석정이 실천에 옮긴 탕평론의 연원과 계통을 밝히고,

그들의 국가 구상이 실학과 밀접하게 연관되어 있다는 것을 규명하였다. 다음 조선후기 실학을 대표하는 저술로 널리 알려진 정약용의 『목민심서(牧民心書)』가 사실은 소론 탕평론자들이 편찬한 목민서(牧民書)인 『목민고(牧民攷)』와 홍양호(洪良浩)의 『목민대방(牧民大方)』을 발전시킨 것임을 실증적으로 규명하여 소론 실학의 실체를 드러내려 하였다.

마지막으로 제4편에서는 정약용에 대한 그동안의 필자의 연구를 모아 보았다. 여기서도 역시 다산의 국가 구상이 정조 탕평책과 밀접한 관련 속에서 마련된 것임을 밝혀서 실학이 정치와 불가분의 관계를 맺고 있음을 우선적으로 규명하였다(제1장 「다산의 국가 구상과 정조 탕평책」). 이어서 다산의 사상을 온전히 이해하기 위해서는 서구 중심주의를 극복하려 했던 조선학(朝鮮學) 운동의 전통을 계승해야 한다는 점을 밝히고, 이에 따라서 근대와 근대화, 국가와 왕권, 유학과 민본사상 등에 대한 기존 이해의 문제점을 극복하고자 하였다(제2장 「다산 실학의 성격과 국가 구상─21세기 유학의 변용 가능성 탐색」). 그 연장선상에서 『경세유표』의 국가 구상이 오늘날의 복지국가와 유사하다는 것을 드러내고(제3장 「『경세유표』를 통해서 본 복지국가의 전통」), 『목민심서』에서는 그러한 국가 구상에 입각하여 향촌 사회에서 적폐를 청산하는 원칙과 전략을 제시하였다고 주장하였다(제4장 「『목민심서』에서 무엇을 볼 것인가」). 맨 끝에는 유배지였던 강진의 지역적 인문적 환경이 정약용의 실학사상에 미친 영향을 실증적으로 규명하고, 그 지역 제자들의 활동을 '중앙과 지역의 학술적 소통'이라는 시각에서 정리하였다(제5장 「중앙과 지방의 학술 소통 : 다산학과 다산학단」).

여기에 수록한 논문들은 지금까지 살핀 대로 필자 나름의 시각을 일관되게 견지하고 있지만 원래부터 전체적으로 기획되었던 것이 아니라 그때그때의 요청에 따라서 발표된 것을 모은 것이다. 그래서 20년 가까이 지난 논문도 있지만 내용은 거의 손대지 않고, 수정은 본문에 노출된 한문을 한글로 바꾸고 각주를 통일하는 것에 그쳤다. 제1편의 1장과 2장은 연세대 인문한국사업단에 있을 때 당시 사업단의 아젠다에 맞추어 제목에 '사회인문학'이 들어가 있는데, 이것도 수정하지 않았다. 인문학이 위기에 처했다는 당시 사업단의 문제의식은 지금도 현재진행형이며, 이것을 극복하려는 새로운 인문학을 모색할 필요성은 여전히 당위적으로 요구된다고 생각하기 때문이다. 다만 처음부터 단행본으로 기획한 것이 아니기 때문에 각 논문에서 논지 전개상 중복되는 내용이 나오는 것은 피할 수 없었다는 점을 밝히며 독자들의 양해를 구한다. 각 편별로 본서에 수록된 논문의 출전은 다음과 같다.

제1편 조선후기 실학을 보는 시각
2010, 「한국 중세 국가 연구의 방향과 사회인문학」, 『東方學志』 150, 연세대 국학연구원

2011, 「'조선후기 실학'과 사회인문학」, 『東方學志』 154, 연세대 국학연구원

2013, 「홍이섭 사학의 성격과 조선후기 실학」, 『韓國實學研究』 25, 韓國實學 學會

2009, 「조선후기 정치와 실학」, 『다산과 현대』 2, 강진다산실학연구원

제2편 실학의 선구자들
2007, 「延平 李貴의 政治論과 學問觀」, 『韓國思想史學』 29, 韓國思想史學會

2018, 「지천 최명길의 정치 활동과 유자의 책임의식」, 『백산학보』 111, 백산학회

2001, 「浦渚 趙翼의 學問觀과 經世論의 性格」, 韓國史研究會 編, 『韓國 實學의 새로운 摸索』, 景仁文化社

2006, 「잠야 박지계의 효치론과 변통론」, 『역사와 현실』 61, 한국역사연구회

제3편 소론 실학의 계통과 목민서 편찬
2018, 「서계 박세당의 『대학사변록』에 보이는 '경세' 지향 학문관」, 『韓國史研究』 182, 韓國史研究會

2009, 「숙종대 소론 변통론의 계통과 탕평론-明谷 崔錫鼎을 중심으로」, 『韓國思想史學』 32, 韓國思想史學會

2010, 「18세기 '牧民書'와 지방통치-『牧民攷』를 중심으로」, 『韓國思想史學』 35, 韓國思想史學會

2011, 「洪良浩 實學思想의 系統과 『牧民大方』」, 『朝鮮時代史學報』 56, 朝鮮時代史學會

제4편 다산 정약용의 국가 구상과 다산학단

2012, 「다산의 국가 구상과 정조 탕평책」, 『다산과 현대』 4·5합본호, 강진다산실학연구원

2014, 「다산 실학의 성격과 국가 구상-21세기 유학의 변용 가능성 탐색」, 『한국학논집』 56, 계명대학교 한국학연구원

2017, 「『경세유표』를 통해서 본 복지국가의 전통」, 『東方學志』 180, 연세대 국학연구원

2018, 「『목민심서』에서 무엇을 볼 것인가」, 『내일을 여는 역사』 73, 민족문제연구소

2015, 「중앙과 지방의 학술 소통 : 다산학과 다산학단」, 『다산과 현대』 8, 강진다산실학연구원

본서는 조선후기 실학 전체에 대한 전문 연구서는 아니다. 필자가 생각하는 '조선후기 실학'의 개념에 입각하여 기존의 실학 이해에서 오류가 있거나 빠져 있다고 생각하는 부분을 보충하는 형태로 제시하였을 뿐이다. 기존 연구에서 많이 다룬 유형원과 이익으로 이어지는 남인 실학과 홍대용에서 시작되는 북학파 실학을 전제하고, 탕평론을 제창하는 배경으로 작용한 '소론 실학'과 그 계통을 밝히는 것에 치중하였다. 그렇지만 소론 실학 자체도 충실하게 연구하지는 못하였다. 박세당의 『사변록』 가운데 『대학사변록』만 분석하였을 뿐이며, 소론 가운데 기존 연구에서 거론한 정제두(鄭齊斗)나 유수원(柳壽垣) 등도 직접 다루지는 못하였다. 뿐만 아니라 서명응(徐命膺)-서호수(徐浩修)-서유구(徐有榘)로 이어지는 달성서씨 가문의 농학(農學)에 대한 분석도 누락하였다.

소론 실학의 계통을 밝히면서 마지막 편에서 정약용을 다룬 것에 의아해 하는 독자도 있을 수 있다. 이것은 필자가 강진다산실학연구원에 재직하고 있을 때 자의반타의반으로 정약용에 대한 논문을 발표하지 않을 수 없었던 사정에 일차적인 이유가 있었다. 그럼에도 불구하고 필자의 게으름으로 인하여 제4편 3장부터 5장까지는 서울로 돌아온 뒤에서야 발표할 수 있었다. 그렇지만 『목민심서』가 소론과 남인 계통 목민서를 종합한 저술이라는 점에서 드러나듯이 정약용의 사상이 당색을 떠나서 조선후기 실학을 집대성 하였다는 점에 비추어 크게 무리가 있는 것은 아니라고 판단하였다.

다산 정약용은 서로 다른 당색으로 분열되어 있던 실학사상을 통합하여 학문에서 진정한 탕평을 구현하였을 뿐만 아니라 중국과 일본을 포함한 동아시아에서 수천 년 간 이어져 내려온 지적 전통을 집대성하여 나름의 독특한 국가론을 전개하였다. 일제시기에 독립운동가들을 비롯한 거의 모든 지식인들이 서구 정치사상에 경도되어 있다가 해방 이후의 신국가 건설론을 모색하는 과정에서 정약용의 국가 구상에 주목하기에 이른 것은 사상과 제도의 측면에서 서구 중심주의를 극복해야 한다는 문제의식에 도달했다는 것을 의미하는 것이었다. 이것은 개항을 전후한 시기 이래 조성된 신구 학문의 갈등을 독립운동이라는 값비싼 대가를 치르면서 극복한 성과였으므로 우리 지성사에서 주목해야 할 대목이었다. 그런데 해방 이후 전쟁과 분단으로 그러한 문제의식이 계승 발전되지 못한 것이 오늘날 인문 사회과학에 위기를 초래한 핵심 요인이었던 것이다. 이 책에서 따로 결론을 작성하지 않은 것은 이러한 시각에서 작성한 정약용 관련 일련의 논문들이 결국 그 결론에 해당된다고 생각하였기 때문이다.

이런 점을 감안하더라도 본서는 여기저기의 모든 것이 허점투성이가 아닐 수 없다. 인조대 이래 실학자들의 문제의식이 정약용에게서 종합 정리된 것은 분명하므로 다양한 측면에서 그것을 드러낼 수 있었을 것이다. 예를 들면 박세당이 『대학사변록』에서 제시한 이학(理學) 비판은 정약용에 게서도 볼 수 있는데, 양자의 연관성을 실증적으로 규명하지는 못하였다. 또한 소론 탕평파가 편찬한 목민서를 참고하여 『목민심서』가 조선후기 현실에 대하여 구체적이면서도 충실한 보고서가 될 수 있었지만 그것을 구체적으로 논증하지는 못하고, 개연성만을 제시하는 것에 그쳤다. 그것은 우선적으로 필자가 게으르기 때문이지만, 또한 본서 자체로 분량이 너무 비대해졌고, 그러한 문제들 자체가 또 다른 단행본의 주제가 될 수 있기 때문에 여기에 부록하는 것은 마땅치 않다고 여겼기 때문이기도 하였다.

어쨌든 필자의 관점에서 보면 조선후기 실학은 물론 다산 정약용에 대해서도 연구해야 할 주제들이 넘쳐나고 있는 것이 사실이다. 지금까지 연구자들을 지배했던 선입관과 편견에 대한 필자의 지적이 타당하다면 조선후기는 물론, 한국사의 역사상 그 자체를 크게 바꾸어야 할지도 모를 일이다. 그렇지만 필자의 역량은 제한되어 있고, 시간도 필자 편이 아니라는 때늦은 자각에 이르렀다. 아마도 실학에 대한 연구는 본서의 문제제기로 그치고 본업인 정치사 연구에 보다 역량을 집중하고 싶은 것이 필자의 솔직한 심정인지도 모른다. 이러한 복잡한 생각으로 단행본 출판을 망설이고 있는데, 도서출판혜안 오일주 사장님의 격려를 받고 없는 용기를 내 본 것이 본서의 출간으로 이어졌다. 이 자리를 빌어서 감사의 뜻을 전하고 싶다.

그리고 강진에 재직하고 있을 때 강진 지역 주민들을 모시고 3년 동안 시민강좌를 진행한 경험이 정약용에 대한 문제의식을 심화시킬 수 있는 기회가 되었다. 당시 필자의 강좌에 성원을 보내주신 다산동호회 윤동옥 회장을 비롯한 강진 지역 주민들에게도 감사의 말씀을 전한다. 또한 본서를 이처럼 예쁘게 꾸며주신 도서출판혜안의 김태규, 김현숙 선생께도 감사의 인사를 드린다.

2020년 6월

김 용 흠

차 례

제1편

조선후기 실학을 보는 시각

제1장 한국 중세 국가 연구의 방향과 사회인문학

1. 머리말

20세기 말 유럽 사회주의 국가가 몰락한 뒤 전 지구촌 차원에서 자본주의적 질서가 일원적으로 세계를 지배하기에 이르렀다. 이로 인해 세계화가 걷잡을 수 없을 정도로 진행되고, 자유경쟁 이데올로기와 시장의 논리는 견제 장치를 잃고 고삐 풀린 망아지처럼 전 세계를 횡행하고 있다. 그와 함께 세계 자본주의의 위기는 전 지구촌 차원에서 심각해지고 있다. 그것은 세계 자본주의 체제의 모순인 자본 축적의 논리와 방법이 초래하였지만, 또한 그로 인해 극소수에게 재화가 집중되어 대륙과 인종, 국가와 국가, 계급·계층 사이에 양극화가 진행하여 지구촌 절대 다수의 인간적 삶이 유린된 결과이기도 하였다.

자본주의적 질서가 전 지구적 차원에서 위력을 떨치는 것과 함께 인문학의 지형도 변하였다. 지구촌 구석구석까지 세계화의 여파가 미치고, 인터넷과 같은 디지털 매체가 등장하여 국경을 넘어선 교류가 일상이 되었다. 그리하여 국가와 민족 단위로만 해결할 수 없는 문제들도 많이 생겨났다. 초국가, 탈민족, 탈근대를 지향하는 학문이 유행처럼 번지고, 거기에는 분명 경청할 대목이 많은 것도 사실이다.

그러나 인간적 삶의 위기, 세계 자본주의 체제의 위기가 지구촌 차원에서 전개되더라도 이를 극복하는 일차적인 단위는 개별 국가가 될 수밖에 없다. 지구촌 환경 문제와 같이 전 세계적 차원에서 의식 있는 시민들의 연대를 모색해야 하는 문제도 많이 있지만, 환경 문제도 포함하여 인간다운 삶의 기본 조건인 교육·의료·주거·복지 등 대부분의 문제들은 개별 국가 단위에서 해결책을 찾고 실천에 옮기지 않는다면 공허해질 수밖에 없다. 오히려 개별 국가 경영의 방향을 어떻게 설정할 것인가의 문제가 전 지구촌 차원의 위기 해결에는 관건이 되고 있는 것이 현실이 아닌가 한다.

예컨대 현재의 전 세계적인 경제 위기는 신자유주의적 경제 질서 속에서 금융자본의 지나친 탐욕적 이윤추구에서 비롯된 것이므로, 국가가 이것을 어떻게 조정하고 통제할 수 있는가가 위기 극복의 관건으로 떠오르고 있다. 그 해법으로 국가의 '공적 영역'을 확장하여 대처해야 한다는 것이 점점 분명해지고 있는데도 자유경쟁과 시장의 논리에 밀려 정책으로 구현하지 못하고 있다. 교육·의료·주거·복지 등 현대 사회의 뜨거운 이슈들 역시 국가 내지 정부의 위상을 어떻게 설정할 것인가가 문제 해결의 관건이 되고 있다.

그런데도 사회주의 국가의 몰락 이후 인문·사회과학계에는 '거대 담론'을 기피하는 풍조가 만연되기에 이르렀다. 이로 인해 '시대구분'을 말하고, '국가'를 논하는 것은 '낡은 관념'으로 치부하려는 경향이 역사 연구자들을 지배하기에 이른 것이다. 1980년대 민주화 운동의 열기 속에서 1990년대까지 존재했던 역사학계, 나아가서는 인문·사회과학계의 건강한 문제의식은 모두 폐기되어버린 것 같은 느낌을 준다.

인문학의 지형이 현저하게 변한 21세기를 맞이하여 본 장에서는 새삼 국가 연구의 중요성을 제기하고자 한다. 나아가서 서구의 변화된 이론을 수용하는 것도 중요하지만 우리의 역사적 전통 속에서 오늘날의 위기를 극복할 수 있는 실마리를 찾는 것도 그에 못지않게 중요하다고 보고 싶다.

우리 민족은 장구한 기간 국가로 대표되는 정치체를 운영하는 역사적 경험을 축적해 왔으며, 사회발전과 짝을 이루어 국가의 '공적 영역'을 확장해 온 역사적 전통을 갖고 있다. 흔히 '계급국가'라고 폄하해 온 우리의 중세 국가에서도 '소민(小民)'을 보호하기 위한 여러 법과 제도를 마련해 왔으며, 국가의 역할을 적절하게 설정하여 시장의 왜곡을 막으려 노력하였던 것이다. 우리 사회 일각에서 흔히 '좌파적'이라고 비판하는 정책에 대해서, 이를 주장하는 사람들조차도 그 정책의 타당성을 입증하기 위해 서구 국가의 사례를 찾기에 급급할 뿐, 그것이 우리 전통시대 국가경영의 방향과 일치한다는 사실은 무시하고 있다. 여기서 근대와 전근대의 단절이 우리의 의식과 운동을 제약하고 있음을 분명하게 볼 수 있다.

본 장에서는 이러한 문제의식에서 한국 전근대사에서 특히 '중세' 국가 연구의 문제점을 짚어보고, 오늘날의 바뀐 현실에 입각하여 새로운 연구 방향을 모색해 보고자 한다. 따라서 이 작업은 새로운 사실을 실증한 것이 아니라 선학들의 기존 연구업적을 새로운 문제의식으로 재구성한 것에 지나지 않는다. 그 시대적 하한은 지면의 제약 등 여러 가지 사정으로 '중세 재편기'에 해당되는 조선전기까지로 한정하였다. '중세 해체기'에 대해서는 그 전망을 제시하는 것에 그치고 자세한 내용은 별도의 논고를 통해서 다루고자 한다. 그리고 이러한 작업은 결국 새로운 인문학의 모색으로 귀결될 수밖에 없다고 보고, 이를 '사회인문학'으로 규정해보려 한다.

2. 중세 국가 연구와 사회인문학

1) 중세 국가 연구 지체의 원인

해방 이후 한국사에서 고대국가에 대해서는 집중적인 연구가 이루어졌지만 중 세국가에 대해서는 비교적 소홀한 편이다.[1] 현재 한국학계에서 통설

---

[1] 최근까지도 고대국가에 대해서는 꾸준히 연구사 검토가 나왔다. 金光洙, 1997, 「古代國家形成論」, 『韓國史 認識과 歷史理論』(金容燮教授停年紀念 韓國史學論叢刊行委員會 편), 지식산업사 ; 金貞培, 1997, 「한국 고대의 정치발전 단계론」, 『한국사 4』, 국사편찬위원회 ; 金泰植, 2003, 「初期 古代國家論」, 『강좌 한국고대사』 제2권, 재단법인 가락국사적개발연구원 ; 하일식, 2005, 「고대사연구의 주요 쟁점과

로 인정받고 있는 고대국가의 하한은 통일신라인데, 고조선 이후 삼국시대를 거쳐 통일신라까지 다양한 국가가 성장·소멸하였으므로 이들 국가에 대한 관심이 고조된 것은 당연한 일이었다. 그러나 고려시대 이후에 대해서는 정치·경제·사회·문화 각 부문별로 연구가 세분화되면서 수많은 연구가 나왔지만 정작 국가 그 자체의 역할과 기능에 대해서는 인식이 깊어지지 않고 있다. 아마도 중세에는 고려와 조선이라는 국가의 존재를 당연히 전제하고 연구가 이루어졌기 때문에 국가 그 자체가 역사발전에서 차지하는 고유한 역할과 기능에 주목할 필요성을 느끼지 못하였기 때문일 수도 있다.

한국사에서 중세 국가 연구가 지체된 데는 학문외적 요인도 작용한 것 같다. 해방 이후 남한에서는 장기간 독재정권이 지속되면서 국가 또는 국가권력에 대한 반발 의식이 연구자들에게 내면화된 느낌을 준다. 당시 독재정권에 저항하여 민주화 운동을 주도하던 세력에 국가와 정부를 분리해서 보아야 한다는 인식이 분명히 존재하였고, 연구자들 역시 이러한 인식을 공유하였지만 양자 공히 국가권력 그 자체에 대한 거부감을 떨쳐버리지는 못하였던 것으로 보인다. 독재정권이 남용하는 국가권력을 견제하기 위해서는 시민사회를 발전시켜야 한다는 인식이 시민운동 진영을 지배하였고, 이것은 분명히 타당한 주장이었으므로, 국가와 시민사회를 대립적으로만 보는 인식이 부지불식간에 만연하였던 것이다. 당시 민주화운동 진영에서 어떤 국가를 만들어야 하는가에 대한 깊은 인식과 폭넓은 공감대를 형성하지 못한 것도 이러한 타성적 거부감에 그 원인의 일단이 있었다. 이러한 한계는 절차적 민주화에 진전을 보인 김대중·노무현 정권 당시 노동자·농민

과제」, 이화여자대학교 한국문화연구원 편, 『한국사 연구 50년』, 혜안 ; 최광식, 2006, 「한국의 고대국가형성론」, 김정배 편저, 『한국고대사입문 1』, 신서원 ; 한국고대사학회, 2007, 「한국고대사 연구의 새 동향」, 서경문화사 ; 여호규, 2008, 「국가의 형성」, 한국사연구회 편, 『새로운 한국사 길잡이 上』, 지식산업사. 그러나 고려시대에 대해서는 '국가' 그 자체보다는 '사회의 성격'을 중심으로 연구사 정리가 이루어졌다. 박종기, 2008, 「정치사의 전개와 고려사회의 성격론」, 한국사연구회 편, 위 책. 중세 국가 그 자체에 대한 연구사 정리로서 필자가 파악한 가장 최근의 논고는 다음과 같다. 李景植, 2005, 「朝鮮 建國의 性格問題」, 연세대 국학연구원 편, 『중세사회의 변화와 조선 건국』, 혜안.

의 기층 민중운동 단체를 포함한 민주화 운동 진영이 보인 혼란스러운 모습에서 잘 드러난다.

이러한 혼란은 고스란히 연구자들에게서도 나타났다. 과연 국가권력을 강화시키는 것이 옳은가 아니면 가능한 최소한으로 제한하는 것이 좋은가에 대해서도 분명한 합의를 도출하지 못하였다. 국가의 공적 성격을 강화시켜야 한다는 점에는 이론(異論)이 없었지만 김대중·노무현 정권을 신뢰할 수 없었던 대부분의 진보적 연구자들은 그것을 제도화하는 것을 주저하였다. 오히려 파시즘론이 유행하고 국가권력을 강화시키는 것을 국가주의로 몰아가는 인식이 보다 지배적이었다. 절차적 민주화 국면에서 민주화의 혜택을 가장 크게 누린 것은 자본 진영이었고, 이들의 역량은 국가권력을 능가할 정도로 강화되었다. 이명박 정권의 출범은 자본 진영이 국가권력을 장악한 것이나 마찬가지였으므로 민주화의 성과가 부정되는 것은 그 필연적 귀결이었다.

한국사 연구자들 역시 이러한 혼란을 피할 수는 없었다. 국가보다 사회 연구가 더 각광을 받았고, 국가권력에 대해서는 그 계급적 한계를 지적하기에 바빴다. 나말여초나 여말선초의 사회변동에 주목하면서도 고려나 조선왕조 건국세력이 어떻게 국가의 공적 성격을 제도화할 수 있었는가에 관심을 두기보다는 모든 것을 사적 권력 투쟁의 결과로 규정하는 인식이 팽배하였다. 이로 인해 고려·조선왕조에서 국가의 고유한 역할과 기능에 대한 연구는 지체될 수밖에 없었다.

학문 내적으로 중세 국가 연구가 지체되는 것에 가장 큰 영향을 미친 것은 유물사관(唯物史觀)의 몇 가지 명제가 한국사와 괴리된 것에 있었다. 전근대 국가 모두를 계급지배의 실현을 위한 도구로 보는 인식과 아시아적 생산양식론, 토지국유제론 등이 그것이었다. 한국 중세사에서 그러한 인식과 배치되는 수많은 사실(史實)들이 있음에도 불구하고 연구자들은 애써 외면해 온 것이 저간의 현실이었다. 그래서 아시아적 생산양식론과 토지국유제론이 극복되는 데만도 상당한 세월이 소요되었다.[2] 중세 국가 운영에서 나타난 여러 사상과 제도 역시 계급지배의 관점에서만 설명되었으며, 사회사와 경제사는 각광을 받았지만, 정치사에 대해서는 사적인 권력투쟁의 관점을 벗어나지 못하였다. 중세 전 기간에 걸쳐서 자신의 계급적 이익을 넘어서 활동하는 지식인이 존재하였지만 그에 합당한 관심은 기울여지지 못하였다. 1980년대 진보적 역사연구자들 사이에서 등장한 민중사학(民衆史學) 역시 유물사관의 왜곡으로부터 자유롭지 못하였다. 따라서 국가에 대해서는 주목하지 못하고, 민중운동을 소재주의적으로 연구하는 것에 그쳤다. 사회주의 국가가 몰락한 이후에는 포스트모더니즘을 비롯한 외국 이론이 무분별하게 수용되면서, 1980년대 진보적 역사연구자들 사이에 존재했던 건강한 문제의식은 퇴색되어버린 느낌을 준다.

2) 전근대 국가 연구의 문제점

한국 고대국가의 기원에 대해서는 논쟁이 매우 활발하게 전개되어 왔다. 그러나 정작 고대국가의 성격이 무엇인지에 대한 일치된 결론을 도출하지 못하였다. 대체로 삼국시대부터 통일신라까지를 고대국가로 규정하는 것이 통설인데, 그 이전에 존재했던 고조선으로부터 삼한 소국에 이르는 수많은 국가에 대해서는 성격 규정이 불분명하다. 한국사학계에 존재하는 고조선을 고대국가로 인정하지 않으려는 경향과 삼국시대를 고대로 규정하려고 하는 경향에는 고대국가를 일본의 경우와 유비시켜서 보려는 식민사관의 잔재가 남아 있다. 한국고대사 연구자들 가운데 아직도 고대국가에 대해서 각종 제도가 완비된 엄격한 모델을 적용하려는 경향이 그것이다. 이른바 '부체제론(部體制論)'을 둘러싼 논쟁은 이러한 경향과 무관하지 않다고 생각된다.[3]

국가의 성격 규정과 관련하여 중요한 것이 정치사 연구이다. 그동안

---

2) 이인재, 2002, 「한국 중세의 기점」, 『한국 전근대사의 주요 쟁점』, 역사비평사.
3) 이와 관련된 최근의 연구사 정리로서 하일식, 2005, 앞 글 ; 김영하, 2007, 「古代의 개념과 발달단계론」, 『한국고대사연구』 46, 한국고대사학회 ; 김현숙, 2008, 「고구려 나부체제의 형성과 해체」, 한국고대사학회 편, 앞 책 ; 주보돈, 2008, 「정치체제」, 『새로운 한국사 길잡이 上』 참조.

전근대의 각 시기별 정치사 연구 역시 상당한 성과를 축적해 왔지만, 국가의 성격 규정과 관련해서는 방향을 분명하게 설정하지 못한 느낌을 준다. 통일신라의 전제왕권론을 둘러싼 논쟁[4])이나, 고려시대를 두고 벌어진 귀족제·관료제 논쟁[5])이 그러하였다. 이러한 논쟁은 중세 국가의 성격과 발전 방향을 분명히 해야만 해결의 실마리를 찾을 수 있을 것으로 생각된다. 그 위에서 정치적 대립과 갈등을 사상(思想)과 정책(政策)의 차이에서 연원한 것으로 파악하고, 보수와 진보의 대립을 분명히 하는 것이 논란을 해결하는 결정적 관건이 될 수 있다는 것이다.[6])

고려와 조선시대 연구에서 국왕 내지 국왕권이 차지하는 위치와 역할에 대한 연구 역시 아직 본격화되지 못하였다. 그 원인으로서 '모더니즘적 한국사 인식'의 편향이라는 지적이 있었다.[7]) 이러한 지적을 전후하여 국왕권에 대한 관심을 환기시키는 연구[8])가 나와서 국왕의 존재를 '사대부의 수장'이나 '인민의 적'으로 간주하는 인식은 이제 어느 정도 불식된 것 같기도 한데, '근대화의 걸림돌'이라는 인식은 아직도 많은 연구자들의 뇌리에 강하게 남아 있다. 조선시기에는 왕권이 강력했을 때 국가의 각종

---

4) 이에 대해서는 김영하, 2007, 「신라 중대의 전제왕권론과 지배체제」, 한국고대사학회, 앞 책 참조.

5) 박종기, 2008, 앞 글.

6) 고려시대 정치사에 대해서는 최근에 다음과 같은 연구사 검토가 있어 참고된다. 김인호, 2007, 「고려시대 정치사의 시각과 방법론 연구」, 『역사와 현실』 66, 한국역사연구회.

7) 李泰鎭, 1997, 「한국 사학의 모더니즘으로부터의 탈출」, 『韓國史市民講座』 제20집, 一潮閣, 238쪽.

8) 고려시기 국왕권에 대해서는 최근 박재우, 2005, 『고려 국정운영의 체계와 왕권』, 신구문화사가 나와서 참고된다. 조선시기 정치사에서 왕권의 위상에 대한 연구로는 다음 논고가 있다. 李泰鎭, 1990, 「朝鮮王朝의 儒敎政治와 王權」, 『韓國史論』 23, 서울대 국사학과 ; 金駿錫, 1992, 「朝鮮後期 黨爭과 王權論의 推移」, 『朝鮮後期 黨爭의 綜合的 檢討』, 韓國精神文化研究院 ; 李成茂, 1999, 「朝鮮時代의 王權」, 『東洋 三國의 王權과 官僚制』, 國學資料院 ; 金駿錫, 1999, 「18세기 蕩平論의 전개와 王權」, 같은 책 ; 오수창, 2003, 「국왕과 신료의 역학관계」, 한국역사연구회 17세기 정치사 연구반, 『조선중기 정치와 정책』, 아카넷 ; 김용흠, 2009, 「조선후기의 왕권과 제도정비」, 이태진교수 정년기념논총 간행위원회 편, 『국왕, 의례, 정치』, 태학사.

제도가 정비되고 중앙집권 체제가 강화되었다는 것은 전기의 태종·세종 연간이나 세조·성종 연간, 그리고 후기의 영조·정조 연간을 떠올리면 그 상관관계가 분명한데도 그에 상응하는 성격 규명에는 소홀하였다는 인상을 준다.

조선시기의 국왕이 이념적으로 보수적 성향을 지닌 것은 틀림없지만 현실 문제와 관련하여 끊임없이 정치적 결정을 내려야 하는 국왕이라는 위치가 갖는 정치적 속성상 보수적인 이념에만 안주해 있기는 어려웠다. 15세기에『경국대전(經國大典)』체제가 성립되는 과정에서도 그러하였지만, 특히 양란(兩亂)을 전후한 시기의 국가적 위기에 대처하는 과정에서 신료들이 제도 개혁을 두고 찬반이 나뉘었을 때, 국왕은 거의 대부분 개혁을 지지하고 추동하는 입장에 섰다. 이것은 결국 중앙집권체제를 강화시키고 국가의 공적 영역을 확장시킴으로써 중세 국가로서의 봉건성(封建性)을 극복해가는 과정이기도 하였다. 조선후기 정치사에서 대동(大同)과 균역(均役), 그리고 탕평(蕩平)으로 대표되는 일련의 개혁적인 흐름에 대해서 지금까지는 지나치게 그것의 한계를 지적하는 것에 급급해온 인상을 지울 수 없다. 이 시기에 진행된 일련의 제도 개혁에 대하여 그것의 의미와 성격을 사실에 입각하여 인식하고 평가하는 작업은 우리식 근대화 경로의 특수성을 규명하는 일과도 통한다고 생각된다.[9]

3) 중세 국가 연구의 의의와 사회인문학

전통시대 국가 연구는 현대 국가의 위상을 설정하는 문제와도 관련된다. 앞서 머리말에서 언급한 바와 같이 오늘날 세계 자본주의 체제의 위기는 개별 국가의 능동적 대응을 요구하고 있다. 신자유주의적 자유경쟁 이데올로기와 시장의 논리는 이러한 위기를 격화시킬 뿐이다. 우리나라에서도 일찍부터 이러한 위기는 나타났다. 경제성장은 이제 더 이상 고용 창출로

---

9) 김용흠, 2009, 앞 글, 80~81쪽.

이어지지 않고 있다. 1970~1980년대식 개발독재 시대의 수출 주도 경제성장의 신화는 이제 양극화가 심화·확대되는 현실 속에서 그 허구성이 폭로되었다. 그럼에도 불구하고 국가가 수출을 정책적으로 지원하여 성장 정책을 밀고 나가겠다는 것은 재벌 등 극소수 거대 기업의 이익에 입각하여 국가를 운영하겠다는 것에 불과하며, 이는 한국 자본주의의 생명력을 고갈시켜 오히려 파국을 앞당기게 될 뿐이다. 오늘날에는 한국 자본주의의 유지·발전을 위해서도 분배와 복지정책을 통한 내수(內需) 창출이 불가피해졌다. 교육·의료·주거 등에서 일상적으로 발생하는 문제들 역시 자유경쟁 이데올로기만으로는 모순만 더욱 심화시킬 뿐이다. 이러한 위기의 징후들은 국가가 적절하게 개입하여 시장의 논리를 제어해야만 제거될 수 있다.

해방 이후 우리나라에 수입된 서구의 정치사상과 경제이론 및 사회이론은 이미 그 원산지에서도 이러한 문제들에 대한 적절한 해결책을 제시하는데 한계를 드러냈다. 그럼에도 불구하고 서구에서 도입된 이론이 아직도그 위세를 떨치고 있다. 예컨대 사회계약설, 삼권 분립, 대의 민주주의 등 서구의 부르주아 민주주의 이론에 입각한 우리의 정치제도는 이미 그 모순이 분명해졌다. 이제 선거는 더 이상 국민의 의사를 정확하게 반영하지 못하고 있고, 사법제도의 난맥상은 오히려 국민의 기본권을 위협하고 있다. 이로 인해 국가권력은 공공성을 상실하고, 재벌과 고급관료, 모리배 정치집단이 사익을 추구하는 방편으로 전락하였다. 미국을 비롯한 서구 각국에서 돌아온 유학파 지식인들은 이에 가세하여 서구의 최신 이론으로 이들의 사익 추구를 합리화하기에 바쁘다. 오늘날 한국의 대학교수에서 미국 박사가 차지하는 압도적인 비율은 그러한 한국 사회의 현주소를 압축하여 보여준다. 학문과 지식의 '식민성'은 한국 지성계의 암적 존재가 된지 이미오래 되었다.

오늘날 거론되는 '인문학의 위기' 역시 이런 '학문의 식민성'과 무관하지않다. 각종 포스트 모더니즘의 도입, 역사학에서 '미시사' '생활사'의 유행은 그것의 원산지인 서구에서의 건강한 문제의식과 괴리된 채, 무분별하게 수용된 측면이 있다. 민족주의와 내재적 발전론 비판에서는 학문의 식민성을 넘어서 학문 그 자체의 부정으로까지 나아가고 있는 지경이다.[10] 특히 한국에서는 비주류 역사학이 미국에서의 민족주의 비판 조류에 힘입어 역수입되는 현실은 우리 학문의 식민성을 적나라하게 보여준다. '학문의 식민성'은 '학문의 무정부성'을 낳기 마련이다. 국적 불명의 학문이 외국 이론을 빌려서 그 권위를 유지하려는 것이 그것이다.

그렇지만 '인문학 위기'의 핵심은 역시 '학문의 상품성'에서 온다. 신자유 주의가 기승을 부리면서 모든 사회 구성원을 경쟁과 돈벌이에 내몰고 있는 현재의 사회체제 속에서 인문학의 존립이 위협받는 것은 어찌 보면 당연하 기도 하다. 이로 인해 연구자들은 연구 방향을 상실하고 실적 위주의 연구주 의에 매몰되어, 문제의식의 결여, 연구를 위한 연구, 실증을 위한 실증, 유행 또는 이슈 추수적 연구 등이 만연되기에 이르렀다. 현실이 이러한데도 이것을 자정(自淨)할 수 있는 논의구조를 우리 인문학 연구자들은 마련하지 못하고 있다.

이처럼 학문의 식민성과 무정부성, 그리고 상품성에서 오는 인문학의 위기를 극복하기 위해서는 우리 실정에 맞는 새로운 인문학을 창출해야 한다. 이를 위해서는 우리의 현실에 뿌리박은 목적의식적 인문학이 절실하 다. 서구에서 도입된 모든 이론은 우리 현실에 비추어 그 기본 전제에서부터 새롭게 점검해야 할 것이다. 아울러서 우리의 역사적 전통 속에서 현실 문제 해결의 실마리를 탐색하여 계승 발전시키는 것 또한 게을리 할 수 없다. 이를 통해서 우리 사회와 국가, 민족이 지향해야 할 바람직한 방향을 모색하고 정립하지 않으면 안 된다. 우리는 이러한 새로운 인문학을 '사회인 문학'으로 부르고자 한다.

세계 자본주의 체제의 위기, 그리고 그것을 반영한 한국 자본주의의 위기, 나아가서는 국가의 위기를 타개하기 위해서는 전통시대 국가에 대한 연구가 절실하다고 본다. 이제 이에 대한 서구 국가 이론의 한계는 현재 정치제도와 현실의 괴리에서 분명하게 드러났다. 우리 중세 국가는 그

---

10) 내재적 발전론 비판에 대한 반비판으로서 김용흠, 2009, 「역사와 학문에 '건너뛰기' 란 없다」, 『내일을 여는 역사』 36 참조.

기원에서부터 소민을 보호하기 위한 제도와 관행을 발전시켜 왔으며, 집권성과 분권성이 길항하는 가운데 집권성을 강화시켜 국가의 공적 영역을 확장하면서 발전하였다. 즉 중세 국가의 발전 과정은 공공성이 단계적으로 확대·발전하는 과정이기도 하였던 것이다. 중세 해체기에는 공적 영역의 확장, 공법 질서의 확립을 통해서 근대를 전망하는 풍부한 국가론과 정치론을 창출하기도 하였다. 실학과 탕평론이 바로 그것으로서 이것은 근대지향적인 사상이기도 하였다. 또한 이것은 장구한 세월을 두고 발전을 거듭해온 우리 중세 국가가 그 해체기에 도달한 역사적 성과였으므로 여기에 담긴 국가의 역할과 기능은 오늘날 우리가 국가의 성격을 논의할 때 후퇴할 수 없는 기준이 아닐 수 없다. 그런데 이후 식민지, 전쟁, 분단을 거치면서 이러한 바람직한 역사적 전통은 단절되기에 이르렀다. 따라서 이제는 국가권력의 정당성 및 우리 실정에 적합한 '복지국가' 모델을 서구 이론에서 찾을 것이 아니라 우리의 국가 경영의 전통 속에서 탐색하여 우리 현실에 맞는 이념과 제도로 재구성해내야 할 것이다. 여기에 새로운 인문학으로서의 사회인문학이 전통시대 국가를 새롭게 주목하려는 이유가 있다.

3. 한국 중세 국가의 특징과 기능

1) 집권성의 연원과 중세의 시작

인류 역사에서 국가의 기원 및 형성에 관해서는 서구에서도 많은 이론이 있고, 우리나라 학자들도 많은 주장을 내놓았다.[11] 본 장에서는 집권(集權) 권력의 정도, 집권성(集權性)의 구현 여부가 고대국가 성장과 쇠퇴의 관건이 되었다는 점에 주목하고자 한다.[12] 집권성의 기원에 대해서는 외침의 위협

---

11) 김정배, 1997, 앞 글 ; 「국가 형성 이론의 한국사 적용문제」, 같은 책 ; 「초기 국가의 성격」, 같은 책.
12) 한국 중세를 '集權 國家'로 보는 데는 연구자들 사이에 의견이 일치되어 있는데(李炳

이 중요한 원인으로 지적되어 왔지만, 최근에는 원시공동체가 해체되고 국가가 성립하는 과정에서 공동체 족장의 필요에 의해서 등장하였다는 주장이 제기되어 주목된다.[13] 즉 집권성 자체를 우리 역사 발전의 내재적 속성으로 규정한 것이다.

만주와 한반도 일대에서는 선사시대 이래로 수많은 종족들이 삶을 영위한 것으로 밝혀졌다. 이들은 원시공동체, 즉 농업공동체 단계에서 청동기·철기 등 금속기가 사용되고 보급되면서 농촌공동체로 이행하여 읍락(邑落) 사회의 원형을 형성하였는데, 이것이 기초가 되어 국가가 등장하였다.[14] 농촌공동체 사회는 농경의 발전을 바탕으로 사유재산이 발생하고 종래의 오랜 농업공동체가 부분적으로 해체되면서 신분계급과 그에 기초한 정치권력을 형성시키는 데서 성립하고 있었다. 여기에는 지역차와 시간차에 따른 선진·후진이 있었고 같은 선진 혹은 후진 지역 안에서도 서로 간에 사회발전 정도에 차이가 있었다. 농업공동체, 농촌공동체, 읍락 등 여러 단계의 사회가 시간상 공간상 병존하였다.[15] 고대국가는 이들을 정복하거나 복속, 또는 흡수하여 어떻게 집권적 권력을 구축하는가가 그 흥망성쇠의 관건이 되었다. 즉 우리나라는 집권성을 구현하는 것이 국가의 형성 및 기원의 핵심 요건이 되었다는 것이다.

대체로 선진(先秦)시기 이래 요하(遼河) 동쪽에서는 모두 예맥(濊貊)족이라는 동일 계통의 주민집단이 전체적으로 비파형동검 문화권 내에서 지역적 특색을 가지고 성장하고 있었다. 여기서 성장한 최초의 집권적 정치체가 바로 고조선(古朝鮮)이었다.[16] 고조선은 읍락사회·소국을 기반으로 성립한

熙, 1997, 「中世封建社會論」, 金容燮教授停年紀念 韓國史學論叢刊行委員會 편, 『韓國史 認識과 歷史理論』, 지식산업사, 323쪽), 고대에서 근대까지 집권체제의 강화를 한국 사의 중요한 특징으로 지적하는 견해도 있다(金駿錫, 1997, 「儒教思想論」, 같은 책, 448쪽).

13) 李景植, 2005, 『韓國 古代·中世初期 土地制度史 – 古朝鮮~新羅·渤海』, 서울대 출판부, 22쪽.

14) 金容燮, 2000, 『韓國中世農業史研究』, 지식산업사, 6쪽.

15) 이경식, 2005, 앞 책, 21쪽.

16) 송호정, 2007, 「고조선·부여·삼한」, 한국고대사학회 편, 앞 책, 14~15쪽.

연맹왕국에서 출발하여 한(漢) 제국과 1년여에 걸쳐 대전쟁을 수행할 만큼 융성한 고대 왕조국가로까지 발전하였다. 고조선이 성립하고 발전하는 사이에 같은 예맥·한족(韓族)의 수다한 소국들이 형성되고 합산을 거듭하면서 한편으로는 고조선에 복속·부속하거나 연합하였다가 후에 고조선이 쇠퇴하고 멸망하면서 열국(列國)으로 등장하였다. 고조선과 이들 열국의 정치체제나 사회편성은 영토와 주민 전반을 관료제의 정치기구로써 통치하고 신분층이 귀족, 민인 일반, 노비 등 다양하게 이루어져 있는 점에서는 완전한 형태의 국가로 볼 수 있다.[17]

그렇지만 고조선과 이들 열국의 집권성에는 한계가 있었다. 즉 고조선, 부여·고구려, 진국 내지 여러 열국이 소국 혹은 연맹왕국이었을 단계까지 농촌공동체는 사회의 기본 생산단위였고 읍락사회는 행정기관의 말단 조직이었다.[18] 국왕이 제가(諸加) 계급과 함께 치자(治者)로서 나라를 통치하였지만, 읍락민은 제가가 통주하였으며, 그 사이에 호민(豪民)이 매개하였다. 이 시기의 민인(民人)은 정치조직, 사회편제가 읍락사회 및 그 구성원의 공동체적 편성에 계통을 두고 그 얼개가 짜여진 속에서의 하호(下戶)로 존재하였다. 이러한 국가·사회 구성은 본질상 제가와 하호의 관계가 주노(主奴)관계에 비견되고 노비가 노예적 처지에 있었으므로 체제상 노예제적 구성이었다고 상정된다.[19]

열국 중에서 고조선이 멸망한 이후 중앙집권국가로 발전한 고구려·백제·신라 삼국 초기의 이른바 '부체제(部體制)' 단계는 국가와 민의 관계에서 이러한 노예제적 사회구성에 변화가 초래되기 시작하였다. 특히 4~6세기 철기의 보급과 우경(牛耕)의 확대로 농업생산력이 발달되자 구래의 사회조직 단위였던 읍락공동체를 변화시켰다. 그것은 읍락 내부 농민층의 계층분화와 더불어 읍락공동체의 해체를 결과하였고, 결국 소국이나 부 집단의 이중구조에 기초한 지배체제의 동요로 이어졌다. 이로 인해 국가가 광범한

---

17) 이경식, 2005, 앞 책, 26~27쪽.
18) 이경식, 위 책, 36쪽.
19) 이경식, 위 책, 32~33쪽.

읍락 내 소농민층을 직접 지배·통제할 수 있는 지배체제의 형성으로 귀결되었다.[20]

관료제와 군현제 및 신분제가 정비되는 가운데 읍락사회는 집권 왕조국가의 군현제적 통치체제, 제민(齊民)적 지배질서 속으로 흡수되고 변동되었다. 이로써 제가는 군현제·관료제 내의 관료귀족으로 편성되어 관등제가 정비되었고, 그간 제가·호민의 통주와 지배하에 있던 하호농민이 하호의 노예적 상태에서 벗어나 신분상 법제상 왕조국가의 자유민이 되었다. 국가는 이들 편호(編戶) 소민에 입각하여 제민적 조세제도를 확립하였다.[21] 이러한 변화는 가장 선진적인 고구려의 경우 3세기 전후에 집권관료제와 군현제가 정비되기 시작하였고,[22] 4세기 말~5세기 초 광개토대왕과 장수왕대 평양 천도를 전후한 시기부터 추진된 여러 정치 개혁을 거치면서 제도상으로 정연하게 확립되었으며, 가장 늦은 신라의 경우 6세기 법흥왕·진흥왕대의 율령 반포와 정비로 일단락되었다.[23] 삼국의 이 단계는 고조선 등 고대국가와는 성격이 현저하게 구별되는 특징을 드러냈다.

첫째는 민의 존재 형태가 변화한 것이다. 고대국가는 농촌공동체에 기초한 읍락이 기본 단위가 되었는데, 국왕은 자신이 직접 통치하는 지역을 제외한 지역은 제가에게 그 통치를 위임하였었다. 따라서 제가가 읍락민을 지배하였으며, 그들 민의 지위는 노예적 상태에 있었다. 그런데 4~6세기 농업생산력 발전에 따라 읍락이 해체되면서 민인들은 국가에 의해 직접 지배받는 존재가 되었다. 관료제와 군현제, 그리고 제민적인 조세제도의 확립은 이러한 국가와 민의 관계를 전제로 이루어진 것이었다. 이것은 민의 지위가 향상된 것이고, 국가의 집권력이 강화된 것을 의미한다.

---

20) 전덕재, 1990, 「4~6세기 농업생산력의 발달과 사회변동」, 『역사와 현실』 4, 한국역사연구회.
21) 이경식, 2005, 앞 책, 85~87쪽 ; 전덕재, 2006, 『한국고대사회경제사』, 태학사, 18~19쪽.
22) 여호규, 1995, 「3세기 고구려의 사회변동과 통치체제의 변화」, 『역사와 현실』 15, 한국역사연구회.
23) 이경식, 2005, 앞 책, 68~69쪽.

둘째는 국가가 이처럼 일원적으로 파악한 소민을 보호하는 정책을 적극 펼쳤다는 점이다. 권농정책과 진휼정책이 바로 그것이었다. 삼국기 농업생산의 발달을 추진하던 힘의 바탕은 생산자 농민의 독립성과 집약성에 있었지만, 여기에는 국가 조직 내지 국가권력이 행정적 체계적으로 간여하고 독려하는 농경 진작과 역농(力農) 권장이 있었다. 권농정책이었다.24) 삼국 중 가장 후진적이라고 이해되어 온 신라에서조차 건국 초부터 권농정책을 시행하고 개간을 장려한 것이 주목되며,25) 4세기 이후 농업생산력이 증가되어 농민층 분화가 심화되자 유식자(遊食者)를 토지에 안착시키는 작업도 추진하였다.26)

농업생산력 증가에 따른 계층분화의 진전과 농민들의 유망 증가는 촌락에서 빈부계층 간의 갈등을 심화시켰다. 이는 국가의 지배기반 감소와 아울러 사회체제의 불안 요소가 되었다. 국가는 지배체제를 안정시키기 위하여 농민들의 재생산 기반을 보호해주는 한편, 그들이 더 이상 유망하는 것을 억제하려는 정책을 취하였다. 먼저 삼국은 농민들의 생활안정을 위하여 종자를 개량한다든지 권농정책을 펴서 그들의 재생산 기반 제고에 힘썼다. 또 황무지나 산림을 개간한다든지 저수지나 제방을 축조·정비하여 농업생산 기반을 확대시키려고 노력하였다. 더 나아가 국가는 농업생산에서 유리된 계층을 농업에 종사토록 하기 위해 토지에 다시 긴박시키는 정책을 강력하게 추진하였다. 자연재해로 흉년이 들어 곤궁할 때 농민이 부담하는 공물을 감면해 주는 조치를 취하는 한편, 필요할 때는 역역 부담 의무를 면제해주기도 했다. 그리고 정도가 심한 경우에는 국가에서 창고를 열어 농민들에게 곡식이나 종자를 진휼하였다. 고구려에서 농민들의 생활안정책으로 봄에 곡식을 내어주고, 가을 추수기에 다시 거둬들이는 진대법

---

24) 이경식, 위 책, 62~63쪽.

25) 『三國史記』권1, 新羅本紀 제1, 始祖 赫居世居西干 17년(B.C. 41), "王巡撫六部, 妃閼英從焉, 勸督農桑, 以盡地利"; 同, 婆娑尼師今 11년(A.D. 38) 秋七月, "分遣使十人, 廉察州郡主不勤公事, 致田野多荒者, 貶黜之."

26) 『三國史記』권3, 新羅本紀 제3, 炤知麻立干 11년(489) 春正月, "驅遊食百姓歸農"; 同, 권26, 百濟本紀 제4, 武寧王 10년(510) 춘정월, "下令完固隄防, 驅內外遊食者歸農."

(賑貸法)을 시행한 것은 그 대표적인 사례였다.[27] 진휼정책이었다. 이러한 권농정책이나 진휼정책의 존재는 제가가 읍락을 통주하던 고대국가에서는 상상할 수 없는 것으로서 국가의 성격이 변화된 것을 말해준다고 보아야 할 것이다.

셋째, 국가가 소민을 보호하는 진휼정책, 권농정책을 비롯하여 농업을 장려하는 각종 정책이 앞서 살펴본 바와 같이 4~6세기 농업생산력 발전 이전에 이미 나타나고 있다는 것이다. 여기서 역사 발전에서 국가 그 자체의 역할과 기능이 중요한 요인 가운데 하나였음을 분명히 볼 수 있다. 그렇다면 이른바 '부체제'의 역사적 성격에 대해 다시 생각해 볼 측면이 있는 것 같다. '부체제론'의 중요한 쟁점 가운데 하나는 삼국 초기에 나타나는 부체제의 통치형태를 고조선에서도 인정할 수 있느냐의 여부에 있었다.[28] 그런데 앞서와 같이 삼국 초기에 나타난 국가의 역할과 기능을 염두에 둔다면 양자의 차이점은 통치 형태, 즉 부체제의 존재 여부에 있었던 것이 아니라 국가가 소민을 보호하는 정책을 폈는가의 여부에 있다고 보는 것이 보다 분명할 것 같다. 따라서 삼국 초기 사회가 아직도 제가가 읍락을 통주하였다는 점에서 후기 고조선과 유사하였더라도, 국가가 소민을 보호하는 정책을

---

27) 전덕재, 2006, 앞 책, 41쪽, 177~178쪽. 『三國史記』권16, 高句麗本紀 제4, 故國川王 16년(194) 冬十月, "王畋于質陽, 路見坐而哭者, 問何以哭爲, 對曰, 臣貧窮, 常以傭力養母, 今歲不登, 無所傭作, 不能得升斗之食, 是以哭耳, 王曰, 嗟乎, 孤爲民父母, 使民至於此極, 孤之罪也, 給衣食以存撫之, 仍命內外所司, 博問鰥寡孤獨老病貧乏不能自存者, 救恤之, 命 有司, 每年自春三月至秋七月, 出官穀, 以百姓家口多小, 賑貸有差, 至冬十月還納, 以爲恒 式, 內外大悅." 이외에도 『三國史記』本紀에서는 다수의 진휼 관련 기사를 볼 수 있다(金基興, 1997, 「三國의 對民收取」, 『韓國 古代・中世 支配體制와 農民』, 앞 책, 51쪽 참조). 『三國史記』권1, 新羅本紀 제1, 南解次次雄 15년(18) 秋七月, "蝗, 民饑, 發倉廩救之"; 同, 권23, 百濟本紀 제1, 多婁王 11년(38) 冬十月, "王巡撫東西兩部, 貧不能 自存者, 給穀人二石"; 同, 권14, 高句麗本紀 제2, 閔中王 2년(45) 夏五月, "國東大水, 民饑, 發倉賑給."

28) 대표적인 '부체제론'자인 노태돈은 '후기 고조선과 삼국 초기의 정치 체제'로서 부체제를 상정하였는데(노태돈, 2000, 「초기 고대국가의 국가구조와 정치운영」, 『韓國 古代史硏究』17, 서경문화사, 7쪽), 송호정은 고조선의 지배체제는 삼국과 차이가 있었다는 입장이다(송호정, 2003, 『한국고대사 속의 고조선』, 푸른역사, 477쪽).

폈다는 점에서 그 사회성격을 달리한 것으로 볼 수 있다는 것이다. 여기서는 이러한 이유로 삼국시기 이후를 중세로 구분하는 것이 타당하다고 주장하고자 한다.

고대국가와 중세 국가의 결정적 차이는 국가와 민의 관계가 변화되었다는 것, 집권성이 강화되었다는 것을 그 특징으로 들 수 있다. 4~6세기 이후 중앙집권적 국가체제가 정비된 이후는 분명히 중세 국가로 볼 수 있는데, 이러한 집권체제가 갖추어지지 않았더라도 기원을 전후하여 성립한 삼국 초기에 이미 국가가 소민을 보호하는 정책을 추진함으로써 그러한 지향이 나타났다는 점에서 삼국의 성립을 중세의 시작으로 간주해도 무리가 없다고 본다. 그렇다면 율령 반포를 통해서 관료제와 군현제 및 이에 상응하는 신분제를 확립하고, 제민적 조세제도를 갖춘 중앙집권적 통치체제는 중세 국가의 징표이며, 이 시기를 전후하여 공인된 불교는 중세 이데올로기로 보아야 할 것이다.[29]

넷째, 국가의 소민 보호정책은 왕실을 비롯한 귀족이나 부호층 등 대토지 소유자들의 계급적 이익과는 충돌하였음에도 불구하고 이러한 정책을 마련하고 추진하는 세력이 존재하였음을 말해주는 것이다. 즉 부호층이나 귀족들의 지나친 사적 지배기반의 확대는 농민들의 생산 기반의 파괴로 직결되고, 이로 인하여 빈농들이 유망하거나 부호층 또는 귀족들의 사속민(私屬民)으로 편입되는 현상이 심화되면, 계층간 갈등이 격화되어 국가의 안정을 해칠 우려가 있을 뿐만 아니라 국가의 지배대상, 즉 부세 수취기반이 축소되어 국가 재정이 크게 위축될 우려가 있었기 때문이다.[30] 따라서 삼국기의 정치사를 파악할 때, 귀족국가인가 전제군주국가인가와 같은 유형론적 파악에 그칠 것이 아니라 이러한 정책을 시행하는 과정에서 나타난 찬반에

---

29) 국가와 민의 관계를 중심으로 고대와 중세를 시대구분한다면, '初期 古代國家', '成熟한 古代國家'와 같은 시대구분(김태식, 2003, 앞 논문)은 불필요해질 것이다.

30) 전덕재, 2006, 앞 책, 204쪽. 전덕재는 이것을 '고대국가'의 징표로 보았으나, 여기서는 앞에서와 같은 이유로 '중세 국가'의 지표로 보아야 한다고 본다. 즉 국가에서 '結負制'에 입각한 양전사업을 본격적으로 추진한 것은 생산력 발전의 정도나 그 제도의 특징상 중세에 나타난 것으로 보아야 한다는 것이다.

의해 보수와 진보를 구분하여 역사적 성격을 분명히 할 필요가 있다고 생각된다.

이와 같이 한국사에서 국가는 집권권력의 성립에서 기원하였으며, 집권성의 구현 정도에 따라서 발전이 규정되었다. 농업생산력 발전에 기초하여 원시공동체인 농업공동체가 해체된 가운데 농촌공동체·읍락사회가 광범위하게 성립되었고, 이를 기반으로 하여 여러 소국이 등장하여 연맹왕국 체제를 구축하였다. 고조선은 바로 이러한 이질적인 여러 단계에 있던 공동체와 소국을 통합한 집권력 위에서 구축된 연맹왕국으로서의 고대 왕조국가였던 것이다. 이것은 이미 재산의 사유, 토지의 사적(私的) 소유를 바탕으로 성립하고 또 연계하여 수립한 사회로서, 그 구성원은 제가, 호민, 민, 하호, 노비 등의 신분계급으로 편성되어 있었는데, 이들은 점진적이지만 끊임없이 분화하여 나갔다. 이 과정은 소유관계와 맞물려 진행됨으로써 대토지 소유자, 중·소토지 소유자가 증가하고 종래의 자영소농층에서 몰락 농민이 점증하였다. 몰락농민은 차경(借耕) 농민, 용작(傭作) 농민으로 살아 갔다.

철기의 사용과 보급이 진행되면서 이러한 사태는 한층 급속하고 광범위하게 파급되어 나갔다.[31] 그에 따라 농촌공동체·읍락사회는 갈수록 역할이 축소되어 사적 소유제하에서의 농업생산을 보조하는 기능으로 제한되어 갔다.[32] 철제 농구가 제작·이용되는 단계부터 읍락사회간에, 소국 사이에, 또 계급 간에 새로운 분화와 격차가 촉발되었고, 점차 읍락민 내부에서는 물론이고 읍락과 읍락 사이의, 연맹한 국가간의 연대를 파괴시키고 서로 갈등과 대립·침략으로 치닫게 하였다. 호민층과 읍락민의 대립, 군주권과 읍락집단의 충돌도 격화되었다.[33] 이러한 사회변동에 직면하여 고조선은

---

31) 철기 수용의 단계적 특징에 대해서는 김재홍, 2002, 「고대 사회와 철제 농기구」, 『한국 전근대사의 주요 쟁점』, 역사비평사 참조.

32) 이경식, 2005, 앞 책, 50~51쪽.

33) 이경식, 위 책, 52~53쪽. 단 이경식은 삼국기를 고대로, 통일기 신라 이후를 중세로 구분하였는데, 이는 지주전호제의 전개와 수조권 분급제의 도입을 기준으로 한 것이다. 여기서는 국가와 민의 관계에서 국가의 능동적 역할을 보다 강조하는

집권력을 강화할 수 있는 새로운 조직 원리를 제시하지 못하고 결국 이민족의 침략을 받고 멸망하기에 이르렀다.

고조선·진국의 쇠망과 열국의 대두·성장을 가져오고 있는 사회분화는 읍락 내부에서, 그리고 읍락과 읍락 사이에서, 나아가서는 국왕과 읍락집단 사이에서 끊임없는 갈등과 투쟁이 일어나면서 진행되었다. 국가권력은 이러한 갈등과 투쟁을 조정하고 정리하는 방향에서 성장하고 있었고 그렇게 해야만 권력의 강도가 증대되고 그 기반이 든든해질 수 있었다. 사회문제를 수습하고 대외항쟁을 성공으로 끌어가려면 국왕 권력을 중심으로 한층 강력하게 국가체제를 정비해 나가는 것이 급선무였다. 체제정비와 관련된 각종 정책을 수립하고 제도를 개편하고 물산을 증식하며 민인을 증가시키는 작업도 여기에 입각하여 수행할 수밖에 없었다. 이를 위해서는 중앙집권적 관료제와 군현제를 확립하여 제가의 통주하에 있던 읍락 및 읍락민을 국왕·국가의 군현 및 민인으로 파악해야만 했다. 이처럼 집권력을 강화하려면 생산과 농민을 민생안정 차원에서 보호하고, 제가층·귀족층의 사적·분권적 성격을 견제하고 관료제하의 신료로 전환시키는 절차가 요구되었다. 이것은 사회구성원의 재배분과 재조직으로서 신분제의 재편으로 귀결되었다.[34]

고조선 멸망 이후 여러 열국 가운데 이러한 집권국가의 형성에 성공한 것이 고구려·백제·신라 삼국이었다. 삼국이 중앙집권적 통치체제를 확립한 것은 4~6세기 농업생산력의 발전을 기다려야 하였지만, 이들 국가는 건국 초기부터 이미 이러한 방향 속에서 국가를 운영하고 있었다. 건국 초기부터 진행된 권농정책과 진휼정책은 특히 국가와 민의 관계라는 측면에서 고조선·진국과는 현저하게 구별되는 측면이었다. 고조선·진국이 고대국가라면 삼국은 이미 건국 초기부터 중세 국가의 면모를 보인 것이었다. 즉 한국사에서 중세 국가는 출발 그 자체가 새로운 국가를 만들기 위한 의식적 노력 속에서 이루어졌다는 특징을 갖는다. 그리고 고대국가에 비해 집권성이 차원을 달리하여 강화되었으며, 여기에는 국가가 소민을 보호해야 한다는

입장에서 삼국기부터 중세로 보고자 한다.
34) 이경식, 위 책, 57~58쪽.

기본 전제가 깔려 있었던 것이다. 이처럼 우리 역사에서 집권성의 강화는 역사의 발전을 의미하였으며, 소민 보호는 중세 국가 성립의 기본 전제를 이루었다. 이러한 경향성은 삼국간의 전쟁이 정복전쟁에서 통일전쟁으로 성격이 변동되면서 가속화되어 신라 통일기에 이르면 중세 국가의 면모를 새롭게 정비하기에 이른다.

2) 중세 국가의 발전 논리 - 집권성과 분권성의 길항관계

한국 중세 국가는 집권적 봉건(封建)국가로 규정할 수 있다. 앞서 살펴본 바와 같이 집권성은 한국사에서 국가가 기원한 이래 고유한 특징이었다. 그러나 집권성이 강화되었다고 해서 그것이 절대적인 것은 아니었다. 중세 국가는 고대국가에 비해서는 집권성이 강화되었지만 근대·현대 국가에 비하면 그 시대적 한계가 뚜렷한 것이었다. 중세 국가의 집권력은 기본적으로 생산력 수준에 의해 규정되었으며, 당시의 지배적인 사상과 제도의 한계를 반영하고 있다. 다만 여기서 분명히 말할 수 있는 것은 집권력이 강화되는 과정이 중세 국가의 발전과정이라는 점이다.

중세 국가에서 집권성이 강화되는 과정은 삼국기, 통일기 신라, 고려, 조선의 권력구조나 관료제도의 운영, 지방제도를 비롯한 군사제도, 교육제도 등 각종 제도의 변천을 통해서 상세하게 규명되었다.[35] 예컨대 통일기 신라에서는 신문왕이 김흠돌의 난을 계기로 귀족세력을 대대적으로 숙청하고, 중앙통치조직, 지방통치조직, 군사조직을 정비하였을 뿐만 아니라 녹읍을 폐지하고 문무(文武) 관료전을 지급하였다. 이로써 삼국기와는 비교할 수 없을 정도로 국왕 중심의 강력한 중앙집권체제가 확립되었다.[36] 이러한

---

35) 삼국기와 통일기 신라에 대해서는 주보돈, 2008, 「정치체제」, 한국사연구회 편, 앞 책 참조. 통일기 신라, 고려, 조선에 걸쳐서 집권관료제가 단계적으로 발전한 것에 대한 상세한 연구로는 南智大, 1997, 「集權官僚制論」, 『韓國史 認識과 歷史理論』, 앞 책 참조.

36) 裵琮道, 1995, 「전제왕권과 진골귀족」, 한국역사연구회 엮음, 『한국역사입문②』 중세편, 풀빛, 41~42쪽.

집권성의 강화에 힘입어 성덕왕 때는 정전(丁田)을 지급할 수 있었으며, 경덕왕대 중앙통치기구 및 지방의 군현 이름을 중국식으로 고치면서 전제왕권을 재정비·강화하였다.

이와 함께 오랜 통일전쟁기를 거치면서 발생한 인구의 엄청난 감소와 유이, 농토의 황폐화로 인한 생산력의 파괴와 위축, 경제파탄과 사회피폐 및 민심 소요를 극복하기 위한 각종 정책이 시행되었다. 민심 수습과 민인 안정을 위한 고구려·백제 유민의 포섭과 민력(民力)의 휴식 조치, 농지의 개척·개간 및 농법의 개량, 저수지의 보수·신축과 하천의 제방 공사 등을 추진한 것이 그것이었다. 즉 권농정책과 진휼정책이 중세 국가 초기의 그것과는 차원을 달리하여 확대·심화되었던 것이다. 이와 다른 한편으로는 귀족관료에 대해 대대적인 사전(賜田)을 단행함으로써 귀족관료 사이의 토지소유의 불균등을 해소하는 한편 녹읍(祿邑)을 혁파하고 귀족관료에 대한 공식 대우는 녹봉(祿俸)으로 단일화하였다.[37)]

이로써 집권성이 강화되고 강력한 전제왕권을 구축하였지만 그것은 골품제도의 한계 내에서의 일이었다. 신문왕대 설치된 국학(國學)이 실효를 발휘하지 못한 것에서 이미 그러한 한계는 드러나고 있었다. 녹읍의 혁파나 국학의 설치, 원성왕대 독서삼품과의 도입은 분명 진골귀족의 횡포를 초래한 골품제도의 모순을 완화시켜보려는 노력이었으나, 이는 경덕왕대 녹읍 부활을 시작으로 수조권을 매개로 한 귀족들의 토지지배가 확대되기 시작하면서 결국 하대 사회의 혼란으로 귀결되고 있었다. 이것은 통일기 신라의 정책이 집권성과 분권성의 상호 모순 대립 속에서 실효를 거두지 못하고, 결국 분권성이 강화되면서 왕조의 몰락을 초래하였음을 의미하는 것이었다. 관료제는 신분제 위에서 운영되었는데, 관료의 대부분은 관료이기 이전에 이미 독자적인 경제기반을 가진 대지주였으므로, 집권성의 약화는 이들의 분권적 사적 지배를 통제하지 못하는 결과를 초래하기 마련이었다. 즉 관료는 본질상 공적인 측면과 사적인 측면을 갖는데,[38)] 이것은 집권성과

---

37) 이경식, 2005, 앞 책, 108~115쪽.
38) 남지대, 1997, 앞 논문, 329쪽.

분권성을 각각 반영한 것으로서, 중세 국가는 이들 양자가 모순·대립하는 가운데 운영될 수밖에 없었다.

이처럼 중세 국가의 관료가 가진 사적인 측면은 분권성으로 발현되고 이것은 신분제를 매개로 작용한다는 점에서 봉건성을 그 특징으로 한다. 즉 중세 국가를 '집권적 봉건국가'로 규정하는 것은 다음과 같은 의미에서이다. 중세 국가는 한국사에 고유한 국가의 연원과 중세 국가로 성립되는 사정에서 집권성을 그 고유한 특징으로 하고, 또한 지향하였다. 이러한 국가는 소민 보호정책을 존립의 관건으로 삼고 있으며, 이는 주로 강력한 왕권에 의해 추진되었다. 그러나 이러한 정책을 추진하는 주체인 관료들은 대지주로서 민에 대한 사적 지배를 통해서 그 계급적 이익을 실현하려는 존재였으므로 분권적 봉건성을 내재적 속성으로서 갖고 있었으며, 신분제는 이러한 특권을 국가가 공인한 제도였다. 중세 국가의 이러한 모순적 성격을 집약하여 표현한 개념이 바로 '집권적 봉권국가'였던 것이다.

이처럼 중세 국가가 집권성과 봉건성의 모순·대립과 통일 속에서 구현한 독특한 제도가 바로 수조권 분급제도였다. 수조권 분급제도는 집권성과 봉건성이 결합된 한국 중세 특유의 토지제도였다. 우선 중세 수조권 분급제도는 사적 토지소유의 광범위한 발전 위에서 성립하였다.[39] 사적 토지소유는 농촌공동체 단계에서 발생하였으나 고대에는 제가의 하호에 대한 노예제적 지배가 관철되면서 지주전호제(地主佃戶制)가 본격적으로 전개되지는 못하였다. 지주전호제는 제가의 하호 지배를 특징으로 하는 읍락이 해체된 뒤에 본격적으로 전개될 수 있었다. 즉 지주전호제는 중세에 특유한 경제제도였던 것이다.

중세에는 왕실과 귀족 지배층의 대토지소유도 발달하였지만, 자영농민과 영세소농, 빈농 등 역시 광범위하게 존재하였다. 중세 국가는 이들의 사적 토지소유를 보장하는 정책을 취하였지만, 대토지소유의 지나친 확대로 인한 자영농민의 몰락 내지 감소는 국가의 존립을 위협하는 것으로

---

39) 김용섭, 2000, 앞 책.

간주하였다. 이에 대한 문제의식이 첨예하였음은 중세 국가 발생 초기부터 권농정책과 진휼정책을 시행한 것을 보면 분명해진다. 즉 지배층의 대토지 소유 확대는 국가의 존립과 모순·대립하는 관계를 형성하고 있었던 것이다.

이러한 사적 토지소유관계 위에서 고려시기에서 조선초기에 걸쳐서 전시과(田柴科), 녹과전(祿科田), 과전법(科田法)이라고 하는 수조권(收租權)을 분급하는 토지제도가 시행되었다. 이는 신라 통일기의 녹읍을 계승한 제도로서, 문무 관료, 향리, 군인, 공음(功蔭)자 등 봉건 지배층에게, 그들의 봉건왕조에 대한 봉사와 충성의 대가로, 신분직역의 높고 낮음에 따라서 토지의 수조권을 지급하는 토지 분급제도였다.[40] 봉건 지배층이 향유한 수조권 그 자체는 국왕으로 대표되는 국가에서 지급하는 것이었으므로, 집권성의 표현이었지만, 이것은 자영농민으로 대표되는 사적 토지소유자의 소유권을 제약하고 지배하는 근거가 된다는 점에서 지배층의 사적인 이익을 실현하는 분권성으로 발현될 소지가 있는 제도였다. 특히 봉건 지배층은 수조권을 매개로 하여 대토지소유를 확대시킴으로써 국가의 위기를 심화시키는 폐단이 신라와 고려의 왕조 말기에 반복적으로 발생하였다.

수조권 분급제도가 본격화된 고려시기 이후 집권화를 지향하는 봉건국가의 관료체제적 속성과 지방에서 경제적 이권을 추구하는 귀족층의 분권적 성향이 상반하는 가운데 모순은 심화되고 있었다.[41] 수조권을 둘러싸고 국가 수조[公田]와 과전주 수조[私田]의 대립이 발생할 수밖에 없었으며, 아울러 수조권을 취득하기 위한 귀족관료층 상호간의 대립도 일어나서 사회혼란을 피할 수 없었다. 그뿐만 아니라 귀족관료층, 즉 과전주에 의한 수조지의 확대는 궁극적으로 농민적 토지소유권을 침해하게 되어 수조권자[田主]와 소유권자[佃客] 사이에 타협할 수 없는 이해관계의 충돌이 불가피하였다. 이러한 모순은 고려시기 거의 모든 정치적 사건의 배경이 되었으며, 결국 고려왕조의 존립 자체를 위협하게 되어 신흥 관료층과 농민들이 협력하여 고려에서 조선으로 왕조를 교체시키기에 이르렀다. 이것은 또한 집권

---

40) 김용섭, 위 책, 27쪽.
41) 김용섭, 위 책, 30쪽.

적 봉건국가의 집권체제를 강화시키는 과정이기도 하였다.

여말선초 생산력·토지소유관계의 변동은 바로 국가권력이 관료제를 정비하고 집권력을 강화할 수 있는 배경이자 동력으로 작용하였다. 성장하는 농민층의 요구를 수용하려면 토지와 농민에 대한 법제적 공적 지배를 실현해가야 했으며, 이것은 집권체제를 강화하는 일과도 직결되었다. 이를 위해서는 귀족적 지방적 지배력, 즉 사적 분권성을 억제하는 일이 필수적이었는데, 여기에 수조권 분급제는 큰 걸림돌이 되었다. 조선왕조 건국 직전에 공포된 과전법은 수조권의 재분배라는 점에서는 왕조교체까지 몰고 온 커다란 개혁이었지만 토지분급제는 물론 소유권에 입각한 지주전호제에는 아무런 변화가 없었다. 수조권자와 소유권자 사이의 대립이 심화되었을 뿐만 아니라 과전 수수(授受)의 곤란과 불균으로 국가와 양반, 양반과 양반 사이의 대립 또한 격화되었다.[42] 세조대 직전법, 성종대 관수관급을 거쳐서 결국 중세 국가에 고유한 수조권 분급제도는 폐기되기에 이르렀다. 이 과정은 토지의 수조권자와 소유권자가 대립하는 가운데 수조권에 입각한 전주전객제(田主佃客制)가 해체되는 과정이었다. 그 후에는 소유권에 입각한 지주전호제만이 유일한 봉건적 경제제도로 남게 되었다. 이처럼 한국 중세 국가에서 수조권 분급제의 등장과 발전·소멸 과정은 집권성과 분권성이 갈등·길항하는 과정이었으며, 16세기 수조권 분급제의 소멸은 그것이 집권성의 강화로 귀결되었음을 보여준다.

3) 공공성의 단계적 확장과 왕권

나말여초와 여말선초의 사회변동은 한국중세사에서 국가의 집권성을 강화시키는 각종 제도와 법령이 새롭게 마련되는 계기가 되었는데, 그것은 왕권 강화를 수반하거나 강력한 왕권에 의해 추진되었다. 그렇지만 이 시기의 집권성 역시 그 시대적 제한성을 벗어날 수는 없었다.

---

42) 金泰永, 1983, 『朝鮮前期 土地制度史硏究』, 지식산업사 ; 李景植, 1986, 『朝鮮前期 土地制度硏究』, 一潮閣.

나말여초의 사회변동은 한국사에서 보기 드물게 분권적 지향이 정착된 시기였다. 통일기 신라 정부의 중앙집권적 통제가 와해됨에 따라서 향촌민의 몰락과 저항이 격렬하게 전개되었으며, 그 와중에서 호족집단이 중심이 된 새로운 지배 영역이 전국 각지에 널리 발생하였다. 이로 인해 고려시기 지방제도의 변천 과정에서 드러나듯이 집권체제의 구심력보다는 향촌사회의 원심력이 더욱 두드러진 시기였다.[43]

신라의 집권체제는 지방인에 대한 왕경인의 우위, 다시 왕경인 내부에서도 진골 귀족의 권력 독점을 보장하는 방향에서 성립되어 통일 이후에도 그 기본 원리는 변화되지 않았다.[44] 문무·신문왕대에서 성덕·경덕왕대에 걸쳐서 강력한 왕권에 의해 집권체제가 정비됨에 따라서 농경지가 회복되고 농민의 정착·안정이 이루어져[45] 농업생산력 또한 발전되었지만, 이후 집권체제를 진골 중심, 경주 중심으로 배타적으로 운영함으로써 이를 체제 내로 수렴하지 못하고 지방민과의 갈등을 심화시켰던 것이다.[46]

신라 하대 토지소유 관계의 변동과 부세제도의 모순, 그 폭발로서의 농민항쟁은 외거 귀족 및 그 후예, 재지 촌주 등을 지방호족으로서 분권 봉건적으로 성장시키고 신라왕조의 집권 봉건과 대결하도록 하는 가운데 신라의 국가·사회를 와해시켜 나가는 한편, 아울러 호족이 다시 연대하고 통합하여 새로운 집권 봉건왕조를 건립하도록 촉구하고 있었다. 이 과정에서 토지제도와 부세제도, 신분제, 그리고 관료제와 군현제는 재편성되거나 전면 교체되지 않을 수 없었다.[47]

이 시기에 새롭게 등장한 지방 호족은 기본적으로 대토지 소유자로서 농민을 경제적으로 지배하였을 뿐만 아니라 독자적인 관반(官班) 조직과 사병(私兵)을 거느리고 정치적 군사적 지배를 동시에 수행하였다. 뿐만

---

43) 具山祐, 2003, 『高麗前期 鄕村支配體制 硏究』, 혜안, 570쪽.
44) 하일식, 2006, 『신라 집권 관료제 연구』, 혜안, 367쪽.
45) 이경식, 2005, 앞 책, 122쪽.
46) 한정수, 2007, 『한국 중세 유교정치사상과 농업』, 혜안, 264쪽.
47) 이경식, 2005, 앞 책, 157쪽.

아니라 이들은 이 시기 농업생산력 발전을 주도하고, 성황신이나 산신에 대한 공동제사나 향도(香徒) 조직을 통하여 지역민과의 유대를 강화하기도 하였다. 또한 지방학교 운영을 통하여 교화의 기능을 담당하거나 중앙권력을 대신하여 수리관개 시설의 관리와 운영을 주도하는 등 권농에 앞장서고, 구휼 기능을 수행한 것이 주목된다.[48] 이것은 나말여초의 호족이 한국사에 보기 드물게 분권성을 구현하였지만, 그들이 지역사회를 지배하는 과정에서는 공공성과 집권성의 원리가 관철되고 있음을 보여준 것이었다. 그리고 이들이 주도하여 후삼국으로 분립되었다가 통일 전쟁을 거쳐서 고려왕조가 성립되는 과정 역시 집권성이 한국사에 고유한 내재적 속성임을 다시 한 번 확인시켜 준다.

신라 하대 중앙집권 체제의 문란과 그로 인한 농민항쟁의 전개, 지방호족의 할거 등으로 인한 여러 계급·계층간의 대립·갈등을 '취민유도(取民有度)'를 통한 농민 안정, '중폐비사(重幣卑辭)'로 압축되는 호족 회유·포섭, 신라의 마지막 왕인 경순왕과 후백제의 견훤의 귀부(歸附)를 유도하는 탄력적인 정치 지도력을 통해서 후삼국을 통일하고 강력한 왕권을 구축한 태조 왕권의 정치적 리더십은 높이 평가된다.[49] 그러나 태조가 사거한 이후 파행적 왕위계승이나 3성 6부와 중추원으로 대표되는 중앙관제의 성립, 그리고 지방제도가 정비되기까지 거의 100여 년 가까이 걸렸고, 그것도 조선왕조의 그것에 비하면 매우 불완전한 것이었음을 보면 나말여초 사회변동의 주역이었던 지방호족 세력에 의해 발휘된 원심력이 상당한 것이었음을 알 수 있다.

이로 인해 고려전기의 집권적 봉건국가 체제를 정비하는 과정은 집권성과 봉건성의 격렬한 상호작용 과정 바로 그것이었다. 비록 고려의 국왕은 국정의 최고 결정권자였고, 권력관계와 국정운영의 정점에 있는 존재였지만, 국왕과 신료가 합의하에 국정을 운영해야 한다는 원칙이 강조되고

48) 蔡雄錫, 2000, 『高麗時代의 國家와 地方社會 - '本官制'의 施行과 地方支配秩序』, 서울대 출판부, 322쪽.
49) 河炫綱, 1993, 「槪要」, 『한국사 12』, 국사편찬위원회, 2~3쪽.

재상(宰相)의 봉박권(封駁權)이나 간관(諫官)의 간쟁권(諫諍權) 등과 같이 국왕의 독주를 견제하는 제도적 장치들이 속속 마련되었다.[50] 성종대에서 현종대에 걸친 일련의 향촌지배층에 대한 통제 정책을 통해서 관 주도 향촌지배체제가 확립되어 집권성이 강화되기는 하였지만 그 과정이 국가권력의 압도적 우위 속에서 일방적으로 전개될 수는 없었다. 나말여초 호족의 후예인 향리층을 중심으로 한 향촌 지배층은 당시 관료군의 공급원으로서 중앙집권세력의 모집단을 형성하고 있었고, 동일 본관(本貫)으로 묶어지는 재경(在京)−재지(在地) 세력의 굳건한 유대관계가 엄존하던 상황에서 집권력은 한계를 가질 수밖에 없었다.[51] 이 시기의 지방제도는 주현과 속현의 구분, 일반 군현 지역과 부곡제 지역의 구분으로 나타나는 본관 지역간의 계서적인 분열 지배방식을 택하였다. 이와 같은 계서적 분열 지배방식은 당시 향촌 지역공동체들의 존재 양태를 바탕으로 한 것이면서도 지방세력의 할거나 민의 유망·항쟁을 누르기 위한 중앙정부의 지배 의지가 구현된 것이었다.[52]

이와 같이 집권성을 강화하기 위한 노력은 강력한 왕권에 의해 추진되었다. 물론 광종대처럼 강력한 왕권에 의해 공공성과는 거리가 먼 정책이 시행되기도 하였지만 이것은 당시의 정치적 역학관계와 사상적 한계를 반영한 불가피한 측면이 있었다.[53] 그리고 외척과 측근세력의 전횡이 나타나기도 하였지만 그것은 일시적인 현상에 머물 수밖에 없었다. 그것은 국가의 위기로 직결되기 때문이었다. 또한 지배층이 개혁을 반대하거나 방해하는 일이 많았으므로 사회모순을 타개하기 위한 개혁을 추진할 경우

---

50) 박재우, 2005, 앞 책. 여기서는 고려전기 왕권의 위상이 강력한 것이었음을 밝혀서 고려 귀족제설을 반박하였다.

51) 구산우, 2003, 앞 책, 564~570쪽.

52) 채웅석, 2000, 앞 책, 332쪽.

53) 金甲童, 1993, 「왕권의 확립과정과 호족」, 『한국사 12』, 국사편찬위원회, 99~117쪽. 광종의 호족에 대한 무자비한 숙청은 성종대 최승로에 의해 비판되었다. 김갑동은 광종이 '불교를 혹신하여 많은 전곡을 탕진'하였으며, "이것이 결국 광종의 개혁을 실패로 돌아가게 한 요인이었다"고 지적하였다(위 책, 115쪽).

국왕은 불가피하게 측근세력에 의지할 수밖에 없는 경우가 많았다. 고려전기에서 정치가 문란한 것으로 인식된 12세기에도 국왕에 의한 개혁 추진 노력은 꾸준히 전개되었으며,[54] 몽고 침략 이후인 원 간섭기에도 마찬가지였다.[55] 여말선초의 사회변동에 의해 고려에서 조선으로 왕조가 교체되는 것과 함께 중세 국가가 일정하게 발전할 수 있었던 것은 이 시기의 꾸준한 제도적 모색의 결과이기도 하였다.[56]

여말선초의 사회변동은 단순한 왕조 교체에만 머문 것은 아니었다. 비록 동일한 중세사회 내부에서의 변화이고 집권적 봉건국가라는 본질에는 변함이 없었지만 집권성의 강화와 국가 공적 영역의 확장이라는 방향 속에서 새로운 국가 운영 원리를 모색하고 정착시켰다는 점에서 일정한 질적 변화를 수반한 것이었다.

조선왕조의 건국 세력은 이러한 역사적 과제를, 고려왕조가 남긴 제반 폐단을 제거하고 새롭게 집권체제를 정비하는 것으로 수행하려 하였다. 정치적으로는 중앙집권적 관료제와 군현제의 정비, 경제적으로는 토지제도와 조세제도의 개혁, 사회적으로는 양천제에 기초한 사회 신분질서의 확립, 사상적으로는 유교·주자학에 입각한 사상 교화 정책의 추진 등이 바로 그것이었는데, 이러한 시책들은 봉건국가 자체의 집권력 강화라는 일관된 방향 속에서 추진되었으며, 여기에는 국가의 농민 파악을 강화시킴으로써 권문귀족 및 지방 토호 세력에 의한 무차별적인 농민수탈과 같은 사적 지배를 배제하려는 의도가 깔려 있었다. 즉 조선왕조 국가의 체제 정비 과정은 공공성이 이전 시기에 비해 확대·강화되는 과정이었던 것이다.

---

54) 南仁國, 1993, 「귀족사회의 전개와 동요」, 『한국사 12』, 국사편찬위원회 ; 한국역사 연구회 공동연구, 1993, 「12세기 전반기 정치세력과 정치운영」, 『역사와 현실』 9, 한국역사연구회.

55) 권영국, 1992, 「14세기 전반 '개혁정치'의 내용과 그 성격」, 『역사와 현실』 7, 한국역 사연구회 ; 이익주, 1992, 「충선왕 즉위년(1298) '개혁정치'의 성격」, 『역사와 현실』 7.

56) 이익주, 1995, 「공민왕대 개혁의 추이와 신흥유신의 성장」, 『역사와 현실』 15 ; 홍영의, 1995, 「고려말 신흥유신의 추이와 분기」, 같은 책 ; 최연식, 1995, 「공민왕의 정치적 지향과 정치운영」, 같은 책.

그 과정은 기본적으로 농업생산력 발전에 기초한 농민의식의 성장에
의해 추동된 것이었는데, 이로 말미암아 지배층과 피지배층 사이의 갈등은
물론 지배층 내부에서도 이해관계에 따라서 격렬한 정치적 대립 갈등을
피할 수 없었다. 이는 왕조 교체 과정에서도 나타났지만 조선왕조가 성립된
이후에도 왕자의 반란, 파행적 왕위계승을 비롯한 허다한 정치적 사건으로
표출되었다. 조선초기의 정치적 갈등은 이처럼 집권력의 강화, 국가 공적
영역의 확장이라는 방향에 대한 찬반에 의해 그 성격을 규정할 수 있다.
조선초기 의정부-6조-각사 체제가 제도적으로 마련되었음에도 불구하고
의정부 서사제와 육조 직계제를 두고 군주와 신료들 사이에 정치적 긴장관
계가 조성된 것도 바로 그와 같은 국가 운영 방향에 대한 입장 차이와
관련되어 있다.[57]

이 시기 왕권과 신권의 갈등은 집권성과 봉건성 사이의 갈등의 또 다른
표현이었다. 태종대도 그러하였지만, 흔히 '왕권과 신권'을 조화시켜 '이상
적인 유교정치'를 구현하였다고 칭송해 마지않는 세종대에도 이러한 갈등은
격렬하게 전개되었다. 이는 한글 창제 과정이나 공법(貢法)이 제정되는
과정에서 잘 드러났다.[58] 세종이 신료들의 거센 반대를 무릅쓰고 추진한
이들 정책은 집권성을 강화하여 소민을 보호하려는 일관된 목적 아래 추진
되었다. 세조가『경국대전』편찬에 착수하여 성종대에 그것을 완성·반포한
것은 이러한 집권국가의 지향을 영세불변의 법전으로 담아낸 것이었다.
신료들 사이에서는 이러한 방향성에 대하여 찬반이 나뉘었는데, 세조는
강력한 왕권으로 반대하는 신료들을 제압하면서 이를 추진하였다. 즉 공공
성이 확대·강화되는 과정은 강력한 왕권에 의해 추진되었다고 볼 수 있다.
그 과정에서 공신 세력이 양산되어 성종대 이후 훈구 세력이 형성되기에
이르렀다. 훈구 세력은 세조가 사거한 뒤 자신들의 이해관계에 따라『경국대
전』을 수정하고, 사적 권력 추구에 골몰하였다. 아울러서 감사와 수령

---

57) 김용흠, 2008, 「정치세력과 정치운영」, 한국사연구회 편, 앞 책, 365~366쪽.
58) 김용흠, 2007, 「조선 세조대 정치를 보는 시각과 생육신」,『역사와 현실』64, 한국역
   사연구회.

등 지방관이 법전에 규정된 역할을 제대로 수행하지 못함으로써『경국대전』은 반포되자마자 그 모순을 드러내었다.[59]

당시에 과거를 통해 새롭게 등장한 신진관료들이 이들 훈구 세력의 권력 독점과 비리 행위를 비판하면서 중앙 정계에 사림 세력이 형성되었다. 이들 사이의 정치적 대립 갈등은 결국 사화(士禍)로 표출되었다. 사화로 인해 중앙 정계 진출이 좌절된 사림 세력은 향약과 서원을 통해 향촌 사회의 주도권을 장악해 들어갔고, 이를 바탕으로 선조대 이후 중앙 정계를 지배할 수 있었다.[60]

수조권 분급제가 폐기된 이후 양반 사족들은 매득(買得)과 겸병, 개간을 통해서 대토지 소유를 확대시키고 지주경영에 열중하였다. 지배 신분계급인 양반 사대부는 스스로 국가로부터 독립하고 자유로울 수 있는 처지를 갖춘 자득(自得)하는 세력이었다. 이들이 자득하는 명분은 도(道)와 의(義)였다. 농장을 경영하고 원당(願堂)을 두고 학교를 열고 때로는 의창(義倉)도 설치하면서 풍교(風敎)를 유지하는 것은 그 일환이었다. 국가권력을 공적 질서로 절대화하면서 이와 연대하여 민인을 지배하고 국가를 통치하던 처지에서 양반 사대부는 이러한 처신을 '봉건'으로서 하고 있었다. 이 시기 양반의 토지소유는 정치·사회적으로 봉건으로서의 토지소유였다. 토지 겸병은 봉건적 토지소유의 발현이고, 그 경영은 봉건 지주경영이었다. 양반=봉건은 곧 천리였고 그 봉건론은 의리론의 핵심이었다.[61] 조선왕조는 양반의 이러한 위치와 역할을 국가권력으로 보장하고 용인하는 가운데 운영될 수밖에 없었다. 수조권 분급제가 폐기된 뒤 조선왕조 국가에서 집권성과 봉건성의 모순·대립은 여기서 발생되고 있었다. 16세기에는 수조권 분급제가 폐기되고 지주전호제가 본격적으로 발전하기 시작하는 것과 함께 이황(李滉)과 이이(李珥)로 대표되는 조선성리학(朝鮮性理學)이 형성된 것은 바로 이러한 사정을 배경으로 한 것이었다.

---

59) 김용흠, 위 논문.

60) 김용흠, 2008, 앞 글, 366~367쪽.

61) 이경식, 2005, 앞 논문, 40~43쪽.

그런데 사림 세력이 향약과 서원을 통해서 향촌사회를 장악한 뒤, 주자학 정치사상으로 무장하고 중앙 정계를 장악하자마자 붕당을 형성하여 분열·대립하였다. 이로 인해『경국대전』체제의 모순을 해소하려는 제반 제도 개혁은 뒷전으로 밀려날 수밖에 없었으며, 신권이 왕권을 압도하는 가운데 중앙정계에서 양반지주층의 봉건적 권력투쟁은 격화되었다. 왜란과 호란으로 인한 국가적 위기는 그 필연적 산물이었다.

4. 맺음말

우리 역사에서 등장한 최초의 국가는 집권성을 내재적 속성으로 하면서 출발되었다. 고조선을 비롯한 부여·진국 등은 발전 단계에서 다양한 편차를 보인 농업공동체, 농촌공동체, 읍락, 소국 등을 통합하는 집권권력을 구축하여 고대국가로 발전하였으며, 제가·호민·민·하호·노비 등 신분계급으로 편성된 노예제 단계의 국가였다. 그러나 아직은 제가가 읍락을 통주하였다는 점에서 집권력에 한계를 지닌 국가이기도 하였다.

철기가 전래되어 농업생산력이 발전하면서 읍락사회가 분해되는 가운데 새롭게 등장한 고구려·백제·신라는 건국 초기부터 권농정책과 진휼정책 등 소민을 보호하는 정책을 펼치면서, 제가의 통주 아래 있던 읍락민을 군현제 하의 민인으로 파악해 가기 시작했다. 이러한 변화가 제도적으로 완비된 것은 4~6세기 철기가 더욱 발전하고 우경이 보급되어 읍락이 해체되는 단계를 기다려야 하였지만, 국가와 민의 관계라는 측면에서는 고대국가와 구별되는 특징을 뚜렷하게 드러냈다는 점에서 중세 국가로 규정하였다. 즉 읍락이 변화·해체되기 시작하는 단계에서 시행된 권농정책과 진휼정책은 중세 국가의 고유한 특징과 기능을 드러낸 것이었다. 이것은 중세 국가가 고대국가에 비해 집권성이 차원을 달리하여 강화되었으며, 소민 보호를 국가 존립의 관건으로 삼고 있음을 보여준 것이었다. 이처럼 우리 역사에서 집권력의 강화는 역사의 발전을 의미하였으며, 소민 보호는 중세 국가 성립의 기본 전제를 이루었다.

　한국 중세 국가는 집권적 봉건국가였다. 중세 국가의 집권력은 기본적으로 생산력 수준에 의해 규정되었으며, 여러 계급·계층의 역학 관계 및 당시의 지배적인 사상과 제도의 한계를 반영하고 있었다. 중세 국가는 소민 보호를 존립의 관건으로 삼고, 강력한 왕권에 의해 이를 추진하였다. 그러나 이러한 정책을 추진하는 주체인 관료들은 대지주로서 민에 대한 사적 지배를 통해서 그 계급적 이익을 실현하려는 존재였으므로, 분권적 봉건성을 내재적 속성으로 갖고 있었다. 중세 국가의 신분제는 이들의 특권을 국가 공인한 제도였다. 따라서 중세 국가는 집권성과 봉건성의 상호 모순·대립, 통일 속에서 운영될 수밖에 없었다.

　한국 중세 국가가 집권성과 분권성의 모순·대립과 통일 속에서 구현한 독특한 제도가 바로 수조권 분급제도였다. 봉건 지배층이 향유한 수조권 그 자체는 국왕으로 대표되는 국가가 충성과 봉사에 대한 대가로서 지급한 것이었으므로 집권성의 표현이었지만, 이것은 자영농민으로 대표되는 사적 토지소유자의 소유권을 제약하고 지배하는 근거가 된다는 점에서 지배층의 사적 이익을 실현하는 분권성으로 발현될 소지가 많은 제도였다.

　통일기 신라의 녹읍을 이어서 고려의 전시과와 녹과전, 조선의 과전법 등으로 이어진 수조권 분급제도의 변천은 사전 수조권이 축소·약화되는 과정이었으며, 이는 국가의 집권력이 강화되는 과정이기도 하였다. 즉 집권화를 지향하는 봉건국가의 관료체제적 속성과 지방에서 경제적 이권을 추구하는 지배층의 분권적 성향이 상반하는 가운데 모순은 심화될 수밖에 없었는데, 중세 국가는 이를 집권력 강화를 통해서 해소해 왔던 것이다. 그 과정에서 결국 고려에서 조선으로 왕조가 교체되었으며, 조선왕조가 성립되고 나서도 15세기 『경국대전』 체제가 완성되기까지 왕자의 반란, 파행적 왕위계승 등 허다한 정치적 갈등을 겪지 않으면 안 되었다. 그 과정에서 결국 사전 수조권은 완전히 소멸하고 토지제도로서는 소유권에 입각한 지주전호제만이 남게 되었다.

　그와 함께 양반 사대부에게는 대토지 소유만이 유일한 경제적 기반이 되었다. 이들은 지방에서 토지겸병을 통해 농장을 경영하고, 서원과 향약을 통해 농민을 지배하면서 국가에 대해서는 '봉건'으로 자처하였다. 양반=봉건은 곧 천리였고 그 봉건론은 의리론의 핵심이었다. 16세기 이황과 이이에 의해 조선성리학이 형성된 것은 바로 이러한 배경 속에서 이루어졌다. 『경국대전』 체제는 이제 이들의 특권과 지위를 보장하는 제도적 근거가 되었으므로 이들이 『경국대전』 체제의 모순을 개혁하는 일에 나서는 것은 쉬운 일이 아니었다. 선조대 사림이 집권하자마자 붕당을 형성하여 분열·대립하면서 제반 제도개혁이 뒷전으로 밀려나고, 왕권은 약화되었다. 양란으로 인한 국가적 위기가 심화된 것은 그 필연적 산물이었다.

신라에서 고려로, 그리고 고려에서 조선으로 왕조가 교체되는 과정에서 집권성과 분권성이 모순·대립하는 가운데 집권성을 강화시켜서 국가적 위기를 타개하기 위한 노력이 지속적으로 이루어져 각종 제도와 법령이 단계를 달리하면서 발전하였다. 그것은 왕권 강화를 수반하거나 강력한 왕권에 의해 추진되었다. 왕권이 강력할 때 항상 집권성이 강화된 것은 아니었지만, 강력한 왕권이 없이는 집권성이 강화되고 공공성이 확대되기 어려웠음을 우리 중세사는 보여주었다.

조선시기에는 왕권과 신권의 갈등이 본격화된 시기로 볼 수 있는데, 이는 집권성과 봉건성 사이의 갈등의 또 다른 표현이었다. 16세기에 수조권 분급제가 소멸하고 지주전호제가 본격적으로 발전하는 가운데 서원과 향약 등을 통해서 향촌 사회에 독자적인 세력을 구축한 사림 세력은 선조대 중앙 정계를 지배하자마자 붕당을 형성하여 분열·대립하였다. 그로 인해 신권은 비대해지고 왕권은 약화되었으며, 중세 국가의 집권체제는 이완되었다. 또한 『경국대전』 체제의 모순을 해소하려는 제반 제도 개혁은 뒷전으로 밀려날 수밖에 없었다. 양란으로 인한 국가적 위기가 초래된 것은 그 필연적 산물이었다.

17세기는 한국사에서 봉건사회가 해체되기 시작하는 시기였다. 이 시기에 등장한 실학(實學) 사상은 바로 봉건왕조 국가가 직면한 대내외적 위기를 각종 제도와 법령의 개혁을 통해서 극복하려는 학문 경향을 지칭하는 것이었다. 이 시기의 정치적 갈등은 이에 대한 찬반을 두고도 격화되었는데, 이를 정치의 중심 문제로 끌어들이려는 관인(官人)·유자(儒者) 일각에서 탕평론(蕩平論)이 제출되었다. 즉 실학이 봉건사회 해체기에 등장한 국가론이라면 탕평론은 실학의 국가 구상을 제도로 구현하기 위한 정치론이었다.[62]

영·정조대에는 실학사상을 제도로 구현하려는 노력이 탕평책 추진으로 나타났다. 이들이 탕평 정국에서 군주권을 강화하고 중앙집권을 강화한 것은 기층 민중을 보호하기 위한 것임과 동시에 도시와 농촌에서 성장해 온 향반이나 역관·서얼·상인 세력과 같은 중간계층을 정치구조 속에 수용하려는 노력의 소산이었다. 이는 집권력 강화, 공적 영역의 확장, 공법 질서의 확립을 통해서 양반제로 대표되는 신분제와 지주제의 모순을 완화 내지 해소하고 '대동'과 '균역'을 구현한 새로운 국가를 지향하는 노력이었다. 우리식 근대는 바로 이 연장선상에서 논의되고 모색될 수밖에 없었다.[63]

18세기 영·정조대 탕평정치·탕평책의 좌절은 정치에서 진보·개혁 노선의 좌절이었으며, 자율적 근대화의 과정에서 정치의 긍정적 역할이 사실상 정지되었음을 의미하는 것이었다. 19세기 세도정치(勢道政治)에 의해 조성된 반동적 정치상황은 그것을 말해준다.[64] 이로 인해 피지배 농민층의 항쟁과 운동만이 근대화의 역사적 과제를 힘겹게 감당하지 않으면 안 되었다. 19세기 후반의 준비 없는 문호개방과 제국주의 침략의 위기에 몰리게 되는 정치적 원인은 여기서 찾아지는 것이라 하겠다.

20세기 들어서 식민지, 전쟁, 분단을 거치면서 중세 해체기에 형성된 근대 지향적 국가론과 정치론은 부정되거나 왜곡되었다. 우리 역사에서

---

62) 김용흠, 2008, 「南溪 朴世采의 變通論과 皇極蕩平論」, 『東方學志』 143, 연세대 국학연구원 ; 2009, 「숙종대 소론 변통론의 계통과 탕평론─明谷 崔錫鼎을 중심으로」, 『韓國思想史學』 32, 韓國思想史學會.

63) 김용흠, 2009, 「조선후기 정치와 실학」, 『다산과 현대』 2, 연세대 강진다산실학연구원.

64) 김용흠, 2006, 「19세기 전반 勢道政治의 형성과 政治運營」, 『韓國史研究』 132, 韓國史研究會.

전근대와 근대가 그 유례를 찾을 수 없을 정도로 단절된 것은 바로 20세기 전반의 이러한 비극적 역사의 산물이었다. 이후 우리나라의 각종 제도와 법령은 서구 정치사상에 의거하여 마련될 수밖에 없었다.

이제 세계 자본주의 체제가 위기를 드러내고, 민주주의의 본령과 괴리되어 가고 있는 오늘날의 정치 현실 속에서 서구적 이론과 사상의 한계는 점점 분명해지고 있다. 이제는 국가의 고유한 역할과 기능 및 국가권력의 정당성을 서구 이론에서만 찾을 것이 아니라 우리의 국가 경영의 전통 속에서 탐색하여 우리 현실에 맞는 이념과 제도로 재구성해내야 할 것이다. 이때 국가의 기원으로서의 집권성, 중세 국가 성립의 전제가 되었던 소민 보호, 그리고 단계적으로 집권성을 강화시키면서 발전해 온 과정 및 중세 해체기에 등장한 국가론으로서의 실학과 탕평론은 우리가 계승 발전시켜야 할 역사적 전통이었던 것이다. 특히 중세 전 기간에 걸쳐서 국가가 그 존립의 근거를 소민에서 구하였다는 점은 오늘날 긴요하게 요구되는 복지국가 모델을 구축하기 위해서 반드시 되새겨 봐야 할 대목이 아닐 수 없다. 여기에 새로운 인문학으로서의 사회인문학이 전통시대 국가를 새롭게 주목해야만 하는 이유가 있다.

제2장 '조선후기 실학'과 사회인문학

1. 머리말

　'조선후기 실학'에 대한 연구는 일제시대에 시작되어 최근까지 한국학 연구의 핵심 주제였다. 1990년대에는 좀 침체되는 듯하다가 21세기 들어서서 새롭게 부활하고 있는 듯한 인상을 받는다.[1] 아마도 20세기를 지배했던 '서세동점(西勢東漸)'의 기운이 약화되고 '탈근대'가 모색되는 세기 전환기적 현상과도 무관하지 않을 것이다. '자본주의적 근대'가 지금처럼 발전해

---

[1] 최근에 문·사·철 각 분야에서 실학에 대한 연구사 정리가 쏟아져 나오고 있다. 문학 분야에서는 임형택, 2003, 「21세기에 다시 읽은 실학」, 『大同文化研究』 42, 성균관대 대동문화연구원 ; 송재소, 2006, 「동아시아 실학연구가 가야 할 길」, 『韓國實學研究』 12, 韓國實學會 ; 林熒澤, 2009, 「동아시아 실학의 개념정립을 위하여」, 『韓國實學研究』 18 ; 김경미, 2009, 「인문적 삶을 위한 전통의 복원-21세기 실학 연구의 전망과 지향」, 『인문과학』 43, 성균관대 인문학연구원 등이 있고, 역사 분야에서는 조성을, 2006, 「'조선후기실학' 연구의 현황과 과제」, 한국사상사학회 편, 『한국사상사입문』, 서문문화사 ; 한영우, 2007, 「'실학' 연구의 어제와 오늘」, 한림대 한국학연구소 편, 『다시 실학이란 무엇인가』, 푸른역사 ; 정호훈, 2009, 「한국 근·현대 실학 연구의 추이와 그 문제의식」, 『다산과 현대』 2, 연세대 강진다산 실학연구원 ; 2010, 「한국의 실학 연구와 『東方學志』」, 『東方學志』 151, 연세대 국학연구원 등이 있으며, 철학 분야에서도 이봉규, 2006, 「21세기 실학 연구의 문법」, 연세대 국학연구원 편, 『韓國實學思想研究 1』, 혜안이 있는가 하면 과학기술사 분야의 연구사 정리도 있다(구만옥, 2006, 「朝鮮後期 科學技術史 研究와 '實學'」, 『韓國實學思想研究 4』, 혜안).

간다면 지구적 파멸로 이어질 것이라는 위기의식이 점차 확산되면서 이 위기로부터 탈출하려면 '문명의 틀'을 바꾸어야 한다는 생각이 '조선후기 실학'을 새롭게 주목하게 만들었다는 것이다.[2]

이에 반해 '조선후기 실학'에 대한 비판적 문제제기도 끈질기게 지속되고 있다. 김용옥은 '실학은 사실이 아니며' '후대에 날조된' 개념이므로 '폭파시켜 버려야 한다!'고 하였으며,[3] 도널드 베이커는 '실학 용어가 지나치게 모호하여 조선후기 지성사의 동향을 탐구하려는 학자에게 사실상 도움이 되지 않'는다면서 '실학의 개념을 재검토할 필요가 있다'고 주장하였다.[4] '실학과 근대성을 연결시키려는 시도는 지식내적인 탐구의 결과로 이루어진 것이 아니라 특정 시기의 권력─지식 연계의 산물'임을 주장하는 박사논문도 나왔으며,[5] "현재에도 식민지 시대 이래 실학 연구의 치열한 문제의식이 유효한가에 대해서는 다시 생각해볼 필요가 있다"고 주장하는 중견 역사 연구자도 있다.[6]

이러한 비판적 문제제기는 약간의 오해와 과장에도 불구하고 수긍이 가는 측면도 분명히 존재한다. 해방 이후의 실학 연구는 이 시기 학술 연구 경향이 갖고 있던 문제점을 거의 그대로 드러내고 있었기 때문이다. 일제 식민사관의 타율성이론과 정체성이론의 굴레를 벗어나기도 어려웠는데 홍수처럼 밀려오는 서구 사상과 구미 학계의 이데올로기 공세에 무기력하게 노출되었다. 분단과 전쟁으로 조성된 이데올로기의 편향으로부터도 벗어나기 어려웠다. 이로 인해 남한에서는 학문의 신식민성이 지배하면서 전통에 대한 오도된 해석이 횡행하였다. 실학 연구 역시 이러한 학문 풍토에서 예외가 될 수 없었다. 실학의 개념은 모호하고, 그 성격에 대해서도 논자들 사이에 합의된 결론을 내놓지 못하였다. 그런 가운데 자의적인

---

2) 임형택, 2003, 앞 논문, 17쪽.
3) 김용옥, 1990, 『讀氣學說─최한기의 삶과 생각』, 통나무, 31쪽, 43쪽.
4) 도널드 베이커, 金世潤 譯, 1997, 『朝鮮後期 儒敎와 天主敎의 대립』, 一潮閣, 232~233쪽.
5) 이태훈, 2004, 「실학담론에 대한 지식사회학적 고찰─근대성 개념을 중심으로」, 전남대 사회학과 박사논문, 235쪽.
6) 신항수, 2005, 「비판적 시각으로 살펴본 실학 연구」, 『내일을 여는 역사』 21, 210쪽.

성격 규정이 '실학'이라는 이름으로 난무하였으며, 논리적 모순에도 불구하고 실학자, 실학사상이라는 학문 권력 아래 합리화되었다. 그리고 역사학과 철학·문학 전공자 사이에 분과학문별로 다르고, 역사학 내부에서도 서로 다른 주장이 팽팽하게 맞서 있다. 그럼에도 불구하고 오늘날 '실학'이라는 단어를 버리지 못하고 새로운 인문학을 창출하려는 마당에 호명하게 된 이유는 무엇일까?

여기서는 '조선후기 실학'의 개념과 성격을 '실학'이라는 용어의 정착 과정을 통해서 살펴보고, 우리 학계에서 이와 관련된 혼란이 초래된 원인을 짚어 본 후, 실학 연구에서 상호 대립적인 두 경향을 추출하여 바람직한 연구 방향을 가늠해보고자 하였다. 아울러 새로운 인문학 창출을 위해서 조선후기 실학에서 되살려야 할 요소가 무엇인가를 오늘의 현실에 비추어 탐색해 보고자 한다.

2. '조선후기 실학' 연구의 흐름과 문제점

1) '조선학운동'과 실학

'조선후기 실학'은 역사적으로 구성된 개념이다. 조선후기 당대의 학자들이 자신의 학문을 '실학(實學)'이라고 성격을 규정한 적도 없고, 스스로 '실학자'로 자처한 적도 없으며, 그들이 서로 모여서 '실학파'를 조직한 것도 아니다.[7] 이것은 '조선후기 실학'의 성격 규정에서 이른바 '명사론적' 접근이 한계가 있다는 것을 말하는 것이다.[8] 이에 대해서는 일찍부터 분명한 문제 제기가 있었음에도 불구하고[9] '실학'에 대한 '명사론적 접근'이 지금까지

---

7) 구만옥, 2006, 앞 글, 18쪽.

8) 千寬宇, 1979,「朝鮮後期 實學의 槪念 再檢討」,『近世朝鮮史研究』, 一潮閣, 384쪽 ; 金炫榮, 1987,「'실학' 연구의 반성과 전망」, 近代史研究會 編,『韓國中世社會 解體期의 諸問題(上)』, 한울, 327쪽.

계속 시도되고 있다.[10]

우리나라에서는 '실학'이라는 용어를 여말선초부터 사용하였으며,[11] 중국의 경우는 당(唐)대에서 청(淸)대에 걸쳐서 사용되었다.[12] 이러한 '실학'이라는 단어의 의미는 '조선후기 실학'과 의미상 완전히 별개의 것은 아니지만 오늘날 우리가 관심을 갖는 '조선후기 실학'의 특징과 성격을 온전하게 보여주지는 못한다. 조선후기에 정치적, 사상적 입장을 달리하여 서인이 노론과 소론으로 분당되게 만든 두 당사자인 윤증(尹拯)과 송시열(宋時烈)이 '실학'이라는 동일한 용어를 서로 다른 의미로 사용하면서 격렬한 논쟁을 전개하였다는 사실이 이를 상징적으로 보여준다.[13]

'조선후기 실학'에 대해서 관심을 갖기 시작한 것은 개항기부터였다. 이때는 대외적으로 제국주의 침탈의 위협과 대내적으로 봉건사회의 제반 모순으로 인해 조선왕조 국가가 위기에 처한 시기였는데, 이러한 위기를 타개하는 방안으로서 정약용(丁若鏞)을 비롯한 오늘날 실학자로 칭해지는 사람들의 사상에 대한 관심이 고조되었다. 개항 이후의 학계에서 이들의 존재를 확인하고 이들 상호간의 관계를 규명하여 하나의 학파로 편제해 갔으며, 이들에 대한 개념을 심화시키면서, 이들의 경세론을 구국의 방략으로 이해하였다.[14] 당시 이들에 대한 관심이 신·구 학문의 교체 과정에서 출현하였다는 점이 주목된다.[15]

---

9) 趙珖, 1998, 「실학의 발전」, 『한국사 35』, 국사편찬위원회, 210쪽 ; 2004, 「개항기 및 식민지시대 실학연구의 특징」, 『韓國實學研究』 7, 212~213쪽.

10) 윤사순, 1996, 「실학 의미의 변이」, 한국사상사연구회 편저, 『실학의 철학』, 예문서원 ; 김문용, 2005, 『홍대용의 실학과 18세기 북학사상』, 예문서원.

11) 韓㳓劤, 1958, 「李朝實學의 槪念에 대하여」, 『震檀學報』 19, 震檀學會.

12) 全海宗, 1959, 「釋實學」, 『震檀學報』 20.

13) 김용흠, 2010①, 「肅宗代 前半 懷尼是非와 蕩平論―윤선거·윤증의 논리를 중심으로」, 『韓國史研究』 148, 韓國史研究會, 89~91쪽.

14) 조광, 2004, 앞 논문. '조선후기 실학'을 '민족 지향'과 '근대 지향'으로 이해하려는 경향은 이때 이미 나타났다고 볼 수 있다. 따라서 이러한 특징이 일제시기까지 그 실체가 없다는 지적(이태훈, 2004, 앞 논문, 69쪽)은 이 시기의 사상 동향에 대한 이해를 소홀히 한 결과로 생각된다.

15) 임형택, 2000, 「국학의 성립 과정과 실학에 대한 인식」, 백낙청 엮음, 『현대 학문의

한말 열강의 침략으로 국가 존립의 위기가 고조된 상태에서 자강국가 건설과 국가 정신의 고양을 위하여 17세기 이래 국가 단위의 역사와 문화의 정체성을 확인해 온 '조선후기 실학'의 성과는 귀중한 전통이었다. 이 시기에 신구학 절충론이 일반화되고 변통론적 사상에 근거한 구본신참(舊本新參)의 학문관이 확대되면서 전통을 기반으로 한 국가 단위의 정치운영과 역사·문화의 정체성을 주목하는 사상 경향도 확대되고 있었다. 근대 국가로의 변통에 필요한 사회경제론이나 국가의식은 서구에서 수입된 것만이 아니라 과거 국가단위의 주체적인 문화 경험에서도 나올 수 있다고 보았던 것이다.16) 이러한 학문에 대하여 이 시기에는 '경제지학(經濟之學)', '경제정치학(經濟政治學)'이라는 용어가 주로 사용되었으며, '실디학문'[實地學問]이라는 용어도 등장하였다.17)

　　1910년 식민지 시기 이후에는 조선후기 개혁사상에 대한 개념화 작업이 진행되는 가운데, 1923년 최남선에 의해 조선후기의 새로운 학풍을 가리키는 용어로서 '실학'이라는 단어가 처음으로 사용되었다.18) 그가 '실학'이라고 명명한 이 새로운 학풍은 임진왜란과 병자호란 이후 자아의식의 각성 과정에서 출현하였으며, 조선의 본질을 알고 실제를 밝히려는 학문이었다고 규정했다. 그러나 최남선의 이러한 규정은 조선후기 실학의 성격을 온전히 반영하지는 못하였으며, 이 용어 역시 당시 학계로부터 광범위한 지지를 얻지도 못하였다. '조선후기 실학'의 성격에 대해 지속적인 관심을 기울였던 정인보조차도 1929년에는 '의독구실지학(依獨求實之學)'이라고 부르면서 아직 '실학'이라는 용어를 사용하지 않은 것이 그것을 보여준다.19)

　　1934년부터 활발하게 전개되기 시작한 '조선학(朝鮮學) 운동' 과정에서 '실학'이라는 용어가 좀 더 광범위하게 사용되었다. 정인보를 비롯한 안재홍

　　성격』, 민음사, 266쪽.
16) 이지원, 2007, 『한국 근대 문화사상사 연구』, 혜안, 53쪽.
17) 정호훈, 2009, 앞 논문, 343~345쪽.
18) 조광, 2004, 앞 논문, 227~228쪽.
19) 조광, 위 논문, 233쪽.

·문일평 등 비타협적 민족주의 계열에서뿐만 아니라 백남운과 같은 사회주의자도 '실학'이라는 용어를 사용하여 조선후기의 새로운 학풍에 대해 언급하면서 정약용이 이를 집대성하였다고 지적하였다. 이 과정에서 조선후기의 새로운 학풍이 서양의 근대적 사상과 대비하여 고찰되었으며, 당시 조선의 사회적 요구와 관련하여 근대성의 개념이 강조되었다. 즉 이 시기 조선인 학자들은 실학 연구를 통해서 민족문화에 대한 자긍심을 강화시키려 하였던 것이다. 그렇지만 이때도 백낙준 같은 사람은 정약용을 '신아구방(新我舊邦)'의 이상을 실현하기 위해 노력한 인물로 보았지만 '실학'이라는 용어는 사용하지 않았다. 1940년대 전반기에는 '실학'이라는 용어가 지속적으로 사용되었지만 홍이섭은 1944년 간행된 『조선과학사』에서 조선후기의 새로운 사조를 '실증학파(實證學派)'라고 불렀다. 즉 이 시기에는 '실학'이라는 용어가 학술용어로서 정착되지는 못하였던 것이다.[20] 그렇지만 이처럼 조선후기의 신학풍을 '실학'으로 개념지어서 이해하려는 경향은 해방 이후 1950년대에 남북한에서 실학 개념이 확립되는 데 중요한 기반이 되었다.

이러한 조선후기 실학과 정약용에 대한 관심은 대한제국기 개신(改新) 유학적인 지식인들이 자주적인 근대화를 도모하고, 국가 단위의 개혁과 민족의식을 고취하고자 조선후기 실학에 주목했던 것과 같은 문제의식의 연장선상에 있었다고 할 수 있다. '조선후기 실학'은 '국가'라는 실체를 전제로 국가·군주 중심의 개혁을 지향하고, 국가 단위의 민족 정체성과 문화적 자존성을 확인하는 사상적 특징을 갖고 있었다. 한말 서구 열강과 일제의 침략으로 국가 존립의 위기가 고조된 상태에서 개신 유학자들은 17세기 이래 국가 단위의 자주적 역사와 문화의 정체성을 고양하여 민 중심의 현실 개혁을 지향해 온 조선후기 실학에서 그 자주적 근대 국가 건설의 전통을 복원·계승하고자 하였던 것이다. 그러한 사상적 역사적 전통이 1930년대 비타협적 민족주의자들과 일부 사회주의자들의 '조선학운동'으로 계승된 것이었다. 즉 일제의 파시즘체제가 강화되는 시점에서 일제

---

20) 조광, 위 논문.

라는 '국가'를 부정하고 조선민족의 독자적인 국가 수립을 지향하고자 할 때, 자주적인 근대 민족국가의 내재적·자력적 사상의 기반을 한국형 근대국가를 지향하는 조선후기 실학에서 찾고자 하였던 것이다.[21]

이처럼 조선학운동은 한말 개신유학자들의 실학 인식의 연장선상에서 국가적·제도적 틀로서 근대 국가를 지향하는 주체적인 민족국가 의식과 학술의 성립을 지향하였다. 그것은 민중적 현실에 기반을 둔 '조선후기 실학'의 정신을 추구하는 것으로서, 이는 곧 독립된 민족국가를 전망하며, 일제의 식민지 지배로 인해 피폐된 민중의 삶과 민족의식의 회복을 지향하였다. 민족의 고유성과 주체성을 학문적, 사상적 방법으로 재정립함으로써 민족인식의 심화를 추구하는 한편, 계급문제와 민족문제를 중층적인 구조로 설정하였다. 이러한 민중 중심의 '조선학'은 신아구방·경세택민(經世澤民)의 민족국가를 지향함으로써, 일제에 예속되고 타협화하여 민중의 현실을 외면하거나 주체성을 상실한 세력을 견제하였다. 즉 이는 친일적이고 예속적인 자본계급을 배제하고, 계급 협조적인 민족협동전선을 지지하는 문화사상이었다.[22]

이러한 조선학운동은 단순히 '정치적 약진이 불리한 시대'의 '차선책'으로만 볼 수는 없다.[23] 이것은 이 시기 전 세계적으로 전개된 민족해방운동의 통일전선 노선과 정확하게 일치되는 것이었으며, 해방 전후 국가건설론에 심대한 영향을 미쳤다. 해방 정국의 국가건설론이 좌·우익을 막론하고 무계급 사회, 즉 계급 철폐 또는 소멸을 지표로 설정한 통일민족국가를 지향하였으며, 국가건설의 목표에 이르는 경로로서 비자본주의적 발전의 길을 선택하였다는 것이 그것을 보여준다. 특히 해방 직후에는 균등주의 이념이 보편화되었는데, 여기에는 자유민주주의의 한계를 극복하려는 공통점이 자리잡고 있었다. 조소앙의 삼균주의를 비롯하여 안재홍의 신민족주의가 정치·경제·교육의 균등을 강조하였으며, 백남운의 연합성 신민주주의

---

21) 이지원, 2007, 앞 책, 340~341쪽.

22) 이지원, 위 책, 348~349쪽.

23) 安在鴻, 「朝鮮과 文化運動」, 『新朝鮮』 1935.1(이지원, 위 책, 328쪽에서 재인용).

는 도덕의 민주화까지 제창하였다. 무엇보다도 인민 생활을 급진시켜 개선하는 경제 균등을 제일의로 강조함으로써 자유민주주의 한계점을 극복하려는 동시에, 부르주아 독재는 물론, 프롤레타리아 독재 또는 무산계급 독재와 같은 사회주의 유형의 계급독재도 배격하고 대중정치=대의정치를 추구하였다.[24] 이러한 신국가 건설론은 당시 일반 민중들의 지향과도 일치되는 것이었는데, 2차 대전 이후 미국과 소련에 의해 조성된 냉전체제에 의해 분단과 전쟁으로 압살되었음은 잘 알려진 사실이다.

'조선후기 실학'을 주내용으로 한 '조선학운동'은 이처럼 이 시기 민족해방 투쟁의 지배적인 경향을 반영하고 촉진하는 가운데 전개된 것이었다. 이 운동에 참여한 사람들 가운데 다수가 이러한 노선을 뒷받침하는 역사적 사례로서 조선후기의 특정한 사상 경향을 '실학'으로 호칭함으로써 '조선후기 실학'이 오늘날과 같은 학술용어로 사용될 수 있게 되었던 것이다. 이것은 조선후기 실학의 여러 측면 가운데 허학(虛學)으로서의 주자학(朱子學)을 극복하려고 했던 측면을 계승하는 것이 가장 중요하다는 문제의식을 분명하게 보여준 것이었다.

2) '내재적 발전론'과 '근대화론'의 실학 연구

해방 이후 외세의 간섭으로 좌우 대립이 증폭되어 빚어진 분단과 전쟁을 겪고 나서, 남북한에서는 각기 조선후기의 새로운 학풍에 대한 연구가 '실학'이라는 이름으로 본격화되었는데, 이는 일제시기 '조선학운동'의 연장선상에 있었다. 남한에서는 천관우가 정인보의 영향으로 실학 연구를 시작한 것이나 해방 전부터 이어진 홍이섭의 연구, 북한에서 최익한이 해방 전 『동아일보』에 연재했던 「여유당전서를 독함」이라는 글을 기초로 하여 1955년에 『실학파와 정다산』이라는 저술을 간행한 것 등이 그것이었다.[25]

1950년대 후반에 전개된 실학 개념 논쟁은 실학의 진보적 성격을 부각한

---

24) 김인식, 2008, 『광복 전후 국가건설론』, 한국독립운동사편찬위원회, 16~17쪽.
25) 김현영, 1987, 앞 글, 319~320쪽.

천관우의 연구를 비판하면서 시작된 것이었는데, 그것은 이병도가 주도한 실증사학이 '조선학운동'의 실학관을 비판하는 성격을 띠었다.[26] 1950년대 남한의 실학 연구는 실학사상의 발생을 조선 사회 자체의 자기 운동과 유기적으로 결부시키지 못하고, 실학자 개개인의 양심·천재성·용기에 지나치게 의존하고, 청의 고증학, 서양의 과학기술 등의 영향을 지나치게 강조하였으며, 사상사적으로는 공리공담의 반복과 정체 속에서 근대지향적인 사상이 돌연변이적으로 발생한 것으로 인식하는 한계를 드러냈다.[27]

1960년대 남한의 실학 연구에는 두 가지 새로운 계기가 주어졌다. 하나는 1960년에 일어난 4·19 혁명이고, 다른 하나는 1961년에 일어난 5·16 군사쿠데타였다. 4월 혁명은 분단 세력이 외세와 결탁하여 형성해 놓은 신식민지 사회구조를 청산하는 방향으로 진행되었는데, 그것이 역사학에서는 분단체제 형성에 이데올로기적으로 일조했던 식민사관과 실증사학을 비판, 극복하고 민족사학을 발전시키려는 각성을 불러일으켰다.[28] 한국사회에서는 종래 금기시되었던 '민족' 문제가 정면으로 제기되고, 역사학계에서 이른바 '내재적 발전론'이 등장한 것은 그러한 문제의식에서 나온 것이었다.[29] 내재적 발전론에 입각하여 사회경제사에서 조선후기 사회의 발전적 면모가 속속 밝혀지면서 실학 연구도 새롭게 이루어졌다. 천관우가 이전의 연구에서 한 걸음 나아가 민족의식과 근대지향 의식을 실학의 양대 지표로 내세우게 된 것이나, 이우성이 실학파를 경세치용학파, 이용후생학파, 실사구시학파 등 세 개의 학파로 전개 발전되었다는 새로운 견해를 제시한 것이 그것이다.[30]

4·19 혁명의 민주성과 자주성을 짓밟고 무력으로 권력을 강탈한 박정희·

26) 이윤갑, 1995, 「한국 현대 민족사학의 전개와 민중사학」, 『한국학논집』 22, 계명대, 52쪽.
27) 鄭昌烈, 1989, 「實學」, 李家源 외, 『韓國學硏究入門』, 지식산업사, 291~292쪽.
28) 이윤갑, 1995, 앞 논문, 55~56쪽.
29) 박찬승, 1994, 「분단시대 남한의 한국사학」, 조동걸 외, 『한국의 역사가와 역사학 (하)』, 창작과비평사, 332~337쪽.
30) 정창렬, 1989, 앞 글, 293쪽.

김종필 등 군부 일각의 5·16 쿠데타 주도세력은 '조국 근대화'와 '민족적 민주주의'를 내세우면서 새로운 국가를 건설하겠다고 표방하였다. 박정희는 자신들의 정책 방향을 이론적으로 제시하기 위해 『우리 민족의 나아갈 길—사회재건의 이념』(1962), 『국가와 혁명과 나』(1963) 등의 저술을 간행하였는데, 여기에도 '조선후기 실학'에 대하여 주목한 내용이 있다. 여기서는 조선후기 실학을 '우리나라 근대화의 전환기에 선 사상계가 당론에 쏠린 주자학 등 유교풍을 누르고 서구과학 문물을 받아들이는 진취적인' 혁신사상으로 규정하였다.[31] 이러한 경향의 연구로서 실학 연구를 통해서 '조국 근대화'와 '인간 개조', '자기 혁신'을 강조한 박종홍과 이을호 등의 연구를 들 수 있다.[32]

이러한 연구 경향은 미국에서 수입된 '근대화론'의 영향을 받으면서 증폭되었다. 근대화론은 자본수출을 통한 미국의 제3세계 지배를 은폐하고 미화하는 이론으로서, 근대화를 산업화로 등치시키고 산업화의 양적 지표만으로 경제발전 단계를 설명하였다. 역사발전에 대해서는 전통사회와 근대사회를 이분법적으로 대치시키고, 근대화를 서구화·미국화와 동일시하였다. 박정희 군사정권이 경제개발 정책을 추진하는 것과 함께 이러한 근대화론을 정책적으로 확산시키게 되자 학계에 미친 파급력은 실로 위력적인 것이었다.[33]

역사학계 역시 근대화론의 영향을 받지 않을 수 없었다. 따라서 1960~1970년대 역사학계에서는 내재적 발전론과 근대화론이 서로 영향을 주고받으면서 상호 대립·갈등하는 가운데 연구가 전개되었다.[34] 1969년에 내재적

---

31) 이태훈, 2004, 앞 논문, 90쪽.
32) 이태훈, 2004, 앞 논문, 112~114쪽.
33) 이윤갑, 1995, 앞 논문, 58~59쪽.
34) 내재적 발전론과 근대화론의 관계에 대해서는 논자에 따라 다양하게 파악되었다. 이세영(1988, 「현대 한국 사학의 동향과 과제」, 『80년대 한국인문사회과학의 현단계와 전망』, 역사비평사)과 이영호(1994, 「해방 후 남한 사학계의 한국사 인식」, 『한국사 23』, 한길사)는 근대화론, 근대주의적 경향을 내재적 발전론에 포함시켰는데, 金仁杰(1997, 「1960, 70년대 '내재적 발전론'과 한국사학」, 『韓國史認識과 歷史理論』, 지식산업사)과 이윤갑은 이것을 분리하여 상호 대립적인 것으로 인식하였다.

발전론에 입각하여 국사 교과서 개정을 촉구하여 1974년 중고등학교 국정교과서가 만들어지고 대학에서 국사를 교양 필수 과목으로 부과하게 되어 교육현장의 변화를 일으킨 것은 내재적 발전론에 입각한 연구 경향이 제도에 미친 영향으로 볼 수 있다.[35)]

내재적 발전론에 입각한 연구자들 역시 역사인식상의 한계로 인하여 근대주의, 근대화론에 기울어지는 경향이 있었던 것도 사실이었다. 식민사관의 정체성론을 비판하고 발전을 애기하며, 구제국주의를 비판하고 독립운동을 높이 평가하였으나 정작 그 발전을 저지하는 힘이나, 현실 자본주의의 질곡에 대해서는 주목하지 않았다. 민족사의 주체성을 강조하였으나 민족모순에 의해 야기되는 여러 현상 역시 주목의 대상에서 벗어나 있었다. 냉전체제 아래서 반공주의가 강요한 측면이 없지 않으나 근대화론, 근대주의에 매몰된 면이 없지 않았다. 그렇기 때문에 근대주의로 비판받을 수 있는 여지를 남긴 것이다.[36)]

이것은 이 시기의 실학 연구에도 동일하게 적용된다. 사회경제사 연구에서 내재적 발전론에 입각한 자본주의 맹아 연구가 서유럽 사회의 자본주의 발생 및 발전 과정과의 외면적 유비에 의해 추적되었던 것과 마찬가지로 실학사상의 근대 지향적 성격도 서유럽 근대사상과의 외면적 유사성을 추구하는 것에 급급한 경우가 많았다는 지적이 이미 있었다.[37)] 이른바

여기서는 후자를 따른다.

35) 趙東杰, 1998, 『現代 韓國史學史』, 나눔출판, 434~436쪽. 조동걸은 이것을 두고 국사가 '정책과목'으로 전락하는 원인 제공자 구실을 하여 유신독재에 이용된 것으로 평가하였다. 이에 대해 김인걸은 이것을 "당시 정부가 내걸었던 '민족 주체성 확립', '조국 근대화' 등의 구호를 최대한 이용하면서 한국사학의 기반을 확대하기 위한 노력의 일환"으로 이해하였다(金仁杰, 1997, 앞 논문, 138~139쪽). 그런데 이것을 빌미로 내재적 발전론을 박정희 정권과 민족주의와 발전주의라는 패러다임을 공유한 것으로 이해하는 시각도 있다. 윤해동, 2009, 「'숨은 신'을 비판할 수 있는가?」, 도면회·윤해동 엮음, 『역사학의 세기』, 휴머니스트, 271~275쪽 ; 이태훈, 2004, 앞 논문. 윤해동의 내재적 발전론 비판에 대한 반비판으로서 김용흠, 2009①, 「역사와 학문에 '건너뛰기'란 없다」, 『내일을 여는 역사』 36 참조.

36) 김인걸, 1997, 앞 논문, 148쪽.

37) 정창렬, 1989, 앞 글, 295쪽.

72   제1편 조선후기 실학을 보는 시각

'부조적(浮彫的)' 연구 경향에 대한 비판이다. 이러한 비판은 실학 연구가 근대라는 '선험성'을 증명해야 하는 '당위성' 차원을 벗어나지 못하였다는 비판으로 이어졌다.[38]

또한 역사학계에서 실학사상이 당대의 사상계에서 차지하는 비중이 어떠하였는지 규명되지도 않았는데, 역사학계는 물론이고, 국문학이나 교육사·철학사를 연구하는 일부 학자나 중고등학교 학생들에게는 마치 실학사상이 조선후기를 지배한 것처럼 오해하게 만든 것도 사실이었다.[39] 실학이 이른바 '학문 권력'으로 기능한 측면이 존재한다는 것이다. 이것은 실학이 성리학(性理學) 내지 주자학과의 관련성을 소홀히 다루었다는 비판과도 통한다.

그런가 하면 실학이라는 용어가 가진 개념의 명료성이 결여되어 있고, 연구자들 사이에 의견이 일치되지 못하다고 지적하면서 실학, 실학파, 실학운동의 존재 자체를 의심하는 연구자도 있다.[40] 이는 실학의 개념과 성격의 모호성, 실학자의 범위, 실학파를 파악하는 방법상의 혼선에 대한 비판이기도 하였다.

내재적 발전론과 실학 연구에 대한 이러한 비판은 크게 다음 두 가지 문제로 모아진다. 첫째는 실증적 결함의 문제이다. 사료의 취사선택에서 객관성을 결여하거나 해석에서 지나친 자의성이 지적된다. 이것은 이들 연구가 '민족주의 고양'의 분위기에서 출발하여 객관성·과학성보다는 민족성·주체성의 논리가 앞섰다는 지적이다. 둘째는 이론적 취약성의 문제이다. 조선후기사 연구가 한국사의 전 발전과정과 충분히 연결되면서 이루어졌다고 보기는 어렵다는 것이다. 자본주의 맹아나 실학사상의 근대 지향적 성격은 그것이 봉건사회의 구조 속에서 그것을 해체시키면서 나타나기 때문에 봉건제 사회구조의 해명이 전제되어야만 그 실상을 정확히 파악할 수 있다는 것이다.[41] 여기에는 한국사에서 봉건제가 존재하였는가라는

---

38) 이태훈, 2004, 앞 논문, 234~235쪽.

39) 鄭求福, 1981, 「實學」, 韓國史研究會 編, 『韓國史研究入門』, 383쪽.

40) 도널드 베이커, 1997, 앞 책, 232~233쪽.

41) 「總論 : 한국근현대역사학과 조선후기사 연구」, 近代史研究會 編, 앞 책, 45~46쪽.

보다 근원적 문제, 즉 한국사 연구에서 나타난 유럽 중심주의의 문제,[42] 나아가서 서구의 역사에서 도출한 역사발전 단계론에 한국사를 끼워 맞추는 도식성의 문제, 자본주의를 도달점이나 경과점으로 설정하는 근대주의, 국제적, 외적 계기를 무시하고 내적 계기만을 중시하는 민족주의적 편협성,[43] 그리고 '근대' 담론 그 자체의 타당성 문제[44] 등이 포함된다.

이러한 비판을 의식하면서 실학에 대해 새로운 개념 규정이 서로 다른 두 방향에서 나왔다. 지두환은 우선 우리나라 유학사를 15, 16세기는 주자성리학, 17, 18세기는 조선성리학, 18세기 말 19세기를 북학사상의 시기로 구분하였다. 그리고 홍대용 이후의 박지원·박제가·정약용·김정희·최한기로 이어지는 18세기 말 19세기 전반의 북학사상만을 근대사상으로서의 실학자로 규정하고, 유형원·이익·안정복 등을 조선성리학자로 보고 실학에서 제외하는 것이 실학 개념을 명확히 하는 데 도움이 된다고 보았다.[45] 유봉학은 '숙종 이후 정조 시대까지 주로 18세기에 조선사회의 주도층으로 대두한 경화사족이 제기한 새로운 학풍'으로 정의하고, '전통 주자학의 내재적 발전 과정에서 등장하여, 현실 변화에 부응하는 실용적 학풍을 특징'으로 한다고 주장하여 '실학'이 임진왜란 이전부터 한말까지 300년간 고정된 형태로, 더구나 정권에서 소외된 '재야 지식인'들의 머릿속에만 존재했던 것이 아니라 경화사족의 정치적 진출과 함께 그 개혁 구상이 국가의 시책으로 수렴되기도 하였다고 주장하였다.[46] 이영훈은 '16세기에 토착화한 조선성리학이 17~18세기 소농사회의 성숙이라는 커다란 사회경제적 변동을 맞아 그에 규정되거나 그에 작용하면서 새로운 형태의 이상적

---

42) 미야지마 히로시, 2005, 「동아시아 세계 속의 한국학−한국사연구와 동아시아적 관점」, 한림대 한국학연구소 편, 『21세기 한국학, 어떻게 할 것인가』, 푸른역사, 94~102쪽.

43) 김성보, 2008, 「'내재적 발전'의 시각, 어떻게 재구성할 것인가」, 국학연구원 60주년 기념 국제학술대회 발표문, 「21세기 한국학 : 세계 보편 담론을 향하여」, 64쪽.

44) 이태훈, 2004, 앞 논문.

45) 지두환, 1998, 『조선시대 사상사의 재조명』, 역사문화, 266~267쪽.

46) 유봉학, 2007, 「조선후기 경화사족의 대두와 '실학'」, 한림대 한국학연구소 편, 앞 책, 122~123쪽.

인 사회관계와 국가형태를 모색한 일련의 성리학적 사유'라고 규정하여 '조선후기 실학'의 근대 지향성을 부정하였다.[47] 그는 성리학을 극복하고 근대적 사유의 지평이 열리는 것은 19세기 정약용부터라고 말하였는데, 정약용이 실학자인지 여부에 대해서는 분명하게 밝히지 않았다. 이들에게 서는 약간의 편차가 있지만 성리학 내지 주자학에 대한 긍정적 평가를 공유하고 있다. 특히 유봉학과 이영훈은 주자학 내지 성리학이 실학이라고 주장하여 '조선학운동' 이래 실학 개념에 반기를 들었다. 이영훈이 대표적인 '식민지근대화론'자임을 감안하면 이러한 실학 이해는 근대화론 내지 근대 주의의 변형된 형태임을 짐작할 수 있다.

내재적 발전론 입장에서 실학의 개념과 성격을 엄격하게 규정할 것을 주장한 대표적인 논자는 김용섭이었다. 그는 실학을 '주자학에서 출발하여 그것을 이탈하게 되는 사상'으로 보아서, 주자학 명분론으로 대표되는 신분 사상과 지주전호제에 입각한 경제사상을 극복하고, 봉건적인 농업체제가 내포한 모순을 근본적으로 해결하여 국가와 농민경제의 안정을 지향한 사회개혁 사상이자 근대화 이론으로 규정하였다. 이것은 서구 근대의 사회 경제사상이 수용되기에 앞서 우리의 전통사상이 스스로 개척한 사회개혁 사상이고 근대화론이라는 것이다. 그는 실학파의 농업개혁론이 농민층 위주의 방안이라는 점에서 그 이념은 문호 개방 이후 아래로부터의 개혁운 동, 즉 농민전쟁 당시 농민군의 개혁 이념과 상통하는 것으로 보고, 개화파 정권이 제시한 지배층 위주의 서구적 일본적인 근대화 방안과 구별하였 다.[48] 이 후자가 지주제, 지주적 상품생산을 바탕으로 농민경제를 안정시키 고 근대화시키려는 것이었다면, 전자는 지주제를 해체시키는 가운데 농민 경제, 농민적 상품생산의 안정과 근대화를 추구하는 것이었다고 하면서, 양자의 신분·계급적 이해관계를 구별하여 보아야 한다고 주장하였다.[49]

---

47) 이영훈, 2001, 「朝鮮後期 社會變動과 實學」, 韓國史研究會 編, 『韓國 實學의 새로운 摸索』, 景仁文化社, 118쪽.
48) 金容燮, 1976, 「朝鮮後期 農業問題와 實學」, 『東方學志』 17, 연세대 국학연구원.
49) 金容燮, 1988, 「近代化過程에서의 農業改革의 두 方向」, 『韓國資本主義性格論爭』, 대왕 사.

이를 이어서 김준석은 주자학과 실학의 관계를 국가재조론(國家再造論)의 두 노선으로 통일적으로 파악하고, 이 가운데 농민적 입장의 국가재조론이 실학이라고 규정하였다. 즉 양란기의 국가적 위기에 직면하여 전후복구를 위해 학자·정론가들이 제시한 경세론을 '국가재조론'이라고 이름붙이고, 이것을 크게 두 가지 경향으로 구분하였다. 하나는 부세제도의 이정(釐正)과 대토지소유 억제를 통해서 중소지주와 소농민을 보호하려는 견해이고, 다른 하나는 부세제도의 개혁은 물론 지주제를 해체하여 '경자유전(耕者有田)'의 원칙 아래 소농경제를 안정시키려는 주장이 그것이다.[50] 그는 이것을 보수·개량 노선과 진보·개혁 노선으로 구분하였다. 즉 전자가 구질서·구법제의 보수·개량에 의한 국가재조를 모색하는 것에 비해 후자는 이에 반대하고 새로운 인식 태도와 방법론을 모색하여 구래 법제의 전면적 개폐·변혁에 의한 변법적 수준의 국가재조를 구상하는 논의로 구분하였다. 전자가 양반제와 지주제의 유지 고수를 전제로 하면서 정통 주자학에 충실한 입장이라면 후자는 토지제도의 개혁을 포함한 지주제와 양반제의 폐지 내지 억제를 지향하는 탈주자 내지 반(反)주자학의 입장이라는 것이다. 그는 이것을 정치운영론으로까지 확대시켜 규명하였다. 즉 전자가 노론 일각에서 제시된 군주성학론(君主聖學論)과 세도재상론(世道宰相論)에 바탕을 둔 신권 중심 정치론이라면 후자는 소론·남인 일각에서 제시된 존군비신론(尊君卑臣論)과 대간(臺諫) 책임론에 바탕을 둔 왕권 중심 정치론이라는 것이다.[51] 이어서 실학의 정치론이 바로 탕평론이라고 주장하였다.[52]

또한 김도형은 조선후기 실학사상이 개항 이후 계승되는 양상을 정리하였다. 그는 북학론에서 발전한 근대화 개혁론은 토지개혁론에서 출발한 남인 계열 실학자들의 변법적 개혁론과 입장이 다른 것으로 보았다. 북학론은 개항기에 해방론(海防論)을 거쳐서 양무론(洋務論)으로 발전하였는데,

---

50) 金駿錫, 1998, 「兩亂期의 國家再造 문제」, 『韓國史硏究』 101, 韓國史硏究會.
51) 金駿錫, 2003, 『朝鮮後期 政治思想史 硏究─國家再造論의 擡頭와 展開』, 지식산업사.
52) 金駿錫, 2005, 「18세기 蕩平論의 전개와 王權」, 『韓國 中世 儒敎政治思想論 Ⅱ』, 지식산업사.

일본의 문명개화론의 영향을 받고 서구화를 지향하게 되면서 북학론의 학문 전통에서 이탈한 것으로 보았다. 이에 비해 유형원과 정약용 등 남인 계열 실학자들의 개혁론을 계승한 이기(李沂) 등은 토지개혁론을 서양의 정치사상과 결합하여 근대개혁론으로 수립하였다는 것이다. 대한제국기에 들어서 후자의 학문이 계승되어 문명개화론적인 서구화를 비판하고 신구학의 절충을 통한 개혁론을 제기하기에 이르렀으며, 이러한 입장이 일제시기 조선학운동으로 계승된 것으로 정리하였다.[53]

이러한 내재적 발전론 계열의 실학 연구는 조선후기의 전체적인 사상지형 속에서 주자학과 실학의 관계를 보수와 진보의 관계로 명료하게 제시함으로써 실학 개념의 모호성을 극복하고 '부조적 연구'라는 비판에 응답하였다는 점에서 실학 연구를 새로운 단계로 올려놓은 것으로 평가할 수 있다. 그렇지만 이 경향의 연구에도 미진한 점이 없는 것은 아니었다. 우선 이러한 이해는 실학의 사회과학적 측면에 대해서는 성격 규정이 이루어졌지만 일반적으로 실학적 학문으로 지칭되는 역사학·지리학·음운학·철학 등은 제외되었다는 지적이 있었다.[54] 그리고 주자학과 실학의 대항관계 속에서 조선후기 사상사를 체계화하였지만 양자의 대립·갈등이 어떻게 전개되었는지에 대해서는 구체적으로 규명되지 않았다. 즉 정치사에 대한 규명이 필수적으로 요구된다고 볼 수 있다. 그래야만 실학의 근대화론에도 불구하고 자율적 근대화가 좌절되고 식민지로 전락한 역사적 과정을 해명할 수 있을 것이다.

53) 김도형, 2004, 「개항 전후 實學의 변용과 근대개혁론」, 연세대 국학연구원 편, 『전통의 변용과 근대개혁』, 태학사.
54) 鄭求福, 1981, 앞 글, 384쪽.

3. 조선후기 실학과 21세기 실학

1) 조선후기 실학의 중심과 외연

실학 연구는 해방 이후 한국학 분야에서 최고의 연구 성과를 낸 것으로 평가되었다. 그렇지만 실학의 개념과 성격에 대해서조차도 아직까지 모든 연구자가 합의한 결론을 내놓지는 못하고 있다. 그럼에도 불구하고 조선후기 실학의 개념과 성격 및 실학자의 범위에 대한 논의는 한 발짝씩 진전을 보이고 있는 것도 사실이다. '학술사상사적으로 문제시되는' 실학을 '조선후기 실학'으로 한정한 점이나, 실학의 범위를 '중심과 외연의 관계'로 파악할 것을 제기한 것이 그것이다.[55] '중심을 확실하게 견지하면서 외연을 유연하게 처리하는 편이 실학의 현실성과 역동성을 포착하는 묘방'이 될 수 있다는 것이다.[56] '중심과 외연'의 관계는 실학자의 사상 내에서는 물론, 실학사상의 각 분야 사이, 그리고 실학자와 실학파 사이에서도 설정할 수 있을 것이다.

그렇다면 실학사상의 중심은 어떻게 설정할 수 있을까? 실학이 역사적으로 형성된 개념임을 염두에 둔다면 우선 개항기 학자들이 주목한 내용에 주의할 필요가 있다. 이들이 '경제학(經濟學)', '경제정치학(經濟政治學)'이라는 이름으로 거론한 유형원·이익·정약용·박지원 등의 사상은 거의 모두 '국가'의 개혁 방안에 집중되어 있었다.[57] 이 시기가 제국주의 열강의 침략으로 조선왕조 '국가'가 위기에 처한 시기임을 감안한다면 이것은 지극히 당연한 일이기도 하였다. 이것은 식민지 시기의 '조선학운동'으로 계승되었다. 정약용의 사상을 말할 때 하나같이 '신아구방'을 거론한 것이 그 단적인 증거이다.[58] 곧 이들이 조선후기 실학에서 주목하고자 한 것은 바로 '국가개

---

55) 임형택, 2003, 앞 논문, 13~14쪽.
56) 임형택, 2009, 앞 논문, 27쪽.
57) 임형택, 2000, 앞 논문, 265~269쪽.
58) 조광, 2004, 앞 논문, 237쪽, 243쪽.

혁론', 즉 '국가론'이었던 것이다.

이것은 양란기 이래 관인·유자들에 의해 제시된 문제의식과도 일맥상통하는 것이었다. 이른바 실학의 발생기에 해당되는 왜란을 전후한 시기에 이수광·한백겸·허균 등 많은 논자들에 의해 토지·부세·노비·관제·과거·국방 등에 관한 제도개혁론, 혹은 보민(保民)·왕정론(王政論), 대외교역론, 취말보본론(取末補本論) 등이 제기되었는데, 이들의 논점은 한결같이 낡은 제도와 법규를 경장(更張)·변통(變通)하여 민생을 안정시키고 국가의 기반을 강화시켜야 한다는 것으로 모아지고 있었다.59) 이들은 주자학에서 출발하였지만 주자학만으로는 국가적 위기를 타개하는 데 한계가 있다는 것을 깨닫고 주자학을 넘어선 유교사상 일반, 나아가서는 노장학과 서학까지도 검토하면서 새로운 사상을 모색하였다. 호란을 전후한 시기에는 당시의 국가적 위기를 타개하기 위해서는 결국 양반제와 지주제의 모순을 해소 또는 완화시켜야 한다는 주장이 나오고 있었다.60) 유형원의『반계수록(磻溪隨錄)』은 바로 이러한 논의를 집대성한 대표적인 정론서(政論書)였다.61)

이렇게 본다면 실학사상의 중심은 바로 '국가론'에 있다는 것을 분명하게 이해할 수 있다. 그것은 주자학의 한계를 자각한 새로운 국가론이었으며, 양반제로 대표되는 봉건적 신분제와 지주제와 같은 봉건적 경제제도를 극복할 것을 지향하는 국가론이었다. '조선학운동'에서 대체적인 합의에 도달하여 해방 이후 1950년대 본격적으로 제기된 '실학'의 개념은 바로 이것이었다. 국가론을 실학의 중심으로 본다면 그것을 뒷받침하는 경학과 철학, 지리학과 역사학, 천문학과 우주론 등은 그 내포가 될 것이고, 문학과 예술은 그 외연으로 구분할 수 있을 것이다.

국가론을 실학의 중심으로 설정할 경우 실학자의 범위 설정 문제가 나온다. 당시의 국가론은 정치와도 긴밀한 관계를 맺을 수밖에 없었기 때문이다. 양란기 이래 주자학을 넘어서는 국가론이 제기되었지만 당시의 학계와

---

59) 金駿錫, 1998,「실학의 태동」,『한국사 31』, 국사편찬위원회, 350쪽.

60) 金容欽, 2006,『조선후기 정치사 연구 Ⅰ-仁祖代 政治論의 分化와 變通論』, 혜안.

61) 김준석, 1998, 앞 글, 346쪽.

정계를 지배하고 있던 사상은 주자학이었다. 따라서 양자 사이에서 정치적으로 대립·갈등이 벌어지는 것은 필연적인 일이었기 때문이다. 이러한 정치적 대립은 사회경제 개혁론은 물론이고, 정국운영론, 예론(禮論), 그리고 당시의 변화하고 있던 동북아시아 국제정세와도 관련하여 주화론과 척화론의 대립 및 북벌론을 둘러싼 갈등 등으로 다양하게 표출되었다. 인조대 주화론과 척화론의 대립은 인조대 전반의 정국에서 변법론과 수법론의 갈등에서 연원하였다. 이 시기 주화론의 등장은 주자학 명분론의 절대 관념적 사유방식에 대항하여 현실의 경험적·상대적 사유체계의 등장을 의미하는 것임과 동시에 화이론에 종속된 번방(藩邦) 관념을 탈피하여 이것과 분리된 독자적인 '국가' 관념의 등장을 의미하는 것이었다. 그리고 이귀·최명길·조익 등 인조대 주화론자들은 국사(國事)와 민사(民事)의 일치를 지향하는 보민론을 제출하였다.[62] 따라서 이들은 실학의 선구자로 보아도 무리가 없을 것이다. 이들은 모두 인조반정 공신이었지만 현실 문제에 대한 해결 방안을 모색하는 과정에서 주자학과는 구별되는 새로운 학문을 추구하였던 것이다.

인조대 주화론 계열 관인들이 제기한 정국 운영론은 숙종대 탕평론(蕩平論)으로 발전하였다. 탕평론은 단순히 당색을 보합하여 봉건체제를 유지·고수하자는 것이 아니라 당시의 국가적 위기를 타개하기 위해 법과 제도의 개혁을 통해서 양반제와 지주제의 모순을 극복한 새로운 국가체제를 구축하고자 한 것이므로, 실학의 정치론으로 규정할 수 있다. 따라서 숙종대 이후 탕평론자 가운데 주자학에 대한 비판적 입장을 분명하게 제시한 박세당·최석정·정제두 등은 실학자로 규정할 수 있다.[63]

탕평론이 제기된 숙종대 후반 이후의 정국은 탕평론과 반탕평론의 대립으로 정리할 수 있는데, 이것은 결국 실학과 주자학의 대립을 그 배경으로 한 것이었다. 그런데 이 시기 탕평파가 제시한 국가론에는 중요한 특징이 나타났다. 그것은 탕평책이 반탕평파의 반발로 왜곡되고, 개혁이 지지부진

---

62) 김용흠, 2006, 앞 책.
63) 김용흠, 2009②, 「조선후기 정치와 실학」, 『다산과 현대』 2, 400~402쪽.

해지자 국가의 집권력 강화, 공적 영역의 확장, 공법 질서의 확립을 통해서 양반제와 지주제의 모순을 완화 내지 해소하고 새롭게 국가체제를 정비하려는 시도였다. 영·정조대 8도 구관당상제나 암행어사 제도, 이정법(里定法)과 비총제(比摠制), 『속대전(續大典)』과 『대전통편(大典通編)』과 같은 법전 편찬 등은 그러한 노력에 해당된다. 따라서 영·정조대 탕평론을 지지하면서 양반제와 지주제에 대한 문제의식 아래 이러한 정책 추진에 앞장섰던 이광좌나 홍양호와 같은 관인들 역시 실학자로 규정할 수 있다.[64]

18세기에는 실학사상이 당색별로 독특한 특징을 가지면서 발전하였으므로, 실학파는 당색별로 구분하는 것이 보다 역사적 실체에 가깝다고 생각된다. 유형원을 이어서 성호 이익에 의해 출발된 남인 성호학파는 토지개혁을 전제로 하여 새로운 국가체제를 구상하였다. 즉 새로운 생산관계의 형성에 보다 주목하였다. 홍대용·박지원·박제가로 대표되는 노론 북학파는 대외통상 확대, 상품화폐경제의 발전 등 주로 생산력 증대에 그 초점을 두었다. 숙종대 소론 탕평파를 배경으로 하여 정제두에 의해 출발된 소론 강화학파(江華學派)는 국가 공권력을 강화시켜 양반제와 지주제의 모순을 극복하는 제도 마련에 보다 주의를 기울였다.[65] 즉 근대 이행에서 국가권력 그 자체의 고유한 역할과 기능을 보다 강조하였던 것이다.

이들은 모두 정도의 차이는 있지만 국가의 공적 성격을 강화시켜 민생을 안정시키고, 생산력을 증진시킬 것을 구상하였다. 이 시기 국가론은 정약용에 의해 당색을 뛰어 넘어 가장 전향적인 형태로 종합되었는데, 그것은 주권재민 관념에 입각한 우리식 민주주의 국가,[66] 또는 국가의 각급 행정단위, 정치 단위의 수장을 아래로부터의 공론을 바탕으로 선출하자는 대의정

---

64) 김용흠, 2010②, 「18세기 '牧民書'와 지방통치 - 『牧民攷』를 중심으로」, 『韓國思想史學』 35, 韓國思想史學會 ; 2011, 「洪良浩 實學思想의 系統과 『牧民大方』」, 『朝鮮時代史學報』 56, 朝鮮時代史學會 ; 2011, 「18세기 官人·實學者의 政治批評과 蕩平策 - 耳溪 洪良浩를 중심으로」, 『역사와 경계』 78, 부산경남사학회.

65) 김용흠, 2009②, 앞 논문, 405~406쪽.

66) 趙誠乙, 2006, 「朝鮮後期 實學의 理想國家와 政治體制論」, 연세대 국학연구원 편, 『韓國實學思想研究 2』, 혜안, 97쪽.

치론적 발상으로까지 발전하였다.[67]

이 시기 국가론은 근대 이행과 관련하여 중요한 의미가 있었다. 여기서 우선적으로 짚고 넘어갈 것은 '자본주의 맹아론'에 비판적인 논자들도 조선후기에 '자본주의 맹아'가 발생하였다는 사실 자체는 부정하지 않는다는 점이다. 이 시기에 이루어진 농업기술의 발전, 농촌과 도시 시장의 성장, 상품생산의 확대, 임노동자의 고용을 통하여 영리를 추구하는 경영 형태의 출현 등은 경제발전을 보여주는 중요한 지표들이다. 이러한 변화가 근대경제 성립을 위한 충분조건은 아니지만 필요조건인 것은 분명하다.[68] 즉 조선후기의 역사발전 방향은 봉건제 해체에 의한 자본주의의 형성으로 방향이 잡혀 있었다는 것이다.

여기서 주의할 것은 조선후기의 발전 방향이 세계사적 발전 법칙에 의해 자본주의로 향하고 있다고 해서 우리의 근대 국가가 꼭 자본주의 국가일 필요는 없다는 것이다. 우리에게는 소민 보호를 위해 국가의 고유한 역할과 기능을 중시하는 역사적 전통이 있다.[69] 조선후기 실학자들의 국가론에는 이러한 역사적 전통이 반영되어 있다. 이들이 지향하는 새로운 국가체제에서는 자유로운 상품화폐경제의 발전을 보장하되, 소민의 존립을 위협하는 폐단에 대해서는 국가권력이 나서서 그것을 제어하는 것이 필요하다는 문제의식이 강력하게 표출되어 있다. 즉 사적 소유에 입각한 시장경제의 폐단을 국가권력을 통해서 제어하려는 지향이 포함되어 있다는 것이다.[70] 여기에 이 시기 실학자들이 제시한 국가론의 중요한 역사적 의의가 있다.

그리고 자본주의 국가에도 여러 가지 유형이 있다. 영국과 미국처럼 제국주의로 발전하는 형태가 있는가하면 스웨덴이나 덴마크처럼 사회민주

---

67) 정호훈, 2006, 「實學者의 政治理念과 政治運營論」, 위 책, 154쪽.

68) 이헌창, 2007, 「한국사 파악에서 내재적 발전론의 문제점」, 『한국사 시민강좌』 40, 일조각, 10쪽.

69) 김용흠, 2010③, 「한국 중세 국가 연구의 방향과 사회인문학」, 『東方學志』 150, 연세대 국학연구원.

70) 앞서 거론한 '조선학운동'에서 주목한 정약용의 경세론이나 해방 전후 신국가 건설론에서 이러한 지향이 분명하게 드러났다고 본다.

주의 국가를 발전시킨 유형도 존재한다. 우리 중세 국가의 전통과 실학의 국가론에 비추어볼 때 우리식 근대화는 후자를 지향하였을 가능성이 보다 많았다고 생각된다.

2) 국가와 정치에 대한 새로운 상상력

맑스주의는 서구적 근대성의 진보적 측면을 대표한다고 볼 수 있다. 산업혁명과 함께 시작된 산업 자본주의의 모순과 폐단에 주목하면서 등장한 맑스주의 이론은 그리스 철학 이래 서양 고전문명의 지적 전통에 뿌리박고 서양 근대 휴머니즘의 첨단을 보여주었다. 따라서 20세기 말 소련과 동구 사회주의 국가가 붕괴되었다고 해서 그 이론적 유효성이 소멸되었다고 보는 것은 매우 근시안적인 반응에 불과해 보인다. 맑스주의 이론의 생명력은 지구상에서 자본주의가 사라질 때까지는 최소한 유지될 것으로 생각된다. 특히 변증법적 유물론과 역사적 유물론에 기초한 역사발전 단계설은 다른 역사이론에서 볼 수 없는 체계성과 정합성, 과학성에 기초하고 있다. 그렇지만 20세기 후반을 지나면서 맑스주의 이론은 여러 가지 측면에서 문제점을 드러내면서 서구에서는 포스트 맑스주의가 유행하기에 이르렀다. 국가 소멸 테제에 대한 문제제기와 정치에 대한 새로운 접근은 그 대표적인 경우이다.[71] 특히 맑스의 아시아적 생산양식론과 토지국유론 등은 19세기 유럽인들의 동양에 대한 편견에 기초한 것이었다.

1919년 3·1운동 이후 우리나라에 맑스·레닌주의가 수용되면서 민족해방 투쟁에 활기를 불어 넣었으며, 국내외 사회주의자들의 활약은 눈부신 측면이 있었다. 그러나 그 이론적 편향으로 인하여 민족해방운동에 많은 혼선을 초래한 것도 사실이었다. 역사학의 측면에서도 한국의 맑스주의자들은

---

71) 에티엔 발리바르, 최원·서관모 옮김, 2007,『대중들의 공포』, 도서출판 b, 314~321 쪽 ; 데이비드 헬드, 박찬표 옮김, 2010,『민주주의의 모델들』, 후마니타스, 203~239 쪽, 430~433쪽 ; 장진범, 2010,「에티엔 발리바르, 도래할 시민(권)을 위한 철학적 투쟁」, 홍태영 외,『현대 정치철학의 모험』, 난장, 172~173쪽.

대부분 맑스의 아시아적 생산양식론과 토지국유론에 기초한 정체성 이론을 신봉하였다. 따라서 이들에게서 전근대 국가와 정치에 대한 긍정적 인식을 기대하기는 어려운 일이었다. 한국사에서 맑스주의 역사관에 기초한 정체성 이론을 벗어나기까지 오랜 기간의 이론적 실증적 노력이 투여되지 않으면 안 되었다. 사적(私的) 토지소유의 존재와 발전 과정을 규명한 것은 그 대표적 사례에 해당된다.[72] 그 과정에서 국가의 수조권(收租權)의 존재가 주목되었다. 한국의 맑스주의자들이 오랫동안 토지국유론을 고집한 것은 바로 이 수조권에 대한 오해에서 비롯된 것이었다.

맑스의 역사적 유물론에 기초한 역사발전 단계설을 유럽 중심주의의 소산이라고 비판하는 것은 근거가 있다. 그렇지만 사실 유럽에서는 일국사적으로 역사발전 단계설을 설정할 수 있는 나라는 존재하지 않는다. 세계적으로 볼 때 원시공산제 사회에서 근대 자본주의 사회로의 단계적 역사발전을 일국사의 단위에서 설정할 수 있는 나라는 중국과 일본, 그리고 우리나라가 있을 뿐이다.[73] 그 가운데 집권국가를 연속적으로 유지해 온 것은 중국과 우리나라뿐이다. 유럽은 국민국가가 근대에 들어서 발전했으므로 일국사적 발전을 설정하는 것은 무의미하다. 중국과 우리나라는 국가 단위로, 그리고 유럽은 대륙 차원에서 중세에 독자적인 역사발전의 단위로 기능하였으므로 얼마든지 역사발전 단계를 설정할 수 있다고 본다. 맑스의 역사발전 단계설은 이처럼 서로 다른 특징을 드러낸 유럽과 동아시아의 역사를 비교사적으로 검토하는 데서도 유용한 측면이 많다.

중앙집권 국가를 유지해왔기 때문에 중국과 우리나라에 봉건제를 설정할 수 없다는 것도 또다른 편견이다. 비록 집권국가가 연속적으로 존재하였지만 생산력 및 사상과 제도의 한계로 인해 분권성과 봉건성이 장기간에 걸쳐서 지배하였기 때문이다.[74] 생산관계에서 뿐만 아니라 신분제 등 그

---

72) 金容燮, 2000, 『韓國中世農業史研究』, 지식산업사.
73) 유럽의 시대구분이 유럽 전체를 범위로 해서 설정되었다고 해서 한국의 시대구분을 일국사적인 관점에서 파악할 수 없다는 주장은 또다른 유럽 중심주의의 표현으로 볼 수 있다(미야지마 히로시, 2005, 앞 논문, 104~105쪽).
74) 김용흠, 2010③, 앞 논문.

사회의 성격에서 유럽의 봉건사회와 비교해 볼 수 있는 유사점도 많이 있다고 생각된다.

그렇지만 집권국가의 지속적 발전은 우리 역사의 두드러진 특징에 속한다. 왕조국가의 장기 지속성은 정체성의 표현이 아니라 발전의 징표일 수도 있다. 중앙정치제도와 지방제도는 물론이고 토지제도와 경제제도, 조세제도와 군사제도 등 집권국가의 운영과 관련된 각종 제도들이 연속성을 갖고 단계적으로 발전해 왔던 것이다. 그리고 최소한 통일신라 이후 조선시대에 걸쳐서 동일 민족의식이 지속적으로 존재해 왔음을 전근대 각종 역사서를 통해서 확인할 수 있다. 조선후기는 특히 단위 국가와 민족으로서의 개체에 대한 주체적이고 자립적 인식이 크게 고양된 시기였다. 중국 중심의 화이론이 극복된 것은 그 대표적인 사례이다. 조선후기 실학자들이 화이론을 극복하고 독자적인 민족의식을 갖기에 이르렀는데, 이는 당시 노론 중심의 주자 도통주의자들에게 지배적이었던 조선중화주의(朝鮮中華主義)의 폐쇄적 인식과는 구별되는 개방적 민족주의를 지향하였다.[75]

맑스주의의 국가와 정치에 대한 이론적 편향은 이제 바로잡아야 한다. 그래야만 오리엔탈리즘에 입각한 정체성 이론을 극복하고 궁극적으로 한국 중세의 역사를 사실에 입각하여 역사주의적으로 인식하는 길이 열릴 것이며, 실학과 관련된 불필요한 논란에도 종지부를 찍을 수 있는 첩경이 될 것이다. 중세 다른 시기도 마찬가지지만 그 해체기에 해당되는 조선후기 정치는 역동적으로 발전하였다. 특히 18세기는 탕평책에 대한 찬반이 개혁과 반개혁, 진보와 보수의 대립구도를 형성하면서 전개되었는데, 여기에는 실학과 주자학의 사상적 대립이 그 저변에 깔려 있었다.[76] 18세기 영·정조대 탕평책·탕평정치의 좌절은 정치에서 진보·개혁 노선의 좌절이었으며, 자율적 근대화의 과정에서 정치의 긍정적 역할이 사실상 정지되었음을 의미하는 것이었다. 18세기 탕평정치는 비록 실패하였지만, 정치세력 사이에서 타협

---

75) 鄭昌烈, 2006, 「實學의 世界觀과 歷史認識」, 연세대 국학연구원 편, 『韓國實學思想研究 1』, 혜안.
76) 김용흠, 2009②, 앞 논문.

과 화해, 포용과 설득을 통해서 정책을 결정하고 추진하는 정치적 메커니즘을 보여주었다는 점에서 간과할 수 없는 역사적 자산을 남겼다. 이 시기의 정치는 보수와 진보가 정치적으로 대립·갈등하는 과정과 유형을 풍부하게 보여주어, 오늘날의 정치를 보다 사려 깊게 바라볼 수 있는 시각을 열어줄 것이다.

3) 21세기 실학 연구의 의의와 사회인문학

이제 21세기에 조선후기 실학을 호명하는 이유를 제시할 차례이다. 먼저 조선후기 실학이 국가적 위기를 배경으로 등장하였다는 점을 주목할 필요가 있다. 왜란과 호란은 무엇보다도 조선왕조 국가의 존립을 심각하게 위협한 사건이었다. 이에 일부 관인·유자들은 양반·지주로서의 자신들의 계급적 이해를 넘어서서 국가를 유지·보존하기 위한 각종 개혁 방안들을 제출하기에 이르렀다. 그 과정에서 국가와 민에 대한 새로운 인식이 성립될 수 있었다. 대동과 균역, 그리고 탕평이 이 시기의 시대적 화두가 된 것은 결코 우연이 아니었다. 이것은 이들의 치열한 현실인식의 소산이었다.

둘째로, 조선후기 실학은 주자학과의 대항관계를 형성하면서 발전하였다는 점이다. 주자학은 그 규모의 방대함과 체계의 정합성에서 다른 중세사상의 추종을 불허하는 것이었다. 주자학이 12세기에 성립된 이후 원·명·청대에 이르기까지 수백 년에 걸쳐서 지배 이데올로기로 군림해 온 것은 결코 우연이 아니었다. 조선왕조 국가는 이러한 주자학을 국정교학으로 삼고 출발하였다. 그러나 왜란과 호란을 계기로 그것이 가진 현실과의 괴리와 모순점이 속속 드러났다. 이 시기 관인·유자들은 현실 속에서 주자학의 문제점을 발견하고 그것을 극복하는 방안을 스스로 마련하지 않으면 안 되었다. 그 과정에서 형성된 것이 바로 조선후기 실학이었다. 따라서 조선후기 실학은 주자학에는 미치지 못하지만 그에 비견되는 체계를 갖추지 않을 수 없었다. 실학이 다양한 분야에 걸친 통합 학문으로서의 성격을 갖지 않을 수 없었던 이유는 바로 여기에 있었다.

조선후기 실학이 국가적 위기를 타개하기 위해 치열한 현실인식에 바탕을 두고 국가와 민에 대한 새로운 인식에 도달한 것은 인문학의 본령이 어디에 있는가를 분명하게 보여준 것이다. 더구나 그것은 이 시기 진보적 지식인들이 주자학으로 대표되는 지배적인 학문을 넘어서서 자주적이고 주체적으로 달성한 학문적 성과였다. 그리고 그것의 범위는 오늘날의 인문학은 물론, 사회과학과 자연과학을 망라하는 것이었다. 이러한 측면에서 조선후기 실학은 21세기 실학으로서의 사회인문학이 갖추어야 할 요건이 무엇인지를 따져볼 수 있는 준거를 풍성하게 제시하고 있다.[77] 나아가서 조선후기 실학사상 가운데 국가의 공공성, 정치와 학문의 공공성과 관련된 풍부한 사색이 포함되어 있다. 이를 둘러싼 정치적 갈등은 그것이 어떻게 왜곡되고 변질될 수 있는가를 보여줌으로써 공공성에 대한 공감대를 형성하고 관철시키기 위해서는 그에 반발하는 세력에 어떻게 대응해야 하는가를 비추어 볼 수 있게 한다.

20세기 말 유럽 사회주의 국가가 몰락한 뒤, 전 지구촌 차원에서 자본주의적 질서가 일원적으로 세계를 지배하기에 이르렀다. 이로 인해 세계화는 걷잡을 수 없을 정도로 이루어지고, 자유경쟁 이데올로기와 시장의 논리는 견제장치를 잃고 전 세계를 횡행하고 있다. 이로 인해 인문적 삶의 위기, 세계 자본주의 체제의 위기가 지구촌 차원에서 전개되고 있지만 이를 극복하는 일차적 단위는 개별 국가가 될 수밖에 없다. 지구촌 환경 문제와 같이 전 세계적 차원에서 시민들의 연대를 모색해야 하는 문제도 많지만 이를 포함하여 인간다운 삶의 기본조건인 교육·의료·주거·복지 등 대부분의 문제들은 개별 국가 단위에서 해결책을 찾고 실천에 옮기지 않는다면 공허해질 수밖에 없다.[78] 오늘날 '사회 정의는 시민사회와 국가 사이의 섬세한 균형을 필요로 한다.' 즉 '시민사회 단체들은 국가를 견제'하여야

---

77) 사회인문학의 개념에 대해서는 다음 논고를 참고할 수 있다. 백영서, 2010, 「사회인문학의 지평을 열며―그 출발점인 공공성의 역사학」, 『東方學志』 149 ; 박명림, 2010, 「사회인문학의 창안」, 『東方學志』 149.
78) 김용흠, 2010③, 앞 논문.

하지만, '국가는 시민사회가 창출하는 자원과 기회의 분배를 감시하고 바로 잡아야 한다.'[79] 21세기 들어서도 우리가 실학의 국가론을 주목하게 되는 이유는 이런 측면에서이다.

또한 우리가 간과해서는 안 되는 것은 앞서 거론한 바와 같이 실학의 국가론에는 시장경제의 폐단을 국가권력을 통해서 제어해야 한다는 강력한 문제의식이 존재하였다는 점이다. 아울러서 중세 국가를 고대국가와 구별하는 지표로 이해되었던 권농정책과 진휼정책을[80] 보다 확대 시행할 것을 주장하는 풍부한 제안이 포함되어 있다. 이러한 문제의식을 오늘날에 되살린다면 복지국가 모델을 구축하는 역사적 자원이 될 수도 있을 것이다.

21세기 들어서 우리가 아직도 조선후기 실학을 주목해야 하는 가장 중요한 이유는 조선후기 실학 연구가 통일국가의 모델을 마련하는 데 있어서 남한과 북한이 합의할 수 있는 준거가 될 수 있다는 것이다.[81] 남한과 북한이 통일되기 위해서는 남한과 같은 자본주의에 기초한 자유민주주의 체제나 북한과 같은 사회주의 체제 가운데 어느 한편의 국가 형태만을 고집해서는 이루어질 수 없다. 앞서 살핀 바와 같이 해방 전후 좌우를 막론하고 독립운동가들에 의해 합의되고 일반 민중들의 광범위한 지지를 받은, 계급 화해에 입각하여 정치·경제·교육의 균등을 지향하는 국가 형태는 외세와 분단세력에 의해 압살되었다. 오늘날의 남한과 북한의 국가형태는 어느 것도 당시 일반 민중의 지지를 전폭적으로 받은 것은 아니었다. 신간회 운동의 좌절 속에서 '조선학운동'이 주목한 조선후기 실학의 국가론은 통일국가의 형태를 논의할 때 남북한이 합의할 수 있는 최소한의 전제가 될 수 있다. 조선후기 실학을 21세기에 들어선 오늘날에도 우리가 과학적이고 체계적으로, 역사적 사실에 즉해서 풍부하게 연구하지 않으면 안 되는 이유가 바로 여기에도 있었던 것이다.

---

79) 마이클 왈저 지음, 최홍주 옮김, 2009, 『정치철학 에세이』, 도서출판 모티브북, 19쪽.
80) 위와 같음.
81) 정호훈, 2009, 앞 논문, 371~372쪽.

4. 맺음말

지금까지 조선후기 실학 연구의 문제점을 점검하여 바람직한 연구 방향을 모색해보고, 이것을 새로운 인문학과 관련지어 검토해 보았다. 조선후기 실학은 역사적으로 구성된 개념이므로 '실학'이라는 용어에 대한 명사론적 접근으로는 조선후기 실학의 성격을 분명하게 드러내는 데는 한계가 있다. 조선후기 실학은 개항기에는 구국의 경세론으로서 주목되었고, 식민지 시기에는 민족해방투쟁의 일환으로서 연구되었다. 1930년대 '조선학운동'의 과정에서 '실학'이라는 용어가 오늘날과 같은 '조선후기 실학'과 같은 의미로 사용되었는데, 그것은 실학의 여러 측면 가운데 '허학'으로서의 주자학을 극복하려고 한 측면을 계승하려는 문제의식을 보여준다. 해방 이후 1950년대에 '실학'이 오늘날과 같은 의미의 학술용어로 정착되었고, 1960년대 이후에는 내재적 발전론과 근대화론이 서로 영향을 주고받으면서 상호 대립·갈등하는 가운데 실학 연구가 전개되었다. 이로 인해 실학 연구에 많은 혼선과 무리가 초래된 것도 사실이었다. 1980년대 이후 이를 극복하려는 연구 역시 이 두 경향의 연장선상에서 이루어졌는데, 이 가운데 '조선학운동'의 전통을 계승·발전시킨 것은 내재적 발전론 입장의 연구였다.

조선후기 실학의 개념을 분명히 하기 위해서는 '중심과 외연'을 구분해서 보는 방법이 있다. '조선학운동'의 전통에 입각해 볼 때 실학의 중심에는 '국가론'이 놓여 있었다. 그것은 주자학의 한계를 넘어서서, 양반제와 지주제를 극복한 국가를 지향하였다. 이러한 국가론을 형성하는데 밑거름이 된 경학과 철학, 지리학과 역사학, 천문학과 우주론 등이 실학의 내용을 구성하고, 여기서 영향을 받은 문학과 예술은 그 외연을 형성한 것으로 정리해 볼 수 있다. 실학의 중심을 국가론에 둘 때 실학은 정치와도 밀접한 관련을 맺고 있음을 알 수 있다. 조선후기에는 지주 입장의 국가론과 농민 입장의 국가론이 서로 대립하였는데, 농민 입장의 국가론이 바로 실학이었던 것이다. 국가론을 두고 빚어진 주자학과 실학의 대립은 조선후기 정치적 갈등의 주된 배경이 되었다. 따라서 관인(官人) 가운데서도 실학자가 존재하였음을 알 수 있다.

　실학의 국가론은 국가의 공적 성격을 강화시켜 민생을 안정시키고 생산력을 증진시킬 것을 구상하였다. 자유로운 상품화폐경제의 발전은 보장하되, 시장경제의 폐단에 대해서는 소민 입장에서 국가권력으로 강력하게 제어하려 하였다. 따라서 조선후기에 자본주의 맹아가 발전하였지만, 실학의 국가론이 반영되었을 경우 우리의 근대 국가는 비자본주의적 발전의 길을 갔거나, 북유럽의 사회민주주의 국가 유형으로 발전했을 가능성이 많다. 그리고 이러한 국가 유형이 '조선학운동'을 계승하여 해방 정국에서 우리 민족 다수가 합의한 국가 형태였다.

　조선후기 실학이 국가적 위기를 타개하기 위해 치열한 현실인식에 바탕을 두고 국가와 민에 대한 새로운 인식에 도달한 것은 인문학의 본령을 보여준 것이었다. 특히 이것은 진보적 지식인들이 주자학으로 대표되는 지배적 학문을 넘어서서 자주적이고 주체적으로 달성한 학문적 성과였다. 그 범위는 오늘날의 인문학은 물론, 사회과학과 자연과학을 망라하였다. 이러한 점에서 조선후기 실학은 21세기에 새로운 인문학을 지향하는 사회인문학의 준거가 될 수 있다. 그리고 국가의 공공성, 정치와 학문의 공공성에 대한 풍부한 내용이 포함되어 있어서 오늘날 공공성을 연구하는 자원이 될 수 있으며, 복지국가의 모델 역시 추론해 낼 수 있다. 21세기 들어서도 실학 연구가 요구되는 가장 중요한 이유는 분단 현실에 있다. 신간회 운동의 좌절 속에서 '조선학운동'이 주목한 실학의 국가론은 통일국가의 형태를 논의할 때 남북한이 합의할 수 있는 최소한의 전제가 될 수 있을 것이기 때문이다.

제3장 홍이섭 사학의 성격과 조선후기 실학

1. 머리말

21세기는 문명사의 전환기라는 말이 회자되고 있다. 작금에 진행되고 있는 미국과 유럽의 경제 위기는 18세기 산업혁명에서 시작된 서구 근대문 명의 위기적 증상으로 해석되고 있다. 서구의 뜻있는 지식인 가운데 그 대안을 중국 또는 동양사상에서 찾으려는 시도가 심심치 않게 나타나고 있다.

그렇지만 동양사상을 대표하는 중국과 인도를 비롯하여 그 영향권에 속하는 아시아 각국은 서구에 의해 반식민지 내지 직접 식민지를 경험하였 다. 20세기까지는 중국적인 것 내지 동양적인 것은 근대화를 방해하는 요소로 인식되었다. 중국과 인도에 독립국가가 수립되고 나서도 스스로의 전통을 긍정적으로 인식하기까지는 숱한 우여곡절을 겪을 수밖에 없었다. 일본은 동양적인 것을 버리고 서구적인 것을 강조하면서 근대화에 성공하였 으므로 여기서 논의의 대상이 되기 어렵다. 그렇다면 21세기 문명사의 전환기에 중국을 비롯한 동양사상은 그 대안을 제시할 수 있을까? 그것이 가능해지려면 어떤 경로를 거쳐야 하는가? 이러한 문제를 해명하기 위해서 는 여러 각도에서 다양한 시도가 있어야 할 것이지만, 특히 전통에 대한 엄밀한 분석을 빠트릴 수 없다. 이를 통해서 전근대의 화려한 문화 가운데 계승·발전시켜야 할 것과 부정·극복해야 할 것을 분명하게 구분하는 작업이 선행되어야 할 것이다.

20세기에 우리나라 역시 식민지, 분단, 전쟁 등 격렬한 변화의 소용돌이 속에서 온갖 고난을 감내하면서 엄청난 변화를 이루었다. 21세기 들어서는 경제적으로 세계 10위권에 드는 교역 규모를 자랑하면서 서구화에 선도적인 나라로 우뚝 섰다. 그와 함께 서구 자본주의 문명이 노출한 온갖 모순 역시 가장 극단적인 형태로 나타나게 되었다. 우리가 그렇게 닮으려고 한 서구 문명이 이미 한계를 드러냈다면, 우리나라가 오늘날 직면하고 있는 온갖 문제들에 대한 해결책을 찾기 위해서는 우리의 역사적 전통에 대한 심도 깊은 천착은 회피할 수 없는 일이 될 것이다.

20세기와 21세기가 너무나 판이하게 다른 상황이 전개되고 있으므로 우리 역사 연구도 달라질 수밖에 없고 달라져야 한다. 식민지 단계, 경제적으로 후진국을 면하지 못했던 단계와 수량적으로나마 경제적 선진국으로 발돋움하고 있는 현재에는 역사를 보는 시각이 달라질 수밖에 없다는 것이다.

홍이섭(洪以燮, 1914~1974)은 식민지와 분단, 전쟁으로 점철된 한국현대사의 격랑 속에서 민족을 우선하는 역사학을 전개하였다. 식민지 시기에는 민족주의 사학의 세례를 받으면서 그것을 확대·발전시키는 방안을 모색하였으며, 분단과 전쟁으로 선배와 동료들이 사라진 상태에서 남한에 홀로 남게 되자 어떻게 하면 민족 주체성을 확립할 것인가를 고민하면서 비판적 지식인으로서의 책무를 다하기에 힘썼다. 그의 역사학은 민중적 민족주의 사학의 선구로서 우리 사학사에 분명한 위치를 차지하고 있다.[1]

그렇지만 그의 역사 연구 역시 그 시대적 제약을 벗어나기는 어려웠다. 오늘날 변화된 현실 속에서 그의 역사학에서 계승·발전시켜야 할 측면과

---

1) 홍이섭의 역사학에 대한 최근 연구로서는 2005년 『동방학지』 130집에 실린 「특집: 홍이섭의 한국사 연구」가 있어 참고된다. 여기에는 金度亨(「洪以燮의 現實認識과 歷史硏究」), 문중양(「홍이섭의 과학사 연구를 넘어서」), 정호훈(「洪以燮의 實學 硏究」), 김성보(「洪以燮의 한국근현대사 인식」) 등이 참여하였다. 이외 원유한, 2010, 「민족사학의 영원한 스승, 홍이섭」, 『다산과 현대』 3, 강진다산실학연구원이 있다.

비판·극복해야 할 측면을 분명히 하는 것은 21세기의 새로운 한국사 연구를 위해서 피할 수 없는 작업이 되었다. 특히 그가 견지했던 조선후기 실학에 대한 관점은 이후 실학의 개념과 관련된 논란을 극복하려면 반드시 짚고 넘어가야 할 점이 있다. 그리고 그것은 그의 역사학 전체의 한계와도 관련되어 있다.

2. 통일 민족주의 지향의 실천적 역사학

1) 유물사관의 영향과 정신사의 시각

홍이섭은 뛰어난 기독교 사회운동가였던 홍병선(洪秉璇)을 부친으로 두었으며, 일제시기에 정인보·문일평·최현배·이윤재·백낙준 등을 스승으로 섬겼고, 백남운의 영향을 받았다.[2] 따라서 기독교, 민족주의, 사회주의 등이 그의 학문과 사상 형성에 큰 영향을 주었음을 알 수 있다. 이 가운데 홍이섭은 정인보·문일평·최현배 등의 민족주의적 지향을 중심에 두고 학문 활동을 전개하였으며, 기독교와 사회주의는 그것을 보완하는 방향에서 취사선택하면서 받아들였다.

홍이섭은 주체적 민족사관의 형성을 필생의 과업으로 삼았다. 그는 정인보를 이어서 박은식과 신채호의 민족주의 역사학에 심취하였다. 특히 그는 신채호의 역사학에서 큰 영향을 받고 이를 소개하는 글을 여러 편 작성하였다.[3] 그가 볼 때 신채호의 역사학은 '민족정기(民族正氣)의 사관(史觀)'에

---

2) 김철준, 1975, 「홍이섭 사학의 성격」,『나라사랑』18(원유한 엮음, 1995,『홍이섭의 삶과 역사학』, 혜안, 20쪽).

3) 홍이섭, 1962, 「丹齋 申采浩」,『사상계』10-4, 1962년 4월 ; 1965, 「埋沒된 歷史의 發掘者-단재 신채호」,『한국의 인간상』4권, 신구문화사 ; 1968, 「申采浩의 民族意識의 再發見」,『韓國史의 方法』, 探求堂 ; 1971, 「丹齋 史學의 주변」,『나라사랑』3, 외솔회 ; 1972, 「丹齋 申采浩 선생」,『주부생활』1972년 5월호 ; 1975, 「丹齋 申采浩」,『한국의 사상가 12인』, 현암사. 이상의 글들은『洪以燮 全集』8(연세대학교 출판부, 2003. 이하『전집』8로 약함)에 모두 수록되어 있다. 그렇지만『전집』에 수록되지 않은

입각하여 '민족의식(民族意識)'을 재발견하였으며, '가장 선구적인 한국사 연구방법론을 제시'하였다.[4] '단재 사학'은 당시에 유행하고 있던 '유물사관'에 맞설 수 있는 유일한 사관이었는데, 그러한 '단재 사학의 정신'이 일제의 탄압으로 인해 전개되지 못하였다고 아쉬워하였다.[5] 정인보와 문일평은 이러한 신채호의 역사학을 계승·발전시키고자 노력하였는데, 홍이섭 역시 이들의 훈도를 받으면서 그러한 작업을 이어받고 있었다.

1919년 3·1운동 이후 조선의 사상계에는 사회주의가 풍미하였고, 1930년 대에는 사회주의의 유물사관에 입각하여 우리 역사를 정리한 저술도 심심치 않게 등장하였다. 홍이섭이 이러한 새로운 사조의 영향을 강하게 받으면서 저술한 것이 『조선과학사』였다.[6] 그 서문에서 인간의 '생산활동'과 '생산적 실천'을 통해서 과학이 발전한다고 말하고, 과학사 서술에서 '자연에 대한 해석=자연과학사(自然科學史)와 그 법칙을 부여한 도구의 제작, 즉 생산 제 관계=기술사(技術史)의 부문'을 같이 고려해야 한다고 한 것은 유물론적 관점을 분명히 한 것이다.[7] 또한 그가 '과학사(科學史)'라는 분야사에 '조선 사학(史學)의 과학적 수립을 위한 방법'을 적용해야 한다고 주장한 것은 과학적 역사학의 수립을 지향한 것이다. '민중의 생활과 사회구성의 발전과 정'을 '과학의 발전과 변천'의 '기축(機軸)'으로서 주목하고, 맑스주의 시대구 분을 적용한 것은 유물사관을 수용한 것을 의미한다. 그와 함께 한국의 과학기술이 봉건적인 계급성과 궁정성(宮廷性)으로 인해 정체와 퇴보를 피할 수 없었다고 말한 것을 통해서 계급사관의 영향도 받고 있음을 볼 수 있다.[8]

글도 있는 것 같다. 「丹齋 申采浩」에서 "이러한 글을 네 번째 썼고, 발표는 세 번째"라고 말한 것에서 그것을 알 수 있다(『전집』 8, 135쪽). 이하에서는 홍이섭의 글을 인용할 때 필자 이름을 생략하였다.

4) 「丹齋 申采浩」, 『사상계』 10-4, 1962년 4월, 『전집』 8, 129쪽.
5) 위의 글, 『전집』 8, 133~134쪽.
6) 김용섭, 1976, 「우리나라 近代 歷史學의 發達」, 『한국의 역사인식(하)』, 창작과비평 사, 488쪽 ; 김도형, 2005, 앞 논문 ; 문중양, 2005, 앞 논문. 문중양은 이를 '맑스주의 과학기술사관'이라고 불렀다(같은 논문, 49쪽).
7) 홍이섭, 1994, 『朝鮮科學史』, 『전집』 1, 5~6쪽.

이것은 이 시기 사회주의가 유행하고 맑스주의 역사관이 수용되면서 이들에 의해 제기된 신채호로 대표되는 민족주의 사학에 대한 비판을 일정하게 수용하는 의미를 가지고 있다. 홍이섭은 백남운이 신채호를 비판하는 것에 대해서 그것이 '그들의 전적인 목표는 아니'었으며, 일본 제국주의를 비판하고 민족문화를 선양하는 것에서는 차이가 없다고 보고 있었다.[9] 그리하여 백남운의『조선사회경제사』·『조선봉건사회경제사』(상), 이청원의『조선독본』, 이여성·김세용의『숫자 조선연구』등은 '민족적'인 측면에서 의미 있는 저술로 보았다.[10] 그는 당시 맑스주의 역사관이 신채호·박은식 등의 민족사관과 함께 '간과할 수 없는 중요성'을 가지고 있다고 간주하였고,[11] '민족적 의식 기반 형성'에 끼친 영향을 주목하면서 '식민지시대 정신사의 구성에 중요한 일면'을 차지하고 있다고 인정하였다.[12] 이것은 식민사관은 물론이고, 일본 제국주의 지배에 눈감고 과학성을 내세우면서 실증주의만을 고집하는 문헌고증사학을 배격한 것과는 다른 태도였다.

그렇지만 그것은 어디까지나 방법론의 측면으로 제한되었다. 이들이 민족의 분열을 초래하고 코민테른의 지시를 맹목적으로 추종하여 민족운동을 분열시켰다고 비판하였다. 또한 '역사의식'이 결여되어 있어서 민족사관을 거부한 결과 의식 또는 무의식적으로 '식민지사관'을 추종하고 그 '잔존의식'을 불식하지 못하는 결과를 초래하였다고 비판하였다.[13]

특히 해방 이후 좌익 진영이 민족운동의 정치적 주도권 쟁탈전을 벌이고, 신탁통치 문제에서 찬탁으로 방향을 전환함으로써 '민족주의와 공산주의는 민족의식에서도 획연히 분립'되기에 이르렀다고 비판하였다. 이것은 좌익 진영의 '의식'이 '일제하의 식민지적 조건과, 소비에트의 민족론을 수용'한 것에서 형성된 것으로서, '혁명 완수에 급급'하여 '기계적인 해석'에 빠지게

---

8) 김도형, 2005, 앞 논문, 13쪽 ; 문중양, 2005, 앞 논문, 52쪽.

9)「丹齋 申采浩」,『전집』8, 134쪽.

10)「민족사학의 과제」,『세대』3-9, 1965년 10월,『전집』7, 125쪽

11)「韓國 現代精神史의 課題」,『문학과지성』1970년 겨울호,『전집』4, 248쪽.

12)「韓國 植民地時代 精神史의 課題」,『한국사상』1962년 12월,『전집』4, 206~207쪽.

13)「韓國精神史 序說(1906~1945)」,『연세논총』7집, 1970,『전집』4, 230쪽.

되고, 이론보다 행동을 앞세웠으며, '이론의 방향 역시 타율적으로 지령에 의거'하여 '현실 판단에 차질을 초래'하였다고 보았다. 이로 인해 1950년 한국전쟁으로 '민족의 상잔(相殘)'을 벌여 '사상적으로 두 지역을 뚜렷이 구획짓는 결과를 재래'하였는데, 이는 '좌익이론의 미숙성과 입지적 조건의 취약성'에서 나온 것이며, 결국 '좌익진영의 민족의식의 고양 정책 자체의 허위성'에서 나온 것으로 간주하였다.[14)]

이에 비해 홍이섭은 자신의 스승인 정인보를 다음과 같이 평가하였다.

> 문사일체(文史一體)의 서술로써 경사일체(經史一體)의 이념의 세계에서 휘어잡아 찾고자 한 것은 오직 '조선의 얼'이었다. 즉 '조선의 정신'이었다.[15)]

또한 정인보의 『조선사연구』는 '한국사의 정신적 이해의 체계화에 새로운 기점'을 설정한 것에 무엇보다도 큰 의의가 있다고 보았다. 홍이섭은 이를 계승하여 사상사나 지성사보다는 '정신사'를 내세웠다. 그는 사상사의 본령이 '국가·사회적 모순·불합리에 대한 현실비판'에 있지만 중요한 것은 현실 타협이 아니라 '현실 극복의 정신'이라고 주장하였다.[16)] 모순된 체제에의 저항, 민족독립운동, 그리고 근대화까지 모든 것은 '현실 극복의 정신'에 의해서 좌우된다고 생각하였던 것이다.

그는 정신사의 시각에서 독특한 현실 진단을 제시하였다. 즉 한국의 근현대사가 '저항과 굴종' 가운데 선택을 강요당하여 한국인들이 정신적 혼란에서 벗어나지 못하였다고 보았다.[17)] 그리고 일제시대 좌·우익의 분열은 '민족 자체 내의 정신적 갈등'에서 초래된 것인데 '정신적 취약성·지적 빈곤'으로 인해 이것을 극복하지 못하였다고 진단하였다.[18)] 그리고 그에

---

14) 「오늘의 韓國 社會思想」, 『사상계』 1963년 3월호, 『전집』 4, 18~20쪽.

15) 「爲堂 鄭寅普」, 『사상계』 115, 1962년 12월, 『전집』 8, 196쪽.

16) 「護國思想의 問題」, 『국방학보』 1969년 12월호, 『전집』 4, 88쪽.

17) 「1920년대의 精神史」, 『연세춘추』 773호, 1972. 5. 15, 『전집』 4, 256쪽.

18) 「1920년대의 精神史」, 『전집』 4, 258~259쪽.

이어서 '자기 이해를 거부당한 20세기 전반기의 엄혹한 조건' 속에서 주어진 해방은 민족 전원에게 정신적 공백'을 초래한 결과 '사회적인' 모든 것이 혼란에 빠졌는데, '독립'과 '민족'을 슬로건으로 내세우기는 하였으나 체계적인 논리는 제시되지 못하여 '진정한 민족적 이해는 저해(沮害)'되었다고 진단하였다.[19]

> 한국과 같이 정신면에서 예속성과 자립적 의욕이 갈등을 거듭하면서 때로 예속성이 지배적이었던 데서는 근대사회로 지향하는 정신의 맹아→ 전개→ 확립이 몇 배나 투쟁적이어야 한다. 그러나 국제적으로 억압되어 안으로 예속적 정신이 생리처럼 체질화되었기 때문에 자립정신의 확립과정은 퍽 어려울 수밖에 없었다.[20]

이로 인한 '한국인의 자기 인식의 빈곤'과 '과거 정신에 대한 이해 부족'을 한국근현대사의 최대 문제점으로 지적하였다.[21] 홍이섭의 역사학은 이러한 현실을 민족 주체의 입장에서 극복하기 위한 문제의식으로 점철되었다.

2) 정신사의 전개와 문제점

홍이섭이 일제시대에 발표한 『조선과학사』가 유물사관의 영향을 강하게 받은 것이라면 해방 이후 발간된 『정약용의 정치경제사상 연구』(1959)는 스승인 정인보 등의 조선학운동(朝鮮學運動)을 계승한 것이었다. 이후 그 특유의 정신사가 본격적으로 전개된 것은 1960년 4·19 이후였으며, 그것은 한국근현대사에 집중되었다. 그는 특히 식민지시대 정신사 연구에 주력하였는데, 세세한 사실에 대한 실증적 연구도 있지만 문제의식이나 전체적인 구도를 제시하는 개괄적인 글들이 더 많다. 이것은 신채호와 정인보의

---

19) 「해방 15년의 精神史」, 『한국일보』 1960년 8월 15일, 『전집』 4, 264쪽.
20) 「近代化의 課題」, 『조선일보』 1964년 1월 4일, 『전집』 4, 306쪽.
21) 「해방 15년의 精神史」, 『전집』 4, 265쪽.

실천적 학문 활동의 전범을 이은 것으로 보인다.

그는 당대의 현실 문제의 핵심을 '후진성(後進性)'으로 보고 그 역사적 연원을 조선왕조의 봉건성(封建性)과 사대성(事大性)에서 구하였다. 일본 제국주의의 식민지 정책은 그 봉건성을 온존시켰으며, 사대성은 식민성으로 표출되었다.[22] 해방 이후에도 식민지 잔재와 함께 봉건성이 강하게 남아 있어 근대화의 걸림돌이 되었으며, 사대성은 미국과 소련이라는 외세에 대한 의존으로 나타난 것으로 보았다.[23]

조선왕조 국가의 봉건성과 사대성을 극복하려는 움직임으로서 조선후기 실학에 주목하였다. 또한 그가 주력한 식민지시대 정신사에서는 민족운동사 내지 독립운동사를 그 정신적 기반이라는 측면에서 접근하려 하였다. 그는 1919년 3·1운동 이후 민족의식이 급격하게 앙양되었다고 보고, 그 요인을 다음과 같이 분석하였다.

> (1) 19세기 중엽 이후 유교주의적 척사론(斥邪論)이 봉건적 색채를 지니면서도 애국적 정신으로 전개되는 데서 민족적 의식을 지니게 되었고, (2) 개화주의자의 실천적 정신 내지 거기에 전개된 자본주의적 정신(民主主義的인)이 점차적으로 이해되며, 해외로 망명한 지사들의 재외 견문·경력을 통한 민족적 의식이 민족운동의 국제적 전개 내지 국내 운동에 주로 자극을 주었다. (3) 1919년의 3·1운동이 거족적으로 자기(민족)의식을 갖게 되었다. 뿐만 아니라 민족운동에 대한 경험적 비판이 가능하게 되었다.[24]

이것은 근대사에 대한 그의 독특한 이해 방식으로 볼 수 있다. 척사론의 '애국적 정신'을 인정하고, 개화주의자들에 의해 자본주의와 민주주의가 이해되었다고 간주한 것, 해외 독립운동가들의 견문과 경력이 국내 운동과 상호작용한 측면을 강조하고, 3·1운동으로 민족의식이 확립되어 민족운동

---

22) 김도형, 2005, 앞 논문, 20쪽.
23) 김성보, 2005, 앞 논문.
24) 「韓國 植民地時代 精神史의 課題」, 『한국사상』 1962. 12, 『전집』 4, 204~205쪽.

에 대한 경험적 비판이 가능하게 되었다는 지적 등이 그것이다. 이와 함께 1930년대에는 성숙해가는 좌익 이론과의 대립을 통해서 민족의식을 비판적으로 체계화하는 작업이 가능해졌다고 하였다. 그는 '민족진영에서 민족 대중에게 호소한 기본 과제가 무엇인가'를 밝혀야 하며, 이와 함께 '피식민자로서 생존권에 직결된 경제문제를 정신사의 기본과제로 같이 다루어야 할 것'으로 보았다.[25] 즉 맑스주의를 수용하여 정신사의 배경으로서 사회경제사적 접근의 필요성을 주장하였던 것이다.

의병운동에 대해서는 '유교주의적인 의식을 민족적 공통의식으로의 독립정신으로 전회시켰다'고 보았으며, 이에 참가한 농민·군인들은 동학교도 농민항쟁을 새롭게 계승한 것일 수도 있다고 주장하였다.[26] 또한 독립협회가 전개한 일련의 운동에서 나타난 민권·국권의식='독립정신'은 '근대적 민족의식의 맹아'로 규정하였다.[27] 3·1운동에 대해서는 윌슨의 민족자결주의의 영향이나 러시아 혁명의 영향이라는 주장을 비판하고 의병의 행동과 정신을 계승한 전민족적 투쟁임을 강조하였다. 그리고 주시경 등이 국어의 이해·정리·보호에 노력한 것을 '식민지하 민족주의 전개의 정신적인 한 운동'으로 규정하였으며, '식민지 사관의 비판·극복을 위하여 민족적 독립정신을 역사적으로 추구한 민족사관의 형성'은 '민족주의의 본질적 전개'라고 보았다.[28] 이와 함께 맑스주의자들의 식민지 정책 비판 또한 계급의식과 함께 '반식민지적 정신을 부식(扶植)'하였다는 점에서 '민족적'인 것으로 간주하였으며, 최남선·이광수·최서해·염상섭의 문학작품 역시 민족의식을 고취한 것으로 평가하면서 식민지 시대 정신사의 일면을 형성한 것으로 보았다.[29]

주목할 것은 그가 앞서 거론한 의병운동과 3·1운동과 같은 민족운동을

---

25) 「韓國 植民地時代 精神史의 課題」, 『전집』 4, 208쪽.
26) 「韓國精神史 序說(1906~1945)」, 『연세논총』 7집, 1970, 『전집』 4, 222, 224쪽.
27) 「韓國精神史 序說(1906~1945)」, 『전집』 4, 224쪽.
28) 「韓國精神史 序說(1906~1945)」, 『전집』 4, 227쪽.
29) 「韓國精神史 序說(1906~1945)」, 『전집』 4, 226~232쪽.

위로는 19세기의 홍경래란과 임술민란, 그리고 그에 이어지는 동학농민운동과 연결시키고, 아래로는 4·19혁명과 함께 거론하고 있는 것이다.[30] 3·1운동과 4·19혁명 사이에 일어난 1926년 6·10만세운동과 1929년 광주학생운동, 그리고 신간회 운동을 '식민지시대 한국인의 굴하지 않는 정신'을 보여준 사건으로 평가하였다. 즉 그는 민중운동까지도 정신사의 영역으로 끌어들이려고 노력하였던 것이다.

그는 남북분단의 문제도 정신사적으로 검토하면서 그 극복을 위해 가장 필요한 것은 민족의식의 회복이라고 주장하였다. 그는 전쟁 이후 일관되게 통일 민족주의적인 자세에서 분단 문제를 고찰하고 통일 지향의 역사의식을 정립하기 위해 노력하였다.[31] 이를 위해 우선 서구 사회에서 횡행하고 있는 민족주의 비판의 이데올로기적 성격을 예리하게 지적하였다. 즉 민족주의를 '편협'하다고 비판하고 '국제적인 협조를 저해한다'고 하면서 '과학적 근거'가 없다고 주장하지만, 이들 '식민지 소유 국가'는 '자국의 민족적 번영에 모든 것을 경주'해 온 것이 역사적 사실이었다는 것이다.[32] 또한 소비에트의 민족이론을 '그곳의 현실과 결부'시켜 이해하지 못하고 맹목적으로 추종하면서 '민족'이라는 말만 하면 '반동적으로 생각'한다고 좌파의 민족주의 비판을 반박하였다. 나아가서는 '서구에서 형성된 민주주의 원리만이 오늘의 한국 민족의 제과제를 해결한다고 할 수 없다'면서 민주주의는 '그 민족이 보다 행복하게 살고 번영하자는 방법이고 제도'일 뿐이라고 민족주의와 민주주의를 대립적으로 인식하는 경향을 비판하고 민족의 주체성을 강조하였다.[33] 한국에서의 민족의식은 일본의 식민지적 억압 아래 형성되었는데, 강대국에 휘둘리고 분단되어 있는 상황에서 통일의 정신으로서 민족주의는 여전히 필요하다는 것이 그의 생각이었다.[34]

---

30) 「歷史에 나타난 民衆勢力」, 『사상계』 1966년 4월호, 『전집』 6, 643~654쪽.
31) 김성보, 2005, 앞 논문, 118~124쪽.
32) 「民主主義와 民族主義」, 『연세춘추』 1963년 11월 4일, 『전집』 7, 178~179쪽.
33) 「民主主義와 民族主義」, 『전집』 7, 181~182쪽.
34) 김성보, 2005, 앞 논문, 120쪽.

홍이섭이 주장하는 정신사는 일제시대 민족주의 사학자들이 주장한 혼·얼·심 등을 계승한 것이지만 신채호 등 선배들처럼 민족 고유의 사상만을 탐구하려 한 것이 아니라 외래 사상을 적극 수용하려는 개방적 자세를 지닌 점에서 구별된다. 그가 맑스주의 역사학을 식민지 정책에 비판적이라는 측면에서 '민족적'인 것으로 인정하는 것이나 기독교를 통해서 자본주의를 적극 수용하려고 한 것은 그러한 개방적 자세에서 나온 것이었다. 또한 주체적 민족정신의 측면과 함께 식민지적 잔재의 측면도 정신사의 영역 안에서 밝혀내고자 하였으며, 아울러 민족의 내면적 정신과 외래 사상과의 상호 관계에 대해서도 관심을 기울였다. 그리고 더 나아가 한국의 정신세계를 보다 보편적이고 합리적인 관점에서 이해하기 위해 서구의 사회사상사·문화사 연구 성과를 흡수하고자 노력하였다.35)

즉 그의 정신사는 선배들처럼 민족 고유성을 일방적으로 강조하려는 것이 아니라 각 시기별 정신사 그 자체를 사회경제적 배경까지 염두에 두면서 객관적으로 사실에 입각하여 탐구하려 하였다는 점에서 중요한 의미를 가진다. 그러한 탐구 과정을 거쳐서 드러난 여러 정신 가운데 민족의 생존을 보장하는 것이 무엇인가를 밝히는 것을 과제로 삼았다. 그는 그러한 정신을 지배적인 사조로 확립하는 것이 분단 상황을 극복하고 통일을 실현하는 첩경이라고 생각하였다.

이처럼 홍이섭은 민족 주체의 통일 민족주의 관점에서 과학적 실천적 역사학을 지향하였다. 그렇지만 오늘날의 관점에서 볼 때 적지 않은 한계를 또한 드러냈다. 우선『조선과학사』에서 유물사관을 수용하였지만 발전적 관점에서 인과관계에 입각하여 우리 역사를 체계화하지는 못하였다. 대표적인 사례로서 세종대의 과학기술을 높이 평가하면서도 조선왕조 개창을 부정적으로 본 것을 들 수 있다. 신라-고려-조선의 과학기술이 각각 이전 시기의 그것을 계승하여 발전시켰다고 보면서도 봉건적 제약과 한계로 인해 발전이 정체되었다고 본 것은 계급사관을 도식적으로 적용한 사례이

---

35) 김성보, 위 논문, 116쪽.

다.[36]

그리고 그가 정인보의 제자로서 조선학운동이 전개되는 과정을 밀접하게 지켜보았음에도 불구하고 그것이 가진 의미를 제대로 포착하지는 못하였다. 1930년대 조선학운동은 신간회가 해소되고 난 이후 정치운동으로서의 독립운동이 불가능해진 단계에서 전개된 문화운동으로서의 의미만을 가진 것은 아니었다. 일제 말기에 해당하는 이 시기에는 신간회가 해소된 이후에도 국내외에서 민족주의 진영과 사회주의 진영이 통합·단결하여 일본 제국주의에 대항해야 한다는 움직임이 꾸준히 이어졌다. 그것은 조직적 통합뿐만 아니라 해방 이후 신국가건설론에서도 서로 수렴되는 경향이 나타나고 있었다.[37] 즉 유럽이나 미국식 자본주의 국가도 문제가 있고 소련식 사회주의 국가도 문제가 있으므로 서양의 정치사상을 무조건 추종하지 말고 우리의 역사 전통 위에서 우리 실정에 맞는 국가를 건설하자는 움직임이 바로 그것이었다. 조선학운동이 정약용의 '신아구방(新我舊邦)'에 주목하게 된 것은 바로 그러한 독립운동가들의 사상적 움직임을 반영한 것이었다.[38] 안타깝게도 홍이섭은 조선학운동의 이러한 중요한 측면을 주목하지 못하였다.

마지막으로 그가 민족주체의 정신사를 강조하였음에도 불구하고 한국근현대사를 관통하는 새로운 정신 또는 이념을 제시하지 못하고, 당위적으로 '민족적'인 것을 내세우는 것에 그쳤다는 점이다. 이것은 그가 우리 역사에서 전근대와 근대를 연속성 속에서 이해하지 못하였기 때문에 초래된 필연적 결과였다. 이러한 그의 역사인식에서의 한계는 조선후기 실학 연구에서 보다 구체적으로 드러나게 된다.

---

36) 문중량, 2005, 앞 논문.
37) 강만길, 2004, 『20세기 우리 역사』, 창작과비평사, 174~175쪽.
38) 김용흠, 2011, 「조선후기 실학과 사회인문학」, 『동방학지』 154.

3. 실증과 실용 중심의 실학 연구와 그 한계

1) 홍이섭의 실학 개념과 정약용 연구

홍이섭의 실학 개념은 먼저 『조선과학사』에서 제시되었다.

> 이 때(영조·정조대 : 필자)에 당하여 사회 정책을 근본 문제로, 실제적인
> 경제 시설을 급무라고 제창하고 일어난 실제 경세의 학풍을 이은 일파의
> 학자군을 실사구시학파(實事求是學派)라고 한다. 그 학을 혹은 실증학, 실학
> (實學)으로 호칭한다.[39]

이어서 그는 '실학파'를 역사학파, 지리학파, 언어학파, 사회정책적 경제
학파, 북학파로 구분하였다. 일제 시기에는 요즈음 말하는 '조선후기 실학'을
다양한 이름으로 불렀다. 문일평은 '실사구시학(實事求是學)', 정인보는 '의
독구실지학(依獨求實之學)'·'치용학(致用學)', 백남운은 '현실학파(現實學派)',
현상윤은 '경제학파(經濟學派)'라 하였다.[40] 그런데 홍이섭은 이때 이미 '실
사구시학·실증학'과 함께 '실학'이라는 용어를 사용하였음을 알 수 있다.
또 다른 곳에서는 '실용적으로 필요한 과학으로서의 실학'은 '역학[漢學,
蒙學, 倭學, 女眞學 등의 외국어], 율학[法律學], 산술, 의학' 등 중인·서얼
계층이 종사하는 '잡학'으로 인식하기도 하였다.[41] 이를 통해서 홍이섭이
파악한 '실학'이란 '실증과 실용 중심의 과학'임을 알 수 있다.

그런데 『정약용의 정치·경제사상 연구』(1959)에서는 '현실학파'라는 용
어를 사용하면서 정약용이 '누구보다 한국 현실에 접근하고 파고'든 측면을
강조하였다.[42] 이때를 전후하여 홍이섭은 정약용을 계몽적으로 소개하는

---

39) 『조선과학사』, 『전집』 1, 262쪽.
40) 元裕漢, 2001, 「韓國實學 理解視覺 擴大를 위한 試論」, 韓國史研究會 編, 『韓國 實學의
   새로운 摸索』, 景仁文化社, 55~56쪽.
41) 『조선과학사』, 『전집』 1, 158쪽.

글을 여러 편 발표하였는데, 그 제목으로서 '실사구시의 실천자 정약용,'[43] '실학의 대성',[44] '다산학의 현실성',[45] '현실을 직시한 학자'[46] 등이 등장한 것을 보면 이전과는 변화가 있음을 알 수 있다.

이것은 홍이섭이 '정신사'에 주목한 것과 관련이 있는 것 같다. 즉 실학파에 주목한 이유가 '민족적 주체성을 역사적으로 뚜렷이 포착하게 한 것'에 있다고[47] 강조하면서, 그 '학의 방법과 정신'이 '조선의 현실사회'를 대상으로 '실증적이며 비판적'인[48] 점에 그 특징이 있다고 한 것이 그것이다. 즉 그는 '정신사'에 주목하면서부터는 실학의 현실 비판성을 강조하고 그 방법으로 실증성을 거론하고 있었던 것이다.

이것은 그가 우리나라 근대화의 걸림돌로서 조선왕조의 '봉건성'과 '사대성'을 들고 있는 것과 무관하지 않다. 조선이 근대로 나아가기 위해서는 '중국적인 체제를 모방'한 '봉건적인 관념과 기구'를 타파하지 않으면 안 되는데, 실학자들이 '중국적인 사상과 문화의 전통 속에서' '몸부림치며 뛰쳐나오려고 애썼'다는[49] 것이다. 말하자면 실학을, 전근대 사회의 '봉건성'과 '사대성'을 비판하면서 근대로 나아갈 수 있는 '정신적 기반'으로 파악하고 있었던 것이다.

홍이섭이 이해한 실학은 다음과 같은 특징이 있다. 첫째, 실학사상의 발생과 발전의 요건으로서 외래사상의 영향을 강조하였다는 점이다. 그것은 서학, 명말청초의 양명학적 개혁사상, 고증학 등이었다.[50] 둘째로, 조선

---

42) 『丁若鏞의 政治·經濟思想 研究』, 『전집』 2, 281쪽.

43) 「實事求是의 實踐者 丁若鏞」, 『희망』 1958년 3월호, 『전집』 2, 312쪽.

44) 「實學의 大成」, 『朝鮮實學의 開拓者 十人』, 新丘文庫 16, 1974, 『전집』 2, 334쪽.

45) 「茶山學의 現實性」, 『高大新聞』 44호, 1954. 6. 14, 『전집』 2, 351쪽.

46) 「현실을 直示한 學者－丁若鏞 先生과 그 時代」, 『동아일보』 1959. 4. 8, 『전집』 2, 361쪽.

47) 「오늘의 韓國 社會思想」, 『전집』 4, 25쪽.

48) 「實學史上의 位置와 思想－燕巖 朴趾源 先生 百五十周忌를 맞아」, 『京鄕新聞』 1955. 12. 2~3, 『전집』 2, 468쪽.

49) 위와 같음.

50) 정호훈, 2005, 앞 논문, 81쪽, 96쪽.

후기 실학을 남인계의 한 계통으로 정리하였다는 것이다. 즉 그것은 반계 유형원에서 비롯하여 성호 이익에게 전수되었으며, 이익은 실증의 학풍을 대성하여 영·정조대 실학자들에게 절대적인 영향을 미쳤다고 보았다. 홍대용·박지원·박제가 등 노론계 북학파마저도 유형원과 이익의 학문 위에서 성장했다고 정리하였으며,[51] 그 스승인 정인보가 거론한 정제두 등 소론계 학인에 대해서는[52] 언급하지 않았다.

홍이섭은 조선후기 실학이 '시민에의 지반'을 갖지 못했으며, 당시 '공론 (空論)적=유교적 관념론자'들과의 투쟁을 회피하면서 현실 정치에 관여하려 하지 않고 학문에 침잠하여 성립된 '현실 도피 내지 자기 위안의 학문'이라는 점이 '현실적 결함'이라고 지적하였다.[53] 자연과학 방면에서는 다분히 서구인의 학설을 답습한 것으로 보았으며, 1801년 신유박해에서의 천주교 탄압과 함께 '맹아의 신과학사상'도 무너지게 되었다고 하였다.[54]

그의 이러한 실학 이해는 정약용 연구를 통해서 보다 구체적으로 전개되었다. 정약용은 '주자학의 이념적인 세계를 재현하고자 노력했던 관료적 학자'로서 '청을 통하여 전래된 서구 사상인 중세철학과 가톨릭 신학의 영향'을 받았으며, '봉건적인 국가 기구를 유지하려는 전근대적인 생각'이 강하였다고 평가하였다.[55] 『경세유표』는 '조선 정치제도사의 성격을 지닌 것으로서 국가 재정 확립책과 그것을 위한 행정관리론'이며[56] 『목민심서』는 "농민경제를 기반으로 수령과 농민 간의 문제를 중앙의 권력기구 또는 권력층과 연결하여 농민경제를 바로 잡고 지방행정의 문란을 개혁하는데 초점을 두고 있다. 『경세유표』가 상향적인데 비해 『목민심서』는 하향적 방향을 취하고 있"다고 정리하였다.[57] 이것은 '한국 정치사상에서 본다면

---

51) 정호훈, 위 논문, 77쪽.
52) 「위당 정인보」, 『전집』 8, 193쪽.
53) 『조선과학사』, 『전집』 1, 264쪽.
54) 『조선과학사』, 『전집』 1, 265쪽.
55) 『정약용의 정치·경제사상 연구』, 『전집』 2, 280쪽.
56) 「실사구시의 실천자 정약용」, 『전집』 2, 317쪽.
57) 「牧民心書-李朝 封建經濟의 綜合的 批判書 및 改革案」, 『사상계』 1964년 5월호, 『전집』

이조 유교주의 정치 이념의 마지막 체계화'이며, '조선 현실'의 '보다 나은 개혁을 위하여 학문과 사상의 종합화를 기도한 혁명론'이기는[58] 하지만 정약용에게서 '사상적으로 근대적인 요소는 현실적으로 전개 실천되거나 사회적인 기반을 찾기도 어려웠으며, 성숙되지도 못하였다'고[59] 못 박았다.

2) 실학 개념의 올바른 정립을 위하여

홍이섭의 실학 개념에 대해서는 선행 연구에서 이미 그 문제점이 지적되었다. '실학이 가지는 중세체제 개혁성과 근대지향성을 적극적으로 규명하지 못'하였다[60]거나, 서구 중심의 '보편과학관과 목적론적 과학사 해석'에 입각하여 실학의 과학사상을 '봉건적·고전적 과학과 근대 서구적 과학'의 대립 구도 위에서 이해하였다는 비판,[61] 조선후기 실학자들의 '변화·변법을 위한 노력에 대해서는 상대적으로 덜 주목'하였다는 지적[62] 등이 그것이다. 물론 이러한 점들은 '한국사 연구 성과가 충분히 축적되지 않았던 시기에 개척자적 연구를 수행'하는[63] 과정에서 나온 불가피한 측면이 있다는 점에 대해서는 공통된 인식을 보이고 있다.

그러나 이런 측면을 충분히 감안하더라도 홍이섭의 실학 개념과 이해에는 간과할 수 없는 문제점들이 도사리고 있다. 특히 그러한 문제점들이 이후 증폭되어 '조선후기 실학'에 대한 개념에 혼란을 불러일으키고, 일반 대중은 물론이고 연구자들 사이에서도 부지불식간에 답습되고 있다는 점에서 반드시 짚고 넘어가지 않으면 안 된다.

먼저 조선후기 실학의 개념을 '실증과 실용' 중심으로 파악하는 것이

2, 374쪽.
58) 「실학의 대성」, 『전집』 2, 350쪽.
59) 「목민심서-이조 봉건경제의 종합적 비판서 및 개혁안」, 『전집』 2, 383쪽.
60) 김도형, 2005, 앞 논문, 18~19쪽.
61) 문중양, 2005, 앞 논문, 56~57쪽.
62) 정호훈, 2005, 앞 논문, 96쪽.
63) 정호훈, 위 논문, 68~69쪽.

문제이다. 여기에는 서구 과학 수용 여부가 조선의 봉건성을 극복하는 관건이라고 보는 시각이 깔려 있다. 물론 이것은 홍이섭의 실학 연구가 과학사 연구에서 출발한 데서 나온 것이기도 하다. 해방 이후 정약용을 연구하면서는 과학 사상만을 가지고 실학을 이해하는 것이 충분치 못하다는 것을 인식한 것 같다. 그가 『조선과학사』 단계에서 실학을 '실증학파'라고 했다가 『정약용의 정치·경제사상 연구』 단계에서 '현실학파'라고 새롭게 규정한 것에서 그러한 변화를 감지할 수 있다. 그렇지만 그 본질에서 변화가 있었던 것은 아니었다. 그가 『경세유표』를 '국가 재정 확립'을 위한 행정관리론이라고 규정한 것은 실학의 본질을 '실증과 실용'의 관점에서 보는 그의 본래 출발점이 그대로 답습된 결과였다.

정약용이 『경세유표』를 통해서 논한 것은 재정 개혁론 차원이 아니라 국가체제 자체의 개혁론이었다. 여기에는 조선후기 사회변동을 반영한 새로운 국가 구상이 담겨 있다.[64] 즉 재정 '분야'의 개혁 차원을 넘어서 전반적인 국가체제 자체를 '변법'의 차원에서 변모시키려는 개혁 방안을 담고 있다는 것이다. 이것은 홍이섭이 밝힌 바와 같이 유형원에서 이익과 성호학파로 전해진 남인 계열의 학문과 북학파의 그것까지를 종합하여 집대성한 '변법의경세론'이었다. 실증과 실용은 실학의 필요조건이기는 하지만 충분조건은 아니었던 것이다.

조선후기 실학은 양란기의 '국가의 위기'를 극복하기 위한 관인(官人)·유자(儒者) 일각의 모색의 산물이었다. 그것은 출발부터 체제 개혁론의 성격을 띠었으며, '실증과 실용'은 그것을 위한 한 방법에 불과하였다. '실증과 실용' 중심의 실학 개념은 미국에서 수입된 '근대화론'과 혼효되어 실학 개념의 혼란을 부채질하였다.[65] 홍이섭이 5·16 이후 군부독재정권과 긴장 관계를 유지하였음에도 불구하고 박정희 정권이 표방하는 민족주의와 구별되지 않는다는 지적이 나온 것은[66] 이유가 있었던 것이다.

---

64) 오영교, 2007, 「『經世遺表』와 새로운 국가구상」, 『세도정권기 조선사회와 대전회통』, 혜안.
65) 김용흠, 2011, 앞 논문.

둘째로 유학에 대한 이해 문제이다. 홍이섭은 조선의 '유교주의'를 봉건성과 사대성을 지탱하는 사상이자 정신으로 이해하였다. 그가 말하는 '유교주의'는 주자학(朱子學)을 지칭하는 것이었다. 그는 실학이 서학과 양명학, 고증학 등의 영향을 받아서 발생·발전되었다고 하였지만 궁극적으로는 유교주의를 극복하지 못한 것으로 보았다. 그가 정약용을 주자학자로 보고 실학을 주자학과 구별하지 않은 것은 그 소산이었다. 그렇다면 서학·양명학·고증학을 수용하여 실학자들이 갖게 된, 주자학과는 다른 인식과 학문은 무엇인가라는 문제가 제기된다. 그것은 서세동점의 시대적 추세에 밀려서 결과적으로 근대화에 실패하였으므로 모두 무의미하다고 본 것은 아닌지 모르겠다. 여기에는 유교를 통한 근대화는 불가능하다는 인식이 깔려있다. 이것은 자신의 스승과 선배들이 주도한 조선학운동의 성과를 도외시하는 문제가 있다.

이러한 인식은 20세기까지는 몰라도 문명사의 전환기인 21세기에는 분명히 극복하여야 할 대상인 것 같다. 이미 20세기에도 서구의 뜻있는 지성들이 서구 근대 문명의 한계를 의식하고 그 극복 방안을 모색하면서 유학에 주목하고 있는 점을 감안하면, 유학 자체를 부정적으로 보는 것은 문제가 있다는 것이다. 그리고 유학에서 무엇인가 긍정적인 요소 내지 근대적인 요소를 찾아내려면, 선진유학이나 훈고학에서 찾을 수는 없을 것이며, 송·원·명·청을 거치면서 체제 교학으로 봉건제도를 뒷받침하면서 위력을 떨쳐왔던 성리학 내지 주자학을 되살리자고 할 수는 더욱 없을 것이다. 그렇다고 양명학이나 고증학을 내세울 수도 없다. 여기에 실학이 가진 의미가 있다는 것이다. 이전 시기 유교의 제 유파에 대한 실학의 비판적 관점을 수용하여 '유교 정치경제학(政治經濟學)'을 새롭게 재구성한다면 21세기의 새로운 정치사상이 될 수도 있을 것이다.

셋째로 조선이라는 '봉건적인 국가 기구를 유지하려는' 것은 '전근대적인 생각'이라는 인식이다.[67] 이 말 자체는 틀린 말이 아니지만 『경세유표』가

---

66) 김도형, 2005, 앞 논문, 28쪽.
67) 『정약용의 정치·경제사상 연구』, 『전집』 2, 280쪽.

'봉건적인 국가 기구'를 유지하려는 것이었다고 말한다면 그 체제 개혁성을 부정하는 것이 된다. 만약 '체제 개혁'이라는 측면을 인정한다면 그것이 '어떤 국가'인가를 물어야 할 것이다. '국가' 자체를 인정하였기 때문에 근대적이지 못하다고 하는 것은 '근대화'에 대한 편견에서 나온 것으로 볼 수밖에 없다.

여기에는 은연중에 혁명을 통해서 구체제를 타도하지 않으면 근대는 성립할 수 없다는 생각이 깔려있다. 그렇지만 서구에서조차도 '혁명'을 통해서 근대 국가를 건설한 나라는 오히려 예외에 속한다. 그리고 우리 역사에 보이는 신라-고려-조선의 왕조 교체는 일정한 사회경제적 발전을 반영하고 있으며, 각 시기마다 민중들의 이해와 욕구를 수렴한 측면도 존재한다.[68] 이것은 우리 역사의 특수성으로서 간과할 수 없는 측면이다. 실학자들이 자신들의 새로운 사상을 국가 구상을 통해서 표출한 것은 그러한 특수성의 반영으로 보아야 할 것이다.

넷째로 국왕이나 왕권을 인정하면 근대적일 수 없다는 발상이다. 정약용이 황종희(黃宗羲)의 영향을 받았으면서도 군주에 대한 비판을 회피했다고 보는 것은[69] 그 대표적인 사례이다. 황종희가 말한 군주 비판은 조선후기 관인·유자들에게는 그렇게 신기한 것이 되지 못한다. 실록이나 문집에 보이는 상소문에서 황종희의 「원군(原君)」이나 「원신(原臣)」에 보이는 것 못지않은 군주에 대한 신랄한 비판을 어렵지 않게 접할 수 있다. 조선후기에는 군주는 개혁적인데 신료들이 그것을 저지하려 한 경우가 오히려 더 많았다고 볼 수 있다. 영조와 정조는 그 대표적인 경우에 해당된다.

『경세유표』에 보이는 왕권론이 「원목」·「탕론」 등의 정치론과 모순된 것은 아니었다. 『경세유표』의 국가론은 「원목」이나 「탕론」에서 제시된 '하이상(下而上)'의 정치론에 의해 선출 또는 추대된 국왕이 추진해야 할 개혁의 청사진이 아닐 수 없다.[70] 그것은 국가통치의 정점에 위치한 왕권을

68) 김용흠, 2010, 「한국 중세 국가 연구의 방향과 사회인문학」, 『동방학지』 150.
69) 「實學에 있어 南人學派의 思想的 系譜」, 『인문과학』 10, 1963. 12, 『전집』 2, 422쪽.
70) 林熒澤, 1990, 「茶山의 '民' 主體 政治思想의 이론적·현실적 근거-「湯論」「原牧」의

바탕으로 '통치의 직무를 분담하는 모든 신료의 복무 성적을 독려하고 고찰하며 그 결과를 가지고 출척을 단행'함으로써 '왕권이 중심이 되어 의도적으로 추진하지 않으면 결코 진행될 수 없는 정치사업'이었던 것이다.[71]

조선시기 국왕이 이념적으로 보수적 성향을 지닌 것은 틀림없지만 현실 문제와 관련하여 끊임없이 정치적 결정을 내려야 하는 국왕이라는 위치가 갖는 정치적 속성상 보수적 이념에만 안주해 있기는 어려웠다. 15세기에 『경국대전』체제가 성립되는 과정에서도 그러하였지만, 특히 양란을 전후한 시기의 국가적 위기에 대처하는 과정에서 신료들이 제도 개혁을 두고 찬반이 나뉘었을 때, 국왕은 거의 대부분 개혁을 지지하고 추동하는 입장에 섰다. 이것은 결국 중앙집권체제를 강화시키고 국가의 공적 영역을 확장시킴으로써 중세 국가로서의 봉건성을 극복해가는 과정이기도 하였다.[72]

특히 18세기 영조와 정조가 탕평책을 통해서 군주권을 강화하고 중앙집권을 강화한 것은 기층 민중을 보호하기 위한 것임과 동시에 도시와 농촌에서 성장해 온 향반이나 역관·서얼·상인 세력과 같은 중간계층을 정치구조 속에 수용하려는 노력의 소산이었다. 이는 집권력 강화, 공적 영역의 확장, 공법 질서의 확립을 통해서 양반제로 대표되는 신분제와 지주제의 모순을 완화 내지 해소하고 대동(大同)과 균역(均役)을 구현한 새로운 국가를 지향하려는 노력이었다.[73] 따라서 정약용이 19세기 초에 저술한 『경세유표』에서 강력한 군주권을 바탕으로 국가체제를 혁신하려고 구상한 것은 결코 우연이 아니었던 것이다.

왕권을 옹호하고 강화하는 것이 비민주적이고 보수적이라는 사고는 조선

이해를 위하여」, 姜萬吉 외, 『茶山의 政治經濟思想』, 창작과비평사.

71) 金泰永, 2000, 「다산 經世論에서의 王權論」, 『茶山學』창간호, 다산학술문화재단, 239쪽, 245쪽.

72) 김용흠, 2009, 「조선후기의 왕권과 제도정비」, 이태진교수 정년기념논총 간행위원회, 『국왕, 의례, 정치』, 태학사, 80쪽.

73) 김용흠, 2009, 「조선후기 정치와 실학」, 『다산과 현대』2, 연세대 강진다산실학연구원, 438쪽.

110   제1편 조선후기 실학을 보는 시각

후기의 사실과는 맞지 않는다. 영조·정조가 조정의 관료들보다 일반 백성들의 의사를 적극적으로 정치에 반영시키려고 노력한 사실은 실록을 통해서 숱하게 볼 수 있고, 연구를 통해서도 밝혀졌다.[74] 서구식 대의정치(代議政治)만이 민주주의의 유일한 제도는 아닐 것이다. 문제는 민의 의사를 실질적으로 정치와 정책에 반영시켰느냐의 여부가 민주주의를 판단하는 기준이 되어야 할 것이다. 이렇게 본다면 정약용의 국가 구상과 정치론을 우리식 민주주의의 한 형태로 볼 수도 있을 것이다.[75]

다섯째로는 당쟁에 대한 인식의 문제이다. 홍이섭이 개혁 반대파와의 투쟁을 회피하고 이룩한 학문이 '실학'이며 '퇴폐해 가는 봉건 정치제도에 묵종'하면서 이루어낸 것이라고 말한 것은[76] 분명히 사실과 일치되지 않는다. 양란기 이래 200~300여 년간의 정치사가 모두 무의미한 권력투쟁으로 일관되었다고 본다면 그것은 식민사관의 정체성론과 당파성론을 반복하는 것에 불과하다. 물론 홍이섭도 그렇게 보지는 않았던 것을 다음과 같은 말을 통해서 짐작할 수 있다.

당쟁사(黨爭史)에 관해서는 … 이것은 앞으로 조선인의 손으로 과학적으로 분석하지 않으면 안 될 너무나 과대한 과제이다. 그것은 오늘날 그 임무를 가진 사람이 모두가 그 비난받을 인물과 밀접한 혈연적인 관계를 갖고 있으므로, 가장 통렬히 비판하여야 할 역사적인 사실을 묵과하는 듯하다. 이조(李朝) 사회사(社會史)의 분석에 과학적인 관건을 주는 하나는 당쟁의 정당한 분석에 있다. 이 문제는 이조 봉건사회에 태동한 자랑할 수 있는 실증학의 과학적인 성과를 이해함에도 반드시 정확한 해석을 갖지 않으면 안 될 중요한 과제이다.[77]

---

74) 한상권, 1996, 『朝鮮後期 社會와 訴冤制度』, 一潮閣 ; 金成潤, 1997, 『朝鮮後期 蕩平政治 研究』, 지식산업사 ; 한상권, 2011, 「정조의 군주론과 왕정」, 김인걸 외 지음, 2011, 『정조와 정조시대』, 서울대학교 출판부.
75) 김용흠, 2012, 「다산의 국가 구상과 정조 탕평책」, 『다산과 현대』 4·5합본호, 강진다산실학연구원.
76) 『조선과학사』, 『전집』 1, 264쪽.

여기서 홍이섭은 조선시기 당쟁에 대한 정확한 인식을 과학적 역사학의 관건으로 볼 정도로 그 중요성을 강조하고 있다. 그리고 그것이 실학에 대한 '정확한 해석'과도 관련된 것임을 지적하고 있다. 그렇지만 이것은 앞으로의 과제로만 제시되었을 뿐 그 자신은 당쟁에 대한 부정적 관점을 버리지 못하였다.

조선후기 실학이 정치와 밀접한 관련을 갖고 전개되었다는 것에 대해서는 최근에야 비로소 조금씩 그 연구 성과가 나오고 있다. 특히 숙종대 제기되어 영·정조대에 본격적으로 추진된 탕평책은 조선후기 실학자들의 국가 구상을 현실 정치에서 구현하려는 가운데 등장한 것이 밝혀졌다.[78] 정약용이 정조대에 주교(舟橋)와 수원 화성을 설계한 것은 모두 사도세자의 추존과 관련된 것이었다. 그것은 사도세자의 죽음이 단순히 그의 광병(狂病) 때문만이 아니라 개혁을 둘러싼 찬반과 관련되어 있다는 점에 대한 정조와 정약용의 공감대가 있었기 때문에 나온 것이었다.[79]

정조와 정약용 등 청남 세력이 구상하고 실천하고자 한 국가체제 개혁은 정조의 죽음과 함께 좌절되었다. 이와 함께 조선왕조 국가가 스스로의 힘으로 근대화할 수 있는 가능성이 사라져버렸다. 즉 자율적 근대화 과정에서 정치의 긍정적 역할이 사실상 정지되었던 것이다. 19세기 세도정치에 의해 조성된 반동적 정치상황은 그것을 말해 준다. 이로 인해 피지배 농민층의 항쟁과 운동만이 근대화의 역사적 과제를 힘겹게 감당하지 않으면 안 되었다.[80] 그렇다고 해서 양란기 이후 실학자로 칭해지는 진보적 지식인들의 노력이 무의미한 것은 아닐 것이다. 비록 반대파의 정치력을 극복하지 못하고 좌절되었지만 우리가 계승·발전시켜야 할 바람직한 역사 전통은 바로 이들의 국가 구상에 있었던 것이다.

---

77) 『조선과학사』, 『전집』 1, 156쪽, 附註.
78) 김용흠, 2009, 앞 논문.
79) 김용흠, 2012, 앞 논문.
80) 김용흠, 2006, 『조선후기 정치사 연구 1 - 인조대 정치론의 분화와 변통론』, 혜안, 18쪽.

4. 맺음말

홍이섭의 역사학은 유물사관을 수용하면서 민족주의 사학을 확대·발전시킨 것이었다. 그는 자신의 선배들이 조선의 혼·얼·심 등을 강조하는 이유를 정신사의 측면에서 객관적, 사실적으로 인식하려고 하였다. 제국주의의 침략에 의한 식민지로의 전락, 해방과 분단, 그리고 전쟁 등 현대사의 격랑 속에서 시기별로 우리 민족 전체의 '정신'을 구성하는 제 요소를 과학적으로 분석한 후, 그 가운데 민족의 생존을 위해 가장 절박하게 요구되는 것이 민족 주체성의 확립에 있다는 것을 강조하고자 하였다. 이러한 그의 정신사 연구는 한국근현대사 연구에 집중되었으며, 한국전쟁 이후 이승만·박정희 정권의 권위주의 체제 아래서도 견지되었다.

그렇지만 그의 정신사는 당시의 시대적인 제한성을 감안하더라도 간과할 수 없는 한계를 노출하였다. 우리 역사를 발전적으로 체계화하지 못하였으며, 전통 속에서 계승해야 할 것을 '정신'의 영역으로 제한하였다. 그리고 1930년대 이후 독립운동 과정에서 민족의 협동·통합을 지향하는 움직임이 구체적으로 무엇을 의미하는지를 포착하지 못하였다. 이때 전개된 조선학 운동은 우리의 근대화가 맹목적으로 서구를 추종해서는 안 된다는 '민족적' 공감대 위에서 나온 것이었는데, 그는 이를 제대로 주목하지 못하였다. 이것은 그의 정신사가 가진 내재적 한계에서 나온 것이었다.

그의 역사학이 가진 이러한 한계는 조선후기 실학 연구에서도 드러났다. 그가 실학을 '실증과 실용' 중심으로 이해하고, 봉건사회의 모순을 극복할 수 있는 '정신' 차원에서만 본 것은 그 대표적인 측면이다. 그로 인해 '유교의 정치경제학'에서 체제 개혁성을 도출할 수 있다는 가능성을 인식하지 못하였으며, 실학자들의 국가 구상에 내포된 근대적 측면을 제대로 포착하지 못하였다. 국왕과 왕권을 근대화의 걸림돌로서만 인식한 것은 서구 근대화에 대한 편향된 이해에서 비롯된 것이며, 당쟁을 통해서 보수와 진보, 개혁과 반개혁이 치열하게 다투다가 근대화가 좌절되기에 이른 과정을 과학적으로 인과관계에 입각하여 인식하지 못하였다.

그의 이러한 실학 이해는 오늘날 연구자들이 부지불식간에 답습하고 있을 정도로 지성계에 심대한 영향을 미쳤다. 문명사의 전환기인 21세기에 이르러서 우리의 역사 전통 속에서 서구 문명의 대안을 찾고자 할 경우 이제 이러한 실학 인식은 극복되지 않으면 안 된다.

제4장 조선후기 정치와 실학

1. 들어가는 말

해방 이후 한국사학계의 대표적인 연구 성과로 꼽히는 조선후기 실학사상에 대해서는 최근까지 그것의 개념과 성격을 중심으로 다양한 문제제기가 나왔다. 민족주의와 내재적 발전론을 비판하는 인문학계 일각의 흐름에서 실학의 존재 자체를 부정하려는 논의는 논외로 치더라도, 실학의 존재와 의의를 인정하는 한국사학계 내부에서조차 그것의 개념과 성격에 대해서 합의된 결론에 이르지 못하고 있다. 대표적인 문제가 실학의 근대성 여부 문제, 주자학과 실학의 관계 문제 등이다.[1)]

그런데 지금까지 실학에 관한 수많은 연구가 이루어졌음에도 불구하고 실학(實學)과 정치(政治)와의 관련성은 학계의 주목을 받지 못하였다. 여기에는 실학은 정치에서 소외된 재야 지식인의 사상이라는 통설의 영향이 크게 작용한 것 같다. 실학자들이 기본적으로 양반계급 출신의 관인(官人)·유자(儒者)들이고, 이들의 최종 목표가 '치국평천하(治國平天下)'에 있다는 것을 감안한다면 이것은 기이한 현상임에 틀림없다. 이 점에 대해서 선학들

---

1) 가장 최근의 실학 연구사 정리로는 조성을, 2006, 「'조선후기실학' 연구의 현황과 과제-국사적 근대성 추구의 극복과 21세기 동아 학문공동체 형성을 향하여」, 한국사상사학회 편, 『한국사상사입문』, 서문문화사 참조.

에 의해 문제제기가 전혀 없었던 것은 아니지만 아직 본격적인 연구는 이루어지지 않았다.[2]

조선후기 실학을 정치와 관련시켜서 사고하지 못하게 된 또 다른 이유는 '당쟁(黨爭)'에 대한 부정적 선입견 때문이기도 할 것이다. 당쟁을 정치가 개인의 권력욕이나 사적인 이익을 실현하려는 과정에서 나온 무의미한 권력투쟁으로만 보는 시각이다. 조선후기 정치사가 개인 또는 당파적 이익을 실현하려는 모략과 음모만으로 전개된 것은 아니었다. 이 시기 정치적 대립·갈등에는 사상(思想)과 정책(政策)의 차이에 의해 초래된 측면도 분명히 존재하였다.[3] 그리고 이 시기에 실학이 발생하여 발전하는 과정은 정치적 대립·갈등과도 밀접하게 관련되어 있었다. 특히 17세기 말에 등장한 탕평론(蕩平論)은 당시 조선왕조 국가가 처한 대내외적 위기로부터 벗어나기 위해 새로운 정책과 제도를 모색하고 이를 정치의 중심 문제로 끌어들이려는 관인·유자 일각의 노력의 소산이었다.[4] 따라서 조선후기 국가개혁론으로서의 실학과 탕평론 사이에는 밀접한 상관관계가 존재하였다. 특히 영·정조대에는 탕평책이 본격적으로 추진되면서 당시 정치를 주도하였던 관인·유자들이 그에 대한 찬반을 두고 격렬하게 대립하였다. 탕평정치기의 탕평파와 반탕평파의 대립은 결국 실학에서 제시된 국가개혁론을 둘러싸고 나타난 정치적 갈등으로 볼 수 있다.

본 장에서는 이러한 문제의식을 갖고 탕평론·탕평책·탕평정치와 실학과의 관련성을 본격적으로 탐색해보고자 한다. 이를 통해서 실학의 근대성 여부 문제나 주자학과 실학의 관련성을 해명하는 실마리를 찾을 수 있을

---

2) 金駿錫, 1997, 「탕평책 실시의 배경」, 『한국사 32』, 국사편찬위원회 ; 金成潤, 1997, 『朝鮮後期 蕩平政治 硏究』, 지식산업사 ; 유봉학, 2007, 「조선후기 경화사족의 대두와 실학」, 한림대 한국학연구소 편, 『다시, 실학이란 무엇인가』, 푸른역사. 김준석과 김성윤은 실학과 탕평론의 관련성에 주목하였지만, 유봉학은 '京華士族'에 의해 실학이 정치에 반영된 것으로 이해하여 초점이 약간 다르다.

3) 金容欽, 2006, 『朝鮮後期 政治史 硏究 Ⅰ-仁祖代 政治論의 分化와 變通論』, 혜안.

4) 김용흠, 2008, 「南溪 朴世采의 變通論과 皇極蕩平論」, 『東方學志』 143, 연세대 국학연구원 ; 2009①, 「숙종대 소론 변통론의 계통과 탕평론-明谷 崔錫鼎을 중심으로」, 『韓國思想史學』 32, 韓國思想史學會.

것으로 기대된다.

2. 양란기 국가의 위기와 실학의 성립

1) 양란기 정치적 갈등과 변통론

양란, 즉 왜란과 호란은 동북아시아 차원에서 새로운 질서를 모색하는
가운데 일어난 사건이었다. 이 과정에서 중국에서는 명(明)에서 청(淸)으로
왕조가 교체되었으며, 일본에서는 새로운 막부(幕府) 정권이 등장하였다.
그런데 정작 그 소용돌이의 한 복판에 서 있던 조선왕조는 국가체제를
유지하였다. 그렇지만 그것은 왜란 당시 선조(宣祖)의 파천과 호란 당시
'삼전도(三田渡)의 치욕'으로 상징되는 굴욕의 대가였다. 따라서 고려에서
조선으로 왕조가 교체되는 과정에서 형성된『경국대전(經國大典)』체제에
문제가 있다는 인식은 조야에 팽배해지지 않을 수 없었다.

사실 왜란 전에 이미 이러한 사태의 가능성을 경고하고 그 대책 마련에
나서야 한다고 주장한 사람이 있었다. 율곡(栗谷) 이이(李珥, 1536~1584)는
바로 그러한 경향을 대표하는 인물이었다. 흔히 그는 이황(李滉)과 함께
'조선주자학'을 성립시킨 인물로 알려져 있지만, 당시의 현실에 기초하여
주자학과는 다른 인식도 보여 주었다. 예를 들면 그는 천리(天理)와 인욕(人
欲)에 관한 주자학 인성론에 수정을 가하였다.5) 또한 정치론에서 보여준
파붕당론(破朋黨論)과 조제론(調劑論)은 주자학의 붕당론·군자소인론과는
분명히 다른 것이었다.6)

---

5) 정성철, 1974,『실학파의 철학사상과 사회정치적 견해(上)』, 백의(1989), 104쪽 ; 李
珥,『栗谷全書』拾遺 권6,「盜賊策」, 民族文化推進會 편,『標點影印 韓國文集叢刊』45집,
581쪽(이하 '총간 45-581'로 줄임), "民無恒産 失其本然之心. 飢寒切身 不顧廉恥 起而爲
盜 夫豈本心哉." ;『율곡전서』권3,「諫院陳時事疏」(丙寅), 총간 44-55, "赤眉黃巾 豈是天
性好逆者哉. 此皆齊民之不堪塗炭者耳."

6) 김용흠, 2006, 앞 책, 49~50쪽.

그가 이처럼 주자학과는 다른 이론을 내놓게 된 배경에는 당시 국가의 위기를 타개하기 위해서는 폐법을 개혁해야 한다는 절박한 현실인식이 가로놓여 있었다. 예컨대 수조권(收租權) 분급제의 소멸과 이에 따른 지주제의 확대, 전세의 영정화(永定化)와 공물의 대납·방납화, 그리고 농민층의 투탁(投託)과 유리도산으로 인한 담세층의 감소, 부세의 족징·인징이라는 악순환이 바로 그것이었다. 결국 16세기 말엽의 조선사회는 각종 제도·법령의 폐단과 지배층의 과도한 농민수탈로 야기된 내부 모순으로 집권체제의 위기 상황을 맞이하고 있었던 것이다.[7]

이이와 성혼(成渾)은 이러한 위기를 폐법의 개혁, 즉 '경장(更張)'과 '변통(變通)'을 통해서 극복해야 한다고 주장하였는데, 당시 조정에서는 사림이 동인과 서인으로 분열되어 갈등하는 와중에서 정책에 반영되지 못하였다. 이에 이이가 내놓은 것이 파붕당론과 조제론이었다. 결국 그의 파붕당론과 조제론은 변통과 경장, 즉 변통론을 실현하기 위한 수단으로서 제시된 것이었다. 이이에 의해 제시된 파붕당론과 조제론은 이후 탕평론의 핵심 이론이 되었으며, 그것이 목표로 삼은 '폐법의 개혁' 즉 변통론은 실학으로 발전하였다. 여기에 탕평론이 주자학과는 다른, 실학의 정치론으로 규정되는 소이가 있었다.[8]

왜란의 전후 수습기를 거치면서 이이·성혼과 당색을 달리면서도 유사한 주장을 내놓는 관인·학자들이 다수 등장하였다. 이지함·유성룡·유몽인·한백겸·허균 등이 그들로서, 이들은 토지·부세·노비·관제·과거·국방 등에 관한 제도개혁론, 혹은 보민·왕정론, 대외교역론, 취말보본론(取末補本論)을 제기하였다. 이들의 논점은 한 결 같이 낡은 제도와 법규를 경장·변통하여 민생을 안정시키고 국가의 기반을 강화해야 한다는 것, 그러기 위해서는 실사(實事)에 힘써서[務實] 실질적인 성과[實功]를 거두는 정치를 해야 한다는 데 모아지고 있었다.[9] 그러나 실제 정치는 이들을 정계에서 배제하는 형태

---

7) 김준석, 1998①, 「실학의 태동」, 『한국사 31』, 국사편찬위원회, 349쪽.

8) 김용흠, 2008, 2009①, 앞 논문.

9) 김준석, 1998①, 앞 글, 350쪽.

로 전개되었다.

16세기 후반에 이황과 이이에 의해 소위 '조선주자학'이 형성된 이후에도 서경덕의 화담학파, 조식의 남명학파와 같은 정주이학(程朱理學)과 이질적인 학문 조류가 분명히 존재하였다. 이들이 이황의 퇴계학파와 함께 동인으로 묶여 있다가 퇴계학파의 남인과 분리되어 북인을 형성하게 된 중요한 요인도 그 사상적 차이에서 찾아져야 할 것이다.[10] 그런데 기축옥사(己丑獄事, 1589)와 인조반정(仁祖反正, 1623)에 의해서 이들이 정계의 주도권을 상실한 것은 정주이학 일변도로 정계와 사상계가 재편되었음을 의미한다.

기축옥사와 인조반정을 주도한 서인과 남인은 정주이학에 입각한 주자학 명분론(名分論)과 의리론(義理論) 및 그것의 연장선상에서 제출된 주자학 정치론인 군주성학론(君主聖學論)을 주된 사상 경향으로 수용하는 사상적 학문적 공통 지반을 갖고 있었다. 그럼에도 불구하고 국내외적으로 변화하는 현실에 대한 인식 방법과 국가적 위기 타개 방안의 차이에 따라서 대립과 갈등이 일어날 수밖에 없었다. 두 차례에 걸친 호란을 두고 일어난 주화론(主和論)과 척화론(斥和論)의 대립은 그 대표적인 것이었다.

인조반정으로 광해군대 명과 후금(後金) 사이에서 취한 등거리 외교를 비판하고 반정의 명분으로서 주자학 명분론과 의리론을 선양하면서 집권한 인조 정권으로서는 후금의 침략에 대한 방어대책에 절치부심하지 않을 수 없었다. 그러나 국방력이라는 것이 단순히 군사력 증가나 군사조직의 창설로 강화되는 것은 아니었다. 당시에는 『경국대전』체제 자체가 마비된 상태였으므로 새롭게 국가체제를 재정비해야만 국방력을 강화시킬 수 있는 상황이었으며, 그 방향은 그때까지 조선왕조를 지탱하고 있던 양대 중심축인 양반제와 지주제의 모순을 어떤 방식으로든 해소하는 것이어야만 했다.

그리하여 반정 초의 개혁 국면에서 국가의 유지 보존을 통한 보민을 모색하는 변법론자(變法論者)들에 의해 양전(量田)과 대동(大同), 호패(號牌)와 균역(均役)이 논의되고, 관인·유자 사이에 점차 지지자를 확대시켜 갔다.

10) 화담학파와 남명학파의 사상적 특징에 대해서는 신병주, 2000, 『남명학파와 화담학파 연구』, 일지사 ; 정호훈, 2004, 『朝鮮後期 政治思想 硏究』, 혜안 참조.

이들은 호패법 시행에 역량을 집중시켜 나가고자 하였지만 수법론자(守法論者)들의 반발과 정묘호란으로 호패법은 결국 결실을 보지 못하고 폐기되고 말았다. 제도 개혁을 통한 국가체제의 재정비와 그를 통한 국방력 강화가 지지부진한 상황에서 후금과 정면으로 맞서는 것은 무모한 일이었다. 여기에 변법론자들이 주화론을 취하게 되는 필연성이 있었다. 수법론자들은 주자학 명분론과 의리론 및 화이론(華夷論)으로 대표되는 자신들의 이념을 국가 그 자체보다 중시하면서 척화론의 입장에 섰다.[11]

인조를 포함한 조정의 다수 관인들이 척화론을 주장하는 데 맞서 주화론을 주장한 것은 이귀(李貴, 1557~1643)와 최명길(崔鳴吉, 1586~1647)이었다. 선조대 이미 동인 삼사(三司)의 공격으로부터 스승인 이이·성혼을 가장 적극적으로 변론하였던 이귀는 인조반정을 주도하여 김류(金瑬)와 함께 정사공신(靖社功臣) 원훈(元勳)이 된 뒤, 인조대 전반 내내 변법적 경세론을 강력하게 제기하였다. 반정 초의 개혁 국면에서 그는 호패법·사족수포론(士族收布論)과 함께 전국적으로 일원화된 중앙집권적 군사제도의 창설을 포함한 군정변통론(軍政變通論)을 줄기차게 제기하였으며, 이를 구현하기 위해 스승의 파붕당론과 조제론을 계승하여 득현위임론(得賢委任論)을 제출하였다. 이러한 그의 변법론이 김류를 비롯한 수법론자들의 반발로 좌절된 가운데 정묘호란이 발생하자 그는 주화론을 주장하였던 것이다.[12]

병자호란기에 주화론을 주도하였던 최명길은 이귀의 득현위임론을 발전시켜 관제변통론을 제출하였다. 그것은 주자학 명분론과 의리론에 기초한 주자학 정치론과 현실정치 사이의 모순을 제도개혁을 통해서 극복하려는 노력의 소산이었다. 병자호란과 그에 이어진 '삼전도의 치욕'에 이르는 과정에서 그것은 극단적으로 드러났다. 당시 횡행했던 '국군사사직지설(國君死社稷之說)'은 주자학 명분론과 의리론을 절대화하는 관인·유자 일반의 치자(治者)로서의 책무의식(責務意識)의 방기와 정치에 대한 무책임성이 극단적으로 노출된 것이었다. 이때 주화론을 제기하여 이에 대항하였던

---

11) 김용흠, 2006, 앞 책, 4장.

12) 김용흠, 2006, 「丁卯胡亂과 主和·斥和 論爭」, 『한국사상사학』 26, 한국사상사학회.

최명길은 비변사 체제와 삼사 언론의 제도와 관행이 이러한 모순을 부채질하였다고 보고 대신권 강화, 낭천제 폐지, 삼사 언관의 피혐 금지 등을 골자로 하는 관제변통론을 제출하였다. 그의 이러한 관제변통론은 파붕당론, 왕권론과 함께 '국사(國事)와 민사(民事)의 일치를 지향하는 보민론(保民論)'을 실현하기 위한 변통 지향 경세론으로서 제기되었다.[13)]

이처럼 주화론과 척화론의 갈등은 인조대 전반의 정국에서 변법론과 수법론의 갈등의 연장선상에서 전개되었다. 이는 주자학 명분론의 절대관념적 사유방식에 대항하여 현실의 경험적·상대적 사유체계의 등장을 의미하는 것임과 동시에 화이론에 종속된 '번방(藩邦)' 관념에서 탈피하여 이것과 분리된 독자적인 '국가(國家)' 관념의 등장을 의미하는 것이었다.

이귀와 최명길 이외에도 인조대 전반에는 주로 주화론 계열 관인·유자들이 변통론을 적극 제기하였다. 조익(趙翼, 1579~1655)·이식(李植, 1584~1647) 등은 조정에서 대동법과 사족수포론을 강력하게 주장하였으며, 산림(山林)에서는 박지계(朴知誡, 1573~1635)가 이에 동조하였다. 조익과 박지계는 당시의 인재 등용과 과거제도의 폐단을 극론하고 공교육을 강화시키고 이를 시험제도와 긴밀하게 연결시켜 관리를 선발하는 학교제도를 구상하였다.[14)] 병자호란을 전후해서는 윤황·유백증·조석윤·조복양·김익희 등 척화론 계열에서도 이들과 유사한 변통론을 제기하기에 이르렀다.[15)]

특히 1637년 '삼전도의 치욕' 이후에도 지속되는 국가적 위기 상황에서 많은 관인·유자들은 대동법과 사족수포와 같은 대경장이 국방력 강화를 위해 반드시 필요하다고 보고 있었다. 이것은 당시의 지식인들이 그때까지 조선왕조를 지탱해왔던 양반제와 지주제의 모순을 어떤 방식으로든 해소 또는 완화해야만 국가를 유지 보존할 수 있다는 인식에 도달한 것을 의미하

---

13) 김용흠, 2006, 「遲川 崔鳴吉의 責務意識과 官制變通論」, 『朝鮮時代史學報』 37, 朝鮮時代史學會.

14) 金容欽, 2001, 「浦渚 趙翼의 學問觀과 經世論의 性格」, 『韓國實學의 새로운 摸索』, 景仁文化社 ; 2006, 「잠야(潛冶) 박지계(朴知誡)의 효치론(孝治論)과 변통론」, 『역사와 현실』 61, 한국역사연구회.

15) 김용흠, 2006, 앞 책, 374~381쪽.

였다. 그러나 인조대 후반에는 청국의 압력으로 변통과 경장을 위한 시도가 실현되기 어려웠다.

효종대에도 신료들 사이에서 변통론과 의리론의 대립은 의연히 지속되었는데, 이른바 '한당(漢黨)'과 '산당(山黨)'의 대립은 기본적으로 이를 반영한 것이었다.[16] 인조대 중단된 대동법이 충청도 지역에서나마 시행에 들어간 것은 김집·김상헌 등 의리론자들의 반발에도 불구하고, 김육·조익 등 변통론 진영의 집요한 노력에 효종이 힘을 실어주었기 때문에 가능하였다고 볼 수 있다.[17] 효종은 여기서 나아가 군비를 확장하려다가 신료들 대부분의 반발을 받았다. 수어청 강화를 주도하고, 어영청과 금군의 확장에 협력했던 변통론 진영은 영장제(營將制)를 복설하고 노비추쇄사업을 추진하는 것에 대해서는 강하게 반대하였다.[18] 의리론 진영에서는 효종의 북벌 이념에 대해서는 전폭적으로 지지하였지만, 북벌을 위한 구체적인 군비 확장에 대해서는 거의 반대하였을 뿐만 아니라, 인조의 시호 제정에 제동을 걸고 강빈옥사에 대해 강하게 의문을 제기하는 등 효종의 왕권을 위협하는 정치 공세에 앞장서다 효종의 강권적 탄압을 받았다.[19]

대체로 변통론자들이 제도 개혁을 통해 '국사와 민사의 일치를 지향하는 보민론'을 구현하여 양반제와 지주제의 모순을 해소 내지 억제하려고 하였

---

16) 鄭萬祚, 1992, 「17世紀 中葉 山林勢力(山黨)의 國政運營論」, 『擇窩許善道先生停年紀念 韓國史學論叢』; 1999, 「17세기 중반 漢黨의 정치활동과 國政運營論」, 『韓國文化』 23, 서울대 한국문화연구소 ; 배우성, 2001, 「17세기 정책논의구조와 김육의 사회경제 정책관」, 『民族文化』 24, 民族文化推進會 ; 조성산, 2007, 『조선후기 낙론계 학풍의 형성과 전개』, 지식산업사, 98~136쪽.

17) 李根浩, 1993, 「孝宗代 執權西人의 賦稅制度變通論」, 『北岳史論』 3, 북악사학회 ; 鄭萬祚, 1999, 앞 논문 ; 崔完基, 1999, 「17世紀 危機論과 孝宗의 經濟政策」, 『國史館論叢』 86, 국사편찬위원회 ; 李廷喆, 2004, 「17세기 朝鮮의 貢納制 改革論議와 大同法의 成立」, 고려대 박사논문.

18) 車文燮, 1973, 『朝鮮時代軍制研究』, 단대출판부, 254~341쪽 ; 平木實, 1982, 『朝鮮後期 奴婢制研究』, 知識産業社, 92~128쪽 ; 李泰鎭, 1985, 『朝鮮後期의 政治와 軍營制 變遷』, 韓國研究院, 154~173쪽 ; 金安淑, 1986, 「孝宗年間 奴婢推刷都監 설치의 배경과 성격」, 『嶠南史學』 2, 嶺南大 國史學會 ; 全炯澤, 1989, 『朝鮮後期奴婢身分研究』, 一潮閣.

19) 吳恒寧, 1993, 「朝鮮 孝宗朝 政局의 變動과 그 性格」, 『泰東古典研究』 9, 翰林大 泰東古典研 究所.

다면, 의리론자들은 수신 위주의 도학적 경세론에 입각하여 '관민력(寬民力)'을 내세우면서 '국사'보다 '민사'를 우선함으로써 결과적으로 양반과 지주의 이익을 대변하였다.[20] 효종은 물론, 17세기 군주들은 모두 북벌 이념 내지 대명의리론을 내세우면서 중앙집권 강화를 통해 군사력을 확대 강화시키려는 경향을 보였는데, 이는 결국 '민사'보다 '국사'를 중시하는 태도로 볼 수 있다.[21]

2) 국가관의 변화와 실학의 성립

인조대의 주요 정치적 사건들은 지배적인 주자학 정치사상이 현실과 괴리되면서 발생한 것이었다. 그 현실이란 양란기의 국가적 위기 바로 그것이었다. 대내적으로 꼬리를 물고 빈발하는 역모 사건은 정권의 정통성을 위협하였으며, 지주제와 양반제의 확대는 부세제도의 모순과 결합되어 국가의 존립을 위협하였다. 국가 재정수입은 감소되고 군사제도는 붕괴되어 외세의 침략에 무기력하게 노출되었다. 대외적으로는 만주족이 새롭게 성장하여 국제정세에도 심각한 변화가 초래되었다. 이러한 상황에서 주자학 명분론·의리론만을 고집하면 국가적 위기는 심화될 수밖에 없었다. 실로 인조대는 주자학 정치사상·정치론의 한계가 가장 극적으로 표출된 시기였다. 1637년(丁丑) '삼전도의 치욕'은 그것을 상징하는 사건이었다.[22]

이에 당시의 심각한 국가적 위기 상황을 타개하기 위해 주자학 명분론과 의리론을 부정하지 않으면서도 그것을 범(汎) 유교적 차원으로 확대 해석하면서 현실에 적합한 대처 방안을 모색하고 정치적 행동으로 표출하는 관인·유자들이 속속 등장하였다. 이들이 내세운 것이 바로 변통론이었다. 그것은 정국운영론, 예론, 사회경제 개혁론, 군비(軍備)·국방 대책 등 정치와 정책

---

20) 金容欽, 2006, 「17세기 前半 經世論의 두 경향」, 『역사문화연구』 24, 韓國外大 歷史文化研究所.
21) 김용흠, 2009②, 「조선후기의 왕권과 제도정비—17세기를 중심으로」, 이태진 교수 정년기념논총 간행위원회, 『국왕, 의례, 정치』, 태학사, 89~90쪽.
22) 김용흠, 2006, 앞 책. 이하 인조대 서술은 이에 의거하였다.

전반에 걸쳐서 제기되었다. 따라서 이들과 주자학 명분론·의리론을 고수하려는 관인·유자 사이의 대립과 갈등은 피할 수 없는 일이었다. 이리하여 주자학 정치론이 의리론과 변통론의 대립 구도 속에서 분화되었던 것이다.

이 시기의 이러한 정치적 갈등은 주화론과 척화론의 대립에서 드러난 바와 같이 국가관의 변화를 반영한 것으로도 볼 수 있다. 척화론에 대한 주화론의 등장은 화이론에 종속된 '번방' 의식으로부터 이것과 분리된 독자적인 '국가' 관념의 등장을 분명하게 보여준다. 특히 주화론의 전제로서 양반제와 지주제의 폐단을 제거하는 방향에서 법과 제도의 개혁을 통한 새로운 '국가' 체제를 모색하는 변통론이 제출되었다는 것은 중요한 의미가 있었다. 이것은 이 시기가 양란으로 인한 국가적 위기 수습 방안을 두고 새로운 국가관이 등장한 것을 말하는 것이었다. 이전의 재조(再造)'번방'론으로부터 진일보한 '국가'재조론의 등장이었다. 이 시기 국가재조론의 등장이야말로 실학의 태동으로 볼 수 있다. 인조대 정치사에서 의리론과 변통론의 대립은 보수와 진보의 대립이었으며, 이는 재조번방론과 국가재조론의 대립이기도 하였으므로 실학은 정치와도 밀접한 관계 속에서 태동하였음을 알 수 있다.

이귀·최명길·조익·박지계 등 인조대 주화론 계열 변통론자들은 국가재조론자로 규정할 수 있을 것인데, 이들은 모두 주자학을 통해서 자신의 정치적 입장을 합리화하였지만, 척화론 계열 수법론자들로부터 주자학과는 배치된다고 공격을 받았다. 사실 주화론 계열 관인·유자들이 아무리 주자학을 내세웠더라도 이들의 학문 경향에는 주자학과는 다른 요소가 포함되어 있는 것은 피할 수 없는 일이었다. 그것은 이들이 모두 계승하였다고 표방한 이이의 인성론이나 정치론이 주자학과는 다른 것이었음에서 이미 예고된 일이기도 하였는데, 그것은 또한 이이의 그것처럼 현실인식과 정치적 논쟁의 과정에서 나온 것이기도 하였다.

이귀는 학문을 논하면서 주자가 말한 '의리(義理)'와 '식견(識見)', '덕업(德業)'과 '사공(事功)'을 동시에 강조하였지만, 그가 정치적으로 논쟁하는 과정에서는 의리와 덕업만을 내세우는 주류 관인들에 맞서 식견과 사공을 강조하면서 대립하였다. 특히 그는 원종(元宗) 추숭(追崇) 논쟁 과정에서 누구보다도 유교사상을 변화된 현실에 입각하여 폭넓고 탄력적으로 해석하여 조정 내 추숭 반대론자들의 학문적 논리적 오류를 통렬하게 논파하였다. 그는 박지계의 예론을 원시유학의 근본정신에 입각하여 보완하고 풍부하게 만들어 주자학이 당시의 현실과 모순되고 괴리된 측면을 극복하고자 하였다. 이로써 주류 관인들의 신권론에 맞서 왕권론을 정립함으로써 후대 탕평론의 기초를 마련하였다.[23]

최명길은 학문적으로 양명학에 깊이 공감하고 있었다. 우선은 그의 가계가 양명학의 전통과 무관하지 않았다. 최명길의 조부 최수준(崔秀俊)은 16세기의 대표적 양명학 수용자인 남언경(南彦經)과 혼맥으로 연결되어 있어서, 그의 부친인 최기남(崔起南)이 그 영향을 받으며 성장하였다.[24] 또한 최기남은 우계 성혼의 문인이었는데, 성혼의 학풍은 기호학파 내에서도 비교적 유연한 학문 태도를 지닌 것으로 평가되었다.[25] 최명길은 젊은 시절 장유(張維)와 함께 육구연과 왕수인의 글을 베껴 공부하였으며, 사서(四書)에 대한 연구에서는 정주학은 물론 양명의 설도 아울러 검토하여 주자학과 양명학을 포괄하는 사상 체계의 수립에 고심하였다고 한다.[26] 1642년에 그가 명 나라와 내통한 혐의로 청국으로 끌려가서 심양(瀋陽)의 옥에 갇혀 있었을 때 아들 최후량(崔後亮)에게 보낸 편지에서는 양명의 가르침을 따르라고 권유할 정도였다.[27]

조익은 학문적으로 수신에 치우쳐 있는 주자학을 비판하고 경세(經世) 실학을 강조한 대표적 인물이었다. 그는 이러한 방향에서 사서와 삼경에

---

23) 김용흠, 2007, 「延平 李貴의 政治論과 學問觀」, 『한국사상사학』 29, 한국사상사학회.
24) 尹南漢, 1972, 「李朝 陽明學의 傳來와 受容의 問題」, 『中央史論』 1, 중앙대 사학연구회 ; 鄭在薰, 1993, 「霞谷 鄭齊斗의 陽明學 受容과 經世思想」, 『韓國史論』 29, 서울대 국사학과.
25) 황의동, 2005, 『우계학파 연구』, 서광사.
26) 심경호, 2008, 「17세기 초반 지성사의 한 단면」, 『한문학보』 18, 우리한문학회 ; 2008, 「지천 최명길의 문학과 사상에 관하여」, 『한국한문학연구』 42, 한국한문학회.
27) 정두영, 2009, 「朝鮮後期 陽明學의 受容과 政治論」, 연세대 박사논문, 54~55쪽.

대한 주자의 주석을 수정하여 당대에 이미 비판을 받았다.[28] 그의 학문은 비록 주자학적 '의리지학(義理之學)'에서 출발하였지만, 그 자신의 성인가학론(聖人可學論)에 입각한 군자소인론을 통하여 경세학을 유학의 본령으로 회복시키고, '경세사업' 즉 제도개혁을 학자=사(士)=군자의 기본적 책무로 규정하였다. 그리고 군자와 소인을 학문 여부, 경세에 뜻을 두었느냐의 여부로 구별함으로써 군자=치인(治人)자를 양반·지주 계급으로 설정하는 주자학 명분론을 벗어났다. 즉 그에게서는 정주학적 의리지학이 '성인가학론'을 매개로 '심학(心學)'으로 심화되고, '경세' 지향으로 전변되었으며, '국가'의 위기를 타개하기 위해서는 양반 사대부 중심의 명분론을 굽힐 수 있다고 보았던 것이다. 이로써 그의 학문관은 명말의 동림학파나 청초의 경세실학파와 유사점을 보이게 되었다.[29]

이귀·최명길 등이 조정에서 원종추숭을 적극 주장하였다면 박지계는 산림(山林)으로서 재야에서 효치론(孝治論)으로 이를 뒷받침하였다. 효치론이란 유교 윤리의 근본인 '효제(孝悌)'를 통치 원리이자 목적으로 수용하고 이를 군주가 솔선수범하여 통치의 근간으로 삼아야 한다는 주장이다.[30] 이는 효의 절대성에 기초하여 군주전제권을 적극적으로 긍정하는 왕권 중심 정치론의 한 형태였으며, 이를 통하여 강력한 왕권을 바탕으로 부국강병을 위한 제도 개혁을 적극 추진하고자 한 것이다. 박지계 본인은 주자학을 존신하고 있다고 누누이 주장하고, 실제로 그의 경세론은 거의 모두 주자의 저술에 근거하여 주장되고 있지만 주자학 명분론과 의리론에 기초한 신권 중심 정치론 및 도학적 경세론과는 그 지향점이 분명히 다른 것이었다.[31]

---

28) 『효종실록』 권14, 효종 6년 을미 3월 을미.

29) 김용흠, 2001, 앞 논문.

30) 李成珪, 1998, 「漢代 『孝經』의 普及과 그 理念」, 『한국사상사학』 10, 한국사상사학회 ; 정호훈, 2002, 「朱子 『孝經刊誤』와 그 성격」, 『東方學志』 116, 연세대 국학연구원 ; 2003, 「朝鮮後期 새로운 政治論의 전개와 『孝經』」, 朱子思想硏究會 編, 『朱子思想과 朝鮮의 儒者』, 혜안.

31) 김용흠, 2006, 「잠야(潛冶) 박지계(朴知誡)의 효치론(孝治論)과 변통론」, 『역사와 현실』 61, 한국역사연구회.

인조대에 이귀·최명길 등이 정치의 현장에서 치열한 갈등을 겪으면서 새로운 국가관을 형성해 가고 있었다면, 이들과는 학통과 당색을 달리하면서도 유사한 결론을 도출한 일군의 유자들이 존재하였다. 이른바 '북인계 남인'으로 불리는 한백겸(韓百謙, 1552~1615), 이수광(李睟光, 1563~1628), 김세렴(金世濂, 1593~1646) 등이 그들이다.[32] 이들은 인조반정 이후 남인 혹은 서인과 교류하면서도, 서경덕과 조식에서 연원한 북인의 학문과 정치론을 계승하여 구체화하기에 이르렀다. 이들은 법가적 요소가 강한 국가 우위의 치국론을 펼치려고 하였던 북인들의 정치 이념을 계승하여 치국의 요체는 법·형벌의 시행에 있다고 생각하였다. 법제나 형정을 인의(仁義)의 정치, 교화가 행해지게 하는 전제로 간주하였다. 이들이 지닌 법 중시 이념은 군주의 도덕적 완성을 치세의 근본 조건으로 삼는 사고와 대비된다. 주자학이 존재의 절대 근원으로 상정한 천리에 군주의 권위를 검속하고자 하는 것과 달리 이들은 군주와 국가 자체의 권위를 강조하였다.

한백겸의 고학(古學)·고법제에 대한 깊은 관심과 그 결과물인 기전제(箕田制)에 대한 연구는 치국·치세의 중심 수단으로서 위정자의 도덕적 완성보다 법제의 시행을 중시하는 북인계 사고와 맥락을 같이 하고 있었다. 그는 여기서 한 걸음 더 나아가 삼대의 고법제를 바탕으로 한 정치적 변혁이 필요함을 역사적으로 증명하고 그것을 주자학의 정치론을 벗어날 수 있는 이론으로 확립하고자 하였다. 특히 그는 기전 연구를 통해서 삼대에 시행되었던 법제의 대체를 확인하고 그 실행방도를 모색하여, '정전난행설(井田難行說)'을 주장한 주자의 토지론에 최초로 이의를 제기하였다.[33]

이수광은 양란기의 국가적 위기를 타개하는 방안으로서 특히 법과 제도의 정비를 강조하였다. 즉 인조 초에 '무실(懋實)'해야 할 12가지 중 '명법제지실(明法制之實)'을 한 항목으로 설정하고 법제를 '수시제의(隨時制宜)'하여 국가가 위험한 상황에 이르지 않도록 할 것을 주문하면서, 그 구체적 방안으로서 『대전속록(大典續錄)』을 수정하여 변통할 것을 주장하였다.[34] 또한

---

32) 정호훈, 2004, 앞 책. 이하 '북인계 남인'에 대한 서술은 이에 주로 의거하였다.
33) 金容燮, 1985, 「朱子의 土地論과 朝鮮後期 儒者」, 『延世論叢』 21, 연세대 대학원.

그는 『지봉유설(芝峯類說)』에서 백과전서적 실용학(實用學)을 전개하였는데, 여기에는 주자학의 도덕적 인식론, 곧 격물치지론과는 성격을 달리하는 새로운 인식론이 자리 잡고 있었다. 사천학(事天學), 사천심학(事天心學)이라고 이름 지을 수 있는 그의 인식론에 의하면 주자학에서와 같이 지식을 도덕으로 환원하지 않고, 사리(事理)와 물리(物理)를 보다 실질적이고 사실적인 차원에서 인식할 수 있게 되었다.[35] 김세렴도 정치의 요체는 무엇보다 엄한 형벌의 시행에 있다고 보았으며, 위엄이 정치의 근본이 되어야 한다고 생각하였다. 관용의 정치는 결국 간교한 토호만 이롭게 하고 평민은 아무런 혜택을 보지 못하게 된다는 것이다.[36]

이들 역시 공납제를 개혁하고 호패법을 실시하며 상품화폐 경제를 진작시켜 국부를 증대시키고 군사력을 강화하고자 하였다. 즉 양반제와 지주제의 폐단을 제거하는 방향에서 법과 제도를 개혁하여 새로운 '국가' 체제를 모색하였다는 점에서는 앞서 거론한 이귀 등 주화론 계열 관인들과 일맥상통하는 바가 있었다.

그리고 실제로 이들 사이에 교류가 아주 없었던 것도 아니었다. 이귀는 자신의 변법론을 반대하는 사람들을 '예절만 따지면서 낮은 목소리로 속삭이는 무리[繩趨尺步 低聲細語之輩]'로서 '명예만 좋아하고 원려가 없는 자들[好名無遠慮者]'이라고 비판하고, 한백겸의 동생인 한준겸(韓浚謙)을 체찰사(體察使)로 임명하여 팔도의 군병을 통솔하게 할 것을 건의하였다.[37] 그가 반정 초기에 이원익 등 삼정승의 무책임성을 비판하고 득현위임론을 전개하자 이수광 역시 이에 적극 동조하였다.[38] 원종추숭 과정에서 이귀를 비판하였다가 처벌받은 김세렴을 이귀는 '선사(善士)'로 인정하고 그가 자신을 비판한 것은 자신의 본의를 몰라서 나온 일이며, 자신이 중신(重臣)인데도

---

34) 李睟光, 『芝峰集』 권22, 「條陳懋實箚子」(乙丑), 총간 66-225.
35) 정호훈, 2004, 앞 책, 161쪽.
36) 정호훈, 위 책, 131쪽.
37) 『인조실록』 권3, 인조 원년 계해 윤10월 임인 ; 李貴, 『李忠定公章疏』 권3, 「進所論時務冊子 仍請以韓浚謙爲體察使疏」(10월), 20~26쪽.
38) 『인조실록』 권2, 인조 원년 계해 7월 임자.

자신을 논핵한 것을 보면 그가 강직하다는 것을 알 수 있다고 하면서 다시 등용할 것을 인조에게 청하였다.[39)]

이수광은 상촌(象村) 신흠(申欽)과 평생의 지기(知己)이자 학문적 동지 관계였는데, 최명길은 장유와 함께 신흠에게 수학하였다. 이수광과 최명길은 침류대학사(枕流臺學士)의 일원이었는데, 이들은 상수학풍(象數學風), 삼교회통(三敎會通), 잡학적 학문 경향을 공유하였으며 상공업을 중시하는 공통점이 있었다. 침류대학사에는 이밖에도 이수광의 아들 이민구, 한백겸의 아들 한흥일과, 반정 이후 최명길이 적극적으로 등용한 북인계 경세 관료인 김신국·남이공 등이 포함되어 있었다.[40)] 한백겸은 한강(寒岡) 정구(鄭逑, 1543~1620)와 각별한 관계를 유지하면서 학문적 영향을 주고받았으며, 그 동생 한준겸은 정구의 제자이기도 하였는데,[41)] 이귀와 박지계는 원종추숭을 주장하면서 모두 정구의『오선생예설분류(五先生禮說分類)』를 보고 추숭의 정당성을 확신하게 되었다.[42)]

이처럼 이 시기에는 국가적 위기를 타개하기 위한 제도 개혁을 두고 정치적 갈등이 심화되는 가운데 종래 국정교학(國定敎學)으로서의 지위를 누리던 주자학에 대한 반성과 비판이 일어나면서 다양한 사상적 모색이 이루어졌다. 전통적인 경학·성리학·예학·사학(史學)은 물론이고, 농학·의학·병학·천문학·지리학·문자[언어]학 등 실무·실용적인 학문 연구가 점차 확대되고 있었으며, 불교[禪學]·노장학·서학[西敎]이나 선진(先秦)·한(漢)·당(唐)의 유학, 양명학을 포함한 여러 사조·유파들에 대한 관심도 높아졌다.[43)] 이러한 학문적 모색은 정치·경제·군사·교육 등 현실 문제의 해결방안을 찾으려는 것이었는데, 이것은 결국 새로운 국가체제의 모색으로 귀결되고 있었다.

---

39)『인조실록』권26, 인조 10년 임신 3월 경자.
40) 고영진, 1994,「16세기 후반~17세기 전반 枕流臺學士의 활동과 의의」,『서울학연구』3, 서울시립대 서울학연구소.
41) 정호훈, 2004, 앞 책, 112~113쪽.
42) 김용흠, 2007, 앞 논문, 104~105쪽.
43) 김준석, 1998, 앞 글, 346쪽.

조선후기 실학은 이와 같이 이 시기의 국가관의 변화를 반영하여 이를 추동하려는 학문적 모색 가운데서 성립된 것이었는데, 이것은 주자학과는 다른 반주자학의 흐름이 형성된 것을 의미하는 것이었다. 유형원(柳馨遠, 1622~1673)의 『반계수록(磻溪隨錄)』은 바로 이러한 이 시기의 정치적 사상적 모색을 집약한 정론서(政論書)였으며, 이로써 실학은 새로운 학파로 성립되는 계기가 마련되었다.

유형원은 토지제도의 개혁을 전제로 정치·경제·군사·교육 등을 전면적으로 개혁한 새로운 국가 구상을 제출하였다. 우선 그는 지주전호제를 해체하여 공전제(公田制)를 시행해야 한다고 보았다. 그의 토지개혁안은 전국의 토지를 국가가 통일적 계획적으로 구획 조정하고 이를 노동력과 신분, 사회분업관계를 고려한 새로운 기준에 따라 재분배한다는 것이었다. 이로써 사적(私的) 대토지소유와 지주제 경영이 부정되고, 농업을 비롯한 상공업의 일정한 발전과 민산(民産)의 균등화를 실현할 수 있으며, 이것을 기반으로 조세·요역·군역 등 국가 수취체계의 효과적인 운영을 도모할 수 있다는 것이다. 또한 토지를 중심으로 구성된 사회조직을 군사조직으로 전환하여, 농업과 군역을 일치시키는 병농일치 제도를 구상하였다.[44]

그의 이러한 국가 구상은 북인의 국가 중심적 사고, 예법 질서를 중시하는 시각을 계승하여 변법적 개혁론의 이념적 근거로 활용하는 가운데 삼대의 고제·고법에 근거한 사회변혁을 통해서 지주제와 양반제를 극복하려는 것이었다. 또한 정치제도·정치 운영과 관련해서는 이이에서 이귀를 거쳐 최명길에 의해 제출된 관제변통론을 원용하고, 군사제도 개혁에서는 이귀의 군정변통론, 교육제도에서는 조익·박지계가 제출한 공교육 강화론이 포함되었다. 유형원은 이러한 정치·군사·교육제도 개혁론을 공전제를 전제로 하여 정합적이고 체계적으로 제시하였다.[45] 실로 『반계수록』에서 제시된 국가개혁론은 이전까지 존재했던 다양한 흐름의 학술 조류와 국가개혁론

---

44) 정호훈, 2004, 앞 책, 234~236쪽.
45) 金駿錫, 2003, 『朝鮮後期 政治思想史 研究 — 國家再造論의 擡頭와 展開』, 지식산업사, 139~223쪽.

을 종합하여 체계화한 혁신적인 성격을 띠었다.

이 시기에 유형원과 함께 북인계 남인의 정치론을 공유한 인물로서 허목(許穆)과 윤휴(尹鑴)가 있었다. 허목은 제자학(諸子學)과 노장학 등을 두루 섭렵하였으며, 육경의 의미와 가치를 재발견하고 그것을 강조하여 육경 중심의 학문체계를 세우려 하였다. 주자학의 사서학 체계가 갖는 한계를 극복할 대안을 선진 유교, 육경의 세계에서 찾고자 한 것이다. 윤휴는 고대 사상과 고대의 전장(典章)·제도에 대한 탐색을 통해서 주자학을 넘어서 고대 유학의 세계관을 수용하고, 이를 바탕으로 독자적인 경서해석을 시도하였으며 새로운 정치사회 운영론을 모색하였다.[46]

허목과 윤휴가 정계에 진출하여 남인의 구심점 역할을 하였다면 유형원은 철저히 재야에 머무르며 생활했다. 허목이나 윤휴는 인조대 후반부터 학문이 깊은 학자로 명성이 자자하였으며, 자주 산림으로 천거되기도 했다. 효종대에는 남인·북인의 정계 진출이 활발해지면서 그 정치적 역할이 증대하고 있었는데, 특히 현종대 예송(禮訟)이 일어나자 이들은 남인의 구심을 이루며 논쟁을 주도하였다.[47]

3) 붕당정치의 격화와 탕평론의 등장

명이 멸망한 이후인 17세기 후반에는 이제 재조번방론은 유효성을 상실하였으므로, 전후 수습대책은 국가재조론으로 수렴될 수밖에 없었다. 이후에는 '재조번방' 논리의 연장선상에서 구질서·구법제의 보수·개량에 의해 국가재조를 모색하는 논의와 이에 반대하고 새로운 인식태도와 방법론을 모색하여 구래 법제의 전면적 개폐·변혁에 의한 변법적 수준의 국가재조를 구상하는 논의가 양립하였다. 국가재조론의 분화였다. 즉 인조대 드러난 의리론과 변통론, 신권론과 왕권론, 수법론과 변법론, 척화론과 주화론, 재조번방론과 국가재조론의 대립구도가 17세기 후반에는 보수·개량 노선

---

46) 정호훈, 2004, 앞 책, 195~196쪽.
47) 정호훈, 2004, 앞 책, 180~181쪽.

의 국가재조론과 진보·변법 노선의 국가재조론 사이의 대립 구도로 이어지게 되었다. 이것은 지주적 입장과 농민적 입장의 분화이기도 하였는데, 송시열과 유형원의 국가론은 바로 이러한 서로 다른 노선을 대표하였다.[48]

양란기에 국가적 위기를 배경으로 주자학을 비판하는 흐름이 형성되어 실학이 성립되기에 이르자, 이러한 사상 동향에 가장 큰 위기의식을 느낀 사람이 바로 송시열(宋時烈, 1607~1689)이었다. 그는 이에 대응하기 위해 주자와 주자학을 절대화한 주자 도통주의(道統主義)를 내세우면서 '숭정학(崇正學)'·'벽이단(闢異端)' 운동을 전개하였다. 이는 세 가지 측면에서 전개되었다. 첫째로, 주자학의 연원과 사승 관계를 자기 방식으로 재정립하는 일이었는데, 이를 위해 그는 공자→ 주자→ 율곡→ 사계(沙溪)로 이어지는 기호지방 주자학을 조선주자학의 도통으로 내세우고 율곡의 문묘종사 운동을 전개하였다. 다음, 주자와 주자학설에 비판을 제기하는 모든 이설(異說)이나 반대세력을 철저히 배격하는 일로서, 윤휴를 '이단(異端)'·'사설(邪說)'·'사문난적(斯文亂賊)'으로 몰아서 배척한 것은 그 대표적인 일이다. 마지막으로 절대성의 근거가 되는 주자의 저작과 어록에 대한 축차적 고증·변증 작업을 통해서 그 완전성을 확립하는 일이었는데, 이를 위해 그는 『주자대전차의(朱子大全箚疑)』와 『주자언론동이고(朱子言論同異攷)』의 편찬에 착수하였다.[49]

17세기 후반에 두 사상 경향의 충돌은 피할 수 없는 일이 되었다. 효종대 이래 잠재되어 있던 서인과 남인 사이의 당색간 갈등이 1659~1660년 예송으로 폭발한 것은 그 대표적 사례였다. 이때 송시열이 주도한 1년설은 인조의 세자 교체와 강빈 옥사 처리에 반발하던 의리론적 지향의 연장선상에서 나온 것으로서, 효종의 왕위 계승을 부정한 것은 아니라고 하더라도, 그 종법적 정통성을 약화시키려는 신권론의 입장을 반영한 것이었다. 허목·윤휴 등이 이를 '비주이종(卑主貳宗)'이라고 비판하면서 3년설을 주장한 것은

---

48) 김준석, 2003, 앞 책, 481쪽.

49) 金駿錫, 2005, 「17세기 畿湖朱子學의 동향」, 『韓國 中世 儒敎政治思想史論 Ⅱ』, 지식산업사, 270쪽.

이 시기 왕권론을 집약한 것이었다.[50] 이로 인해 서인과 남인 사이에 정치적 대립이 격렬하게 전개되어 숙종대 환국이 반복되기에 이르렀는데, 그것은 경신환국(庚申換局, 1680)으로 윤휴가, 기사환국(己巳換局, 1689)으로 송시열이 각각 사사(賜死)될 정도로 격렬한 것이었다. 이후 갑술환국(甲戌換局, 1694)으로 남인들은 정계에서 완전히 축출되어 정치 세력으로서의 의미를 상실하고 말았다.

그렇지만 당시에 서인 내부의 사상 경향이 송시열의 주자 도통주의로 통일되어 있었던 것은 아니었다. 우선 주목할 만한 경향은 반청척화의 본영이었던 서인 산림 계열이 분화된 일이었다. 이들은 주로 이이·성혼에서 연원한 기호학파의 학통 계승을 표방하고 김장생·김집 문하에서 종유하였다. 이들은 '삼전도의 치욕' 이후 자의반 타의반으로 출사를 거부하고 학문 탐구에 몰두하고 있었는데, 북벌(北伐) 추진의 방법을 두고 견해가 나뉘었다. 송시열·송준길 등이 '관민력' 위주의 도학적 경세론에 의거하여 제도 개혁을 통한 군비 확장에 반대하고 통치 이데올로기의 차원에서 대명의리론을 내세우는 것에 대해서, 유계(兪棨)·윤선거(尹宣擧) 등은 제도 개혁을 통해서 실질적으로 국방력을 강화하여 궁극적으로 '복수설치(復讐雪恥)'를 실현해야 한다는 입장이었다.

특히 유계는 대동법과 사족수포론을 골자로 한 변통론을 적극 제기하였으며, 윤선거 역시 여기에 동조하면서, 송시열·송준길 등에게 이를 조정에서 정책으로 구현할 것을 촉구하였다. 그리고 이를 실현하기 위해서는 권시(權諰)·윤휴 등 남인들과도 협력해야 할 것으로 보고 있었다. 즉 송시열이 주자학 의리론의 핵심인 벽이단론을 내세우면서 윤휴로 대표되는 남인을 정국 운영에서 배제하려는 군자 일붕당론(一朋黨論)을 전개한 것에 대하여 윤선거는 변통론의 입장에서 파붕당론(破朋黨論)을 강력하게 주장하면서 이를 비판하였던 것이다.[51] 숙종대 표면화된 '회니시비(懷尼是非),' 즉 송시

---

50) 김용흠, 2009②, 앞 글, 90~91쪽.

51) 김용흠, 2005, 「17세기 政治的 갈등과 朱子學 政治論의 分化」, 오영교 편, 『조선후기 체제변동과 속대전』, 혜안.

열과 윤증의 대립은 효종·현종 연간의 송시열과 윤선거의 대립에서 연원한 것이었는데, 이는 의리론과 변통론, 군자 일붕당론과 파붕당론의 대립이기도 하였던 것이다.

또한 송시열의 정치 노선은 현종대 조정에서 서인 경세 관료의 반발을 받았다. 예를 들면 이경억(李慶億)·이경휘(李慶徽) 형제는 효종대부터 당시의 국가적 위기를 타개하기 위해서는 각종 법과 제도의 변통과 개혁이 반드시 필요하다고 주장하였다.52) 그리고 이것을 실현하기 위해서는 붕당이 반드시 타파되어야 한다고 보고 있었다.53) 그런데 이들의 이러한 지향에 대하여 남인보다 오히려 서인 가운데 산림 계열 관료가 제동을 거는 일이 많았는데, 그 중심에 송시열이 위치하고 있었다. 현종대 들어서 이들 형제들이 송시열과 갈등한 것은 바로 이 때문이었다. 김만균(金萬均)의 일로 서필원(徐必遠)이 송시열과 갈등한 것은 그 대표적인 사례인데, 이들 형제들은 김시진(金始辰)·이상진(李尙眞)·박세당(朴世堂) 등과 함께 서필원을 지지하는 입장에 섰다.54)

1663년(현종 4) 수찬 김만균이 청사(淸使)의 접대를 거부하면서 시작된 이 논쟁은 사의론(私義論)과 공의론(公義論)의 대립이라는 성격을 띠고 있었다. 즉 병자호란 당시 강화도에서 순절한 조모에 대한 복수의 의리로 보아 김만균이 청사 접대를 거부하는 것은 정당하다는 사의론에 대해서, 인신(人臣)으로서 개인적인 의리를 내세워서 국사(國事)를 저버리는 것을 용납해서는 안 된다는 공의론이 대립하였다. 여기에는 명분론과 현실론, 세도론과 존군론의 갈등이 내포되어 있었는데, 신료들 내부에서도 준론(峻論)과 완론(緩論)의 대립으로 확대되고 있었다.55) 이경억 형제를 포함한 완론자들

---

52) 『효종실록』 권15, 효종 6년 을미 7월 계묘, "願殿下 勿徒諉之傳會 而亟思所以修明政教 迓續景命者爲治 則毋狃於苟安 毋憚於更張 征謀治法 講究靡遺 以戒偸差猶豫之失."

53) 崔錫鼎, 『明谷集』 권28, 「華谷李相國行狀」, 총간 154-443, "請上勤學正心 求賢詰戎 立紀綱破朋黨."

54) 최석정, 『명곡집』 권23, 「吏曹判書春田李公神道碑銘」, 총간 154-321 ; 朴世堂, 『西溪集』 권13, 「禮曹參判金公墓碣銘」, 총간 134-266.

55) 鄭萬祚, 1991, 「朝鮮 顯宗朝의 私義·公義 論爭」, 『韓國學論叢』 14, 國民大 韓國學研究所.

대부분이 당시의 국가적 위기를 타개하기 위해서는 변통과 경장이 시급하다는 입장이었으므로 주자학 명분론과 의리론을 극대화시켜서 국사를 도외시하려는 사의론은 용납하기 어려운 일이었다. 이것은 인조대 척화론과 주화론의 대립과 유사한 성격을 띤 것으로서 그 저변에는 의리론과 변통론의 대립 구도가 깔려 있었다고 볼 수 있다.[56]

효종·현종 연간 서인 내부에서의 이러한 갈등은 결국 숙종대 서인이 노론과 소론으로 분열되는 결과를 초래하였다. 숙종대 형성된 소론 당인들은 인조대의 주화파, 효종·현종대의 경세관료들이 견지한 변통론을 계승·발전시켜 조정에서 실천하려는 세력이 중심이 되었으며, 이들의 정치론은 박세채(朴世采)의 황극탕평론(皇極蕩平論)으로 집약되고 있었다. 박세채는 숙종대 조정에 진출하여 이를 적극 주장하였는데, 이것은 인조대 이귀·최명길 등의 왕권론·파붕당론·변통론을 계승·발전시킨 것이었다.[57]

이이 이래의 변통론이 의리론자들의 반발에 직면하여 좌절되고 있는 현실을 타개하기 위해서는 주자학 명분론과 의리론을 부정하지 않으면서도 그것이 현실과 괴리되어 발생하는 폐단을 제거하고 이들을 변통론으로 견인하기 위한 보다 높은 차원의 논리가 필요하였다. 이를 위해서 박세채는 유교·주자학의 본래적 영역인 경세론을 집약한 황극탕평론에 주목하였다. 그것은 『상서(尙書)』「주서(周書)」의 홍범(洪範)편에 그 근거를 두고 있는데, 여기에는 유교의 정치원리와 경세 이론이 포괄적으로 집약되어 있었다. 박세채는 이에 의거하여 주자의 붕당론을 비판하고 조제론을 통하여 궁극적으로 붕당을 타파해야 한다고 주장하였다. 그는 송대의 조정론을 부정하고 당색을 떠나서 '대변혁'·'대경장'을 추진할 수 있는 인물을 등용하여 당시의 모순된 제도의 개혁을 강력하게 추진해야 할 것으로 보았다.[58]

---

56) 김용흠, 2009①, 앞 논문.
57) 김용흠, 2008, 앞 논문.
58) 蕩平論을 파붕당을 통해서 제도 개혁을 지향하는 것으로 규정한다면, 調劑論만이 탕평론에 고유한 것이며, 調停論은 여기서 배제되어야 한다. 조제론과 조정론의 이러한 차이점에 대해서는 金容欽, 2006, 앞 책 참조. 그러나 실제 탕평책이 시행되는 과정에서는 조정론이 채용되는 경우가 비일비재하였음은 물론이다.

박세채는 송시열 못지않게 주자학과 주자주의를 강조하고, 예송에서는 남인의 삼년설에 반대함으로써 사실상 송시열의 기년설을 인정하였지만, 현실인식과 정치론에서는 탕평론과 반탕평론으로 그 입장을 달리 하고 있었다.59) 그리하여 경신환국 이후의 정국에서 박세채는 송시열의 정치 노선에 사사건건 이론을 제기하면서 윤증(尹拯)과 함께 소론을 주도하였다. 박세채의 황극탕평론이 조광조에서 이이를 거쳐 이귀·최명길 등으로 이어진 사림 계열 변통론의 계보를 이은 것이라고 한다면, 송시열 계열의 반탕평론은 조광조에서 이이를 거쳐 김장생·김집으로 이어지는 사림 계열 의리론을 계승한 것이었다. 이것은 이들이 모두 조광조에서 이이로 이어지는 서인 계열 주자학 정치사상을 계승하고 있으면서도, 17세기 '국가재조' 방략과 관련하여 진보·개혁 노선과 보수·개량 노선으로 분화되고 있음을 반영한 것이었다.60) 국가재조론의 두 노선 가운데 진보·개혁 노선이 실학으로 수렴되어 갔으므로, 이를 현실 정치에서 구현하기 위한 탕평론은 실학의 정치론으로 규정할 수 있을 것이다.

이 시기 소론 당인 가운데 주자학에 이의를 제기한 대표적 학자가 박세당(朴世堂)이었다. 그는 도가(道家)의 주요 경전인 『도덕경(道德經)』과 『남화경(南華經)』에 대한 상세한 주석을 남겨 노장학에도 깊은 관심을 갖고 있었으며, 사서를 비롯한 시경과 서경에 대하여 독자적인 주석을 시도한 『사변록(思辨錄)』을 남겼다. 여기서 박세당은 주자 성리설의 주요 구성부분인 '이일분수(理一分殊)'설과 '성즉리(性卽理)'설 및 봉건적 신분질서를 유지하는 수양론으로 활용되어 온 '존천리(存天理) 알인욕(遏人欲)'을 부정하였다. 그가 『사변록』에서 주자 주석을 비판하는 방법은 주로 그 논리적 모순을 지적하거나 또는 경문(經文)과의 불일치를 근거로 하였다. 이를 통해서 그는 봉건적인 신분질서를 부정하고 새로운 경험 과학의 가능성을 열어놓았다. 이로 인해 갑술환국 이후 소론 우위의 정국에서 노론 당인들의 집중 공격을

---

59) 김준석, 2005, 앞 책, 305쪽. 여기서 김준석은 박세채가 四端七情·理氣說에서 栗谷說을 회의하고 退溪說에 접근하여 송시열과 달랐다고 지적하였다.

60) 김용흠, 2008, 앞 논문.

받고 결국 죽음을 맞기에 이르렀다.[61]

박세당은 또한 송시열이 서문을 쓴『농가집성(農家集成)』의 지주·대농 중심 농학에 대하여『색경(穡經)』을 저술하여 영세소농 중심 농학을 전개하였다.[62] 그리고 주자 도통주의자들이 맹자의 정전설을 부정하고 주자의 정전난행설을 내세워서 토지개혁에 반대하고 있는 것에 대하여 박세당은 이를 비판하고 맹자의 정전설을 현실 속에서 실행 가능하다고 봄으로써 토지개혁에 깊은 관심을 표명하였다.[63] 그를 이어서 한태동(韓泰東)·정제두(鄭齊斗) 등 소론 계열에서도 토지개혁론을 분명하게 제기하기에 이르렀다. 박세당의 아들인 박태유·박태보와 함께 숙종대 소론으로 활동했던 한태동은 기자정전(箕子井田)을 인정하는 가운데 유교 경전의 정전론(井田論)을 현실에 맞도록 '계무수민(計畝授民)'할 것을 주장하였으며, 조선양명학의 태두로 알려진 정제두는 한전론(限田論)을 제론하였던 것이다.[64]

그리고 박세채 역시 토지 문제에 관심을 갖고 한전론과 유사한 토지개혁론을 구상하였으며,[65] 그의 제자인 유집일(兪集一)에 의해 양전의 한 방안으로서 방전법(方田法)이 제기되어 조정에서 논의되었다.[66] 이들이 제기한 방전법은 비록 그것이 양전의 한 방법으로서 제기된 것이고 일종의 토지 구획 방식에 지나지 않았지만 정약용이 지적한 바와 같이 이는 정전제 실시의 전제이기도 하였다.

갑술환국 이후 조정에서 박세채의 탕평론을 적극 실천에 옮긴 것은 남구만(南九萬)·최석정(崔錫鼎) 등이었다. 이들은 경권론·시중지의(時中之義) 등을 내세우면서 장희재와 장희빈에 대한 처벌을 완화하여 세자를 보호해야

61) 김용흠, 1996,「朝鮮後期 老·少論 分黨의 思想基盤-朴世堂의『思辨錄』是非를 中心으로」,『學林』17, 연세대 史學研究會.

62) 金容燮, 1988,『朝鮮後期農學史研究』, 一潮閣, 212~213쪽.

63) 김용흠, 1996, 앞 논문.

64) 김용섭, 1985, 앞 논문.

65) 김용흠, 2008, 앞 논문.

66) 崔潤晤, 1992,「肅宗朝 方田法 시행의 역사적 성격」,『국사관논총』38, 국사편찬위원회.

한다는 논리를 폈는데, 이것은 주자학 명분론·의리론을 굽혀서라도 왕위계
승의 위기를 해소함으로써 국왕권을 안정시켜야 한다는 논리였다. 이 시기
이들의 세자보호론은 소론 탕평론이 왕권론의 발현임을 분명하게 보여주었
다.[67]

특히 최석정은 스승 박세채의 황극탕평론을 계승하여 법과 제도의 개혁
을 통해서 새로운 국가체제를 구축하고자 시도하였다. 그가 박세채의『속대
전(續大典)』편찬론을 이어서 각종 법전 정비와 제도 마련에 심혈을 기울인
것은 당시의 지배층이었던 양반·지주·토호의 전횡이 주자학 교화론만으로
는 제어되지 않는 현실을 극복하기 위한 노력이었다. 그가 조부인 최명길의
관제변통론을 계승하여, 비변사의 개혁을 통해서 왕권론에 입각한 대신
책임정치를 구현하고자 한 것 역시 주자학 정치론에 입각한 공론정치(公論政
治)의 폐단을 극복해 보려는 시도였다.

또한 그는 지주제의 모순에도 관심을 기울여 기전(箕田)이나 정전에 대한
긍정적 인식을 갖고 유집일의 방전법을 적극 지지하였다. 아울러 강원도의
양전사업을 적극 추진하여 갑술양전 이후 문란해진 전품(田品) 등제(登第)를
바로 잡아서 탕평의 원리를 구현하려 하였다. 특히 그가 제안한 비총제(比摠
制)와 이정법(里定法)은 국가권력을 강화시켜 양반과 지주의 특권을 부정하
려는 시도였다. 결국 최석정은 봉건국가의 집권력 강화를 통한 공적 영역의
확장, 공법 질서의 확립에 의한 국가체제의 혁신을 통해서 양반제와 지주제
의 모순을 극복하고자 시도한 것이다.[68]

그렇지만 이처럼 탕평책을 통해서 각종 법과 제도를 개혁하여 국가체제
를 혁신하려는 최석정의 노력은 노론 의리론자들의 강력한 반발을 받았다.
그를 탄핵하는 상소문에서 '구장(舊章)을 변경하였다'는 항목이 빠지지 않은
것은 제도 개혁에 대한 그들의 반발 정도를 보여준다.[69] 최석정은 1714년

---

67) 김용흠, 2000, 「朝鮮後期 肅宗代 老·少論 대립의 論理-甲戌換局 직후를 중심으로」,
    『韓國史의 構造와 展開』, 河炫綱敎授定年紀念論叢, 혜안.
68) 김용흠, 2009①, 앞 논문.
69)『숙종실록』권47, 숙종 35년 무자 5월 임오 ; 권48, 숙종 36년 기축 3월 임신.

윤증이 사거하자 그 제문에서 송시열이 복수설치의 의리를 내세웠지만 전혀 성과가 없었다고 비판하였다가 노론 당인들의 반발을 받고 정계에서 물러나 결국 이듬해 죽고 말았다. 이후 1716년 병신처분(丙申處分)으로 노론이 득세한 가운데 경자양전은 대지주와 토호들의 기득권을 인정하는 타협적인 형태로 추진되었다. 경종대 소론 당인에 의해 이에 대한 비판이 횡행하는 가운데 노·소론의 대립·갈등은 결국 신축년과 임인년의 일련의 옥사라는 극단적인 형태로 표출되었다. 이후 영조대에 다시 무신난(戊申亂, 1728)을 거치고서야 탕평론이 본격적으로 논의되고 탕평책이 추진되었는데, 이때 박세채와 최석정의 일련의 국가구상은 법제화의 과정을 밟게 된다.

3. 대동·균역·탕평을 둘러싼 갈등과 실학

1) 18세기 사회변동과 실학의 발전

18세기 들어서 실학사상은 양란기의 그것을 계승하여 더욱 체계적으로 발전하였다. 농업생산력의 발전과 지주전호제의 확대에 의한 농민층 분화의 전개, 상품생산·화폐경제의 발달, 봉건적 신분제의 붕괴와 서민의식의 성장 등을 사회경제적 배경으로 하고, 여기에 집권적 신분제적 정치운영의 파행과 수취체계의 문란이 더해지면서, 이를 뒷받침하고 있던 주자학 지배 이념이 이들 문제에 대한 적절한 대책을 제시하지 못하는 가운데 서학과 청대 학술의 영향을 받으면서 발전하였다.[70]

이 가운데 특히 조선후기 신분제의 동요와 관련한 새로운 정치 지향 계층의 성장은 탕평론이 제기되고 탕평책이 실시되는 사회·정치적 배경이 되었다. 양란 이후 농업생산력의 발전과 지주제 확대로 농민층 분해가

---

70) 김준석, 1998①, 앞 글, 342~343쪽.

촉진됨으로써 무토불농지민이 광범하게 창출되는 것과 함께 부민(富民)·요호(饒戶)로 불리는 경영형부농·서민지주가 등장하였다.[71] 18세기에 이르면서 이러한 현상은 더욱 현저해지고 이것이 수공업·광업·상업을 중심으로 한 유통경제의 발달과 연결되고 있었다. 성장하는 부농층과 사장(私匠)·덕대(德大)·부상대고(富商大賈) 등 상공인층을 중심으로 형성되는 이들 신흥계층에게서는 자신들의 경제적·사회적 역할에 상응하는 사회의식이 싹터서 정치적 기대나 요구로 분출되기 마련이었다. 이들 신흥 경제세력의 대극에서 몰락 소외되는 계층의 정치적 불만은 보다 더 심각한 것이었다. 예컨대 농촌 양반층에서 탈락한 한유자(閑遊者)들은 물론, 토지에서 밀려난 임노동층을 비롯한 승려(僧侶)·재인(才人)·무격(巫覡)·백정(白丁)과 같은 사회 기층민들이 현실에 불만을 품고 새로운 변화를 기대하고 있었다. 그런가 하면, 서리(胥吏)·무관·역관 등 양반 정치의 외곽을 형성하는 중간층에서도 그 나름의 변화를 바라면서 정치동향에 촉각을 곤두세우고 있었다.[72]

이들 정치적 불만 계층은 세력화해서 변란을 일으키거나 정변에 가담하였다. 숙종대 갑술환국에 중인·상인·서얼이 가담한 것,[73] 도성 안에서 명화적이 은화를 약탈한 사건, 노비들이 향도계를 중심으로 검계·살주계를 조직한 사건, 미륵신앙과 연결된 승려·지사(地師)·무당들이 대궐 침입을 기도한 사건, 광대 도적 장길산(張吉山) 사건 등은 그러한 사례에 해당된다.[74] 무신난(이인좌의 난, 1728년)은 노론의 정치공세로 위기에 몰린 소론 강경파와 일부 남인계 인사들이 이러한 지방의 정치 불만 계층을 규합하여 일으킨 대규모 정치 변란이었다.[75] 정부와 지배층에 의해 무신난은 일단

71) 金容燮, 1990, 『增補版 朝鮮後期農業史研究 II』, 一潮閣 ; 金容燮, 1995, 『증보판 朝鮮後期 農業史研究 I』, 지식산업사 ; 李景植, 1973, 「17세기의 土地開墾과 地主制의 展開」, 『韓國史研究』 9, 韓國史研究會.

72) 김준석, 1997, 앞 글, 40~41쪽.

73) 鄭奭鍾, 1983, 『朝鮮後期社會變動研究』, 一潮閣, 79~130쪽.

74) 정석종, 1983, 위 책, 22~78쪽, 131~173쪽 ; 홍순민, 1992, 「17세기 말 18세기 초 농민저항의 양상」, 한국역사연구회(이하 '한역연'으로 줄임) 지음, 『1894년 농민전쟁연구 2』, 역사비평사, 31~65쪽.

75) 吳甲均, 1977, 「英祖朝 戊申亂에 관한 考察」, 『歷史敎育』 21, 歷史敎育研究會 ; 李鍾範,

진압되었지만 사회저변의 저항적 분위기나 불만 세력의 움직임은 수그러들지 않았다. 흉서·괘서 사건이나 명화적의 활동은 오히려 더 활발해졌으며 작변·방화의 횡행, 요언·와언이나 비기·도참설의 유포, 『정감록(鄭鑑錄)』 사상의 확산, 변산적·해랑적의 출몰, 그리고 '해도(海島)의 거사음모'설 등등이 파다하였다.[76]

이 시기 이와 같은 사회 저변층의 성장, 상공인층의 대두는 양반정치의 모순을 더욱 가속시키는 한편으로 새로운 정치 질서의 지향을 그만큼 촉진시키는 사회 동력이 아닐 수 없었다. 이러한 서민·하층민의 정치적 지향은 탕평론이 등장하고 탕평책을 실시하는 중요한 배경으로 작용하였는데, 이는 또한 실학이 발전하는 배경이기도 하였다. 양란기에 실학이 유형원으로 대표되는 서울·경기 지역 남인들 중심으로 발생하여 서인의 노·소론으로의 분당을 촉진하고, 소론 당인들로 확대되어 갔다면, 이 시기에는 집권세력이었던 노론 내부에서도 실학이 등장하여 당색 별로 특색 있게 발전되어 갔다.

우선, 18세기 남인 실학의 중심을 형성한 것은 성호(星湖) 이익(李瀷)과 그 후학들이었다. 이들은 서울·경기 지역을 근거지로 하여 '성호학파'라고 이름 붙일 수 있을 정도의 독자적인 학문세계를 개척하였다. 이익은 『성호사설(星湖僿說)』이나 여러 경전의 '질서(疾書)'에서 볼 수 있듯이, 주자학의 사유에 얽매이지 않고 '박학(博學)'·'하학(下學)'의 학풍으로 새로운 학문 활동을 전개하였다.[77] 이러한 태도는 그의 후학들에게 큰 영향을 미쳤는데, 그의 제자들은 경학·지리학·사학·서학·음운학·천문학 등등의 영역을 개척

1985, 「1728년 戊申亂의 性格」, 『朝鮮時代 政治史의 再照明』, 汎潮社 ; 鄭奭鍾, 1994, 「영조 무신란의 진행과 그 성격」, 『조선후기의 정치와 사상』, 한길사 ; 鄭豪薰, 1997, 「18세기 政治變亂과 蕩平政治」, 『金容燮敎授停年紀念 韓國史學論叢 2－韓國 古代·中世의 支配體制와 農民』, 지식산업사 ; 정호훈, 2004①, 「18세기 전반 蕩平政治의 추진과 『續大典』 편찬」, 『한국사연구』 127, 한국사연구회.

76) 한상권, 1992, 「18세기 중·후반의 농민항쟁」, 한역연, 앞 책, 67~107쪽 ; 韓相權, 1992, 「18세기 前半 明火賊 활동과 정부의 대응책」, 『한국문화』 13, 서울대 한국문화연구소 ; 高成勳, 1993, 「朝鮮後期 變亂硏究」, 동국대 박사논문.

77) 원재린, 2003, 『朝鮮後期 星湖學派의 形成과 學風』, 혜안.

하며, 이익이 세웠던 방대하면서도 창의적인 학풍을 계승해 나갔다.[78]
성호학파에 이르러서 남인 실학은 비로소 자연과학으로부터 인문학까지
두루 포괄하는 실학적 학문체계를 세웠다고 할 수 있다.[79]

또한 노론의 주자 도통주의를 비판하는 소론 계통에서는 18세기 정제두
에 의해서 조선양명학을 형성하기에 이르렀으며, 그의 학풍은 강화학파(江
華學派)로 계승 발전되었다. 정제두는 '본원(本源)'을 중시하는 위기지학(爲
己之學)으로 주자학과 현실과의 괴리를 극복하고자 양명학을 수용하여 독자
적인 학문체계를 구축하였다.[80] 그의 학문은 자손 및 문인들 중심으로
전승되었는데, 전주 이씨 덕천군파, 평산 신씨, 남양 홍씨, 동래 정씨 등
가문 및 혼인관계로 연결되어, 강화학파를 형성하였다.[81] 이들은 양명학을
기초로 하여 사학과 정음(正音), 서예, 시화(詩畵)를 발전시키면서 독특한
학풍을 이어갔다.[82] 특히 소론 계열에서는 박세당의 『색경』을 이어서 서명
응(徐命膺, 1716~1787)·서호수(徐浩修, 1736~1799)·서유구(徐有榘, 1764~
1845) 3대를 이어서 『교사신서(巧事新書)』·『본사(本史)』·『해동농서(海東農
書)』·『임원경제지(林園經濟志)』를 편찬하였는데, 이들 달성 서씨 가문의
농학은 소론 실학의 한 특징을 분명하게 보여준다.[83]

그리고 주목되는 현상은 송시열 계승을 표방한 정통 주자학 진영조차도
18세기의 변화된 현실을 반영하여 학문적 분화가 진행되었다는 점이다.
이른바 '호락(湖洛) 논쟁'은 그것을 반영한 학문적 논쟁이었는데, 송시열의
주자 도통주의를 고집하는 호서 지역 노론, 즉 호론에 대해서, 서울·경기
지역 노론, 즉 낙론은 심성론과 경세론에서 다른 입장을 취하였다.[84] 정치적

78) 강세구, 1999, 『성호학통연구』, 혜안.
79) 정호훈, 2004②, 「조선후기 實學의 전개와 개혁론」, 연세대 국학연구원 편, 『전통의
    변용과 근대개혁』, 태학사, 31쪽.
80) 金駿錫, 2003, 「朝鮮後期의 蕩平政治와 陽明學 政治思想－鄭齊斗의 陽明學과 蕩平政治
    論」, 앞 책.
81) 정두영, 2009, 앞 논문.
82) 최재목, 2004, 「江華 陽明學派 연구의 방향과 과제」, 『陽明學』 12, 한국양명학회.
83) 金容燮, 1988, 앞 책, 261~268쪽, 325~331쪽, 366~403쪽.
84) 문석윤, 2006, 『湖洛論爭의 형성과 전개』, 동과서 ; 이경구, 2007, 『조선후기 安東

으로도 호론은 주로 반탕평론을 고수하면서 영·정조의 탕평책에 반대하였지만 낙론 계열에서는 탕평책에 호응한 인물들도 나오고 있었다. 낙론 가운데서 홍대용(洪大容, 1731~1783)과 박지원(朴趾源, 1737~1805)으로 대표되는 북학파(北學派) 실학사상이 등장하여 이용후생(利用厚生)을 위한 '경제지학(經濟之學)'을 추구하고, 청나라에서 유행하는 '명물도수지학(名物度數之學)'을 수용하여 북학론을 전개하였다.[85]

이처럼 18세기 실학사상은 당색별로 독특한 배경을 가지면서 발전하였으므로, 그들이 제출한 국가론도 조금씩 차이가 있었다. 토지개혁을 전제로 새로운 국가체제를 구상한 남인 실학은 국가가 토지와 인민을 전면적으로 관리하여 당시의 사회모순에 대처하고자 하였다면 노론 북학파는 대외통상을 확대하고 상품화폐 경제를 발전시키며 농업생산력을 높이는 등 주로 생산력 증대에 그 초점을 두고 있었다. 유수원(柳壽垣)을 통해서 볼 수 있는 소론 계통에서는 17세기 이래 서인 변통론을 수용하여 학제(學制), 관제(官制), 병제(兵制)를 개혁할 것을 구상하였으며, 나아가서 사민(四民)의 분업에 대한 새로운 사고를 바탕으로 요역을 균평하게 하여 민산을 보장하고 국용을 풍족하게 하고자 하였다.

이들 실학자들은 공통적으로 이 시기 사회모순이었던 토지제도의 개혁에 집중적인 관심을 기울였으며, 나아가 다양한 형태로 발전하는 사적 이익과 이와 연관하여 작동하던 사적인 권위를 국가로 수렴하여 강화된 공권체계를 만들어야 한다는 생각을 갖고 있었다. 즉 국가의 공적 성격을 강화하여 민생을 안정시키고 국가 제 질서의 안정을 도모하자는 것이었다.[86] 이 시기 국가론은 다산 정약용에 의해 당색을 뛰어넘어 가장 전향적인 형태로 종합되었는데, 그것은 주권재민(主權在民) 관념에 입각한 우리식 민주주의 국가,[87] 또는 국가의 각급 행정단위, 정치 단위의 수장을 아래로부터의

金門 연구』, 일지사 ; 조성산, 2007, 앞 책.

85) 유봉학, 1995, 『연암일파 북학사상 연구』, 일지사.

86) 정호훈, 2004②, 앞 논문.

87) 趙誠乙, 2006, 「朝鮮後期 實學의 理想國家와 政治體制論」, 연세대 국학연구원 편,

공론을 바탕으로 선출하자는 대의정치론적 발상으로까지 발전하였다.[88]

그리고 이러한 실학사상은 이들 몇몇 실학자들의 전유물은 아니었다. 이 시기의 상품화폐경제의 발전과 함께 발달한 상품 유통체계를 통해서 광범위하게 확산되고 있었다. 이 시기에는 지식의 유통과 보급, 확산 속도가 증가했고, 지식의 유통체제인 책의 간행 보급체계가 대중화되었다.

우선 도시경제의 성장과정에서 지식의 유통체제라고 할 수 있는 서책의 간행과 유통시스템이 성장하였다. 서책을 판매하는 책사(冊肆)가 등장하고, 직업적으로 책만을 판매하는 책장수가 등장하였는가 하면 구하기 힘든 희귀본을 구매자에게 알선함으로써 수수료를 받는 책주름[冊牙]시도 존재하였다. 그리고 서울에는 책을 판매하는 책사 외에도 책을 대여하는 세책가(貰冊家)도 있어서, 세책(貰冊), 매책(賣冊), 필사 등의 방식으로 지식은 일반대중에게 널리 확산될 수 있었다.[89] 또한 초등교육기관인 서당이 증가되고 평민층이 그 운영에도 참여하게 되자 평민 중심의 교재가 본격적으로 선보이고 직업적 고용훈장이 등장하는 등 서당교육에 일대 변혁이 나타났다.[90]

서당의 확대와 초보적 교재의 대량 간행은 초급 지식인층이 양산되는 기반이 되어, 새로운 지식계층이 등장하였다. 이들 가운데는 설경자활(舌耕自活), 매문자생(賣文資生)하는 유랑 지식인들도 있었지만, 농촌에 정착하여 주민들의 생활과 관련된 일에 종사하는 농민적 지식인들도 나타났다.[91]

『韓國實學思想研究 2』, 政治經濟學篇, 혜안, 97쪽. 조성을은 정약용 단계의 실학을 '중세적인 성격을 완전히 극복'하고 '근대적인 것에 도달하였다'고 주장하고, '동아시아 문화권이 스스로의 힘에 의해,' '內在的으로 중세극복을 달성'한 것으로 결론지었다. 또한 나아가서 '조선후기 실학의 정치이념은 근대 민주주의 성격의 단계에 도달함과 아울러 그것을 넘어선 측면도 있다'고 보고, 서구 근대의 내셔널리즘과는 달리 '21세기 세계주의적인 민중적 민주주의를 향해 열려진 체계'로 규정하였다(같은 논문, 98~100쪽).

88) 정호훈, 2006, 「實學者의 政治理念과 政治運營論」, 위 책, 154쪽.
89) 정병설, 2005, 「조선후기 한글소설의 성장과 유통-세책과 방각을 중심으로」, 『震檀學報』 100, 震檀學會.
90) 정순우, 1985, 「18세기 서당연구」, 한국학대학원 박사논문.
91) 고동환, 1993, 「19세기 부세운영의 변화와 呈訴 운동」, 『국사관논총』 43, 국사편찬위원회.

이들이 주로 종사하는 업무는 훈장, 의업(醫業), 소장(訴狀) 대서업(代書業), 복술(卜術) 등이었는데, 이들에 의해 『성호사설』과 같은 백과전서류의 저작이나 『목민심서』와 같은 실무적 행정지침서, 『흠흠신서』와 같은 실무 법률서, 기타 지리역사서, 의학서 등이 농민의 현실적 필요에 의해 널리 보급되고 수용되었다.

실학사상은 이처럼 지식세계의 확대 과정에서 새로 등장한 농민적 지식 계층과 서로 만날 수 있는 접점을 내포하고 있었던 것이다.[92] 정조 22년의 민은소(民隱疏)와 농정소(農政疏)를 비롯하여 수많은 상언(上言)·격쟁(擊錚)이 있었던 것은 실학사상이 광범위하게 확산될 가능성을 보여준다. 특히 정조는 이러한 논의를 적극 수렴하여 정책에 반영하려 하였으므로 실학은 이 시기 정치와도 밀접한 관계를 갖지 않을 수 없었다.

2) 영조대 탕평정치와 실학

영조대 탕평책에 가장 직접적인 영향을 끼친 것은 박세채의 황극탕평론이었는데, 박세채 문인이기도 했던 조문명·조현명 등이 노론의 집요한 반발에도 불구하고 이를 적극 실천에 옮기고자 하였다.[93] 18세기 전반에 이러한 영조의 탕평책에 반대한 노론의 논리를 대표한 것은 송시열의 세도 정치론과 이를 계승한 한원진의 노론 전권(專權) 정치론이었다. 송시열은 붕당 사이의 상호견제나 보합조제를 일체 거부하고 오직 서인-노론만이 유일한 정당(正黨)='군자당'이라는 관점에서 남인·소론을 소인으로 몰아 일방적인 해체와 승복을 요구하였다. 즉 양반 지배층은 노론 일색으로 결집하고 그 가운데서 덕망 있는 재상을 세워서 세도정치를 실현해 가야 한다는 정치 운영 구상이었다. 이를 계승한 한원진은 주자학 명분론과

---

92) 고동환, 2007, 「조선후기 도시경제의 성장과 지식세계의 확대」, 한림대 한국학연구소 편, 앞 책, 263~268쪽.

93) 김용흠, 2006, 「19세기 전반 勢道政治의 형성과 정치운영」, 『한국사연구』 132, 한국 사연구회. 아래의 영·정조대 탕평정치에 대한 서술은 이에 주로 의거하였다.

의리론을 송시열 못지않게 자기 논리로 수용하여 소론을 난신적자(亂臣賊子)로 몰아 규탄함으로써, 소론을 영조와 노론의 공동적으로 규정하고 영조와 노론의 동지적 입장을 확증하려 하였다. 그는 노·소 분당을 윤증의 송시열에 대한 배반 행위로 규정한 배사(背師)설, 경종·영조의 왕위계승 과정을 둘러싼 노·소 대립을 소론의 반역·패륜 행위로 몰아간 충역 시비 등을 통해서 이것을 논증하였다.[94]

즉위 초기에 노·소론 사이의 충역시비에 휘말려 환국적 정국운영에 내몰렸던 영조는 무신난을 계기로 하여 적극적으로 탕평책을 추진하였다. 그는 우선 주자학 명분론과 의리론에 기초한 신료들의 정치 공세에 대응하기 위한 논리로서 존왕론(尊王論), 군사론(君師論)을 내세웠다. 존왕론은 존주론(尊周論)을 차용한 것이었는데, 존주론은 주자학 명분론과 의리론에 입각하여 중국과 조선의 국제 관계를 규정하는 핵심적인 논리로서[95] 세도정치론의 이론적 바탕을 이루고 있었다. 영조가 이러한 존주론 대신 존왕론을 내세운 것은 현실의 군주와 그 계통을 강조하려는 의도에서 나온 것이었음은 물론인데, 여기에는 천리의 절대 이념을 떠나서 현실의 형세 또는 역관계(力關係)를 중시하는 발상이 가로놓여 있었다.[96] 즉 이는 주자학 명분론과 의리론을 절대화하면서 군주권을 견제하고자 하는 군주성학론을 비롯한 신료 일반의 신권 중심 정치론에 대한 대응 논리이기도 하였다.

군사론은 군주를 의리의 창조자이며 주도자로 적극 규정함으로써 산림을 중심으로 이루어지는 당론을 '자작의리(自作義理)'로 규정하여 부정하고 군주가 제시하는 의리가 표준적 규범임을 주장하는 논리였다. 예설과 사문(斯文) 시비 때문에 당론이 생겼고, 이로 인해 노·소론 사이에 경종대의 신임옥사나 무신년의 변란이 발생하였다고 보고, 군주 스스로가 사부(士夫)·학인(學人)의 스승으로서 정치의 기본원리·의리를 창출하여 제시하여야

94) 김준석, 2003, 앞 책, 474쪽.
95) 朝鮮後期 尊周論의 구조와 내용에 대해서는 정옥자, 1998,『조선후기 조선중화사상 연구』, 일지사 참조.
96) 정호훈, 2004①, 앞 논문, 85~87쪽.

만 그 같은 일이 종식될 수 있다고 보았다.[97] 영조는 군사론에 의거하여 각 붕당에서 내세우는 의리나 예설·사문 시비는 물론 사론(士論)·청의(淸議)까지도 모두 배척함으로써 붕당의 폐단을 뿌리뽑고, 사문의 맥, 세도의 기본 질서는 국왕이 정하겠다는 의지를 과시하였다.[98] 즉 사림정치를 막후에서 사실상 주도해온 산림의 의리주인으로서의 역할을 부정하고 이를 군주 자신이 대신하여 군주권을 강화시킴으로써 당쟁을 종식시키겠다는 의도의 표현이었다.

영조는 이와 같은 존왕론과 군사론에 의거하여 숙종·경종 연간의 서인·남인, 노론·소론의 대립을 해소하고 조제보합에 의한 정국 운영을 밀고 나가려 하였다. 정책 과정에서 서로 반대되는 논의를 하나로 묶어 처리하는 '양치양해(兩治兩解)', 인사에서 양편의 인물을 함께 추천하는 '쌍거호대(雙擧互對)'의 원칙을 마련한 것은 이러한 탕평 정국의 구체적 운영 방식이었다. 경종대 노·소론 사이의 대립으로 빚어진 충역 의리 시비에 대해서는 택군설(擇君說)과 '삼당구역(三黨俱逆)'론에 의거하여 각 당파의 의리를 부정하는 것으로 대응하였다.[99]

그리고 노론측이 내세우는 '존왕양이(尊王攘夷)'을 부정하지는 않았지만 이것을 명분론이나 당론으로 표면화시키는 것은 철저하게 배격하였다. 유생들이 송시열의 문묘종사운동을 벌이면서 효종의 북벌의지를 거론하는 행위를 신중하지 못한 태도라고 비난하고,[100] 별다른 구체적 대책도 없는 원칙론은 '썩어빠진 유학자'의 말이라고 배척하였다.[101] 유생들이 이러한 '존주(尊周) 명론(名論)'을 강조하여 상소문에 명 신종황제의 숭정(崇禎) 연호

---

97) 朴光用, 1984,「蕩平論과 政局의 變化」,『한국사론』10, 서울대 국사학과 ; 정호훈, 2004①, 앞 논문, 88~89쪽.

98)『영조실록』권103, 영조 40년 갑신 5월 정축.

99)『영조실록』권33, 영조 9년 계축 정월 신축 ; 同, 갑진.

100)『영조실록』권41, 영조 12년 병진 6월 기축, "上曰 近日儒生之請從享者 多提孝廟圖恢事 甚非愼重之道矣."

101)『영조실록』권48, 영조 15년 기미 2월 기축, "上謂右議政宋寅明等曰 卿見吳瑗疏乎. 中州陸沈 朝宗無所率士 含生孰不思皇朝乎. 使渠眞有運籌帷幄 長驅沙漠之心則可也. 不然 特腐儒之筆耳 … 上慮其宣洩 留中不下."

를 쓴 경우가 있었다. 이때 영조는 "나는 명론을 좋아하는 군주가 아니다"라고 하면서 이들이 '명류(名流)'로서 칭송받는 사류 일각의 분위기를 비판하였다.102) 또한 신하들의 반대를 무릅쓰고 청나라 사신을 직접 찾아가서 후대하여 신료들 사이에서 물의가 일어나기도 하였다.103)

또한 구양수나 주자의 붕당론을 부정하였을 뿐만 아니라 주자학 명분론과 의리론에 기초한 사림정치·공론정치의 폐단을 개혁하기 위해 제기된 최명길의 관제변통론을 계승·발전시킨 유수원의 주장을 받아들여 이조 낭관(郎官)의 통청권(通淸權)과 한림(翰林)의 회천(回薦)권을 파기하고 대신 책임정치를 구현하고자 하였다.104) 아울러 박세채의 『속대전』편찬론을 수용하여 이를 실천에 옮김으로써 공론정치 대신 '법치'의 이념과 방법을 강화하려 하였다.105) 이러한 일들은 노론 반탕평파의 집요한 정치 공세와 반대 공작에도 불구하고 소론 탕평파와 영조의 탕평책이 이루어낸 성과로 평가할 수 있을 것이다.

사회경제론의 측면에서는 오랜 논쟁을 거듭해 오던 군역제 이정(釐正) 문제가 균역법으로 타결되었는데, 이는 이광좌·조현명 등 소론 탕평파가 반개혁 세력에 맞서 양역변통을 집요하게 제기한 결과였다.106) 그것은 소론 탕평론의 조제보합에 의한 파붕당론이 변통 지향 경세론을 실현시키기 위한 수단으로서 제기되었다는 그 연원에 비추어 보아서 지극히 자연스러운 일이었다. 영조 역시 자신의 탕평책의 중요한 구성 요소로서 이랑(吏郎)·한림·균역·산림을 거론하고 있는 것은 탕평책이 단순한 정국 운영론에 머무는 것이 아님을 분명하게 의식하고 있었다고 보아야 할 것이다.107) 균역법이

---

102) 『영조실록』 권62, 영조 21년 을축 8월 7일 병오, "上曰 儒疏末端貼黃書崇禎年號, 此亦怪擧. 雖命留中, 此輩必以爲名疏而傳誦, 頃刻流入鴨綠江北矣. 予非好名之君, 特以述先裕後之意, 偶作《常訓》文字, 或涉時諱, 則不得不改, 彼儒生事豈不怪異乎?"

103) 朴光用, 1994, 「朝鮮後期 '蕩平' 研究」, 서울대 박사논문, 124쪽.

104) 朴光用, 1985, 「蕩平論의 展開와 政局의 變化」, 『朝鮮時代 政治史의 再照明』, 汎潮社, 347·354쪽.

105) 정호훈, 2004①, 앞 논문.

106) 박광용, 1994, 앞 논문, 97쪽.

107) 『영조실록』 권107, 영조 42년 병술 10월 경신, "上曰 吏郎翰林均役山林 予守固矣."

비록 그 긴 논의 과정에 비해서는 그 개혁성이 크게 후퇴한 것이었지만, 그렇더라도 그것은 균평과 대동이라는 아래로부터의 요구를 일정하게 수용하여 '국사와 민사의 일치를 지향하는 보민론'을 구현하였던 것이다.

이러한 성과에도 불구하고 영조의 탕평책은 많은 한계를 또한 드러냈다. 우선 무엇보다도 그의 존왕론과 군사론이 주자학 의리론을 원용한 것이라는 점에 이미 그 한계는 내재되어 있었다. 교화·의리의 의의와 충효 윤리의 봉건적 성격을 그대로 수용하고 있는 점, 그것을 화이적 세계관의 기본틀인 존주론에 맞추어 제기한 점 등이 바로 그것이다. 이는 왕권의 정통성과 관련된 충역 시비에서 그가 노론의 집요한 공세에 말려들 수밖에 없었던 중요한 요인으로 간주된다. 이로 인해 택군설과 삼당구역론에 의거하여 각 붕당의 의리를 모두 부정하였던 기유처분(己酉處分, 1729년)으로부터 후퇴하여, 신임옥사에 자신이 관련되어 있다는 혐의를 벗어나는 대가로 경신처분(庚申處分, 1740년)과 신유대훈(辛酉大訓, 1741년)에 의해 노론의 충역 의리를 일방적으로 인정할 수밖에 없었다.[108]

그리고 이에 대해 반발하는 소론 당인 수백여 명을 윤지(尹志)의 나주괘서 사건을 계기로 하여 처벌한 을해옥사(乙亥獄事, 1755년)에 이르면 영조의 탕평책은 형해화 되었다고 보아야 할 것이다.[109] 이후에는 황극탕평설에 근거한 조제보합이 아니라 왕권과 군신의리에 의거한 정파의 이합과 개편이 '탕평'이라는 이름 아래 거듭되었다. 그리하여 영조대 후반에는 소수의 노·소론 완론 탕평론자를 제외하면 영조와 그 측근의 척족들만이 탕평정국의 대세를 가름하는 주도 세력으로 남게 되었다. 그리고 이를 견제하는 세력으로는 노론계 여러 정파를 범주로 하는 이른바 '청명당(淸明黨)'의 존재가 고작이었다.[110] 그리하여 이 시기에는 노론의 신임의리가 절대화되

영조는 균역법을 시행하는 것을 '大同之政'으로 부르고 있었다(『영조실록』 권71 영조 26년 경오 7월 계묘, "敎曰 … 初意其欲除良民之苦 行大同之政 而因其掣肘 至於減 定").

108) 鄭萬祚, 1986, 「英祖代 中半의 政局과 蕩平策의 再定立」, 『歷史學報』 111, 歷史學會.
109) 李相培, 1992, 「英祖朝 尹志掛書事件과 政局의 動向」, 『한국사연구』 76, 한국사연구회.
110) 金駿錫, 1998②, 「18세기 蕩平論의 전개와 王權」, 『東洋 三國의 王權과 官僚制』, 國學資料

는 가운데 송시열-한원진 계열의 세도정치론이 관철되어 갔으며, 1762년 영조는 이에 대해 반발하는 대리청정하던 왕세자를 처단하는 심각한 대가를 치러야만 했다[壬午禍變].[111] 이와 같이 노론의 특정 분파에 의해 권력이 독점되고 의리론 위주의 정국 운영이 가속화되자 영조는 을해옥사에 이은 노론의 집요한 공세로 관작이 추탈된 이광좌·조태억·최석항의 관작을 회복시키는 것으로 이러한 흐름을 저지해 보려 하였지만 역부족이었다.[112]

또한 영조의 탕평책이 노·소론의 조제보합을 추구하였지만 충역 의리 시비가 정국운영의 중심을 이루다보니 변통 지향 경세론을 구현하기 위한 진정한 의미의 조제론이 아니라 노·소론을 안배하는 조정론에 머문 것도 중요한 한계였다.[113] 이것은 영조대 사회경제적 개혁이 미온적으로 처리될 수밖에 없었던 결정적 요인이 되었다. 경세론의 측면에서 볼 때 당시에는 정제두·이익·유수원 등에 의해 토지개혁론으로서 한전론이 제론되고,[114] 소론의 양득중, 남인의 오광운 등에 의해서는 유형원의『반계수록』이 개혁의 지침서로 활용되는 상황에서,[115] 양역변통론이 균역법이라는 지극히 타협적인 형태로 귀결된 것도 영조 탕평책의 한계를 반영한 것이라고 말하지 않을 수 없다.

그렇지만 영조 탕평책은 실학과도 밀접하게 관련을 가지면서 전개되었다. 우선 18세기 정치와 실학의 관련을 논할 때 유형원의『반계수록』이 미친 영향을 빠트릴 수 없다. 우선『반계수록』은 1670년에 완성되었는데, 1770년 영조의 왕명에 의해 경상감영에서 목판으로 간행·보급되었고, 정조대인 1783년에는 유형원의 다른 저작인 군현제가『반계수록』보유편(補遺

院, 283쪽.

111) '壬午禍變'에 대해서는 崔鳳永, 1992,「壬午禍變과 英祖末·正祖初의 政治勢力」,『朝鮮後期 黨爭의 綜合的 檢討』, 韓國精神文化研究院 ; 김성윤, 2002,「英祖代 中半의 政局과 '壬午禍變'」,『역사와 경계』43, 부산경남사학회 참조.

112)『영조실록』권119, 영조 48년 임진 8월 갑신 ; 11월 경술.

113) 調劑論과 調停論을 朋黨打破論과 朋黨肯定論으로 구별하여 접근한 논고로서는 金容欽, 2006, 앞 책 참조.

114) 김용섭, 1990, 앞 책, 435~439쪽.

115) 김성윤, 1997, 앞 책, 76~93쪽.

編)으로 경상감영에서 다시 목판으로 간행되었다.[116] 『반계수록』은 완성 직후부터 당색을 불문하고 상당한 영향력을 갖고 유포되었다. 우선 남인 계열에서는 이현일(李玄逸, 1627~1704)과 이익이 서문을 썼으며, 이익은 유형원의 전(傳)을 작성하였다. 오광운(吳光運, 1689~1745)은 영조의 명으로 행장과 서를, 안정복(安鼎福, 1712~1791)은 행장을 지었다. 소론 계열에서는 일찍이 윤증이 그 발문을 썼으며, 그 제자인 양득중(梁得中, 1665~1742)은 영조에게 경연에서 『주자어류(朱子語類)』 대신 『반계수록』을 강독하라고 청할 정도였다.[117] 노론 북학파에서는 홍대용·박지원·이덕무 등이 모두 『반계수록』과 유형원을 높이 평가하였다.[118] 심지어 영조는 『반계수록』을 아직 읽지 않은 신하들을 '불성실하다'고 탓하고 있으며, 정조는 『반계수록』 보유편에 수원성 건축을 예언한 대목이 있다고 놀라움을 표시하였다.[119]

숙종대 소론 탕평파는 영조대에 다시 완론과 준론으로 분화되었는데, 완론으로는 박세채 문인과 그 후손이 주로 활동하였고, 준론으로는 정제두 문인들과 이광좌·박문수·양득중·유수원 등이 주로 활동하였다.[120] 영조대 에는 소론 완론과 노론 완론이 탕평정국을 주도하였는데, 소론과 노론을

---

116) 고동환, 2007, 위 논문.

117) 『영조실록』 권53, 영조 17년 신유 2월 무오.

118) 조성산, 2007, 앞 책, 347~351쪽.

119) 고동환, 2007, 앞 논문. 『승정원일기』 1127책, 영조 32년 1월 21일, "李成中曰 此言皆磻 溪隨錄中言也. 沄曰 此則未得見也. 上曰 隨錄不得見云者 不誠實也." ; 『정조실록』 권38, 정조 17년 계축 12월 정묘.

120) 영조대 소론 완론과 준론에 대한 박광용의 구분은 사실과 맞지 않는 점이 있다. 즉 그는 경종대 신임옥사에 대한 견해 차이로 완론과 준론이 분화되었다고 하여(박 광용, 1994, 앞의 논문, 41쪽) 영조대에도 그 구분이 그대로 이어지는 것으로 간주하였다. 그러나 박광용이 준론으로 분류한 이광좌 등은 경종대 신임옥사에서 김일경 등의 준론에 맞서 완론의 입장을 견지하였다. 경종대 소론 완론은 숙종대 소론 淸流의 탕평론을 계승하여 경종에 대한 不忠을 노출시킨 노론 당인들을 치죄함 과 동시에 世弟(후일의 영조) 保護를 일관되게 주장하였다(김용흠, 2001, 「肅宗代 後半의 政治 爭點과 少論의 內紛」, 『東方學志』 111, 연세대 국학연구원). 경종대 소론 준론은 영조대 들어서서 대부분 처벌받고, 살아남은 자가 드물었고, 경종대 소론 완론이 영조대 들어서 다시 완론과 준론으로 분화된 것으로 보아야 한다. 영조대 소론 완론과 준론은 모두 경종대 완론의 입장에 있다가, 영조대 들어서 경종대 노론의 토죄 방법에 대한 강약으로 구분하는 것이 온당하다고 본다.

막론하고 준론은 모두 영조 탕평책을 비판하였다. 그러나 그 방향은 서로 달랐다. 노론 준론이 주자학 명분론과 의리론을 내세워서 사실상 탕평론을 부정하는 입장이었다면, 소론 준론은 변통론의 입장에서 영조 탕평책이 불철저하게 추진되는 것을 비판하였다. 을해옥사는 영조 탕평책에 대한 소론 변통론 계열 관인·유자들의 불만이 반영되어 일어난 사건으로 볼 수 있다. 영조대 전반에 영조의 관제 개혁을 논리적으로 뒷받침했던 유수원이 을해옥사에 연루되어 죽음을 맞이한 것이나, 강화학파에서 이 사건 연루자들이 많이 나온 것은 그런 측면에서 이해할 수 있다. 남인의 성호학파에서 영조대 탕평책에 참여한 대표적인 인물로는 오광운과 채제공 등이 있었는데, 이들은 스스로를 기사남인과 구분하여 청남(淸南)으로 자정하였다.[121] 이들이 주장하는 변통론은 소론 탕평론자들의 주장과 별로 차이가 없었으며, 실제로 양역 변통 논의에서도 입장을 같이 하였다.[122] 영조대 양역 변통 논의에 가장 적극적이었던 소론 준론이 막상 균역법 제정에는 반대한 사실은 이 시기 정국 동향과 관련하여 시사적인 일이었다. 균역법은 홍계희 등 노·소론 탕평당에서 주도하였으며, 노론 남당·동당 및 소론 준론 인사들뿐만 아니라 청남계까지 대부분 비판적이었다.[123]

여기서 주목되는 것은 이광좌 등 소론 탕평파가 주도하여 편찬한 18세기의 대표적 목민서인 『목민고(牧民攷)』에서 양역의 폐단을 제거하는 데 이정법이 대변통론 못지않은 효과적인 방안임을 강조하고 있다는 사실이다.[124] 이정법은 숙종대 최석정이 제안하여 1711년 「양역변통절목」으로 실현된 제도였다.[125] 이것은 소론 탕평파가 대변통론을 대신하여 양역의 폐단에 대해 마련한 방안으로서, 당시의 사회경제 변동으로 향촌에서 새롭게 성장

---

121) 박광용, 1994, 앞 논문, 94쪽.

122) 박광용, 위 논문, 97쪽.

123) 崔誠桓, 2009, 「正祖代 蕩平政局의 君臣義理 연구」, 서울대 박사논문, 25쪽. 이 시기 형성된 '탕평당'은 '탕평파'와는 구별해서 보아야 할 것이다.

124) 『牧民攷』, 「里定報草」, 金仙卿 편, 1986, 『朝鮮民政資料叢書』, 驪江出版社, 463쪽.

125) 鄭萬祚, 1990, 「肅宗朝 良役變通論의 展開와 良役對策」, 『국사관논총』 17, 국사편찬위원회, 154~155쪽.

152   제1편 조선후기 실학을 보는 시각

하는 세력을 끌어들여서 관 주도의 향촌 통제를 강화하여 이에 대처하려는 것이었다.126) 즉 양반과 지주의 반발로 인해 시행되기 어려운 호포(戶布)·결포(結布)·정전(丁錢) 대신 요호·부민 등 향촌에서 새롭게 성장하는 세력을 끌어들여 국가의 지방통제를 강화함으로써 양역의 폐단을 극복해보자는 것이다.127)

영조대에 팔도구관당상제가 실시되고, 훈련도감·금위영·어영청의 3군문 도성수비체제가 완성되었는가 하면 『속대전』이 편찬됨으로써 국가의 집권력이 강화되고 공적 영역이 확장된 것 역시 양반과 지주의 특권을 억제 내지 부정하는 방향에서 나온 정책들이었다.128) 즉 실학자들이 제기하고, 탕평파가 주장한 경세론이 반탕평파의 반발에도 불구하고 달성한 성과로 볼 수 있다는 것이다. 조선 봉건왕조 국가는 이처럼 이 시기의 사회경제적 변동에 발맞추어 국가의 모습을 조금씩 발전시켜 가고 있었으며, 그 방향은 양반제와 지주제를 극복하고 근대 국가를 지향하는 것으로 맞추어져 있었던 것이다.

3) 정조대 탕평정치와 실학

정조의 탕평책은 영조 탕평책의 한계에 대한 반성적 자각 위에서 추진되었다.129) 영조 못지않게 어려운 여건 속에서 조부인 영조로부터 왕위를 승계한 정조는 개혁을 거부하는 다수 신료들에 의해 둘러싸인 상태에서도 탕평책 추진을 통해서 변통 지향 경세론을 정치의 중심 문제로 끌어들이는

---

126) 이해준, 2000, 「'관 주도' 지방지배의 심층화」, 한국역사연구회 조선시기 사회사연구반, 『조선은 지방을 어떻게 지배했는가』, 아케넷 ; 정진영, 2000, 「국가의 지방지배와 새로운 세력」, 위 책.

127) 김용흠, 2009①, 앞 논문, 255~256쪽.

128) 박광용, 1997①, 「영조대 탕평정국과 왕정체제의 정비」, 『한국사 32』, 국사편찬위원회, 64~73쪽.

129) 이하는 김용흠, 2006, 「19세기 전반 勢道政治의 형성과 政治運營」, 『한국사연구』 132, 한국사연구회, 196~202쪽에 주로 의거하였다.

수완을 발휘하였다. 이를 위해서 국왕 정조는 주자학 의리론은 물론이고, 유학의 권도론(權道論), 명대의 양명학, 청조의 고증학, 노장사상, 심지어는 서학까지도 폭넓게 섭렵하면서 학문적으로 천착하였을 뿐만 아니라 생부 사도세자의 죽음에 얽힌 임오의리(壬午義理)마저도 적대 세력을 견제하고 제압하는 수단으로 활용하는 철저한 면모를 보였다.

우선 정조는 정국 운영의 지향점으로서 개혁 정책을 전면에 내세웠다. 정조 2년 6월에 반포된 「대고(大誥)」가 바로 그것이었다. 여기서 정조는 민산(民産)·인재(人材)·융정(戎政)·재용(財用)의 네 가지 항목으로 당시의 개혁 과제를 요약하였는데 조선후기 봉건사회의 기본모순인 토지문제를 가장 심각한 문제로서 제기하였다. 그리고 각 항목과 관련하여 제도의 폐단을 극론하고 '무본(懋本)'·'무실(懋實)'의 원칙에 입각한 제도 개혁의 필요성을 천명하였다.[130] 실로 정조는 토지개혁을 포함한 봉건제도의 제반 모순에 대한 개혁을 정치의 목표로서 천명한 조선왕조 유일의 군주였다고 하겠다.

다음 정조는 이러한 자신의 개혁의지를 주자학 의리론과 도통설(道統說)에 입각하여 정당화하였다. 그는 조선후기 개혁 정치의 대척점에 서 있는 정통 주자학자인 송시열을 추숭하는 사업을 국가사업으로 추진하고 주자학을 '정학(正學)'으로 규정하여 연구·보급에 앞장서서 학자 군주로서의 면모를 과시하였다.[131] 또한 그는 여기서 한발 더 나아가 유교의 유구한 도통을 국왕 자신이 계승한다는 논리를 세웠다. 군주도통설(君主道統說)이 그것이었다.[132] 산림 대신 의리주인을 자처하고 '만천명월주인옹(萬川明月主人翁)'임을 천명하는 발상도 같은 맥락이었다.[133] 이는 공자 이래 도학(道學)과

130) 『정조실록』 권5, 정조 2년 무술 6월 임진.

131) 金文植, 1996, 『朝鮮後期 經學思想硏究』, 一潮閣, 39쪽 ; 1999, 「정조의 주자서 편찬과 그 의의」, 정옥자 외, 『정조시대의 사상과 문화』, 돌베개 ; 2000, 『정조의 경학과 주자학』, 문헌과 해석사 ; 김준석, 2000, 「『朱書百選』의 번역에 붙임」, 朱子思想硏究會, 『朱書百選』, 혜안.

132) 정조의 君主道統說에 대해서는 김성윤, 1997, 앞 책, 200~210쪽 ; 김준석, 1998②, 앞 논문 참조.

정치가 두 갈래로 나뉘어졌고, 그 때문에 이상사회, 즉 왕도정치가 실현될 수 없었으므로 사문=주자학의 과업은 갈라진 두 길을 하나로 합하는데 두어야 한다고 확신하는 주자와 송시열의 열망을 정조 자신이 체현한다는 의미를 띠고 있었다. 말하자면 영조의 존왕론이 군사(君師)와 선사(先師)를 겸행하는 것에 초점을 두었다면 정조는 도학과 정치의 일치를 구현하는 임무를 스스로 짊어지겠다고 나선 것이었고, 그럼으로써 군주의 전제권이 주자학의 도통적 지위를 압도하는 초월적 존재임을 천명하려는 의도였다. 정조는 이러한 초월적 군주권에 입각하여 전반적인 제도 개혁을 탕평의 '대의리(大義理)'로서 추진하려 하였다.[133][134]

셋째로 정조는 개혁을 반대하는 압도적 다수의 신료들에 둘러싸인 상태에서 제반 제도 개혁을 정치의 중심 문제로 끌어들이기 위해 조정론(調停論)은 물론이고, 이열치열·대승기탕 등과 같은 극단적인 통치술을 통하여 적대 세력인 노론 벽파를 포용하면서 견제하고 개혁 정책으로 견인하려 하였으며, 때로는 채찍과 당근을 병용하여 최소한 개혁에 반대하지 못하도록 묶어두는 정치적 수완을 발휘하였다.[135] 또한 정조대 각종 역모사건에 연루된 은전군(恩全君) 이찬(李襸), 은언군(恩彦君) 이인(李䄄), 화완옹주(和緩翁主, 정조의 고모, 鄭致達의 妻)의 처벌 문제에 대해서는 권도론으로 대응하였다.[136] 특히 자신의 생부 사도세자의 죽음과 관련된 임오의리조차도 적대 세력을 위협하고 견인하는 수단으로 활용하면서 이를 권도론으로

---

133) 李泰鎭, 1993, 「正祖」, 『韓國史市民講座』 13, 一潮閣.
134) 『정조실록』 권1, 정조 즉위년 병신 5월 병술, "蕩平不害於義理 義理不害於蕩平 然後方可 謂蕩蕩平平之大義理. 今予所言 卽義理之蕩平 非混淪之蕩平也." 여기서 정조가 말하는 '義理'는 각 붕당의 의리가 아니라 개혁의 의리를 말하는 것으로 보아야 할 것이다.
135) 박현모, 2001, 『정치가 정조』, 푸른역사, 115~124쪽. '以熱治熱'의 통치방식이란 한 당파에서 반역자가 나오면 그를 반대 당파의 반역자와 대비시켜 다스리는 방식을 말한다(박현모, 같은 책, 116쪽). '大乘氣湯'의 탕평책이란 매우 능동적인 인사정책으로서, 국왕의 정책을 지지하는 세력과 반대하는 세력을 맞서게 하되 두 정치 세력을 중재할 수 있는 제3의 세력을 함께 등장시켜 서로 조화를 이루고 각기 장점을 발휘할 수 있게 하는 방식을 가리킨다(박현모, 같은 책, 122쪽).
136) 박현모, 2001, 앞 책, 61~92쪽.

합리화였다.[137)]

넷째로 정조는 영조의 관제개혁을 계승하여 사림정치·공론정치의 폐단을 제거하고 파붕당(破朋黨)을 통한 대신 책임정치를 구현하고자 하였으며, 개혁 세력을 육성하기 위한 제도 마련에도 주력하였다. 정조는 즉위 초년에 노론 의리론자들의 공세에 밀려 영조대 폐지되었던 전랑권을 복구할 수밖에 없었지만 한림 천거제 복구 주장은 수용하지 않았으며, 전랑권도 1789년(정조 13)에는 다시 혁파해버렸다.[138)] 그리하여 한림-전랑-문임직(文任職)을 축으로 운영되던 기존의 청요직 중심의 권력체계를 약화시키고, 그 대신 대신권(大臣權)을 강화시키는 한편 규장각(奎章閣)을 설치하고 초계문신(抄啓文臣) 제도를 도입하여 새로운 청요직으로 부상하게 만들어 규장각[抄啓文臣]-대신 중심 체제로 정치를 운영하려 하였다.[139)] 이것은 두말할 것도 없이 노론 일당 전제(專制)를 막고 자신의 개혁 정책에 동조하는 정치 세력을 육성하여 개혁 정치를 추진하기 위한 노력의 일환이었다.

다섯째로 정조는 조정의 신료들은 물론 지방의 수령, 재야 지식인들로부터 광범위하게 개혁을 위한 의견을 수렴하였을 뿐만 아니라 민서(民庶)들의 의견을 직접적으로 순문하기도 하는 등 개혁 방안을 마련하기 위한 여론 수렴에 적극적인 노력을 기울였다. 1786년(정조 10)에 있었던 군신(群臣)의 소회등록(所懷騰錄),[140)] 1798년(정조 22)의 민은소(民隱疏),[141)] 정조 22, 23년

---

137) 『정조실록』 권35, 정조 16년 임자 5월 기미, "大倫所在 血釁在彼 於是乎參前倚衡 求權於經." 정조는 崔鳴吉의 主和論을 예로 들면서 자신의 權道論을 합리화하기도 하였다(『정조실록』 권39, 정조 18년 갑인 4월 경오, "上曰 卿等之守經 予亦不以爲非 而亦有不得不從權處矣. 卿等知故相崔鳴吉事何如耶. 豈不知和議之不如斥 而不能爲三 學士耶. 此所謂守經時亦有用權處也"). 최명길의 主和論과 權道論에 대해서는 金容欽, 2006, 앞 책, 245~257쪽 참조.

138) 『정조실록』 권28, 정조 13년 기유 12월 기미.

139) 김성윤, 1997, 앞 책, 157~210쪽.

140) 『正祖丙午所懷騰錄』, 서울대학교 古典叢書, 1970. 이에 대한 연구로는 韓㳓劤, 1965, 「正祖丙午所懷騰錄의 分析的 硏究」, 『서울대 論文集』 제11집, 3~51쪽 참조.

141) 『승정원일기』 1794~1806冊의 正祖 22년 7월에서 23년 3월까지 사이에 비교적 소상하게 수록되어 있다. 이에 관해서는 安秉旭, 1981, 「朝鮮後期 民隱의 一端과 民의 動向」, 『한국문화』 2, 서울대 한국문화연구소 참조.

의 농정소(農政疏)를[142] 비롯하여 수많은 상언(上言)·격쟁(擊錚)이 있었던
것이[143] 그것을 말해준다. 이것은 물론 영조대 정제두 등이 제기한 군민일체
설을 수용하여 군민일체를 구현하는 계몽 절대군주로서의 신민관을 몸소
실천하려는 태세를 보인 것이기도 하였다.[144] 그러한 그의 지향은 서얼허통
의 확대, 상공인 세력의 육성, 이와 관련한 새로운 정치·상공업 도시의
건설 등의 정책으로 구체화되었다.[145] 이를 통해서 그가 시민세력의 출현을
기대했으며 절대군주와 시민층의 결합에 의해 봉건세력에 대한 견제와
이에 의한 정치·사회 개혁을 시도하고자 했음을 볼 수 있다. 또한 봉건제의
기본모순에 해당하는 지주제의 모순을 개혁하기 위한 토지개혁 주장이
정조 재위 기간 내내 조정에서 논의되었으며, 그와 함께 노비제 혁파 논의,
양전을 둘러싼 논의 등이 계속되었다.[146]

정조는 이러한 개혁 정책을 그의 탕평책을 통해서 구현하려 하였는데,
신료들 사이에서는 이에 대한 찬반이 결국 시파(時派)와 벽파(僻派)의 분립으
로 나타났다. 시벽 문제는 정조의 생부 사도세자 문제와 관련한 부홍파(扶洪
派)와 공홍파(攻洪派)의 대립에 그 뿌리를 두고 있었는데, 정조가 탕평을
추진하는 과정에서 점차 그 성격이 변질되고 집단적 범주가 강화되었다.
결국 시벽은 정조가 자신의 개혁정치의 정당성 여부를 생부의 신원과 연관
시킴으로써 해결하고자 하는 정조의 독특한 정국 운영 방식에 의해 점차
개혁 대 반개혁의 대립으로 그 의미가 변화되고 있었다. 즉 시벽은 임오의리
(壬午義理)에 대한 강온의 입장이라는 당쟁적 성격에서 개혁에 대한 찬반으
로 그 성격이 변화되어갔던 것이다.

---

142) 金容燮, 1968, 「18世紀 農村知識人의 農業觀」, 『한국사연구』 2, 한국사연구회(김용섭, 1995, 앞 책에 재수록).

143) 韓相權, 1996, 『朝鮮後期 社會와 訴冤制度』, 一潮閣.

144) 정제두의 君民一體說에 대해서는 정두영, 1998, 「18세기 '君民一體' 思想의 構造와 性格」, 『조선시대사학보』 5, 조선시대사학회 참조.

145) 김성윤, 1997, 앞 책, 241~274쪽.

146) 김용섭, 1968, 앞 논문 ; 김성윤, 1997, 앞 책, 211~41쪽 ; 金容燮, 2004, 「朝鮮後期 賦稅制度 釐正策」, 『新訂 增補版 韓國近代農業史研究 Ⅰ－農業改革論·農業政策(1)』, 지식산업사, 328~331쪽.

그리하여 애초에 시벽 대립과 무관했던 비노론계 세력들은 국왕의 개혁 추진에 대응하는 속에서 점차 시벽의 구도로 흡수되어 갔다. 정조대의 붕당 세력은 국왕이 강력하게 파붕당 정책을 추진하는 한편 개혁 사안에 대한 찬반을 강요하는 상황에서 그 붕당적 집단성을 상실해갔다. 토지제도 개혁과 노비제 혁파 문제에 대한 찬반에서 노론·소론·남인 모두 입장이 찬반으로 나뉜 것은 이러한 사정을 잘 보여준다. 붕당이 집단적 공조를 보인 것은 붕당의 정치적 명분과 관련된 사항으로 축소되었다. 이에 대신하여 가문이 정치적·정책적 공조를 유지하는 기본 단위가 되어갔다. 결국 정조대에는 기존의 붕당 중심 체제가 상당히 동요할 수밖에 없었고 이는 정조 탕평책의 성과로 간주할 수 있다. 그러나 정조 말년에 시·벽파가 정치 세력을 양분하여 붕당구도를 대신하여 새로운 대립 구도를 보였지만, 벽파가 기존의 붕당적 기반과 학연·가문적 기반을 비교적 충실하게 유지한 반면 시파는 국왕의 조정 능력 외에는 그 내부의 이질적인 붕당적·가문적·학연적 기반을 극복하고 내부적 통합을 유지할 수 있는 새로운 조직원리를 확보하지 못하였다. 이리하여 시파 계열은 국왕 정조의 서거 이후 급속히 기존의 붕당적·가문적 기반으로 환원되어 갈 수밖에 없었다. 이 점은 정조 사후 세도정치기(勢道政治期)에 탕평정치의 목표가 굴절되어 간 중요한 요인이 되었다.[147]

　　정조의 국가 구상은 당대의 실학자 못지않은 개혁적 면모를 보였다.[148] 그는 자신의 구상을 규장각 각신들과 끊임없이 토론하고 실행 방안을 모색하였으며, 이에 반대하는 신료들을 설득하기 위해 적극적으로 광범위한 여론 수렴에 나서기도 하였다. 당대의 기라성 같은 실학자들이 정조의 이러한 국가 구상을 지지하고 뒷받침한 것은 당연한 일이었다. 이 시기 소론 실학을 대표하였던 서명응·서호수·서유구로 이어지는 달성 서씨 가문이 그에 적극 부응한 것은 물론이고, 채제공·이가환·정약용 등 청남 세력은

---

147) 김성윤, 1997, 앞 책, 318쪽.
148) 이에 대한 자세한 내용은 김성윤, 1997, 앞 책, 제2장,「正祖 정치사상의 구조와 전개」참조.

이 시기 남인 실학을 대표하여 정조의 개혁 정책 추진의 중심 세력이 되었다. 박지원·박제가·이덕무 등 노론 북학파는 비록 정국 주도 세력은 아니었지만 정조 개혁 정책을 지원하고 적극적으로 참여한 것은 마찬가지였다. 실로 정조대 정치는 실학의 국가 구상에 대한 찬반을 두고 대대적인 힘겨루기가 전개된 시기로 규정할 수 있는데, 이것은 결국 정조 탕평정치에 대한 찬반으로 나타났던 것이다.

정조의 국가 구상의 이념은 '대동'과 '탕평'으로 집약해 볼 수 있다. 그가 말하는 '탕평'은 단순한 정국운영론이 아니었다. 정조는 탕평책을 '편당을 없애는 것,' '대일통(大一統)의 경지,' '대동의 경지'라고 표현하였는데,[149] 이것은 단순히 관료와 사대부뿐만 아니라 일반 서민까지도 포함하는 것이었다. 즉 정치적으로 탕평책은 백성들을 사회적으로 평등하게 대우하는 '대동' 시책에서 그 실효가 나타난다고 본 것이다.[150]

우선 정조는 기층세력의 저항을 포함한 사회변화를 국왕이 직접 파악할 수 있도록 제도를 정비하였다. 이를 위해 승정원에서 담당하는 상언제도와 형조에서 담당하는 격쟁제도를 활성화하여 백성의 고통, 즉 '민은(民隱)'을 국왕에게 직접 제소할 수 있게 하였다. 그리고 즉위 24년간 궁궐 밖으로 행차하는 기회를 이용하여 34회의 대민 접촉을 하고 있기도 하였다. 1798년 (정조 22)에 있었던 응지농서(應旨農書)의 수집 역시 농촌 지식인의 체험과 실력을 활용하여 소농경제의 활성화를 모색한 것이었다. 또한 국가 공사에

---

149) 『정조실록』권2, 정조 즉위년 병신 9월 경인, "自夫光恒億諸賊, 以至戊申乙亥之逆, 斯我先大王, 赫然明斷, 鋤凶討罪, 殲厥巨魁, 其小者不可勝誅, 特以包容之德, 好生之仁, 掩匿而覆蓋之, 仍建蕩平之治, 咸囿無彼此大一統之域 … 卿等儕輩, 雖或有宿昔受恩於光恒輩者, 若思先大王拯出之恩, 以此較彼, 孰輕孰重? 義理明白, 取捨甚易, 自今以後, 一切濯去舊染, 咸造大同之域焉."

150) 박광용, 1994, 앞 논문, 197~198쪽. 民에 대한 다양한 파악과 이들을 배려한 업적은 李晩秀가 지은 正祖 行狀에 특별하게 기록되어 있다. 『정조실록』附錄, 「行狀」, "罷內貿之名, 戢宮奴之弊, 爲市井之民也, 革推刷之官, 正宣頭之案, 爲奴婢之民也. 出宮結而撤獵軍, 爲峽野之民也, 創隊船而定魚鱐, 爲江海之民也, 蠲貢鰒而耽民息肩矣. 減貢蔘而西民紓力矣, 著字恤之典而澤被嬰孩矣, 行掩埋之政而恩及邱隴矣. 蓋無一民而不被其仁, 每絲綸一下, 民莫不感激涕泣. 而天顔非昔之歎, 蓋因憂勤之過也. 以至憑几末音, 亦諄諄於民事之不可緩, 於乎至矣."

주로 '모군(募軍)'을 활용함으로써 토지에서 배제되어 떠돌아다니는 몰락 농민계층인 유이민 집단의 활용과 정착을 도모하였다. 이는 특히 수원성 축성 당시 관료들이 건의했던 백성의 부역 동원을 거부하고 모군만을 활용하기를 고집한 것과, 수원성에 장용영 외영을 설치하면서 동시에 향군의 편성을 강화한 점에서 그 연관관계를 볼 수 있다. 고공법(雇工法)을 제정한 것,[151] 그리고 정조의 죽음으로 실현되지는 못하였지만 노비제 혁파를 추진한 것도 결국은 몰락한 생산 담당층에 대한 시책으로 볼 수 있다.

또한 성장하는 중간계층을 국왕과 직접 연결되는 세력으로 재편성하는 노력을 기울였다는 점이다. 이것은 서학 실천운동 세력에 대한 온건책으로 이와 연관된 남인계 인물과 역관 및 서민층을 보호한 점이라든가, 규장각에 중인계층 규장각 검서관을 둔 것, 평민에 가까운 서리계층에서 북학파나 위항문학을 대표하는 실력자가 배출된 것 등에서 잘 드러난다. 그리고 중앙의 지방 지배 강화로 수령의 권한이 강화되는 가운데 사족 중심의 향촌지배체제가 동요하고, 새로이 등장한 신향족(新鄕族)과 이족(吏族)들이 수령과 연결되면서 향권을 담당하는 실력자로 대두하고 있었다는 점도 지적할 수 있다.[152]

상업정책으로서 실시한 신해통공(辛亥通共) 역시 이러한 측면에서 중요한 의미를 지닌다. 이것은 국가재정과 밀착되어 있었던 시전상인들의 독점 판매권인 금난전권을 혁파한 정책인데, 정치적 측면에서 보면 당시 난전 경영으로 가장 사회문제가 되었던 계층은 소상인과 군소 수공업자들 및 관청의 노비·평민 출신 군사들이었으므로, 이 시책은 이들을 보호하는 의미가 있었다. 그리고 궁극적으로는 보다 활발해진 농민적 생산물을 취급하는 소상인을 포함한 성장해 가는 사상(私商)들에게 도성에서 자유로운 상업활동을 허용한 조치였다.[153]

---

151) 李世永, 1985, 「18·19세기 穀物市場의 형성과 流通構造의 변동」, 『한국사론』 9, 서울대 국사학과, 203~205쪽.
152) 金仁杰, 1988, 「조선후기 향촌사회 권력구조 변동에 대한 시론」, 『한국사론』 23, 서울대 국사학과.
153) 박광용, 1997②, 「정조대 탕평정국과 왕정체제의 강화」, 『한국사 32』, 국사편찬위원

이 시기에 중앙정부에 의한 지방지배가 강화된 것도 대민 보호라는 목적을 지니고 있었다. 영조 연간에 강화된 비변사 팔도구관당상제가 계속 실시된 것과 함께 정조 연간에는 특별하게 강화된 어사 제도가 시행되었다. 정조는 재위 25년 동안 암행어사 57회, 일반어사 56회, 도합 연평균 4.6회의 어사를 파견하였는데, 이는 어느 국왕 때보다 많은 횟수이다. 특히 암행어사는 규장각에서 양성한 신진세력인 30대 전후의 초계문신들을 주로 파견하였는데, 이는 백성들의 동향과 읍폐(邑弊)·민막(民瘼)의 실상을 보다 정확하게 파악하려는 시도였다. 이때 사회적 폐단과 백성의 고통을 파악하는 암행어사의 특별보고서인 별단(別單)이 중요하게 취급된 것은 민은에 대한 파악과 해결 방안 모색이 암행어사 임무의 하나였다는 것을 의미한다.[154]

결국 정조 탕평정국에서 군주권을 강화하고, 중앙집권을 강화한 것은 기층 민중을 보호하기 위한 것임과 동시에 도시와 농촌에서 성장해 왔던 향반이나 역관·서얼·상인세력 같은 중간계층의 성장을 정치구조 속에 수용하려는 노력의 소산이기도 하였다. 이는 집권력 강화, 공적 영역의 확장, 공법 질서의 확립을 통해서 양반제로 대표되는 신분제와 지주제의 모순을 완화 내지 해소하고 '대동'과 '탕평'을 구현한 새로운 국가를 지향하는 노력이었던 것이다. 『대전통편』을 비롯하여 『심리록(審理錄)』·『흠휼전칙(欽恤典則)』 등 정조대 편찬된 『군서표기(群書標記)』에 수록된 147종의 도서는,[155] 영조대 편찬된 『동국문헌비고(東國文獻備考)』를 증보하여 정조대 편찬한 『증보동국문헌비고(增補東國文獻備考)』와 1808년에 완성된 『만기요람(萬機要覽)』과 함께 이 시기 격렬한 정치적 갈등 속에서 합의된 정조대 국가규모의 최소한도의 모습을 반영한 것이었다. 우리식 근대는 바로 이 연장선상에서 논의되고 모색될 수밖에 없었다.

　　회, 87~88쪽.
154) 박광용, 위 글, 86쪽.
155) 박광용, 위 글, 93~94쪽.

4. 맺음말

지금까지 조선후기 실학사상과 정치와의 관계를 검토해 보았다. 이제 지금까지의 논의를 요약하고, 실학과 관련된 쟁점에 대한 입장을 밝히는 것으로 결론을 대신하고자 한다.

조선후기 실학은 양란기의 국가적 위기를 배경으로 발생하였다. 특히 인조대 '삼전도의 치욕'으로 상징되는 국가적 위기를 전후하여, 주자학 명분론과 의리론을 부정하지 않으면서도 그것을 범유교적 차원으로 확대 해석하면서 현실에 적합한 대처 방안을 모색하고 정치적 행동으로 표출하는 관인·유자들이 속속 등장하였다. 이들이 내세운 것이 바로 변통론이었다. 그것은 정국운영론, 예론, 사회경제 개혁론, 군비·국방 대책 등 정치와 정책 전반에 걸쳐서 제기되었다. 따라서 이들과 주자학 명분론·의리론을 고수하려는 관인·유자 사이의 대립과 갈등은 피할 수 없는 일이었다. 이리하여 주자학 정치론은 의리론과 변통론의 대립 구도 속에서 분화되어, 정치적 쟁점에 따라서 신권론과 왕권론, 수법론과 변법론, 척화론과 주화론으로 나뉘어 갈등하였다. 이 시기 주화론의 등장은 새로운 '국가' 관념의 등장을 의미하는 것이었으므로, 이러한 정치적 대립 구도는 재조번방론과 국가재 조론의 대립으로도 규정할 수 있는데, 국가재조론의 등장이야말로 실학의 태동으로 볼 수 있다. 따라서 실학은 정치와도 밀접한 관련을 맺으면서 등장하였던 것이다.

이와 함께 당시까지 국정교학으로서 지배적 지위를 누리던 주자학에 대한 반성과 비판이 일어나면서, 다양한 사상적 모색이 이루어졌다. 이것은 재조와 재야, 공신과 사류, 서인과 남인 등 당색과 처지를 물론하고 등장하였다. 집권 서인으로서 반정공신이기도 했던 인조대 변통론자인 이귀·최명길 등은 비록 주자와 주자학을 내세우고 있지만 정치론과 학문론에서 기존 주자학자와는 다른 주장을 내놓았으며, 중국에서 주자학에 대항하여 성립된 양명학적 요소를 수용하기도 하였다. 한백겸·이수광·김세렴 등 이른바 '북인계 남인' 계열에서는 서경덕과 조식에서 연원한 북인의 학문과 정치론을 계승하여 군주와 국가의 권위를 강조하고 주자의 토지론에 이의를 제기하는가 하면 주자학과는 다른 새로운 인식론을 모색하기도 하였다.

조선후기 실학은 이와 같이 이 시기의 국가관의 변화를 반영하여 이를 추동하려는 학문적 모색 가운데서 성립된 것이었는데, 이것은 주자학과는 다른 반주자학의 흐름이 형성된 것을 의미하는 것이었다. 유형원의 『반계수록』은 바로 이러한 이 시기의 정치적 사상적 모색을 집약한 정론서였으며, 이로써 실학은 새로운 학파로 성립되는 계기가 마련되었다.

17세기 후반 명이 멸망한 뒤에는 재조번방론은 유효성을 상실하였으므로, 전후 수습대책은 국가재조론으로 수렴될 수밖에 없었는데, 이 시기 국가재조론은 그 인식 태도와 방법에 따라서 보수·개량 노선과 진보·변법 노선으로 분화되었다. 그것은 지주적 입장과 농민적 입장의 분화이기도 하였는데, 송시열과 유형원의 국가론은 바로 이러한 서로 다른 노선을 대표하였다. 이 가운데 진보·변법 노선의 국가재조론이 바로 실학이었다.

양란기에 국가적 위기를 배경으로 주자학을 비판하는 흐름이 형성되어 실학이 성립되기에 이르자 이에 대항하여 주자와 주자학을 절대화하고 주자 도통주의를 내세운 인물이 송시열이었다. 이리하여 두 사상 경향이 충돌하여 서인과 남인 사이에 두 차례의 예송으로 폭발하였는가 하면, 서인이 노론과 소론으로 분화되어 격렬한 정치적 갈등을 일으켰다. 숙종대 형성된 소론 당인들은 인조대의 주화파, 효종·현종대의 경세관료들이 견지한 변통론을 계승·발전시켜 조정에서 실천하려는 세력이 중심이 되었는데, 이들의 정치론은 박세채의 황극탕평론으로 집약되었다. 박세채의 황극탕평론이 조광조에서 이이를 거쳐 이귀·최명길 등으로 이어진 사림 계열 변통론의 계보를 이은 것이라고 한다면, 송시열 계열의 반탕평론은 조광조에서 이이를 거쳐 김장생·김집으로 이어지는 사림 계열 의리론을 계승한 것이었다. 이것은 이들이 모두 조광조에서 이이로 이어지는 서인 계열 주자학 정치사상을 계승하고 있으면서도, 17세기 '국가재조' 방략과 관련하여 진보·개혁 노선과 보수·개량 노선으로 분화되고 있음을 반영한 것이었다. 국가재조론의 두 노선 가운데 진보·개혁 노선이 실학으로 수렴되어 갔으므로, 이를 현실 정치에서 구현하기 위한 탕평론은 실학의 정치론으로 규정할 수 있을 것이다.

이 시기 소론 가운데 박세당은 주자학을 비판하고, 토지개혁에 관심을 가졌다. 그를 이어서 한태동·정제두 등 소론 계열에서도 토지개혁론을 분명하게 제기하기에 이르렀다. 갑술환국 이후 조정에서 박세채의 탕평론을 적극 실천에 옮긴 것은 남구만·최석정 등이었다. 특히 최석정은 스승의 탕평론을 계승하여 법과 제도의 개혁을 통해서 새로운 국가체제를 구축하고자 시도하였다. 그가 제안한 비총제와 이정법은 국가권력을 강화시켜 양반과 지주의 특권을 부정하려는 시도였다.

18세기 들어서 실학사상은 양란기의 그것을 계승하여 더욱 체계적으로 발전하였다. 이 시기의 실학은 당색별로 학파를 이루어 특색 있게 전개되었는데, 남인의 성호학파, 소론의 강화학파가 그것이었다. 18세기 후반에는 집권 세력이었던 노론 내부에서도 호론과 낙론으로 학문적 분화가 일어났는데, 낙론 가운데서 북학파가 등장하였다. 이들은 모두 토지개혁에 관심을 가지면서도 그것을 전제로 한 전면적인 제도개혁이냐, 아니면 부분적으로라도 제도 개혁 그 자체를 우선적으로 추구할 것인가, 아니면 생산력 증진을 우선할 것인가 등을 두고 조금씩 차이가 있었다. 그러나 모두 국가의 공적 성격을 강화하여 민생을 안정시키고 국가 질서의 안정을 도모한다는 점에는 일치되었다. 이 시기 국가론은 정약용에 의해 당색을 뛰어넘어 가장 전향적인 형태로 종합되었는데, 그것은 주권재민 관념에 입각한 우리식 민주주의 국가, 또는 대의정치론적 발상으로까지 발전하였다.

18세기 영조·정조대에는 실학사상을 제도로 구현하려는 노력이 탕평책 추진으로 나타났다. 영조는 박세채의 탕평론을 수용하여 탕평책을 적극 추진하였는데, 이에 반발하는 반탕평파의 주자 도통주의, 주자 절대주의를 존왕론과 군사론으로 제압하려 하였다. 그리고 유형원의 『반계수록』을 원용하고, 유수원의 주장을 따라서 대신 책임정치를 구현하려 하였으며, 박세채와 최석정으로 이어지는 법전 편찬론을 수용하여 『속대전』을 편찬하였다. 그리고 소론 탕평파의 집요한 노력으로 오랜 기간 논란을 빚어온 양역변통 논의를 균역법으로 타결지었다. 그러나 영조 탕평책은 또한 많은 한계를 노출하였다. 양역변통 논의에 가장 적극적이었던 소론 탕평파 계열이 균역법 그 자체에는 반대한 것은 그 한계를 분명하게 보여주었다.

영조대에는 소론 완론과 노론 완론이 탕평정국을 주도하였는데, 노·소론 준론은 모두 영조 탕평책을 비판하였다. 그러나 그 방향은 서로 달랐다. 노론 준론이 주자학 명분론과 의리론을 내세워서 사실상 탕평론을 부정하였다면, 소론 준론은 변통론의 입장에서 영조 탕평책이 불철저하게 추진되는 것을 비판하였다. 소론 완론에는 박세채 문인과 그 후손이 주로 활동하였으며, 소론 준론에는 정제두 문인들과 이광좌·유수원 등이 포함되어 있었다. 남인의 성호학파에서는 오광운과 채제공이 청남으로 자처하면서 영조 탕평책에 참여하였는데, 이들은 사회경제 개혁 논의에서 소론 준론과 그 입장을 같이 하였다. 영조대 8도 구관당상제가 실시되고 3군문 도성수비체제가 갖추어졌으며 『속대전』이 편찬된 것은 국가의 집권력 강화, 공적 영역의 확장을 통해서 양반과 지주의 특권을 억제하려는 방향에서 나온 정책들이었다

정조대는 탕평책 추진을 통해서 실학사상을 정책에 반영하려는 노력이 가장 적극적으로 경주된 시기였다. 이를 위해 정조는 주자학은 물론 유학의 권도론, 명대의 양명학, 청대의 고증학, 노장사상, 심지어는 서학까지도 폭넓게 섭렵하면서 학문적으로 천착하였을 뿐만 아니라 생부 사도세자의 죽음에 얽힌 임오의리마저도 적대 세력을 견제하고 제압하는 수단으로 활용하는 철저한 면모를 보였다. 정조는 토지개혁을 포함한 봉건제도의 제반 모순에 대한 개혁을 정치의 목표로 천명한 조선왕조 유일의 군주였다. 정조는 조선후기 개혁 정치의 대척점에 서 있던 정통 주자학마저도 포용하면서 자신이 지향하는 개혁 정치를 구현하기 위해 군주도통설을 내놓았다. 군주의 전제권이 주자학의 도통적 지위를 압도하는 초월적 존재임을 천명하려는 의도였다. 정조는 이러한 초월적 군주권에 입각하여 전반적인 제도 개혁을 탕평의 '대의리'로서 추진하려 하였다.

당대의 어느 실학자 못지않은 개혁적 면모를 보인 정조는 자신의 국가

구상을 규장각 각신들과 끊임없이 토론하고 실행 방안을 모색하였으며, 이에 반대하는 신료들을 설득하기 위해 적극적으로 광범위한 여론 수렴에 나서기도 하였다. 이리하여 당대의 기라성 같은 실학자들이 정조의 국가 구상에 적극 부응하였다. 예컨대, 소론 실학의 일각을 형성하고 있던 서명응·서호수·서유구로 이어지는 달성 서씨 가문, 남인 실학을 대표하는 체제공·이가환·정약용 등으로 이어지는 청남 세력 등이 바로 그러하였다. 박제가·박지원·이덕무 등 노론 북학파 역시 정조 개혁 정책을 지원하고 적극적으로 참가하였다. 실로 정조대는 실학의 국가 구상에 대한 찬반을 두고 대대적인 힘겨루기가 전개된 시기로 규정할 수 있는데, 이것은 결국 정조 탕평정치에 대한 찬반으로 나타났다.

정조 탕평 정국에서 군주권을 강화하고 중앙집권을 강화한 것은 기층 민중을 보호하기 위한 것임과 동시에 도시와 농촌에서 성장해 온 향반이나 역관·서얼·상인 세력 같은 중간계층을 정치구조 속에 수용하려는 노력의 소산이었다. 이는 집권력 강화, 공적 영역의 확장, 공법 질서의 확립을 통해서 양반제로 대표되는 신분제와 지주제의 모순을 완화 내지 해소하고 '대동'과 '탕평'을 구현한 새로운 국가를 지향하는 노력이었다. 영조대를 이어서 정조대 더욱 활성화된 일련의 편찬 사업은 동아시아의 지적 전통 가운데 이러한 새로운 국가를 뒷받침할 수 있는 요소들을 집대성한 것이었다. 이것은 이 시기 격렬한 정치적 갈등 속에서 합의된 최소한도의 국가 규모를 반영한 것이기도 하였다. 따라서 우리식 근대는 바로 이 연장선상에서 논의되고 모색될 수밖에 없을 것이다.

지금까지 살펴본 바와 같이 조선후기 국가개혁론으로서의 실학은 정치와도 밀접한 관련을 가지면서 형성·발전되었다. 또한 그것은 많은 관인·유자들이 국가의 위기를 타개하기 위한 방안을 학문적으로 모색하는 가운데 등장한 것이기도 하였다. 따라서 실학사상은 특출한 몇몇 사상가들의 전유물이 아님을 알 수 있다.

그리고 조선후기 정치적 갈등이 학문적으로는 결국 주자학과 실학의 대립 구도에서 전개된 것도 확인할 수 있다. 실학사상에 주자학 또는 성리학과 유사한 측면이 아무리 많이 존재하더라도, 이 시기의 정치적 갈등이 이처럼 주자학과 반주자학의 대립을 깔고 있었다는 것을 사실에 입각하여 파악하게 되면 주자학 또는 성리학과 실학이 차이가 없다고 주장할 수는 없을 것이다. 나아가서 조선후기의 지배적 사상을 주자학 일변도로 파악하는 것 역시 일면적 인식이라는 것이 분명해진다. 즉 그것은 이 시기 주자학이 변화하는 현실과 괴리되면서 빚어낸 모순을 극복하기 위한 수많은 진보적 지식인들의 노력을 무시하는 것이 되기 때문이다.

실학의 근대 지향적 성격을 부정하는 주장 역시 이 시기 생산력 발전과 민의 성장을 감안하면 지나친 감이 없지 않다. 조선후기 사회는 농업생산력의 발전과 이에 기초한 상품화폐경제의 성장으로 새로운 계층이 등장하고 민의 의식이 성장하여 정치·경제·사회·문화의 제 방면에서 동적인 활력이 넘쳐난 사회였다. 이로 인해 양반제·노비제를 비롯한 각종 신분적 규제가 사회 발전의 걸림돌이 된다는 인식은 실학자들의 설명을 기다리지 않더라도 미술이나 문학작품을 통해서도 충분히 인식할 수 있다. 오히려 당시의 사회변동을 실학사상이 충분히 반영하지 못한 측면도 있어 보일 정도이다.

실학의 국가론을 유교적 왕정론, 또는 이상국가론으로만 간주하면서 그 근대 지향성을 인정하지 않는 것도 동의하기 어렵다. 유학사상에서 벗어나지 못하였다고 해서 근대적일 수 없다고 간주하는 것은 지나치게 서구 중심적 사고에서 나온 편견으로 보이며, 토지개혁이 비현실적이었으니 한갓 '이상'에 지나지 않다고 평가하는 것도 당시 지주제의 폐단에 대해 뜻있는 식자들의 광범위한 공감대가 존재하였다는 사실을 무시하는 것이다.

또한 국왕이 근대화의 걸림돌이라는 인식은 재고될 필요가 있어 보인다. 최소한 국왕권이 강력할 때 지배층의 사적인 권력 행사를 제어하는 제도가 마련될 수 있었던 것만 보아도 그러한 인식이 사실과 일치되지 않음을 알 수 있다. 조선후기 정치에서 왕권론이 줄곧 진보 진영의 담론으로 존재한 것이 이것을 뒷받침한다. 더구나 영·정조대 탕평정치는 국왕이 아무리 개혁적인 성향을 갖고 있더라도 신료들이 그 개혁을 저지할 수 있었다는 것을 보여주는 중요한 역사적 경험이었다. 국왕의 전제권이라는 것도 국왕과 왕실의 사적 성격보다는 공적 성격을 띠는 경우가 많았다는 점에 유의해야 한다. 그리고 영조와 정조가 대민 접촉을 활발하게 전개하고, 조정에 새로운 세력을 등용하려고 노력한 것 역시 눈여겨 볼 대목이다.

마지막으로 영·정조대 탕평 정국에서 마련된 각종 제도와 편찬 사업에 대한 재검토가 필요하다고 생각된다. 지금까지의 연구는 국가권력 강화를 부정적으로 보는 시각이 지배적이었다. 이 시기에 국가의 집권성 강화를 뒷받침하는 각종 제도들 역시 근대 지향적인 측면에서도 접근할 수 있다고 본다. 8도 구관당상제나 암행어사 제도, 이정법과 비총제 등의 제도들은 국가의 집권력 강화, 공법 질서의 확립을 통해서 국가와 민이 동시에 보호될 수 있는 방향에서 마련된 것이었다. 『속대전』·『대전통편』과 같은 법전, 『흠휼전칙』과 같은 형법서 등 역시 양반과 지주·토호들의 전횡이 주자학 교화론만으로는 제어되지 못하는 현실을 반영하여 나온 것으로 볼 수 있다. 지금까지는 이러한 성과에 대해 지나치게 봉건국가의 체제 유지라는 부정적 측면에서만 접근하는 경향이 지배적이었다. 또한 『동국문헌비고』나 『만기요람』과 같은 백과사전적 정법서들에 대해서도 그것을 사료로서 이용하는 것에 그치고, 그러한 서적이 보여주는 국가의 규모에 대해서는 본격적인 접근이 이루어지지 않았다.

이렇게 본다면 조선후기 실학사상을 포함한 국가론에 관한 연구는 아직도 매우 불충분한 상태에 있다고 말하지 않을 수 없다. 여기에는 지금까지 연구자들을 지배해 왔던 선입관과 편견을 극복하는 작업이 우선적으로 요구되고 있는지도 모른다. '21세기 실학'으로서 '사회인문학'을 정립하려는 우리 사업단의 과제에 비추어 볼 때 이 시기 국가론은 아직도 주목받지 못한 채로, 동원 가능한 자원에 머물러 있는 것이 현실인 것 같다.

사회인문학을 비판과 성찰, 그리고 소통을 위한 인문학으로 정의한다면 조선후기 실학사상은 그 자체로서도 그것의 풍부한 자원이 될 뿐만 아니라 탕평론·탕평책·탕평정치와 밀접한 관련을 맺고 있어 오늘날의 정치와 각종 사회운동을 이해하는 데서도 많은 도움을 받을 수 있다. 어느 시대, 어느 나라에서나 국가의 제도를 개혁한다는 것은 쉽지 않은 일이다. 관련된 여러 계급·계층의 이해관계가 첨예하게 얽혀 있는 경우가 많기 때문이다. 실학사상을 국가제도로 구현하고자 한 탕평정치는 그와 관련된 풍부한 사례를 보여준다. 이런 점에 실학사상, 국가론과 함께 탕평정치가 사회인문학의 자원이 될 수 있다고 생각된다. 이와 관련된 연구자들의 인식 전환과 분발을 기대해 본다.

제2편

실학의 선구자들

제1장 연평 이귀의 정치론과 학문관

1. 머리말

연평(延平) 이귀(李貴, 1557~1633)는 조선조 중엽, 소위 '양란기(兩亂期)'의 복판에서 활동한 정론가(政論家)였다. 잘 알려진 것처럼 이 시기는 대외적으로 왜란과 호란, 대내적으로 인조반정(仁祖反正)과 그에 이어서 이괄(李适)의 난을 비롯한 각종 역모사건이 빈발하여 조선왕조 국가의 존립이 위협받은 시기였다. 이귀는 이러한 대내외적 격동기를 살면서 국가적 위기를 극복하기 위한 방안을 가장 자주, 그리고 가장 많이 제출한 유자(儒者)이자 관인(官人)이었다. 그는 세조·성종 연간 활동한 이석형(李石亨, 1415~1477)의 후손으로서 이이(李珥)와 성혼(成渾)의 문인이었으며, 당대의 이름난 재상이었던 이항복(李恒福, 1556~1618)·이덕형(李德馨, 1561~1613) 등과는 어려서부터 절친하게 지낸 친구 사이였다.

이귀는 선조대 동·서 분당기에 성균관 유생으로서 누구보다도 앞장서서 동인의 공격으로부터 스승인 이이와 성혼을 옹호하였다. 왜란이 일어나자 적극적으로 방어 전략을 제시하고 직접 군사와 군량 모집에 나서서 수완을 발휘하였으며, 군사훈련과 성지(城池) 수축 등 방어대책을 실천에 옮긴 일로 당시의 명재상이었던 유성룡(柳成龍, 1542~1607)으로부터 그 역량을 인정받기도 하였다. 광해군대에는 대북 정권의 독주에 맞서 적극 투쟁하다가 유배되어 '반정'을 구상하였다. 그리고 마침내 인조반정을 성사시킨 뒤에는 김류(金瑬)와 함께 정사공신(靖社功臣) 원훈(元勳)이 되었다. 인조반정 뒤에는 당시 국가가 당면한 대내외적 위기를 타개하기 위해 낡은『경국대전(經國大典)』체제의 혁신이 필요하다고 보고 제도 개혁을 적극적으로 주장하였고, 이에 소극적인 당시의 주류 관인·유자들과 첨예하게 대립하였다. 주류 관인·유자들의 반발로 제도 개혁이 벽에 부딪친 상태에서 정묘호란이 발발하자 이귀는 주화론(主和論)의 입장에 섰다.[1]

이처럼 이귀는 양란의 격동기에 치열하게 정치활동을 전개했던 정론가였으며, 나름대로의 일관된 정치론을 견지하였다. 그러나 지금까지는 그의 학문과 사상에 대해 거의 주목하지 못하였다. 그에 대해서는 필자가 인조대 정치사를 정리하는 과정에서 그의 붕당론, 군정변통론(軍政變通論), 주화론 등을 검토한 바 있다.[2] 여기서는 이러한 정치론의 저변에 깔린 이귀의 학문관(學問觀)을 정리해보고자 한다. 그리고 이귀는 최명길(崔鳴吉)·박지계(朴知誡) 등과 함께 인조가 그의 생부 정원군(定遠君)을 원종(元宗)으로 추숭(追崇)하는 사업을 앞장서서 추진하였는데, 그 과정에서 그가 수행한 역할과 그의 예론을 통해서 드러난 학문관을 규명하고자 한다.

2. 이귀의 정치활동과 학문관

1) 실천적 정치활동과 책무의식

이귀의 실천적 정치활동에 대해서는 이미 선조대부터 정평이 나 있었다.

---

1) 金容欽, 2006,『朝鮮後期 政治史 研究Ⅰ－仁祖代 政治論의 分化와 變通論』, 혜안.
2) 金容欽, 2006①,「仁祖代 前半 정치적 갈등과 朋黨論」,『역사와 경계』60, 부산경남사학회 ; 2006②,「仁祖反正의 名分과 政權의 正統性 論爭」,『歷史學研究』27, 湖南史學會 ; 2006③,「丁卯胡亂과 主和·斥和 論爭」,『韓國思想史學』26, 韓國思想史學會 ; 2006④,「17세기 前半 經世論의 두 경향」,『역사문화연구』24, 韓國外大 歷史文化研究所 ; 2006, 앞 책, 5장 2절,「延平 李貴의 軍政變通論과 保民論」.

그는 성균관 유생 시절에 자신의 스승인 이이·성혼을 동인의 공격으로부터 방어하기 위해 문인들 가운데 가장 적극적으로 상소하여 변론하였다.[3] 선조 말년에는 정인홍(鄭仁弘)을 탄핵하여 그의 퇴진에 결정적 역할을 한 적이 있었는데,[4] 이로 인해 그는 대북 당인들로부터 '소마(疏魔)'로 지목되기도 하였다.[5] 그는 '국가에 일이 있을 때마다 즉시 소매를 걷어 올리고 상소하여' 사람들로부터 '상소 잘하는 벽이 있다'는 비웃음을 샀는가 하면,[6] "나라 일을 당하여 견해가 있으면 말하였으며, 관직에 있으면서 법을 받들어 직무를 수행할 때는 이해를 돌아보지 않았고, 강포한 무리를 두려워하지 않았다"는[7] 평가를 받기도 하였다.

인조반정 이후에는 그의 실천적인 자세가 더욱 적극성을 띠어 좀 지나쳐 보이는 것도 사실이었다. 다음과 같은 『인조실록』의 사평(史評)은 그러한 분위기의 일단을 보여준다.

> 이귀는 지조(志操)가 단정하지 못하고 언어가 법도가 없어 이 때문에 세상 사람들에게 웃음거리가 되었다. … 또 임금을 친애하고 국사를 근심하여 뭇사람의 비방도 피하지 않고, 생각이 있으면 반드시 진달하였으므로 충분(忠憤) 한 가지만은 그와 비교될 사람이 드물었기 때문에 당시 사람들이 이귀를 잡군자(雜君子)라고 하였다. 경연에 입시했을 적에 저촉되거나 거슬리는 말이 많아도 상(上)이 죄주지 않았고, 진신(搢紳)들에게 욕설하기를 거리낌 없이 해도 사람들이 성내지 않았다. 매일같이 차자를 올리고 상소하였으나 말을 써 주지 않았고, 국가 일을 도모하고자 온갖 정성을 다하였으나

---

3) 李貴, 『李忠定公章疏』(奎章閣 圖書番號 4777, 이하 같음) 권1, 「伸救栗谷牛溪兩先生疏」 (乙酉) ; 同, 「申明栗谷先生論議本末疏」(丁亥 3월) ; 同, 권2, 「詣政院陳白惟讓等反復之罪 啓」 ; 同, 권28, 「年譜」, 2~6쪽.

4) 具德會, 1988, 「宣祖代 후반(1594~1608) 政治體制의 재편과 政局의 動向」, 『韓國史論』 20, 서울대 국사학과, 258~259쪽 참조.

5) 『선조실록』 권148, 선조 35년 임인 3월 신묘.

6) 『선조실록』 권106, 선조 31년 무술 11월 임오.

7) 『광해군일기』 권25, 광해군 2년 경술 2월 갑인.

헛된 노력에 그치고 효과가 없었다. 평생의 행사가 대부분 이와 같았다.[8]

　이것은 이귀의 실천적 정치활동이 당대 명류(名流)들의 일반적인 태도와
는 다르다는 것을 분명하게 보여준다. 그는 자신의 주장을 받아들이지
않으면 군주인 인조조차도 가차 없이 비판하였고, 신료들에 대해서는 공적
인 자리에서 극단적인 표현을 써서 면박을 주고 매도하기를 꺼리지 않았다.
체면과 격식을 중시하는 유교·주자학이 지배하고 있던 조선왕조의 조정에
서 이것은 매우 이례적인 처신으로 보지 않을 수 없다.
　인조대 전반 이귀는 우선 같은 정사공신 원훈이었던 김류와 거의 모든
국사(國事)에서 사사건건 대립 갈등하였다. 인조의 면전에서 두 사람이
육탄전 일보 직전까지 간 일도 여러 번 있었다. 이귀는 자신이 추진하는
사업을 음으로 양으로 저지하는 사람이 바로 김류라고 인조 앞에서 꼬집어
서 탄핵한 것도 한두 번이 아니었다. 인조대의 이름난 정승들인 이원익·신흠
·오윤겸 등은 물론 재야의 산림 학자인 김장생(金長生)도 그의 비판을 피하지
못하였을 뿐만 아니라, 당대의 '명류'로서 같은 서인인 장유·이경여·윤황
등은 물론 남인 정경세, 북인 정온·최현 등도 역시 이귀에게 공적인 자리에
서 모욕을 당하였다. 그가 인조의 면전에서 신흠·정경세·정온·최현 등은
'목을 베어버려야 한다'고 극언을 서슴지 않은 것도 여러 번 있었다.
　이러한 파격적인 처신으로 이귀는 중신(重臣)들과 삼사 언관들로부터
무수히 탄핵을 받았다. 이귀를 '효시(梟示)'하라는 탄핵도 여러 번 나왔으며,
'미치광이'로 지목받는 일도 다반사였다. 어떻게 보면 그가 살아있는 동안
정치 생명이 끊어지지 않은 것이 신기할 정도였다. 이처럼 이귀가 주류
관인 유자들과 끊임없이 대립 갈등하면서도 숙청을 면할 수 있었던 이유는
무엇일까? 아마도 정사공신 원훈이라는 그의 지위가 크게 작용하였을 것이
다. 그렇지만 공신이라는 지위만을 가지고 그가 당대 주류 정치인들에게
용납되었다고 보기는 어렵다. 연산군대 사화(士禍)에 대한 기억으로 공신과

---

　8) 『인조실록』 권8, 인조 3년 을축 3월 계유.

사류(士類)는 구분해서 보아야 한다는 정서가 깊이 각인되어 있던 당시 주류 관인들이 공신이라는 이유만으로 그의 파격적인 처신을 용납하였다고 보기는 어렵기 때문이다. 이 점에 대한 최명길의 설명은 이렇다.

> (이귀는) 조정을 비판하고 당시의 폐단을 구제하려고 하다가 자주 시배(時輩)와 대립하였다. 이에 사람들이 모두 놀라 분노하여 그를 탄핵하는 상소가 줄을 이었다. 그러나 공(=이귀)은 일찍이 조금도 앙심을 품지 않았고 마음이 넓고 너그러워서 은원(恩怨)을 쌓지 않았다. 비록 평소에 공을 공격하던 사람들이라도 그들이 죄 없이 폄척당하는 것을 보면 반드시 힘을 다하여 변론하였다. 이 때문에 공의(公議)가 그를 인정하였다. 공은 비록 후배들에게 공격받을지라도 식자(識者)들은 (공이) 그들을 암암리에 돕고 있다는 것을 알고 있었다.[9]

즉 최명길에 의하면 정책으로 인한 대립 갈등에도 불구하고 이귀의 공평무사한 태도가 주류 관인들의 인정을 받고 있었기 때문에 조정에서 공존할 수 있었다는 말이 된다.[10] 문제는 이귀의 저러한 공평무사한 태도가 어디서 나왔느냐는 것이다. 이러한 측면에서 인조가 자신의 말을 들어주지 않았을 때 이귀가 한 다음과 같은 말은 시사하는 점이 많다고 생각된다.

> 군주는 신하를 마땅히 예(禮)를 다하여 부려야 하고, 신하는 군주에게 또한 충성을 다하여야 합니다. … 여기서 '예'라고 하는 것은 그 신하를

---

9) 崔鳴吉, 『遲川集』 권18, 「奮忠贊謨立紀明倫靖社功臣輔國崇祿大夫議政府左贊成延平府院君李公行狀」(이하 「이귀행장」으로 줄임), 民族文化推進會 편, 『標點影印 韓國文集叢刊』 89책 561쪽(이하 '총간 89-561'로 줄임), "以譏諷朝廷 欲救一時之弊 數與時輩相角 人皆駭怒 彈章相繼 而公未嘗少存蒂芥 襟懷坦蕩 不置恩怨. 雖素攻公者 見其非罪貶斥 必爲之極力伸理 以此公議多之. 公雖爲後輩所攻 而識者知其有隱然之助."

10) 이귀의 탄핵을 받은 적이 있는 趙誠立이 이귀를 '義에 죽을 사람'으로 인정한 것(『인조실록』 권3, 인조 원년 계해 11월 기미), 그가 처벌을 받고도 군적법을 반대하여 쟁론한 것을 칭찬한 사론(『인조실록』 권9, 인조 3년 을축 7월 을축) 등은 그러한 사례의 일단을 보여준다.

예모로 대우하는 것만을 말하는 것이 아닙니다. 바로 그 말을 들어주고 그 계책을 써서 더불어 시대의 어려움을 구제하는 것을 말하는 것입니다. 또한 '충'이란 단순히 군주에게 승순하는 것만을 가리키는 것이 아닙니다. 도(道)로써 군주를 섬기고 그것을 들어주지 않으면 떠나는 것을 말하는 것입니다. 그러나 이것은 군신의 의리를 범론한 것일 뿐입니다. 전하(=인조)에 대해서 신(=이귀)은 그렇지 않습니다. 한번 말하여 써주지 않으면 반드시 다시 말해야 하고, 한번 간하여 들어주지 않더라도 반드시 다시 간하여, 반드시 써주고 들어주어야 그치는 것이 바로 신의 직분 안의 일입니다.11)

이것은 이귀의 상소문에서 매우 자주 나오는 표현인데, 『논어(論語)』의 '군사신이례(君使臣以禮) 신사군이충(臣事君以忠)'에 대한 이귀의 독특한 해석이다. '도로써 군주를 섬기고 그것을 들어주지 않으면 떠나는 것[以道事君不聽則去]'이 당시 유자 일반의 출처관이었다. 그런데 이귀는 그것을 '군신 간의 의리를 일반적으로 논한 것[泛論]'에 불과할 뿐이라고 보고, 자신은 이와 달리 '한번 말하여 써주지 않으면 반드시 다시 말해야 하고, 한번 간하여 들어주지 않더라도 반드시 다시 간하여, 반드시 써주고 들어주어야 그치는 것'을 자신의 '직분'이라고 규정하였다.

이러한 이귀의 주장은 자칫 '권신(權臣)'으로 오해받을 소지가 다분한 말이지만, 또 다른 한편으로는 그의 국가와 정치에 대한 치자(治者)로서의 책무의식을 표현한 말로도 볼 수 있을 것이다. 이러한 이귀의 정치에 대한 기본적인 자세는 그의 친구 이항복의 다음과 같은 말에서도 확인된다.

공자와 나와 그대는 도가 각기 다르다. 공자는 써주면 도를 행하고

---

11) 이귀, 『이충정공장소』 권4, 「還朝陳十罪仍請罷免箚」(甲子 3월 18일), 8쪽, "第以君之於臣 當盡使臣之禮 臣之於君 亦盡事君之忠 … 所謂以禮者 非徒禮貌其臣也 乃言聽計用 共濟時諫也. 所謂以忠者 非徒承順其君也 乃以道事君 不聽則去也. 然此則泛論君臣之義而已. 至於殿下之於臣則不然. 一言而不用 則必更言之 一諫而不聽 則必更諫之 期於必用必聽而後已 乃臣職分內事也."

버리면 감추었지만, 그대는 써줘도 행하고 버려도 행하였는데, 나는 써줘도 감추고 버려도 감춘다.[12]

이항복이 인정한 이귀의 이러한 정치적 실천성 역시 그의 책무의식의 표현으로도 볼 수 있을 것이다. 인조대 조정에서 이귀가 유자 일반의 체면과 격식을 넘어선 처신에도 불구하고 당대 주류 관인들과 공존할 수 있었던 것은 이귀의 정치적 실천성이 국가와 정치에 대한 책무의식에서 나온 것이라는 광범위한 공감대 위에서 가능한 일이 아니었을까 생각된다. 그러나 아무리 그렇다고 하더라도 이귀의 정치론에 일관성이 결여되어 있었다면 그의 파격적인 처신은 '권신'이라는 비판을 면하기 어려웠을 것이다. 따라서 그가 살았던 인조대 전반에 그가 제시한 정치와 정책의 노선이 무엇이었는 지를 살피는 것이 그의 처신의 정당성 여부를 가늠하는 시금석이 될 것이다.

2) 현실주의 정치론과 식견·사공 중시 학문관

선조대에 이귀가 그의 스승인 이이와 성혼을 동인 삼사의 공격으로부터 적극적으로 변론한 것은 그들이 꼭 자기 스승이라는 점을 넘어서 그들이 제시한 정책을 옹호하기 위한 측면도 있었다. 이이와 성혼은 당시 조선왕조 국가의 각종 법과 제도가 변화하는 현실과 괴리되어 낡은 『경국대전』 체제의 혁신이 필요하다고 누누이 강조하면서 경장론(更張論)을 적극적으로 제기하고, 이를 앞장서서 추진할 수 있는 인재를 당색에 관계없이 등용해야 한다고 파붕당론(破朋黨論)을 적극 주장하였다.[13] 이귀 역시 이러한 스승의 정치노선을 계승하여 인조대 전반 내내 변법적 경세론을 강력하게 제기하였다. 이귀가 김류를 비판한 가장 큰 이유는 바로 이러한 이귀의 개혁 노선에 김류가 사사건건 제동을 걸었기 때문이었다. 따라서 인조대 이귀와

---

12) 『광해군일기』 권23, 광해군 원년 기유 12월 정축, "左議政李恒福 … 嘗戱謂李貴曰 孔子及吾與汝 道各異焉. 孔子用則行 舍則藏 君用亦行 舍亦行 吾用亦藏 舍亦藏."

13) 김용흠, 2006, 앞 책, 45~63쪽.

김류의 대립은 변법론과 수법론의 대립으로 그 기본 성격을 규정해 볼 수 있다.[14]

정국 운영을 두고도 이귀와 김류는 서로 대립하였다. 인조반정이 살제폐모(殺弟廢母)라는 유교적 강상윤리를 내세웠지만 인조를 비롯한 반정 주체 세력은 광해군대 대북정권이 독점적 정국 운영 때문에 몰락했다는 것을 잘 알고 있었다. 따라서 이들은 한 목소리로 붕당을 타파해야 한다고 주장하였는데 이귀는 김류와 그 방법을 달리 하였다. 김류는 인물 등용을 당색에 따라 안배함으로써 특정 붕당의 독주를 막겠다는 조정론(調停論)을 취하였다. 그러나 이귀는 당색을 떠나서 '변통'과 '경장'이라는 당시의 역사적 과제를 수행할 재능이 있는 인물을 등용하자는 조제론(調劑論)을 주장하였다. 조정론과 조제론은 모두 파붕당을 내세우고 있는데, 조정론은 당색 간의 안배를 통한 세력 균형에 초점을 맞추고 있어서 그 논리와 방법에서 붕당 긍정론을 벗어나지 못하였지만, 조제론은 인물 등용의 기준을 '변통'과 '경장'에 둠으로써 파붕당을 실현할 수 있는 논리와 방법을 제공하였다는 점에서 진정한 붕당 타파론이 될 수 있었다.[15]

인조대 전반 주요 정치 문제에서도 두 사람의 상반된 입장이 확인된다. 인조 정권은 '반정'이라는 비상한 정치 변란을 통해서 성립되었는데, 인조대 전반 내내 유사한 역모 사건에 시달리지 않을 수 없었다.[16] 그리고 '반정' 자체가 군주를 상대화시킨 사건이었으므로 인조는 끊임없이 정통성 논쟁에 휘말려 들어 왕권이 취약할 수밖에 없었다. 이괄의 반란을 비롯한 빈발하는 역모 사건은 '반정' 자체의 정통성에 문제를 제기하면서 발생하였던 것이다.

인조대 전반에 발생한 거의 대부분의 역모 사건에 인조의 숙부인 인성군(仁城君) 이공(李珙, 1588~1628)이 관련되어 있었다. 그와 관련된 역모 사건이 연이어 발생하여 인조 정권이 끊임없이 위협받고 있었음에도 불구하고

---

14) 김용흠, 2006④, 앞 논문.

15) 김용흠, 2006①, 앞 논문.

16) 인조대 역모사건에 대해서는 金甲千, 1998, 「仁祖朝의 정치적 '適實' 지향성에 관한 연구」, 서울대 박사논문 ; 김용흠, 2006②, 앞 논문 참조.

인조를 비롯한 당시의 주류 정치인들은 그를 제거하는 것에 선뜻 동의하지 못하였다. 그것이 반정의 '명분'에 어긋난 일이었기 때문이었다. 즉 인조 정권으로서는 명분과 현실이 괴리되어 정권의 위기로까지 이어졌던 것이다. 인성군의 처벌에 반대하는 인조의 입장에 적극적으로 동조하고 나온 것은 정경세(鄭經世) 등 남인 일부와 북인 정온(鄭蘊) 등이었지만 김류를 비롯한 서인의 주류 관인들 역시 이를 거스르지 못하였다. 이들도 당색을 떠나서 명분과 의리를 중시하는 주자학 정치사상에 포섭되어 있기는 마찬가지였기 때문이다. 이귀가 서인의 중진이었던 우의정 신흠의 '목을 베어버리겠다'고 말하여 파문이 일어난 것도 신흠이 인성군 처벌에 반대하였기 때문이었다.[17]

인성군 처벌을 가장 적극적으로 주장한 것이 바로 이귀였다. 그는 정경세 등이 주자학 명분론과 의리론을 내세우면서 그의 처벌에 반대하는 것을 국가의 안위를 무시하는 무책임한 태도라고 비판하였다. 정치에서 현실을 무시한 채 의리와 명분만 내세운다면 정권은 물론 국가도 그 존립을 위협받게 된다는 인식이었다. 도덕적 수양과 개인의 절개, 즉 치자의 도덕성만으로 정치가 제대로 전개되는 것은 아니라고 보았던 것이다. 즉 인성군 처벌 등의 논란에서는 의리론에 입각한 도덕적 명분주의에 대하여 책임론에 입각한 정치적 현실주의가 첨예하게 대치하고 있었던 것이다.[18]

왜란으로 표면화된 동북아시아 국제정세의 변동은 만주족의 성장을 자극하여 동북아시아에 새로운 긴장을 조성하였다. 만주족 국가인 후금(後金)이 성립되자 주자학 명분론과 의리론에 입각하여 명나라에 대해 사대 노선을 취하고 있던 조선과의 충돌은 피할 수 없는 일이 되었다. 더구나 인조반정으로 광해군대 명과 후금 사이에서 취한 등거리 외교를 비판하고 주자학 명분론과 의리론을 반정의 명분으로 내세우면서 집권한 인조 정권으로서는 후금의 침략에 대한 방어 대책에 절치부심하지 않을 수 없었다.

그러나 국방력이라는 것이 단순히 군사력 증가나 군사 조직의 창설로

---

17) 『인조실록』 권7, 인조 2년 갑자 12월 계묘.
18) 김용흠, 2006②, 앞 논문.

강화되는 것이 아니었다. 당시에는 『경국대전』 체제 자체가 마비된 상태였으므로 새롭게 국가체제를 재정비해야만 국방력을 강화시킬 수 있는 상황이었으며, 그 방향은 그 때까지 조선왕조를 지탱하고 있던 양대 중심축인 양반제와 지주제의 모순을 어떤 방식으로든 해소하는 것이어야만 했다. 그리하여 반정 초의 개혁 국면에서 국가의 유지 보존을 통해 보민(保民)을 모색하는 변법론자들에 의해 양전(量田)과 대동(大同), 호패(號牌)와 균역(均役)이 논의되고, 관인·유자 사이에서 점차 지지자를 확대시켜 갔다. 이들은 호패법 시행에 역량을 집중시켜 나가고자 하였지만 수법론자들의 반발과 정묘호란으로 호패법은 결국 결실을 보지 못하고 폐기되고 말았다. 이것은 조선 봉건왕조가 국가를 방어할 수 있는 군사력을 정상적인 방법으로 증강시키는 것이 이미 불가능해진 상태에 처하였음을 의미한다. 제도개혁을 통한 국가체제의 재정비와 그를 통한 국방력 강화가 지지부진한 상황에서 후금과 정면으로 맞서는 것은 무모한 일이었다. 여기에 당시의 대표적인 변법론자였던 이귀가 정묘호란 당시 주화론을 취하게 되는 필연성이 있었다. 수법론자들은 주자학 명분론과 의리론 및 화이론으로 대표되는 자신들의 이념을 국가 그 자체보다 중시하면서 척화론(斥和論)의 입장에 섰다.[19]

정묘호란을 전후한 시기에 이귀와 김류는 서북 지방의 방어 전략을 두고도 사사건건 서로 대립하였다. 인조반정 이후 이귀는 변방방어는 불가능하다고 보고 남군부방론(南軍赴防論)을 비판하고 진관체제(鎭管體制) 복구론을 주장하였으며, 그와 함께 강화도와 남한산성을 보장(保障)으로 삼는 수도방위론과 오위제(五衛制) 복구론에 의한 중앙군의 강화를 끈질기게 주장하였지만 김류에 의해 저지되어 실현되지 못하였다.[20] 이처럼 이귀와 김류는 인성군 이공의 처벌에서는 책임론과 의리론, 정국 운영을 두고는 조제론과 조정론, 경세론에서 변법론과 수법론, 방어전략에서 진관체제 복구론과 남군부방론, 수도방위론과 변방방어론 등으로 인조대 전반 내내 대립·갈등하였다. 이 과정에 드러난 이귀의 책임론에 입각한 정치적 현실주

---

19) 김용흠, 2006③, 앞 논문.

20) 김용흠, 2006③④, 앞 논문 ; 2006, 앞 책, 5장 2절.

의, 변법론과 이를 구현하기 위한 파붕당론으로서의 조제론, 진관체제 복구론과 수도방위론, 그리고 정묘호란 당시의 주화론 등은 그의 정치와 국가에 대한 치자로서의 책무의식에 기초한 것이었으며, '국사(國事)와 민사(民事)의 일치를 지향하는 보민론(保民論)'의 발현이기도 하였다.

이귀가 이처럼 일관된 정치론을 견지할 수 있었던 데는 그 나름의 학문관에 입각한 것임은 물론이었다. 인성군 처벌 논의에서 정경세는 '물래순응(物來順應)'·'행기소무사(行其所無事)'와 같은 송대 이학(理學)에 기초한 도덕수양 이론을 내세우면서 그의 처벌에 반대하자 이귀는 정경세가 '비록 만권의 책을 읽었지만' '그 하는 말이 숙맥을 구별하지 못한다,' '학문을 하지 않았다고 말해도 좋다'고 극언하였다. 그는 정경세가 학문을 하고서도 '세변(世變)에 어두워서 매번 졸렬한 계책을 내어' 자신의 안전만을 추구하고 국가는 치지도외하고 있다고 그 무책임한 태도를 비판하였다.[21] 정경세(1563~1632)는 정구(鄭逑, 1543~1620)·장현광(張顯光, 1554~1637) 등과 함께 서인 산림학자인 김장생에 맞서서 남인을 대표하는 주자학자였다.[22] 이러한 정경세를 이귀가 이처럼 가차 없이 비판할 수 있었던 것은 앞서 '세변에 어둡다'는 그의 지적에서 드러난 바와 같이 현실인식의 불철저함 때문이었다.

이귀는 유자가 갖추어야 할 기본 요건으로서 유달리 '식견(識見)'을 강조하였다. 그는 인조반정을 왕조의 '중흥'으로 규정하고 이를 왕조의 개창, 즉 '창업'과 같으며, '수성(守成)'과는 다르다고 인식하였다. 이것은 그가 제도개혁의 당위성을 강조하기 위해 늘 하는 말이었는데, 그는 이러한 '비상(非常)한 일'을 수행하기 위해서는 '시무를 아는[識時務]' 준걸, 즉 '비상한 인물'이 있어야만 '비상한 공'을 성취할 수 있다고 강조하였다.[23] 이귀는 '조정에서는 식견이 우선'이라고 누누이 강조하면서 다음과 같은 허형(許衡)의 말을 즐겨 인용하였다.

---

21) 『이충정공장소』 권4, 「因玉堂論斥乞骸箚」.
22) 鄭經世의 생애와 학문에 대해서는 愚伏先生紀念事業會 編, 1996, 『愚伏鄭經世先生研究』, 太學社 참조
23) 『이충정공장소』 권8, 「陳軍務劃一箚」(丁卯 7월 8일), 1~2쪽.

인자예양(仁慈禮讓) 효제충신(孝悌忠信)하고도 망국패가(亡國敗家)에 이
르는 일이 있다.[24]

즉 인자예양·효제충신이라는 유자 최고의 도덕적 덕목으로도 망국패가
를 막을 수 없는 경우가 있다는 것이다. 개인의 도덕적 수양과 국가의
안위 내지는 정치적 현실 사이에 엄청난 간격이 존재할 수 있다는 인식의
명확한 표현이었다. 허형은 그 간격을 메우기 위해 현실에 대한 '식견'을
강조하였다는 것이다.[25]

정묘호란기에 주화론을 대표하였던 이귀는 대명의리론을 고수하면서도
후금과 강화하지 않을 수 없는 현실을 경권론(經權論)으로 합리화하였다.
후금의 위협으로부터 국가를 유지하는 것이 보민의 관건이라고 간주한
그는 사세·형세·시세에 따라서 권도를 행사하면[因時制權] '권이 변하여
경이 될 수도 있다'고 보았다. 그것은 물론 자강을 위한 한시적인 '모국(謀國)
의 권도'로서였다. 이념보다 현실을 중시하는 이러한 사상은 치자로서의
책무의식의 표현이기도 하였다. 그가 제출한 경권론, 즉 사세론은 주자학
명분론과 그에 입각한 화이론 그 자체를 부정하지는 않았다고 하더라도,
그러한 이념 그 자체보다는 국가를 우선하는 사고였다. 따라서 현실 상황의
변화에 따라서는 주자학 명분론과 의리론을 부정하는 방향으로 나갈 수도
있는 가능성을 내포한 사상으로 규정하지 않을 수 없다.[26]

물론 송대 정주학(程朱學)에서도 경권론이 있었다. 정이(程頤)나 주희(朱

---

24) 『이충정공장소』 권14, 「論啓運宮典禮之失箚」(己巳 6월 27일), 10쪽, "先儒所謂 朝廷之上
   識見爲先 識見不明 雖仁慈禮讓孝悌忠信 而亡國敗家者有之 旨哉 斯言也." 李貴는 자신의
   상소문 곳곳에서 이 말을 인용하고 있다. 이 말은 일찍이 李珥도 인용하여 '經世'의
   중요성을 강조한 바 있다(『栗谷全書』 卷12, 「答李潑」(庚辰), 총간 44-255). 최명길은
   李貴의 行狀에서 인조반정 이후 이귀가 인조 앞에서 '好名의 폐단'을 지적하면서
   이 말을 항상 즐겨 인용하였다고 말하였다(『지천집』 권18, 「이귀행장」, 총간
   89-561).

25) 許衡의 원문은 다음과 같다. 『魯齋遺書』 권2, 「語錄」 下, "大抵百行皆用 當其可 得以成事
   此聖門所以汲汲要格物致知 不然 則仁慈禮讓 孝友恭默 亡國敗家者 皆是也 可不務乎."

26) 김용흠, 2006③, 앞 논문 ; 2006, 앞 책, 225~226쪽.

熹)는 비록 한대의 '반경합도(反經合道)'설은 부정하였지만, '권즉시경(權卽是經)'[정이] 또는 '상즉수경(常卽守經) 변즉행권(變卽行權)'[주희]이라 하여 '권'을 인정하였다.27) 그렇지만 주자가 말하는 '권'은 그의 명분·의리론을 벗어날 수는 없었다. 그는 '경'이란 '만세상행지도(萬世常行之道)'이고, '권'은 부득이할 때 쓰는 것인데, '수시합의(須是合義)'할 것을 요구하였다.28) 또한 그는 '경'이란 삼강오상의 '근본대법'임을 분명히 하였으며, '권'이란 '항상적으로 존재하는 이(理)를 행할 수 없는 경우 부득이하여 변통하는 도리가 있다'29)라고 하여 '경'과 '권'을 동시적으로는 존재할 수 없는, 상호 배타적인 것으로 이해하였다. 그의 제자인 진순(陳淳) 역시 그러한 관점을 계승하여 '권이란 단지 경이 미치지 못할 때만 쓸모가 있는 것이다[權只是濟經之所不及者]'라고 말하였다.30) 이것은 '경' 곧 주자학 명분·의리론을 절대적이고 고정불변의 것으로 파악하는 관점에서 연유한 것이었다. 따라서 "모국(謀國)에는 한 가지 방도만 있는 것이 아니다. 경도 있고 권도 있는데, 형세에 따라서 권도 또한 변하여 경이 될 수 있다"라는 이귀의 주장은31) 주자의 경권론보다 진일보한 것이었다. 즉 이념보다는 국가의 현실을 중시하는 이귀의 경권론은 주자의 그것과는 성격을 달리한다고 보지 않을 수 없다.

주자의 '인군위당(引君爲黨)'설에 대한 해석에서도 이귀 학문의 그러한 성격을 엿볼 수 있다. 이귀가 선조의 '이이·성혼의 당에 들어가고자 한다'고 한 말과, 주자의 '인군위당'설을 인용하여 신료들을 붕당으로 의심해서는 안 된다고 말하자 인조는 "'당'이라는 한 글자는 비록 주자의 말이라도 듣기 싫다"고까지 말하였다.32) 그러자 조익(趙翼)이 주자의 '인군위당'설을

---

27) 葛榮晋, 1987, 『中國哲學範疇史』, 黑龍江人民出版社, 360쪽.

28) 『朱子語類』 권37, 「論語」 19, 子罕篇 下, 可與共學章(黎靖德 編, 北京 : 中華書局, 989~990쪽).

29) 『朱子語類』 권37, 「論語」 19, 子罕篇 下, 可與共學章(위의 책, 990쪽), "那常理行不得處 不得已而有所通變的道理."

30) 김영민 옮김, 1993, 『北溪字義(하권)』, 예문서원, 208쪽.

31) 『이충정공장소』 권10, 「請對不許時啓」(戊辰 7월 2일), 27쪽, "謀國非一道 有經有權 勢之所在 權亦變而爲經."

32) 『인조실록』 권20, 인조 7년 기사 윤4월 정묘, "答曰 黨之一字 雖朱子之言 予亦惡聞."

옹호하면서도, 당시에 존재하는 붕당은 주자가 말한 당과는 달리 '한쪽은 모두 군자이고 다른 한쪽은 모두 소인이라고 할 수 없으니', 주자의 말을 그대로 적용할 수는 없다고 말했다.[33]

이러한 조익의 주장에 대한 이귀의 반박이 주목된다. 사실 조익이 말한 당시의 현실은 주자도 역시 말하였다.[34] 주자는 원우(元祐) 년간에 구법당이 실패한 원인을 진단하면서 "단지 이기자(異己者)[=新法黨]가 군자가 아니라는 점만 알았을 뿐, 동기자(同己者)[=舊法黨]가 반드시 소인이 아니라고 할 수 없다는 사실을 몰랐다"고 말했던 것이다. 이귀는 주자의 글(「與留丞相書」) 중에서 바로 이 부분을 인용하면서, '조익처럼 고인의 책을 많이 읽고 스스로 의리를 아는 것으로 자처하는 사람'도 성현이 말한 본의는 따져보지도 않고 '주자의 말을 오늘에 시행할 수 없다고 말한다'고 개탄하였다.[35] 이귀는 주자의 '인군위당'설을 '득현의임(得賢倚任)'론으로 해석하고, 이를 '파붕당' 의 요도로 규정하였다.[36] 이귀는 인조가 붕당을 미워하는 마음만 있을 뿐 파붕당의 요점을 모른다고 인조의 조정론을 비판하고, 인조가 "먼저 건극하여 호오를 엄격하게 밝히고, 참소와 이간하는 말에 흔들리지 않고 요임금과 탕임금처럼 현자를 얻어서 시비를 공적으로 분별하여 하나가 된다면" 주자의 인군위당설이 파붕당의 요도가 될 수 있다는 것이다.[37]

이귀의 득현위임론은 그의 책임론의 연장선상에서 나온 파붕당론이었는데, 이는 대신책임론을 골자로 한 최명길의 관제변통론으로 발전하였다.

---

33) 『인조실록』 권20, 인조 7년 기사 6월 갑자, "然今之所謂黨者 則異於是. 盖未是一邊皆君子 一邊皆小人 各有善人焉 各有不善人焉. 若專任一邊 而盡棄一邊 則大不可也. 李貴之引朱子此言 若泛論人君任賢之道 則可也 若就今之黨 欲取一而舍一 則非朱子之言 有所未盡也. 若用之於今日 則爲未當也."

34) 鄭萬祚, 1998, 「붕당의 성격」, 『한국사 30』, 국사편찬위원회, 62쪽.

35) 『이충정공장소』 권14, 「因玉堂箚申辨朋黨箚」(6월 15일), 1쪽, 4~5쪽.

36) 『이충정공장소』 권13, 「因聖批申論朋黨箚」(6월 3일), 42쪽, "臣早聞自古人主 惡朋黨 而反爲小人所陷 盡擯善類 終至於亡人之國. 臣意得賢倚任 爲罷朋黨之要道."

37) 『이충정공장소』 권13, 「進朱子與留丞相論朋黨書箚」(5월 27일), 41쪽, "先自建極 嚴明好惡 勿爲讒間所撓 得賢如堯湯 公是公非 與之爲一 以朱子法言 爲罷朋黨之要道 則賢邪自別 朝廷自靖矣."

그의 대신책임론은 한 세대 뒤의 송시열(宋時烈)이 제출한 세도재상론(世道宰相論)과 유사해 보이지만 변통론·파붕당론·왕권론 대 의리론·군자일붕당론·신권론으로 그 지향점을 분명하게 달리하였다.[38] 최명길의 관제변통론이 18세기 실학자들의 개혁 사상의 중요한 구성 요소였던 것을 감안하면 비록 이귀가 주자를 내세우고 있지만 그의 학문은 결국 주자학보다는 실학 쪽에 보다 가까운 것으로 그 성격을 규정하지 않을 수 없다.

물론 이귀 역시 주자학을 명시적으로 부정한 적은 한 번도 없었다. 그도 맹자 이래 끊어진 유학을 주자가 나와서 '계왕개래(繼往開來)'하여 사문(斯文)에 큰 공을 세웠다고 인정하고, 조선주자학의 계보가 조광조-이황-이이로 이어졌다고 인식하였다.[39] 그리고 위학(爲學) 공부는 '명리진성(明理盡性)'에 있으므로 이것을 연구하지 않고 범연히 보아 넘긴다면 비록 만권의 책을 읽더라도 위기지학(爲己之學)에 도움이 안 된다고 말하기도 하였다.[40] 또한 제왕지치(帝王之治)는 '성학(聖學)'에 달려 있다고 군주성학론을 개진하고[41] 세자에게 『소학』·『대학』·『논어』·『맹자』·『중용』에 이르는 주자교학자지차서공정(朱子敎學者之次序工程)을 권장하고도 있었다.[42]

그런데 그와 동시에 그는 『근사록』·『가례』·『심경』·『이정전서』·『주자대전』·『주자어류』와 기타 성리지설(性理之說)을 정독하여 '의리'가 '상상침관(常常浸灌)'하는 것과 아울러 사서(史書)를 읽어서 '통고금(通古今)' 달사변(達事變)'하여 '식견'을 키워야 한다고 강조하였고, 덕업(德業)과 함께 사공(事功)도 병행해야 한다고 지적하는 것을 잊지 않았다.[43] 즉 그는 학문에서는 주자가 말한 '의리'와 '식견', '덕업'과 '사공'을 동시에 강조하고 있었는데,

---

38) 金容欽, 2006⑤, 「遲川 崔鳴吉의 責務意識과 官制變通論」, 『朝鮮時代史學報』 37, 朝鮮時代史學會.

39) 『인조실록』 권8, 인조 3년 을축 3월 계유.

40) 『인조실록』 권17, 인조 5년 정묘 11월 을축.

41) 『이충정공장소』 권2, 「因別詢勳臣進言疏」, 36쪽.

42) 『이충정공장소』 권8, 「請世子進學箚」, 22쪽.

43) 위와 같음, 23~24쪽. 여기서는 주자의 다음 글을 인용하고 있다. 『朱子大全』 권80, 「福州州學經史閣記」, 25나.

그가 정치적으로 논쟁하는 과정에서는 의리와 덕업만을 내세우는 주류 관인들에 맞서 식견과 사공을 강조하면서 대립하였던 것이다. 여기서 17세기 전반 관인·유자들 사이에서는 의리와 덕업을 중시하느냐, 식견과 사공을 강조하느냐에 따라서 양자 사이에서 사사건건 정치투쟁으로 나타났다는 것을 알 수 있다. 이를 통해서 현실인식, 즉 식시무(識時務)=식견에 따라서 주자학이 분화(分化)되고 있음을 분명하게 알 수 있다.

앞서 인조의 공격과 조익의 회의적인 태도에도 불구하고 주자의 인군위당설을 옹호하면서 자신의 파붕당론를 개진한 것도 그가 주자학을 존신하고 있음을 드러낸 것이었다. 그렇지만 그가 주자의 인군위당설을 원용하여 주장한 파붕당론으로서의 득현위임론은 후일 탕평론(蕩平論)의 주요 구성요소가 되었고, 실학자들의 정치 개혁론으로 발전하였다.[44] 따라서 이귀의 정치론과 학문관은 후대 탕평론과 실학사상의 선구적인 형태였다고 볼 수 있다. 탕평정치론과 실학사상은 이처럼 17세기의 정치적 대립·갈등 속에서 현실인식을 매개로 하여 주자학 정치론, 나아가서는 주자학이 분화되어 성립된 것임을 알 수 있다.

3. 인조대 원종추숭 논쟁과 이귀의 예론

1) 원종추숭 과정과 이귀의 역할

인조반정의 정당성과 인조 정권의 정통성 논쟁은 인조의 생부 정원군 추존과 관련하여 인조대 전반 내내 진행된 일련의 예론과 그 추진 과정에서 그 정점에 달하였다.[45] 즉위 초기에 인조의 왕권이 취약했던 것은 꼭 '반정'

---

44) 김용흠, 2006⑤, 앞 논문 ; 2006, 앞 책, 331~342쪽.
45) 仁祖代 元宗 追崇 論爭과 관련된 지금까지의 연구는 다음과 같다. 徐仁漢, 1984, 「仁祖初 服制論議에 대한 小考」,『北岳史論』창간호, 북악사학회 ; 李迎春, 1990, 「潛冶 朴知誠의 禮學과 元宗追崇論」,『淸溪史學』7, 청계사학회 ; 1991, 「沙溪 禮學과 國家典禮 -典禮問答을 중심으로」,『沙溪思想硏究』, 沙溪愼獨齋紀念事業會 ; 李成茂, 1992, 「17世

의 모순 때문만은 아니었다. 주자학 정치론 그 자체가 전제왕권을 제약하는 논리로 가득 차 있었다. 이를 내세운 신료들의 압박에 대항하여 인조는 정원군의 추존(追尊)과 종묘(宗廟)에의 입묘, 즉 원종추숭을 자신의 정통성 확립의 관건으로 보고 있었다. 여기에 반정공신 가운데서는 이귀와 최명길이, 산림에서는 박지계가 동조하고 나섰다. 이들이 서인 산림 김장생과 남인 정경세로 대표되는 다수의 관인 유자들의 반발을 무릅쓰고 원종추숭에 찬성하였다는 것은 신료들 내부에서도 주자학의 신권 중심 정치론의 문제점을 인식하고 왕권론에 동조하는 세력이 등장하였음을 의미하는 것이었다. 원종추숭을 추진하는 과정에서 서인과 남인을 막론하고 이에 동조하는 관인 유자들이 속속 나타나고 있었다. 17·18세기를 통하여 관인 유자들 사이에서 지속적인 쟁점이 되었던 왕권론과 신권론의 대립은 바로 이 원종 추숭 논쟁에서 본격화되었던 것이다.[46]

이 논쟁의 전개 과정은 모두 4시기로 구분해 볼 수 있다. 첫째는 반정 직후부터 시작된 사묘(私廟) 전례(典禮) 논쟁(1623~1625), 둘째는 1626년(인조 4) 인조의 어머니 계운궁(啓運宮) 구씨(具氏)의 죽음으로 촉발된 계운궁 상례(喪禮) 논쟁(1626~1628. 2), 셋째는 1628년(인조 6) 계운궁 부묘례(祔廟禮)를 전후하여 본격화된 원종추숭 논쟁(1628. 3~1632. 5), 넷째는 원종추숭

紀의 禮論과 黨爭」,『朝鮮後期 黨爭의 綜合的 檢討』, 韓國精神文化研究院(1995,『朝鮮兩班社會研究』, 一潮閣에 재수록) ; 오항녕, 1992,「17세기 전반 서인 산림의 사상」,『역사와 현실』9, 한국역사연구회 ; 琴章泰, 1992,「17세기 朝鮮朝 禮學派의 禮學과 그 社會意識」,『宗敎學研究』11, 서울대 종교학연구회 ; 李迎春, 1998,『朝鮮後期 王位繼承 研究』, 集文堂 ; 朴鍾天, 1998,「仁祖代 典禮論爭(1623-1635)에 대한 宗敎學的 再評價」,『종교학연구』17 ; 李賢珍, 2000,「仁祖代 元宗追崇論의 推移와 性格」,『北岳史論』7, 북악사학회 ; 朴鍾天, 2001,「조선시대 典禮論爭에 대한 재평가-入承大統의 전례문제를 중심으로」,『韓國思想과 文化』제11집, 한국사상문화학회 ; 김세봉, 2003,「예론(禮論)의 전개와 그 양상」, 한국역사연구회 17세기 정치사 연구반,『조선중기 정치와 정책-인조~현종 시기』, 아카넷 ; 李賢珍, 2003,「17세기 전반 啓運宮 服制論」,『韓國史論』49, 서울대 국사학과 ; 金容欽, 2006⑥,「仁祖代 元宗 追崇 論爭과 王權論」,『學林』27, 延世大 史學研究會.

46) 17·18세기 王權論과 臣權論의 대립에 대해서는 金駿錫, 1992,「朝鮮後期 黨爭과 王權論의 推移」,『朝鮮後期 黨爭의 綜合的 檢討』, 韓國精神文化研究院 ; 1998,「18세기 蕩平論의 전개와 王權」, 朝鮮時代史學會,『東洋 三國의 王權과 官僚制』, 國學資料院 참조.

이후 종묘에 부묘하기까지 전개된 종묘 입묘 논쟁(1632. 6~1635. 3)이 그것이다. 이 과정에서 원종추숭에 예학적 근거를 주로 제시한 것은 박지계였지만 조정에서 이를 가장 적극적으로 추진한 것은 이귀였다.

이귀는 반정 직후 시작된 사묘 전례 논쟁에는 가담하지 않았지만 '사친(私親)' 즉 인조의 생모인 계운궁 구씨를 찾아뵈어야 마땅하다고 주장하여 최현(崔晛)의 반발을 받았다.[47] 이듬해인 갑자년 초 박지계가 '부자상경(父子常經)'론에 의거하여 칭고론(稱考論)을 주장하고, 그 연장선상에서 3년상과 인조의 친제를 주장하였다가 신료들 다수의 반발을 받고 낙향한 뒤[48] 이를 다시 처음 거론한 것도 이귀였다. 이귀는 같은 해 8월에 박지계의 상소에 대한 회계가 없었음을 상기시키고, 선조 때에 이황은 선조의 사묘 친제를 불가하다고 하였지만 이이는 '그 말은 잘못이다'고 힘주어 주장했다고 밝혔다. 그리고 '전하의 반정은 선조의 입승대통과는 다르다'고 하면서 대원군의 신주를 사묘라고 칭하는 것은 '극히 미안한 일'이라고 말하고, 한 광무제가 별묘를 세운 일을 원용할 수도 있을 것이라고 하였다.[49]

사묘 전례 논쟁에서 '부자상경'론에 입각한 박지계의 칭고론과 '입승대통(入承大統)'론에 입각한 김장생의 숙질론(叔姪論)이 서로 맞서 있는 가운데 조정 신료들은 칭고칭자의 현실을 인정하면서도 인조와 정원군의 부자 관계를 이념적으로는 부정하는 모순된 태도를 취하였다. 이에 대해 인조가 반발하여 긴장관계가 해소되지 않은 상태에서 1626년 인조의 생모인 계운궁의 상을 당하여 잠재되어 있던 논쟁이 표면화된 것이 계운궁 상례 논쟁이었다. 상례와 관련된 일반적인 논쟁이 그러하듯이 계운궁의 장례 절차에서 상제(喪制)와 상구(喪具) 문제, 복제와 주상(主喪) 문제, 혼궁(魂宮)과 제사 문제 등 허다한 쟁점들이 가로놓여 있었다.[50]

---

47)『인조실록』권2, 인조 원년 계해 5월 병신.
48) 이현진, 2000, 앞 논문, 60쪽.
49)『默齋日記』(영인본), 1990, 延安李氏 忠定公波 宗中 發行(이하『默齋日記』인용은 이에 따른다), 79쪽.
50) 이에 대해서는 서인한, 1984, 앞 논문 및 이현진, 2000, 앞 논문에 자세하다.

계운궁 상례 논쟁에서는 『의례(儀禮)』의 '위인후(爲人後)' 조항을 적용하여 자최부장기(齊衰不杖期)를 주장하는 신권론과 『의례』 '위조후(爲祖後)' 조항에 근거하여 삼년상을 주장하는 왕권론이라는 사상적 대립이 저변에 깔려 있었다. 전자는 주자학 명분론을 절대화하는 입장이라면, 후자는 정주학보다 공맹유학을 중시하는 입장이었다. 자최부장기를 주장하는 신권론자들은 인조는 선조에게 '입승대통'하였으니 친부모인 정원대원군과 계운궁은 '사친'에 불과하므로, 계운궁 상은 국상(國喪)이 아니며 인조는 상주(喪主)가 될 수 없고, 따라서 제반 장례 절차도 상주인 능원군(綾原君)이 주관하여야 한다는 입장이었다. 이에 비해 삼년상을 주장하는 왕권론자들은 인조는 반정을 통해서 '직승조통(直承祖統)'하였으므로 부자조손의 윤리=부자상경을 굽힐 이유가 없다고 보고, 칭고론의 연장선상에서 계운궁 상은 국장(國葬)으로 진행되어야 하며, 인조는 상주로서 모든 장례 절차를 직접 주관할 수 있다는 입장이었다.

앞서 사묘 전례 논쟁에서 대부분의 신료들은 칭고론에 합의하였지만, 이들 가운데 다수를 차지하고 있던 자최부장기론자들의 주장은 사실상 숙질론에 의거하고 있었다. 인조는 다수 신료들의 주장에 밀려 삼년상을 양보할 수밖에 없었지만 장기(杖朞)를 주장하여 '위인후' 조항의 적용을 거부하고 칭고론과의 일관성을 유지하고자 하였으며, 자신의 친동생인 능원군을 상주로 삼으라는 신료들의 주장을 수용하는 대신 계운궁 상례를 국장에 준하여 진행한다는 암묵적인 합의를 끌어냈다. 그리고 신료들의 온갖 압력과 저항에도 불구하고 내용적으로 삼년상을 확보하는 데 주력하였다.[51]

그 과정에서 이귀는 복제에 대해서는 삼년복을, 그리고 우제(虞祭)와 졸곡(卒哭)은 인조가 직접 주관할 것을 강력하게 주장하여 인조의 입장을 지원하였다. 그가 3년상이 정당하다고 주장한 근거로서 제시한 것이 정원군 장자설이었다. 그에 따르면 선조의 왕자 가운데 임해군 등은 후사없이

---

51) 김용흠, 2006ⓖ, 앞 논문 ; 2006, 앞 책, 127~162쪽.

죽었고, 광해군은 왕위에서 축출되었으므로 선조의 제3자인 정원군이 선조의 장자에 해당한다. 따라서 반정이 아니었더라도 정원군과 그의 장자인 인조는 마땅히 순서대로 왕위에 오를 계승권을 가지고 있었다는 주장이었다.52) 이것은 정원군은 소종(小宗)인데 인조가 반정으로 왕이 되었으므로 선조에게는 위인후가 된다는 주장을 근원적으로 반박하기 위해 마련된 논리였다. 즉 정원군은 '소종으로서 대통을 계승[以小宗陞大統]'한 것이며, 인조는 '직승조통'한 적손(嫡孫)이므로 정원군을 소종이라 하고 인조를 위인후라고 하는 것은 종통을 문란시키는 일이라고 비판하였다.53) 그런데 김장생이 예문을 잘못 보아 인조를 위인후라고 주장하자 이원익을 비롯한 조정 신료들이 이에 휩쓸려 들어가서 '정청(庭請)'까지 하는 것은 '식견이 불명(不明)한' 결과라는 것이다.

같은 해 5월에는 계운궁의 우제와 졸곡을 앞두고 능원군이 주제(主祭)해야 한다는 주장에 맞서 이귀는 세 차례나 상소를 올려서 이를 반박하였다.54) 이들의 주장대로라면 계운궁은 '능원군의 어미이지 전하의 어미가 아니게' 되니 이는 광해군 때의 폐모와 같은 '무륜지거(無倫之擧)'라고 극언하였다. 이러한 주장은 예경에 근거가 없으며 옛 성현이 예를 만든 본의에도 어긋난 것인데, 한두 사람이 잘못된 예론을 위세로 강제하여 조정 신료들을 몰아가고 있다고 김장생·정경세 등을 비판하였다. 많은 초야의 선비들은 조정의 이러한 거조가 잘못이라고 여기고 있으며, 조정의 신료들 가운데도 사적으로 만나면 자신의 주장을 옳다고 하는 자가 많은 데도 위세에 겁먹고 조정에

---

52) 『인조실록』 권11, 인조 4년 병인 정월 무진 ; 『이충정공장소』 권6, 「請行啓運宮通喪仍辭兵曹判書箚」, 1~2쪽.

53) 위와 같음, 7쪽. 반정으로 인해 변화된 현실을 기준으로 본다면 정원군이 장자가 된다는 논리를 신료들 역시 부정하지는 못하였다. 그러나 신료들이 이귀의 주장을 반박하는 요점은 天倫으로 본다면 정원군은 衆子이지 長子가 아니라는 것이었다 (『인조실록』 권12, 인조 4년 병인 3월 무신, "據臨海旣死 光海罪廢之後而言 則大院君於次爲長 而自本初天倫而言 則爲衆子 而非長子矣"). 따라서 이 논쟁은 결국 반정으로 인해 변화된 現實을 인정할 것인가 말 것인가에 그 초점이 있었다고 할 수 있다.

54) 『이충정공장소』 권6, 「請主啓運宮諸祭箚」(5월 17일), 12~22쪽 ; 「第二箚」(5월 19일), 22~25쪽 ; 「第三箚」(5월 27일), 25~29쪽.

서는 말을 못한다는 것이다.

1628년(戊辰, 인조 6)에는 계운궁의 대상(大祥)이 끝난 뒤 부묘를 앞두고 이귀는 최명길과 함께 별묘론을 적극 제기하였다. 이귀는 만약 '사묘(私廟)'에 부묘하고 능원군에게 봉사하게 한다면 '위인후'를 인정하는 것이 되며 이미 칭고칭자한 현실과 모순되니 '반드시 별묘를 세워야 한다'면서, 부묘 날짜를 늦추어서라도 다시 논의할 것을 청하였다.[55] 최명길 역시 녜묘(禰廟)가 없어서 '혼궁'에 봉안했던 신주를 '사묘'에 합부한다는 것은 정리에 어긋나는 일이라고 하면서 경적이 있었던 이래로 '가강지부(可降之父)'와 '무녜지묘(無禰之廟)'가 있었느냐고 반문하고 별묘를 세우자고 주장하였다.[56] 그러나 당시 인조와 신료들 사이의 대립점은 별묘 건립 여부에 있었던 것이 아니라 부묘제의 친행 여부에 있었다. 신료들은 초상과 우제·졸곡제·상제(祥祭)·담제(禫祭)를 모두 능원군이 이미 주관하였는데, 유독 부묘만 친행하려는 것은 일관성이 결여된 처사라고 반대하였지만[57] 인조는 끝내 친제를 관철시켰다.[58] 그리고 사묘 부묘제를 친행할 때 관여하였던 관원들에 대하여 '전례가 없다'는 신료들의 반대를 무릅쓰고 시상(施賞)도 강행하였다.[59]

이로써 계운궁 상례는 완전히 종결되었다. 부묘제를 인조가 친행한 것은 칭고론과 칭숙론, 삼년상과 자최부장기, 별묘론과 사묘론 등으로 상호 대립하는 어느 쪽도 만족시킬 수 없는 것이었지만, 칭고론의 연장선상에서 명목상의 상복은 장기(杖期)로 하되, 내용상으로는 국장에 준하여 삼년상을 관철시킴으로써 추숭입묘의 여지를 남겨두려는 인조의 본래 의도에 비추어 본다면 나름대로의 일관성은 유지한 셈이었다. 부묘를 앞두고 삼년상논자들에 의해 별묘론이 제기될 수 있었던 것도 인조의 이러한 일관된 처신의 소산이었던 것이다.

---

55) 『인조실록』 권18, 인조 6년 무진 3월 기사 ; 『默齋日記』 戊辰年 3월, 130~131쪽.
56) 위와 같음.
57) 위와 같음.
58) 『인조실록』 권18, 인조 6년 무진 3월 계유.
59) 『인조실록』 권18, 인조 6년 무진 3월 병술.

조야의 관인·유자들이 지속적으로 추숭론을 제기한 것도 추숭이 성사될 수 있었던 중요한 요인이 되었다. 1626년(戊辰, 인조 6)에는 박지계 문인인 생원 변인길(邊麟吉)·이중형(李重馨)이, 1629년(己巳, 인조 7)에는 양릉군(陽陵君) 허적이, 그리고 1630년(庚午, 인조 8)에는 음성현감 정대붕(鄭大鵬) 등이 각각 상소하여 조정에서 논란이 일어났고, 그때마다 이귀가 이들을 적극 지지하는 상소를 올려 호응하였다.[60] 이귀는 변인길과 이중형의 추숭을 주장하는 상소에도 불구하고 1626년까지는 별묘론을 주장하였다가[61] 1629년 양릉군 허적의 '종묘의 축문에 고비가 없다'는 상소를[62] 계기로 하여 추숭을 적극적으로 주장하기 시작하였다.[63]

1630년(인조 8) 목릉(穆陵) 천장(遷葬)이 박두하면서 조야의 추숭론은 보다 활기를 띠었다.[64] 이귀가 목릉천장을 앞두고 '목릉의 지문(誌文)을 개찬해야 하니 추숭의 예를 의정해서 첨입해야 한다'고 주장하자[65] 인조는 처음으로 추숭의 정당성을 주장하고 그럼에도 불구하고 신료들이 반대하는 이유는 자신이 공덕이 없다고 생각하기 때문이라고 모든 책임을 신료들에게 전가하였다.[66] 그리고 인조는 당시의 영의정 오윤겸에게 이귀의 주장에 대한 입장을 물었는데, 오윤겸이 적극적으로 반대하자 인조는 기가 크게 꺾이고 말았다.[67] 이때 이귀는 오윤겸의 주장을 반박하고 나서[68] 광주(廣州)

---

60) 이현진, 2000, 앞 논문, 86쪽.

61) 『이충정공장소』권10, 「論大禮箚」(戊辰 6월 4일), 10~25쪽.

62) 『인조실록』권20, 인조 7년 기사 6월 임신.

63) 『이충정공장소』권14, 「論啓運宮典禮之失箚」(己巳 6월 27일), 8~14쪽.

64) 『인조실록』권23, 인조 8년 경오 8월 병인. 穆陵은 宣祖의 능인데, 이 해 2월에 原州牧使 沈命世가 "목릉은 땅이 불길하고 능 안에 물이 찼다"고 상소하여 능을 옮기는 논의가 시작되어 11월에 遷葬하였다. 이귀는 능 안에 있는 선조의 誌文을 이 기회에 개찬해야 하니 정원군을 추숭하는 일을 결단해야 한다고 주장했던 것이다. 穆陵遷葬에 대한 자세한 내용은 『燃藜室記述』권24, 仁祖朝故事本末, 「穆陵遷葬」, 민족문화추진회 발행, 『국역 연려실기술』Ⅵ책 512~3쪽(이하 'Ⅵ-512~3'로 줄임) 참조.

65) 『인조실록』권23, 인조 8년 경오 8월 병인.

66) 위와 같음.

67) 『인조실록』권23, 인조 8년 경오 9월 무자.

사람 김극형(金克亨)의 상소를[69] 계기로 정원군을 종묘에 입묘하라고 주장하였지만 수용되지 않았다.[70]

그런데 같은 해 12월에 추숭론자들을 고무하는 결정적 사건이 터졌다. 재자사(賫咨使)로 명나라에 갔던 최유해(崔有海)를 통해서 명의 호부낭중(戶部郎中) 송헌(宋獻)의 예설이 조정에 공개된 사건이 그것이었다.[71] 송헌은 '위인후'가 아니라면 '이본지혐(二本之嫌)'이 없으니 추숭하더라도 의리에 해될 것이 없다는 입장이었다.[72] 이러한 그의 예설은 '위인후'와 '위조후'를 구별하여 선조로부터 '직승조통'한 것을 강조하고, 인조반정의 의미를 극대화하려는 박지계·이귀 등의 주장을 그대로 옮겨놓은 듯이 너무도 흡사하였던 것이다. 따라서 조야에서 추숭을 주장하는 상소가 봇물처럼 터져 나왔다. 이귀는 거의 매일 차자를 올리다시피 하였고, 양릉군 허적을 비롯하여 충원(忠原) 유학(幼學) 김수(金燧), 진사 이원서(李元瑞), 전주의 전첨정 안욱(安旭), 이천 유학 김익선(金益銑) 등도 상소하여 추숭하는 예를 속히 정할 것을 청하였다.[73]

이로 인해 추숭 반대론자들의 입지가 약화되지 않을 수 없었다. 더구나 이듬해인 1631년(辛未, 인조 9)에는 추숭불가론의 이론적 지주였던 김장생(1548~1631)마저 사거하자 이들은 결정적으로 수세에 몰렸다. 이러한 수세를 만회하고자 나온 것이 장유(張維)의 『전례문답(典禮問答)』이었다.[74] 이후

---

68) 『인조실록』 권23, 인조 8년 경오 9월 계묘.

69) 『인조실록』 권23, 인조 8년 경오 10월 무진.

70) 『인조실록』 권23, 인조 8년 경오 10월 계유.

71) 『인조실록』 권23, 인조 8년 경오 12월 무신 ; 李賢珍, 2000, 앞 논문, 88쪽.

72) 金長生, 『沙溪全書』 권21, 典禮問答, 24쪽. 明 嘉靖 年間에 世宗의 興獻帝 追崇에 대해서는 張聰·桂萼과 같은 陽明學 계통 官人뿐만 아니라 陳建과 같은 朱子學者도 그 정당성을 인정하였다(김장생, 『사계전서』 권21. 典禮問答, 「書宋戶部憲禮議後」, 26쪽). 따라서 戶部郎中 宋獻이 明나라에서 얼마나 유명한 儒者인지는 알 수 없지만 그의 이러한 견해는 明나라 儒者 일반의 견해를 대변한다고 보아도 좋을 것이다.

73) 이현진, 2000, 앞 논문, 88~89쪽.

74) 『인조실록』 권24, 인조 9년 신미 정월 임인 ; 張維, 『谿谷集』 권18, 「典禮問答」, 총간 92-304~308. 장유의 「전례문답」은 신미년 정월에 나왔고 김장생은 같은 해 8월에 죽었지만 그 정치적 동기와 이후의 논쟁에 미친 영향의 측면에서 이렇게 말할

장유의 예론은 추숭반대론자들의 금과옥조가 되었는데, 이귀는 이를 여러 차례에 걸쳐서 조목조목 반박하였다.[75] 이러한 상황을 틈타 인조는 추숭에 대한 결심을 굳히고 이를 반대하는 신료들에 맞서 먼저 명나라에 주청하겠다고 나섰다.[76] 그러나 신료들의 격렬한 반발에 직면하자 이를 철회하지 않을 수 없었다.[77]

그러자 이러한 사태 진전에 대해 이귀가 가장 적극적으로 비판하고 나왔다. 우선 이귀는 속히 추숭 전례를 거행할 것을 요구하는 차자를 연이어 올리고,[78] 경연 석상에서 오윤겸·조경·장유·장현광 등 추숭 반대론자들을 성토하였는가 하면[79] 최명길을 의망하지 않는 전조(銓曹)를 비판하면서 속히 최명길을 이조판서로 삼고 박지계를 대사헌으로 삼는 한편 그의 제자들을 조정에 벌여 세우면 대례는 즉시 거행될 것이라고 말했다. 문제의 이조판서 자천 발언은 여기에 이어 나온 것이었다.[80] 그리고 당시의 이조판서 홍서봉이 뇌물을 받고 벼슬을 팔았다고 폭로하자[81] 인조는 홍서봉을 체직시키고 이귀를 이조판서,[82] 최명길을 예조판서, 이성구(李聖求)를 이조참판으로 임명하여 추숭을 강행할 준비를 마쳤다.[83]

이에 양사에서 이귀가 이조판서를 자천한 일을 너무도 형편없는 일이라

수 있다.

75) 『이충정공장소』 권19, 「新論大禮箚」(辛未 2월), 20~32쪽 ; 권20, 「請速定大禮箚」(辛未 7월 7일), 27~28쪽 ; 권21, 「因備局回啓申請速定大禮箚」(辛未 8월 21일), 1~6쪽 ; 「再箚」(辛未 9월), 6~34쪽.

76) 『인조실록』 권24, 인조 9년 신미 4월 계해.

77) 『인조실록』 권24, 인조 9년 신미 5월 정해.

78) 『이충정공장소』 권20, 「請速定大禮箚」(辛未 7월 7일), 27~8쪽 ; 권21, 「因備局回啓申請速定大禮箚」(8월 21일), 1~6쪽 ; 同, 「再箚」, 6~34쪽.

79) 『인조실록』 권25, 인조 9년 신미 9월 기축.

80) 『인조실록』 권25, 인조 9년 신미 9월 무술, "(李)貴曰 如有不從者 勿論大小官 皆竄之遐裔 禮完之後 隨才收用 固無不可矣. 如以臣兼吏曹 則當不日而斥退異議者 進用道同之人 定此明倫之論矣."

81) 『인조실록』 권25, 인조 9년 신미 10월 임인.

82) 『인조실록』 권25, 인조 9년 신미 11월 계묘.

83) 『인조실록』 권25, 인조 9년 신미 11월 기해.

고 비판하면서 한 달을 넘게 다투자 인조는 집의 김세렴 등을 외직에 보임하는 것으로 맞섰다.[84] 그리고 승정원에 추숭을 속히 의논하여 결정하라고 하교하자[85] 예조에서는 추숭과 별묘를 대신에게 물을 것을 청하였는데,[86] 이후 삼정승은 별묘는 수용하되 추숭은 반대하는 입장을 취하였다가 추숭은 받아들이되 입묘는 안 된다는 선으로 후퇴하면서 인조와 타협이 이루어졌다.[87] 그리하여 예조에서는 대신과 삼사가 추숭 반대 논의를 정계하는 것을 기다려서 추숭 절목을 만들고 추숭도감을 구성하여[88] 우선 별묘를 설치하였다. 그리고 예조와 대신, 삼사의 반대에도 불구하고 이조판서 이귀의 거듭되는 건의를 받아들여 원종으로 종호를 결정하고, 주청사(奏請使)가 명으로 출발함으로써 추숭이 완료되었다.[89]

추숭이 완료되고 명나라로부터 시호를 받은 뒤에도 종묘 입묘가 순탄하게 진행된 것은 아니었다. 종묘 입묘는 추숭 후 2년이 지나서 인조가 먼저 제기하고 양릉군 허적이 이에 호응하였지만 역시 삼사와 예조, 승정원, 삼공은 모두 강력하게 반대하였다. 인조의 주장은 '묘무녜위(廟無禰位) 국유이묘(國有二廟)'는 예에 미안하다는 것과 명의 봉전이 이미 내렸으니, 입묘해도 안 될 것이 없다는 것이었는데,[90] 이에 대해 신료들이 반대하면서 내세운

---

84) 『인조실록』 권25, 인조 9년 신미 윤11월 임술.

85) 『인조실록』 권25, 인조 9년 신미 12월 을유.

86) 『인조실록』 권25, 인조 9년 신미 12월 병술. 이것은 최명길이 예조판서로서 낸 타협안으로 볼 수 있다. 이귀는 여기에 반대하여 즉시 추숭을 거행할 것을 주장하였다(『이충정공장소』 권21, 「三論大禮箚」(12월 22일), 51~56쪽).

87) 이현진, 2000, 앞 논문, 92~93쪽. 이 시기에 兩司·禮曹·三公이 모두 김장생의 '爲人後' 주장을 폐기하고 박지계의 '爲祖後' 주장을 수용하고 있는 것이 주목된다.

88) 『인조실록』 권26, 인조 10년 임신 2월 임진.

89) 이현진, 2000, 앞 논문, 94~96쪽. 이 과정에서도 이귀의 주장이 중요한 견인차 역할을 하였다. 『이충정공장소』 권22, 「論追尊諡號箚」(壬申 3월 13일), 15~17쪽 ; 「第二箚」(壬申 3월 25일), 17~20쪽 ; 「第三箚」(壬申 4월 10일), 20~25쪽 ; 「追尊上冊時請親祭箚」(壬申 4월 24일), 31쪽 ; 「第二箚」(壬申 4월 25일), 31~34쪽 ; 「第三箚」(壬申 4월 30일), 34~35쪽 ; 「申論諡號箚」(壬申 5월 14일), 35~38쪽 ; 「辨禮曹回啓箚」(壬申 5월 19일), 38~43쪽.

90) 『인조실록』 권29, 인조 12년 갑술 7월 병오, "上下教日 廟無禰位 國有二廟 於禮未安 於法無據. 且皇朝封典旣降 入廟尤無可議. 其令禮官 考例舉行 毋使寡昧 再貽笑於天下後

논리는 '불천기위(不踐其位) 불입기묘(不入其廟)'와 성종을 조천(桃遷)할 수 없다는 것이었다.[91]

신료들의 강력한 반대에 직면하자 인조는 대사헌 강석기와 대사간 조정호를 삭출하고, 이 명령을 봉환한 승지를 나국정죄하게 하였으며 윤명은과 신민일은 원찬, 이덕수는 북변 정배, 부제학 김광현 등은 북변으로 찬출하게 한 뒤 이를 비판하는 우의정 김류는 체차시켰다. 그리고 나서 임명된 대사헌 이성구와 대사간 박황이 합사를 정계하였지만 인조는 차마 강행하지 못하고 해를 넘긴 뒤에야 성종을 불천지위(不遷之位)로 삼아 세실에 봉안하고 원종을 입묘하는 의절을 거행하였다.[92] 이때는 이귀가 사거한 상태에서 최명길이 적극 추진하였는데, 유백증·박황·정태화 등뿐만 아니라 이홍주까지도 입묘에 찬성하였다.[93] 특히 조익 역시 이때는 적극적으로 상소하여 입묘를 주장하였다.[94] 즉 원종추숭 과정은 집권(執權) 관인 내부에서도 왕권론이 확대되는 형태로 진행되었던 것이다.

인조가 자신의 생부 정원군을 원종으로 추숭하고 종묘에 입묘하였다는 것은 인조반정의 정당성에 대한 논란에 종지부를 찍고 인조 자신의 정통성을 확립하여 양란이라는 미증유의 국가적 위기 속에서 약화 일로에 있던 국왕권을 재확립하는 중요한 계기가 되었다. 이귀는 계운궁 상례 논쟁에 적극 참여하였고 원종추숭에는 결정적 역할을 하였으며, 종묘 입묘에 대해서도 그 논리적 근거를 제시하였다. 그 과정에서 정주학의 명분론과 의리론에 기초한 신권론에 맞서 공맹유학과 효치론에 입각한 왕권론이 제기되어 국왕권 확립을 뒷받침하였다. 박지계 등이 제기한 공맹 유학에 입각한 효치론은 주류 관인·유자 내부에서는 소수였지만 당대의 비주류 지식인 사이에서는 공감대를 확대시켜 가고 있었음을 논쟁 과정은 보여주었다.[95]

世."

91) 『인조실록』 권29, 인조 12년 갑술 7월 신해. 이러한 논리에 대해서는 앞선 壬申年의 일련의 상소문(주 89 참조)에서 이귀가 누누이 비판하였었다.

92) 이현진, 2000, 앞 논문, 99~101쪽.

93) 이현진, 위 논문, 99~102쪽.

94) 趙翼, 『浦渚集』 권23, 「入廟私議」, 총간 85-425~427.

그것은 주자학 명분론과 의리론을 부정한 것은 아니었지만 당시의 정치 현실과도 관련하여 주자학이 심화 발전되는 한 유형으로 간주된다. 즉 원종추숭 논쟁은 주자학 정치론의 분화를 촉발하고 심화시킨 정치적 사건이 기도 하였던 것이다.

2) 주자 예학의 분화와 원시유학

조정에서 박지계의 왕권론과 효치론을 지지한 대표적인 인물이 반정공신 이귀와 최명길이었다. 이들 역시 박지계와 비슷한 논리로 삼년상을 주장하 였지만 주자학 명분론자들의 공세에 밀리고 있었다. 여기서 우선 지적해 둘 것은 이와 유사한 인식은 서인 내부에서도 광해군 때부터 있었다는 점이다. 광해군이 소생모를 추숭한 것에 대해 백사(白沙) 이항복이 긍정적인 입장을 보인 것이 그러한 사례에 해당된다.[96] 이귀는 이항복과 절친한 관계였으므로 이귀가 원종추숭에 찬성할 개연성은 충분하였다고 생각된다. 그렇지만 이귀도 처음부터 추숭을 주장했던 것은 아니었다. 그도 처음에는 정경세의 종통설을 듣고 장기(杖期)도 '의리에 해로울 것이 없다'고 보고 쟁변하지 않았다가『의례』위조후 조항을 보고 3년상을 확신하게 되었으며, 『예기』와 정자·주자가 희조(僖祖) 전례를 논한 것을 보고 추숭을 주장하게 되었다고 토로하였다.[97] 이귀는 또한 정구의『오선생예설분류(五先生禮說 分類)』를 보고 추숭입묘의 정당성을 주장하게 되었다고 말하기도 하였다.[98] 따라서 이귀는 나름대로의 학문관에 입각하여 박지계의 예론에 동조하게 된 것이었음을 알 수 있다.

김장생에 이어서 조정 신료들의 추숭 반대 논리를 집약한 장유의 「전례문

---

95) 박지계의 孝治論에 대해서는 김용흠, 2006⑦,「潛冶 朴知誡의 孝治論과 變通論」, 『역사와 현실』61 참조.
96)『大東野乘』권72,『荷潭破寂錄』, 민족문화추진회 간행,『국역 대동야승』17책 451쪽 (이하 '17-451'로 줄임).
97)『이충정공장소』권21,「再箚」(辛未, 9월), 21쪽.
98)『이충정공장소』권19,「因諫院啓辭乞致仕箚」(辛未 正月 29日), 16쪽.

답」은 위조후와 위인후는 차이가 없다는 전제에서 출발된 것이었다. 따라서 이귀뿐만 아니라 인조조차도 장유의 「전례문답」은 일고의 가치도 없다고 비판하고, 그 근거가 된 김장생의 칭숙론도 '전혀 근거가 없다'고 부정하면서 이것으로 미루어볼 때 이학(理學)도 믿을 수 없다고까지 말하였다.[99]

위인후를 인정하느냐 부정하느냐는 원종추숭 논쟁 전체에 걸쳐서 핵심적인 논점이 되었다. 이것은 인조반정으로 군주가 된 인조의 종법적 정통성을 인정하느냐 여부, 반정으로 변화된 현실을 긍정하느냐 여부, 결국 반정의 정당성을 어디까지 인정할 것이냐의 여부를 가늠하는 핵심적인 쟁점이었다. 위인후 예설과 칭숙론은 선조-정원군-인조로의 종법적 정통성을 인정할 수 없다는 입장에서 나온 것이었기 때문이었다. 그리고 이러한 주장은 주자학 명분론과 의리론에 입각하여 정당화되었다.

그러나 이것은 군주인 인조를 '아비가 없는 자[無考]'로 만들고 종묘에 '아비의 묘가 없는[無禰廟]' 군주로 만드는 치명적인 약점을 안고 있었다. 장유가 「전례문답」에서 인정한 바와 같이 주류 관인들의 거센 반대에도 불구하고 추숭론이 줄기차게 제기되는 이유가 바로 여기에 있었다. 이에 대하여 박지계는 위조후자 예설에 입각하여 인조반정의 정당성을 적극적으로 천명하고, 유교 윤리 가운데 효의 절대성에 기초하여 군주전제권을 적극적으로 긍정하는 효치론(孝治論)을 제기하였다. 이러한 박지계의 주장은 주자학 그 자체는 부정하지 않으면서도 원시유학의 정신에 입각하여 왕권 중심 정치론의 한 형태를 제시하였다는 점에 그 의의가 있었다.[100]

이귀는 조정에서 주류 관인들의 공격으로부터 박지계를 적극적으로 옹호·변론하였다. 그리고 그 역시 계운궁 상례 논쟁에서 우제와 졸곡을 인조가 직접 주관해야 한다고 주장하면서 효치론의 근거가 된 경전인 『효경(孝經)』을 인용하여 효의 절대성을 주장하기도 하였다.[101] 그러나 그는 박지계처럼

  99) 『인조실록』 권24, 인조 9년 신미 4월 계해.
  100) 김용흠, 2006⑥, 앞 논문 ; 2006⑦, 앞 논문.
  101) 『이충정공장소』 권6, 「請主啓運宮諸祭箚 第三箚」(丙寅 5월 27일), 26쪽, "人生斯世 大倫有三 … 君臣夫婦之倫 皆本於父母而立者也. 故孝經曰 '資於事父以事母而愛同 資於事 父而事君而敬同.' 居人倫之首 而兼愛敬之實者 父子是也. 王者雖出萬物 其尊無對 至於父也

효치론을 적극적으로 내세우지는 않았다. 그 대신 그는 원시유학 본래의 정신을 박지계보다 더 적극적으로 강조하였다. 그 역시 박지계와 같이 『의례』의 위조후 조항을 인용하였음은 물론인데, 그가 또한 즐겨 인용한 것은 『예기』의 집주(集注)에 보이는 순이 요의 묘제를 주관하면서 그의 아비인 고수(瞽瞍)를 '배제(配帝)'하더라도 '종요지묘(宗堯之廟) 불상방(不相妨)'이라고 한 것, 우가 순으로부터 나라를 물려받았지만 '불교순이교곤(不郊舜而郊鯀)'한 것, 탕이 '체곡이교명(禘嚳而郊冥)'한 것, 주(周)의 성왕(成王)이 '조문왕이종무왕(祖文王而宗武王)'한 것 등은 모두 '수국(受國)' 여부보다는 '존부(尊父)'를 더 중요시한 사례라고 주장하였다.[102] 이 부분에 대한 인용이 박지계에게서는 보이지 않는데, 이귀는 계운궁 상례 논쟁 이래 그가 추숭을 주장한 상소문 거의 전부에 이 부분이 인용되어 있다. 이것은 그가 박지계보다 원시유학의 근본정신에 보다 충실한 입장이라는 것을 보여주는 대목이다.

또한 그가 즐겨 인용한 것 중에는 『논어』에 보이는 출공(出公) 첩(輒)의 사례가 있다. 첩이 영공(靈公)을 계승하여 군주가 되자 군대를 동원하여 그 아비 괴외(蒯聵)를 막은 것을 공자가 '필야(必也) 정명호(正名乎)'라고 비판하였다. 이귀는 공자의 이 말을 "아비가 비록 할아비에게 죄를 지었더라도 자식은 그 아비를 거부하고 군주가 되어서는 안 된다"는 것을 의미한다고 해석하였다.[103] 공자가 이렇게 말하였는데도 자로가 첩을 섬기면서 괴외와 싸우다가 죽은 일은 그가 공자의 제자이면서도 '식견불명'으로 그 몸을 보전하지 못한 것이니 애석하다고 비웃었다.

그리고 이 일에 대해서 주자가 '불부기부(不父其父) 이녜기조(而禰其祖) 명실문의(名實紊矣)'이기 때문에 공자가 '정명(正名)'을 우선하였다고 주석한 것을 제시하고, 직손으로서 조를 계승한 것을 '불부기부'라고 하면서 주자가 첩을 비판한 것이라고 이해하였다. 그는 김장생이 '이손계조자(以孫繼祖者)

天也 不敢自有其貴 而以身事之." 여기에 인용된 부분은 『孝經』「士章 第五」이다.

102) 『이충정공장소』권10, 「論大禮箚」(戊辰 6월 4일), 24쪽 ; 권14, 「論啓運宮典禮之失箚」 (己巳 6월 27일), 11쪽. 이 부분의 출전은 『禮記』권22, 「祭法」 23이다.

103) 『이충정공장소』권6, 「請行啓運宮通喪仍辭兵曹判書箚」, 2~3쪽. 출전은 『論語』「子路」 이다.

역유지(亦有之) 무이어인후(無異於人後)'라고 주장한 것에 대해 이것을 제시하였더니 김장생이 답변하지 못하였다고 말했다.[104] 말하자면 이귀는 위조후와 위인후를 구별해야 하는 증거로서 이 경우를 거론하였던 것이다. 이것은 주자학 명분론과 의리론을 내세우면서 위인후자 예설을 주장하는 것에 대해서 공자와 주자의 말을 인용하여 비판한 결정적 부분이라고 생각된다.

이귀는 위인후는 추숭할 수 없지만 친손이 '직승조통'한 경우에는 추숭이 가능하다고 하면서 '자불작부(子不爵父)' 때문에 추숭이 안 된다면 주공(周公)이 삼왕(三王)을 추숭한 것, 정자와 주자가 희조를 추존하려 한 것은 모두 예경을 위배한 것이냐고 반문하였다.[105] 희조는 송 태조의 고조였는데, 그를 태묘에서 별전으로 옮기려 하자 주자가 그 잘못을 변론하면서[106] 당시의 승상 조여우(趙汝愚)에게 그런 꼴을 보느니 '차라리 죽어버리겠다'고까지 극언하였다.[107] 그리고 이를 추진하던 손종지(孫從之)에게는 "태조가 희조를 추존할 수 없다면 사대부가 삼대를 증직(贈職)하는 것도 또한 할 수 없는 일이 아닌가?"라고 반문하였다고 이귀는 말하였다.[108]

이귀가 희조전례에 대한 주자의 주장을 근거로 추숭과 입묘를 주장한 것에 대한 장유 등의 반론은 그것은 시봉지군(始封之君)의 경우를 말한 것이고 계세지군(繼世之君)은 안 된다는 것이었다. 시봉지군 또는 창업지군(創業之君)은 추숭할 수 있지만 계세지군은 안 된다는 논리는 당시에 추숭과 입묘를 반대하는 가장 일반적인 주장이었는데. 이는 기본적으로 위인후 예설에 입각한 것이므로 인조와 같이 '직승조통지군'에게는 해당이 안 되며, 『예기』의 주에 보이는 '친친고존조(親親故尊祖) 존조고경종(尊祖故敬宗)'의 원칙에도 어긋난다고 이귀는 재반론하였다.[109]

104) 『이충정공장소』 권19, 「新論大禮箚」(辛未 2월), 23쪽.

105) 위와 같음, 24쪽.

106) 『朱子大全』 권15, 「祧廟議狀」, 25~33쪽 ; 「面奏祧廟箚子」, 34~36쪽.

107) 『朱子大全』 권29, 「與趙丞相書」, 18쪽.

108) 『이충정공장소』 권21, 「因備局回啓申請速定大禮箚 再箚」(辛未 9월), 23쪽.

109) 위와 같음, 12~13쪽.

창업지군은 추숭할 수 있지만 계세지군은 안 된다고 오윤겸이 인조의 기를 꺾어버리면서 『중용』에 근거하여[110] 제시한 것이 '불천기위(不踐其位)'한 사람은 추숭·입묘할 수 없다는 것이었다.[111] 『중용』의 이 구절은 입묘를 반대하는 사람마다 내세운 구절인데, 이것은 공자의 본의를 몰라서 하는 말이라고 이귀는 반론하였다. 그 주(註)를 보면 이것은 '선왕(先王)'을 가리키는 것이지 일반적인 군주를 가리키는 것이 아니라면서 만약 그렇다면 주공이 '상사선공(上祀先公) 이천차지예악(以天子之禮樂)'한 것은[112] 무엇을 가리키는 것이냐고 반문하였다.[113]

창업지군과 계세지군을 구별하는 것은 위인후 예설에 근거한 것이므로 인조는 위조후로서 경우가 다르다고만 반론해도 될 일이었으나 이귀는 계세지군이면서도 추숭한 사례로서 두 가지를 찾아서 제시하였다. 원(元)의 성종이 세조의 태자 진금(眞金)의 제3자로서 즉위하여 그 부 진금을 추숭한 사례와 명의 건문황제(建文皇帝)가 황태손으로서 즉위하여 그 부 의문태자(懿文太子)를 추존한 사례가 그것이었다.[114] 이에 대해 원 성종의 사례는 몽고족이므로 치지도외하고 명 건문황제의 사례가 주로 논의되었던 것 같다. 장유 등은 의문태자는 태자였으므로 정원군과는 다르다고 반론하자 이귀는 인자(人子)로서 부모를 높이고 싶은 마음이 세자냐 아니냐에 따라 경중이 다를 수 있느냐고 재반론하였다. 의문태자 역시 '불천기위(不踐其位)'였으므로 이것은 논란의 여지가 없었는데, 장유 등은 건문황제 때는 예를 아는 자가 없었기 때문이라고 말하자 이귀는 방효유(方孝孺)와 같은 걸출한 정주학자도 그것을 반대하지 않았다고 재반론하였다. 이귀는 조선왕조의 법제는 모두 대명률(大明律)을 쓰면서 명나라의 종묘대례는 본받지 않으려는 태도는 공자와 주자의 정론(定論)에 죄를 짓는 일이라고 극론하였다.

---

110) 『中庸章句』, 19-5, '踐其位 行其禮 奏其樂.'
111) 『인조실록』 권23, 인조 8년 경오 9월 무자.
112) 『中庸章句』, 18-3.
113) 『이충정공장소』 권19, 「新論大禮箚」(辛未2월), 27쪽. 『중용장구』의 해당 부분 주를 보면 '其指先王也'라고 되어 있어 이귀의 주장이 타당함을 알 수 있다.
114) 『이충정공장소』 권21, 「因備局回啓申請速定大禮箚」(辛未 8월 21일), 1~6쪽.

추숭한 이후에도 입묘를 반대하면서 추숭할 때와 비슷한 논란이 반복되었는데, 특히 원종을 입묘하게 되면 성종을 조천(祧遷)해야 하기 때문에 불가하다는 논리가 조정을 지배하였다.[115] 이에 대해서 이귀가 위현성(韋玄成, ?~BC. 36)이 주의 '성왕이 아무리 공적이 많아도 친진(親盡)하였으면 조천해야 한다'고 한 말을 인용하여 반박하고 있는 것도 주목된다. 위현성은 한 선제(宣帝) 때 유향(劉向) 등과 함께 석거각(石渠閣) 회의에 참가하여 오경의 이동(異同)을 정리한 유학자였다. 묘제와 관련해서는 위현성과 후대의 유흠(劉歆, ?~23)이 서로 견해를 달리하여 주자도 그 시비를 결단하지 못하였다. 그리하여 주묘도(周廟圖)에서는 양설을 그대로 두었었는데, 체협의(禘祫議)에서는 위현성의 견해를 따랐다가 송묘도(宋廟圖)에서는 또 유흠의 설을 채택하였다.[116] 이처럼 송대 묘제와 관련된 주자의 학설이 혼선을 빚고 있었는데, 이귀는 위현성에 의해 표방된 유가의 원칙에 입각하여 성종의 조천을 주장하였던 것이다. 또한 장유가 이처럼 일관성이 없는 주자의 도설을 가지고 종묘입묘의 부당성을 입증하려 하자 그것은 모두 '방지소생(旁支所生) 입승정통(入承正統)' 한 경우, 즉 위인후의 변례라고 일축하고, 만약 주자를 본받고자 한다면 앞서 거론한 『논어』에서 출공 첩을 비판한 말과 희조전례를 거론한 말을 본받아야 한다고 주장하였다.[117]

인조가 원종추숭의 일을 중국에 주청하겠다고 나서서 조정에서 긴장이 조성되었을 때 최명길은 추숭 대신 별묘를 세우자고 타협안을 내었었는데,[118] 이를 이귀가 조목조목 성토하였다.[119] 이때 최명길은 추숭이 명문이 없어서 '사섭의기(事涉義起)'라고 말하자 주공이 삼왕을 추존한 것, 정이와 주희가 희조를 추존하려 한 것 등도 '의기'에서 나온 것이냐고 반박하였다. 하(夏)·상(商) 이전에는 추존한 일이 없다고 말한 것에 대해서는 앞서 인용한

---

115) 『인조실록』 권26, 인조 10년 임신 3월 갑인.
116) 최명길, 『지천집』 권15, 「禮曹啓辭」(壬申), 총간 89-496~497.
117) 『이충정공장소』 권21, 「因備局回啓申請速定大禮箚 再箚」(辛未 9월), 17쪽.
118) 『인조실록』 권24, 인조 9년 신미 5월 신사.
119) 『이충정공장소』 권20, 「辨崔鳴吉論禮仍進朴知誠禮說箚」(辛未 5월 12일), 13~18쪽.

204   제2편 실학의 선구자들

순이 고수를 배제(配帝)하고, 우가 곤(鯀)의, 탕이 명(冥)의 교제(郊祭)를 지낸 사례를 제시하였다. 그리고 주공이 삼왕을 추존한 것에 대해서도 '선왕유제(先王遺制) 유가고견(猶可考見) 존친지도(尊親之道) 실부재차(實不在此)'라고 말한 것에 대해서는 시의(時議)에 동요되어 이러한 모호한 말을 한다면서 이것이 최명길의 나약한 측면이라고 비판하였다. 이귀는 최명길이 이처럼 추숭에 반대하는 이유는 장유의 선동에 넘어갔기 때문이라고 간주하였다. 이귀는 장유가 당시의 일과 관계없는 불필요한 변례를 끌어다가 추숭과 입묘를 반대하여 종묘를 무고위(無考位)·이고조(二高祖)로 만들어 소목(昭穆)을 변란시키려 한다고 성토하고, 그것은 그가 평소에 '사우연원지자득(師友淵源之自得)'한 것이 없이 단지 사장(詞章)으로 유명해졌을 뿐 의리에 어두워서 이런 주장을 하면서 '고명지계(沽名之計)'로 삼는다고 비판하였다.

이귀는 이처럼 장유는 물론 최명길까지도 비판하는 대신 박지계의 예설에 대해서는 끝까지 적극 비호해 마지않았다. 그리고 앞서 지적한 바와 같이 이귀 역시 박지계처럼 정구의 『오선생예설분류』를 보고 추숭입묘을 주장하게 되었다고 고백하였다. 정구가 주자 만년(晩年)의 저술인 『의례경전통해(儀禮經傳通解)』를 본격적으로 연구하여 『오선생예설분류』를 저술한 것은 주자예학의 심화로 볼 수 있다. 주자예학은 전반기의 『주자가례』에서 만년의 『의례경전통해』로 변화된 것으로 이해된다. 그러한 변화는 분명히 송대 사대부 계급의 입장을 반영하는 의리론을 국가의 공적인 차원으로까지 확장한 것으로 볼 수 있다.[120]

조선에서 본격적으로 『의례경전통해』 또는 주자후기 예학이 주목되기 시작한 것은 16세기 후반 사림파의 집권 이후의 일로 볼 수 있는데, 그 방식에서 정구와 김장생이 서로 다른 입장을 취한 것이 주목된다. 정구는 "『주자가례』 중심의 예의 행용(行用) 질서를 수정해서 사가(私家)·왕실·방국(邦國)에 각기 적용되는 예의 격식체계"를 세운 것에 비해서,[121] 김장생은

---

120) 鄭景姬, 2000, 「朝鮮前期 禮制·禮學 硏究」, 서울대 박사논문.
121) 金駿錫, 2003, 『朝鮮後期 政治思想史 硏究』, 지식산업사, 53~54쪽.

『의례경전통해』를 비롯한 주자후기 예학으로 사례(士禮)인『주자가례』를 보완하는 방식을 취하였다.[122] 여기서 두 사람의 예학이 모두 주자예학의 심화라고 할 수 있되, 왕권론과 신권론으로 그 방향을 달리하고 있음을 알 수 있다. 박지계는 그 중 정구와 입장을 같이 하였던 것이다. 그것은 주자학의 심화(深化)이면서도, 김장생과의 대립 관계에서 보면 탈주자학(脫朱子學)이라고도 할 수 있을 것이다. 여기에 17세기 관인·유자들이 신봉하는 주자학이 자신들이 부딪힌 현실에 따라서 분화되는 것을 볼 수 있다.

정구가 사가례(私家禮)에 치중되어 있는『주자가례』에 만족하지 않고『오선생례설분류』를 편찬하여 왕가례(王家禮)의 중요성을 강조하였으며, 그의 영향을 받은 미수(眉叟) 허목(許穆)이 존군론(尊君論)에 입각하여 기해예송을 주도한 것은 잘 알려진 일이다.[123] 기해예송의 두 주역이라고 할 수도 있는 허목과 윤휴의 존군론과 효치론이 이미 박지계에서 나타나고 있는 점이 주목된다.[124] 박지계 문인인 김극형은 1628년에 추숭입묘를 주장하는 상소를 올린 것은 앞서 언급하였는데 그는 나중에 윤휴와도 긴밀하게 교류하였다.[125] 이귀는 김극형이 자신의 '5촌 족하(族下)'라고 밝혔다.[126]

이와 같이 이귀는 박지계와 함께 주자학이 분화되는 흐름 속에서 기본 입장을 같이 하고 있으면서도 그 입각점은 약간 달랐다. 박지계가 주로 예학적 측면에서 추숭론을 전개하였다면 이귀는 유가사상 본래의 정신에 보다 충실한 입장이었다. 그는 앞서 살핀 바와 같이 방대한 주자학 체계 내에서 서로 모순된 측면이 노출되거나 그것이 현실과 괴리되었을 때는

---

122) 정경희, 2000, 앞 논문, 245~248쪽.
123) 김준석, 2003, 앞 책, 48~52쪽.
124) 白湖 尹鑴의 孝治論에 대해서는 鄭豪薰, 2003,「朝鮮後期 새로운 政治論의 전개와『孝經』」,『朱子思想과 朝鮮의 儒者』, 혜안, 213~224쪽 참조.
125) 김극형은 윤휴의 삼년상을 청하는 상소문을 편지를 보내 칭찬하였으며(尹鑴,『白湖集』附錄, 총간 123-564), 윤휴는 그의 제문을 썼다(『白湖集』권17,「祭金泰叔文」, 총간 123-291).
126)『이충정공장소』권19,「因諫院啓辭乞致仕箚」(辛未 正月 29일), 17쪽.

『논어』로 대표되는 원시유가 사상의 정신을 되새기고, 한대 유학의 정신을 음미하여 대처하려 하였음을 알 수 있다.

4. 맺음말

연평 이귀는 양란의 격동기를 살면서 나름대로의 일관된 정치론에 입각하여 치열하게 정치활동을 전개한 실천적 정론가였는데, 그것은 동아시아의 지적(知的) 전통에 뿌리박은 그 나름의 학문관이 있었기 때문에 가능한 것이었다. 이 시기는 왜란과 호란, 분당과 반정, 반란과 역모사건 등이 점철된 시기였고, 이로 인해 조선왕조 국가의 존립이 위협받은 시기였다. 조선왕조의 국정교학이었던 주자학, 특히 16세기 사림 세력에게 각인된 주자학 명분론과 의리론에만 집착해서는 그러한 국가적 위기를 타개할 수 없었다. 이에 이귀는 주자학을 부정하지 않으면서도 그것이 변화하는 현실과 모순·괴리될 때는 유학 본래의 이념과 정신을 되살려서 새로운 논리와 방법을 모색하였다. 그가 당대의 주류 관인들과는 다른 파격적인 처신을 보인 것은 냉철한 현실인식과 새로운 학문관의 소산이었는데, 여기에는 그의 정치와 국가에 대한 치자로서의 책무의식이 깔려 있었다.

그는 자신의 스승인 이이와 성혼의 경장론과 파붕당론을 계승하여 인조대 전반 내내 변법적 경세론을 정력적으로 제기하였다. 또한 인조반정 이후 발생한 정치·경제·군사·외교적 제반 사안에 대해서는 '국사와 민사의 일치를 지향하는 보민론'에 입각한 일관된 입장을 견지하였다. 이로 인해서 주자학 정치사상에만 집착하는 주류 관인·유자들과는 사사건 대립·갈등할 수밖에 없었다. 인성군 처벌과 관련해서는 책임론과 의리론, 정국운영을 두고는 조제론과 조정론, 경세론에서는 변법론과 수법론, 방어전략에서는 진관체제 복구론과 남군부방론, 수도방위론과 변방방어론, 정묘호란 당시에는 주화론과 척화론, 원종추숭 논쟁에서는 왕권론과 신권론 등으로 대립한 것이 그것이었다. 이귀는 당시의 변화하는 현실에 대한 인식에 기초하여 책임론·조제론·변법론·진관체제복구론·수도방위론·주화론·왕권론의 입장을 취하였는데, 이는 주자학 가운데 의리와 덕업만을 내세우는 주자학 명분론자들에 대해서 식견과 사공을 강조하는 새로운 학문관에서 나온 것이었다. 그의 정치론과 새로운 학문관은 후대에 탕평정치론과 실학사상으로 발전하였다.

또한 이귀는 조정에서 원종추숭 논쟁을 주도하여 반정으로 즉위한 인조의 종법적 정통성을 확립하고 왕권을 강화시키는 초석을 놓았다. 그 과정에서 이귀는 누구보다도 유교사상을 변화된 현실에 입각하여 폭넓고 탄력적으로 해석하여 조정 내 추숭 반대론자들의 학문적 논리적 모순과 오류를 통렬하게 논파하였다. 그는 박지계의 위조후 예론을 원시유학의 근본 정신에 입각하여 보완하고 풍부하게 만들어 주자학이 당시의 현실과 모순되고 괴리된 측면을 극복하고자 하였다. 그가 『논어』에서 출공 첩에 대한 공자와 주자의 비판에 주목하고, 송대 희조 전례에 대한 주자의 입장을 확인한 것, 묘제에 대한 주자도설의 혼란을 위현성의 한대 유학으로 극복하고자 한 것 등은 그러한 측면에서의 성과로 볼 수 있다. 이로써 주류 관인들의 신권론에 맞서 왕권론을 정립함으로써 후대 탕평론의 기초를 마련하였다. 이 과정에서 드러난 그의 새로운 학문관은 후대 실학사상으로 계승·발전되었다고 생각된다.

제2장 지천 최명길의 정치론과 유학의 발전

1. 들어가는 말

최근에 「남한산성」이라는 영화가 수백만의 관객을 동원하여 흥행에 성공하였다. 전공자 입장에서 전공하는 시대와 인물이 대중적으로 주목 받는 것이 반가우면서도 한편으로는 씁쓸한 마음이 드는 것을 피할 수 없었다. 그것은 그 영화의 두 주인공인 최명길(崔鳴吉, 1586~1647)과 김상헌(金尙憲, 1570~1652)에 대한 접근 방식이 전형적인 양시양비론(兩是兩非論)에서 한 치도 벗어나지 못하였기 때문이다.

어쩌면 이 두 사람에 대한 정확한 평가가 대중적인 소설이나 영화로 이루어질 수 있다는 기대 자체가 무리인지도 모른다. 사실 1637년 삼전도의 치욕 이후 조선왕조가 멸망할 때까지 지배층에서는 김상헌을 높이 평가하는 것이 주류였다. 해방 이후 식민사관(植民史觀) 극복을 소리 높이 외치고 나서면서 비로소 최명길에 대한 우호적인 평가가 강화되고 있지만 아직도 학계에서조차도 주류는 양시양비론에 머물러 있다. 그러니 영화와 소설만을 탓할 일도 아닌 것이다.

우리 학계는 아직도 식민사관의 당파성론(黨派性論)에 빌미를 제공한 당쟁(黨爭) 망국론과 유교(儒敎) 망국론을 극복하지 못하고 있다. 여기에는 정치에 대한 깊은 불신이 깔려 있고, 서구의 사상과 제도만을 우월하게 보는 서구 중심주의에서 벗어나지 못한 결과이기도 하다.[1] 이로 인해 역사적 전통에 대한 그릇된 이해가 만연되어 있다. 전근대의 모든 것이 전통인 것은 아니다. 그 가운데 계승·발전시켜야 할 것과 비판하고 극복해야 할 요소를 객관적 기준에 입각하여 분명하게 제시해야 한다.

최명길에 대한 정확한 평가는 이러한 문제들에 대한 해답이 나와야만 내려질 수 있는 지난한 문제인지도 모른다. 「남한산성」이라는 영화에서는 장르의 특성상 단지 병자호란 당시의 논란만을 단편적으로 제시할 수밖에 없었다. 그렇지만 최명길과 김상헌의 대립 갈등은 인조대 정치사 전반에 드리워져 있었다. 이들 논쟁은 국가(國家)의 존재 이유를 묻고 있으며, 국가의 존립보다 우월한 사상과 이념이 있는가라는 중요한 문제를 제기하고 있다.

김상헌이 견지한 척화론(斥和論)은 국가보다 이념을 중시한 주장이었다. 이러한 주장을 뒷받침한 논리가 바로 주자학(朱子學) 명분론(名分論)과 의리론(義理論)이었다. 당시의 관인(官人)·유자(儒者)들은 모두 주자학자(朱子學者)였으므로, 이러한 사고를 벗어나는 것은 어려운 일이었다. 최명길 역시 주자학에서 출발하였지만 당시의 변화하는 현실 속에서 국가를 유지·보존하기 위해서는 주자학의 종지(宗旨)도 굽힐 수 있다고 보았다. 그가 주자학만을 맹종하지 않고 위기에 처한 국가의 현실을 직시하고 그 해결책을 모색하였던 것은 유학에 특유한 치자(治者)로서의 책임의식(責任意識)에 충실하였기 때문에 가능한 일이었다.[2]

두 사람의 대립은 주화·척화문제에만 국한된 것이 아니었다. 인조반정(仁祖反正) 이후 수많은 정치적 논란에서 그 사상적 차이가 분명하게 노출되었다. 주화·척화 논쟁은 반정으로 출발한 인조 정권의 정통성 논란, 국왕 인조의 정치적 위상, 붕당정치의 모순 극복 방안, 당시의 국가적 위기를

---

1) 김용흠, 2016, 「조선의 정치에서 무엇을 볼 것인가-탕평론·탕평책·탕평정치를 중심으로」, 『한국민족문화』 58, 부산대 한국민족문화연구소.

2) 金容欽, 2006a, 「遲川 崔鳴吉의 責務意識과 官制變通論」, 『朝鮮時代史學報』 37, 朝鮮時代史學會.

타개하기 위한 여러 가지 제도 개혁을 둘러싼 갈등 등의 연장선상에 위치하고 있었다. 여기에는 정치에서 윤리·도덕을 분리할 수 있는가, 정책(政策)과 의리(義理) 가운데 무엇이 우선인가, 붕당을 초월한 인재 등용은 가능한가 등의 논점들이 포함되어 있었다.

최명길은 의리론에 입각하여 반정의 정당성에 이의를 제기하는 관인·유자들에 맞서서 유자의 책임의식에 기초하여 반정 주체 세력이 적극적으로 정국을 주도하여야 한다고 주장하고, 인조의 종법(宗法)적 정당성을 확립하기 위해 인조의 생부 정원군(定遠君)을 원종(元宗)으로 추숭(追崇)하는 것에 찬성하였다. 또한 당시의 국가적 위기를 해소하기 위해서는 지배층인 양반과 지주의 양보가 불가피하다고 보고, 호패(號牌)와 균역(均役), 양전(量田)과 대동(大同) 등과 같은 제도 개혁을 적극 추진하였다. 그런데 의리론자들의 반발로 이러한 제도 개혁이 지지부진해진 상태에서 만주족 후금(後金)=청(淸)의 침략을 받자 그들과의 화의(和議)를 주장하였다. 따라서 병자호란 당시 그의 주화론(主和論)은 변법(變法)적 경세론(經世論)의 연장선상에서 나온 것이었다.[3]

양란기 조선왕조 국가의 대내외적 위기를 극복하기 위해서는 그때까지 국가를 지탱해 오던 양대 지주인 양반제(兩班制)와 지주제(地主制)의 모순을 어떤 방식으로든 해소하지 않으면 안 되었다. 김상헌 등 의리론자들이 이러한 제도 개혁에는 반대하면서 호란 당시 주전론 입장에 선 것은 치자로서의 책무의식을 저버린 행동이었다. 이것은 결국 이념을 내세워서 지배층의 계급적 이익을 지키려다가 국가 자체를 부정하기에 이른 모순된 태도이기도 하였다. 조선왕조의 국정교학(國定敎學)이었던 주자학 정치사상은 인조대 척화론에서 현실과 괴리된 그 모순을 적나라하게 폭로한 것이었다.

17세기 주류 관인·유자들을 지배하고 있던 주자학 명분론과 의리론을 넘어서 최명길이 제도 개혁을 주장한 것은 이념보다 현실을 중시하는 태도에서 나온 것이었다. 그리고 정치의 중심은 정책(政策)에 있다는 확고한

---

3) 金容欽, 2006, 『朝鮮後期 政治史 研究Ⅰ-仁祖代 政治論의 分化와 變通論』, 혜안.

소신을 견지하였는데, 이것은 유학의 기본 입장이기도 하였다. 최명길은 현실인식(現實認識)에 기초하여 주자학은 물론 양명학까지도 넘어서는 독자적인 학문 영역을 개척하였다. 그의 학문은 후대의 실학(實學)으로, 그리고 그의 정치론은 탕평론(蕩平論)과 탕평책(蕩平策)으로 계승·발전되었다.[4] 이하에서 그 구체적인 과정에 대한 검토를 통해서 정치와 학문이 어떻게 상호작용하면서 발전하였는지를 규명하여 당쟁망국론과 유교망국론이 가진 문제점을 드러내 보이고자 한다.

2. 정치의 중심 문제는 정책이다

1) 반정의 명분과 정통성 논쟁

광해군과 대북정권이 인목대비(仁穆大妃)를 유폐하고, 임해군과 영창대군 등 여러 왕자를 역적으로 몰아서 죽인 것이 강상윤리(綱常倫理)에 어긋난다는 명분(名分)으로 신하가 군주를 폐출한 사건이 인조반정이었다. 이러한 반정의 명분은 주자학 명분론과 의리론으로 분식되었다. 그런데 '반정(反正)' 자체가 군주(君主)를 상대화시킨 사건이었으므로 인조 정권은 끊임없이 제기되는 정통성(正統性) 논쟁에 휘말려들어 그 왕권이 취약할 수밖에 없었다. 이괄(李适)의 반란을 비롯한 빈발하는 역모사건은 '반정' 자체의 정통성에 문제를 제기하며 발생하였다.[5]

인조대 발생한 대부분의 역모 사건에는 인조의 숙부인 인성군(仁城君)

---

4) 김용흠, 2009, 「조선후기 정치와 실학」, 『다산과 현대』 2, 연세대 강진다산실학연구원.

5) 인조대 발생한 전체 역모 사건은 총 17건인 것으로 밝혀졌다. 이에 대해서는 다음 논고가 있다. 金甲千, 1998, 「仁祖朝 정치의 '適實' 지향성에 관한 연구」, 서울대 박사논문 ; 김용흠, 2006b, 「仁祖反正의 名分과 政權의 正統性 論爭」, 『歷史學硏究』 27, 호남사학회 ; 김용흠, 2006, 앞 책, 제3장 제1절 「仁城君 李珙 처벌 논의와 '反正'의 名分」.

이공(李珙)이 관련되어 있었다. 그럼에도 불구하고 인조를 비롯한 당시 정치를 주도하던 관인·유자들은 그를 제거하는 것에 선뜻 동의하지 못하였다. 그것이 반정의 '명분'에 어긋난 일이었기 때문이다. 국왕 인조로서는 자신의 숙부인 인성군을 어떻게든 보호하여 자신이 내세운 반정의 명분을 고수함으로써 정통성 논쟁에서 탈피하고자 하였다. 그러나 그를 둘러싼 역모사건이 끊임없이 일어나고 있었으므로 신료들 가운데 그를 처벌하여 정권의 안전을 도모하자고 주장하는 사람이 나올 수밖에 없었다.

이로 인해 국왕과 신료들 사이에서는 당시의 정치 현실을 어떻게 볼 것인가, 현실을 중시할 것인가 명분을 중시할 것인가 등을 놓고 서인(西人)과 남인(南人)·북인(北人)이라는 당색간의 차이, 그리고 집권 서인 내부에서도 공신(功臣)이냐 사류(士類)냐에 따라서, 나아가서는 공신 내부에서조차도 대립과 갈등이 일어났다. 이러한 갈등은 반정의 정당성에 대한 논란, 폐세자 (廢世子) 이지(李祬)의 처리 문제, 반정 이후의 인재 등용 문제, 나아가서는 정국 운영 방법 및 붕당론 등과 밀접하게 결부되며 전개되었다.

인성군 처벌에 반대하는 인조의 입장에 동조한 것은 정경세(鄭經世, 1563~ 1633)를 비롯한 남인 일부와 북인 정온(鄭蘊, 1569~1641) 등이었다. 이들은 반정의 명분을 내세우며 도덕적 명분주의에 입각하여 인성군 처벌에 반대하였다. 이들 의리론자들을 대표하는 최고의 이론가는 정경세였다. 송대(宋代) 이학(理學)의 도덕수양 이론을 현실 정치에 그대로 대입시키려는 그의 태도는 주자학 명분론과 의리론에 입각하여 정치를 바라보는 당대 관인·유자들의 세계관을 반영한 최고의 수준이었다. 그들에게 정치와 도덕은 분리될 수 없는 것이었다.[6]

정경세에 의해 창도된 의리론에 입각한 도덕적 명분주의는 단순히 도덕적 명분에 머물지 않고 공신 계열을 비판하는 정치 공세의 성격을 띠고 전개되었으며, 그것은 역모 사건에 빌미를 제공하여 반정 이후 서인 정권을 위협하였다. 즉 서인 내부에 존재하던 반정에 대한 소극적 태도와 반정의

---

6) 김용흠, 2006b, 앞 논문.

정당성에 대해 회의하는 의리론적 지향을 자극하여 공신과 사류 사이, 그리고 공신과 공신 사이에 분열의 빌미를 제공하고, 그 틈새를 비집고 들어가서 그들의 정국 주도를 무력화시키는 방향으로 작용하였던 것이다. 집권 서인들 역시 주자학 명분론과 의리론의 굴레로부터 결코 자유롭지 못하였기 때문이다. 이들의 정치 공세는 소위 사대장(四大將)을 비롯한 훈신들의 군관을 공격하고, 기찰(譏察)과 고변(告變)을 비판하여 결과적으로는 대·소북 잔당들의 역모를 간접적으로 지원한 셈이 되었다.

이들의 도덕적 명분주의에 입각한 정치 공세로 인해 초래된 정권의 위기를 국가의 위기와 같은 차원에서 보고 가장 철저하게 논파한 인물이 반정공신 중 하나인 이귀(李貴, 1557~1633)였다.[7] 이귀가 정경세로 대표되는 남인 의리론자와 북인 정온 등을 비판하는 논리의 핵심에는 국가와 정치에 대한 치자(治者)로서의 책무의식이 깔려 있었다. 그는 반정의 명분을 내세우면서 폐세자 이지나 인성군에 대해서 전은론(全恩論)을 펴는 정경세 등을 국가의 안위는 생각하지 않고 '왕자를 구한다는 명예'를 탐내는 사람들로 간주하고 '호명(好名)'이라고 그 무책임성을 통렬하게 비판하였다.[8] 정치에서 현실을 무시한 채 의리와 명분만 내세운다면 정권은 물론 국가도 그 존립을 위협받게 된다는 인식이었다. 도덕적 수양과 개인의 절개, 즉 치자의 도덕성만으로는 정치가 제대로 전개되는 것은 아니라고 보았던 것이다. 그에게서는 분명히 도덕과 정치는 분리되어야 한다는 인식이 나타나고 있었다. 즉 인성군 처벌 등의 논란에서는 의리론에 입각한 도덕적 명분주의에 대하여 책임론에 입각한 정치적 현실주의가 첨예하게 대치하고 있었던 것이다.[9]

사실 반정 초에 서인 내부에서도 반정의 불가피성은 인정하지만 그 정당

---

7) 인조반정을 전후한 시기의 이귀의 정치 활동에 대해서는 김용흠, 2006, 앞 책, 73~81쪽 ; 2007, 「延平 李貴의 政治論과 學問觀」, 『韓國思想史學』 29, 韓國思想史學會 참조.

8) 李貴, 『李忠定公章疏』(奎章閣 圖書番號 4777, 이하 같음) 卷4, 「因玉堂論斥乞骸箚」, 23~25쪽.

9) 김용흠, 2006c, 「仁祖代 前半 정치적 갈등과 朋黨論 — 李貴와 金瑬의 대립을 중심으로」, 『역사와 경계』 60, 부산경남사학회.

성에는 의문을 제기하는 자들이 없지 않았다. 오윤겸(吳允謙)은 이귀가 반정을 도모하는 것 자체에 찬동하지 않았다.[10] 신흠(申欽) 역시 홍서봉(洪瑞鳳)이 보낸 시(詩)를 보고 반정을 미리 알았으나 응하지 않았다.[11] 임숙영(任叔英)은 '백이지설(伯夷之說)'을 주장하여 유몽인(柳夢寅) 등과 같은 역적이 나오게 하였다고 이귀의 비판을 받았다.[12] 장유(張維)는 이명한(李明漢)의 손을 잡고 "종사가 망하는 것을 차마 좌시하지 못하여 이 일을 하였지만 하늘과 땅에 부끄러워 낯을 들 수 없다"고 말하면서 눈물을 흘렸다고 한다.[13] 정엽(鄭曄)은 반정을 미리 듣고도 '우유(迂儒)'를 자칭하며 참가하지 않았고, 반정 직후 광해군을 강화도에 안치할 때 일찍이 그를 섬기던 신하로서 '곡송(哭送)'할 것을 주장하여 좌우를 놀라게 하였다.[14]

반정 직후에 서인 내부에서 횡행하던 이러한 의리론에 기초한 도덕적 명분주의는 공신들 내부에서의 다음과 같은 논의에서 그 절정을 보여줬다.

> 일종 사론(士論)에 의하면 '우리들이 명륜을 위하여 반정을 하였는데, 관직에 나가는 것을 즐긴다면 이것은 공(功)을 바라는 혐의가 있다. 그러니 조정은 다른 사람에게 맡기고 물러가는 것이 옳다'는 말이 있다. 장유와 최명길 등도 그렇게 여겼다.[15]

---

10) 이귀, 『이충정공장소』 권25, 「上楸灘吳相國允謙書」, 7쪽, "台監當初舉義之言 則非徒不從其言 反以不能蹈海而死爲壞."

11) 『燃藜室記述』卷23, 仁祖朝故事本末, 「癸亥靖社」, 민족문화추진회, 『국역 연려실기술』, V책 725쪽(이하 'V-725'로 줄임), "(洪)瑞鳳作詩送于申欽云 前日風波畏 風波亦已多 吾人睡足處 夢唱定風波 欽見之 知瑞鳳有安社之計 而不敢應."(『續雜錄』)

12) 『인조실록』 권8, 인조 3년 을축 3월 계유, "當反正之初 任叔英言於臣曰 今之時 若比殿下於武王 則宜有伯夷之節云 其後乃有柳夢寅及諸賊 盖由此論也."

13) 『연려실기술』 권23, 仁祖朝故事本末, 「癸亥靖社」, V-731, "(李)明漢進至某所 張維出而執手曰 不忍坐視宗社之淪亡 不得不爲此舉 而慙負天地 無以爲顔 因涕泣橫流."

14) 李廷龜, 『月沙集』卷44, 「左參贊贈右議政諡文肅鄭公神道碑銘」, 民族文化推進會 편, 『標點影印 韓國文集叢刊』 70집, 207쪽(이하 '총간 70-207'로 줄임), "聞光海將遷江華 公言於大臣曰 廢主雖自絶于天 羣臣曾所北面 當哭送 左右失色不答 公欲獨爲之 聞已出去不果. 初公在廣陵 有書生密告公以反正之舉 公曰 綱常已絶 此時宗社爲重. 但萬一蹉跌 士類殲盡 則事不成而國隨亡矣. 如我迂儒 當守天地之大分而已."

15) 『이충정공장소』 권28, 「年譜」, 26~27쪽, "時一種士論以爲 吾輩爲明倫反正 而若做好官

이때 이귀는 "이 국면을 만든 자가 이 국면을 담당해야 한다. 만약 다른 사람에게 맡겼다가는 반드시 후회가 있을 것이다"고 거부하였지만 공신들 내부에서조차 받아들여지지 않았다.[16] 반정공신들 내부에서조차도 의리론에 기초한 도덕적 명분주의와 책임론에 기초한 정치적 현실주의가 첨예하게 대치하고 있었던 것이다.

그런데 이와 관련하여 다음과 같은 최명길의 발언이 주목된다.

당초에는 국사(國事)가 오늘에 이르도록 안정되지 않으리라고 생각하지 못하였습니다. 신흠이 이조판서로 있을 때 신이 김류(金瑬)에게 말하기를 '오늘날 사람을 쓰는 일은 신흠에게 맡겨야 한다'고 하니 김류도 옳게 여겼습니다. 그런데 또 이귀에게 말하니 이귀가 말하기를, '옳지 않다. 일을 시작한 사람이 마땅히 일을 끝내야 한다. 우리들 스스로 맡아서 해야지 어찌 남의 손을 빌리겠는가?'라고 하기에, 신은 그의 말이 옳지 않다고 여겼습니다.

그러다가 신흠의 사람 쓰는 것을 보니 옛날 방식대로만 하여 어려운 시대를 크게 구제할 수 있는 솜씨가 못 되었습니다. 그 뒤에는 당색이 다른 사람들은 합심할 생각을 하지 않고 당색이 같은 사람도 공신 대하기를 다른 사류(士類)와는 달리 보았습니다. 그래서 신이 아무리 힘을 다해 주선해도 모두 기꺼이 따라주려 하지 않았습니다. 만약 그의 손에만 맡겨두 었더라면 사람을 등용할 때 필시 미진한 점이 많았을 것이니, 지금 와서 생각해 보면 이귀의 말에 소견이 없지 않았습니다.[17]

是嫌於希功. 朝政付之他人 而退坐爲可云. 張維崔鳴吉等 亦以爲然." 이에 대해 崔鳴吉이 찬술한 李貴 行狀에는 표현이 약간 다르게 나와 있다. 崔鳴吉, 『遲川集』卷18, 「奮忠贊謨立紀明倫靖社功臣輔國崇祿大夫議政府左贊成延平府院君李公行狀」(이하 '이귀행장'으로 줄임), 총간 89-538, "始諸公相議曰 今日之擧 爲明倫也. 若因而當局用事 是與希功者無異. 各有斂退之意."

16) 최명길, 『지천집』 권18, 「이귀행장」, 총간 89-538~539, "公獨曰 做此局者 當此局. 若付別人 終必有悔. 諸公不能聽信. 故朴弘耇趙挺等 皆以昏朝助惡之臣 仍處相位 初頭處置多失人望 識者始知公有先見也."

17) 『인조실록』 권3, 인조 원년 계해 11월 신유, "(崔)鳴吉曰 當初不料國事之至今未定也.

이러한 최명길의 발언은 인조반정 직후의 정국과 관련하여 매우 중요한 시사점을 던져준다. 첫째로 무엇보다 중요한 것은 반정공신의 핵심이었던 이귀와 김류 사이에는 책임론에 입각한 정치적 현실주의와 의리론에 기초한 도덕적 명분주의라는 사상적 차이가 내재되어 있었다는 것이다. 반정 직후의 정국을 '공신들이 담당해야 한다'는 것은 이귀의 책임론에 입각한 정치적 현실주의의 표현이었다. '용인(用人)'을 '신흠에게 맡겨야 한다'는 것은 신흠이 '옛날 방식대로만 한다(循途守轍)'는 뒤의 비판으로 보아서 기존의 제도와 관행을 답습한 인사로 이해된다. 그것은 사림 계열 일반의 명분론과 의리론만을 인물 등용의 기준으로 삼았다는 점을 시사하는 것으로 해석해도 무리가 없을 것이다. 즉 김류는 기본적으로 의리론에 기초한 도덕적 명분주의의 입장에 서 있었던 것이다. 인조대 전반 내내 이귀와 김류 사이에 나타난 대립과 갈등은 그러한 사상적 차이의 표출로도 볼 수 있을 것이다.[18]

둘째로 의리론에 입각한 도덕적 명분주의로는 붕당간의 대립을 해소할 수 없을 뿐만 아니라 서인 내부에서조차 공신과 비(非)공신 사류 사이의 대립을 격화시켜 분열을 막기 어렵다는 것을 최명길이 분명히 인식하였다는 것이다. 여기서 정경세를 필두로 한 남인과 북인 일부의 도덕적 명분주의에 입각한 정치 공세가 갖는 의미가 분명해진다. 그것은 그들이 의도하였든 그렇지 않든 간에 서인 내부에서 공신과 공신, 공신과 사류 사이에 분열의 빌미를 제공하고 그 틈새를 비집고 들어가서 그들의 정국 주도를 무력화시키는 방향으로 작용하였다는 것이다. 이귀가 정경세를 비판한 이유가 바로 여기에 있었던 것이다.

셋째로 최명길 자신이 처음에는 김류가 옳다고 생각하였지만 이후 전개되는 '정치현실'을 보고 이귀가 옳다는 것을 알게 되었다는 것이다. 여기서 17세기 정치 주도 세력인 관인·유자들을 사로잡았던 의리론과 도덕적 명분

申欽爲吏判 臣謂金瑬曰 今日用人 須屬於申欽. 金瑬以爲可. 又言于李貴 貴曰 不可. 始事之人 當了其事. 吾屬自當爲之. 豈付他手. 臣以其言爲不是也. 及見申欽之用人 循途守轍 非弘濟艱難之手. 厥後 異色之人 不思同寅 同色之人 視功臣亦異於他士類 臣雖竭力周旋 而皆不肯從. 若但委其手 則用人之際 必多未盡之事. 到今思之 李貴之言 不無所見."

18) 이귀와 김류의 대립·갈등에 대해서는 김용흠, 2006c, 앞 논문 참조.

주의의 지배력과 한계를 동시에 엿볼 수 있다. 최명길조차도 반정 초기에는 자신들이 '관직에 나간다면 공을 바라는 혐의가 있으니, 조정은 다른 사람에게 맡기고 물러가야 한다'는 도덕적 명분주의의 입장에 서 있었으므로, 반정 직후 인사(人事)라는 가장 중요한 정치 행위를 신흠에게 맡겨도 된다고 생각하였다. 최명길이 그것의 문제점을 느낀 결정적 계기는 신흠의 용인(用人)이 '옛날 방식대로만 하여[循途守轍] 어려운 시대를 크게 구제할 수 있는 솜씨가 못 되었다[非弘濟艱難之手]'는 현실인식(現實認識)이었다. 당시의 정치현실에 대한 책임의식이 최명길로 하여금 그것의 한계를 자각할 수 있게 만든 것이다. 이것은 주자학 정치론의 명분론과 의리론에 깊이 사로잡혀 있는 당시의 유자 관인들이 현실인식에 기초하여 그것과는 다른 새로운 정치사상을 모색하게 되는 과정을 선명하게 보여준다. 이귀와 최명길은 이러한 정치에 대한 책임의식을 바탕으로 붕당 타파론을 적극 피력하였던 것이다.[19]

2) 원종추숭 논쟁과 왕권론

인조반정의 정당성과 인조 정권의 정통성 논쟁은 인조의 생부 정원군(定遠君) 추존과 관련하여 인조대 전반 내내 진행된 일련의 예론(禮論)과 그 추진 과정에서 그 정점에 달하였다.[20] 즉위 초기에 인조의 왕권이 취약했던 것은 꼭 '반정'의 모순 때문만은 아니었다. 주자학 정치론 그 자체가 전제왕권

---

19) 이귀와 최명길의 破朋黨論에 대해서는 김용흠, 2006c, 앞 논문 참조.

20) 김용흠, 2006d, 「仁祖代 元宗 追崇 論爭과 王權論」, 『學林』 27, 연세대 史學硏究會 ; 2006, 앞 책, 제3장 제2절 「元宗 追崇과 政權의 正統性 論爭」. 이 논쟁의 전개 과정은 모두 4시기로 구분해 볼 수 있다. 첫째는 反正 직후부터 시작된 私廟 典禮 論爭(1623년~1625년), 둘째는 1626년(인조 4년) 인조의 어머니 啓運宮 具氏의 죽음으로 촉발된 啓運宮 喪禮 論爭(1626년~1628년 2월), 세째는 1628년(인조 6년) 啓運宮 祔廟禮를 전후하여 본격화된 元宗 追崇 論爭(1628년 3월~1632년 5월), 네째는 元宗 追崇 이후 宗廟에 祔廟하기까지 전개된 宗廟 入廟 論爭(1632년 6월~1635년 3월)이 그것인데, 정원군을 원종으로 추존하는 것을 이들 논쟁의 핵심으로 보고 '원종추숭' 논쟁으로 통칭하였다.

을 제약하는 논리로 가득 차 있었다. 이를 내세운 신료들의 압박에 대항하여 인조는 정원군의 추존과 종묘에의 입묘, 즉 원종추숭을 자신의 정통성 확립의 관건으로 보고 있었다. 여기에 반정공신 가운데서는 이귀와 최명길 이, 산림(山林)에서는 박지계(朴知誡, 1573~1635)가 동조하고 나섰다. 이들 이 서인 산림 김장생(金長生, 1548~1631)과 남인 정경세로 대표되는 다수의 관인 유자들의 반발을 무릅쓰고 원종추숭에 찬성하였다는 것은 신료들 내부에서도 주자학의 신권(臣權) 중심 정치론의 문제점을 인식하고 왕권론 (王權論)에 동조하는 세력이 등장하였음을 의미하는 것이었다. 원종추숭을 추진하는 과정에서 서인과 남인을 막론하고 이에 동조하는 관인 유자들이 속속 나타나고 있었다. 17, 18세기를 통하여 관인 유자들 사이에서 지속적인 쟁점이 되었던 왕권론과 신권론의 대립은 바로 이 원종추숭 논쟁에서 본격 화되었던 것이다.[21]

사묘 전례 논쟁에서 '부자상경(父子常經)'론에 입각한 박지계의 칭고론(稱 考論)과 '입승대통(入承大統)'론에 입각한 김장생의 숙질론(叔姪論)이 서로 맞서 있는 가운데 조정 신료들은 칭고칭자의 현실을 인정하면서도 인조와 정원군의 부자 관계를 이념적으로는 부정하는 모순된 태도를 취하였다. 이에 대해 인조가 반발하여 긴장관계가 해소되지 않은 상태에서 인조의 생모인 계운궁의 상을 당하여 잠재되어 있던 논쟁이 표면화된 것이 계운궁 상례 논쟁이었다.

계운궁 상례 논쟁에서는 『의례(儀禮)』의 '위인후(爲人後)' 조항을 적용하 여 자최부장기(齊衰不杖期)를 주장하는 신권론과 『의례』 '위조후(爲祖後)' 조항에 근거하여 삼년상을 주장하는 왕권론이라는 사상적 대립이 저변에 깔려 있었다. 전자는 주자학 명분론을 절대화하는 입장이라면, 후자는 정주학(程朱學)보다 공맹(孔孟) 유학을 중시하는 입장이었다.

---

21) 17, 18 세기 王權論과 臣權論의 대립에 대해서는 金駿錫, 1992, 「朝鮮後期 黨爭과 王權論의 推移」, 『朝鮮後期 黨爭의 綜合的 檢討』, 韓國精神文化研究院 ; 金駿錫, 1998, 「18세기 蕩平論의 전개와 王權」, 朝鮮時代史學會, 『東洋 三國의 王權과 官僚制』, 國學資 料院 참조.

최명길은 이번의 예론이 '상하 수천 년 간 전혀 견줄만한 데가 없다'고 전제하고, '수국어조(受國於祖)'와 '성서탈적(聖庶奪嫡)' 조항을 적용할 수는 있지만 '위인후' 조항을 적용하는 것은 부당하다고 보았다. 따라서 기년(期年)으로 강복(降服)하는 것은 자신의 본의가 아니었고, 부장기(不杖期)로 하기를 청하는 것은 더욱 이해할 수 없다고 하였다. 이것은 사실상 이귀의 삼년상(三年喪) 주장과 동일한 내용이었으며, 김장생에게 편지를 보내 '별묘(別廟)'를 세우는 것이 옳다고 역설하였다가 집중적인 비방의 대상이 되었다.[22]

최명길은 신료들이 아무런 '명문적증(明文的證)'도 없이 먼저 가슴 속에 사의(私意)를 품고 왜곡된 주장을 늘어놓으면서 반드시 '강쇄(降殺)'시키려고만 한다고 비판하였다[23]. 그는 신료들이 인조가 '직승조통(直承祖統)'한 것을 '인후(人後)'라고 지목하고, '군지부모(君之父母)'를 '방친(旁親)'으로 대우하는 것은 '선왕(先王)'의 예제(禮制)'를 무너뜨리고, '부자(父子)의 대륜(大倫)'을 말살한 것으로서, 이로 인해 '조정에 가득찬 명류(名流)들이 모두 무부지죄(無父之罪)에 빠졌다'고 극론하였다. 또한 계운궁 상에서 신료들의 행태를 비판하였다. 사우(士友) 간에도 부모상이 있으면 가서 곡하는 것이 인지상정인데, 군부(君父)의 상에 회곡 한번 하지 않으면서 '곡을 하면 국상이 된다'고 말하고, 군부가 성복하였는데도 신료들은 길복을 하고서는 '종복(從服)하면 국상이 된다'고 말하면서 '오로지 강쇄하는 것만을 정론(正論)으로 삼는다'는 것이다.

최명길은 신료들의 주장이 다수라는 것을 인정하지만 반드시 '다자위공(多者爲公)'인 것은 아니라고 하였다. 온 조정이 옳다고 하는 것을 한 사람이 잘못이라고 하는 경우도 있다면서 문제는 '언지시비(言之是非)'에 있을 뿐이라는 것이다. 최명길은 이러한 신료들의 잘못이 명분을 숭상하는 풍토에서 비롯된 것으로 보고 있었다.

---

22) 『인조실록』 권11, 인조 4년 병인 정월 기사.
23) 『지천집』 권8, 「論典禮箚」(丙寅), 총간 89-379~393.

오늘날 숭상하는 것은 명(名)이고 제가 힘쓰고자 하는 것은 실(實)입니다. 세상에서 논하는 것은 적(迹)이고 제가 믿는 것은 심(心)입니다. … 우리나라 사람들의 심성이 편애하여 움직일 때 꺼리는 것이 많은 것은 부인이나 소아와 같은 점이 있습니다. 그리하여 근사한 것에 미혹되어 진실된 의견이 결핍되어 있고, 근엄한 것이 지나쳐서 충후지실(忠厚之實)이 부족합니다.[24]

그래서 세상에 '진유(眞儒)'가 없어 '시비가 혼효되고 풍속이 각박'해졌다고 진단하였다. 정주학 또는 주자학 명분론과 의리론의 의미를 깊이 새겨보지 않고 유행처럼 무조건 추종하는 당시의 풍토에 대한 비판적 인식이었다. 여기에 대해 최명길 자신이 힘쓰고자 하는 것은 '실'인데, 그것은 바로 '충후지실(忠厚之實)'이고, 자신이 믿는 것은 '심(心)'인데 그것은 '근사'한 것에 미혹되지 않고 '진실지견(眞實之見)'은 마음에서 얻어진다는 확신 바로 그것이었다.

최명길의 이러한 주장은 결국 인조의 효를 명분이나 선입견을 앞세우지 말고 '현실' 그대로 받아들여야 한다는 주장으로 볼 수 있다. 신료들의 주장이 나온 근원은 바로 추숭이나 입묘로 나아가는 '기미를 막기'[防微] 위한 것임을 그 역시 모르지 않았다. 그러나 '사군지도(事君之道)'는 '방미'도 중요하지만 '무실(務實)' 역시 중요하다는 것이 그의 입장이었다. 더구나 군부는 바로 예악지종(禮樂之宗)이고, 천서천질(天叙天秩)의 소자출(所自出)이므로 그 상제를 미진하게 할 수 없다는 것이 그의 생각이었다. 이것은 최명길의 존군론(尊君論)이라고 할 수 있겠는데, 그가 현실론 또는 무실론으로서 존군론을 제기하고 있는 점이 주목된다.[25]

---

24) 위와 같음, 총간 89-390 ; 총간 89-392.
25) 위와 같음, 총간 89-390 ; 총간 89-393. 최명길의 이러한 말들과 자신의 3년상 주장에 대한 확신을 '良知之天 一朝開悟 而不可掩也'라고 표현한 것 등은 그의 陽明學的인 소양을 보여주는 대목이다. 務實論, 孝治論, 尊君論 등이 양명학의 내용과 유사하다는 것은 朴知誡의 경우에서 분명하게 드러난다. 이러한 박지계의 사상에 대해서는 김용흠, 2006e, 「잠야(潛冶) 박지계(朴知誡)의 효치론(孝治論)과 변통론」,『역사와 현실』61, 한국역사연구회 참조. 중요한 것은 이들이 양명학을 먼저 학습하고 이러한 주장을 내놓은 것이 아니라 주자학 명분론과 의리론에 매몰되어 있던

3) 변법론과 수법론의 대립

인조반정은 주자학 명분론과 의리론을 내세운 정치 변란이었으므로 이후 명분론적 지향이 강화될 수밖에 없었다. 이러한 경향은 경세론(經世論)에서도 드러났다. 수신(修身) 위주의 도학적(道學的) 경세론이 바로 그것이었다. 당시 대부분의 관인·유자를 지배하고 있었던 것은 주자학 정치사상이었으므로 어쩌면 그것은 필연적인 일이었다. 그러나 그것만으로는 당시 조선왕조 국가가 직면한 대내외적 위기를 타개해 나갈 수 없었다. 그리하여 당시의 변화하는 현실에 맞게 법과 제도를 개혁해야 한다는 관인·유자들이 등장하였다. 즉 변법적(變法的) 경세론자들이 등장하여 전반적인 제도 개혁을 추진하려 하였던 것이다. 따라서 이 양자 사이에 정치적 갈등이 일어나는 것은 피할 수 없는 일이었다. 그리고 변법론자들이 추진한 개혁이 도학적 경세론자들과 기득권 세력의 반발에 직면하여 지지부진한 가운데 두 차례의 호란을 맞이하였다. 그리하여 변법론자들은 주화론에 의해 일단 국가를 유지 보존하고자 한 반면 도학적 경세론자들은 주자학 명분론과 의리론을 내세우면서 척화론을 주장하였던 것이다.[26]

인조반정 이후 변법적 경세론을 적극 주장한 인물로는 반정공신 가운데 이귀와 최명길이 대표적이고, 비공신 사류 중 서인으로는 조익(趙翼)·이식(李植)·김육(金堉) 등이 있으며, 남인 가운데는 이수광(李睟光)·이준(李埈) 등이 바로 그들이었다.

최명길은 반정 초부터 조선왕조 법제 자체의 정비를 주장하였다. 『경국대전(經國大典)』 자체가 편찬된 지 100년이 넘어 당시의 변화된 현실과 맞지 않아서 대소 신료들의 사정(私情)에 따라서 적용되거나 이서들이 농간을

당시 주류 관인·유자 일반의 인식과 행동의 문제점을 비판하는 과정에서 이러한 논의를 제기하였다는 점이다. 따라서 최명길과 박지계가 양명학자냐 아니냐를 떠나서 이들의 이러한 인식은 宋明理學이 주자학에서 양명학으로 변모할 수밖에 없었던 그 필연성을 상기시키는 소중한 체험이라고 해야 할 것이다.

26) 金容欽, 2006f, 「17세기 前半 經世論의 두 경향」, 『역사문화연구』 24, 한국외국어대 歷史文化硏究所 ; 2006, 앞 책, 제5장 「變通 指向 經世論의 등장과 전개」.

부리는 수단으로 전락하여 나라에 법이 없는 것이나 마찬가지가 되었다고 인식하였다.[27] 그리하여 인조 초년부터 권력구조의 개편 방안을 건의하여 주자학 정치론이 현실과 괴리된 모순을 극복하고자 시도하였으며, 이귀가 죽은 뒤, 병자호란을 전후한 시기에도 이를 실현하고자 노력하였다.[28]

최명길은 인조반정 이후 개혁이 지지부진한 가장 핵심적인 원인을 당시 관인 유자들이 주자학 명분론과 의리론에만 집착하고 있기 때문이라고 보았다.

계해년 이후에 선류(善類)가 국사를 담당하고 청의(淸議)가 조정에 가득 찼지만, 명절(名節)을 서로 숭상하다보니 왕왕 사실을 추구하지 않고 오로지 명분만 쫓는 경향이 있었다. 그리하여 진신(搢紳)들 사이에 진실돈박지풍 (眞實敦朴之風)이 부족하여 국가 대계(大計)가 방해받는 일이 많았다.[29]

여기서 최명길이 말한 선류(善類), 청의(淸議), 명절(名節)이 주자학 명분론 과 의리론 또는 그것만을 고집하는 관인 유자를 지칭함은 물론이다. 그로 인해 현실(事實)을 현실대로 인식하려는 풍토[眞實敦朴之風]가 훼손되어 국 가 대계가 방해받고 있다는 것인데, 여기서 그가 말한 '국가 대계'란 각종 사회경제적 제도 개혁을 말하는 것이 분명하였다.

변법을 둘러싼 논란은 인조대 거의 전 시기에 걸쳐서 나타났다. 예를

27) 『지천집』 권7, 「論官制箚」, 총간 89-375.
28) 최명길의 개혁사상에 대해서는 다음과 논고가 있어 참고된다. 吳洙彰, 1985, 「仁祖代 政治勢力의 動向」, 『韓國史論』 13, 서울대 국사학과 ; 李綺南, 1992, 「崔鳴吉의 政治活動 과 權力構造 改編論」, 『擇窩許善道先生停年紀念韓國史學論叢』, 一潮閣 ; 李在喆, 1992, 「遲川 崔鳴吉의 經世觀과 官制變通論」, 『朝鮮史硏究』 1, 朝鮮史硏究會 ; 조성을, 1992, 「17세기 전반 서인관료의 사상」, 『역사와 현실』 8, 역사비평사 ; 배우성, 2003, 「사회정책적 논의의 정치적 성격」, 한국역사연구회 17세기 정치사 연구반, 『조선중 기 정치와 정책』, 아카넷 ; 金泰永, 2003, 「遲川 崔鳴吉의 現實 變通論」, 『道山學報』 9, 道山學硏究院 ; 金容欽, 2006a, 앞 논문 ; 원재린, 2007, 「遲川 崔鳴吉의 학문관과 정치운영론」, 『한국사상사학』 29, 한국사상사학회.
29) 『지천집』 권18, 「이귀행장」, 총간 89-561.

들면 1625년(인조 3) 경연석상에서 최명길이 변법의 필요성을 제기하자 사간(司諫) 이준이 이에 동조하였는데, 우의정 신흠은 이를 인정하면서도 자신은 능력이 없어서 감당할 수 없다고 이를 회피하였고, 형조판서 오윤겸은 조종지법(祖宗之法)을 준행하면 된다고 분명하게 반대 의사를 표명하였다.[30] 변법론(變法論)과 수법론(守法論)의 대립이었다. 1627년(인조 5) 우의정 김류는 "전후에 경장(更張)한 일이 많았지만 모두 끝이 좋지 못했다"고 하면서 "비록 마땅히 경장해야 될 일이라고 할지라도 민이 불편하게 여기면 옛 관례대로 하는 것이 좋겠다"고 완곡하지만 분명하게 변법론에 반대하였다.[31]

1637년(인조 15)에는 우의정 최명길이 대간이 피혐(避嫌)하는 제도를 개혁하려 하자 사간원에서 '폐단을 바로잡으려다가 오히려 폐단을 늘리게 된다'면서 이를 거부하였다.[32] 1640년(인조 18)에 우의정 강석기(姜碩期)는 "모든 개혁에 관한 일은 부득불 고쳐야 될 일이 아니라면 역대 임금이 계승해 온 고사를 따르는 것도 안 될 것이 없다"고 수법론을 피력하였다.[33] 심지어는 "신법을 행하는 것이 구법보다 100배 유리하지 않다면 개혁해서는 안 된다"는 극단적인 주장도 나왔다.[34] 이에 대해 이귀는 "오늘날 국세를 보면 병든 곳이 많아서 마땅히 변통해야 하는데, 변통하면 폐단이 생긴다고 변통하지 않는다면 앉아서 멸망을 기다려야 한다"면서,[35] "그것이 정당한 일이라면 열 번을 바꾸어도 무방하다"고[36] 대조적인 입장을 보였다.

인조대 두 차례에 걸친 호란(胡亂)에 대한 대응 방안을 두고 전개된 주화·척화 논쟁의 저변에는 이와 같이 경세론을 둘러싼 변법론과 수법론의 대립이 깔려 있었다. 수법론자들이 내세운 도학적 경세론은 양란기에 조성

---

30) 『인조실록』 권8, 인조 3년 을축 3월 기미.
31) 『인조실록』 권17, 인조 5년 정묘 9월 무자.
32) 『인조실록』 권35, 인조 15년 정축 6월 갑인.
33) 『인조실록』 권41, 인조 18년 경진 8월 갑인.
34) 『인조실록』 권26, 인조 10년 임신 정월 신유.
35) 『이충정공장소』 권9, 「請赦潰逃軍兵箚」(丁卯 12월 3일), 40쪽.
36) 『이충정공장소』 권11, 「三論逃軍事箚」(戊辰 8월 14일), 5쪽.

된 국가적 위기를 타개하는 관건을 주자학 명분론과 의리론의 연장선상에서 군주 수신, 군주 심술(心術) 여부로 환원하여 제기하였다. 그 내용은 '여민휴식(與民休息)'='관민력(寬民力)'에 그 초점이 맞추어진 양반 지주 중심 경세론이었다. 이 논리에서는 17세기 국가적 위기를 타개하기 위해 제기된 양전(量田)과 대동(大同), 호패(號牌)와 균역(均役)에 기본적으로 반대하였다. 즉 변법론자들이 제기한 법과 제도의 개혁에는 소극적이거나 반대하는 입장이었으며, '국사(國事)'보다 '민사(民事)'를 우선하는 논리였다. 두 차례에 걸친 호란 당시에 척화 의리론자들은 바로 이 도학적 경세론을 견지하고 있었다. 따라서 이것은 양란기 조선왕조 국가의 역사적 과제에 비추어 볼 때 '재조번방(再造藩邦)'론의 범주에 속하였다.

이에 대하여 주화론 계열에서 제기한 것이 변법적 경세론이었다. 이들은 반정 초부터 후금=청의 위협으로부터 국가를 방어하기 위해서는 법과 제도의 개혁을 통해 왜란으로 인해 마비된 국가의 기능을 회복해야 한다고 주장하였다. 즉 '국가재조(國家再造)'의 차원에서 변법론을 제기하였던 것이다. 이들은 주자학 명분론과 의리론 그 자체에 집착하는 경향이 있는 수신 위주의 도학적 경세론만으로는 당시의 국가적 위기를 타개할 수 없다는 것을 분명하게 인식하고 있었다. 이들은 '국사'와 '민사'가 일치되는 방향에서의 제도개혁을 추구하였다. 즉 이들이 시행하려 했던 양전과 대동법, 호패법과 사족수포(土族收布) 등은 토호(土豪) 양반지주와 중간 모리배들의 착취와 횡포를 제거 내지 억제함으로써 영세빈농을 포함한 민과 국가가 동시에 유리한 방향에서 제도를 개혁하고자 하였던 것이다. 이것은 결국 이들이 당시의 위기에 처한 국가와 민생을 동시에 구제하기 위해서는 양반제와 지주제가 일정하게 제한되어야 한다고 보았음을 의미하는 것이었다. 그러나 이들의 그러한 시도가 좌절되자 만주족의 침략으로 조성된 국가적 위기에 처하여 반정의 명분인 주자학 명분론과 화이론을 굽혀서라도 우선 국가를 유지 보존하고자 하였다. 여기에 이들이 주화론의 입장을 취한 소이가 있었던 것이다. 즉 호란 당시 주화론과 척화론의 대립은 변법론과 수법론의 대립의 연장선상에 있었으며, 그것은 '국가'재조론과 재조'번방'론

의 대립이기도 하였던 것이다.[37)]

3. 치자(治者)의 책임의식과 유학(儒學)의 발전

1) 주화론과 척화론의 갈등

왜란으로 표면화된 동북아시아 국제정세의 변동은 만주족의 성장을 자극하여 동북아시아에 새로운 긴장을 조성하였다. 만주족의 통일과 후금의 건국은 일정한 생산력 발전에 기초하고 있지만 그것의 한계에 의해 만(滿)·몽(蒙)·한(漢)을 아우르는 다민족 국가로의 지향은 필연적 추세가 되고 있었다. 그리고 명(明)은 이미 쇠퇴해 가는 단계였으므로 이들과의 공존을 모색할 역량과 비전을 상실한 상태에 있었기 때문에 후금과 명의 충돌은 피할 수 없는 일이었다. 따라서 주자학 명분론과 의리론에 의해 대명(對明) 사대(事大) 노선을 취하고 있던 조선과 후금의 충돌 역시 불가피한 상황이었다. 더구나 인조반정으로 광해군대 명과 후금 사이에서 취한 등거리 외교를 비판하고 주자학 명분론과 의리론을 반정의 명분으로 선양하면서 집권한 인조 정권으로서는 후금의 침략에 대한 방어 대책에 절치부심 하지 않을 수 없었다.[38)]

그러나 국방력이라는 것이 단순히 군사력 증가나 군사 조직의 창설로 강화되는 것이 아니었다. 당시에는 『경국대전』 체제 자체가 마비된 상태였으므로 새롭게 국가체제를 재정비해야만 국방력을 강화시킬 수 있는 상황이었으며, 그 방향은 그때까지 조선왕조를 지탱하고 있던 양대 중심축인 양반제와 지주제의 모순을 어떤 방식으로든 해소하는 것이어야만 했다. 그리하여 반정 초의 개혁 국면에서 국가의 유지 보존을 통한 보민(保民)을

---

37) 김용흠, 2006f, 앞 논문.
38) 정묘호란을 전후한 주화·척화 논쟁에 대해서는 김용흠, 2006g, 「丁卯胡亂과 主和·斥和 論爭」, 『한국사상사학』 26, 한국사상사학회 ; 2006, 앞 책, 제4장 제1절 참조.

모색하는 변법론자들에 의해 양전과 대동, 호패와 균역이 논의되고, 관인 유자 사이에서 점차 지지자를 확대시켜 갔다. 이들은 호패법 시행에 역량을 집중시켜 나가고자 하였지만 수법론자들의 반발과 정묘호란으로 호패법은 결국 결실을 보지 못하고 폐기되고 말았다. 이것은 조선 봉건왕조가 국가를 방어할 수 있는 군사력을 정상적인 방법으로 증강시키는 것이 이미 불가능해진 상태에 처하였음을 의미한다.

　제도개혁을 통한 국가체제의 재정비와 그를 통한 국방력 강화가 지지부진한 상황에서 후금과 정면으로 맞서는 것은 무모한 일이었다. 여기에 변법론자들이 주화론을 취하게 되는 필연성이 있었다. 수법론자들은 주자학 명분론과 의리론 및 화이론으로 대표되는 자신들의 이념(理念)을 국가 그 자체보다 중시하면서 척화론의 입장에 섰다. 이것은 이들이 아무리 자신들의 주장을 민본론으로 포장하더라도 치자로서의 책무의식을 방기한 것으로 보지 않을 수 없는 것이었다. 여기에 변방방어론, 남군부방론(南軍赴防論), 임진강 파수론으로 이어지는 이들의 방어 전략은 봉건제도의 모순을 심화시켜 민의 반발만을 격화시킬 뿐 방어 전략으로서의 유효성을 기대하기 어려운 실정이었다.[39]

　그럼에도 불구하고 후금과의 화친을 배척하는 논의는 끊일 줄 몰랐다. 1627년(丁卯) 1월 8일에 조선 침공을 개시한 후금군은 1월 13일에 압록강을 도하하여 14일에 의주를 함락시킨 후 즉시 평안감사 윤훤에게 총사령관 아민의 명의로 된 국서를 보내어 조선측에 화의를 제의하였다. 그리하여 우여곡절 끝에 조선 조정이 화의에 응하기로 결정하고 사신이 양 진영을 왕래하고 있었다.[40] 이때 사간 윤황(尹煌)은 '이름만 화친이지 사실상 항복'이라면서 '노사(虜使)'를 참하여 '군정(群情)'을 위로하고,' '주화 오국지신(誤國之臣)'을 참하여 사설(邪說)을 끊어버리고, 패전한 장수를 참하여 군율을

---

39) 정묘호란을 전후한 시기의 방어 전략을 둘러싼 논쟁에 대해서는 김용흠, 2006, 앞 책, 제5장 제2절 「延平 李貴의 軍政變通論과 保民論」 참조.
40) 정묘호란 당시 후금과 조선 사이의 강화 교섭에 대해서는 柳在城, 1986, 『丙子胡亂史』, 國防部戰史編纂委員會, 98~113쪽 참조.

진작하라고 주장하였다.[41] 그리고 양사 합계로 주화론을 주도하였던 이귀와 최명길에 대한 탄핵이 이어졌다.[42] 척화론자들은 도성을 포기하고 강도(江都)로 파천한 것, 임진강을 파수하지 않은 것, 이서(李曙)가 남한산성에 대군을 주둔시키고도 동병(動兵)하지 않은 것 등을 모두 주화론자들의 책임으로 돌렸다.

그러나 주화론자들 역시 대명 의리론을 포기한 것은 아니었다. 정묘호란기에 주화론을 대표하였던 연평 이귀는 대명 의리론을 고수하면서도 후금과 강화(講和)하지 않을 수 없는 현실을 경권론(經權論)으로 합리화하였다. 후금의 위협으로부터 국가를 유지하는 것이 보민의 관건이라고 간주한 이귀는 사세(事勢)·형세(形勢)·시세(時勢)에 따라서 권도(權道)를 행사하면[因時制權] '권(權)이 변해서 경(經)이 될 수도 있다'고 보았다. 그것은 물론 자강을 위한 한시적인 '모국(謀國)의 권도'로서였다.[43] 이념보다 현실을 중시하는 이러한 사상은 치자로서의 책무의식의 표현이기도 하였다. 그가 제출한 경권론, 즉 사세론은 주자학 명분론과 화이론 그 자체를 부정하지는 않았다고 하더라도, 그러한 이념 그 자체보다 국가를 우선하는 사고였다. 따라서 현실 상황의 변화에 따라서는 주자학 명분론과 의리론을 부정하는 방향으로 나갈 수도 있는 가능성을 내포한 정치사상이었다.

정묘호란으로 성립된 강화는 대명 의리론 그 자체를 부정하지 않은 것이 성과라면 성과였다. '명에는 사대, 후금에는 교린'이라는 원칙 아래 형제의 국가로서 공식적인 외교 관계가 성립되었던 것이다. 서로 충돌할 수밖에 없고, 충돌하고 있는 두 나라와 공식적인 외교 관계를 맺게 된 조선으로서는 양국 사이의 관계 변동에 따라서 여러 가지 해결하기 어려운 난제에 봉착하지 않을 수 없었다. 당시 관인 유자를 지배하고 있던 주자학 명분론과 의리론에 집착하는 한 후금과 교류하는 가운데 사소한 일에서도 사사건건 마찰을 피하기는 어려웠다. 따라서 주화론과 척화론의 논쟁은 더욱 격화될

---

41) 『인조실록』 권15, 인조 5년 정묘 2월 임자.
42) 『인조실록』 권15, 인조 5년 정묘 정월 병신 ; 2월 경술.
43) 『인조실록』 권15, 인조 5년 정묘 2월 기미.

수밖에 없었다.

당시 조선과 후금 사이에서는 피로인 쇄환(刷還), 개시(開市), 세폐(歲幣) 등의 문제가 주요 논점이 되었는데, 정묘년 주화론의 연장선상에서 특유의 경권론에 의거하여 이귀는 가능하면 후금을 자극하지 말고 힘을 키우자는 입장이었다. 천리인정론, 민본론을 내세우면서 쇄환 불가를 주장하는 장유·강유(姜瑜) 등 주자학 명분론자들에 대해서 이귀는 그것이 '경'이지만 모국의 방도에는 '권'도 있다면서 사세에 따라서는 권이 변해서 경이 될 수도 있다고 반박하고 어느 정도의 쇄환은 불가피하다고 주장하였다.

후금의 사신 중에 우리나라 '북도의 토병(土兵)' 출신'으로서 후금에 항복한 자인 박중남(朴仲男)에 대한 대우가 문제되었다. 박중남은 당연히 다른 후금인 사신과 동일한 대우를 요구하였는데, 여기에 대해 가장 강력하게 문제를 제기한 것은 김상헌이었다. 인조가 금나라 사신을 만날 때 박중남을 의자에 앉게 하자 김상헌은 상소하여 여기에 반발하였는데, 그 이유는 '예의(禮義)와 명분'에 어긋난다는 것이었다. 그는 우리나라가 병력이 적국에 비해 떨어지더라도 이처럼 유지 보존해 온 것은 '예의명분' 때문인데 이제 그것을 스스로 무너뜨리고 박중남을 '전하의 앞에 앉혀서 사신의 예로 대우하였으니' '동해 바다의 물을 다 퍼서도 그 부끄러움을 씻기에 부족하게 되었다'고 극언하였다.[44] 적국을 대우하는 방도에는 따를 수 있는 것과 없는 것이 있는데, 예에 어긋난 일은 '존망'이 달려 있는 일이라고 하더라도 자결할 각오로 결사적으로 싸울 뿐 허례로 가볍게 허락해서는 안 된다는 것이 그의 주장이었다.[45] 이에 대해 이귀는 오히려 후대하여 우리 쪽의 간자(間者)로 활용할 것을 주장하면서 모국지언(謀國之言)은 때때로 정론(正論)과 상반될 수도 있다는 입장을 취하였다.[46]

김상헌이 개시에서 중국 물화를 거래하는 것이 명에 대한 사대의 의리에 저촉되는 것으로 간주하는 것에 대하여[47] 이귀는 도리어 명나라에 공식적

---

44) 『인조실록』 권21, 인조 7년 기사 8월 을해.
45) 金尙憲, 『淸陰集』 卷18, 「論金差招見禮講定錯謬箚」(己巳 8월 23일), 총간 77-249.
46) 『이충정공장소』 권13, 「請別贈金差且給宴資箚」(己巳 2월 27일), 17쪽.

으로 중국 물화를 요청하여 후금과 호시(互市)할 것을 주장하였다. 이와 함께 '금상지령(禁商之令)'을 완화하여 원하는 사람은 누구나 개시에 참가할 수 있게 하자고 제안하였을 때에도 이귀는 모국과 정론은 '자고로 합치하기 어려웠다'고 권도론을 내세웠다. 세폐에 대해서도 이귀는 이로 인해서 '절화(絶和)'에 이르는 것은 막아야 한다는 입장이었다.[48]

정묘호란으로 인해 인조 정권은 강화도로 파천하는 굴욕을 당하였고, 정묘년의 화약(和約)이 일시적인 것이라는 것을 분명히 인식하고 있었음에도 불구하고 재침에 대한 준비를 착실하게 실천에 옮기지 못하였다. 만주족의 우세한 군사력에 맞서려면 국가체제 자체의 변통과 경장에 의한 국방력 강화가 절실히 요구되었지만 주자학 명분론과 의리론에 사로잡힌 지배층 일반은 오히려 그것을 거부하거나 방해하였으며, 그로 인해 현실적인 방어 역량이 갖추어지지도 못한 상태에서 척화 주전론(主戰論)을 고집하였다. 병자년 초부터 척화론자들의 주장에 동조했던 국왕 인조도 점차 이러한 현실을 깨닫기 시작하였다. 그런데 아무도 먼저 이러한 현실을 인정하려 들지 않는 가운데 삼사 언관들 중심으로 척화론이 횡행하였다.[49]

이러한 조선 조정의 분위기를 전환시키는 계기를 만든 것은 가도(椵島)에 주둔하고 있던 명나라 장수들이었다. 이들이 오히려 나서서 조선의 청에 대한 강경론의 위험성에 경종을 울리고 화친을 유지할 것을 권고하였던 것이다. 최명길 등이 이를 적극 수용하자고 주장하여 주화·척화 논쟁이 본격화되었다. 척화론자들은 '존중국(尊中國) 양이적(攘夷狄)'='존주지의(尊周之義)'가 조선왕조의 '흥왕지본(興王之本)'이었으며 인조반정의 명분이기도 하였다고 상기시키고 대명의리론을 내세우면서 청과의 어떠한 외교적 교섭도 반대하였다. 이들은 정묘년 이후 자강하지 못한 것은 모두 주화론의 책임이라고 비난하고, 군주가 충의를 고취하고 현재(賢才)를 얻어 위임하면

47) 김상헌, 『청음집』권17, 「請勿以中國物貨與虜箚」(丁卯 12월), 총간 77-239~240.
48) 『이충정공장소』권9, 「申請並赦潰逃軍兵仍陳西事箚」(丁卯 12월 15일), 45쪽.
49) 金容欽, 2006h, 「丙子胡亂期 主和·斥和 論爭」, 『東方學志』135, 연세대 국학연구원 ; 2006, 앞 책, 제4장 제2절.

청과 대항할 수 있는데, 자강책을 강구할 생각은 않고 오로지 고식적인 것만 힘쓰고 의리를 돌보지 않고 치욕을 달게 여긴다고 비판하였다.[50) 당시 척화론은 주로 삼사 언관들에 의해 제기되었는데, 이들은 자신들의 주장이 '공의', '공론'이라고 내세우고, 이러한 대각의 논의는 대신도 거부해서는 안 된다고 '사림'에 특유한 공론정치의 원칙을 상기시켰다.[51)

이 시기 주화론을 대표하는 최명길 역시 '존중국 양이적'을 부정한 것은 아니었다. 그는 남송대 존왕양이(尊王攘夷) 사상을 집대성한 호안국(胡安國)이 요(遼)에 대한 척화 주전론자였던 경연광(景延廣)을 비판한 것,[52) 임진왜란 당시 성혼(成渾)이 주화론을 주장한 것[53) 등을 예로 들면서 사세에 따라서는 '존주(尊周)의 의리(義理)'가 주화론과 병행될 수 있음을 보이고자 하였다. 최명길은 자신의 주화론을 명실론(名實論)으로 합리화하였다.

최명길은 당시 '사세'로 보아 주화론은 부득이한 것이었으며, 만약 이들이

---

50) 『인조실록』 권33, 인조 14년 병자 9월 계해.

51) 『인조실록』 권33, 인조 14년 병자 11월 무신.

52) 『지천집』 권11, 「丙子封事 第三」, 총간 89-450~451. 五代 後晉의 石敬瑭은 桑維翰의 건의를 받아들여 遼에 대해 스스로 稱臣하고 거란의 원조를 받아 後唐을 멸망시켰다. 그 이후에는 燕雲 16州를 할양하고 매년 歲幣를 바쳤다. 그런데 석경당이 죽은 후 그의 조카 石重貴가 少帝가 되자 석경당의 거란에 대한 굴욕적인 태도에 불만을 품고 桑維翰의 만류에도 불구하고 景延廣의 '去臣稱孫'이라는 건의를 받아들여 거란과의 전쟁을 불사하였다가 後晉은 결국 거란의 침략으로 멸망당하였다. 五代 後晉과 거란 사이의 이 사건에 대해서는 徐連達·吳浩坤·趙克堯 지음, 중국사연구회 옮김, 1989, 『중국통사』, 청년사, 451쪽 ; 傅樂成 著, 辛勝夏 譯, 1998, 『中國通史(下)』, 知永社, 592~602쪽 참조. 崔鳴吉은 朱子가 『資治通鑑綱目』에서 桑維翰과 景延廣 두 사람의 관직을 삭제하여 모두 폄하하였다고 밝히고, 胡安國이 경연광을 비판한 말을 인용하여 자신의 입론의 근거로 삼고 있다. 최명길이 인용한 것은 『資治通鑑綱目』 卷57 안에 있는 胡安國의 傳이다.

53) 당시 성혼은 門生에게 보낸 편지에서 '講和而存'보다는 '守義而亡'하는 것이 낫다는 주장은 人臣의 '절개를 지키는 말'은 되지만 '宗社의 存亡'은 匹夫의 일과는 다르다고 말하면서 主和論을 옹호하였다. 최명길은 성혼의 이러한 주장은 '宗社'를 중요하게 생각하고 '시기와 역량을 헤아려서' 나온 '時中之義'였다고 긍정하였다. 그 역시 왜란 당시 국가를 보존할 수 있었던 것은 '명나라가 구제해 준 은혜' 덕분임을 인정하는 것은 斥和論者와 같았지만, 그는 또한 成渾을 비롯한 柳成龍, 李德馨 등이 쏟아지는 謗言을 피하지 않고 主和論을 견지한 '충성을 다하여 감당하려는 노력'에도 있었다고 주장하였다.

'일절지론(一切之論)'만 '도수(徒守)'하고 '권의지계(權宜之計)'를 생각하지 않았다면 나라는 망하고 말았을 것이라면서 '사(事)'에는 '명(名)은 아름답지만 실(實)은 그렇지 않은 것[名美而實不然者]'이 있다고 '명실(名實)'론을 내놓았다.

> 도(道)에는 경권(經權)이 있고 사(事)에는 경중(輕重)이 있는데 시(時)가 있는 곳에는 의(義)가 따르기 마련이다. 성인이 역(易)을 지어서 중(中)을 정(正)보다 귀하게 여긴 것은 바로 이 때문이다.54)

즉 도(道)에는 경권(經權)이 있고 사(事)에는 경중(輕重)이 있어서 시(時)가 있는 곳에 의(義)가 따르기 마련이라고 말하면서 성인이 『역』을 지어서 '중(中)' 즉 '실(實)'을 '정(正)' 즉 '명(名)'보다 귀하게 여긴 것은 바로 그 때문이라는 것이다. 그의 명실론은 정치적 현실주의 그 자체에 의리(義理)가 존재한다고 주장하여 현실과 괴리된 명분의 존재를 부정하였다는 점에서 정묘호란기의 주화론자였던 이귀의 사세론과 경권론보다 진일보한 논리로 간주된다.55) 그리고 당시 척화론과 척화론자들의 정치 행태를 조목조목 논파하였다.

특히 사세·형세는 따져보지도 않고 주자학 명분론과 의리론만을 내세우는 삼사 언론의 무책임성을 통렬하게 고발하고, 그러한 현실과 괴리된 삼사 언관들의 주장이 공의·공론으로서 조정을 지배하여 아무도 이의를 제기하지 못하는 조정의 잘못된 논의 풍토를 비판하였다. 그는 이러한 잘못된 행태가 모두 '호명(好名)', 즉 주자학 명분론과 의리론에 함몰된

---

54) 『지천집』 권11, 「丙子封事 第三」, 총간 89-452, "道有經權 事有輕重 時之所在 義亦隨之. 聖人作易 中貴於正 良以此也."

55) 최명길의 名實論이 元宗追崇論爭에서도 제시된 적이 있다는 것은 앞서 살펴 보았다. 최명길의 명실론을 양명학적 인식을 보여주는 것으로 파악한 논자도 있다(李在喆, 1992, 앞 논문, 56쪽). 王陽明의 명실론에는 분명히 최명길의 그것과 유사성이 존재한다고 생각된다. 왕양명의 명실론에 대해서는 張立文, 1995, 『中國哲學範疇發展史』(人道篇), 中國人民大學出版社, 제14장 名實論, 555~557쪽 참조.

당시 관인 유자 일반의 사상적 한계에서 유래된 폐단임을 반복해서 설파하고, 이러한 폐단이 '정귀대각(政歸臺閣)'을 조장하는 삼사 관제(官制)의 모순에 의해 증폭된 것이라고 제도적으로 접근하였다. 그의 관제변통론은 주자학 명분론과 의리론에서 초래된 이러한 정치 현실과의 모순을 제도적으로 극복하기 위한 시도였던 것이다.56)

이 시기 척화론과 주화론의 대립을 '재조번방'론과 '국가재조'론의 대립으로 그 성격을 규정하는 견해가 있다.57) 척화론이 왜란 당시 명의 '재조지은(再造之恩)'을 강조하면서 주자학 명분론과 의리론을 국가의 존립 그 자체보다 중시하는 입장이었다면 주화론은 보민을 위한 국가의 존립을 우선하는 사고였다. 주화론은 후금=청의 침략으로 절체절명의 위기에 직면한 국가를 유지·보존하기 위해서는 인조 정권의 집권 명분이었던 주자학 명분론과 의리론조차도 굽힐 수 있다는 새로운 사고의 등장을 의미하는 것이었다. 이들은 자신들의 주장을 경권론·사세론·명실론 등으로 합리화하였다. 따라서 이들에게서는 화이론에 종속된 '번방(藩邦)' 관념에서 이것과 분리된 독자적인 '국가(國家)' 관념을 엿볼 수 있다. 이와 같이 이 시기 주화론에서 드러난 '국가'관은 '재조번방'론을 탈피하여 '국가재조'론으로 전화(轉化)하는 하나의 계기가 되고도 있었던 것이다.

병자호란과 그에 이어진 정축년(1637) 삼전도의 치욕[城下之盟]은 주자학 명분론·의리론과 현실 정치 사이의 모순이 빚어낸 조선왕조 초유의 수난이 아닐 수 없었다. 우선 주자학 명분론과 의리론에 함몰된 당시의 주류 관인 유자들은 국방력 강화를 위한 제도개혁을 거부하거나 방해하였다. 그로 인해 후금=청에 대하여 국방력이 현저히 열세에 처해 있었는데도 이러한 현실을 무시하고 국왕의 의지나 충의지사(忠義之士)의 충성심만 있으면 방어할 수 있다고 강변하면서, 당시의 군사적 상식과는 동떨어진 변방 방어론을 고집하였다. 당시 삼사의 언관들 중심으로 제기된 이러한 척화 주전론은 '공의'·'공론'·'정론'으로서 조야에 횡행하였다. 이들은 현실을 고

---

56) 김용흠, 2006a, 앞 논문.

57) 金駿錫, 1998, 「兩亂期의 國家再造 문제」, 『韓國史研究』 101, 韓國史研究會, 130~135쪽.

려하여 후금=청과의 외교적 교섭을 추진하려는 묘당(廟堂)의 현실주의 정책을 공론정치를 내세우면서 사사건건 저지하거나 방해하였다. 묘당의 정책이 삼사에서 저지되기를 반복하는 가운데 국왕 인조를 비롯한 묘당의 대신들 역시 이들의 주장을 분명하게 비판하지 못하였으므로 정책은 일관성을 잃고 표류할 수밖에 없었다. 그리고 아무도 그로 인한 결과에 대해서 책임을 지려하지 않았다. 정축년 성하지맹은 주자학 명분론과 의리론 및 그에 기초한 주자학 정치론에 함몰된 주류 관인 유자들의 이러한 인식의 비현실성과 무책임성, 논의 구조의 난맥상, 책임정치의 부재 등에 의해 초래된 필연적 결과였던 것이다.

정축년 성하지맹 이후 최명길은 주자학 명분론과 의리론에 기초한 주자학 정치론에 의해 초래된 이러한 현실 정치의 난맥상을 정치제도의 개혁을 통해서 타개해 보려 하였다. 그는 이러한 정치적 난맥상을 초래한 당시 정치제도의 문제점을 "의정부 서사제가 혁파되어 대신(大臣)이 그 직을 잃었고, 낭관 자천제 때문에 이조와 병조의 인사기관이 그 직을 잃었으며, 피혐이 일어나서 대간이 그 직을 잃었다"[58]라고 요약하면서 대신권 강화, 낭천권 폐지, 삼사 언관의 피혐 금지 등을 골자로 하는 관제변통론을 제출하였다.

무엇보다도 이러한 최명길의 관제변통론을 관통하는 기본 정신은 치자로서의 책무의식에 바탕을 둔 책임정치를 구현해야 한다는 것이었다. 병자호란을 전후한 시기의 척화론에서 가장 자주 거론된 것이 바로 '군주는 종묘사직을 잃으면 죽는 것이 마땅하다는 설[國君死社稷之說]'이었는데 이는 주자학 명분론·의리론을 국가와 인민의 존망보다 우선하는 사고의 극단이었다. 이것은 당시의 주류 관인 유자들이 자신들만의 사상과 이념을 지키기 위해서는 치자로서의 책무를 포기하는 것도 마다하지 않는 무책임한 논리의 전형(典型)이었다. 최명길은 정축년 인조에게 관제변통론을 제출하는 전제로서 먼저 이것을 논파하려 하였다.

우선 최명길은 정축년 출성과 성하지맹이 '시세(時勢)'와 '의리(義理)'에

---

58)『지천집』 권12,「丁丑封事 第二」, 총간 89-465.

비추어 불가피한 일이었다고 주장하고, 만약 인조가 '필부(匹夫)의 절개'에만 '집착[膠守]'하였다면 '종사는 반드시 망하고 생령도 모두 사라졌을 것'인데, '생민'을 위하여 치욕을 감수한 것은 '지인대용(至仁大勇)'이었다고 인조의 결단을 높이 평가하였다.[59] 그는 『춘추공양전(春秋公羊傳)』을 인용하여 권도론(權道論)을 개진하고, 『논어(論語)』에서 미자(微子) 계(啓)와 관중(管仲)이 '때에 맞추어 의를 제어하고 몸을 굽혀서 권을 행한 것[隨時制義 屈身行權]'을 공자가 '인(仁)하다고 인정하였다'고 이를 정당화하였다.

이어서 당시 관인 유자 사이에 횡행하고 있던 '국군사사직지설'에 대해서는 그 출전인 『예기(禮記)』의 '국망역망(國亡亦亡)'이라는 전(傳)을 인용하여 국가가 망한 것도 아닌데 군주가 죽지 않았다고 허물하는 것은 들어본 적이 없다고 반박하고,[60] 그런데도 세상의 그릇된 유자[拘儒]가 경문(經文)의 본의는 알지도 못하면서 '천박한 식견[口耳陋見]'으로 조정의 일을 망령되이 의논한다고 비난하였다. 따라서 옛날 '경전의 밝은 교훈[經傳明訓]'과 '성현의 지나간 자취[聖賢往跡]' 속에 근거가 있고 오늘날의 '우리나라와 중국의 어르신들[朝中耆舊]'과 '재야의 스승이 되는 선비들[林下師儒]'도 이의를 제기하였다는 말을 들어본 적이 없는데 '편파적이고 꽉 막힌 무리들[偏蔽執滯之輩]'이 '식견이 밝지 못하여' 자기의 견해를 '고집[膠守]'하려고만 할 뿐 그것이 '잘못되고 망령됨[謬妄]'을 자각하지 못한다고 공박하였다.[61] 이는 주자학 명분론과 의리론에 매몰되어 치자로서의 책무의식을 포기한 당시의 주류 지식인에 대한 통렬한 비판이었다.

사실 '국군사사직지설'은 정축년 성하지맹으로 인하여 국왕 인조를 비롯한 관인 유자 일반에 만연된 패배의식을 반영한 것이었다.[62] 이로 인해

---

59) 『지천집』 권12, 「丁丑封事 第一」, 총간 89-462 ; 「丁丑封事 第二」, 총간 89-463.

60) 위와 같음, 총간 89-464, "乃聞士大間 或有爲國君死社稷之說 以議今日之事者 此甚惑已. 夫國君死社稷 乃禮記之語 而釋者曰 國亡亦亡 其國不亡 而追咎其君以不死 非臣所聞也." 출전은 『禮記集說大全』 卷2, 「曲禮」 下인데, 여기의 傳에는 "死社稷 謂國亡與亡也"로 되어 있다.

61) 위와 같음.

62) 최명길은 당시 주류 官人儒者들에게 만연한 패배의식을 "今之談者 多曰 時事已去

신료들 사이에서는 출사(出仕)를 기피하는 풍조가 유행처럼 번져서 각사(各司)가 관원을 갖추지 못하는 한심한 상황이 상당 기간 지속되었으며,[63] 국왕 인조조차도 정치에 대한 적극적인 의지를 상실하고 의기소침해 있었던 것이 저간의 현실이었다. 따라서 인조에게 분발을 촉구하기 위해서도 '국군사사직지설'에 대한 논박은 시급하게 요청되었던 것이다.

이와 같이 주자학 명분론과 의리론에 집착하여 정치적 난맥상을 드러낸 삼사 중심의 공론정치를 억제하고 대신권의 강화를 통하여 육조와 대간이 '각직기직(各職其職)'하는 책임정치의 구현을 지향하는 최명길의 관제변통론은 강력한 군주권을 분명하게 전제하고 있었다. 사실 '국군사사직지설'이야말로 주자학 명분론·의리론 그 자체를 군주권보다 우월하다고 보는 신권 중심 정치론의 극단이기도 하였다. 그리고 공론정치를 표방하는 삼사의 무책임한 정치 언론이 군주권을 위협하고 있다는 것은 이미 사림세력이 정계에 등장하는 과정에서 빚어진 사화(士禍)에서도 드러난 사실이었다. 따라서 대신권을 강화시켜 삼사의 공론정치를 억제하는 것은 군주권을 강화시키는 일이기도 하였다.[64] 최명길은 피혐제와 관련하여 '삼사의 공론'을 빙자하여 군주권을 침해하는 것을 분명한 어조로 비판하고 군주의 최종 정무 재결권을 명확하게 인정하였다.[65] 이것은 그가 원종추숭 논쟁에서

後憂不測 雖欲至誠爲國 事無可及"이라고 전하고, "今國家境土 無所缺失 祖宗德澤 猶未斬艾 變亂雖慘 而號令無壅於四方 財用雖竭 而餘力尙存於三南"하여 얼마든지 轉禍爲福이 가능하다고 반론하였다(『지천집』권12,「丁丑封事 第一」, 총간 89-462).

63) 『인조실록』권34, 인조 15년 정축 4월 계유 ; 권35, 인조 15년 정축 9월 신미. 이때 인조는 신료들의 출사 기피 경향을 비판하면서 그 대표자로서 金尙憲을 지적하여 '欺君甚矣', '欺世盜名'이라고 강하게 비난하였다. 병자호란의 패전으로 인한 후유증으로 신료들 사이에 만연된 출사 기피 풍조에 대해서는 한명기, 2003, 「丙子胡亂 패전의 정치적 파장」, 『동방학지』119, 68~69쪽 참조.

64) 士林 등장 당시에 빚어진 士禍를 이와 같은 시각에서 보고 大臣權 강화가 오히려 君主權 강화로 귀결될 수 있다는 점에 대해서는 김용흠, 2004, 「조선전기 훈구·사림의 갈등과 그 정치사상적 함의」, 『동방학지』124, 연세대 국학연구원 참조.

65) 『지천집』권12,「丁丑封事 第二」, 총간 89-467. 최명길이 삼사의 피혐을 군주권에 대한 도전으로 보고 비판한 것은 이외에도 여러 차례 있었다(『지천집』卷12,「請令臺諫勿爲更引前嫌箚」, 총간 89-458). 이로써 보건대 그가 '公論' 그 자체를 부정하는 것이 아니라 당시 관인 유자 일반이 자신의 주장을 공론으로 내세우는 것을 부정하

정주학의 명분론과 의리론에 기초한 신권론에 맞서 공맹유학과 효치론에 입각한 왕권론의 입장에 섰던 것과도 일맥상통하는 것이다.[66]

이러한 최명길의 왕권론은 군주 전제권을 절대화하고 일방적으로 강조한 것은 아니었다. 그 역시 사림 계열 관인·유자에게 특유한 군주성학론(君主聖學論)을 군주권 행사의 전제로서 공유하고 있었다.[67] 그렇지만 당시 지배층 일반에 만연한 사리사욕을 추구하는 경향과 정치에 대한 무책임한 태도를 제어하기 위해서는 강력한 군주권이 요구된다고 생각하였던 것이다.[68] 특히 지배 관료들이 주자학 명분론과 의리론에 침윤되어 초래된 폐단을 극복하기 위해서는 군주의 결단이 반드시 필요하다고 보고 있었다.

그는 '청류(淸流)' 또는 '공론'이 명분과 의리를 내세워 처세의 방편으로 삼고 실제로는 사리사욕 추구에 몰두함으로써 국가의 공적(公的) 기능을 마비시키고 민생(民生)을 도외시하는 무책임한 행태를 비판하고, 이를 극복하기 위한 변통책으로서 언관은 피혐과 정고(呈告)를 금지하고, 경연을 담당한 자는 '자신의 임무에 책임을 다하고[專責—任]' '겸직과 천직을 금지하며', 불필요한 관인[冗官]은 '제거하고[太而去之]', 감(監)·병(兵)·수사(水使) 등의 외관은 '오래 맡겨서 책임을 완수하게[久任責成]' 할 것을 제시하였다.[69]

그가 대신권을 강화시키고자 한 것도 '부화무실(浮華無實)'하고 '전불사사(專不事事)'하는 삼사 언관들을 제어하고 대신에 의한 책임정치를 구현하기 위한 것이었지 그에게 정무재결의 전권을 부여하자는 것은 아니었다. 그의 구상대로라면 국왕이 최종 정무 재결권을 갖되 그 집행은 대신에게 위임하

고 있음을 알 수 있다. 17세기 공론정치가 당쟁을 격화시켰으며, 이것을 극북하기 위해 탕평론이 제출된 사정에 대해서는 김용흠, 2014, 「17세기 공론과 당쟁, 그리고 탕평론」, 『조선시대사학보』 71, 조선시대사학회 참조.

66) 김용흠, 2005, 「17세기 정치적 갈등과 주자학 정치론의 분화」, 오영교 편, 『양란 후 국가위기 수습과 『속대전』 편찬』, 혜안, 29~36쪽 ; 2006, 앞 책, 제3장 제1절 (3)「王權論 대 臣權論」.

67) 이 시기 사림 계열 정치론으로서의 군주성학론에 대해서는 金駿錫, 2003, 『朝鮮後期 政治思想史 研究』, 지식산업사 참조.

68) 『지천집』 권12, 「請令臺諫勿爲更引前嫌箚」, 총간 89-458.

69) 위와 같음, 총간 89-376.

며, 대신은 관료 조직을 지휘하여 정책을 추진하고, 삼사 언관들을 통해서 이를 감시 감독하되 그에 대한 책임을 국왕에게 지게 된다. 즉 국왕을 정점으로 하여 대신과 육조·삼사가 '각직기직(各職其職)'하는 합리적인 관료제를 지향하고 있었다.

최명길이 이와 같은 관제변통론을 주장한 것은 '관제의 변통' 그 자체가 목적이 아니라 '국사(國事)와 민사(民事)의 일치를 지향하는 보민론(保民論)'을 실현하기 위한 것이었다. 앞서 살펴본 바와 같이 그는 주자학 명분론과 의리론에 매몰된 수법론자들의 수신 위주 '도학적 경세론'만으로는 당시의 피폐해진 민생과 국가의 위기를 타개할 수 없다고 보고 폐법의 변통·경장을 강력하게 주장하였다. 그가 양전과 대동법·호패법을 균부(均賦)·균역(均役)의 일환으로서 원칙적으로 찬동하고, 호패법을 추진하였으며, 갑술양전(甲戌量田)을 적극 추진하였던 것은 그러한 인식과 지향의 소산이었다.[70] 결국 그는 17세기 전반의 현실 속에서 지주제와 양반제를 일정하게 억제하지 않고는 국가와 민생의 안정을 기할 수 없다고 보았음이 틀림없다. 그의 관제변통론은 이러한 사회경제 개혁을 추진하기 위한 전제로서 구상되었던 것이다.

2) 국가의 위기와 유학의 발전

유교(儒敎) 또는 유학(儒學)이 동아시아를 대표하는 인문적 자산이라는 점에 대해서는 이론이 없을 것이다. 그런데 유학이 국가(國家)의 발전과 함께 발전해 왔다는 점은 의외로 주목을 받지 못하였다. 어쩌면 유학보다

---

70) 李在喆, 1992, 앞의 논문, 64~68쪽. 최명길이 대동법을 반대한 것으로 파악한 논자들도 있지만(金潤坤, 1971, 「大同法의 施行을 둘러싼 贊反 兩論과 그 背景」, 『大東文化研究』 8, 성균관대 대동문화연구원 ; 金玉根, 1977, 『朝鮮後期 經濟史研究』, 瑞文堂, 107~110쪽), 이재철은 '均民役'이라는 그 근본 취지에 대해서까지 반대한 것은 아니었다고 지적하였다. 量田과 大同, 號牌와 軍籍의 우선 순위를 둘러싼 인조 초반의 논의에서 그는 均賦·均役을 위해서는 號牌가 최우선이라고 판단하였다고 보아야 할 것이다. 정묘호란으로 호패법이 무위로 돌아가자 그는 軍籍廳 堂上으로서 軍籍을 정리하였다. 이후에는 甲戌量田에 관여하였다.

국가가 더 근본적인 의미를 가질 수도 있다고 본다. 춘추시대 공자(孔子)에서 출발한 유학이 훈고학(訓詁學)과 성리학(性理學)·양명학(陽明學)을 거쳐서 고증학(考證學)에 이르기까지 다양하게 발전해 온 과정은 중국에서 수많은 왕조가 교체되면서도 국가가 발전해 온 과정과 떼어서 말하기 어렵다.

이들 다양한 유학을 관통하는 원리는 수기치인(修己治人)이었다. 이것은 동서고금을 막론하고 다른 어떤 사상과도 구별되는 유학의 특징으로 볼 수 있다. 『대학(大學)』에 보이는 '수신제가치국평천하(修身齊家治國平天下)'는 이것을 집약한 명제였는데, '치국평천하(治國平天下)'를 담당한 치자(治者)는 '수신제가(修身齊家)'를 통해서 그에 합당한 자격을 가져야 한다는 의미가 들어 있다. 여기서 드러난 유학의 본질은 바로 치인(治人)에 있고, 수기(修己)는 그것을 위한 전제였다. 유학이 국가의 발전과 밀접하게 연관되어 발전했다는 것이 그것을 입증한다.

세계사적으로 볼 때 동북아시아에 위치했던 한국·중국·일본은 다른 지역이나 국가와는 구별되는 장구한 역사를 갖고 있다. 장구한 역사와 국가의 연속성은 이들 국가의 중요한 특징으로 볼 수 있다. 그 중 한국과 중국은 집권국가(集權國家)의 연속적 발전이라는 공통점을 갖고 있다.[71] 한국에서는 신라(新羅)－고려(高麗)－조선(朝鮮)으로 왕조국가가 비교적 장구한 기간 존속하면서 사상과 제도의 측면에서 연속성을 갖고 발전해 온 것에 비해 중국에서는 수많은 국가가 성장 소멸하는 가운데 한국에 비해서는 단기간에 걸쳐서 통일제국이 주기적으로 교체되면서도 역시 연속성을 갖고 발전하였다. 그에 따라 직접 생산을 담당했던 민(民)의 의식과 지위 또한

---

71) 한국과 중국에서 집권 국가가 발전했다고 해서 전근대 존재했던 모든 국가가 중앙집권국가라고 말하는 것은 역사적 사실과 일치되지 않는다. 이들 국가는 집권국가를 지향하였지만 시대마다 생산력 조건과 이에 따른 사상과 제도의 한계로 인해 원심적 분권성이 항시적으로 존재하였다. 그래서 여기서는 이 지역 전근대 국가에 존재했던 지향으로서의 집권성(集權性)과 현실로서의 분권성(分權性)을 동시에 포착하는 개념으로서 '집권적(集權的) 봉건국가(封建國家)'라는 용어를 사용하고자 한다. 한국 중세 국가로서의 집권적 봉건국가의 개념과 성격에 대해서는 김용흠, 2010, 「한국 중세 국가 연구의 방향과 사회인문학」, 『동방학지』 150, 연세대 국학연구원 참조.

향상되었음은 물론이다.

유학은 춘추전국시대에 등장한 제자백가(諸子百家)의 한 유파에 불과하였지만 한(漢) 이래 통일제국의 통치 이념으로 군림하였다. 이후 수(隋)·당(唐)대에는 과거제도를 시행하여 국가가 관료를 선발하는 기준으로 삼았지만 당대를 지배하는 사상이 되지는 못하였다. 이 시기에는 중국에 전통적인 도교(道敎)와 인도에서 들어온 불교(佛敎)가 유학보다 더 큰 영향력을 행사하였다. 이로 인해 과거제가 시행되었음에도 불구하고 배타적 혈통을 가진 귀족(貴族)이 지배하는 사회를 탈피하지 못하였다.

당·송 교체기의 소용돌이를 경과하면서 세습 귀족이 몰락하고 이를 대신하여 신흥 지주층이 새롭게 정권을 담당하면서 등장한 것이 성리학(性理學)이었다. 성리학은 원시유학에 결여되어 있던 세계관을 도교와 불교를 흡수하여 보완하면서 새롭게 성립한 철학적 유학이었다. 성리학은 신흥 사대부(士大夫)들이 이전의 귀족을 대신하여 스스로 치자로서의 정체성을 확립하고 대내외에 그것을 과시하는 수단으로서 기능하였다. 성리학은 북송대 주돈이(周敦頤)·소옹(邵雍)·장재(張載)·정호(程顥)·정이(程頤)를 거쳐서 남송대 주희(朱熹)에 의해 집대성되어 흔히 주자학(朱子學)이라고 불리었다.

그렇지만 북송대에는 성리학이 분명하게 지배적인 사상으로서의 지위를 누리지는 못하였다. 심지어는 남송대에도 주희는 지배층 내에서 주류로 군림하지 못하였다. 주자학이 국정교학(國定敎學)이 된 것은 역설적이게도 몽고족 왕조인 원(元)에서의 일이었으며, 이후 명(明)·청(淸)대까지 약 600년이 넘는 기간을 지배 사상으로 군림하였다.

춘추전국시대에 형성된 제자백가의 수많은 유파 가운데 하나였던 유학이 이처럼 지배사상이 된 것은 국가 경영에 가장 유용하고 효율적인 학문이었기 때문으로 보아야 할 것이다. 당의 귀족보다 송의 사대부가 보다 합리적이고 진보적이듯이 성리학 내지 주자학은 이전 시기의 유학이나 사상에 비해 진보적인 의미를 갖고 있다고 보아도 좋을 것이다. 실로 주자학은 전근대 정치사상 가운데 그 규모의 방대함, 체계의 정합성, 논리의 치밀성에서 타의 추종을 불허하는 정치사상이었다. 그것이 14세기 원나라에서 국정교학이 되어 19세기까지 그 지위를 유지한 것은 그 때문이었다고 볼 수 있다. 주자학 자체에 문제가 없지는 않아서 명대 양명학, 청대 고증학이 나왔지만 국정교학으로서의 지위를 대체하지는 못하였다. 그렇지만 유학이 훈고학에서 성리학, 양명학, 고증학으로 변화된 것은 생산력 발전에 따른 민의 지위와 의식의 향상을 반영하여 발전한 것으로 볼 수 있다.

이처럼 중국에서 유학이 지배사상으로서의 위치를 장기간 누리게 된 데는 이유가 있다고 보아야 할 것이다. 그것은 국가가 계급 대립을 완화하고, 직접 생산에 종사하는 민의 처지를 돌아보게 하는 원리가 유학 안에 내재되어 있었기 때문이었다. 동아시아에서 역사적으로 존재했던 국가는 맑스가 말한 지배계급의 피지배계급 착취를 일방적으로 보장하는 계급국가는 아니었다. 국가가 피지배계급 착취 도구로 전락한 일은 있지만, 국가의 존재 이유 자체가 그것에만 있었던 것은 아니었다. 피지배계급을 착취하는 지배계급의 이익만을 배타적으로 보장할 경우 국가가 존립할 수 없다는 것을 지배층들은 역사를 통해서 학습하였으며, 유학을 통해서 그것을 확인하고 있었다.

한국에서는 고려후기에 사대부 계급이 형성되어 성리학을 수용하였으며, 이들이 권문세족의 횡포와 불교의 폐단을 공격하는 사상적 무기가 되었다. 이를 통해 낡은 국가 고려를 무너뜨리고 새로운 국가인 조선을 건국하였다. 조선왕조를 건국한 주체 세력은 주자학을 기초로 국가를 운영하겠다고 표방하였는데, 전근대 국가 가운데 특정 사상을 기초로 하여 건국된 것은 조선이 유일하였으며, 주자학의 원산지인 중국에서도 없던 일이었다. 이러한 왕조교체 역시 피지배층의 보이지 않는 동의와 협력이 있었기 때문에 가능한 일이었다.

그렇지만 조선왕조 건국 주체 세력이 거의 한 세기에 걸쳐서 구축한 통치 시스템으로서의 『경국대전』 체제는 당시의 생산력 조건에 입각하여 주자학보다는 유학의 경세 원리를 보다 충실하게 반영하여 마련된 것이었다. 그런데 이 경국대전 체제를 전제로 성장하고 있던 사림파는 집권 과정에서 정작 경국대전 체제를 구축한 담당 세력인 훈구파를 상대로 힘겨운

싸움을 거치지 않을 수 없었다. 사화(士禍)로 칭해지는 정치적 박해가 바로 그것이었다. 그 과정에서 성리학에 대한 연구가 심화·발전되어 16세기에는 이황(李滉)과 이이(李珥)에 의해 중국주자학과 구별되는 조선주자학(朝鮮朱子學)이 형성되기에 이르렀다.

조선주자학은 방대한 주자학 체계 가운데 명분론과 의리론이 보다 강화되는 형태로 정착되었다. 즉 유학의 기본 원리인 수기치인 가운데 수기에 보다 치중한 학문이 되었는데, 이것은 사화가 학문의 성격에 끼친 영향임이 분명하였다.[72] 이로 인해 도덕 수양을 근본으로 보는 입장이 지배하였으며, 제도 개혁은 무시되거나 부차적인 것으로 치부되었다. 선조대 '목릉성세(穆陵盛世)'라고 일컬어질 정도로 기라성 같이 훌륭한 주자학자들이 즐비하였지만 붕당으로 분열되어 정치적 갈등이 격화되고, 왜란을 막지 못한 것은 조선주자학의 이러한 학문적 특징과 무관하지 않다고 보아야 할 것이다.

선조대 붕당의 분열은 학파에 의한 정파의 형성이라는 점에서 전근대 어디에서도 볼 수 없는 독특한 현상인 것은 사실이었다. 서경덕(徐敬德), 이황, 조식(曺植), 이이 등의 제자들로 형성된 각 붕당은 나름의 학문적 특징과 지역적 배경을 갖고 세전되어 갔다. 그렇지만 수신과 의리에 치중한 주자학을 대전제로서 수용하는 한 소모적인 정치적 갈등에 빠지는 것을 피할 수 없었다. 그리고 이와 다른 학문 경향에 대해서는 지속적인 숙청이 반복되었다. 1589년 기축옥사(己丑獄事)와 1623년 인조반정(仁祖反正)은 그 대표적 사건이었는데, 이는 넓은 의미에서 보면 주자학 진영의 벽이단(闢異端) 운동의 일환으로 발생한 사건이었던 것이다.

인조반정은 주자학 명분론과 의리론을 내세우면서 발생한 정치 변란이었으므로 이후 사상적으로 의리론적 지향이 강화되는 것은 피할 수 없는 일이었다. 그런데 그 반정을 주도했던 이귀와 최명길 등이 이러한 흐름에 제동을 걸고 나올 수 있었던 것은 국가의 위기라는 현실에 주목했기 때문에 가능한 일이었다. 즉 이들은 이념보다 현실을 중시했던 것이다. 그리고

---

72) 김용흠, 2004, 앞 논문.

주자학을 포함한 모든 학문은 국가의 위기와 분리되어 존재할 수 없다는 확신이 있었기 때문에 주자학을 교조적으로 맹신하는 경향을 가차 없이 비판할 수 있었다. 여기에 국가와 유학 또는 주자학 가운데 국가를 보다 근본적인 요소로 간주하는 근거가 있다.

이귀와 최명길 등은 자신들의 주장을 주자학으로 합리화하고 한 번도 주자학 그 자체를 비판한 적은 없었으며, 오히려 당시의 주류 지식인들이 주자학을 잘못 이해하고 있다고 주장하였다. 그렇지만 이들은 주자학이 현실과 괴리되어 논란이 일어나거나 주자학에 분명한 근거가 부족한 경우에는 주자학 이전의 유학, 즉 원시유학인 공맹 유학으로 돌아가서 그 해법을 모색하였다. 따라서 이들의 학문에는 현실과 상황에 따라서 주자학 그 자체를 부정하는 방향으로 발전할 수 있는 가능성을 내포하고 있다고 보아야 할 것이다.

주자학은 중세 정치사상으로서는 타의 추종을 불허하는 논리적 정합성을 갖고 있지만 그 사상 자체에 문제가 없는 것은 아니었다. 중국에서 송대 이학(理學)이 명대 심학(心學)으로 변화된 것은 주자학이 가진 문제점을 극복하는 과정이기도 하였다는 점에서 유학의 발전으로 간주된다.[73] 17세기 조선의 유자들이 주자학에 매몰되어 현실과 괴리된 주장을 내놓게 된 데는 주자학 자체의 결함에서 연유된 측면도 있다고 보아야 할 것이다. 따라서 당시의 국가의 위기라는 현실을 극복하려는 문제의식을 가진 유자들이 양명학에 관심을 가지는 것은 자연스러운 일이었다.

최명길은 학문적으로 양명학(陽明學)에 깊이 공감하고 있었다. 우선은 그의 가계가 양명학의 전통과 무관하지 않았다. 최명길의 조부 최수준(崔秀俊)은 16세기의 대표적 양명학 수용자인 남언경(南彦經)과 혼맥으로 연결되어 있어서, 그의 부친인 최기남(崔起南)이 그 영향을 받으며 성장하였다.[74]

---

73) 楊國榮 지음, 김형찬·박경환·김영민 옮김, 1994, 『양명학－王陽明에서 熊十力까지』, 예문서원 ; 陳來 지음, 안재호 옮김, 1997, 『송명 성리학』, 예문서원.

74) 尹南漢, 1972, 「李朝 陽明學의 傳來와 受容의 問題」, 『中央史論』 1, 중앙대 사학연구회 ; 鄭在薰, 1993, 「霞谷 鄭齊斗의 陽明學 受容과 經世思想」, 『韓國史論』 29, 서울대 국사학과.

또한 최기남은 우계 성혼의 문인이었는데, 성혼의 학풍은 기호학파 내에서도 비교적 유연한 학문 태도를 지닌 것으로 평가되었다.[75] 최명길은 젊은 시절 장유(張維)와 함께 육구연(陸九淵)과 왕수인(王守仁)의 글을 베껴 공부하였으며, 사서(四書)에 대한 연구에서는 정주학은 물론 양명의 설도 아울러 검토하여 주자학과 양명학을 포괄하는 사상 체계의 수립에 고심하였다고 한다.[76] 1642년에 그가 명나라와 내통한 혐의로 청국으로 끌려가서 심양(瀋陽)의 옥에 갇혀 있었을 때 아들 최후량(崔後亮)에게 보낸 편지에서는 양명의 가르침을 따르라고 권유할 정도였다.[77]

주자학의 가장 큰 문제점은 인식 주체와 대상의 분리에 있었다.[78] 이른바 '심(心)과 리(理)의 분리'였다.[79] 최명길은 주자학의 이러한 측면을 비판하고 '마음이 바로 리'이며, 마음 자체가 도덕 판단의 주체이고, 행위 준칙이라고 생각하였다.[80] 그가 가학으로서 양명학을 공부한 것도 일찍부터 그러한 문제의식이 있었다는 것을 말해 주는 것으로 볼 수 있다.

그렇지만 인조반정 이후에도 그가 주자학자를 불신한 것 같지는 않다. 그가 반정 직후의 인사를 신흠에게 맡겨도 된다고 말한 것을 보면 그것을 알 수 있다. 반정 이후 정치적 갈등이 격화되는 와중에 그는 주자학의 문제점을 보다 절실하게 느끼게 된 것으로 보인다. 앞서 살펴본 반정 직후 횡행하는 의리론적인 주장들, 원종추숭 논쟁, 주화·척화 논쟁 등에서 그것을 볼 수 있다. 인조대 다수의 유자들이 명분을 내세우면서 현실과 동떨어진 정치언론으로 국가 기능을 마비시킨 것은 바로 주자학의 본질적 문제에서 나온 것이라고 보아야 할 것이다. 최명길은 정치적 실천을 통해서 주류

---

75) 황의동, 2005, 『우계학파 연구』, 서광사.

76) 심경호, 2008, 「17세기 초반 지성사의 한 단면」, 『한문학보』 18, 우리한문학회 ; 2008, 「지천 최명길의 문학과 사상에 관하여」, 『한국한문학연구』 42, 한국한문학회.

77) 정두영, 2009, 「朝鮮後期 陽明學의 受容과 政治論」, 연세대 박사논문, 54~55쪽.

78) 楊國榮, 1994, 앞 책.

79) 한정길, 2016, 「조선조 관료 지식인의 양명학관 연구(3)」, 『한국사상사학』 52, 한국사상사학회, 242~249쪽.

80) 한정길, 2016, 앞 논문, 245쪽.

학문의 문제점을 자각하게 되었다고 볼 수 있는데, 최명길의 이들에 대한 비판을 관통하는 것이 바로 유자로서의 책임의식이었다.

최명길이 주자학과 주자학자들의 행태에 대하여 비판적 의식을 갖고 있었으므로 양명학과 유사한 측면이 나타나는 것은 자연스러운 일이었다. 앞서 이귀와 최명길 등이 주장한 경권론, 사세론, 명실론 등이 양명학과 유사성을 보인다는 점을 지적하였다. 그렇지만 그는 양명학의 문제점에 대해서도 유의하고 있었다. 그가 왕양명의 격물(格物) 해석을 비판한 것은 그것을 말해 준다.[81] 즉 왕양명이 주자가 격물을 외부 사물의 이치를 궁구하는 것에서 구한다고 비판하였지만, 격물을 마음을 바로 잡는 공부로 풀이한 것은 객관 관념론이라고 규정되는 그의 핵심적 문제에 해당된다.

최명길이 왕양명을 비판한 것은 유학의 본령이 치인에 있다는 확신에서 나온 것이다.[82] 왕양명이 전도시킨 '고인(古人)'의 '위학차제(爲學次第)'란 '수기치인(修己治人)' 바로 그것이었다. 즉 유자의 학문은 치자로서의 책임의식과 분리될 수 없다는 점에서 양명학은 결정적 문제를 안고 있었던 것이다. 중국에서 양명 좌파가 나와서 양명학 말류의 폐단이라고 비판받는 것은 양명학이 가진 이러한 문제점에서 나온 것이었다. 최명길이 주자학을 비판하면서 양명학과 유사한 문제의식을 갖고 있었지만 양명학의 문제점에 대해서도 통찰할 수 있었던 것은 치자로서의 책임의식에 입각하여 학문을 보았기 때문이었다. 이러한 측면은 최명길의 절친한 친구였던 조익(趙翼)의 학문관에서도 보인다.[83] 이들은 모두 치자의 책임의식에 입각하여 송명이학의 수기(修己) 프레임에 빠지지 않고 유학의 본령이 경세(經世)에 있다는 것을 자각한 관인·유자였다.

최명길과 조익의 학문관과 정치론은 조선후기 실학(實學)과 탕평론(蕩平論)으로 계승·발전되었다.[84] 조선후기 실학은 양란(兩亂), 즉 왜란과 호란으

---

81) 한정길, 2016, 앞 논문, 253~256쪽.

82) 『遲川先生續集』 권7, 「大學管見」, "明儒王守仁氏 … 悉取古人爲學次第, 顚倒而眩亂之, 其誤後學者多矣."

83) 金容欽, 2001, 「浦渚 趙翼의 學問觀과 經世論의 性格」, 『韓國實學의 새로운 摸索』, 景仁文化社.

로 조성된 국가의 위기를 배경으로 등장하였다. 즉 양란기 국가가 위기에 빠져서 민이 곤경에 처하게 만든 것은 주자학 내지 그것을 수용한 관인 유자들의 학문적 편향과 무관하지 않다는 반성 위에서, 치자의 책임의식에 입각하여 현실에 적합한 학문을 모색하는 가운데 형성된 것이 바로 조선후기 실학이었다.

조선후기 실학은 무엇보다도 학문의 본령이 치인에 있다는 것을 자각한 유학이었다. 유학이 수기를 소홀히 할 수 없지만 아무리 수기를 잘해도 치인을 잘못하여 국가를 위기에 빠트린다면 진정한 유자가 될 수 없다고 보았다. 유자 개인의 도덕적 수양이 수양 그 자체에 그치고, 국가의 위기를 해결하지 못한다면 그것은 무책임한 일이라는 것이 그들의 인식이었다.

또한 조선후기 실학은 당대의 국가적 위기를 해소하기 위해서는 지배층이었던 양반과 지주 계층의 배타적 특권을 제거해야 한다는 점에 일치된 결론을 내놓고 있었다. 그런데 실학자들은 모두 양반 지주 출신이었다는 점이 주목을 요한다. 즉 이들은 자신 또는 자신이 속한 가문이나 당파의 이익과는 어긋나는 주장을 내놓았다는 점이다. 최명길의 경세론에서 우리는 이미 이점을 확인하였다. 이들이 본인들이 포함된 지배층의 계급적 이익을 양보하거나 포기하는 제도 개혁을 주장하기에 이른 것은 국가의 위기를 해소하는 것이 다른 무엇보다도 시급하다는 현실인식에 따른 것이었다.

조선후기 실학은 신분적으로 양반제와 노비제, 경제적으로 지주전호제가 가지고 있는 모순을 제거하는 제도 개혁을 주장하였다. 그렇지만 붕당으로 분열된 당시의 정치 현실에서 이러한 제도 개혁은 지난한 일이 아닐 수 없었다. 따라서 최명길을 비롯한 실학자들이 붕당 타파론을 제기하는 것은 당연한 일이었다. 국가의 위기 극복을 위해서 붕당간 다툼을 없애고 정책 마련에 정치력을 집중하자는 정치론이 바로 탕평론이었다. 따라서 탕평론은 실학의 정치론으로 간주할 수 있다.[85] 최명길의 정치론은 바로 이 탕평론의 선구이기도 하였던 것이다.

---

84) 김용흠, 2001, 앞 논문 ; 2006a, 앞 논문.
85) 김용흠, 2009, 앞 논문.

4. 맺음말

최명길은 양란기에 대내외적으로 조성된 국가의 위기에 직면하여 정치적 실천을 통해서 이를 극복할 수 있는 학문을 개척하고 정치론을 제시한 정론가였다. 그는 대내적으로 반정으로 출발하여 불안하기 짝이 없었던 인조 정권을 반석 위에 올려놓아 이후 조선왕조 국가가 발전할 수 있는 기틀을 형성하고, 취약한 인조의 왕권을 확립하여 그 후손인 영조에 의해 삼종혈맥론이 제출될 수 있는 근거를 마련하였다. 대외적으로 만주족의 성장으로 급변하는 동북아시아 정세 속에서 이들과의 화해를 통해서 국가를 유지 보존하여 민을 보호하려 하였다.

이러한 그의 정치적 사상적 실천은 당시의 주류 지배층의 입장과는 다른 것이었다. 당시의 주류 지배층을 지배한 학문은 주자학이었는데, 이들은 수기와 도덕을 내세우면서 주자학에 입각한 명분과 의리를 정론(正論)으로 간주하고 이것을 벗어난 일체의 학문과 정치적 실천에 반대하였다. 이들은 만약 도덕과 의리를 저버린다면 국가가 망하는 것도 감수할 수밖에 없다는 극단적 주장을 서슴지 않았다. 이들의 이러한 주장은 당시의 정세와는 동떨어진 주관적이고 비현실적인 주장이었으며, 동시에 치자로서의 책임을 방기한 무책임한 주장이었다. 청의 침략으로 빚어진 삼전도의 치욕은 바로 이러한 주류 지배층의 사상적 한계가 초래한 필연적인 결과였다.

최명길이 이들의 비현실적이고 무책임한 주장을 철저하게 논파할 수 있었던 것은 유자로서의 책임의식에 기초한 것이었다. 그는 국가를 유지·보존하지 않으면 민이 곤경에 처할 수밖에 없다는 현실을 직시하고, 치자의 가장 중요한 책무는 스스로의 수양에만 매몰되어 의리와 명분을 내세우는 데 있는 것이 아니라 국가를 유지·보존하는 것에 있다고 생각하였다. 그리고 이것이 유학의 본령이기도 하였다.

양란기의 국가적 위기 속에서 국가를 유지·보존하기 위해서는 그때까지 조선왕조를 지탱해 온 양대 중심축인 양반제로 대표되는 신분제와 지주제의 모순을 어떤 형태로든 해소해야만 했다. 대동과 균역이 조선후기의 중심적인 화두가 된 것은 바로 그 때문이었다. 최명길은 반정 초부터 이들 제도를 개혁해야 한다고 보고 변법적 경세론을 강력하게 주장하였는데, 주류 관인들의 수법론에 막혀서 그 시행이 지지부진하였다. 그로 인해 조선왕조 국가는 만주족의 침략에 맞설 수 있는 국방력을 갖추지 못하였다. 최명길 등의 주화론은 바로 이러한 변법적 경세론의 연장선상에서 나온 것이었다. 이것은 당시 조야에 횡행했던 척화론이 국방력을 강화시키기 위한 제도 개혁을 반대하는 사람들에 의해 주로 주장되었다는 사실과 더불어 간과해서는 안 되는 측면이다. 인조대 척화 주전론은 이처럼 이중적 의미에서 무책임한 정치 행태였다.

척화 주전론은 삼사의 공론정치를 내세우면서 전개되었다. 그렇지만 이들이 말하는 '공론'은 당시 국가의 전체 구성원의 이해관계를 대표하는 '공론'이 아니라 지배층 가운데서도 일부 특권층의 '공론'에 불과하였다. 최명길은 관제변통론을 제출하여 이러한 공론정치의 문제점을 극복하기 위해 국왕권을 강화하고, 대신 책임정치를 구현할 것을 강력하게 주장하였다. 따라서 그가 주장한 왕권론은 양반 지배층의 사리사욕과 무책임성을 극복하기 위해서 제출된 것임을 알 수 있다. 이러한 최명길의 정치론은 후대 탕평론으로 모두 계승 발전되었다.

최명길이 당시의 주류 관인 유자들을 지배했던 주자학의 문제점을 극복하는 과정에서 양명학에 관심을 가졌고, 그의 사상에서 양명학과 유사한 측면이 있는 것도 사실이었다. 그러나 최명길은 국가의 위기를 극복하여 민을 보호하는 것이 유자의 책임이라는 유학의 본령에 충실하였기 때문에 송명 이학의 수신 위주 프레임에서 벗어나 '국사와 민사의 일치'를 지향하는 경세론을 제출할 수 있었다. 이것은 그의 학문이 정치적 실천과 긴밀하게 연관되어 있었기 때문에 가능한 일이었다. 즉 정치 과정이 학문의 발전에 영향을 미쳤다고 보아도 좋을 것이다. 이러한 과정을 통해서 형성된 최명길의 학문은 조선후기 실학으로 계승 발전되었다.

따라서 최명길의 사상이 아무리 훌륭하더라도 실학과 탕평론을 넘어설 수는 없는 일이다. 조선후기 실학과 탕평론이 서양 근대 사상에 비해서 아무리 보잘 것 없는 것이라 하더라도 그것은 우리의 지난한 역사 속에서 발전해 온 학문이고 정치론이라는 것을 부정할 수는 없다. 그리고 최명길의 정치론과 학문이 정치 과정 속에서 발전해 온 유학이라는 것을 인정한다면 당쟁 망국론과 유교 망국론을 더 이상 내세워서는 안 될 것이다. 최명길에 대해 객관적 기준을 갖고 평가한다는 것은 이처럼 전통에서 계승 발전시켜야 할 것과 비판 극복해야 할 것을 구분하고, 서구 중심주의를 넘어서는 것을 말하는 것이었다.

제3장 포저 조익의 학문관과 경세론의 성격

1. 머리말

17세기 전반 조선왕조 국가는 일찍이 겪어보지 못한 내우외환의 와중에 놓여 있었다. 두 차례에 걸친 왜란으로 인한 피해를 채 복구하기도 전에 다시 정묘호란과 병자호란을 맞아서 국가는 심각한 위기에 처해 있었다. 잘 알려진 것처럼 양란(兩亂)은 집권적(集權的) 봉건체제였던 조선왕조 국가의 체제적 모순이 초래한 결과임과 동시에 그것을 더욱 심화시킨 요인이었다. 사회경제적으로 지주전호제(地主佃戶制)는 더욱 확대되었고, 부세체제의 모순 또한 갈수록 심화되어 농민들의 몰락과 토지 이탈이 일상화되었으며, 이로 인한 농민들의 불만과 반발은 집권체제 자체의 존립을 위협하고 있었다. 또한 양란은 대외적으로 중국과 일본에서 왕조 또는 정권이 교체되는 계기가 되기도 하였으므로, 조선왕조 정권에게 이전과는 다른 새로운 대응을 요구하였다.

따라서 당시에 사회를 주도하고 있던 관인(官人)·유자(儒者)들로서는 이러한 대내외적 위기에 직면하여 집권적 봉건사회의 모순을 해소할 수 있는 방안을 적극 모색하지 않을 수 없었다. 당시에 이들을 지배하고 있던 사상은 유교(儒敎)·주자학(朱子學)이었지만, 제반 사회 문제의 해결책을 모색하는 가운데 이들 내부에서는 유교·주자학에 대한 이해 방식 및 당시의 현실 문제 해결 방안을 놓고 점차로 서로 다른 사상 경향이 나타나서 정치적으로 대립하였다. 광해군대 대북정권의 독주와 이에 대한 반발로 인조반정(仁祖反正)이 일어나 서인정권이 성립된 것 등은 그러한 사상적 대립의 표출이기도 하였던 것이다.

인조반정으로 당시의 대내외적 문제에 대한 명분론·화이론적 대응 태세가 서인정권 내부에서 대원칙으로 확인되고, 또한 주류를 이루었지만, 이로써 현실 문제가 해결될 수는 없었다. 대외적으로 후금(後金=淸)의 반발은 물론, 대내적으로도 전후 복구를 위한 각종 사회경제 정책을 추진하는 데서도 걸림돌로 작용하였다. 따라서 당시의 관인·유자들을 지배하였던 것은 주자학적 명분론과 강상론이었지만, 실무(實務)·실사(實事)의 차원에서 현실 문제의 해결을 모색하는 가운데 여기서 벗어나는 관인 유자들이 속속 등장하였다. 척화론(斥和論)에 대한 주화론(主和論)의 성립은 그 중의 하나였다.[1] 여기서는 전자의 경향을 의리론(義理論)적 지향(指向), 후자의 경향을 경세론(經世論)적 지향이라고 이름 붙이고자 한다. 주자학적 명분론과 강상론에 입각하여 반청척화를 주장하였던 김상헌(金尙憲, 1570~1652)이 의리론적 지향을 대표하는 인물이라고 한다면, 국가의 보존과 민생의 안정을 명분으로 주화론을 주장하였던 최명길(崔鳴吉, 1586~1647)은 경세론적 지향을 대표하는 인물로 볼 수 있다.[2]

---

1) 金駿錫, 1998, 「兩亂期의 國家再造 문제」, 『韓國史硏究』 101, 韓國史硏究會, 133쪽.
2) 최명길과 김상헌을 대비시켜 다룬 최근의 논고로서, 오수창, 1998, 「최명길과 김상헌」, 『역사비평』 봄호가 있어 참고된다. 최명길에 대해서는 李在喆, 1992, 「遲川 崔鳴吉의 經世觀과 官制變通論」, 『朝鮮史硏究』 1, 朝鮮史硏究會 ; 李綺南, 1992, 「崔鳴吉의 政治活動과 權力構造 改編論」, 『擇窩許善道先生停年紀念韓國史學論叢』 등의 논고가 있고, 김상헌에 대해서는 오항녕, 1992, 「17세기 전반 서인산림의 사상」, 『역사와 현실』 8, 역사비평사에 대외관에 대한 연구가 있을 뿐이다. 다만 최근에 趙南浩, 1998, 「김상헌 가문의 유학사상」, 『북한강유역의 유학사상』, 한림대학교 아시아문화연구소가 있어 참고된다. 이들과 관련된 인조대 정치사에 대해서는 吳洙彰, 1985, 「仁祖代 政治勢力의 動向」, 李泰鎭 編, 『朝鮮時代 政治史의 再照明』, 汎潮社, 75~130쪽 참조. 그리고 최근에 간행된 아래의 조선후기 정치사 관련 박사학위 논문에도 인조대에 대한 연구가 포함되어 있다. 李迎春, 1998, 『朝鮮後期 王位繼承 硏究』, 集文堂 ; 禹仁秀, 1999, 『朝鮮後期 山林勢力 硏究』, 一潮閣.

당시의 관인 유자들은 자신들의 사상적 배경이야 어떠하든지 간에 절박한 현실 문제와 관련하여 이러한 경향 가운데 어느 한쪽에 자신들의 입지를 세우고 처신할 수밖에 없었다. 그것은 단순히 주화·척화의 문제뿐만 아니라 정국운영과 관련된 붕당론(朋黨論), 인조대 국왕과 신료들 사이에 첨예한 쟁점으로 등장한 원종(元宗) 추숭(追崇)과 관련된 예론, 나아가서는 대동법(大同法), 호패법(號牌法) 등 각종 사회경제 정책의 현안을 둘러싸고 정치적 대립으로 표출되었다. 이러한 여러 가지 정책 문제를 놓고 김상헌은 서인 산림(山林) 계열의 의리론적 지향을 대표하였다면, 최명길은 제도의 변통을 모색하는 경세(經世) 관료들의 경세론적 지향을 대표하면서 상호 대립하였다. 조익(趙翼, 1579~1655)은 두 사람 모두와 긴밀한 관계를 갖고, 서인 산림 계열과 정치적 행보를 같이 하면서도, 양반 신분제와 지주제에 제한을 가하는 방향의 경세론을 지속적으로 제기하였다.[3]

조익은 정주학(程朱學)에 입각한 '의리지학(義理之學)'을 학문의 출발점으로 삼고 있으면서도, 동시에 자신이 살고 있던 17세기 전반의 현실적 모순에 직면하여, 자신의 학문에 입각하여 그 타개 방안을 진지하게 모색한 유자였다. 그러는 가운데 정주학적 의리지학은 '성인가학론(聖人可學論)'을 매개로 '심학(心學)'으로 심화되고, '경세' 지향으로 전변(轉變)되었으며, '국가'의

---

3) 지금까지의 조익에 대한 연구는 다음과 같다. 宋錫準, 1985,「浦渚 趙翼 經學思想의 철학적 기초」,『東洋哲學硏究』6, 東洋哲學硏究會 ; 1988a,「浦渚 趙翼의 性理說과 陽明學의 性格」,『朝鮮朝 儒學思想의 探究』, 麗江出版社 ; 1988b,「浦渚 趙翼의 經學思想-『大學困得』의 格治 誠意章을 中心으로」,『공주사범대학논문집』26 ; 1992,「韓國 陽明學과 實學 및 天主敎와의 思想的 關聯性에 關한 硏究」, 성균관대 박사논문 ; 조성을, 1992,「17세기 전반 서인 관료의 사상」,『역사와 현실』8, 한국역사연구회 ; 池敎憲, 1994,「趙翼의 經學 思想」,『韓國 思想家의 새로운 발견』2, 한국정신문화연구원 ; 黃義東, 1994,「趙翼의 性理思想」, 같은 책 ; 安在淳, 1994,「趙翼의 心學 思想」, 같은 책 ; 김길락, 1995,「기호 양명학의 형성과 전개」, 충남대학교 유학연구소 편저,『기호학파의 철학 사상』, 예문서원 ; 宋錫準, 1995,「조익의 유학 사상에 나타난 근대정신」, 같은 책 ; 趙南權, 1998,「浦渚 趙翼先生의 생애와 경륜(1)」,『東方學』4, 韓瑞大 동양고전연구소 ; 李敏弘, 1998,「浦渚 趙翼先生의 文學思想」, 같은 책 ; 宋錫準, 1998,「浦渚 趙翼先生의 哲學思想」, 같은 책 ; 안외순,「浦渚 趙翼先生의 對外觀 考察」, 같은 책 ; 趙南權, 1999,「浦渚 趙翼先生의 생애와 경륜(2)」,『東方學』5 ; 趙南國, 1999,「浦渚 趙翼先生의 經濟思想」, 같은 책 ; 鄭炳連, 1999,「浦渚 趙翼의 道學的 政治思想」, 같은 책.

위기를 타개하기 위해서는 양반 사대부 중심의 명분론을 굽힐 수 있다고 보았다. 그가 지주제와 양반제의 극복을 지향하는 경세론을 제출할 수 있었던 것은 이러한 그의 학문 경향과 현실인식이 긴밀하게 상호작용한 결과였다.

조선후기 실학사상(實學思想)은 이러한 경세론적 지향이 발전되어 등장한 것으로도 볼 수 있다. 따라서 조익의 학문관과 경세론의 성격을 밝히게 되면 주자학과 실학이 사상 내적(內的)으로 어떻게 관련되었는가[4] 라는 의문의 일단을 해명할 수 있을 것으로 기대된다.

2. 의리지학의 변화 :
정주학에서 경세실학(經世實學)으로

조익의 학문에는 양명학적 요소가 있는 것으로 밝혀졌다.[5] 그럼에도 불구하고 장유(張維)의 양명학적 경향에 대하여 비판적인 태도를 보인 것을 어떻게 이해할 것인가.[6] 그가 의리론적 지향을 갖고 있던 김상헌을 존모하면서도 이와는 대립적인 관계에 있던 최명길의 경세론적 지향과도 상통되는 개혁론을 제출할 수 있었던 것은 어떻게 가능하였을까. 그의 학문관을 검토해보면 이러한 의문들에 대한 해결의 실마리를 발견할 수 있다.

---

4) 유봉학, 1995, 『연암일파 북학사상 연구』, 일지사, 10~11쪽.

5) 송석준, 황의동, 안재순 등 철학 연구자들은 조익의 心學이 陽明學的 성격을 갖고 있다고 보고 있다. 이에 대해 조성을·안외순 등은 유보적 입장이고, 조남권(1999)은 이를 인정하지 않고 있다. 주 3)의 논저 참조.

6) 趙翼, 『浦渚集』 권29, 「祭谿谷張相維文」, 34쪽(판심쪽수) b(오른쪽면 a, 왼쪽면은 b, 이하 '34b'로 줄임), 民族文化推進會 편, 『標點影印 韓國文集叢刊』 85책, 534쪽(이하 '총간 85-534로 줄임). 조익과 절친한 崔鳴吉과 張維가 陽明學的 성향을 갖고 있었다는 점에 대해서는 林熙秉, 1997, 「申欽의 學問과 그 思想史的 位置」, 『民族文化』 20, 民族文化推進會, 40~45쪽 참조.

1) '성인가학론'에 입각한 군자소인론

조익의 학문관에서 드러나는 첫 번째 특징은 '성인가학론'이다. 조익은 학문이란 옛날의 '성현(聖賢)'을 배우는 것이라고 하였다.[7] 그가 볼 때 옛날의 '성현'은 '인도(人道)'의 극치를 구현한 사람들이므로, 그들의 지식과 덕행은 바로 '지어지선(止於至善)'한 것이다. 그러므로 학문이란 바로 이러한 사람들을 사표로 삼고, 자신의 몸으로 그것을 배우는 것이다. 그는 '성현'과 '상인(常人)'은 그 식견(識見)과 심술(心術)이 현저하게 다른데, 그것은 이(理)와 욕(欲), 공(公)과 사(私)의 차이와 같다고 하였다. '성현'은 '천하사(天下事)'를 급하게 생각하고 '일신지사(一身之私)'를 돌보지 않으며, '도의'를 중하게 여기고, '일신지리(一身之利)'를 도모하지 않는다. 반면에 '상인(常人)'은 오직 '일신지중(一身之重)'만을 보기 때문에 그 마음에 가득찬 것은 오로지 득실과 이해의 '사'일 뿐이다. 인간은 누구나 원하기만 하면 현인 또는 군자가 될 수 있는데, 학술이 밝지 못하여 자포자기 하기 때문에 소인이 되는 것이다. 그러니 사람들이 만약에 이것을 안다면 '성현지학(聖賢之學)'을 하지 않고, '구리지습(求利之習)'을 일삼겠느냐고 반문하였다.[8]

조익은 '성현지학'이란 '선을 행하는 것[爲善]'일 뿐이라고 하였다.[9] '위선'은 노력하면 누구나 할 수 있는 일이다.[10] 그런데도 당시에 이러한 학문을 제대로 하는 사람이 드문 이유를 조익은 세 가지 정도 들고 있다. 첫째는 성현이 될 수 있다는 믿음이 없는 것이다. 성현의 '사업'이란 아무나 할 수 있는 일이 아니라는 생각이다.[11] 조익은 이를 다음과 같이 반박하였다. 인성은 모두 선하고, 사람은 누구나 인의예지의 본성을 타고 났으므로 효제충신할 수 있는 것이다. 또한 궁리지공(窮理之功)이 조금 어려운 것같지

7) 조익, 『포저집』 권12, 「論學箚」, 20a~b, 총간 85-218.
8) 『포저집』 권12, 「논학차」, 21a, 총간 85-219.
9) 『포저집』 권22, 「讀朱子語」, 21b, 총간 85-400, "聖賢之學 只是爲善而已."
10) 『포저집』 권20, 「開惑淺語」, 17b, 총간 85-362.
11) 『포저집』 권20, 「개혹천어」, 19b, 총간 85-363.

만, 고(古)성현이 이미 그 단서를 열어놓았으므로 스스로 탐구하면 못할
리가 없다. 그리고 자고로 현인이란 반드시 모두 '비상지인(非常之人)'이었던
것도 아니고, '절세지자(絕世之資)'를 타고 난 것도 아니었다. 그 중에는
노둔한 사람도 있고, '황예지향(荒裔之鄕)'에서 나온 사람도 있으며, '초모지
천(草茅之賤)' 출신도 많다. 그러므로 이들 '현인'들이 처음부터 '현인'이었던
것이 아니라 힘써 선을 행하여 현인이 된 것이라고 보았다.[12]

둘째로 당시의 학문 분위기에 문제가 있다는 것이다. 세상의 선비라는
사람들[世之爲士者]이 문장을 잘하려고 헛되이 노력하거나, 부귀만을 추구한
다. 그래서 문장을 잘하는 선비라도 식견이 통하지 못하고, 심술이 바르지
못하며, 언행에 허물이 많아서, '범인(凡人)'이 되고 만다.[13] 조익은 당시에
이러한 학문 분위기가 일반적이어서, 그러한 부형에게서 교육받고, 그러한
사우(師友)들 사이에서 공부하기 때문에 선비들이 모두 속습을 따라가서,
위선지인(爲善之人)이 거의 없는 것은 지극히 당연한 일이라고 하였다.[14]

셋째로 당시의 공부 방법에 문제가 있다는 것이다. 조익이 볼 때, '위선'은
곧 '법성현(法聖賢)'이므로, 학문이란 성현의 책을 읽고 성현의 뜻을 구하여,
성현이 행한 바를 몸으로 행하면 되는 것이었다.[15] 성현의 책이란 오경과
사서를 지칭함은 물론이다. 조익은 당시의 선비들 치고 이 책들을 읽지
않은 사람이 없는데 '도를 아는 자[知道者]'를 볼 수 없는 이유가 무엇이냐고
반문한다. 조익이 볼 때 이 책들 속에는 바로 '도'가 들어 있는데, 그것은
모두 '의의(意義)' 속에 있으므로, 그 뜻을 얻지 못한다면 도를 알 수 없는
것이다. 그 문자언어는 사람들이 쉽게 알 수 있지만, 그 의의는 정미한
것이어서, 깊이 구하여 탐색하지 않으면 알 수 없는 것이었다. 그런데
당시의 선비라는 사람들은 그 말만 읽고 그 뜻을 구하지 않거나, 애초부터
도를 구하는 것에는 뜻이 없고 오로지 과거에 합격하는 것만을 목표로

---

12) 『포저집』 권20, 「개혹천어」, 20a~b, 총간 85-363.
13) 『포저집』 권20, 「개혹천어」, 18a~b, 총간 85-362.
14) 『포저집』 권20, 「개혹천어」, 19b, 총간 85-363.
15) 『포저집』 권20, 「개혹천어」, 21a, 총간 85-364.

하여 그 말을 암기하기만 한다는 것이다. 그러니 평생 동안 책을 읽고 암송한다 하더라도 어떻게 도를 알겠느냐고 개탄하였다.16)

이렇게 볼 때 조익의 '성인가학론'이란 누구나 성인이 될 수 있다는 믿음을 갖고, '법성현'을 학문의 본령으로 삼아서, 성인의 책을 읽고, 성인의 뜻을 실천하는 것이었다. 그것은 도를 알고[知道], '선'을 행하는 것[爲善]이었으며, 결국 당위인 '천하지공(天下之公)'을 끝까지 추구하여 구현하는 것이었다. 조익이 볼 때 이것이야말로 진정한 '의리지학'이었다.

원래 성인가학론은 주돈이(周敦頤)가 제창하고 정호(程顥)·정이(程頤)가 계승·발전시킨 것으로서, 북송대 사대부 계층의 이상과 자신감을 표현한 말이었다. 그런데 정이는 '성인은 배워서 이를 수 있다'고 분명히 말하였는데,17) 주자는 이를 부정하였다.18) 조익은 주자가 요순과 같은 성인은 학문을 하지 않고도 '생지안행(生知安行)'하였다고 주장한 것을19) 인용하여, 이를 비판하였다.20) 여기서 조익은 요순이 타고난 것은 덕성이고, 사물의 정미한 측면에 대해서는 성인이라도 반드시 배워서 얻은 것이라고 주장하였다. 조익은 정호·정이의 성인가학론을 계승하여 실천의 영역으로까지 확대시키고, 이것을 '의리지학'으로 규정하였다.

나아가서 조익은 이러한 '성인가학론'에 입각하여 군자와 소인을 구분하였다. 조익은 위선자(爲善者)가 바로 군자이고, 위리자(爲利者)는 소인이라고 규정하여 군자와 소인이 나뉘는 기준이 선과 이(利)에 있다고 보고, 그것의 분기점은 '학문을 시작하는 마음가짐[爲學立心之始]'에 있다고 하였다. 선비[士]의 사업은 독서보다 앞서는 것이 없는데, 여기에 두 가지 유형이 있다는 것이다. 하나는 독서를 통해 궁리(窮理) 수신(修身)하여 성현의 경지로 나아가고자 하는 자들이고, 다른 하나는 장구나 익히고 외워서 작문하는

---

16) 『포저집』 권20, 「개혹천어」, 21a~b, 총간 85-364.
17) 시마다 겐지, 김석근·이근우 옮김, 1986, 『주자학과 양명학』, 까치, 44~46쪽.
18) 張立文, 1981, 『朱熹思想研究』, 北京, 中國社會科學出版社, 491쪽.
19) 『朱子語類』 권4, 「人物之性氣質之性」, 黎靖德 編, 1986, 北京, 中華書局, 1책, 66쪽.
20) 『포저집』 권26, 「論語淺說序」, 10a, 총간 85-463.

법을 배워 과거를 통해 사진(仕進)하고자 하는 자들이다. 여기서 전자, 즉 '성현이 되기를 희망하는 자들[希聖賢]'은 '위선(爲先)'하니 '군자지도(君子之道)'를 행하는 사람들이고, 후자, 즉 과거를 통하여 영달하기를 희망하는 사람들은 부귀를 구하니[求富貴], 이는 '위리(爲利)'이므로 '소인지도(小人之道)'라는 것이다.[21]

결국 성인가학론에 입각하여 학문을 하면 군자이고 그렇지 않으면 소인으로 규정하고 있는데, 그러한 구분이 학문을 처음 시작할 때 학문하는 목적[學之所求]과 태도[志之所存]에서 결정된다고 본다.[22] 그는 '과거를 업으로 삼는 선비'가 모두 소인이라고는 하지 않았다. 그러나 당시 과거지사(科擧之士)들의 자세와 태도를 보면, 평생 동안 추구하는 것이 '부귀영화'에 불과하다고 비판하였다. 이미 '부귀'를 추구하기로 마음먹으면 염치를 돌보지 않고 오로지 그것만을 얻고자 하게 되므로, 이것이야말로 소인되는 '본근(本根)'이었다. 이런 사람들이 집권하면 반드시 '사지시비(事之是非)'나 '국지이병(國之利病)' 및 '민지휴척(民之休戚)'은 돌아보지 않고, 오로지 '기신지사(其身之私)'만을 추구하게 되어, 장차 '무소부지지악(無所不至之惡)'이 나타나서 심화된다는 것이다.[23]

따라서 조익은 '과거지업(科擧之業)'은 본래 '이익을 추구하는 수단'이므로, '소인지도'라고 단언하였다.[24] 그는 과거에 뜻을 둔 사람 중에 이를 벗어나는 사람은 '타고난 품성이 좋아서 물욕이 적은 사람'에 불과하다고 하였다. 그리고 세상에는 항상 타고난 재주가 적은 '범비자(凡卑者)'가 많은 법인데, 이 중에 약간의 예외가 있겠지만, '중인' 이하의 자질을 타고난 사람은 소인이 될 수밖에 없다는 것이다. 여기서 조익은 소인 가운데에는 아주 나쁜 사람이 아니더라도, '무식견(無識見)'·'무조수(無操守)'하여 그 하는 행

---

21) 『포저집』 권22, 「警新學」, 22a~b, 총간 85-400.

22) 『포저집』 권22, 「경신학」, 23a, 총간 85-401, "然觀其學之所求志之所存 則實爲小人之道也."

23) 『포저집』 권22, 「경신학」, 22b~23a, 총간 85-400~401. 아마도 이러한 小人에 대한 관점이 趙翼 心學의 출발점이 되었을 것이다.

24) 『포저집』 권22, 「경신학」, 23a, 총간 85-401, "科擧之業 求利之具 是固爲小人之道也."

동이 '의리지정(義理之正)'에서 나오지 않고, '일신지사(一身之私)'만을 추구하는 사람도 많다면서, 이러한 사람들을 '중인(衆人)'이라고 칭하였다. 따라서 그는 과거를 업으로 삼고서는 대인군자(大人君子)가 되기 어렵다고 보고 있었다.

이처럼 조익은 당시의 과거 준비에만 매몰된 학문 풍토를 통렬하게 비판하고, 성인가학론에 입각한 새로운 군자소인론을 제출하였다. 이것은 주자의 '천리인욕설'에 입각한 군자소인론[25]은 부정하지 않으면서도 천리와 인욕을 이기인성설(理氣人性說)로써 선험적으로 접근하지 않고, 학문하는 목적과 태도, 즉 성인의 학문에 대한 의지와 실천 여부로써 후천적으로 규정하고자 하였다. 이것은 정주학적 의리지학의 심화임과 동시에 '경세(經世)' 실학으로의 전변을 준비하는 것이었다.

2) '경세' 지향 학문관과 탈신분적 치자관

조익의 학문관에서 드러나는 두 번째 특징은 학문의 목적이 치도(治道)를 인식하기 위한 것, 즉 '경세'에 있다는 점이다. 조익은 '치도'란 알기 어려운 것이 아니라면서, 인주수덕(人主修德), 진현퇴불초(進賢退不肖), 폐정개혁(弊政改革) 세 가지를 제시하였다.[26] 그는 이것을 '정조정(正朝廷) 미풍속(美風俗) 보민생(保民生)'이라고 달리 표현하기도 하였다. 그런데 그가 볼 때 이러한 치도를 아는 사람은 '통경궁리지인(通經窮理之人)'뿐이며, 상인(常人)의 사사로운 지식으로는 헤아려서 알 수 있는 것이 아니라고 보았다.[27] 이러한 치도는 옛날의 성현이 이미 밝혀놓았고, 이에 따라서 옛날의 제왕들이 수신(修身) 위정(爲政)한 흔적이 경전(經傳)에 모두 나타나 있는데, 이것을 배우는 것에 뜻을 두고 공부하는 것은 현사군자(賢士君子)뿐이라는 것이다. '용인(庸人)'은 단지 '일신지리'만을 추구하고 '학고지지(學古之志)'가 없어서,

---

25) 張立文, 1981, 앞 책, 540~544쪽.
26) 『포저집』 권25, 「道村雜錄」下, 1a~b, 총간 85-442.
27) 『포저집』 권25, 「도촌잡록」하, 3b, 총간 85-443.

성현의 수기치인지방(修己治人之方)에는 애초부터 마음이 없으므로 그것을 알 수 없다. 오직 군자라야만 일신의 이해를 돌보지 않고 항상 '겸제일세(兼濟一世)'할 것을 생각하여, '구세지술(救世之術)'과 '안민지책(安民之策)'에 늘 '유의사량(留意思量)'하는 존재라는 것이다.[28]

더구나 소인은 이러한 치도를 실천할 의지도 없는 것으로 보았다. 군덕(君德)을 닦고 군자를 등용하는 것은 소인에게는 매우 해로운 일이다. 따라서 '인주수덕(人主修德)'과 '진현퇴불초(進賢退不肖)'는 소인으로서는 불가능할 뿐만 아니라 소인이 매우 두려워하여 하지 않으려는 일이다. 나아가서 '수개서정(修改庶政)' 역시 소인에게는 불가능한 일이다. 왜냐하면 서정(庶政)이 엉망이 되고, 생민이 곤궁에 처하는 것은 소인이 근심하는 일이 아니기 때문에 폐정개혁에는 본래 뜻이 없다[無意]는 것이다. 더구나 인순(因循)은 쉽고 개혁은 어려운데 소인이 어찌 기꺼이 나서서 스스로를 수고롭게[自勞] 하겠느냐고 반문하였다. 하물며 서정이 엉망이 되는 것은 생민에게는 해롭지만 간인(奸人)은 이로 인해 이익을 얻으니, 실제로는 소인이 이롭게 여기는 일이라는 것이다.[29]

이러한 소인·범인들은 의식주에서 '신지소편(身之所便)'을 추구하고 부귀를 탐내지만, 군자는 학문·행의(行義)·도덕에 전력을 기울이는 사람이다.[30] 여기서 '학문'과 '도덕'은 '행의'의 전제가 될 것인데, 이 중에서 조익이 기본적으로 중히 여기는 것은 '지려(志慮)'의 차이, 즉 도덕이었다. 범인은 그 '사념계획(思念計劃)'이 오직 일신의 이해득실에만 있으므로 그가 벼슬길에 나가더라도 오직 일신의 이익만을 도모하게 된다. 이와 달리 군자는 그 '사념계획'이 일세(一世)의 치란(治亂) 휴척(休戚)에 있으므로 그가 벼슬길에 나아가면 반드시 '안일세(安一世)'를 자신의 책임으로 간주한다. 이처럼 군자의 '지려'는 소인과 아주 다르다고 하였는데, 이는 '도덕'의 영역에 해당된다고 볼 수 있다. 그가 바로 이 지려=사념계획을 바르게 하기 위해 제시한 것이

---

28) 위와 같음.
29) 『포저집』 권25, 「도촌잡록」하, 1b~2a, 총간 85-442.
30) 『포저집』 권25, 「도촌잡록」하, 6a~b, 총간 85-444.

성의설(誠意說)이고, 이를 위한 수양론으로서 제출한 것이 바로 그의 심학(心學)이었다.31) 그가 '성의'를 '자기(自欺)'와 대비시키면서 강조한 것은 그것이 군자-소인의 분기점이라고 여겼기 때문이었다. 말하자면 그의 심학의 궁극적 목적은 '안일세(安一世)', 즉 경세를 자신의 책무로서 자각하기 위한 것이었다.

그런데 이에 못지않게 조익은 '학문'을 중요하게 여겼다. 소인·상인은 애초에 성현지학과 치세지도에 '염(念)'이 없으니, 억지로 정치를 시키더라도 단지 '순례(循例)'할 뿐이고, 자칫하면 일을 망치기 십상이다. 그런데 비록 '재주가 있는 사람'이라도 '학문'을 하지 않으면, '염결자지(廉潔自持)'는 할 수 있을지 몰라도, '경세사업'은 기대하기 어렵다고 보았다.32) 또 다른 곳에서 그는 치인자의 요건으로 '유식(有識)'과 '심공(心公)'을 들었는데, 이 역시 '학문'이 없으면 불가능하다고 하였다.33) 그는 '학여불학(學與不學)'에 치란(治亂)이 달려 있다고 여러 차례 단언하였다.34) 이러한 '학문'으로서 '경학' 또는 '경술(經術)'을 특히 강조하였는데35) 이는 바로 위에서 언급한 성현지학, 바로 그것이었다. 그는 '경세'를 위해 필요한 지식은 이를 통해서 얻을 수 있다고 본 것이다.

결국 그가 성인가학론과 그에 입각하여 전개한 군자소인론은 '경세사업'을 유학의 본령으로 회복시키고, 이를 '의리지학' 안으로 포섭해 들여 사대부의 기본적 책무로서 강조하기 위한 장치임을 알게 된다. 이로써 의리지학의 '의리'는 바로 학자=군자의 경세사업에 대한 책무의식을 의미하는 것으로 전변되었다. 여기에는 당시의 이기인성설에 함몰된 번쇄한 주자학적 학풍에 대한 비판적 인식이 깔려 있음은 물론이다. 그가 양란기의 혼란 속에서

---

31) 안재순, 1994, 앞 논문 ; 송석준, 1998, 앞 논문. 여기서는 조익의 誠意說이 그 心學의 陽明學的 성격을 입증하는 핵심 논거로 제시되었다.

32) 『포저집』 권25, 「도촌잡록」하, 7a, 총간 85-445.

33) 『포저집』 권25, 「도촌잡록」하, 13b~14a, 총간 85-448, "有識心公 非有學問者 不能然也."

34) 『포저집』 권2, 「進大學困得論語淺說疏」(甲子), 17b, 총간 85-47.

35) 『포저집』 권24, 「도촌잡록」상, 17b, 총간 85-436 ; 21b, 85-438 ; 22b~23a, 85-438~439.

살면서 의리지학을 표방하면서도 '대변통(大變通) 대경장(大更張)'을 주장할
수 있었던 배경에는 학문의 목적을 경세로 보는 이러한 학문관이 깔려
있었던 것이다.

　이러한 조익 학문관에서 특히 주목해야 할 것은 그 성현지학을 하는
주체가 양반사족과 같은 신분적 개념이 아니라는 것이다. 먼저 조익은
학문을 '위인(爲人)'의 전제로 규정하고 누구나 가능한 일로 보았다. 그는
인간이 지식과 행의(行義)가 없으면 인간이 아니라고 하였다.[36] 그리고
인간에게 학문이란 물과 불처럼 없어서는 안 되는 '심상가위지사(尋常可爲之
事)'이고, 그것을 하는 것도 어려운 일이 아니라 누구나 할 수 있는 일[人人之所
可能]이었다.[37] 따라서 그것은 누구나 하지 않으면 안 되는 일[人人所當爲]이
기도 하였다.[38] 학문을 하는 것은 인간의 사업 중에서 가장 존귀한 일이고
어려운 일도 아니므로, 특출한 사람만 하는 일은 아닌데, 그것을 하는
사람들이 거의 없기 때문에 학문하는 사람이 특출해 보인다는 것이다.

　다음으로 조익은 학문을 하는 것의 여부에 의해 존비가 나뉜다고 하였
다.[39] 그는 학자와 중인(衆人)의 구별은 지위의 차이가 아니라고 보았다.[40]
중인 중에서 '학문에 뜻을 둘 수 있는 사람'이 학자이고 그렇지 못하면
중인이므로, 애초에 그 지위는 같다는 것이다. 그리고 그것은 재능의 차이도
아니었다. 조익은 현인과 용인(庸人)의 차이는 그 '입심(立心)'의 차이에
있다고 하였다.[41] 현인과 용인은 본래는 똑같은 사람인데, 그 지(志)가
도의에 있으면 현인이고, 일신지리(一身之利)에 있으면 용인이다. 그런데
용인이 재능이 없는 것이 아니다. 재능이 남보다 뛰어난 자라도 그것을
일신지사에 쓰고, 천하지공을 도외시했다면 그것은 용인이라는 것이다.
나아가서 그는 치인자는 '위인상자(爲人上者)'이고 '고어인자(高於人者)'이어

---

36)『포저집』권25,「도촌잡록」하, 7b, 총간 85-445.
37)『포저집』권24,「도촌잡록」상, 19a~b, 총간 85-437.
38)『포저집』권24,「도촌잡록」상, 17a, 총간 85-436.
39)『포저집』권24,「도촌잡록」상, 12a, 총간 85-433.
40)『포저집』권21,「改申功甫中和圖說」, 24a~b, 총간 85-380.
41)『포저집』권25,「도촌잡록」하, 8a~b, 총간 85-445.

야 하지만, 그것의 기준은 유식과 심공 곧 학문의 여부에 두었다.[42]

조익은 「도촌잡록(道村雜錄)」을 비롯한 그의 저술 곳곳에서 소인·용인·범인·상인(常人)·속인(俗人)·용잡인(庸雜人)·용비지인(庸鄙之人) 등의 용어를 구사하면서 군자·선사(善士)·사군자(士君子)·현사군자(賢士君子)·현자(賢者) 등과 대비시키고 있다. 조익은 양자의 차이를 혈통이나 신분 또는 능력의 차이로 보지 않았던 것이다. 그는 그것을 학문을 하느냐 안 하느냐, 경세에 뜻을 두느냐 아니냐를 기준으로 구분하였다. 그리고 이러한 구분은 치자와 피치자의 구분에서도 그대로 적용되고 있음을 볼 수 있다.

이와 관련하여 특히 주목되는 것은 조익이 선비[士]가 생업에 종사해야 한다고 주장한 것이다. 그는 학자들도 '자활지계(資活之計)'를 그만둘 수 없다고 하였다. 범민이 생업을 갖고 자식(自食)하는 것은 '천리'에 당연한 것이므로, 사가 비록 학문을 하더라도 굶어죽을 이치는 없으니 생계를 영위해야 한다는 것이다. 그 방법으로서 조익이 제시한 것은 '역전자급(力田自給)'이었다. 그는 선유(先儒)들도 모두 그렇게 했다고 주장하였다. 다만 여기에도 이욕지분(理欲之分)이 있으니, 단지 생계만을 해결하는 것은 이(理)이고, 만약 풍부를 추구한다면 욕(欲)이니 이가 아니며, 속인지사(俗人之事)이지 군자지사(君子之事)가 아니라고 하였다.[43] 이로써 조익이 설정한 군자=치인자는 양반·지주 계급도 아님을 분명하게 알 수 있다.

이처럼 학문의 여부로 군자와 소인, 치자와 피치자를 구분함으로써 양반지주계급의 치자로서의 신분적 지위를 부정한 것은 당시에 지배적이었던 양반제와 지주제를 넘어서는 새로운 탈신분적(脫身分的) 치자관(治者觀)으로서 주목되어 마땅하다고 본다. 이로써 그의 의리지학은 정주학을 부정하지 않으면서도 주자학적 명분론의 굴레를 벗어나서 '경세' 실학으로 나아갈 수 있는 길을 열어놓았던 것이다.

---

42) 『포저집』 권25, 「도촌잡록」하, 13b~14a, 총간 85-448.
43) 『포저집』 권20, 「개혹천어」, 28a~b, 총간 85-367.

3) 정주학에서 '경세' 실학으로

조익의 학문관의 세 번째 특징은 그가 주자 이후에도 학문이 발전한 것으로 보았다는 점이다. 이와 관련하여 우선 지적해 둘 것은 그가 정주학에 주목한 이유가 그의 학문관과 밀접한 관련이 있다는 것이다. 조익이 '이정(二程) 부자(夫子)'를 높이 평가하는 이유는 그들이 처음으로 '성인가학론'을 내놓았기 때문이었다. 공맹 이후에 천 수백 년이 넘게 단절된 성현지학을 되살려서 천하지사(天下之士)로 하여금 '성현지가학(聖賢之可學)'과 '속학지비(俗學之非)'를 알게 한 것은 이정자의 공이라고 하였다. 정씨지학(程氏之學)이 공맹지학(孔孟之學)이므로, '법정씨(法程氏)'는 바로 '법공맹(法孔孟)'하는 수단이었다. 이러한 이정지학은 주자에 의해서 집대성되었는데, 조익은 주자가 비록 상지(上智)의 재주를 타고났지만, 만약 이정이 성현지학을 앞서서 개창하지 않았다면 그처럼 쉽게 정리할 수 없었을 것으로 보았다. 그리고 그 규모와 법도는 정자에 근본을 두고 더욱 확장시킨 것이라고 하였다.[44] 조익이 주자가 집성한 『근사록』을 중요시하고 과거에 추가로 집어넣으려고 한 것[45]도 이를 통해서 정자 사상의 핵심에 접근할 수 있다고 보았기 때문이었다.

조익은 '천지문명지회(天地文明之會)'가 두 번 있었는데, '공맹의 시대'와 '정주의 시대'가 그것이라고 하였다.[46] 그는 오경·사서 이외에는 정주지서를 경서와 같다고 보았다. 이들이 성현지학을 다시 일으킨 '계왕개래지공(繼往開來之功)'을 높이 평가했던 것이다.[47] 특히 그가 주자의 저술에 들인 노력은 독실하다고 할 만한 것이었다. 그는 49세 때 펴낸 『주자서초절분류(朱子書抄節分類)』를 64세 때 다시 개편하여 『주서요류(朱書要類)』를 편찬하였으며, 죽기 직전인 75세 때에는 『주문요초(朱文要抄)』를 편찬하였다. 그는

44) 『포저집』 권26, 「伊洛精要序」, 25a~b, 총간 85-471.
45) 『인조실록』 권29, 인조 12년 갑술 정월 경술.
46) 『포저집』 권20, 「개혹천어」, 22b, 총간 85-364.
47) 『포저집』 권5, 「進大學困得疏」(丙戌), 12a~b, 총간 85-93.

'주자지언(朱子之言)'은 후세에 본받을 수 없는 것이 없는데, 특히 학자의 '용력지방(用力之方)'에는 주자의 서찰이 가장 긴요하다고 보았다.[48] 그가 주자의 서찰을 중시하는 것은 그것이 '의리'의 정미한 측면을 발명하였다고 보기 때문이었다.[49] 또한 그는 주자의 문장이 육경과 『논어』·『맹자』를 비롯한 전한(前漢) 이전의 제자(諸子)의 문장, 즉 고문에 근본을 둔 '의리지문(義理之文)'이라는 점에서 '달지지(達之至)'라고 극찬하고, 성현 중에 재덕을 겸비한 사람으로서는 주자만한 사람이 없다고 하였다.[50]

그리고 한 이후 '다문박식'으로도 주자만한 사람이 없다고 보았다. 즉 역대 사전(史傳), 고금의 전례(典禮)와 제도문물, 음악, 제자학, 천문지리, 점서, 의방, 나아가서는 불교·도교와 같은 이단은 물론, 잡가 소수(小數)에 이르기까지 '무불통관(無不通貫)'한 것은 주자밖에 없다면서, 자신은 항상 '주자지불가급(朱子之不可及)'이 '공자지불가급(孔子之不可及)'과 같다고 생각하였다고 한다.[51] 또한 그는 주자의 장주문(章奏文)에 나타난 '격심지충(格心之忠) 경세지규(經世之規) 제시지략(濟時之略) 진현퇴사지엄(進賢退邪之嚴)'이 바로 후세에 본받아야 할 것이라고 하였다.[52]

이로써 조익이 주자학의 중요한 구성 요소인 성리설에 대한 평가에 매우 인색하다는 것을 알 수 있다. 그가 주자학에서 중요하다고 보고 평생을 바쳐 배우려고 한 것은 성인가학론에 입각한 의리지학이었으며, 그 '경세'적 지향과 '다문박식'한 측면이었다. 뿐만 아니라 그는 정주학에서 그 학문이 완성되었다고 본 것도 아니었다. 그는 분명하게 주자 이후의 학문에도 발전된 측면이 있음을 인정하였다.[53] 주자의 직전 제자 중에 그가 그 학문적

---

48) 『포저집』 권26, 「朱書要類序」, 23a, 총간 85-470.
49) 『포저집』 권26, 「朱文要抄序」, 29a, 총간 85-473.
50) 『포저집』 권26, 「朱文要抄後序」, 30b~31a, 총간 85-473~474.
51) 『포저집』 권26, 「주문요초후서」, 31a~b, 총간 85-474.
52) 『포저집』 권26, 「주문요초서」, 29a, 총간 85-473.
53) 『포저집』 권26, 「大學私覽序」, 7a, 총간 85-462 ; 「中庸困得序」, 9a, 총간 85-463, "此程朱夫子 所以大有功於斯道也. 第自後諸儒 如饒氏陳氏之說 或有異於章句 至於皇朝諸人 各自爲解 則衆說橫驁 亦何紀極. 然其中或有所發明者 則亦未必無也."

업적을 인정하고 인용한 사람으로는 진순(陳淳, 1159~1223), 채침(蔡沈, 1167 ~1230) 등이 있으며, 주자를 '사숙(私淑)하여 얻은 바가 있다'고 자처한 진덕수(眞德秀, 1178~1235)[54]의 저술도 자주 인용하였다. 원대 유학자 중에는 허형(許衡, 1209~1281)과 황간(黃榦)의 고제이자 주자의 재전 제자인 요로(饒魯)를, 明代 유학자 중에는 설선(薛宣, 1392~1469)과 정민정(程敏政) 등을 자주 언급하였다.

이 중에서 조익이 특히 높이 평가한 것은 허형과 설선이었다. 조익은 허형을 '선현'으로 간주하고, 그가『소학』과 사서를 '신명(神明)'과 같이 '경신(敬信)'하는 자세를 배우고자 하였다.[55] 주렴계의 '성가학(聖可學)' 장에 대한 안설(按設)에서 조익은 설선의 '유무욕최고(惟無欲最高) 유욕칙편저의(有欲則便低矣)'라는 말을 인용하면서, '이 말이 매우 좋으니 학자들이 마땅히 깊이 음미해야 한다'고 하였다.[56] 그런가하면 설선이 오경·사서와 함께 '정주지서를 읽어야 한다'고 강조한 말을 인용하면서 이것이야말로 진실로 '지도지언(知道之言)'이라고 높이 평가하였다.[57]

이들의 공통점은 우선, 주자의 이학체계에서 드러난 몇 가지 문제점을 의식하고 수정을 가했다는 것이다. 진순이 주로 이기론의 측면에서 주자학을 수정하였다면, 진덕수와 허형은 외재적 규범인 천리를 어떻게 주체의 내재적인 의지와 결합시킬 것인가를 고민하였다.[58] 명대 설선은 이기론에서 진순을 계승하여 이(理)의 내재성을 강조함으로써, 이의 초경험성을 지양하고자 하였다.[59] 이들은 사실상 송대 정주이학(程朱理學)이 명대의 양명심학(陽明心學)으로 발전하는 과정에 놓여 있는 사람들이었다.[60] 그러

54) 候外廬 외 지음, 박완식 옮김, 1995,『송명이학사 2』, 이론과 실천, 294쪽.
55)『포저집』권21,「中庸困得後說」上, 27a, 총간 85-382.
56)『포저집』권18,「心法十二章」, 20a, 총간 85-331.
57)『포저집』권20,「개혹천어」, 23b, 총간 85-365.
58) 楊國榮 지음, 김형찬·박경환·김영민 옮김, 1994,『양명학－王陽明에서 熊十力까지』, 예문서원, 48쪽.
59) 楊國榮, 위 책, 54쪽.
60) 楊國榮을 비롯한 최근의 중국철학사 연구 경향은 모두 程朱理學으로부터 陽明心學으로의 변화를 宋明理學의 발전이라는 관점에서 파악하고 있다. 楊國榮, 위 책 ; 陳來

면서도 이들은 끝까지 주자학을 존숭한 인물들이라는 공통점이 있다. 조익은 이들과 비슷한 시기에 활동했던 상산학(象山學) 계통 인물들이나 정주이학에 비판적이었던 인물들에 대해서는 거의 언급하지 않았다.

이들의 저술에 접하면서 조익은 표면적으로는 정주학을 끝까지 선양하였지만 주자학에 내포된 이러한 문제들에 대해서 의식하고 있었음이 분명하다. 이런 점들은 그의 성리설에도 드러나 있지만, 무엇보다도 그의 심학의 전개에서 드러난다. 사실 조익이 군자소인론에서 비판한 소인들이 출현하게 된 것은 정주학이 가진 학문 내적 모순과도 밀접한 관련이 있었다. 조익이 심학에 평생을 두고 심혈을 기울인 것은 그 때문이었다. 따라서 조익의 심학이 양명 심학과 유사한 측면을 갖는 것은 자연스러운 일이라고 볼 수 있다.[61]

그러나 그의 심학에는 양명 심학과 다른 측면도 많다. 우선, 조익에게서는 양명학의 기본 명제인 심즉리(心卽理), 치량지(致良知), 지행합일(知行合一) 등에 대한 언급을 찾아볼 수 없다. 이것은 단순히 양명학을 꺼리는 당시의 시대 분위기 때문이라고 보기는 어려울 것같다. 조익은 본체론이나 인식론에서 이들 명제를 긍정하지 않았다. 조익의 '거경(居敬)' 심학은 심이 곧 이라는 양명학의 기본 명제를 부정한 것이었다. 그는 객관 세계에 외재해 있는 이를 인정하였다. 그가 '거경'을 그렇게 강조한 것은 그의 성인가학론에 입각하여 그 외재해 있는 이를 받아들이기 위해서였다. 그는 그 과정이 고통스럽다는 것을 인정할 정도였다.[62] 따라서 그는 인식론으로서의 치량지, 지행합일을 모두 인정하지 않았다. 오히려 그는 선지후행(先知後行)을 명백하게 긍정하였다.[63] 다만 그는 지와 행을 둘로 갈라놓음으로써 주자학이 '번쇄한 철학'이 된 것을[64] 의식하고, '지행겸진(知行兼進)',[65] '지행겸사(知

지음, 안재호 옮김, 1997, 『송명 성리학』, 예문서원 등 참조.
61) 이러한 조익의 性理說과 心學에 대해서는 주 3)의 송석준, 황의동, 안재순 등 논고 참조.
62) 『포저집』 권21, 「苦說」, 20a~b, 총간 85-378.
63) 『포저집』 권20, 「개혹천어」, 24b~25a, 총간 85-365~366.
64) 楊國榮, 1994, 앞 책, 122쪽.

行兼事)'[66]를 말하였다. 나아가서 그는 양명처럼 '지로써 행을 대체하는 궤변'을 일삼지도[67] 않았다. 그는 '치지(致知)'와 '역행(力行)'은 '각치기공(各致其功)'해야 하므로,[68] '학이행(學而行) 행이학(行而學)'하는 일을 '일일이신지(日日而新之) 유구이불식(悠久而不息)'하여 죽을 때까지 계속해야 한다고 보았다.[69]

조익의 심학은 심이 곧 이(理)이고, 심체는 양지(良知)라는 양명학의 기본 명제를 인정하지 않았으므로, 인식론상에서 '양지의 선험성'과 '치량지의 과정성 사이의 모순'이라는 양명학의 문제점[70]으로부터 자유로울 수 있었다. '천리와 주체의 대립'이라는 주자학의 문제를[71] 조익은 양명처럼 본체론적으로 접근한 것이 아니라 수양론으로 해결하려 하였다. 그 출발점은 성인가학론에 입각한 '신도(信道)'였다.[72] 그는 양명학의 본체론을 도에 대한 믿음[信]으로 대체하였다. 그 대신에 그가 문제로 본 것은 학문을 하면서도 왜 사람이 잘못을 범하고, 시비를 분간하지 못하는 때가 생기느냐는 것이었다.[73] 그는 인간의 일상적인 동정어묵(動靜語默)을 스스로 검제하지 못하고 놓아두면 의리를 잃어버리는 일이 많다고 보았다.[74] 따라서 학자가 공부하는데 있어서 심법이 가장 급한 일이며,[75] 가장 절실한 근본 공부라고 주장하였다.[76]

그리고 보다 주목해야 할 것은 양명학에서 '치량지'를 통하여 인식하고자

---

65) 『포저집』 권22, 「大學曉諸生文」, 26b~27a, 총간 85-402~403.
66) 『포저집』 권24, 「도촌잡록」상, 19b, 총간 85-437.
67) 楊國榮, 1994, 앞 책, 124쪽.
68) 『포저집』 권26, 「주문요초서」, 29b, 총간 85-473.
69) 『포저집』 권20, 「개혹천어」, 27b, 총간 85-367.
70) 楊國榮, 1994, 앞 책, 132쪽.
71) 楊國榮, 위 책, 41쪽.
72) 『포저집』 권12, 「論治道箚」, 9a~10a, 총간 85-213.
73) 『포저집』 권20, 「自訟錄」, 14a, 16a, 총간 85-360~361.
74) 『포저집』 권19, 「心法要語」, 33b, 총간 85-351.
75) 『포저집』 권20, 「心要精擇」, 13a, 총간 85-360.
76) 趙翼 心學의 자세한 내용은 안재순, 1994, 앞 논문 참조.

하는 것은 '선험적으로 존재하는 봉건적 도덕률'에 멈추어 있는 것에[77] 비해서, 조익 심학의 궁극적 목적은 '경세'에 있다는 점이다. 지금까지 검토한 바와 같이 조익이 '학문 공부와 경세를 연관'시키는 것은 명말의 동림학자(東林學者)와 통하는 점이 있으며,[78] 청초 '삼유노(三遺老) 중의 일인(一人)으로서 경세실학파의 거유(巨儒)'였던 고염무(顧炎武, 1613~1682)의 '명도구세(明道救世)' 사상과 통하는 점이 많다고 생각된다.[79]

이처럼 조익은 성인가학론의 입장에서 정주학을 적극적으로 존숭하였지만, 정주이학에 대한 평가에는 인색하였다. 그가 주자학에서 높이 평가한 것은 그 '다문박식'한 측면과 '경세'에 대한 책무의식이었다. 그는 의리지학으로서의 정주학의 본의가 여기에 있다고 굳게 믿고, 주자학의 권위를 빌려서 이를 강조하였다. '천리와 주체의 대립'이라는 주자학 자체의 인식론적 모순에 대해서는 양명학처럼 본체론 상에서 해소하고자 한 것이 아니라, 수양론으로 접근하려 하였다. 그의 '거경' 심학은 결국 학자의 '경세'에 대한 책무의식을 천리의 차원에서 내면화시키기 위한 수양론이었던 것이다. 이처럼 성인가학론과 군자소인론을 통하여 경세학을 유학의 본령으로 삼고자 한 조익의 학문관은 주자학을 당시의 현실에 입각하여 사상 내적으로 극복하고 '경세' 실학으로 한 걸음 진전시킨 것으로 평가할 수 있다.

---

77) 候外廬 엮음, 양재혁 옮김, 1989, 『중국철학사 中』, 일월서각, 157쪽.

78) 楊國榮, 1994, 앞 책, 195쪽.

79) 東林學派의 사상 및 顧炎武를 비롯한 清初 三遺老의 사상에 대해서는 裵永東, 1992, 『明末清初思想』, 民音社에 자세하다. 三遺老 중 黃宗羲는 근본적으로 陽明學에 토대를 두고 있으며, 王夫之는 唯物主義의 氣論에 토대를 두고 있다. 황종희에 대해서는 楊國榮, 1994, 앞 책, 263~315쪽 참조. 왕부지에 대해서는 張立文, 1982, 『宋明理學研究』, 中國人民大學出版社, 593~664쪽 참조. 따라서 황종희와 왕부지의 사상은 조익과는 그 근본 출발점이 다르다고 해야 할 것이다. 고염무는 학설사적 계보로 보면 주자학파에 속하며, 삼유노 중에서 '名敎'와 '節義'에 대한 주장이 가장 강렬하였다고 한다(裵永東, 1992, 앞의 책, 273쪽). 따라서 주자학을 완전히 부정하지 않으면서도 경세실학을 제창했다는 점에서 조익과의 유사성을 찾아볼 수 있다. 물론 이들 세 사람은 모두 道學=理學과 양명학 末流의 폐단에 대해서는 비판적이었다. 그런데 이들이 도학을 비판하는 내용을 살펴보면, 조익이 군자소인론에서 소인을 비판하는 내용과 유사점이 많음을 알 수 있다. 17세기 중국의 경세실학에 대해서는 陳祖武, 1998, 「17世紀의 中國實學」, 『韓中實學史硏究』, 민음사, 257~295쪽 참조.

3. '균평'을 위한 사회경제 개혁론

1) 현실인식과 개혁이념

이제 조익이 제론(提論)한 경세론의 내용과 성격을 검토하여 그 '경세' 실학적 면모를 확인해 둘 차례이다. 인조반정 이후 정계에서 적극적으로 활동하였던 조익은 당시의 현실을 '대변통 대경장'이 필요한 시기로 보았다.[80] 그의 시무상소의 거의 전체에서 '변통', '변혁', '경장'은 일관되게 강조되었다. 이는 그가 그의 시대를 '난세(亂世)'로 보는 현실 인식의 필연적인 귀결이었다. 조선왕조가 건국된 지 200여 년이 지났기 때문에 폐단이 발생할 수밖에 없는데도 '인순자심(因循滋甚)'하여, 선조(宣祖)조에 이미 식자들이 그 폐단을 개혁하지 못하는 것을 근심하였지만, 왜란을 거치면서도 '서사고식(庶事姑息)'하였고, 광해조에 괴란이 극에 달하여 생민이 '수화지중(水火之中)'에 빠진 지 오래 되었다고 하였다.[81]

인조 초년에는 조선왕조 체제의 모순에서 비롯된 폐단으로 인해 민력이 이미 다하고 국가재정이 파탄에 이르게 된 것은 광해군의 '난정(亂政)'으로 인하여 심화되었다[82]는 인식을 보이다가, 대동법이 혁파된 뒤에는 국내외적으로 '천재민원(天災民怨)', '노적방흥(奴賊方興)'하여 누란의 위기에 처하였다고 인식하였다.[83] 정묘호란을 겪은 뒤에는 '위망지화(危亡之禍) 박재조석(迫在朝夕)'[84]하다고 보았으며, 병자호란 직전에는 호란으로 인한 혼란을 미리 예고하면서, 이를 막기 위해서는 폐단의 원인을 찾아서 '이혁적폐(以革積弊)'하기 위해 '대변경대작위(大變更大作爲) 이구대치(以求大治)'해야 함을 주장하였다.[85]

---

80) 『포저집』 권2, 「因求言論時事疏」(乙丑), 34a, 총간 85-55.
81) 위와 같음.
82) 『포저집』 권2, 「論宣惠廳疏」(癸亥), 4b, 총간 85-40.
83) 『포저집』 권2, 「인구언논시사소」(을축), 27a, 총간 85-52.
84) 『포저집』 권10, 「論災異箚」(癸酉), 21b, 총간 85-183.
85) 『포저집』 권11, 「因求言條陳固邊備改弊政箚」(丙子), 15a~16a, 총간 85-197.

조익의 이러한 현실인식과 폐법의 변통에 대한 주장은 물론 그가 처음은 아니었다. 16세기 말 이래 이이·유성룡·한백겸·이원익 등에 의해 이미 주장되어 온 것이었다.[86] 이들 중에서 조익은 그의 출자(出自)와 관련하여 볼 때 특히 율곡(栗谷) 이이(李珥)의 영향을 강하게 받은 것같다.[87] 흥미로운 것은 조익과 비슷한 시기를 살면서 이이와 같은 당색인 서인의 의리를 대표하는 김상헌과 이이의 직계제자인 김장생에게서는 제도의 변통에 대한 주장이 보이지 않는다는 점이다.[88] 조익의 경세론은 이이와 성혼(成渾)의 또다른 제자인 조헌(趙憲)과 비슷하다.[89] 그러면서도 조익은 이이나 조헌보다 진전된 면모를 보인다.

우선, 조익에게서는 법제의 변통에 대한 주장이 보다 강화된 형태로 나타난다는 점이다. 그가 '삼대지치(三代之治)', '성인지치(聖人之治)'를 이상으로 보고, 법제의 '수시변역(隨時變易)'을 주장하는 것은 이이와 같지만,[90] 그는 이를 군주수신 못지않게 강조하였다. 그는 군주가 배워야 할 고석(古昔) 제왕의 '위치지도(爲治之道)'에는 '본(本)'과 '사(事)'가 있다고 보았다. 여기서 '본'은 '군덕(君德)', '사'는 '법제(法制)'를 의미하는데, 만약 '군덕'을 잃으면 '사승이이폐(私勝而理廢)'하여 정치를 할 수가 없지만, 비록 군덕을 잃지

---

86) 김준석, 1998, 앞 논문, 122~123쪽.

87) 李珥의 更張論에 대해서는 李先敏, 1988, 「李珥의 更張論」, 『韓國史論』 18, 서울대 국사학과 및 金泰永, 1998, 「栗谷과 磻溪의 王政論」, 『실학의 국가 개혁론』, 서울대출판부, 14~32쪽 참조.

88) 金尙憲에게서는 사회·경제 문제에 대한 언급을 찾아보기 어려우며, 金長生은 인조 초년에 대동법에 대하여 분명하게 반대하였다. 김상헌에게서 개혁에 대한 언급은 『인조실록』 권20, 인조 7년 기사 4월 계사가 유일한데, 그것도 개혁을 주장한 것이라기보다는 대신에게 정사를 위임할 것을 주장하여 인조의 반발을 받고 있다. 그리고 그가 그 직후에 올린 상소문에서 '正貢案以均賦役'을 주장한 것은 아래에서 살펴보게 될 조익의 대동법 주장과 현저하게 다른 것이었다. 『淸陰集』 권18, 「時弊箚子」(己巳 윤4월), 14b, 총간 77-247 참조. 김장생의 경세론에 대해서는 韓基範, 1990, 「沙溪 金長生과 愼獨齋 金集의 禮學思想 硏究」, 충남대 박사논문, 76쪽, 108~110쪽 및 오항녕, 1992, 앞의 논문 참조. 다만 김장생이 대동법에 찬성한 것으로 보는 견해(오항녕, 1992, 앞 논문)에는 동의하지 않는다.

89) 李錫麟, 1993, 『壬亂義兵將 趙憲硏究』, 新丘文化社.

90) 이선민, 1988, 앞 논문, 233쪽.

않더라도, 법제가 잘못되면 정치의 은택이 민(民)에게까지 미치지 않아서 민이 곤궁하게 되는 것을 면할 수 없으므로 잘못된 정치가 되기는 마찬가지라고 하였다. 그리하여 '고지성왕(古之聖王)'은 이 두 가지를 겸비하여 '치치지도(致治之道)'를 실현하였다고 보았다.[91] 여기서 조익은 '군덕' 즉 군주수신 못지않게 '법제'를 강조하고 있는 점이 주목된다. 그는 삼대의 이상정치를 실현하기 위하여 군주의 수신을 강조할 뿐만 아니라 삼대의 법제가 시대에 따라서 변화될 수밖에 없었으므로, 현실에 적합하게 이를 개혁하여 민생을 안정시켜야 한다고 주장하였다.[92]

둘째로, 그는 법제의 변통을 통한 '안민(安民)'을 군주의 직분(職分)으로 보고 있다는 점이다. 그는 군주의 직분이 '안민'에 있음을 강조하고, 그것이 바로 국가의 흥망성쇠와 직결된다고 보았다.[93] 또한 군주와 국가는 인심을 잃지 말아야 함을 강조하기도 하였다.[94] 결국 조익이 삼대제왕지치(三代帝王之治)에서 끌어낸 개혁의 이념은 천리에 따른 천하지공을 구현하여 양민(養民), 보민(保民), 안민을 실현하는 것이었다. 이로써 '민생'이 '자득기소(自得其所)'하는 것을 '천의(天意)'라고도 하였다. 그는 이것을 군주의 직분으로 규정하였으며, '흥방(興邦)', 즉 국가를 부흥시키는 방도로 보았다. 이것을 실현하기 위하여 그는 제도의 개혁을 주장하였던 것이다.

셋째로 그는 제도 개혁의 목표로서 항산(恒産)과 균평(均平)을 분명히 하였다는 점이다. 조익은 맹자의 왕도론(王道論)을 원용하여, 왕도 즉, 인정(仁政), 불인인지정(不忍人之政), 이제삼왕지도(二帝三王之道)는 법도를 통하여 실현될 수 있다고 말하였는데, 그 지향점은 항산과 십일세(什一稅)의

---

91) 『포저집』 권2, 「論大同不宜革罷疏」(乙丑), 19b, 총간 85-48.
92) 『포저집』 권12, 「申論治道仍進先朝所獻四事箚」, 11b~12a, 총간 85-214. 율곡 역시 朱子와 마찬가지로 '군주의 治心'이야말로 왕정을 실현하는 근본이라고 확신하였다고 한다(김태영, 1998, 앞 글, 30쪽). 그렇다면 조익이 君德 못지않게 法制를 강조한 것은 중요한 진전으로 간주할 수 있다고 본다.
93) 『포저집』 권2, 「論大同不宜革罷疏」(乙丑), 22b, 총간 85-49 ; 24a, 총간 85-50.
94) 『포저집』 권14, 「請號牌斬罪減律啓辭」(丙寅) 10a, 총간 85-246 ; 권10, 「논재이차」(계유), 22a, 총간 85-183.

구현이었다.95) 이와 함께 조익이 제도개혁의 또 다른 목표로서 제시한 것은 '균평'이었다. 즉 조익은 『대학』에서 말하는 '혈구지도(絜矩之道)'나, 『맹자』의 왕정의 내용은 '균평'이라고 보았다. '균평'이 실현되면 '인인개득기소(人人皆得其所)'하여 나라가 다스려지지만, 불균불평(不均不平)하게 되면 요행히 면하는 자와 치우치게 고통을 당하는 자가 생겨서 나라가 혼란해진다고 인식하였다.96)

이처럼 조익은 제왕지정(帝王之政), 성인지치(聖人之治)를 내세우면서 당시의 모순된 현실을 '인시제의(因時制宜)'하여 법도, 즉 제도의 개혁을 통하여 바로잡을 것을 주장하였는데, 그것의 목표는 항산과 균평을 통한 양민, 보민, 안민의 실현이었다. 그는 이것을 통하여 국가를 일으키고, 민심을 얻는 것을 '천리', '천의'에 따르는 군주의 직분으로 규정하였다. 그가 아래에서와 같이 양반 지주계급의 양보를 전제로 하는 제도개혁을 구상하게 된 것은 이러한 개혁이념의 산물이었던 것이다. 이러한 조익의 경세론은 이이와 조헌의 그것을 계승·발전시킨 것이며, 서인산림 중에서도 김상헌·김장생 계열과는 현실 문제에 대한 대처 방안을 달리하고 있다는 점에서 주목된다.

2) 대동법과 사족수포론

인조·효종 연간에 조익이 가장 역점을 두어서 해결하고자 한 것은 공납제도와 군역제도의 폐단이었다. 이에 대해서 그는 대동법을 적극 주장하였고,

---

95) 『포저집』 권2, 「논선혜청소」(계해), 1b~3a, 총간 85-39~40.
96) 『포저집』 권2, 「논선혜청소」(계해), 6b~7a, 총간 85-41~42. 土地制度의 개혁과 같은 근본적인 개혁을 주장하지 않은 경우에는 朱子學 王政論에서 벗어나지 못한 것으로 간주하는 견해도 있다(金泰永, 1998, 「조선 性理學과 實學의 분기」, 앞 책, 76~78쪽). 그렇게 볼 경우 인조반정 이후 서인 정권 내부에서의 정치적 대립과 老·少論으로의 분기를 설명하기 어렵게 된다. 여기서는 大同法과 같은 '수취체제 개선론' 역시 '진보·개혁적 국가재조론'의 범주에서 파악하여, 이에 반대하였던 김상헌·김장생 계열의 '보수·개량적인 국가재조론'과 구별하여 보고자 한다. '國家再造論'의 개념 및 이와 같은 서로 다른 성격의 국가재조론에 대해서는 金駿錫, 1998, 앞 논문, 142쪽 참조. 그렇게 볼 경우 조익이 李珥의 변통론을 계승하면서, '均平'을 정면에 내세운 것은 중요한 발전으로 간주하고자 한다.

호패법에는 반대하였다.[97]

조익은 인조 원년에 이원익의 건의에 의해 전라, 충청, 강원도에 대동법이 확대 시행될 당시에 선혜청 낭청으로서 그 일을 주관하였으므로 그 규모와 절목은 모두 그가 만든 것이었다.[98] 그는 대동법이야말로 '왕정'의 '균평', 즉 '혈구지도(絜矩之道)'를 실현할 수 있는 근래 볼 수 없는 '양법(良法)'이라고 생각하였다. 그는 당시의 '불균불평'한 현실로서, 방납인(防納人)과 농민, 호세지인(豪世之人)과 소민, 대읍과 소읍, 외관과 경관, 그리고 외관 중에서도 부자(富者)와 잔자(殘者)를 대비시켜서 그것이 파생하는 문제점을 지적하고, 대동법이 시행되면 '부다익과(裒多益寡)'하여 이러한 문제점을 모두 해소할 수 있다고 주장하였다.[99]

조익의 논리는 다음과 같다. 대동법을 싫어하는 사람들은 '방납인', '탐관오리', '호강품관(豪强品官)' 등뿐이고, '소민'들은 반드시 좋아할 것이다. 그 수의 많고 적음으로 말한다면 방납인·탐관오리·호강품관은 적고, 소민은 많으니, 이것은 싫어하는 사람은 적고 좋아하는 사람은 많은 것이다. 전자는 소민에게 해를 끼쳐서 이익을 얻는 자들이니 왕정에서는 마땅히 억제해야 할 대상이고, 소민은 이들에게서 침해를 받는 것이 많은 사람들이니 왕정에서는 마땅히 구제해야 할 대상이다.[100] 그는 당시 위기에 처한 국가를 바로 세우기 위해서는 제도적 모순에 편승하여 사익을 추구하고 있던 방납인, 탐관오리, 호강품관을 억제하고, 소민(小民)을 살리지 않으면 안 된다고 보았던 것이다.

조익이 대동법을 반대하는 세력으로서 지적한 방납인이란, 위로는 왕자, 제궁가(諸宮家), 공경대부에서부터 아래로는 이서, 경상(京商)들까지 공물

---

97) 조성을, 1992, 앞 논문, 79~80쪽. 당시 조정에서는 대동법과 호패법이 함께 논의되었는데, 조익은 대동법을 주장하면서 호패법에는 반대하였고, 최명길은 호패법을 주장하면서 대동법의 시행에는 난색을 표시하였다. 金潤坤, 1971, 「大同法의 施行을 둘러싼 贊反 兩論과 그 背景」, 『大東文化研究』 8, 성균관대 대동문화연구원, 19쪽.

98) 『포저집』 권11, 「因求言條陳固邊備改弊政箚」(丙子), 25a, 총간 85-202.

99) 『포저집』 권2, 「논선혜청소」(계해), 7a~b, 총간 85-42.

100) 『포저집』 권14, 「論大同啓辭」(乙丑), 3a~b, 총간 85-243.

방납의 물주로서, 혹은 방납 실현의 권력 장치로서, 혹은 방납의 실무자로서 기능한 모두를 지칭하는 말이다.[101] 여기서 권귀나 궁가 등 양반 권세가들의 참여는 방납자본의 성격과도 밀접히 연관되어 있다. 즉 16세기 토지 개간·매매·절수 등으로 확대되고 있던 지주제의 발달은 지주경영에 의한 생산물의 상품화를 강하게 요구하고 있었다. 이에 이 시기 지주제 확대의 주체이기도 한 사대부 양반관료들은 상고(商賈)들과 사사로이 교통하여 유통경제와 연결을 맺고 있었으며, 또한 밀무역에도 간여하고 있었다. 뿐만 아니라 부세 운영에 의해 지속적인 이윤 획득이 보장되는 공물방납도 부의 재생산을 도모하는 좋은 대상이었던 것이다. 그리하여 권귀나 궁가에서는 자신의 비복(婢僕)들을 직접 방납 사주인(私主人)으로 삼아 공납제를 통한 이윤을 장악하였다. 이 시기 궁가(宮家)나 재가(宰家) 등 권력의 비호 아래 유통경제를 장악하는 계층의 성장은 이러한 가운데 이루어지고 있었다. 특히 향촌사회 내의 지주층들은 공물 방납가를 대납 또는 대부(貸付)함으로써 고리대 운영을 지주 경영 확대의 한 수단으로까지 삼고 있었다.[102]

이처럼 공물 방납은 16세기 지주제의 확대에 따른 지주 경영의 발달에 의해 촉진되었는데, 이를 직접 담당한 것은 당시의 대표적 지주였던 궁가나 사대부 양반관료들의 노비 외에도 각사(各司) 하리(下吏) 즉, '이서'와 각종 상인들이 있었다. 이와 아울러 당시 공물 상납의 책임을 맡고 있던 지방수령들 역시 공물 상납을 완수하기 위하여 이들 방납 사주인들과 결탁하지 않을 수 없었다. 뿐만 아니라 지방의 감사나 수령들의 관청을 운영하는 비용 자체가 공물 방납 과정에서 조달되고 있는 형편이었다.[103] 따라서 이들이 모두 대동법 시행에 반대하는 것은 당연하였다.

돌이켜 보면 16세기 이래 전개된 공물 방납의 확대 및 그에 따른 상업자본의 축적은 중세적 부세체제에 편승한 중세적 유통 구조의 형성을 의미

---

101) 이지원, 1990, 「16·17세기 전반 貢物 防納의 構造와 流通經濟的 性格」, 『李載龒還曆紀念 韓國史學論叢』, 한울, 493쪽.
102) 이지원, 위 논문, 502쪽.
103) 김윤곤, 1971, 앞 논문, 144쪽.

하며, 이러한 방납의 상업적 이윤은 향촌민이 지불하는 방납가로부터 나오는 것이었다. 사실 방납은 임토작공(任土作貢)의 원칙에 위배되는 불법적 행위였으므로 방납이 부세 상납 권리로서 합법화된 것은 아니었다. 관권과 재력 등을 가진 자들이 서로 다투어 방납을 실현시킬 수 있었던 것은 바로 이러한 조선왕조 국가의 중세적 부세 체제의 모순에서 기인한 것이었다. 결국 방납이 발달할수록 방납을 둘러싼 분쟁이 빈번해졌고, 그 결과 늘어나는 방납가 지출의 증대는 민의 곤궁을 초래할 뿐만 아니라 미·포의 화폐적 부가 봉건 정부의 통제에서 벗어나는 것을 의미하였다.[104] 이는 결국 광범위한 민의 유망뿐만 아니라 조선왕조 국가의 재정 파탄을 초래한 중요한 요인이 되고 있었다.[105] 말하자면 대동법의 시행은 봉건지주를 대표하는 궁가와 사대부 양반관료 및 이에 기생하는 서리와 각종 상인들의 불법적인 모리 행위를 제거함으로써 국가와 민의 회생을 도모할 수 있는, 당시로서는 유일한 방안이었을 뿐만 아니라 16세기 이래 전개되고 있던 농업생산력 발달, 수공업 및 상품화폐경제의 발달을 가속화시키기 위해서도 반드시 필요한 제도이기도 하였다.[106] 조익이 대동법의 시행을 주장한 것은 이러한 당시의 양반지주 계급의 특권적 전횡을 제거하고 국가와 민을 직결시키는 것만이 당시의 위기를 타개하는 방안임을 의식한 결과였음을 알 수 있다.

대동법 실시를 적극 주장하였던 조익은 호패법에 대해서는 반대하였다. 호패법은 왜란 이후 격변하고 있던 국내외 정세 속에서 조선왕조가 군사력을 증강시키기 위한 방편으로서 추진되었다. 그러나 군액 확보의 일환으로서 광해군대에 추진되었다가 중단된 호패법은 인조반정 이후에는 최명길의 건의에 의하여 인조 3~4년(1625~1626)간 시행되기에 이르렀는데, 이는 매우 강력하게 추진되어 일정한 성과를 거둔 것으로 평가되었다.[107] 사실 최명길이 호패법을 강력하게 추진한 의도는 '조사(朝士)와 생원·진사 외에는 재상

104) 이지원, 1990, 앞 논문, 513쪽.
105) 김윤곤, 1971, 앞 논문, 140쪽.
106) 高錫珪, 1985, 「16·17세기 貢納制 改革의 方向」, 『韓國史論』 12, 서울대, 230쪽.
107) 金鍾洙, 1990, 「17세기 軍役制의 推移와 改革論」, 『韓國史論』 22, 서울대, 159쪽.

의 자제일지라도' 군포를 징수하기 위한 것이었다.[108] 그러나 이는 많은 부작용으로 인하여 결국 실패로 돌아가고 말았다.[109]

조익은 인조 3년 7월 최명길이 호패청 당상으로서[110] 호패법을 본격적으로 시행하기 직전인 같은 해 4월에 상소문을 통하여 호패법의 문제점을 상세히 논하였다. 그는 호패법이 '도고지궐(逃故之闕)'과 '족린지침(族隣之侵)'을 제거하여 '폐단을 없애고 민을 구제하자'는 것이니 그 뜻은 좋지만, 그로 인해서 민간에 소요가 극심하고, 원한이 도로에 가득하며, 단자(單子)를 제출하지 않고 이거(移去)하는 민이 매우 많고, 설사 단자를 제출하였다 하더라도 위모(僞冒)가 많다면서, 그로 인한 현실적 폐단을 우려하였다.[111]

조익은 호패법이 기본 취지는 좋지만 결과적으로 군액도 보충하지 못하고 이러한 여러 가지 폐단만 낳았으니, 우선 이의 시행을 정지하고 훗날을 기다려야 한다고 주장하였다. 그렇다면 군액이 부족한 현실은 어떻게 타개할 것인가? 그는 궐액을 모두 채울 필요가 없으며, 도고는 모두 탕척하고도 군병 족용지도(足用之道)가 있다고 주장하였다. 그가 제시한 방안은 속오법(束伍法)과 수미법(收米法)이었다. 그는 군병이 필요한 용도로서, 안으로는 '위궐(衛闕)', 밖으로는 '어적(禦敵)'이라고 전제하고, 외적을 방어하는 데는 임란 이후 시행된 '속오지법(束伍之法)'으로 충분하다고 보았다.

그는 당시에 군액이 감소하는 근본적 원인이 양천이 혼인하여 낳은 자식을 모두 천인으로 만드는 데 있다고 하였다.[112] 따라서 천인을 군액으로 받아들이지 않고는 해결될 수 없다고 보고, 속오법을 적극 활용하여, 부족한 양병은 '천병(賤兵)'으로 자족(自足)'하게 하면 충분하다고 생각하였다. 그리고 '위궐'에 대해서 그는 매번 3,000명, 일 년에 6번으로 계산하여 2만 명을 상번시키면 충분하다고 보고, 국내의 남정은 유식무식(有職無職) 양인천인

---

108) 『인조실록』 권6, 인조 2년 갑자 5월 임오.
109) 이에 대해서는 김종수, 1990, 앞 논문에 자세하다.
110) 『인조실록』 권9, 인조 3年 을축 7월 무진.
111) 『포저집』 권2, 「인구언논시사소」(을축), 36a, 총간 85-56.
112) 위 글, 39a~b, 총간 85-58.

(良人賤人)을 가리지 말고 '수미두(收米斗)'하여, 현재의 보솔(保率)을 작호(作戶)하여 상번시키고 급미(給米)하면 해결된다고 생각하였다. 그는 이러한 자신의 방안을 '정호패이수미(停號牌而收米)'로 요약하였다.[113]

효종대에 가면 조익은 군역 문제에 대한 이러한 자신의 구상을 보완하여 더욱 구체화시켰다. 먼저 그는 양천종모법(良賤從母法)을 적극 주장하였다. 그는 구폐지도(救弊之道)는 문제의 근원을 찾아서 치유해야 한다고 전제하고, 당시 군역제의 폐단이 전체 인구에서 공사천이 10분의 8, 9를 차지하고 양인은 10분의 1, 2에 불과한 점에 있다고 하면서, 그것은 양인이 천인과 결혼하면 그 자식을 무조건 천인으로 만들기 때문이라고 하였다. 그는 이러한 법이 도대체 언제 시작되었는지는 모르겠으나, 당시의 재상과 조사(朝士)가 천지대공지도(天地大公之道)를 생각하지 않고 다만 노비가 많아지는 것만 이롭게 생각한 것으로서 그것의 불공불인(不公不仁)은 '심어작용자(甚於作俑者)'라고 통렬히 비판하였다. 그리하여 그는 천녀 소생은 천인으로 두되, 양녀 소생은 그 부의 신분에 관계없이 모두 양인으로 만들어야만 양인이 늘어나서 군역제의 폐단을 줄여나갈 수 있다고 주장하였다.[114]

다음으로 그는 군적수포제에 대하여 양병지법(養兵之法)이 아니라고 비판하면서도, 당시에 현실적으로 이를 폐지할 수 없다면 군포를 반감시켜 줄 것을 주장하였다. 그리고 앞서 본 바와 같이 그는 속오군을 중요시하였는데, 천인의 경우 '일신양역(一身兩役)'이 되어서 그 고통이 심하기 때문에 그것을 그대로 두고는 '친상이사장(親上而死長)'을 기대할 수 없다고 보고, 일정한 급료를 주어서 이를 해소해야 할 것으로 생각하였다. 그런데 이것을 가능하게 하기 위해서는 이로 인하여 부족해지는 재정을 보충할 방도가 나오지 않으면 안 되었다.

이에 대한 대책으로서 조익이 제시한 방안은 외방 각읍의 품관서얼(品官庶孽) 중 무역자(無役者)가 많으니, 이들에게서 1필씩 징목(徵木)하자는 것이었다. 그런데 지방의 향읍지인(鄕邑之人)에게서만 징목하게 되면 '필위치욕이

---

113) 위 글, 40a~b, 총간 85-58.
114) 『포저집』 권13, 「變通軍政擬上箚」(庚寅), 19a~20b, 총간 85-234.

원고(必爲恥辱而怨苦)'할 것이니, 만약 삼공 이하 백관으로부터 유생(儒生)·생진(生進)까지 모두 1필씩 내게 하면 내는 사람들이 모두 욕되게 여기지 않을 것이라고 하였다. 조익은 이에 대한 반발을 예상하고 있었다. 향촌의 품관서얼의 반발에 대해서 그는 이것이야말로 '환난상구지도(患難相救之道)'라고 주장하였다. 즉 군인이 모두 도탄지고(塗炭之苦)에 빠져 있는데, 아무 고통도 받지 않는 사람들이 각기 '출력이구지(出力以救之)'하는 것이 불가할 이유가 없다는 것이다. 또한 '농출재곡이양병(農出財穀以養兵) 병출성명이위농(兵出性命以衛農)'하는 것은 바로 '상수지도(相須之道)'라고 하였다. 조정의 경상이 출목(出木)하는 것에 대해서 그는 『역(易)』을 인용하여, 민인이 도탄에 빠졌으니, 조정 경상이 이들을 구하는 것이 무엇이 불가할 것이 있느냐고 반문하였다.[115]

결국 조익은 군역제의 폐단을 시정하기 위한 방안으로서 사족수포론(士族收布論)을 제기하였던 것이다. 사족수포를 최초로 주장한 사람은 최명길로 알려져 있는데,[116] 조익은 효종 원년에 양인들이 부담하는 군포를 반감시켜 주려는 목적에서 제기하였고, 그 근거로서 당대의 조용조(租庸調)의 법이 '유신칙유용(有身則有庸)'의 원칙 아래 시행되었음을 들고 있는 것을 보면 이것은 양역변통론(良役變通論)의 범주에 속하는 주장으로 보아도 좋을 것이다.[117] 조익의 사족수포론은 군포 문제로 인한 당시의 사회적 위기를 해소하기 위해서는 양반사족의 양보가 불가피하다고 생각하였음을 보여준다. 그러나 조익은 이것의 시행이 쉽지 않을 것이라는 점을 잘 알고 있었다. 이를 시행하려고 하면 불편하게 여기는 자들이 많아서 반드시 '대해청문(大駭聽聞)'할 것이니, 비록 국왕이 시행하고자 하더라도 제신(諸臣)들이 백단으로 방해하여 시행되지 못할 줄을 알면서도 후세에라도 이 방안의 장점을

---

115) 위 글, 22a~23a, 총간 85-235~236.
116) 鄭演植, 1993, 「朝鮮後期 '役摠'의 운영과 良役 變通」, 서울대 박사논문, 112쪽. 최명길이 이를 제기한 것은 인조 2년이었다. 『인조실록』 권6, 인조 2년 갑자 5월 임오.
117) 조익이 최명길과는 달리 양반 수포에 반대하여 최명길에 비해 신분제를 옹호한 것으로 본 견해(조성을, 1992, 앞 논문, 80쪽)는 사실과 일치하지 않는다는 것을 알 수 있다.

아는 사람이 나타나서 시행되기를 기대하면서 이를 건의하고자 하였다.118)

3) 과거제 개혁 방안과 공교육 강화론

조익은 대동법이나 사족수포론과 같은 개혁안이 시행되려면 '상인(常人)', '중인(衆人)'이 아닌 '성현호걸(聖賢豪傑)'이 있어야 가능할 것으로 생각하였다. 그것은 옛날이나 지금이나 마찬가지라고 보았다. 옛날에 '성현호걸'이 법을 만들 때도 의심하고 싫어하는 사람들이 있었고, 그에 따른 '소폐(小弊)'도 없을 수 없었는데, 성현호걸이 이에 굴하지 않고 노력하여 '치효지성(致效之盛)'을 거두게 된 것은 '중인'이 보지 못하는 것을 보았기에 가능한 것이었다는 것이다. 그는 '제민(齊民)'과 '흥방'을 위해서는 이러한 '성현호걸'이 반드시 필요하다고 생각하였다.119)

조익은 자신이 관장하여 확대 시행된 대동법이 겨우 1년 남짓 지나서 '부의(浮議)'에 의해 혁파된 뒤, 고인이 말한 '유군무신지탄(有君無臣之嘆)'이 '진실로 헛된 것이 아니'라고 느끼고 있었다.120) 그는 당시와 같이 '건립비상(建立非常) 홍제간난(弘濟艱難)'을 위한 '대변통 대경장'이 필요한 시기에는 '호걸대재(豪傑大才)'가 없으면 안 된다고 하였다. 조익은 '천하지재(天下之才)'란 '지(志)·성(誠)·지(智)' 세 가지를 모두 갖추어야 하지만, 특히 '지(志)'와 '성(誠)'이 있다고 하더라도 '지(智)'가 부족하면 안 된다고 하면서 '유생속사(儒生俗士) 하지시무(何知時務) 식시무자(識時務者) 재어호걸(在於俊傑)'이라는 고인(古人)의 말을 인용하고 있다. 결국 조익은 대동법이 도중에 혁파된 이유가 당시 조정에 있던 신하들이 '유생속사'들 뿐이었기 때문이라고 보고 있음을 알 수 있다.121) 조익은 그렇게 된 원인의 일단이 과거제도와 학교제

---

118) 『포저집』 권13, 「변통군정의상차」(경인), 23a~24a, 총간 85-236. 그러나 차자의 제목이 '擬上箚'인 것을 보면 이 차자는 효종에게 올리지 않았던 것 같다.

119) 『포저집』 권2, 「논대동불의혁파소」(을축), 20a, 총간 85-48.

120) 『포저집』 권2, 「인구언논시사소」(을축), 32b, 총간 85-54.

121) 위의 글, 30b~31a, 총간 85-53~54.

도의 미비에 있다고 보고 이의 개혁 방안을 구상하였다.

먼저, 과거제도와 관련해서 그는 당시에 시행되고 있던 '강경지법(講經之法)'으로서 '배강(背講)'의 문제점을 지적하였다. 즉, 당시에는 정시(庭試)와 알성시를 제외한 대소 과거는 모두 강경의 규정을 두고 있는데, 그 규정이 문리보다는 암송만을 중시하게 만드는 것이 문제라는 것이다. 조선시기 문과는 초시(初試), 복시(覆試), 전시(殿試)가 있으며, 초시와 복시는 초·중·종장(終場)으로 나누어 시험하였는데, 이 중 초장은 모두 강경으로 시험하였다. 특히 1442년(세종 24)에 문과 초장은 사서삼경 이상의 배송(背誦)으로 확정된 후 변하지 않았으며, 여기서 계속해서 조(粗) 이상의 성적을 얻는 자를 합격으로 하는 것이 정식이 되었다.[122]

강경은 구두(句讀), 훈석(訓釋), 의리(義理), 취지(趣旨) 등을 종합 심사하여 채점하는 것이 원칙이었으나, 후세에 들어가자 의리나 취지보다도 강문하기 쉽고 채점하기 쉬운 구두나 훈석에 중점을 두어 주로 이를 배송시키는 것이 관습이 되었다. 이러한 경향은 날로 심해져 드디어는 문의는 전연 묻지 않고 훈석만 암송시켜 한 자라도 틀리면 뽑지 않게 되었다. 그 결과 선비들은 밤낮으로 사서삼경의 구송(口誦)에만 골몰하여 다른 책을 읽을 겨를이 없기 때문에 자연히 견문이 좁아지고 문리에 어둡게 되는 폐단이 있었다.

이에 대하여 조익은 글자나 구두를 잘못 암송했다고 해서 떨어뜨리는 것은 잘못이라고 하였다. 서(書)는 문자가 중요한 것이 아니라 의의(意義)가 중요하며, 당시의 방언토석(方言吐釋)이라는 것이 절대적인 것이 아닐 뿐만 아니라 비록 정자나 주자라고 하더라도 한 자도 틀리지 않고 암기할 수는 없다는 것이다.[123] 그리고 무엇보다도 그가 이것을 문제 삼은 이유는 이로 인하여 '사습이 나날이 타락하고 풍속이 나날이 무너지'는 것을 걱정하였기 때문이다. 즉 강경에서 암송을 위주로 하기 때문에, 선비들이 사서삼경을 모두 암기하기 어려우니까 '할취이독지(割取而讀之)'한다든가, 그것의 암송

---

122) 曹佐鎬, 1981, 「學制와 科擧制」, 『한국사 10』, 국사편찬위원회, 135쪽.
123) 『포저집』 권11, 「請變通科擧講經箚」(癸酉), 2b, 총간 85-190.

에만 매달리다 보니 문견이 적어지고 문리에 어두워지게 된다는 것이다. 이처럼 과거 강경 제도의 폐단으로 인하여 '사습(士習)'이 나날이 타락하니까 인재가 없고, 과거로 선발된 선비들도 정치를 잘 하지 못하게 된다고 하였다.[124] 본래 우리나라의 인재가 적지 않은 데도 이처럼 '법제'가 잘못되어 인재가 나오지 못하게 되었다는 것이다.

이에 대한 '변통'책으로서 그가 제시한 것이 '임강지규(臨講之規)'였다. 즉 그는 강경에서 문리와 의의를 중시하게 되면 선비들이 암송이나 토석에 매달리지 않고 경전을 충실하게 공부하게 되어, 당시의 '경술지비색(經術之 丕塞) 인재지괴폐(人才之壞廢)'를 막을 수 있다고 보았다.[125] 이러한 조익의 과거제 개혁 방안은 성인가학론에 의거하여 경술을 강조하는 조익 학문관의 필연적 귀결이라고 볼 수 있는데, 이러한 문제의식이 고염무에게서도 나타난다는 점이 주목을 요한다.[126]

다음으로 조익은 과거제도를 학교제도와 긴밀히 연관시켜 운영하는 제도를 구상하였다. 그는 당시 사습이 타락하고 세도가 혼란에 빠지게 된 또 다른 원인을 왜란 이후 학교제도가 무너진 것에서 찾고 있다.[127] 그는 이에 대한 대책으로서 교육제도의 정비를 주장하였는데, 여기서도 역시 그 원칙은 '고석성인(古昔聖人) 시교지의(施教之意)'에서 구하였다. 즉 그는 당우지제(唐虞之際)의 교육은 '범민'과 '주자(胄子)'에 대한 교육이 서로 달랐던 것으로 이해하였다.[128] 이에 따라 삼대의 교육은 대학과 소학으로 구분되었는데, '애친경형(愛親敬兄) 충군제장지도(忠君悌長之道)'는 '소자지학(小子 之學)'이고, '궁리정심(窮理正心) 수기치인지도(修己治人之道)'는 '대인지학(大 人之學)'으로서, 소자에게는 교육할 수 없는 것으로 보았다. 조익은 이를 본받아서 경중(京中)의 4학과 외방지사(外方之士)는 소학지도(小學之道)로

---

124) 위의 글, 3a~b, 총간 85-191.
125) 『포저집』 권11, 「因求言條陳固邊備改弊政箚」(丙子), 29a, 총간 85-204. 이는 대신들의 반대로 시행되지 못하였다. 『인조실록』 권29, 인조 12년 갑술 정월 경술.
126) 배영동, 1992, 앞 책, 290쪽.
127) 『포저집』 권9, 「成均館論學政箚」(己巳), 22b, 총간 85-166.
128) 위의 글, 23a, 총간 85-167.

교육하고, 성균관에서는 대학지도(大學之道)로 교육하자고 제안하였다. 교과 내용도 이에 따라서 4학과 외방에서는 『소학』을, 성균관에서는 『근사록(近思錄)』·4서·5경을 가르치자고 하였다.

이러한 원칙에서 그가 제론한 학교제도는 한마디로 '공교육(公敎育) 강화론(强化論)'이었다. 우선 그는 경중 4학과 외방 각 학교에서는 '사자(士子)'의 성명과 나이를 모두 기록하여 성책(成冊)해 가지고 각 학교에 비치하게 하고, 이를 성균관에 보내게 하며, 성균관에서는 이들을 모아서 보관하도록 하고 있다.[129] 그리고 신입자가 있으면 4학과 지방 학교에서는 책 말에 첨록하고, 4학은 직접 성균관에 보고하고, 각 지방 학교에서는 본도에 보고하여 성균관에 이첩하도록 하였다. 그러면 성균관에서는 역시 이들을 기존의 책 말에 첨록하여 둔다. 이들은 감시(監試), 즉 소과가 있을 때마다 초시에 응시하게 하되, 입격자는 성균관에 있는 책과 대조하여 이름이 없는 자는 입계(入啓)하여 삭거하도록 하였다.[130] 말하자면 과거 합격자가 사적(私的)인 통로로 교육받는 길을 원천적으로 봉쇄하자는 주장이었다.

조익의 이러한 학교제도 구상은 조선초기 이래 괴리되어 있던 학교제도와 과거제도를 일치시키자는 것으로서 당시의 실정에 비추어 보면 매우 혁신적인 주장이었다. 조선왕조의 4학과 향교는 임진왜란 이래 쇠퇴의 길을 걸었고, 또한 양반 사림들의 사설 교육 기관이었던 서원(書院)에 눌려서 이미 교육 기관으로서의 기능은 마비되어 있었던 것이 당시의 현실이었다.[131] 양반들은 그들의 특권적 지위를 유지하는 데 도움이 되지 않는 '범민적' 교육을 바람직하게 생각하지 않았기 때문이었다.[132] 만약 조익의 구상이 실현된다면 서원이 누리고 있던 양반들의 특권적 사설 과거 준비 교육기관으로서의 기능은 사실상 박탈당하게 될 것이었다. 이것은 왜란

---

129) 여기의 '士子'를 '양반 자제'로 보는 견해가 있으나(이만규, 1947, 『조선교육사』, 거름출판사, 1991, 141쪽), 위에서 살펴본 바와 같이 조익은 士를 신분적 개념으로 보지 않았으므로, 그냥 '學問에 뜻을 둔 자'로 보는 것이 옳다고 생각된다.

130) 『포저집』 권9, 「성균관논학정차」(기사), 24a, 총간 85-167.

131) 조좌호, 1981, 앞 글, 118~119쪽.

132) 李成茂, 1994, 『韓國의 科擧制度』(改正增補), 集文堂, 200쪽.

이후의 현실을 국가와 민을 직결시키는 방향에서 개혁하고자 하였던 그의 개혁 논리의 필연적 귀결이기도 하였다.

나아가서 경중에서는 매개삭(每季朔)에 4학과 성균관의 관원이 모여서 고강(考講)하고, 그 성적이 조(粗) 이상인 경우에만 기록하여 4학과 성균관에 각각 한 부씩 비치하게 하였고, 지방의 경우에는 4~5개 정도의 지방 학교를 합하여 도회(都會)를 연 뒤, 춘추에 고강하여 역시 똑같이 조 이상의 성적을 기록하여 지방과 성균관에 각각 한 부씩 비치하게 하였다. 그리고 매식년(每式年)에 3년간의 성적을 헤아려서 매학(每學)과 매도(每道)에서 액수를 정하여 감시 초시에 응시하게 하고, '연삼년불자(連三年不者)'는 모두 축출하도록 하였다.133) 말하자면 이것은 성균관 입학 자격을 이런 식으로 제한한 것으로 볼 수 있겠다. 이와 같이 학교제도와 시험제도를 연관시켜 운영하게 되면 어쩌다 한 번씩 보게 되는 과거 시험에서의 우연적인 결과를 최소화할 수 있고, 과거 시험의 부정을 원천적으로 제거하는 조치가 될 것이 틀림없었다.134)

조익의 성균관 운영 방침에서도 이 점은 마찬가지였다. 4학과 지방 학교에서 엄선하여 성균관에 입학한 유생들은『근사록』, 4서, 5경을 모두 수독(受讀)하여야 하며, 매계삭(每季朔)에 이를 고강하고, 그 성적을 기록하여 보관하였다가 매년 말에 통계를 내어 정수(定數)를 서계(書啓)하여 문과 초시를 면제하고, 바로 복시에 응시하는 것을 허락하며, 설사 이들이 등제하지 못하더라도 이조에서 의망하여 관리가 될 수 있는 길을 열어 주도록 하였다.135) 이것은 결국 과거 시험 못지않게 성균관에서의 성적을 중시하는 발상이었다.

이처럼 조익은 국가의 공교육을 강화시키고, 이를 시험제도와 긴밀하게 연결시켜 관리를 선발하는 학교제도를 구상하고 있었다. 이는 서원으로 대표되는 사림파 양반의 사교육이 사실상 관리가 되는 통로였던 당시의

133)『포저집』권9, 「성균관논학정차」(기사), 24b, 총간 85-167.
134) 과거 부정에 대해서는 조좌호, 1981, 앞 글, 170~177쪽 참조.
135)『포저집』권9, 「성균관논학정차」(기사), 25a, 총간 85-168.

현실에서는 사림과 양반들의 사적(私的)인 영역을 제한하고, 교육과 시험에서 국가의 공적(公的)인 영역이 확대되는 결과를 초래하게 될 것이었다.

4. 맺음말

조익의 학문은 비록 주자학적 의리지학에서 출발하였지만, 그 자신의 성인가학론에 입각한 군자소인론을 통하여 경세학을 유학의 본령으로 회복시키고, '경세사업'=제도개혁을 학자=사(士)=군자의 기본적 책무로 규정하였다. 그리고 군자와 소인을 학문의 여부, 경세에 뜻을 두었느냐의 여부에 의해 구별함으로써, 군자=치인자(治人者)를 양반지주 계급으로 설정하는 주자학적 명분론을 벗어났다. 이로써 의리지학의 '의리'는 바로 학자=군자=치인자의 경세사업에 대한 책무의식을 의미하는 것으로 전변되었다. 그는 정주학의 본의가 여기에 있다고 굳게 믿고, 주자학의 권위를 빌려서 이를 강조하였다.

'천리와 주체의 대립'이라는 주자학의 인식론적 모순에 대해서는 양명학에서와 같이 본체론적으로 해소한 것이 아니라 수양론의 측면에서 접근하였다. 따라서 그는 심즉리, 치량지, 지행합일 등은 부정하고, '거경(居敬)' 심학(心學)으로 군자의 학문에 임하는 자세를 세밀하게 규정해 들어갔다. 그의 '거경' 심학은 결국 학자의 '경세'에 대한 책무의식을 천리의 차원에서 내면화시키기 위한 수양론이었다. 이러한 조익의 심학은 인식론적 측면에서의 이학적 완결성은 양명심학에 비해 부족하지만, 동시에 양명학 말류의 폐단에 빠져들지도 않았다. 이로써 그의 학문관은 명말의 동림학파나 청초의 경세실학파와 유사점을 보이게 되었다.

조익은 양란기를 조선왕조 국가의 위기로 규정하고, 『경국대전』 체제의 대대적인 경장과 변통을 주장하였다. 그의 학문관은 사실상 당시의 관인·유자들에게 이러한 제도개혁에 적극적으로 동참할 것을 촉구하기 위한 것이기도 하였다. 조익이 주장한 대동법과 사족수포론은 양란기 국가의 위기를 타개하기 위해서는 경제적으로는 지주계급, 신분적으로는 양반사족의 양보가 불가피하다고 보고 있음을 보여준다. 그리고 그의 공교육 강화론은 서원으로 상징되는 양반사족의 봉건성을 부정하고 교육에서 국가의 집권성(集權性)을 강화하려는 사고의 표현이었다. 이는 그가 아직 명나라에 대한 사대 관념에서 벗어나지는 못하였지만, 이후 등장하게 될 '변법적 국가재조론(國家再造論)'과 일치되는 방향에서[136] 제도개혁을 모색하고 있음을 보여준다. 조선후기 실학(實學)은 바로 이러한 경향이 발전하여 성립되었던 것이다.

이러한 조익의 학문관과 경세론은 이이와 조헌의 그것을 계승·발전시킨 것이었으며, 서인 산림 계열 가운데 윤선거(尹宣擧)와 유계(兪棨) 등으로 계승되었다. 이는 송시열이 김상헌과 김장생의 의리론적 지향을 계승한 것에 대비된다. 서인 산림의 이러한 사상적 분화는 숙종대 서인이 노·소론으로 분당되는 사상적 연원이 되었다. 조익의 경세론은 최명길의 그것과 함께 소론 경세론의 원류를 이루었다고 볼 수 있다.

---

136) 김준석, 1998, 앞 논문, 140쪽.

제4장 잠야 박지계의 효치론과 변통론

1. 머리말

잠야(潛冶) 박지계(朴知誡, 1573~1635)가 살았던 시기는 조선시기 가운데
서도 왜란과 호란, 이른바 양란(兩亂)의 소용돌이가 휘몰아치는 복판에
위치하고 있었다. 대외적으로는 왜란으로 인해 명(明)이 약화되고 만주족(滿
洲族)이 흥기하여 화이론(華夷論)에 입각한 대명의리론(對明義理論)을 고집
하고 있던 봉건 조선왕조 국가를 위협하였다. 대내적으로는 왜란의 피해를
복구해야 하는 사회경제적 과제가, 광해군대 대북(大北)정권의 독주를 비판
하고 주자학(朱子學) 명분론(名分論)과 의리론(義理論)을 내세우면서 성립된
인조(仁祖) 정권을 안정시켜야 한다는 정치적 과제와 중첩되어 있었다.
즉 인조반정(仁祖反正) 직후에는 조선왕조의 국가적 위기와 반정을 주도한
서인(西人) 세력의 정권의 위기가 중첩된 시기이기도 하였던 것이다.

당시의 지배세력이었던 관인(官人)·유자(儒者)들은 거의 대부분이 주자
학 정치사상으로 무장하고 있었으므로, 이러한 국가적 위기, 정권의 위기에
당면하여 이를 원용하여 대응하려 하였는데, 그 과정에서 현실 인식과
대처 방안의 차이에 따라서 서로 다른 논리를 제시하면서 정치적 갈등을
빚어내었다. 주자학 명분론과 의리론 그 자체를 절대화하면서 이를 유지·고
수하려는 의리론자가 다수였지만, 이에 대항하여 변화하는 현실에 발맞추

어 그것을 굽혀서라도 국가적 위기를 해소해야 한다는 변통론자가 등장하여 이들과 서로 대립하였다. 이것은 당시의 국내외적 위기와 관련하여 주자학 정치론이 의리론(義理論)과 변통론(變通論)으로 분화되고 있음을 보여준다.

이러한 대립은 인조대 전반의 주요 정치적 사건에서 확인되는데, 인성군(仁城君) 처벌 문제에서는 도덕적 명분주의 대 정치적 현실주의, 정국 운영과 관련해서는 조정론(調停論) 대 조제론(調劑論), 원종추숭(元宗追崇)과 관련해서는 종통론(宗統論) 대 효치론(孝治論), 후금(後金)에 대한 대응에서는 척화론(斥和論) 대 주화론(主和論)의 대립 등이 그것이었다.[1] 박지계는 그 가운데 이귀(李貴, 1557~1633)·최명길(崔鳴吉, 1586~1647) 등과 함께 변통론 진영에서 주로 활동한 관인·유자였다. 특히 그는 이들과 함께 인조의 생부 정원군(定遠君)을 원종으로 추숭하여 종묘에 입묘하게 하는 논의를 주도하였다.

지금까지 박지계의 예론과 원종추숭 논쟁에 대해서는 다양한 각도에서 연구가 이루어졌는데[2] 그의 변통론에 대해서는 별로 주목하지 못하였다. 여기서는 그의 예론의 특징을 효치론(孝治論)으로 규정하고 그 성격을 규명한 뒤, 그것과 변통론과의 관련성 및 그의 변통론의 내용을 정리해보고자

---

1) 인조대의 정치적 갈등에서 드러난 정치론의 대립에 대한 자세한 내용은 金容欽, 2005, 「朝鮮後期 仁祖代 政治論의 分化와 變通論」, 연세대 박사논문 참조.

2) 박지계와 元宗 追崇 論爭에 관한 지금까지의 연구는 다음과 같다. 徐仁漢, 1984, 「仁祖初 服制論議에 대한 小考」, 『北岳史論』 창간호, 북악사학회 ; 李迎春, 1990, 「潛冶 朴知誡의 禮學과 元宗追崇論」, 『淸溪史學』 7, 청계사학회 ; 1991, 「沙溪 禮學과 國家典禮 −典禮問答을 중심으로」, 『沙溪思想硏究』, 沙溪愼獨齋紀念事業會 ; 李成茂, 1992, 「17世紀의 禮論과 黨爭」, 『朝鮮後期 黨爭의 綜合的 檢討』, 韓國精神文化硏究院(1995, 『朝鮮兩班 社會硏究』, 一潮閣에 재수록) ; 오항녕, 1992, 「17세기 전반 서인 산림의 사상」, 『역사와 현실』 9, 한국역사연구회 ; 琴章泰, 1992, 「17세기 朝鮮朝 禮學派의 禮學과 그 社會意識」, 『宗敎學硏究』 11, 서울대 종교학연구회 ; 李迎春, 1998, 『朝鮮後期 王位繼承 硏究』, 集文堂 ; 朴鍾天, 1998, 「仁祖代 典禮論爭(1623-1635)에 대한 宗敎學的 再評價」, 『宗敎學硏究』 17 ; 李賢珍, 2000, 「仁祖代 元宗追崇論의 推移와 性格」, 『北岳史論』 7, 북악사학회 ; 朴鍾天, 2001, 「조선시대 典禮論爭에 대한 재평가−入承大統의 전례문제를 중심으로」, 『韓國思想과 文化』 제11집, 한국사상문화학회 ; 김세봉, 2003, 「예론(禮論)의 전개와 그 양상」, 한국역사연구회 17세기 정치사 연구반(이하 '한역연'으로 줄임), 『조선중기 정치와 정책−인조~현종 시기』, 아카넷 ; 李賢珍, 2003, 「17세기 전반 啓運宮 服制論」, 『韓國史論』 49, 서울대 국사학과 ; 金容欽, 2006, 「仁祖代 元宗追崇 論爭과 王權論」, 『學林』 27, 연세대 史學硏究會.

하였다. 이들 변통론 계열의 정치론은 이후 실학(實學)과 탕평론(蕩平論)으로 수렴되었으므로,[3] 이는 실학과 탕평론의 연원 내지 성격 규명과도 관련된 작업이 될 것이다.

2. 인조대 원종추숭(元宗追崇) 논쟁과 효치론(孝治論)

1) 원종추숭 논쟁과 박지계 예론의 특징

원종추숭 논쟁은 1623년 반정 직후부터 시작되어 1635년까지 약 13년간 4단계에 걸쳐서 전개되었다.[4] 그것은 단순히 예론 상의 견해 차이에서만 발생된 것이 아니라 '반정(反正)'이라는 정치 변란을 통해서 성립된 인조 정권의 정통성 문제, 권력 구조면에서는 군주권의 위상, 나아가서 학문적으로는 유교(儒敎) 주자학의 내용과 성격에 대하여 지배층 내부의 이견이 노출된 일대 정치 논쟁이었다.

이 논쟁의 주론자가 반정 직후 서인 산림(山林)으로서 우대받았던 박지계와 김장생(金長生, 1548~1631)인 것은 잘 알려진 바와 같다. 반정 전에 이미 사망한 인조의 생부인 정원군에 대한 사묘전례(私廟典禮) 논쟁에서는 '부자상경(父子常經)'론에 입각한 박지계의 칭고론(稱考論)과 '입승대통(入承大統)'론에 입각한 김장생의 숙질론(叔姪論)이 서로 대립하였다. 인조의 생모인 계운궁(啓運宮) 구씨(具氏)의 상례(喪禮) 논쟁에서는 박지계가 『의례(儀禮)』의 '위조후(爲祖後)' 조항에 근거하여 삼년상을 주장하였는데,[5] 김장생

---

3) 인조대 主和 變通論 계열의 政治論과 實學 및 蕩平論과의 관련에 대한 자세한 내용은 김용흠, 2005, 앞 논문 참조.

4) 첫째는 反正 직후부터 시작된 私廟 典禮 論爭(1623년~1625년), 둘째는 1626년(인조 4년) 인조의 어머니 啓運宮 具氏의 죽음으로 촉발된 啓運宮 喪禮 論爭(1626년~1628년 2월), 셋째는 1628년(인조 6년) 啓運宮 祔廟禮를 전후하여 본격화된 元宗 追崇 論爭(1628년 3월~1632년 5월), 넷째는 元宗 追崇 이후 宗廟에 祔廟하기까지 전개된 宗廟 入廟 論爭(1632년 6월~1635년 3월) 등이 그것인데, 정원군을 원종으로 추숭하는 것을 이들 논쟁의 핵심 논점으로 보고 '원종추숭' 논쟁으로 통칭하였다.

은 『의례』의 '위인후(爲人後)' 조항에 근거하여 자최[齊衰] 부장기(不杖朞)를 주장하였다.[6]

김장생의 자최 부장기설은 다수 신료들의 지지를 받았는데, 그에 의하면 인조는 선조(宣祖)에게 '입승대통'하였으니 친부모인 정원대원군과 계운궁은 '사친(私親)'에 불과하므로 계운궁 상은 국상이 아니며 인조는 상주가 될 수 없고, 따라서 제반 장례 절차도 상주인 능원군(綾原君, 인조의 친동생)이 주관하여야 한다는 입장이었다.[7] 이에 비해 박지계를 비롯한 이귀·최명길 등 삼년상을 주장하는 논자들은, 인조는 반정을 통해서 '직승조통(直承祖統)'하였으므로 부자조손의 윤리, 즉 '부자상경'을 굽힐 이유가 없다고 보고, 칭고론의 연장선상에서 계운궁 상은 국장으로 진행되어야 하며 인조는 상주로서 모든 장례 절차를 직접 주관해야 한다는 입장이었다.[8] 정원군의 원종으로의 추존(追尊)과 종묘에의 입묘 논의 과정에서의 찬반 역시 이러한 논리의 연장선상에서 진행되었다.

사묘 전례 논쟁과 계운궁 상례 논쟁에서 조정 신료들이 인조가 친생 부모에 대한 효성을 표출하는 것에 사사건건 제동을 걸고 나온 것은 신료들 개개인의 이해관계의 소산이라기보다는 그들을 지배하고 있던 정치사상으로서의 주자학 정치론에 입각한 것이었다. 그것에 의하면 인조는 자신의 친생 부모에 대하여 사적인 감정에 매몰된 분수에 넘친 효성은 자제해야 하며 군주로서 주어진 공적인 역할에만 충실해야 하는 존재일 뿐이었다. 이러한 신료들의 문제의식은 경연(經筵)에서 표출되는 군주성학(君主聖學), 그에 입각한 궁금(宮禁)과 왕실 사치에 대한 경계, 내수사(內需司)와 제궁가(諸宮家)의 횡포에 대한 끊임없는 비판 등과 함께 군주의 전제는 주자학 의리론과 명분론에 의해 일정하게 제한되어야 한다는 신권(臣權) 중심 정치

5) 朴知誡, 『潛冶集』 권1, 「擬上疏」(丙寅), 民族文化推進會 편, 『標點影印 韓國文集叢刊』 80책 97~106쪽(이하 '총간 80-97~106'으로 줄임).

6) 金長生, 『沙溪全書』 권21, 「典禮問答」.

7) 『인조실록』 권11, 인조 4년 병인 정월 경신.

8) 『인조실록』 권11, 인조 4년 병인 정월 무진, 兵曹判書 李貴 上箚 ; 정월 기사, 副提學 崔鳴吉 上箚.

론의 반영이었다.[9]

　이에 대해 삼년상을 주장하는 논자들은 인조의 친생 부모에 대한 효성을 유교 윤리의 근본으로서 인정하고, 나아가서는 그것을 통치 원리이자 목적으로서 수용해야 한다는 입장이었다. 이들은 인조의 경우 정주학(程朱學)은 물론 유교 그 자체에 비추어 보아도 선례가 없는 변례인데, 무리하게 '위인후' 조항에 끼어 맞추어 자연인으로서 인조의 효성을 말살하려는 신료 일반의 주장에 동조할 수 없었다. 군주이기 때문에 자기 아버지를 아버지로 대우할 수 없다는 것은 주자학 명분론과 의리론이 낳은 유교 윤리의 전도 현상이었다. 그것은 명분 과잉이었고, 이념 과잉이었으며, 명분에 의한 현실의 명백한 왜곡이었다. 이들이 주자학 명분론과 의리론을 부정하는 것은 아니었지만 그것은 공맹 유학과 모순되지 않는 범위 안에서의 일이었다. 이처럼 주자학적 명분론('입승대통'론)이 공맹유학의 근본 윤리('부자상경'론)와 충돌할 때마저 무조건적으로 명분론만을 추종할 수는 없는 일이었다.

　더구나 이들이 보기에 인조의 경우 정주학에서도 삼년상을 부정할만한 분명한 근거가 결여되어 있었다. 오히려 정주학이 가진 유교 본연의 속성에 의해 삼년상을 주장할 수 있는 근거가 더 많아 보였다. 사정이 이러한데도 제대로 따져보지도 않고, 군주의 전횡과 전제는 견제되어야 한다는 선입견에 사로잡혀 신료들 내부에서의 수적 우위를 내세워 '공론(公論)'이라고 강변하면서 군주의 의지에 반하는 예론을 집단적으로 강요하는 것은 이들로서 인정하기 어려운 일이었다. 그것은 명백히 잘못된 학문 풍토의 소산이었다. 이들은 조정 신료들 대부분이 유교 나아가서는 주자학 정치론 그 자체에 대한 깊이 있는 이해를 결여하고 있다고 확신하였다. 일부 신료들의 불성실한 논계와 그릇된 예경 인용은 그러한 확신을 더욱 굳혀주었다.[10]

　그리고 당시 사대부 일반을 지배하고 있던 그러한 잘못된 풍토는 단순한

---

9) 조선시기 주자학이 신권 중심 정치론을 뒷받침하는 사상으로 작용하게 되는 사정에 대해서는 金駿錫, 2000, 「조선시기의 주자학과 양반정치」, 『龜泉元裕漢敎授 定年紀念 論叢』(하), 혜안, 210~216쪽 참조.

10) 崔鳴吉, 『遲川集』 권8, 「論典禮箚」(丙寅), 총간 89-379~393.

군주 전제의 견제에서 나아가서 치자로서의 책임과 의무를 저버린 채, 모든 책임을 군주에게 전가하고 심지어는 신료들의 잘못과 부정을 은폐하려는 불순한 의도와도 닿아 있다는 것이 그들의 인식이었다. 신료들 다수를 사로잡고 있는 이러한 잘못된 학문 풍토와 정치 행태를 바로잡지 않는다면 제대로 된 정치는 기대할 수 없는 일이었다. 그러나 이러한 자신의 입장을 조정에서 구현하기에는 수적으로 밀리는 입장에 처해 있었다. 따라서 이들은 군주권에 의지하여서라도 자신들의 주장을 구현하는 길을 모색할 수밖에 없었다. 여기에 17세기 관인·유자 일각에서 왕권(王權) 중심 정치론이 형성되는 소이가 있었다.[11]

이처럼 계운궁 상례 논쟁에서는 『의례』의 '위인후' 조항을 적용하여 자최부장기를 주장하는 신권론과 『의례』 '위조후' 조항에 근거하여 삼년상을 주장하는 왕권론이라는 사상적 대립이 저변에 깔려 있었다. 전자가 주자학 명분론과 의리론을 절대화하는 입장이라면, 후자는 정주학보다 공맹 유학을 중시하는 입장이었다.[12]

원종추숭 논쟁의 과정에서 박지계가 전개한 일련의 주장은 다음과 같은 특징이 있다고 보여진다. 첫째로는 입승대통한 군주는 자신의 사친을 추숭할 수 없다는 유교 주자학의 군주권 견제 논리를 부정하지 않고도 선조−정원군−인조의 종법적 정통성을 합리화할 수 있는 경전상의 근거를 확보하였다는 것이다. 『의례』의 '위인후' 조항과 '위조후' 조항의 차이에 주목한 것은 그의 현실적 문제의식과 예학적 소양이 결합되어 이루어진 성과로 평가된다. 둘째로는 『근사록(近思錄)』의 '제후탈종(諸侯脫宗)'설에 근거하여 인조반정에 대한 평가를 극대화하였다는 점이다. 인조가 반정을 통하여 '소종'에서 현달하여 '대종'이 되었다고 간주한 것은 반정의 정당성을 가장 적극적으로 천명하는 논리였다. 셋째로는 유교 윤리 중에서 효(孝)의 절대성에 기초하여 군주 전제권을 적극적으로 긍정하는 효치론을 천명하였다는

---

11) 조선후기 왕권론에 대해서는 金駿錫, 1992, 「朝鮮後期 黨爭과 王權論의 推移」, 『朝鮮後期 黨爭의 綜合的 檢討』, 韓國精神文化研究院 참조.

12) 金容欽, 2006, 앞 논문, 43~51쪽.

점이다. 그는 강력한 군주권을 통해서 당시 관인·유자 일반에 만연된 잘못된 학문 풍토를 개혁하지 않으면 안 된다고 보고 있었다. 이러한 박지계의 주장은 주자학 그 자체는 부정하지 않으면서도 원시유학의 정신에 입각하여 신료 일반의 신권 중심 정치론과는 다른 왕권 중심 정치론의 한 형태를 제시하였다는 점에 그 의의가 있었다.[13]

2) 효치론의 성격과 변통론

박지계는 예론이 본격화되기 전인 반정 직후부터 효치론을 적극 천명하였다. 반정 직후 김장생과 함께 사헌부 지평으로 징소되었을 때 올린 상소문에서 이미 정치는 효제에 근본을 두어야 하며 군주가 먼저 효제의 모범을 보여야 한다고 강조하였다.[14]

> 인군(人君)이 반드시 먼저 효(孝)·제(悌)·자(慈)를 몸소 행하여 일가(一家)의 법도로 삼아야 한다. 진실로 일가의 법도가 아니면 비록 가르침과 법령을 베풀고 선을 상주고 악을 벌주는 정사(政事)를 베풀더라도 명령이 그 좋아하는 바에서 어긋나서 민(民)이 따르지 않을 것이다. 위에서 행하는 것을 아래서 본받아서 민에게서 효·제·자의 마음을 불러일으키면 민의 윗사람이 자신을 미루어서 타인을 헤아려 민으로 하여금 각기 그 효·제·자의 마음을 다하게 할 수 있다. 이것이 바로 『대학』의 전에서 말하는 '치국평천하(治國平天下)'를 위해서 힘써야 하는 곳이다. 군주는 민이 반드시 그 효·제·자하려는 마음을 이룰 수 있게 해야 한다. 하물며 천승의 나라의 군주가 되어서 그 효·제·자하려는 마음을 이루게 하지 못한다면 나라를 다스리는 법도가 없을 것이니 어떻게 민이 위로 우러러 어른을 섬기고 아래로는 (어린아이를)

---

13) 이에 대한 자세한 분석은 김용흠, 위 논문 참조.

14) 박지계, 『잠야집』 권1, 「請務本疏」(癸亥), 총간 80-88, "聖賢之德崇如天 業廣如地 而竟至於盡性知命者 必本於孝悌. 若無孝悌爲之本 則德如無根之木 況能如天之崇乎. 業如無源之水 況能如地之廣哉."

기르는 뜻을 이루게 할 수 있겠는가?[15]

효(孝)와 제(悌)를 통치의 근본으로 보는 이러한 언급은 박지계 상소문의 대부분에서 나타나는데, 여기서는 이를 효치론(孝治論)으로 규정하고자 한다. 즉 효치론이란 유교 윤리의 근본인 효제를 통치 원리이자 목적으로서 수용하고 이를 군주가 솔선수범하여 통치의 근간으로 삼아야 한다는 주장이었는데, 혈연적 가족 윤리인 효제를 공적인 국가 경영과 결합하여 강조한 점에 그 특징이 있었다.[16]

그런데 박지계는 잘 알려진 것처럼 자타가 공인하는 주자학자였다.[17] 그는 자신의 글 거의 모두에서 주자를 인용하고 있으며, 심지어 자신의 절친한 친구인 권득기(權得己, 1570~1622)·조익(趙翼, 1579~1655) 등이 주자설을 변개하였다고 강력하게 비판할 정도였다.[18] 그럼에도 불구하고 효치론에 입각한 그의 예론은 주자학 정치사상을 신봉하는 다수 신료들의 지지를 받지 못하였다. 그렇다면 '말 한 마디, 글자 한 글자라도 주자의 교훈을 존신(尊信)해야 한다'[19]는 그의 주장에도 불구하고 그의 사상에 주자학 정치사상과는 이질적인 요소가 있다고 보아야 할 것이다.

중국 유학의 발전 과정에서 볼 때 공자(孔子)·맹자(孟子) 단계의 선진(先秦) 유학에서 주장된 효제가 제국의 통치 이데올로기로까지 격상된 것은 한대(漢代)의 일이었으므로, 박지계의 효치론을 한대 유학으로 후퇴한 것으로

---

15) 『잠야집』 권1, 「청무본소」(계해), 총간 80-88, "人君必先躬行孝悌慈 以爲一家之則例. 苟非一家之則例 則雖有條敎法令之施 賞善罰惡之政 所令反其所好 而民不從矣. 上行下效 而民興於孝悌慈 則爲民上者 推己度物 使民各遂其孝悌慈之心. 此乃大學傳所謂 治國平天下 用工之地也. 君之於民 尙必使遂其孝悌慈之心. 況乎身爲千乘之主 不自遂其孝悌慈之心 則無以爲治國之則例 豈能使民遂其仰事俯育之志哉."

16) 李成珪, 1998, 「漢代 『孝經』의 普及과 그 理念」, 『韓國思想史學』 10, 韓國思想史學會 ; 정호훈, 2002, 「朱子 『孝經刊誤』와 그 성격」, 『東方學志』 116, 연세대 국학연구원 ; 2003, 「朝鮮後期 새로운 政治論의 전개와 『孝經』」, 朱子思想硏究會 編, 『朱子思想과 朝鮮의 儒者』, 혜안, 202쪽.

17) 이영춘, 1990, 앞 논문.

18) 『잠야집』 권4, 「答權重之」, 「答趙蒲渚」, 총간 80-158~172.

19) 『잠야집』 권4, 「答趙蒲渚」, 총간 80-172.

생각할 수도 있다.[20] 『효경(孝經)』에 집약된 한대의 효치론이 공맹 유학과는
달리 군주권 강화의 일환으로서 등장한 것을 보면 공통점이 없다고도 할
수 없다.[21] 그렇지만 이후의 한대 유학이 참위설(讖緯說)과 결합되어 신비주
의로 빠져들었는데, 박지계에게서 이에 대한 언급을 찾을 수 없으므로
한대 유학으로 후퇴한 것으로 볼 수는 없을 것이다. 여기서 박지계가 공맹
이후의 유학을 정자(程子)와 주자(朱子)가 나와서 비로소 계승하였다고 간주
하고 주자학만을 존신하는 의미가 무엇인지 드러난다. 그것은 그가 한당(漢
唐) 유학에 빠져들지 않았다는 분명한 증거인 것이다.

　박지계의 효치론은 양명학(陽明學)과도 유사한 점이 있다. 명대의 양명학
이 효제를 강조하였다는 것은 대부분의 논자가 인정하고 있다.[22] 그리고
명 가정(嘉靖) 초 소위 '대례의(大禮議)'를 둘러싼 정치적 대립 과정에서
양명학자들이 '의례파(議禮派)' 입장에 서서 주자학에 입각한 반의례파에
대항하여 군주권을 옹호한 것도 사실이었다.[23] 그리고 박지계에게서도
양명학과 유사한 인식 태도가 없는 것도 아니다.[24] 그러나 그 자신 양명학에

---

20) 金谷 治 외 지음, 조성을 옮김, 1986, 『중국사상사』, 이론과 실천, 121~125쪽. 박지계
　　의 예론을 '고대의 혈연적 종법관'으로 이해한 논자가 여기에 해당된다(오항녕,
　　1992, 앞 논문, 43쪽).

21) 板野長八, 1995, 『儒教成立史の硏究』, 岩波書店, 48~49쪽 ; 2000, 『中國古代社會思想史の
　　硏究』, 硏文出版, 295쪽.

22) 岩間一雄 지음, 김동기·민혜진 옮김, 『중국 정치사상사 연구』, 동녘, 1993, 125~130
　　쪽 ; 미조구찌 유조[溝口雄三] 외 지음, 동국대 동양사연구실 옮김, 2001, 『중국의
　　예치시스템』, 청계, 74쪽, 100~101쪽.

23) 明 嘉靖 初, 소위 '大禮議'를 둘러싼 정치적 대립에 대해서는 曹永祿, 1985, 「嘉靖初
　　政治對立과 科道官－'大禮議'를 중심으로」, 『東洋史學硏究』 21, 東洋史學會(1989, 『中國
　　近世政治史硏究』, 지식산업사, 143~175쪽) 참조. 조영록은 그 대립의 정치적 본질을
　　'君主專權論 대 '分權公政論의 대립으로 파악하였다. '大禮議'의 禮論에 대한 분석으로
　　는 鄭台燮, 1990, 「'大禮議'의 典禮論 分析」, 『東國史學』 24 ; 1994, 「明末의 禮學」, 『東國史
　　學』 28, 東國史學會 등 참조. 특히 議禮派와 反議禮派의 대립을 新舊 思想의 대립이라는
　　각도에서 접근한 논고로서 中山八郎, 1957, 「明の嘉靖朝の大禮問題の發端に就いて」,
　　『人文硏究』 8-9, 大阪市立大 文學會 ; 1963, 「再び嘉靖朝の大禮問題の發端に就いて」, 『淸水
　　博士追悼記念明代史論叢』, 東京가 있어 참고 된다. 中山八郎은 여기서 의례파는 陽明學
　　에, 반의례파는 朱子學에 각각 대응시켜 이를 新舊 사상의 대립이라는 시각에서
　　이해하였다.

대해서 명시적으로 언급한 적이 없을 뿐만 아니라 양명학에 특유한『대학』해석에 대해서는 주자의 주석과 어긋난 그 어떤 해석도 배격하고 있다는 점에서[25] 그를 양명학자로 보는 것은 무리가 있다고 생각된다.

여기서 다시 한 번 박지계의 주자학에 대한 태도를 검토해 볼 필요가 있다. 그는 주자의 전 저작을 구석구석 섭렵하고 있을 뿐만 아니라 주자의 초년설과 만년설의 차이점에도 유의하고 있다.[26] 그럼에도 불구하고 현실문제에서 주자나 선유(先儒)의 언급이 없는 부분에 대해서는 자신의 주장을 개진하는 것을 주저하지 않았다.[27] 여기서 박지계가 정구(鄭逑, 1543~1620)의 예학에 접했다는 점을 주목해야 할 것이다.[28] 정구가 주자 만년의 저술인『의례경전통해(儀禮經典通解)』를 본격적으로 연구하여『오선생예설분류(五先生禮說分類)』를 저술한 것은 주자 예학의 심화로 볼 수 있다. 주자 예학은 전반기의『주자가례(朱子家禮)』에서 만년의『의례경전통해』로 변화된 것으로 이해된다. 그러한 변화는 분명히 송대 사대부 계급의 입장을 반영하는 의리론을 국가의 공적인 차원으로까지 확장한 것으로 볼 수 있다.[29]

조선에서 본격적으로『의례경전통해』또는 주자후기 예학이 주목되기 시작한 것은 16세기 후반 사림파의 집권 이후의 일로 볼 수 있는데, 그 방식에서 정구와 김장생이 서로 다른 입장을 취한 것이 주목된다. 정구가 "『주자가례』중심의 예의 행용(行用) 질서를 수정해서 사가(私家)·왕실(王室)·방국(邦國)에 각기 적용되는 예의 격식 체계"를 세운 것에 비해서,[30] 김장생

---

24) 그가 '天地之道 不外於吾心'(『잠야집』권7,「又辨金沙溪書」, 총간 80-240)이라고 말한 것이나, 인식능력으로서의 '良知良能之天'을 자주 언급한 것은 양명학과의 유사점을 보여주는 대목으로 볼 수 있다.

25) 그는『大學』格致章의 해석을 두고 權得己·趙翼과 논란을 벌이면서 이들이 주자 주석을 변개하였다고 비난해 마지않았을 뿐만 아니라(주 18 참조) 주자와 다른 해석에 대해서는 李彦迪과 李滉에 대해서도 비판할 정도였다(『잠야집』권6,「李晦齋大學格致章辨」, 총간 80-207).

26)『잠야집』권5,「答權思誠」, 총간 80-200.

27)『잠야집』권5,「答閔景明」, 총간 80-202.

28) 이현진, 2000, 앞 논문.

29) 鄭景姬, 2000,「朝鮮前期 禮制·禮學 硏究」, 서울대 박사논문.

30) 金駿錫, 2003,『朝鮮後期 政治思想史 硏究－國家再造論의 擡頭와 展開』, 지식산업사,

은『의례경전통해』를 비롯한 주자후기 예학으로 사례(士禮)인『주자가례』를 보완하는 방식을 취하였다.[31] 여기서 두 사람의 예학이 모두 주자 예학의 심화라고 할 수 있되, 왕권론과 신권론으로 그 방향을 달리하고 있음을 알 수 있다. 박지계는 그 중 정구와 입장을 같이 하였던 것이다. 그것은 주자학의 심화이면서도, 김장생과의 대립 관계에서 보면 탈주자학(脫朱子學)이라고도 할 수 있다. 여기에 17세기 관인·유자들이 신봉하는 주자학이 자신들이 부딪힌 현실에 대한 인식과 대응 방식에 따라서 분화되는 소이가 있음을 알 수 있다.

정구가 사가례(私家禮)에 치중되어 있는『주자가례』에 만족하지 않고『오선생예설분류』를 편찬하여 왕가례(王家禮)의 중요성을 강조하였으며, 그의 영향을 받은 허목(許穆)이 존군론(尊君論)에 입각하여 기해(己亥)예송을 주도한 것은 잘 알려진 일이다.[32] 기해예송의 두 주역이라고 할 수도 있는 허목과 윤휴(尹鑴)의 존군론과 효치론이 이미 박지계에서 나타난 점이 주목된다 하겠다.[33] 원종추숭 논쟁에서 박지계와 김장생의 대립은 기해·경자(庚子)예송에서 남인 대 서인의 대립으로 표출된 왕권론(王權論) 대 신권론(臣權論) 대립의 선편을 이루었다고 볼 수 있다. 다만 차이점은 그 대립의 중심이 서인 내부에서 이루어졌다는 점이다. 말하자면 인조반정 이후 집권세력이었던 서인 내부에서는 당시의 변화하는 현실과 관련하여 그 모순의 해결을 모색하는 가운데, 주자학 정치론을 신봉하는 사람들 사이에서조차도 왕권론과 신권론의 대립이 표출되었으며, 그것은 주자학 정치론 그

53~54쪽.

31) 정경희, 2000, 앞 논문, 245~248쪽.

32) 김준석, 2003, 앞 책, 48~52쪽.

33) 白湖 尹鑴의 孝治論에 대해서는 정호훈, 2003, 앞 논문, 213~224쪽 참조. 朴知誡門人인 金克亨은 1630년에 追崇入廟를 주장하는 상소를 올렸는데(『인조실록』권23, 인조 8년 경오 10월 무진), 그는 나중에 尹鑴와도 긴밀하게 교류하여, 편지를 보내 윤휴의 삼년상을 청하는 상소문을 칭찬하였으며(尹鑴,『白湖集』附錄, 총간 123-564), 윤휴는 그의 제문을 썼다(윤휴,『백호집』卷17,「祭金泰叔文」, 총간 123-291). 이를 통해 朴知誡-金克亨-尹鑴로 이어지는 思想的 연관성을 추론할 수 있다.

자체가 심화 발전되는 서로 다른 두 방향이라고도 할 수 있다는 것이다. 박지계의 효치론은 그 가운데 왕권론 입장에서 나온 정치론이었으며, 그것은 결국 주자학 정치론이 당시의 정치 현실을 매개로 탈주자학의 방향으로 나아가는 양상을 보여주었다.

박지계는 이러한 자신의 효치론에 의거하여 원종추숭을 성사시킴으로써 반정으로 즉위하여 취약하기만 하였던 인조의 왕권을 강화하는 초석을 놓았다. 그렇다면 그가 강력한 왕권을 통하여 실현하고자 했던 정치의 목적을 무엇으로 설정하였는가를 규명하는 것이 효치론의 성격을 이해하는 데 긴요하다고 하지 않을 수 없다.

그가 원종추숭을 주장하는 근거로서 제시한 '부자상경'론에 의하면 부자와 군신의 관계를 바로잡는 것을 시간과 공간을 초월한 '대경대법(大經大法)'이자 '경륜(經綸)의 도리'로 보고 있었는데,[34] 그가 이 '대경(大經)'을 '경륜'하여 이루고자 한 것은 바로 '세상을 구제하는 방책[救濟世路之策]'을 얻는 것이었다.[35] 그는 반정 이후 인조 정권의 정치적 과제를 '민을 보호하고 나라를 지켜서 중흥의 과업을 이루는 것[保民守國 而致中興之業][36]으로 규정하고, 당시 국가의 대내외적 위기에 대처하기 위해서는 '부국강병으로 적을 토벌하고 하늘을 섬기는 도리[37]를 실현해야 할 것으로 보았는데, 그 전제가 바로 '경장(更張)하여 폐단을 제거하는 것'에 있다고 주장하였다.[38]

특히 그는 '부국강병'이야말로 '군신(君臣)의 대경(大經)이 관련된 곳'이라고 단도직입적으로 주장하여 효치론이 변통론(變通論)을 구현하기 위한 것임을 명쾌하게 제시하였다. 부국강병을 명시적으로 표방하는 것이 맹자의 왕도론(王道論)과 이를 앞세우는 정통 성리학자들의 기피 사항이라는

---

34)『잠야집』권1,「應旨疏」(甲子), 총간 80-96, "充塞宇宙 貫徹古今之大經大法 無大於父子君臣 經綸之道 豈有過於此二者哉."

35)『잠야집』권1,「擬上疏」(丙寅), 총간 80-105, "大經大法 可以行於世 而不墜於地 經綸大經 救濟世路之策 豈有過於篤究聖訓哉."

36)『잠야집』권1,「응지소」(갑자), 총간 80-90.

37)『잠야집』권2,「萬言疏」(癸酉), 총간 80-121.

38)『잠야집』권2,「만언소」(계유), 총간 80-123.

것을 분명히 의식하면서도 그는 '위로는 천조(天朝)를 위해서 이적을 물리치고 아래로는 조종(祖宗)을 위하여 국토를 지키기[上爲天朝攘夷狄 下爲祖宗守土地]' 위해서는 "그 마음은 비록 비루하여 언급하기에 부족하지만 그 방법은 오히려 채용할 수 있다"고 강변하면서 '부국강병의 방책'을 서둘러 마련하라고 인조에게 촉구하기를 마다하지 않았다.39)

박지계는 당시 조선왕조 국가에서 부국강병을 이루기 위해서는 '고폐(痼弊)'·'적폐(積弊)'를 '구혁(救革)'하지 않으면 안 된다고 보았다. 즉 제도 개혁을 주장한 것이었다. 그는 군주가 '제왕(帝王)의 학문'을 통하여 갖추어야 할 세 가지 덕목, 즉 '삼달덕(三達德)'으로서 지(知)·인(仁)·용(勇)을 제시하였는데, 그것은 어떤 제도를 개혁해야 하는가를 아는 것이 '지(知)'이고, 그것을 정책으로 구현할 줄 아는 것이 '인(仁)'이며, 이에 대한 기득권자들의 반발을 무릅쓰고 이를 추진하는 것을 '용(勇)'이라고 규정하고, 그 가운데 '용'이 가장 중요하다고 말하여 군주가 강력한 군주권으로 제도 개혁에 매진할 것을 요구하였다.40)

이와 같이 박지계의 효치론은 왕권 중심 정치론의 한 형태였으며, 부국강병을 위한 제도 개혁을 구현하기 위한 것이었음을 알 수 있다. 이것은 박지계 본인이 주자학을 존신하고 있다고 누누이 주장하고 실제로 그의 경세론은 거의 모두 주자의 저술에 근거하여 주장되고 있지만 주자학 명분론과 의리론에 기초한 신권 중심 정치론 및 도학적 경세론과는 그 지향점을 분명히 달리 하고 있었던 것이다. 따라서 그의 변통론의 내용과 성격은 그의 경세론의 역사적 성격을 가늠하는 관건이 될 수밖에 없다.

---

39) 『잠야집』권2, 「만언소」(계유), 총간 80-111, "蓋富國强兵之策 非若梁惠王所謂利也. 此亦君臣大經所關處也. 上爲天朝攘夷狄 下爲祖宗守土地 非有强兵之策 則無以得遂其志. 欲求兵强 必先富國. 雖在太平無事之時 尙且忘戰必危. 況當今日富國强兵之策 廢墮疎闊 甚於太平無事之時 臣竊憂焉"; 같은 글, 총간 80-112, "治兵使强 莫如先富財. 故自古進取 功利之士 皆曰富國强兵 其心雖陋不足言 其術猶可採用也."

40) 『잠야집』권2, 「만언소」(계유), 총간 80-126~128, "今殿下之工夫 必至於明辨之而後 其於先聖賢之訓 能無所疑惑 可以斷而行之 以救當今積久之痼弊也"; 同, "雖因學問 而考得 聖訓之如此 若不眞知聖訓之必可行 而不發於政事之間 則學問之工歸虛 而不過爲無用之空 談也. 伏願聖明篤行聖賢之訓"; 同, "大槩知仁勇三達德之中 唯勇爲之樞紐."

3. 박지계 변통론의 내용과 성격

1) 부국강병책과 집권력 강화

박지계가 인조대 조선왕조 국가가 직면한 대내외적 위기 속에서 '보민(保民)과 수국(守國)'을 위한 '토적사천(討賊事天)'의 방책으로서 제시한 부국강병은 제도 개혁을 전제로 한 것이었는데, 그가 개혁 대상으로서 주로 거론한 것은 군사제도에서 방군수포(放軍收布)의 폐단, 공납제도에서 공물(貢物) 방납(防納)의 폐단, 그리고 인재 등용 방안으로서 과거제도의 폐단 등이었다.

그의 변통론의 구체적 내용을 살피기에 앞서 그가 당시 만주족 왕조인 후금의 위협에 대하여 어떤 입장을 취하였는가를 먼저 짚고 넘어갈 필요가 있다. 그는 효치론과 강상론(綱常論)의 연장선상에서 명(明)나라를 부모의 나라로 간주하고 임진왜란 때 '재조(再造)의 은혜'에 보답하기 위해서는 당시 명나라를 위협하고 있던 만주족 국가인 후금을 물리쳐서 '토적사천'할 것을 주장한 것을 보면 척화론자(斥和論者)처럼 보이기도 한다. 실제로 그는 1627년(인조 5) 정묘호란 당시의 주화론(主和論)을 비판하고 척화론을 적극 주장하기도 하였다.[41] 그런데 그 이전에 사묘전례 논쟁과 계운궁 상례 논쟁에서 박지계와 입장을 같이 했던 이귀·최명길 등이 당시 주화론을 주도하였다.[42] 그렇다면 박지계와 이들과는 예론에서는 같은 입장이었지만 후금에 대해서는 주화와 척화로 그 입장을 달리한 것은 아닌지 의문이 생긴다.

그런데 정묘년의 척화론을 주장한 상소에서 박지계는 당시 조정의 척화론자들이 계운궁 상례 논쟁에서 인조의 삼년상을 반대한 것은 일관성이 없다고 분명하게 비판하였다.[43] 그리고 이어서 이귀·최명길 등의 주화론자

---

41) 『잠야집』권3, 「斥和疏」(丁卯), 총간 80-130~135, 대부분의 논자들은 이를 근거로 박지계를 척화론자로 규정하였다.

42) 호란 당시의 주화·척화 논쟁에 대한 자세한 내용은 김용흠, 2005, 앞 논문, 제4장 참조.

들이 처음에는 혼미하여 주화론을 주장하였지만 나중에는 깨닫고 그 잘못을 고치기에 인색하지 않았으며, 당시에 뭇 사람들의 비난에도 불구하고 용감하게 이를 주장하는 자세는 '확연대공(廓然大公)'한 것이었으며 국가를 위한 '망신지지(忘身之志)'의 발로였다고 옹호하고,[44] 척화론을 주장하는 대부분의 관인들이 '서로 바라보면서 침묵하는 것을 상책으로 여긴 것[相視含默作爲上策]'보다는 낫다고 보고 있었다.[45]

그리고 주화와 척화를 주장하는 자들이 반드시 자기 입장을 변화시키지 않는다는 보장도 없으므로[和不必一於和 戰不必一於戰] 어느 한 쪽을 버리지 말고 이들 모두와 함께 '토적(討賊)'의 계책을 논의해야 한다고 인조에게 강력하게 권유한 대목에서는 마치 앞날의 일을 미리 예언한 듯한 인상을 받는다.[46] 즉 3년 뒤인 1630년(인조 8) 2월에 후금이 명의 수도를 포위했다는 소식을 듣자 이귀(李貴)가 명에 대한 '사대의 대의'를 내세워서 후금을 공격하자고 강력하게 주장하였는데, 김류(金瑬)를 비롯한 대부분의 척화론자들은 이에 반대하였다. 그런데 같은 해 4월에 가도(椵島)에서 유흥치(劉興治)가 반란을 일으키자 인조와 김류 등은 이의 토벌을 주장하였는데, 이귀는 이에 반대하였었다.[47]

이에 대하여 3년 뒤인 1633년(인조 11) 상소에서 박지계는 김류 등의 유흥치 토벌론에 대해서는 언급하지 않고 이귀의 '초병대병(招兵待命)'론에 대해서는 '봉명조양(鳳鳴朝陽)'이라고 칭찬해 마지않으면서 이에 반대한 조정 신료들을 '척화'한다고 큰 소리만 치고 실질적인 행동에는 나서지 않는다고 비판하였다.[48]

---

43) 『잠야집』권3, 「척화소」(정묘), 총간 80-135, "當今輔弱之臣 必欲沮遏聖上誠孝於家 使不得伸三年之愛 而但欲伸大義於天下 臣恐與與先聖治心之法 背馳之甚也."

44) 위와 같음, "恥過好勝 自以爲是 而終始不變者 徇一己之私也. 始迷終悟 改過不吝 勇往直前 不顧傍人是非者 廓然大公 國耳忘身之志也."

45) 위와 같음.

46) 위와 같음, "和不必一於和 戰不必一於戰 而惟善之從 惟過之改者 豈無其人乎. 伏願與此等人 謀爲討賊之策 好問而好察邇言 隱惡而揚善 執其兩端 用其中於民者 大舜之大知也 刻印銷印 顚倒虛受 漢高之雄圖也. 伏願殿下 亦宜以此二者 自勉焉."

47) 김용흠, 2005, 앞 논문, 144~151쪽.

이렇게 본다면 박지계는 이귀·최명길 등과 같은 주화론 계열로 보는 것이 사실과 부합된다고 생각된다. 이것은 그가 개진한 방어 전략이 이귀의 군정(軍政) 변통론과 내용상 일치하는 점이 있다는 점에서도 확인된다.[49] 즉 그는 인조 초부터 김류 등이 주장한 '남군부방(南軍赴防)'론에 반대하였으며,[50] 군대 양성과 관련해서는 '병무정(兵務精) 불무다(不務多)'의 원칙 아래 정예병 양성을 주장한 점, 군사 훈련에서 병사들의 자발성을 중시한 점 등은[51] 이귀의 주장과 유사하다고 볼 수 있다.

박지계가 군사제도의 폐단으로서 거론한 방군수포 문제는 바로 이러한 원칙과 관련되어 있었다. 그가 볼 때 당시의 군사제도는 '유명무실(有名無實)' 한 것이 아닐 수 없었다. 특히 지방군은 병영과 수영 소속이거나 변장(邊將)· 수령 소속인데, 병영과 수영 소속 군대는 모두 방군수포하여 병사·수사 또는 변장의 치부 수단으로 전락하였으므로 군적에 있는 자가 훈련을 받지 못하여 전투에 전혀 대비가 되어 있지 못하다는 것이다. 그리고 수령이 거느리고 있는 속오군을 비롯한 여러 종류의 군대는 누락자가 태반인데, 이는 경제적으로 여유가 있어 정예병이 될 만한 자들이 뇌물을 주고 군역에 서 면제되었기 때문이며, 군역에 충정된 자들은 겁 많고 아무런 재주도 없는 '기한절신자(飢寒切身者)'들 뿐이어서 군대로서의 제 기능을 기대할 수 없는 상태라고 지적하였다.[52]

이러한 군사제도의 폐단에 대한 해결 방안을 박지계는 '부재(富財)', '부국' 에서 찾았다는 점이 특이하다. 그는 군사를 강하게 하려면 먼저 국가 재정을

---

48) 『잠야집』 권2, 「만언소」(계유), 총간 80-109~110.
49) 이귀의 軍政變通論에 대해서는 김용흠, 2005, 앞 논문, 제5장 2절 「李貴의 軍政變通論 과 保民論」 참조.
50) 『잠야집』 권2, 「만언소」(계유), 총간 80-111, '八道之兵 不可久留境上 必待賊之犯境 然後徵兵於八道.' '南軍赴防'을 둘러싼 이귀와 김류의 대립에 대해서는 김용흠, 2005, 앞 논문, 147~148쪽 참조.
51) 위와 같음.
52) 위와 같음. 그러나 박지계는 이러한 문제에 대하여 이귀의 진관체제 복구론이나 사족수포론과 같은 방어 전략 내지 군사제도 내에서 그 해결책을 내놓지는 못하였 다.

부유하게 해야 한다고 문자 그대로 '부국강병'을 주장하였다. 그리고 '부국의 방법'에는 본말이 있는데, '권농(勸農)과 독업(督業)은 말(末)이고 경요박부 (輕徭薄賦)가 본(本)'이라는 독특한 주장을 내놓았다.[53]

박지계가 말하는 '경요박부'는 부세를 무조건 줄여주자는 것은 아니었다. 그가 주목한 가장 큰 문제점은 민에게서 거두어들이는 세금은 무거운 데도 국가 재정이 부족해지는 모순된 현상이었다.[54] 그는 그 이유가 관리들의 중간 수탈에 있다고 보고 그 주체로서 경각사·수령·간리를 지목하였는데, 그 내용을 살펴보면 결국 공물 방납 과정에서 해당 이서들과 수령에 의해 자행되는 중간 수탈의 폐단을 지적한 것이었다.[55] 그는 국가의 집권성을 강화하여 이러한 폐단을 제거하지 않고는 강병책을 시행할 수 없다고 보고 있었다.

이와 함께 그는 또 하나의 방안으로서 '공세(貢稅)' 이외의 공물과 진상 및 잡요역을 일절 감제하고 감사와 수령의 '개인적인 징봉(徵捧)'도 '엄법으 로 금단'한 뒤에 토지 매 결 당 적당량의 쌀을 거두어서 군비에 충당하자고 제안하였는데, 이것은 사실상 대동법(大同法)을 주장한 것으로 볼 수 있다.[56] 1결 당 2두만 거두면 포수와 살수 4천 명을 양성할 수 있다는 이경여(李敬輿, 1585~1657)의 말을 인용하여 매 1결 당 50두를 거두면 10만의 군대를 양성할 수 있을 것으로 예상하였다. 또한 그는 공물·진상과 색리 인정가 및 삼영납·

---

53) 『잠야집』 권2, 「만언소」(계유), 총간 80-112, "治兵之道 必先富財. 民窮財盡 而軍兵之衣 食不足 則雖欲治兵 其道無由 … 治兵使强 莫如先富財. 故自古進取功利之士 皆曰富國强兵 其心雖陋不足言 其術猶可採用也. 富國之術 亦有本末 勸農督業 末也. 輕徭薄賦 使民有餘力 而可以自盡農業者 本也."

54) 위와 같음, "外方民生 困於賦斂之重 以民徵斂之數言之 則似無窘乏 而每患國用之不足."

55) 『잠야집』 권2, 「만언소」(계유), 총간 80-113~115.

56) 『잠야집』 권2, 「만언소」(계유), 총간 80-115. 이것이 대동법 시행을 주장한 것이라는 점은 조금 뒤에서 李珥의 海州 收米法을 인용한 것으로 보아도 분명하다. 그런데 그가 왜 대동법이라는 용어를 사용하지 않았는지는 분명치 않다. 아마도 그는 반정 초에 대동법을 시행하였다가 폐기한 사실을 잘 알고 있었을 것이다. 그렇다면 불필요한 논란을 피하기 위해 대동법이라는 용어 사용을 자제한 것이 아닌가 한다. 인조대 대동법 논의에 대해서는 李廷喆, 2004, 「17세기 朝鮮의 貢納制 改革論議 와 大同法의 成立」, 고려대 박사논문 참조.

사객지공·궁중잡역 등으로 1결당 거두는 액수가 통계 50두라는 이경여 말을 인용하여 10만의 군대를 양성할 수 있는 비용을 경각사 하리 및 시정의 부상대고와 방납자의 손으로 들어가게 하고 있다고 개탄하였다.[57)]

그렇지만 그는 1결 당 50두는 너무 무거운 세금으로 간주하였다. 만약 1결 당 50두를 거두고 또 탐관오리의 중간 수탈이 이루어진다면 민이 견딜 수 없을 뿐만 아니라 50두 자체도 '극히 무거운 것'이어서 민이 감당할 수 없다고 보고 1결 당 20두를 거두어 4만의 군대를 양성한다면 적 10만과 맞서도 승리할 수 있다고 생각하였다.[58)]

박지계는 한 달이면 수령과 이서의 폐단을 제거하고 기강을 세울 수 있으며, 그러고도 부국강병이 이루어지기까지는 5·6년에서 최소한 3·4년은 걸릴 것으로 예상하였다. 따라서 후금의 위협이 '임박한' 상황이므로 인조에게 '근규(近規)'에 얽매이거나 반대자들에게 현혹되지 말고 '임금의 뜻으로 결단하여' 반드시 '부국강병으로 위급을 구제할 수 있는 방책'을 마련하라고 촉구하였다.[59)]

박지계의 부국강병책을 이와 같이 정리하고 보면 이는 결국 지주(地主)의 양보를 전제로 삼고 있다는 것을 알 수 있다. 그가 1결 당 20두를 거두자고 주장한 것은 숙종대 전국적으로 확대된 대동법이 1결 당 12~17두였던 것을 감안하면 지주들에게 상당한 부담이 될 수도 있는 액수였다.[60)] 따라서 이에 대해서는 지주들의 강력한 반발이 예상되는데, 박지계는 이에 흔들리

---

57) 위와 같음, "(李)敬輿曰 每年每一結 貢物進上 色吏人情價 及三營納使客支供 宮中雜物 通計出米五十斗. 又曰 砲殺手爲四千名 而每一結收米二斗 以養四千兵云. 若出米五十斗 則可以養兵十萬 養兵十萬之資 歸於京各司下吏 及市井富商大賈 防納者之手 此類致有公侯 之富 而國無養兵之資 不亦可惜乎."

58) 위와 같음, "國旣一結 收米五十斗 而貪官又或濫徵於其間 則民不可支. 且凡一結 收米五十 斗 賦斂之極重者也 民必不能保 恐不可必收五十斗. 但收二十斗 則可養兵四萬 亦可以勝賊 十萬之兵矣."

59) 위와 같음, "蓋以期月 則除弊之綱紀 可設也. 綱紀旣設 衆弊頓除 其效至於富國强兵 則必待 五六年 少不下三四年 然後可也. 而虜兵之衝突 迫在今明年 蓋以賊謀難測 今雖少緩 安保其 無輕風驟雨之猝至乎. 伏願聖明 不狃滯於近規 不遷惑於衆口 斷自聖慮 必謀富國强兵救急 之策焉."

60) 한영국, 1998, 「대동법의 시행」, 『한국사 30』, 국사편찬위원회, 493~497쪽.

지 말라고 인조의 결단을 촉구하였던 것이다.

그는 반정 초의 개혁 국면에서 이귀·최명길 등이 주도적으로 추진했던 호패법(號牌法)에 대해서는 그것이 '군대를 모집하는 것'에 유효한 것이라는 점을 긍정하였지만 앞서 언급한 수령과 이서의 폐단이 제거되지 않은 상태에서 이것이 실천에 옮겨졌기 때문에 실패했다고 진단하였다.[61] 그러므로 그가 제안한 대로 수령과 이서의 폐단이 제거된다면 이귀·최명길이 주장했던 사족수포론(士族收布論)의 시행도 전망할 수 있는 일이었다. 따라서 지금까지 살펴본 박지계의 변통론은 이귀·최명길의 그것과 같이 당시의 국가적 위기를 타개하기 위해서는 지주와 양반의 양보를 불가피한 것으로 간주하였던 '국사(國事)와 민사(民事)의 일치를 지향하는 보민론(保民論)'으로 규정할 수 있다고 본다.[62]

2) 제도개혁 지향의 공교육 강화론

그런데 박지계가 자신의 변통론 가운데 가장 많은 비중을 두어 논한 것은 과거제도와 용인(用人)의 폐단이었다. 앞서 언급한 부국강병책이 실현되려면 '득인(得人)'과 '용인(用人)'이 그 관건이 된다는 것을 그 자신 잘 알고 있었기 때문이었다.

그가 과거제도의 폐단으로서 가장 심각하게 논한 것은 그것이 문장에 능한 자만을 선발한다는 점이었다. 그는 이러한 폐단이 임진왜란 이후 명과의 관계에서 외교문서에 능한 자를 선발하던 풍습의 여파로 간주하였다. 과거에 선발되는 자들이 '병려(騈儷) 문자', '부표사륙대우지문자(賦表四

---

61) 『잠야집』 권2, 「만언소」(계유), 총간 80-114, "號牌之法 其於抄軍兵也 則誠是法之巧也 此實管商之遺意也. 但三弊不除 唯以巧法 抄軍兵無遺漏 則比如設羅網以捕禽獸也. 禽獸雖 可捕捉 山禽野獸 豈能爲用於吾手 如犬馬之戀主乎. 其中或有猛獸 則豈不反噬我乎. 人爭言 號牌之法 必生變亂 而竟至還罷者 蓋有見於此也." 이귀·최명길 등이 추진한 號牌法의 성격에 대해서는 金容欽, 2005, 앞 논문, 214~216쪽 참조.

62) 이귀와 최명길이 제론한 변통론의 성격을 '國事와 民事의 일치를 지향하는 保民論'으로 규정한 것에 대해서는 김용흠, 2005, 앞 논문, 제5장 참조.

304　제2편 실학의 선구자들

六對偶之文字)'에만 익숙하여 '문리(文理)를 이루지 못'하고 '의리와 강상'에 무관심해진 것이 앞서 언급한 수령과 이서의 폐단이 나온 근원이라는 것이다. 그로 인해서 '경서(經書) 문자', '성경실학급한구대가문자(聖經實學及韓歐大家文字)'에 능숙한 '현능(賢能)한 선비', '강의정직수도순리지사(剛毅正直守道循理之士)'는 배제되고 '부박경천(浮薄輕淺)'한 '무심모원려지사(無深謀遠慮之士)'만이 선발되는 것이 문제라고 보았다.[63]

하늘이 내려준 재능과 인간의 품질(稟質)은 모두 겸비하기 어렵다. 그래서 부(賦)와 표(表)의 화려한 기교에 능한 자는 모두 부박(浮薄)하고 경천(輕淺)한 재질(材質)이다. 재질이 중후하고 깊어서 성현의 저서에 잠심할 수 있는 자들이 반드시 부와 표에 능하다고 할 수 없다. 실무에 능한 재주가 있어서[長於治事之才] 많은 사람을 지휘하여 병사를 다스릴[御衆治兵] 수 있는 사람도 부와 표에는 반드시 능하다고 할 수 없다.[64]

과거의 폐단이 이와 같고 용인의 규정이 또 이와 같아서 천박하고 심모원려가 없는 자들이 요직을 모두 채우고, 시부를 다듬는 것과 같은 작은 기예에 능한 자[工於詩賦雕蟲小技者]들이 청반의 제일류가 되어 '의리의 학자'는 세로(世路)에서 흔적이 끊어졌다는[65] 것이다. 그로 인해서 빚어진 관인 내부의 왜곡된 풍토를 박지계는 다음과 같이 비판하였다.

이로 인해 연미(軟美)한 태도와 아부하는 말에만 힘쓰고 시비와 곡직을

---

63) 『잠야집』 권2, 「만언소」(계유), 총간 80-117~118.

64) 『잠야집』 권2, 「만언소」(계유), 총간 80-118, "大凡天之降才 人之稟質 不能兼備 工於賦表之華靡巧麗者 皆是浮薄輕淺之材質也. 材質之厚重深沈 可以潛心聖賢之書者 必不能工於賦表. 長於治事之才 而可以御衆治兵者 亦未必工於賦表."

65) 『잠야집』 권2, 「만언소」(계유), 총간 80-118, "科擧之弊 既如此 用人之規 又如此 以此之故 浮薄輕淺 無深謀遠慮之士 充塞要津 其視門蔭百執事之人 如奴隸下賤 或有賢能之士 不得科第 而間於百執事之位 則豈肯諂諛卑屈甘受侮辱哉 … 但工於詩賦雕蟲小技者 爲淸班第一流 而義理之學者 絶跡於世路 由是風俗頹廢 蚩蚩貿貿."

가리지 않는 것[不辨是非 不分曲直]을 처세 수단으로 삼는다[得計]. 아랫사람
이 윗사람을 섬길 때 그 뜻을 감히 거스르지 못하고, 윗사람이 아랫사람을
거느릴 때도 역시 그 실정을 감히 거스르지 못한다. 오로지 사의가 있는
곳에서만은 천만 가지 수단을 써서[千塗萬轍 經營計較] 반드시 얻고 난 이후
에야 그만둔다. … 그 가운데 혹 강의정직(剛毅正直)하고 수도순리(守道循
理)하는 선비가 하나라도 나오면 무리지어 들고 일어나 도학자[道學之人]로
지목하여 비난하고 배척하면서 교격(矯激)하다는 죄를 가한다. 혹은 작은
일을 과장하여 흠을 잡아내고 위로는 군주를 현혹시키고 아래로는 천박한
풍토를 고취하여 이 세상에 용납 받지 못하게 만들고 나서야 그만둔다.[66]

박지계가 원종추숭 논쟁에서 추숭 반대론자를 비판할 때도 비슷한 논리
를 전개하였으며[67] 이귀와 최명길이 반개혁논자나 척화론자를 비판할 때도
이와 유사한 논리를 편 것을 상기하면[68] 이것은 결국 주자학 명분론과
의리론에 매몰된 관인 일반의 왜곡된 풍토와 정치 행태에 대한 비판이었는
데, 박지계는 특히 그것을 과거제도의 폐단에서 기인한 것으로 인식하고
있었던 것이다.

　이러한 잘못된 정치 풍토와 행태를 극복하기 위해 박지계가 제안한 것이
바로 '공사지법(貢士之法)'이었다. 그는 이것을 주자의 덕행과(德行科),[69]
조광조(趙光祖)의 현량과(賢良科), 이이(李珥)의 선사법(選士法) 등을 계승한
것이라고 표방하였는데, 그 근본적인 취지는 두 가지였다. 하나는 '정학(正

---

66) 『잠야집』 권2, 「만언소」(계유), 총간 80-118, "但務爲軟美之態 依阿之言 而以不辨是非不
分曲直爲得計 下之事上 固不敢少忤其意 上之御下 亦不敢稍咈其情 唯其私意之所在 則千塗
萬轍 經營計較 必得而後已. 甚者 以金珠爲脯醢 以契券爲詩書 父詔其子 兄勉其弟 一用此術
而不復知有忠義奉公之可貴 此俗已成之後 則雖賢人君子 亦未免習於其說. 一有剛毅正直守
道循理之士 出乎其間 羣譏衆排 指爲道學之人 而加以矯激之罪 或吹毛求疵 上惑聖聰 下鼓流
俗 無所容於斯世而後已焉."

67) 『잠야집』 권1, 「의상소」(병인), 총간 80-105.

68) 김용흠, 2005, 앞 논문, 173~175쪽, 191쪽.

69) 박지계는 주자의 「學校貢擧私議」(『晦庵集』 卷69)를 길게 인용하여 자신의 논지를
전개하였는데, 여기서의 주자 주장을 '德行科'라고 이름붙였다.

學)을 강명하는 데 힘쓰고 경제(經濟)에 뜻을 둔' 사람을 선발하고자 한다는 이이 선사법의 원칙을 인용한 것에서 드러나듯이[70] 각종 제도의 폐단을 개혁하는 일에 앞장서는 사람을 선발하는 것이었다. 이는 박지계가 조광조로부터 이이로 내려오는 변통지향(變通指向) 경세론(經世論)을 계승하여 당시의 국가적 위기를 '경장구폐(更張救弊)' 즉 제도 개혁을 통해서 타개해야 한다는 그의 의지의 분명한 표현이었다. 당시의 과거제도는 이러한 그의 의도와는 반대의 결과를 낳고 있다는 것이 그의 인식이었던 것이다.

다른 하나는 '군선호신지의(君先乎臣之義)'라는 원칙에서 보이는 관리 선발에 있어서 군주권 우선의 원칙을 존중한 점이었다.[71] 사실 중국에서 수·당대 이후 시행되기 시작한 과거제는 '자천(自薦)'에 의한 관리 등용 방법이었다. 이는 그 이전에 실시된 한의 향거리선제(鄕擧里選制)나 위·진·남북조 시기의 구품관인법(九品官人法)이 '타천(他薦)', 즉 추천에 의한 관리 등용 방법이었던 것에 대비된다.[72] 박지계는 한대 향거리선제를 예로 들면서 그것이 관리 등용에서 '군선호신지의'가 있다는 점에서 높이 평가하고, 주자의 덕행과, 조광조의 현량과, 이이의 선사법의 의의가 바로 여기에 있다고 재차 인용하면서 이를 강조하였다. 당시의 과거제도는 이와 달리 선비가 스스로 나아가서 '자발적으로 재능을 시험받고 관리로 진출하려고 도모하는 것[自試才藝 以求士進]'으로서, 이는 여자가 스스로 남의 첩이 되겠다고 자처하는 것과 같이 매우 '예의염치'가 없는 일로 간주하였다. 그는

> 하늘은 땅보다 앞서고 군주는 신하보다 앞서며 남자는 여자보다 앞서는 것이니 그 이치는 하나이다.[73]

---

70) 『잠야집』 권2, 「만언소」(계유), 총간 80-120 ; 李珥, 『栗谷全書』 卷15, 「東湖問答」(己 巳), 총간 44-329.
71) 『잠야집』 권2, 「만언소」(계유), 총간 80-120.
72) 吳金成, 1981, 「中國의 科擧制와 그 政治·社會的 機能」, 歷史學會 編, 『科擧』, 一潮閣.
73) 『잠야집』 권2, 「만언소」(계유), 총간 80-120, "天先於地 君先於臣 男先於女 其理一也."

라고 말하면서 여자가 결혼할 때 남자의 청혼을 받고서 시집가듯이, 선비는 아래에 있으므로 반드시 군주의 부름을 받은 연후에야 출사하는 것이 선비의 바른 태도라는 것이다.

이는 그가 원종추숭 논쟁에서 효치론(孝治論)에 입각하여 왕권론(王權論)을 견지한 것과 일맥상통하는 주장이었다. 조선의 과거제도가 중국의 그것과 달리 과거제도 본래의 취지를 벗어나서 양반 문벌제도를 강화시키고 왕권을 약화시키는 방향으로 운영되어 온 것을 감안하면[74] 그가 주장하는 과거제도 개혁의 방향은 군주권을 강화시켜서 문벌 양반들의 전횡을 견제해야 한다는 분명한 문제의식을 보여준다.

이와 같이 그의 과거제도 개혁 주장은 변통론과 왕권론의 발현이기도 하였는데, 그가 주장하는 '공사지법'에서의 관리 선발 방법은 다음과 같다.

> 8도의 주와 군에서 먼저 한 고을의 장로를 모아서 실력이 있는 자를 직접 방문하여 찾아내게 하고, 다음은 학교에서 하자가 없고 4서 2경 또는 3·4경에 능통한 자를 추천하게 하여 감사에게 보고하면 감사는 담당관을 정하여 고강하게 한 후 성균관에 입학하게 한다. 그러면 대사성이 날마다 고강하고 의리를 논란한 뒤, 학업에 능하거나 혹은 치사(治事)에 능한 자를 먼저 동당(同黨)이 추천하게 하고, 다음은 관관(館官)이 이조에 천거하여 이조에서 수용하면 8도에 있는 인재들을 얻을 수 있는 길이 열릴 것이다.[75]

즉 그의 공사지법이란 고을의 장로와 향교에서 추천하여 감사의 시험을 거쳐서 성균관에 입학하게 하고, 성균관에서의 성적을 감안하여 동당과 관관의 추천으로 관리가 되게 하자는 것으로서, 정자와 주자 및 조광조와 이이가 주장하였던 천거제에 향교와 성균관을 교육기관의 골간으로 삼는

---

74) 이는 歷史學會 編, 1981, 앞 책에서 모든 논자들의 일치된 인식이었다.

75) 『잠야집』 권2, 「만언소」(계유), 총간 80-126, "伏願聖明 舉行貢士之法 使八道州郡 先聚一郷之長老 從實搜訪 次及學校 衆推有行無瑕 能通四書二經 或三四經者 報監司. 監司定官考講後 入居成均館 而大司成 逐日考講 論難義理 有能明於學業 或能該於治事者 先使同黨推之 次使館官薦之于吏曹 吏曹收用 則八道所在之人才 或有可得之路矣."

공교육(公敎育) 강화론이 결합된 것이었다.

북송대의 정자와 남송대의 주자 역시 과거제의 폐단에 대하여 박지계와 유사한 문제의식을 갖고 있었다. 특히 주자는 이른바 '위기지학(爲己之學)' 위주의 '도학(道學)'을 연마할 수 있도록 학교제도를 정비하고, 시부 중심의 과거제도를 경학 중심으로 바꾸는 과거제도의 개혁을 주장하였었다. 그러나 이것이 당시 국가에 의해 수용되지 않자 백록동서원과 같은 사설 교육기관 건립을 통하여 자신의 교육 목적을 구현하려 하였음도 잘 알려진 사실이다.[76]

유교 주자학을 국정교학으로 삼고 출발한 조선왕조 국가는 학교제도와 고시제도를 일치시켜서 운영하고자 관학과 과거제도를 정비하였다.[77] 그러나 중앙의 성균관과 사학, 그리고 지방의 향교를 중심으로 운영된 관학은 국가가 그 운영 비용 부담을 기피하는 가운데 점차 운영이 부실해져 갔으며, 그 대신 사학인 서당과 서원이 확대 발전되었다. 여기에는 당시의 지배층이었던 문벌 양반들의 무관심과 특권 의식이 중요한 요인으로 작용하기도 하였다. 양반들이 그들의 특권적 지위를 유지하는 데 도움이 되지 않는 범민(汎民)적 교육을 바람직하게 생각하지 않았기 때문이었다.[78]

과거제도에서 박지계가 논한 문장을 중시하는 폐단에 대해서는 조선 건국 초기부터 논란이 되었다. 원래 주자학은 경학을 중시하는 경향이 있어서 문장을 시험하는 제술보다는 경학을 시험하는 강경을 보다 중시하였는데, 문과 초장에 둘 중 어느 것을 택하느냐를 놓고 논란이 있었다.[79] 그 뒤 문과 초장에 강경을 시행하는 것이 『경국대전』에 명문화되었으며, 1478년(성종 9)에는 명경과를 신설하여 강경만으로 선비를 선발하는 길을 열어 놓았지만 제술, 즉 문장을 중시하는 과거제도의 전통은 그것이 폐지되

---

76) 寺田 剛, 1974, 「朱子の敎育論」, 『朱子學入門』, 明德出版社 : 東京, 367~372쪽 ; 張立文, 1981, 『朱熹思想硏究』, 中國社會科學出版社 : 北京, 177~181쪽.

77) 李成茂, 1994①, 「교육제도와 과거제도」, 『한국사 23』, 국사편찬위원회.

78) 李成茂, 1994②, 『改正增補 韓國의 科擧制度』, 集文堂, 200쪽.

79) 이성무, 1997, 『한국 과거제도사』, 민음사, 398~400쪽.

기까지 의연히 지속되었다.

중종대 조광조 일파는 현량과라는 추천제를 통하여 과거제의 폐단을 극복하려 시도하였다가 기묘사화로 좌절되었다.[80] 그러나 이후 사림파가 집권한 이후에도 동일한 폐단은 반복되었다. 그리고 사실 이 문제는 관리 선발제도 자체만으로 해결될 문제가 아니었다. 교육제도와 과거제도의 관계를 어떻게 설정하느냐 하는 것이 보다 중요한 문제였다. 이에 대한 이황(李滉, 1501~1570)과 이이(李珥, 1536~1584)의 서로 다른 대응이 주목된다. 둘 다 조광조의 지치주의(至治主義)에 입각한 도학정치 구현을 목표로 하면서도 이황이 관학을 불신하고 서원의 설립을 통하여 이를 달성하고자 하였다면 이이는 공교육 활성화를 보다 중시하는 입장이었다.[81] 여기에는 조광조에게서 주자학 명분론과 의리론만을 계승하려고 한 이황의 의리론적 입장에 대하여 조광조의 변통 지향 경세론까지도 계승하려고 한 이이의 변통론적 입장의 차이가 깔려 있었다.[82]

이이의 선사법을 이어서 박지계가 제시한 공사지법은 사실 새로운 것이 아니었다. 건국 초의 향교와 성균관의 운영 방침을 재차 천명한 것에 불과하였다.[83] 공사지법은 향교와 성균관의 원래 기능을 회복시켜 이를 통해서 인재를 선발하자는 제안이었던 것이다. 일종의 공교육 강화론으로 볼 수 있다. 이것은 이 시기 양반 사대부들이 서원과 같은 사설 교육기관을 통하여 과거를 독점하려는 경향에 제동을 거는 방안이 아닐 수 없었다. 당시에는 아직 서원의 폐단이 본격화된 시기는 아니었지만 이후 서원이 남설되어 민생안정을 도외시한 채 주자학 명분론과 의리론을 내세우면서 당쟁이 격화되는 한 요인이 된 것을 염두에 둔다면[84] 그의 공교육 강화론의 선진성

---

80) 李秉烋, 1984, 『朝鮮前期 畿湖士林派硏究』, 一潮閣, 216~232쪽.
81) 鄭萬祚, 1997, 『朝鮮時代 書院硏究』, 集文堂, 55~59쪽, 183~186쪽 ; 정호훈, 2005, 「16세기 말 栗谷 李珥의 敎育論」, 『한국사상사학』 25, 한국사상사학회, 24~31쪽.
82) 김용흠, 2004, 「조선전기 훈구·사림의 갈등과 그 정치사상적 함의」, 『동방학지』 124, 연세대 국학연구원.
83) 이성무, 1994①, 앞 글, 284~285쪽, 302쪽.
84) 정만조, 1997, 앞 책, 201~209쪽.

을 인정하지 않을 수 없게 된다.[85] 이를 통해서도 박지계가 당시 국가가 직면한 대내외적 위기를 국가와 민을 직결시키는 방향에서 해결하고자 하였음을 알 수 있다.

이와 같이 '득인' 즉 인재 양성과 선발에서 주자학 명분론과 의리론이 낳은 폐단을 제거하기 위해 공교육 강화론을 전개하였는가하면 박지계는 전조의 '용인' 즉 인재 등용에서도 그것의 폐단을 분명하게 지적하고 인조에게 개선을 촉구하였다. 우선 박지계는 광해군대 대북정권의 군자 일붕당론(一朋黨論)에 입각한 권력 독점을 '명망'의 고하나 '재행(才行)'의 유무를 묻지 않은 '세력'에 의한 용인으로 규정하고, 그것을 '사은'에 의해 '공의'를 해치는 것이라고 분명하게 비판하였다.[86] 그런데 주자학 명분론과 의리론을 내세우면서 대북정권을 부정하고 성립된 인조 정권에서는 이러한 '세력'에 의한 '용인'은 없어지고 '명망'에 따라서 인재 등용이 이루어졌음에도 불구하고 유능한 인재가 등용되지 못하고 있다고 비판하였다. 인조 정권이 성립된 이래 전조에서는 '중망(重望)'이 있는 자들 널리 구하였는데,

> 이 시대에 명망이 무거운 자들이 반드시 다수의 의사를 어겨가면서 홀로 서서 세도를 만회하려고 하는 자[違衆獨立挽回世道之人]는 아니다.[87]

는 것이 그의 진단이었다. 나아가서 그 '중명(重名)'이라는 것이 맹자가 말한 바대로 '세속과 흐름을 같이 하고 더러운 세상과 합하여[同乎流俗 合於汚世][88] '암암리에 세상에 아부해야만[闇然媚於世]' '모든 사람을 기쁘게 하여[衆

---

85) 물론 이 시기에 이러한 公敎育 强化에 주목한 것은 박지계만이 아니었다. 그와 절친하였던 趙翼은 박지계의 그것보다 훨씬 구체적이고 강력한 공교육 강화론을 전개하였다. 이에 대해서는 金容欽, 2001, 「浦渚 趙翼의 學問觀과 經世論의 性格」, 韓國史硏究會 編, 『韓國 實學의 새로운 摸索』, 景仁文化社, 316~321쪽 참조.

86) 『잠야집』 권2, 「만언소」(계유), 총간 80-124. 광해군대 대북정권의 君子 一朋黨論에 대해서는 정호훈, 2004, 『朝鮮後期 政治思想 硏究』, 혜안, 83~84쪽 참조.

87) 위와 같음, "殿下自卽位以來 所任以爲銓曹者 必求一世之重望 凡名重於此世者 恐未必違衆 獨立挽回世道之人也."

88) 『孟子』 盡心章句 下, 443쪽.

皆悅之' 얻어질 수 있다고 말한 것은 그가 반정 이후 다수의 관인·유자들이 사로잡혀 있던 주자학 명분론과 의리론이 인재 등용에서 초래한 난맥상을 분명하게 지적한 것으로 볼 수 있다. 이러한 인식은 이귀와 최명길이 반정 직후 변법론에 반대하는 다수의 관인들을 '호명무원려자(好名無遠慮者)'·'부의지배(浮議之輩)'라고 비판하고 '모신지사(謀臣智士)'·'비상지인(非常之人)'이 나와야만 개혁이 가능하다고 역설한 것과도 일맥상통하는 것이었다.[89] 박지계가 말하는 '뭇 사람을 거스르고 홀로 서서 세도를 만회할 사람[違衆獨立挽回世道之人]'은 이귀 등이 말하는 '비상지인'·'호걸지사'와 완전히 일치하는 인물로서, 양반 지배층 다수의 반발을 무릅쓰고 제도 개혁을 통해서 당시의 국가적 위기를 극복하고자 헌신하는 인물을 지칭한 것이라고 생각된다.

또한 당시의 용인이 '오로지 문법(文法)에만 구애되어 착실함에 힘쓰지 않는다'는 지적은 앞서 문장을 중시하는 과거제도의 폐단을 지적한 것과 유사한 것이었다. 이와 함께 지역적으로는 서울 인근 지역[都城之人]에 치중되어 있어 삼남(三南) 사람은 10중 2·3에 불과하고, 평안도·황해도·함경도 사람은 아예 등용되지 못할 정도로 '관직 등용의 통로가 넓지 못하고[仕路不廣]' '지협(至狹)'하다고도 지적하였다. 그는 전조(銓曹)에서 아무리 공정하게 인사를 하더라도 이와 같이 지역적으로 편중된다면 인재를 얻어서 '수국(守國)'하기는 어려울 것이라고 경고하였는데,[90] 이러한 폐단 역시 주자학 명분론·의리론과 무관한 것이 아니었다.

이처럼 박지계가 득인과 용인의 폐단으로서 거론한 것은 주자학 명분론과 의리론에 매몰된 관인·유자 일반의 왜곡된 학문 풍토와 정치 행태 바로 그것이었다. 당시 조선왕조 국가가 당면한 대내외적 위기를 극복하기 위해서는 공납제와 같은 사회경제제도는 물론 군사제도도 전반적으로 개혁하여 누적된 폐단을 제거하지 않으면 안 되었지만 양반 지배층은 주자학 명분론과 의리론을 내세우면서 자신들의 기득권을 방어하기 위해 이를 거부하였던

---

89) 김용흠, 2005, 앞 논문, 191쪽.

90) 『잠야집』 권2, 「만언소」(계유), 총간 80-125.

것이다. 뿐만 아니라 특권적 사설 교육기관인 서원과 편향적인 과거제도의 운영을 통해서 자신들을 재생산하였다. 그리고 신권 중심 정치론과 도학적 경세론을 통해서 자신들의 이해관계를 국가 운영에 투영시키려 하였다. 박지계는 양반 지배층 일반의 이러한 경향을 차단하지 않고는 국가의 위기를 타개하기 어렵다고 보았다. 이에 왕권 중심 정치론과 변통론을 구현하기 위한 인재 양성과 선발 및 등용 방안으로서 공교육 강화를 골자로 하는 공사지법을 제시하기에 이른 것이었다. 이와 같이 국가와 민을 직결시켜 인재를 선발하고자 한 것은 17세기 전반 주화론 계열 관인·유자들이 구상한 '국사와 민사를 일치시키는 보민론'의 필연적 귀결이기도 하였다.

4. 맺음말

박지계가 주로 활동하였던 17세기 전반은 동북아시아의 국제 정세가 급변하는 격동기였으며, 이로 인해 봉건왕조의 모순은 격화되고 집권국가는 위기에 직면하였다. 이러한 국가적 위기에 어떻게 대응할 것인가를 두고 양반 지배층 내부에서의 정치적 대립도 격화되었다. 광해군대 대북정권의 독주와 이에 반발하여 일어난 인조반정 및 인조대 전반의 정치적 갈등은 그러한 대립의 표현이었다.

주자학 명분론과 의리론을 내세우면서 반정이라는 정치 변란을 통해서 집권한 서인 정권은 정권의 정통성 논쟁에 휘말려 들면서 정권의 위기와 국가적 위기가 중첩된 현실에 직면하였다. 인조의 생부 정원군을 원종으로 추숭하는 문제는 반정의 정당성 내지 인조 정권의 정통성 문제가 권력구조의 문제, 나아가서는 유교 주자학의 내용과 성격을 둘러싼 대립으로 발전하였다. 사묘 전례 논쟁에서는 '입승대통'론에 입각한 숙질론 대 '부자상경'론에 입각한 칭고론, 계운궁 상례 논쟁에서는 『의례』 '위인후' 조항에 근거한 자최 부장기설 대 『의례』 '위조후' 조항에 근거한 삼년상 주장이 각각 추숭·입묘 반대론 대 찬성론으로 서로 대립하였는데, 여기에는 권력구조와 관련해서는 신권론 대 왕권론, 학문적으로는 정주학 대 공맹유학의 대립이 그 저변에 깔려 있었다. 그것은 결국 반정의 명분인 주자학 명분론과 의리론을 유지·고수하려는 의리론자와 변화하는 현실에 따라서 새로운 논리를 개발하여 국가적 위기를 해소하려는 변통론자 사이의 대립이기도 하였다.

박지계는 이귀·최명길 등 주화 변통론자들과 함께 효치론에 입각하여 추숭과 입묘를 적극적으로 주장하였다. 효치론이란 유교 윤리의 근본인 '효제'를 통치 원리이자 목적으로 수용하고 이를 군주가 솔선수범하여 통치의 근간으로 삼아야 한다는 주장이었다. 이는 효의 절대성에 기초하여 군주 전제권을 적극적으로 긍정하는 왕권 중심 정치론의 한 형태였으며, 이를 통하여 강력한 왕권을 바탕으로 부국강병을 위한 제도 개혁을 적극 추진하고자 한 것이었다.

박지계는 특히 방군 수포와 공물 방납의 폐단에 주목하고, 결국 사족수포를 긍정하고 대동법 시행을 주장하였다. 이는 당시의 국가적 위기를 타개하기 위해서는 양반과 지주의 양보가 불가피하다고 간주하였던 '국사와 민사의 일치를 지향하는 보민론'으로 그 성격을 규정할 수 있다. 또한 그는 인재의 선발과 등용에서 과거제도의 폐단을 집중적으로 비판하였는데, 그것은 결국 주자학 명분론과 의리론에 매몰된 관인·유자 일반의 왜곡된 학문 풍토와 타락한 정치 행태에 대한 비판이었다. 이를 극복하기 위해서 그가 제시한 '공사지법'은 왕권론과 변통론을 구현하기 위한 인재의 선발과 양성 및 등용 방안으로서의 공교육 강화론이었다.

이와 같이 박지계의 효치론은 왕권론, 변통론, 공교육 강화론을 포함한 것이었는데, 그것은 결국 양반과 지주의 사적·분권적 성격을 약화시키고 국가의 공적·집권적 성격을 강화시킴으로써 국가와 민이 직결되는 방향에서 당시의 국가적 위기를 극복하고자 하는 새로운 사상으로 볼 수 있다. 이러한 논리는 이후 등장한 실학으로 모두 수렴되었으므로, 박지계의 효치론은 주자학에서 실학으로 넘어가는 과도기적 성격을 갖는 정치론으로 규정할 수 있을 것이다. 18세기의 탕평론은 바로 이러한 정치론이 발전하여 등장한 것이었다.

제3편
소론 실학의 계통과 목민서 편찬

제1장 서계 박세당의 『대학사변록』에 보이는 '경세' 지향 학문관

1. 들어가는 말

서계(西溪) 박세당(朴世堂, 1629~1703)은 병자호란의 소용돌이 속에서 성장하여 삼전도의 치욕으로 대표되는 국가의 위기를 극복하기 위한 방안을 진지하게 모색한 관인(官人)이자 유자(儒者)였다. 두 차례에 걸친 왜란의 피해에서 아직 충분히 회복되지 못한 상황에서 맞게 된 두 차례의 호란, 특히 병자호란의 피해는 국왕부터 양반 지배층은 물론 일반 백성들에 이르기까지 계급·계층을 넘어서 심각한 상흔을 남겼을 뿐만 아니라 삼전도의 치욕은 지식인 일반을 거의 공황 상태에 빠트리는 트라우마가 되었다.[1]

조선왕조 국가는 주자학(朱子學)을 국정교학(國定敎學)으로 삼고 출발하여 전근대 국가로서는 보기 드물게 체계적인 집권국가(集權國家)의 형태를 갖추었다. 이른바 '『경국대전(經國大典)』 체제'가 바로 그것이었다. 이와 함께 양반 사대부들은 주자 성리학(性理學)을 연구하고 학습하여 선조(宣祖) 대에는 '목릉성세(穆陵盛世)'라고 칭할 정도로 기라성 같은 학자들이 조정에 포진하여 국가 경영에 참여하였지만 왜란으로 인한 국가의 위기를 막지 못하였다.

---

[1] 김용흠, 2014①, 「전쟁의 기억과 정치 - 병자호란과 회니시비」, 『韓國思想史學』 47, 韓國思想史學會.

양란기(兩亂期)의 국가적 위기를 겪으면서 관인 유자들이 주자학 내지 주자 성리학에 대해 의문을 제기하는 것은 자연스러운 일이었다. 박세당이 사서(四書)를 비롯한 유교 경전 연구에 매진한 것은 바로 이러한 시대적 조건의 산물이었다. 지금까지의 『사변록(思辨錄)』에 대한 연구는 이러한 측면을 충분히 고려하지 못한 느낌을 준다.[2] 『사변록』이 주자학을 반대하는 저술인가, 아니면 벗어난 것인가, 양명학과의 관련성 여부, 실학인가 아닌가 등 지금까지 제기된 논점들은 그가 『사변록』을 저술한 역사적 맥락에 대한 구체적 이해를 통해서도 접근할 수 있을 것이다.

삼전도의 치욕 이후 국가의 위기를 극복하기 위한 방안으로서 대동(大同) 과 균역(均役)이 당대의 화두가 되었다. 이것은 일부 뜻있는 지식인들 사이에 서 당시의 위기를 타개하기 위해서는 지배층이자 기득권자인 양반과 지주의 양보가 불가피하다는 데 합의가 이루어지고 있었음을 의미한다.[3] 그렇지만 이를 위한 제도 개혁은 수많은 반발과 논란을 불러일으키며 지지부진한 가운데 국가의 위기는 심화되었다. 박세당이 살았던 시기에 서인(西人)과 남인(南人) 사이에 예송(禮訟)과 환국(換局) 등과 같은 당쟁(黨爭)이 치열하게 전개되고, 그 여파로 서인이 노론(老論)과 소론(少論)으로 분열되기에 이르 렀는데, 이러한 갈등의 이면에는 바로 이러한 국가의 위기 타개 방안에

---

2) 박세당에 대해서는 이병도, 윤사순의 선구적 연구 이래 꾸준히 이어져서 최근에도 다양한 연구가 나왔다. 2000년 이후 나온 『대학사변록』에 대한 연구로서 필자가 검토한 것은 다음과 같다. 이영호, 2000, 「西溪 朴世堂의 『思辨錄·大學』에 대한 연구」, 『漢文學報』 2, 우리한문학회 ; 윤미길, 2002, 「박세당의 사서주해에 대한 일고찰—다산과의 관련을 중심으로」, 『국어교육』 109, 한국어교육학회 ; 李香美, 2003, 「朴世堂의 『大學思辨錄』 연구 : 體制와 格物致知說을 中心으로」, 성균관대 석사 논문 ; 강지은, 2007, 「서계(西溪) 박세당(朴世堂)의 『대학사변록(大學思辨錄)』에 대한 재검토」, 『韓國實學硏究』 13, 韓國實學學會 ; 金泰年, 2010, 「박세당의 『사변록』 저술 동기와 『대학』 본문 재배열 문제에 대한 검토」, 『韓國思想과 文化』 51, 한국사상 문화학회 ; 강지은, 2011, 「尹鑴의 『讀書記』와 朴世堂의 『思辨錄』이 朱子學 批判을 위해 저술되었다는 주장의 타당성 검토(I)—『大學』의 '格物' 註釋에 대한 재고찰을 중심으로」, 『한국실학연구』 22, 한국실학학회.

3) 김용흠, 2009①, 「조선후기 정치와 실학」, 『다산과 현대』 2, 연세대 강진다산실학연 구원.

대한 찬반이 가로놓여 있기도 하였다.

박세당은 이러한 상황이 당대의 관인 유자 일반을 지배하고 있는 학문 경향에서 유래된 것으로 간주하고, 그것을 극복하기 위한 방안 마련에 골몰하였다. 그 과정에서 그는 주자학 내지 주자 성리학 자체에 학문적 정치적 갈등이 일어난 원인이 있다고 보고 유교 경전에 대한 주자의 주석을 비판적으로 검토하여 『사변록』을 저술하기에 이르렀다. 박세당은 특히 『대학사변록』을 통해서 수기(修己)에 경도된 송명(宋明) 이학(理學)의 편향을 바로 잡고 유학의 본령이 수기 못지않게 치인(治人), 즉 경세(經世)에 있다는 것을 밝혀냈다. 이것은 변화하는 현실에 대한 인식에 입각하여 새로운 학문을 모색하는 과정이었는데, 이른바 '조선후기 실학(實學)'은 바로 이러한 과정을 거쳐서 형성된 새로운 국가론이자 정치경제학(政治經濟學)이었다.[4]

양란 이후에는 당대의 변화하는 국내외적 현실에 의해 조성된 국가의 위기를 극복하기 위해 학문적 모색이 다양하게 이루어졌는데, 당색(黨色)에 따라서 독특한 학문이 형성되었다.[5] 대체로 유형원(柳馨遠)에 의해 출발된 남인(南人) 실학이 고전유학에 토대를 두고, 이를 연역하여 새로운 국가론을 전개하였다면, 박세당에게서 출발된 소론(少論) 실학은 고전유학에 근거하면서도 당시의 현실 문제에 대하여 경험적이고 귀납적으로 그 해결 방안을 모색하는 가운데 형성되었다. 특히 소론은 자신들의 경세론을 정치를 통해

---

4) '조선후기 실학'에 대해서는 그 개념을 두고 아직도 논란이 분분한 실정이다. 필자는 '조선후기 실학'은 역사적 개념이며, 유학의 경세론에 해당하는 사회경제 개혁론, 즉 새로운 '국가론'이 있어야 '조선후기 실학'으로 규정할 수 있고, 오늘날의 학문 범주에서는 '정치경제학'으로 규정할 수 있다고 보았다. 김용흠, 2010, 「조선후기 실학'과 사회인문학」, 『東方學志』 154, 연세대 국학연구원 ; 2013, 「홍이섭 사학의 성격과 조선후기 실학」, 『한국실학연구』 25, 한국실학회 ; 2014, 「다산 실학의 성격과 국가 구상－21세기 유학의 변용 가능성 탐색」, 『한국학논집』 56, 계명대 한국학연구원. 박세당이 실학자인가의 여부 역시 논란이 있는데, 그 경세론의 성격에 비추어 실학자로 간주하였다(김용흠, 2009①, 앞 논문).

5) 정호훈, 2004, 「조선후기 實學의 전개와 개혁론」, 연세대 국학연구원 편, 『전통의 변용과 근대개혁』, 태학사 ; 김용흠, 2009①, 앞 논문.

서 구현하기 위해 탕평론(蕩平論)을 제출하여 이것을 제도 정치를 통해서
실현하려고 노력하였다. 여기서는 박세당의『대학사변록』을 집중적으로
검토하여, 그가 소론 실학과 탕평론의 정당성을 어떻게 마련하였는지를
규명해보려 한다.

2.『대학사변록』저술의 역사적 맥락

1) 국가의 위기와 탕평론

17세기의 관인 유자들은 양란을 전후한 시기의 국가적 위기에 처하여
전후 수습과 지배체제의 재정비를 모색하였다. 이들을 지배한 사상은 주자
학이었으므로 그에 입각하여 그 극복 방안을 모색하는 것은 자연스러운
일이었다. 그렇지만 주자학만으로는 국내외적으로 변화하는 현실 속에서
국가의 위기를 극복하기 어렵다는 것이 점점 분명해졌다. 그리하여 주자학
을 넘어선 유교(儒敎) 일반 내지 노장사상(老莊思想)과 서학(西學)까지 포괄
하는 새로운 사상에 입각하여 그 해법을 모색하는 지식인들이 등장하는
것은 피할 수 없는 일이었다. 이리하여 기존의 붕당간 권력 다툼에 더하여
기존체제와 주자학을 고수하려는 세력과 주자학을 넘어서 국가의 위기를
타개하려는 세력 사이의 정치적 갈등도 격화되었다. 이러한 갈등은 정국운
영론, 예론(禮論), 사회경제 개혁론, 그리고 당시의 변화하는 동북아시아
국제정세와도 관련하여 주화론(主和論)과 척화론(斥和論)의 대립 및 북벌론
(北伐論)을 둘러싼 갈등 등으로 다양하게 표출되었다.[6]

인조반정(仁祖反正)은 주자학 명분론과 의리론을 내세우면서 일어난 정
치변란이었으므로, 이후 명분론적 지향이 강화될 수밖에 없었다. 그러나
이러한 사상경향에 집착해서는 당시의 현실적 난관을 극복할 수 없다는

---

6) 김용흠, 2006,『朝鮮後期 政治史 硏究 Ⅰ -仁祖代 政治論의 分化와 變通論』, 혜안, 16쪽.

인식이 갈수록 확산되었다. 따라서 당시의 심각한 국가적 위기 상황을 타개하기 위해 주자학 명분론과 의리론을 부정하지 않으면서도 그것을 범유교적 차원으로 확대 해석하여 현실에 적합한 대처 방안을 모색하는 관인·유자들이 속속 등장하였다. 이들이 내세운 것이 바로 변통론(變通論)이었다. 당시의 정치와 정책 전반에 걸쳐서 변통론을 제기한 관인·유자들은 주자학 명분론과 의리론을 고수하려는 관인·유자들과 대립·갈등하였다. 인조대에는 공신(功臣)과 사류(士類), 재조(在朝) 관료(官僚)와 재야(在野) 산림(山林)은 물론이고, 서인과 남인이라는 당색을 넘어서 주자학 정치론이 변통론과 의리론의 대립 구도로 분화되어 정치적 갈등으로 표출되었다. 공신 가운데는 이귀(李貴)와 최명길(崔鳴吉), 산림에서는 박지계(朴知誡)가, 그리고 남인 가운데 이수광(李睟光) 등이 변통론 진영을 형성하였는데, 공신으로서는 김류(金瑬)가, 산림에서는 김장생(金長生), 그리고 남인 가운데 정경세(鄭經世)가 의리론 진영을 대표하였다. 이들은 그때그때의 정치 현안과 관련하여 왕권론(王權論)과 신권론(臣權論), 붕당론(朋黨論)과 파붕당론(破朋黨論), 변법론(變法論)과 수법론(守法論) 등으로 나뉘어 대립하였다.[7]

반정 초의 개혁 국면에서 국가의 유지·보존을 통해 보민(保民)을 모색하는 변통론자들에 의해 양전(量田)과 대동(大同), 호패(號牌)와 균역(均役)이 논의되고, 관인·유자 사이에서 점차 지지자를 확대시켜 갔다. 이들은 호패법 시행에 역량을 집중시켜 나가고자 하였지만 의리론자들의 반발과 정묘호란으로 호패법은 결국 결실을 보지 못하고 폐기되고 말았다. 제도개혁을 통한 국가체제의 재정비와 국방력 강화가 지지부진한 상황에서 후금(後金)=청(淸)과 정면으로 맞서는 것은 무모한 일이었다. 여기에 변통론자들이 주화론을 취하게 되는 필연성이 있었다. 이에 대해 의리론자들은 주자학 명분론에 입각한 화이론(華夷論)과 같은 자신들의 이념을 국가 그 자체보다 우선하면서 척화론의 입장에 섰다.[8]

---

7) 김용흠, 2006, 위 책, 30~31쪽 ; 2010, 「연평 이귀, 실학과 탕평론의 선구자」, 『내일을 여는 역사』 39, 내일을 여는 역사재단, 서해문집.

박세당은 유서 깊은 반남(潘南) 박씨 가문에 속하였다. 고려말 신진 사대부였던 박상충(朴尙衷)이 그 10대조였으며, 그 아들 박은(朴訔)은 태종대 좌명공신(佐命功臣)이 되었고, 4대조 박소(朴紹)는 당시 집권층이 추앙했던 '기묘명현(己卯名賢)' 가운데 하나였다. 박소에게는 5명의 아들과 16명의 손자가 있었는데, 이들의 활동으로 반남 박씨는 17세기를 대표하는 가문으로 부상하였다.9) 그의 손자 박동언(朴東彦)은 의인왕후(懿仁王后)의 아버지로서 선조의 국구(國舅)가 되었다. 또 다른 손자 박동량(朴東亮)은 왜란 당시 선조를 호종한 호종공신(扈從功臣)이었으며, 선조에게서 영창대군을 부탁받은 이른바 '유교(遺敎) 7신' 가운데 하나였고, 그 아들 박미(朴瀰)는 선조의 부마였다. 박동량의 손자가 바로 숙종대 탕평론(蕩平論)을 제출한 박세채(朴世采, 1631~1695)로서, 박세당과는 박소를 고조로 섬기는 친척 간이었다.10)

박세당 가문은 박소의 장남인 박응천(朴應川)의 후손으로서 박소의 자손 중에서도 관직과 훈공, 그리고 학문이 가장 혁혁한 가계의 하나였다.11) 조부 박동선(朴東善, 1562~1640)은 1590년(선조 23) 문과에 합격한 뒤, 광해군이 즉위하자 대사간이 되었으나 폐모론에 반대하고 은거하여 인목대비에 대한 절의를 지켰다. 박세당의 부 박정(朴炡, 1596~1632)은 1619년(광해군 11)에 문과에 합격한 뒤 인조반정에 참여하여 정사공신(靖社功臣)이 되었다. 이들 부자는 김류의 권유로 반정에 참여하였는데,12) 인조 정권에서 부자가 함께 교대로 사헌부 대사헌(大司憲)에 임명되는 보기 드문 모습을 연출하였다.13) 박정이 30대의 젊은 나이에 사거한 뒤 박동선은 의정부 좌참찬까지

---

8) 김용흠, 2006, 위 책, 제4장.

9) 김학수, 2001, 「17세기의 명가-潘南朴氏 西溪家門」, 『문헌과 해석』 16호, 문헌과해석사.

10) 김용흠, 2008, 「南溪 朴世采의 變通論과 皇極蕩平論」, 『동방학지』 143, 연세대 국학연구원, 222쪽 ; 2016, 「주자학자 박세채가 탕평론을 제출한 사연」, 『내일을 여는 역사』 65, 민족문제연구소.

11) 김학수, 2001, 앞 논문, 68~69쪽.

12) 김용흠, 2006, 앞 책, 70쪽.

13) 『인조실록』 권24, 인조 9년 5월 1일 갑술.

올랐으며 기로소(耆老所)에 들어가는 영광을 누렸다.[14]

박동선은 정묘호란 당시 윤황(尹煌)과 함께 척화론의 입장에 섰으며, 원종(元宗)추숭에 반대하였다.[15] 그렇지만 그 아들인 박정은 정사공신 원훈이었던 김류(金瑬)와 이귀(李貴)가 서로 갈등할 때 주로 김류의 공격을 받았다.[16] 이것은 이귀가 줄기차게 주장한 변통론에 그가 점차 공감하여 가고 있음을 보여준다. 그가 호패법을 혁파한 것을 애석해 한 것은 그 분명한 표현이었다.[17] 그렇지만 30대의 젊은 나이에 사거하여 뚜렷한 정치노선을 드러내지는 못하였다.

박세당은 최명길의 주화론과 그가 원종추숭 논쟁에서 주장한 별묘론(別廟論)을 긍정적으로 평가하였다.[18] 이것은 자신의 조부 박동선의 입장과는 다른 것이었다. 숙종 연간까지도 집권층과 사류(士類) 대부분은 인조대 주화론과 원종추숭에 대해서 부정적으로 평가하는 것이 일반적이었다. 박세당이 주자학 명분론과 의리론을 내세우는 이들 주류 지배층과 다른 입장을 취하게 된 것은 당시의 국가적 위기를 극복하는 것이 다른 무엇보다 시급하다고 본 현실인식 때문이었다.[19] 박세당과 같은 반남 박씨였던 박세채 역시 원종추숭을 긍정하고 정묘호란 당시 이귀의 주화론을 인정하였다.[20] 박세채는 송시열(宋時烈) 못지않은 주자주의자(朱子主義者)였으므로[21] 주자의 경전 주석의 오류를 지적한 박세당과는 학문적 입장을 달리

---

14) 김용흠, 2014②, 「조선의 주류 지식인은 왜 사문난적이 되었나?-서계 박세당의 삶과 사상」, 『내일을 여는 역사』 57, 도서출판 선인, 237쪽.

15) 김용흠, 2009②, 「숙종대 소론 변통론의 계통과 탕평론-明谷 崔錫鼎을 중심으로」, 『한국사상사학』 32, 한국사상사학회, 237쪽.

16) 김용흠, 2006, 앞 책, 112쪽.

17) 『인조실록』 권16, 인조 5년 5월 18일 계미.

18) 朴世堂, 『西溪集』 권7, 「遲川集序」, 民族文化推進會 편, 『標點影印 韓國文集叢刊』 134책 145쪽(이하 '총간 134-145'로 표기). 최명길의 주화론과 원종추숭 당시 그의 입장과 처신에 대해서는 김용흠, 2006, 앞 책 참조.

19) 김용흠, 2014②, 앞 논문.

20) 김용흠, 2008, 앞 논문, 223쪽, 228쪽.

21) 정경희, 1994, 「17세기 후반 '전향 노론' 학자의 사상」, 『역사와 현실』 13, 한국역사연구회.

하였지만, 현실인식에 바탕을 두고 주자학 정치론에서 벗어나고 있었던 점은 공통된다고 볼 수 있다. 박세채가 숙종대 조정에서 탕평론(蕩平論)을 제기하고, 박세당이 갑술환국 이후 이의 철저한 실천을 강조한 것은[22] 바로 이러한 현실인식과 새로운 정치론에 대한 공감대 위에서 나온 것이었다.

박세당은 혼맥으로 연결된 윤증(尹拯)·남구만(南九萬)과 가장 긴밀하게 교류하였다. 박세당은 의령 남씨와 결혼한 이후 10여 년간 정릉동(貞陵洞)에 있던 남씨 친정에 의탁해 지내면서 처남 남구만은 물론이고 처숙이었던 남이성(南二星)과도 학문적 토론을 하면서 시간 가는 줄도 모를 정도였고,[23] 정국 현안과 관련해서 서신을 통해서 끊임없이 의견을 조율하였다.[24]

박세당의 형 박세후(朴世垕)의 혼인을 통해서 박세당 가문이 윤증 가문과 결합한 것은 주류 양반 가문의 결합이라고 할 만하였다. 인조대 정국에서 박동선과 윤황이 척화론 진영에서 공동보조를 취하였으므로 정치노선도 일치하였다고 볼 수 있다. 박세당은 윤황의 아들들인 윤순거(尹舜擧), 윤문거(尹文擧), 윤선거(尹宣擧)를 '현인(賢人)'으로 지칭하면서 그 행실과 덕망을 칭송하였다.[25] 그리고 윤증과는 서신을 통해서 집안의 대소사는 물론이고 학문과 출처 및 정국현안에 대해서 긴밀하게 토론하였다.[26]

숙종대 정국에서 남구만은 여러 차례 영의정을 역임하면서 정국을 주도하였고, 윤증은 비록 출사한 적은 없지만 서인 내에서 산림으로서의 명망이 높아져 국왕을 한 번도 대면한 적이 없으면서도 우의정에 임명될 정도로 정치적 영향력이 컸다. 여기에 같은 반남 박씨 친척인 박세채 또한 갑술환국 이후 좌의정으로 출사하여 탕평 정국의 일익을 담당하였다. 실로 박세당을 포함한 이들 4사람이 숙종대 소론을 대표하는 지도자였다고 볼 수 있으며, 이들은 모두 환국으로 점철된 숙종대 정치의 난맥상을 타개하기 위해서는

---

22) 김용흠, 1996,「朝鮮後期 老·少論 分黨의 思想基盤-朴世堂의『思辨錄』是非를 中心으로」,『學林』17, 연세대 사학연구회.
23) 김학수, 2001, 앞 논문, 73~74쪽.
24) 김용흠, 1996, 앞 논문, 73~75쪽.
25) 박세당,『서계집』권8,「魯西三賢墨蹟跋」, 총간 134-150~151.
26)『서계집』권7,「答尹子仁書」총간 134-123 ; 권19,「與尹子仁」, 총간 134-393~398.

탕평책을 추진해야 한다는 것에 일치된 인식을 보였다.[27]

이들이 제기한 탕평론은 양란 이후 조선왕조 국가가 처한 대내외적 위기를 극복하기 위해 새로운 정책과 제도를 모색하고 이를 정치의 중심 문제로 끌어들이려는 관인·유자 일각의 노력의 소산이었다.[28] 박세당은 자신의 주변 인물들에게 이의 실천을 적극 독려하는 입장이었는데, 그가 이에 임하는 기본적인 자세로서 강조한 것이 바로 '주충신론(主忠信論)'이었다.[29] 그는 죽기 직전에 미리 작성하여 자손들에게 준 글에서 충(忠)과 신(信)을 강조하였는데,[30] 최석항(崔錫恒)이 작성한 시장(諡狀)에서 박세당의 "평생 언행이 하나같이 충(忠)과 신(信)에 근본을 두었다"[31]는 평가를 받은 것을 보면 박세당 주변 인물들 역시 이것을 인정하였음을 알 수 있다. 즉 그는 탕평론을 당시의 관인·유자들이 진정성을 가지고 추진해야 할 정치론으로 보고 있었던 것이다.[32]

조정에서 탕평론을 공식적으로 제기한 것은 박세채였는데, 송시열과 그 문인들이 이를 저지하기 위해 일으킨 것이 바로 회니시비(懷尼是非)였다. 흔히 송시열이 지은 윤선거 묘갈명에 대해서 윤증이 불만을 품고 이를 고쳐달라고 청하였는데 송시열이 이를 고쳐주지 않아서 회니시비가 일어났다고 알려져 있지만 이는 사실의 일면만을 말한 것이다. 윤증이 송시열에게 요청한 것은 윤선거를 칭찬해 달라는 것이 아니라 송시열 자신의 의견을 분명히 밝혀 달라는 것이었다. 즉 윤선거와 송시열의 40여 년에 걸친 우정에 비추어 볼 때, 윤선거에 대한 평가를 후배인 박세채의 표현을 빌려서 말하는 것은 윤선거에게 허물이 되는 것은 물론이고, 송시열 자신 역시 후세 사람들의 비판을 피할 수 없을 것이라는 우려에서 나온 것이었다.[33] 그렇지만

27) 김용흠, 2014②, 앞 논문, 241~243쪽.
28) 김용흠, 2008, 2009②, 앞 논문.
29) 김종수, 2002, 「박세당의 진리론과 사상 체계론」, 『한국실학연구』 4, 한국실학학회, 151~152쪽.
30) 『西溪全書』 上, 「戒子孫文 遺戒第三」, 太學社, 1979(영인본), 4쪽.
31) 『서계집』 권21, 「諡狀」, 총간 134-433.
32) 김용흠, 2014②, 앞 논문, 245쪽.

송시열은 윤휴(尹鑴)에 대한 윤선거·윤증 부자의 모호한 태도를 집요하게 물고 늘어지면서 이를 거부하였다.

송시열이 윤휴를 '사문난적(斯文亂賊)'이라고 공격한 것은 잘 알려진 사실인데,[34] 윤선거가 이에 반대한 이유는 무엇일까? 그것은 당시의 시대적 과제였던 북벌(北伐)에 대한 서로 다른 입장 차이 때문이었다. 인조대 병자호란에 이은 1637년 삼전도의 치욕 이후 호서(湖西) 사림(士林)들은 '복수설치(復讐雪恥)'의 방안 모색에 여념이 없었는데, 결국 양반과 지주의 특권을 양보 내지 제거해서라도 국방력을 강화시켜 오랑캐로부터 당한 치욕을 씻어야 한다는 인식이 확산되고 있었다. 그리하여 유계(兪棨)·윤선거 등은 양반제와 지주제의 모순을 완화 내지 제거할 수 있는 제도개혁이 불가피하다고 보고 있었는데, 송시열은 이에 반대하고 북벌을 도덕과 의리의 측면으로 제한하려 하였다. 그리고 제도 개혁 주장에 대해서는 이단(異端) 논쟁을 제기하여 정치 쟁점을 치환하는 것으로 맞섰다.[35]

윤휴에 대한 태도에서 이들의 차이는 분명하게 드러났다. 윤휴 역시 북벌 추진을 위해서는 당시의 지배층인 양반·지주의 기득권을 제거 내지 약화시키는 것이 불가피하다고 보고 있었다. 송시열은 윤휴가 주자학을 비판한 사문난적이고 이단이라는 측면을 정치 공세의 쟁점으로 부각시킴으로써 그의 체제 개혁론을 부정하려 하였다. 이것은 송시열이 주자를 내세워서 북벌을 부정한 것이었다. 이에 대해 윤선거는 주자학에 대한 작은 차이를 문제 삼지 말고 그의 체제 개혁론을 수용하여 북벌에 적극 나서라고 송시열에게 요구하였다. 송시열이 북벌보다 주자학을 중시하면서 정책 논쟁을

---

33) 김용흠, 2010, 「肅宗代 前半 懷尼是非와 蕩平論-윤선거·윤증의 논리를 중심으로」, 『韓國史研究』148, 韓國史研究會, 78~79쪽 ; 2016, 「스승을 비판한 백의정승-명재 윤증의 탕평론과 회니시비」, 『내일을 여는 역사』62, 민족문제연구소.

34) 三浦國雄, 1982, 「17世紀 朝鮮에 있어서의 正統과 異端-宋時烈과 尹鑴」, 『民族文化』 18, 民族文化推進會 ; 金駿錫, 1988, 「17세기 畿湖朱子學의 동향-宋時烈의 '道統' 계승 운동」, 『孫寶基博士停年紀念 韓國史學論叢』, 지식산업사.

35) 김용흠, 2005, 「17세기 政治的 갈등과 朱子學 政治論의 分化」, 오영교 편, 『조선후기 체제변동과 속대전』, 혜안 ; 김용흠, 2010, 앞 논문.

이단 논쟁으로 치환하려 하였다면, 윤선거는 주자학보다 북벌을 중시하면서 당파를 떠나서 체제 개혁을 위해 협력해야 한다고 보았던 것이다.

예송(禮訟)에서 송시열과 윤휴는 서로 양립할 수 없는 대립 관계를 형성하였는데, 윤선거는 이들을 모두 비판하였다. 그는 예론이 정치적 목적을 달성하려는 수단으로 전락하였다고 비판하고, 그로 인해 사림이 분열되어 국가가 멸망하게 될 것이라고 우려하였다. 그가 송시열의 집요한 공격에도 불구하고 윤휴를 비롯한 남인을 포용하려고 한 것은 북벌에 대한 의지에서 나온 것이었다. 즉 윤선거는 예송보다 북벌을 중시한 것이었다.[36]

송시열은 북벌의 당위성을 주자학 의리론에 입각하여 윤리·도덕, 즉 인륜 차원에서 강조하였다.[37] 그는 유계·윤선거 등이 주장하는 제도 개혁을 거부하였으므로, 그의 주장은 철저히 관념적이고 체제유지적인 것이 될 수밖에 없었는데, 그럴수록 그의 의리론에 대한 집착은 강화되었다. 그는 효종의 북벌 정책을 사실상 거부하였으면서도, 정치적으로는 자신을 북벌 의리의 상징으로 자리매김하는 작업을 집요하게 전개하였다. 송시열은 이러한 상징 조작을 위해서 전쟁의 기억을 동원하였는데, 이른바 '김만균 사건'이나 이경석 비방 사건은 물론 이른바 '회니시비(懷尼是非)' 역시 바로 그러한 맥락에서 일어난 일이었다.[38]

숙종대 정국에서 송시열 문인 최신(崔愼)이 상소하여 윤선거와 윤증을 비방한 것은 박세채가 탕평론을 제기한 이듬해인 1684년(숙종 10)의 일이었다. 이로 인해 회니시비가 조정으로 비화되어 노론과 소론 사이의 갈등이 격화되었다. 1687년(숙종 13)에는 송시열 본인이 나서서 직접 상소하여 윤선거를 비방하였다. 여기에 대해 당사자인 윤증은 미온적인 태도로 일관

---

36) 김용흠, 2012, 「당론서(黨論書)를 통해서 본 회니시비(懷尼是非) -『갑을록(甲乙錄)』과 『사백록(俟百錄)』 비교」, 『역사와 현실』 85, 한국역사연구회, 130~131쪽 ; 2014①, 앞 논문, 248~249쪽 ; 2015, 「삼전도의 치욕, 복수는 어떻게? -미촌 윤선거의 북벌론과 붕당 타파론」, 『내일을 여는 역사』 61, 도서출판 선인.

37) 金駿錫, 2003, 『朝鮮後期 政治思想史 硏究 -國家再造論의 擡頭와 展開』, 지식산업사, 228~246쪽.

38) 김용흠, 2014①②, 앞 논문.

하였는데, 박세당은 적극적으로 시비를 가려야 한다는 입장이었다. 특히 박세당의 아들 박태보(朴泰輔)는 송시열 상소를 반박하는 나양좌(羅良佐) 상소문을 작성하였다. 나양좌 상소문은 윤선거의 북벌론을 계승한 것이 탕평론임을 분명히 하고, 송시열 일파가 제기한 회니시비가 그 탕평론을 무력화시키기 위한 것이라고 폭로하였다.[39] 결국 회니시비는 체제 개혁을 지향하는 탕평론을 거부하고 무력화시키기 위해 전쟁의 기억을 왜곡하고 역사적 사실을 조작하기도 하였으며, 이를 주자와 주자학의 권위를 동원하여 합리화하는 과정에서 발생한 사건이었다.[40]

1680년 경신환국 이후 소론 탕평론의 형성과 구현에 주도적인 활동을 하던 박태보는 1689년 인현왕후의 폐비에 맞서다가 숙종에게 고문을 받고 죽음으로써 서인 내에서 박세당의 명분과 지위는 더욱 강화되었다. 1694년 갑술환국 이후 박세당이 끊임없이 조정의 부름을 받고 지위가 경(卿)의 반열에까지 이른 것이 그것을 입증한다. 박세당 자신 역시 갑술환국 이후의 정국에 대하여 상당한 기대를 걸고, 소론 대신들에게 탕평책 실현에 적극 나서라고 촉구하였다. 그는 당색에 관계없이 능력 있는 인재를 등용하여 개혁정치를 펴는 것이야말로 당시의 국가적 위기를 극복하는 관건으로 보고 있었다.

당시 소론 우위의 정국에서 추진된 탕평책은 송시열 문인들을 중심으로 한 노론 당인들의 격렬한 반대에 직면하여 저지되고 있었다. 이에 대해 박세당은 남구만은 물론이고 박세채·윤지완(尹趾完)·신익상(申翼相) 등 소론 대신들의 소극적 태도를 일일이 열거하면서 통렬하게 비판하였다. 박세당이 볼 때 노론 당인들은 죽음을 무릅쓰고 탕평책을 반대하는데, 소론 대신들 중에는 한 사람도 그런 자세로 탕평론을 실천하는 사람이 없다는 것이었다.[41] 그렇지만 이들의 노력에도 불구하고 노론 당인들의 집요한

---

39) 김용흠, 2014②, 앞 논문, 252~253쪽.
40) 김용흠, 2014②, 앞 논문 ; 2016, 「조선후기 노론 당론서와 당론의 특징-『衡鑑』을 중심으로」, 『한국사상사학』 53, 한국사상사학회.
41) 김용흠, 1996, 앞 논문, 72~75쪽.

공세로 탕평책의 효과는 미미하였다. 더구나 1701년 인현왕후의 죽음을 계기로 장희빈이 사사(賜死)됨으로써 갑술환국 이후 조성되었던 소론 우위의 탕평 정국은 탕평책에 반대하는 노론 우위의 정국으로 전환되었다.

박세당이 이경석(李景奭)의 신도비명을 작성한 1702년은 남구만이 장희빈의 오라비인 장희재를 비호한 책임을 지고 아산에 유배되었을 때였다.[42] 여기서 박세당은 이경석을 '노성인(老成人)'이라고 찬양하고, 그를 모욕한 사람을 '상서롭지 못한 사람'으로 규정하였는데, 이것은 송시열을 지목한 것이 분명하였다. 이어서 두 사람을 각각 봉황(鳳凰)과 올빼미에 비유하는 것으로 끝을 맺었다.[43] 박세당이 이경석을 찬양하고 송시열을 비판한 것은 인현왕후의 죽음을 계기로 소론 탕평론이 좌절된 것을 의식하고 나온 것임이 분명하였다.

이에 대해 이듬해인 1703년 홍계적(洪啓迪) 등 송시열 문인들이 상소하여 박세당이 자신들의 스승인 송시열을 무함하였으니 처벌하라고 요구하였다.[44] 이 상소문에서 박세당이 『사변록(思辨錄)』을 저술한 것을 들어서 '주자를 능멸하였다'는 죄목을 함께 거론한 것은 이 사건의 지향점을 분명하게 보여준다. 송시열이 이경석을 비판한 것은 주자학 의리론에 입각한 것인데, 박세당이 『사변록』에서 주자 주석을 비판하더니, 이제는 송시열마저 공격하기에 이르렀다는 것이다. 이것은 박세당이 사문난적(斯文亂賊)인 윤휴를 편드는 무리이기 때문에 나온 당연한 귀결이라고 주장하였다. 이 상소문의 실제 작성자는 김창협(金昌協)이었는데, 그와 그 아우 김창흡(金昌翕)은 모두 박세당을 윤휴와 동일시하면서 박세당을 '사문난적'으로 몰아간 것이었다.[45] 이것은 앞서 살핀 바와 같이 양란기 이래 주자학 정치론이 분화되어 새롭게 형성된 정치론인 탕평론을 부정하고, 주자와 송시열을

---

42) 이승수, 2001, 「17세기 노소 분기의 고민과 선택—西溪 朴世堂의 高弟子 西堂 李德壽」, 『문헌과 해석』 16호, 문헌과해석사, 142쪽 ; 『昆侖集』 권17, 「領議政藥泉南公墓誌銘」, 총간 188-322.
43) 김학수, 2001, 앞 논문, 93쪽.
44) 『숙종실록』 권38상, 숙종 29년 4월 17일 임진.
45) 이승수, 2001, 앞 논문, 144~145쪽.

존숭하는 노론만이 배타적으로 권력을 장악해야 한다는 의도를 분명하게 표출한 것이었다.[46)]

이 시기에는 이처럼 탕평론에 대한 찬반을 두고 보수와 진보가 첨예하게 대치하였는데, 박세당은 그 대립의 첨단에 서 있었다. 박세당은 최명길의 주화론을 옹호하면서 다음과 같이 말하였다.

> 동토(東土)의 사람들이 그 잠자리를 편안히 하고 그 자손을 보전할 수 있었던 것이 모두 공의 은택인데, 도리어 오늘날 말하는 자들이 그에게 힘입었으면서도 그 사람을 헐뜯으니, 너무 잘못된 것이 아니겠는가.[47)]

이것은 노론 반탕평론자들이 내세우는 주자학 의리론이 현실과 동떨어진 것임을 날카롭게 지적한 것으로 볼 수 있는데, 그는 여기서 그치지 않고 이러한 문제가 주자학 그 자체에서 연원하였다고 간주하였음에 틀림없다. 그가 승승장구하던 벼슬을 내던지고 『사변록』 저술에 몰두한 것은 바로 이러한 배경에서 나온 것이었다.

2) 『대학』과 『대학사변록』

유학(儒學)이 다른 학문 또는 사상과 구별되는 가장 중요한 특징은 '수기치인(修己治人)'의 명제에 집약되어 있다. 다른 사람을 다스릴 사람은 일정한 수양이 필요하다는 이 명제는 유교문화권에서 지극히 당연시되고 있기 때문에 오히려 몇 가지 중요한 전제가 간과되는 경향이 있다. 첫째는 그 명제 자체가 '국가(國家)'를 전제하고 있다는 것이다. 인간은 국가라는 정치 공동체를 통해서 생존을 도모할 수밖에 없으며, 그것은 필연적으로 치자(治者)와 피치자(被治者)의 분리를 초래하게 되는데, 이때 치자에게는 수신(修

---

46) 김용흠, 2014②, 앞 논문, 253~255쪽.
47) 『서계집』 권7, 「遲川集序」, "東土之人, 得奠其枕席, 保其子孫, 皆公之賜. 顧今之談者, 賴其力而訾其人, 不已舛乎."

身)이 요구된다는 것이다. 둘째로 그 명제 자체의 강조점이 '치인'에 있다는 것이다. '수기'는 '치인'을 위한 전제이지 수기로 치인이 대체될 수 있는 것은 아니다. 그런데도 '치인'='경세제민(經世濟民)', 즉 '경세(經世)'가 유학의 본령이라는 것은 자주 무시되는 경향이 있다.

중국 춘추전국시대에 제자백가(諸子百家)의 한 유파로 출현하였던 유가(儒家)가 유학(儒學)을 거쳐서 유교(儒敎)가 되기까지는 장구한 시간이 요구되었다. 전국시대를 통일한 진(秦)왕조로부터는 '분서갱유(焚書坑儒)'의 탄압을 받기도 하다가 한(漢)대 들어서야 비로소 국학(國學)의 지위를 얻고, 당(唐)대에는 국가가 과거제도를 시행하면서까지 장려하였지만 지배사상이 되지는 못하였다. 송(宋)대 들어서 당시까지 우위를 점하고 있던 불교와 도교를 극복하기 위해 신유학(新儒學)이 등장하여 격렬한 정치적 갈등을 거친 이후 몽고족 왕조인 원(元)대 들어서 비로소 주자학(朱子學)이 국정교학(國定敎學)으로 정착되어 명(明)·청(淸)대까지 이어졌다.

중국 역사에 등장하는 숱한 왕조의 교체가 흥망성쇠의 단순한 반복이 아니라면, 한-당-송-원-명-청으로 이어지는 통일 왕조의 성장 소멸은 생산력 발전에 토대를 둔 국가의 발전 과정으로 파악해야 마땅할 것이다. 유학 역시 이러한 발전 단계에 맞추어서 선진(先秦) 유학에서 훈고학(訓詁學)으로, 그리고 성리학(性理學), 양명학(陽明學), 고증학(考證學)으로 변모하였다고 보아야 할 것이다. 그런데 이 가운데 성리학 특히 주자학이 원대에서 청대까지 국정교학의 지위를 누린 것 역시 그럴만한 이유가 있다고 보는 것이 합리적이다. 이것은 주자학 단계에 이른 유학이 여타의 제자백가에 비해서 국가 경영, 즉 경세제민에 가장 유용한 사상으로 인정받았다는 것을 입증한 것이었다.

유교 경전(經典) 가운데 유학의 기본 명제가 '수기치인'에 있다는 것을 가장 간명하게 제시한 것이 바로 『대학(大學)』이었다. 널리 알려져 있는 '수신제가치국평천하(修身齊家治國平天下)'는 이것을 집약한 명제였는데, 『대학』에서는 여기서 나아가 '수신(修身)' 앞에 '격물치지(格物致知)'와 '성의 정심(誠意正心)'의 과정을 둔 거의 유일한 문헌이 아닌가 한다. 원래 『예기(禮

記)』의 한 편에 불과했던『대학』에 대해서 당대의 한유(韓愈)와 이고(李翶)가 맨 먼저 그 중요성을 강조하면서『맹자』나『주역』처럼 중요한 '경서(經書)'로 보았고, 북송대 정호(程顥)·정이(程頤) 형제가 이를 이어서 그 지위를 높이는 데 온 힘을 경주하여 '경서'의 지위로 끌어 올렸다.[48] 이들을 이어서 주희(朱熹)가 그 장구(章句)를 바로잡고 주석을 가하였으며, 죽기 직전까지『대학』성의(誠意)장을 고쳤을 정도로 공을 들였다고 한다.[49]

잘 알려진 것처럼 북송대 정호·정이 형제는『대학』과 함께『논어(論語)』,『맹자(孟子)』,『중용(中庸)』에 주목하기 시작하여 사서(四書)라고 이름붙이고, 이것을 계승하여 남송대 주희가 본격적으로 주석하여『논어집주(論語集註)』와『맹자집주(孟子集註)』, 그리고『대학장구(大學章句)』와『중용장구(中庸章句)』를 저술하여 정주이학(程朱理學)의 대강(大綱)을 제시하였다. 그 후 사서의 지위는 오경(五經)보다도 더 높아져서 사서에 대한 저작물이 대량으로 확산되었으며, 명초에는『사서대전(四書大典)』이 편찬되어『오경대전(五經大典)』과 비등한 지위를 갖게 되었다.[50]

이학은 송초에 시작되고 북송 오자(五子)를 통해 형성되었으며, 주희에 이르러 집대성되었다. 주희는 이정(二程)의 사상을 근간으로 하여 여러 학파에 드나들며 그들의 학설을 종합하여 정통 이학의 기본적인 관점을 체계적으로 정립하였다. 그리하여 한편으로는 이학이 유례없이 완벽한 형식을 갖추었지만, 다른 한편으로는 그 고유한 이론적 결함을 더욱 더 두드러지게 만들었다.[51]

이(理)의 보편성을 긍정하면서 보편인 이를 특수 현상과 구별해야 한다는 주희의 견해는 과학적 예측이나 실천 활동에 객관적 기초를 제공하였다는 점에서 이론적으로 합리적인 요소를 포함하고 있을 뿐만 아니라 인식 발전사에서도 무시할 수 없는 의의를 갖고 있었다.[52] 그러나 그가 형이상의

---

48) 候外廬 외 지음, 박완식 옮김, 1993,『송명이학사 1』, 이론과실천, 187~188쪽.
49) 가노 나오키[狩野直喜] 著, 吳二煥 譯, 1986,『中國哲學史』, 乙酉文化社, 407쪽.
50) 候外廬 외 지음, 박완식 옮김, 1993, 앞 책, 17~18쪽.
51) 楊國榮 지음, 김형찬·박경환·김영민 옮김, 1994,『양명학』, 예문서원, 32쪽.

이와 형이하의 물질 세계를 구분하고 이의 초경험성을 강조함으로써 이론상으로 이러한 이중 세계를 진정으로 통일시켜 내지 못하여 이학 체계에 치명적인 결함을 초래하였다.[53] 그의 격물치지론은 그 목적이 과학의 진리를 탐구하는 데 있는 것이 아니라 도덕의 선(善)을 밝히는 데 있을 뿐이었다.[54]

나아가서 그의 이학은 유학의 기본명제인 수기치인 가운데 수기의 과정을 제시하는 것에 치중하였으며, 수기를 완성하면 치인은 자연스럽게 이루어진다고 간주하여 치인의 영역을 은연중에 수기에 종속시켜버리고 말았다. 이것은 주자가 불교·도교 등과 대항하여 이학 체계를 마련하는 과정에서 불가피하게 초래된 측면도 없지 않지만 결과적으로 경세라는 유학의 본령을 소홀히 하는 역사적 한계를 노정한 것으로 보지 않을 수 없다.

여러 논자들이 지적하고 있듯이 박세당은 유학의 발전에서 이정자와 주희의 업적을 인정하고, 그들이 설정한 학문의 방향에 따라서 현실 문제의 해답을 구하고자 하였다. 그리고 그가 『대학』을 탐구한 방법도 주자가 설정한 경로를 그대로 따르고 있었다.[55]

원래 『예기』에 들어있던 『고본대학』에 대한 논란은 주자 이래 청대까지 중국 경학사에서 중요한 주제였다.[56] 저자가 누구이고, 어떤 성격의 저술이며, 텍스트에 착간(錯簡)이 있는지 여부 등이 주된 논점이 되었다.[57] 박세당

---

52) 楊國榮 지음, 위 책, 34쪽.
53) 楊國榮 지음, 위 책, 36쪽.
54) 候外廬 외 지음, 박완식 옮김, 1995, 『송명이학사 2』, 이론과실천, 43~47쪽.
55) 김태년(2010)과 강지은(2007, 2011)은 이것을 근거로 박세당의 학문이 주자주의를 벗어난 것이 아니라고 주장하였다. 그렇다면 박세당이 『대학사변록』에서 주자를 비판한 부분은 어떻게 봐야 하느냐는 문제가 남는다. 어쩌면 박세당이 주자가 제시한 경로를 따르려하다가 주자를 비판하였다는 점이 더 중요할 수도 있을 것이다.
56) 佐野公治, 1988, 『四書學史の硏究』, 創文社 : 東京, 167~198쪽.
57) 명대에는 『예기』에서 『대학』과 『중용』을 뽑아낸 것을 비판하는 사람도 있었다. 范文瀾, 1933, 『群經槪論』, 283쪽, "郝仲輿曰, 世儒見不越凡民, 執小數而遺大體, 守糟粕而忘菁華. 如曲禮王制內則玉藻雜記則以爲禮, 如大學中庸則以爲道, 過爲分析, 支離割裂, 非先聖敎人博文約禮之意. 自二篇孤行, 則道爲空虛而無實地, 四十七篇別立, 則禮似枯瘁而無根柢, 所當亟還舊觀者也."

은 이러한 논란이 있다는 것을 잘 알고 있으면서도 주자의 주장대로 이것이 증자(曾子)와 증자 문인의 기록이라고 믿고, 『고본대학』에는 착간이 있다고 간주하고 주자의 『대학장구』에 입각하여 그것의 의미를 따져 나갔다.

박세당이 이처럼 『대학』 탐구에 들어간 것은 그가 벼슬살이를 그만 두고 석천동에 은거한 이후의 일이었다. 문과에 장원급제하여 당대의 유자들이 선망해 마지않던 청요직(淸要職)을 두루 섭렵하다가 갑자기 벼슬을 내던지고 농촌에 은거해 농사지으며 맨 먼저 착수한 작업이 『대학사변록』이었다.[58] 당시는 예송과 환국으로 서인과 남인이 교대로 집권하면서 정국이 소용돌이칠 때였다. 박세당과 소론 지도자들은 이를 극복하기 위해 탕평론을 제출하였는데, 의리론을 앞세워 정책 논쟁을 의리 논쟁으로 치환하려는 노론 반탕평론자들의 반발로 실효를 거두지 못하고 있었다. 박세당은 이러한 노론 반탕평론자들의 행태가 주자학 자체의 문제에 연원이 있다고 간주하고 『대학사변록』을 저술하기에 이르렀던 것이다. 『대학』이야말로 주자의 말대로 '학문을 하는 강목[爲學綱目]'[59]으로 받아들여지고 있었으므로 탕평론에 대한 반발을 극복하기 위해서는 필연적으로 요구되는 과정이기도 하였다.

3. 『대학사변록』의 이학(理學) 비판과 경세(經世) 지향

1) 주자 이학과 인식론 비판

박세당은 『대학사변록』에서 먼저 주자(朱子) 이학(理學)의 주요 개념들에 이의를 제기하면서 다음과 같이 주장하였다. 첫째는 『대학』의 소위 삼강령

---

58) 尹絲淳, 1985, 『韓國儒學論究』, 玄岩社, 197~202쪽 ; 김태년, 2010, 앞 논문, 222쪽. 김태년은 박세당이 『大學章句識疑』를 지은 것이 1674년, 『대학사변록』을 완성한 것은 1684년으로 비정하였다.

59) 「讀大學法」, "大學是爲學綱目, 先讀大學, 立定綱領, 他書皆雜說在裏許, 通得大學了, 去看他經, 方見得此是格物致知事, 此是誠意正心事, 此是修身事, 此是齊家治國平天下事."

(三綱領) 중 '지어지선(止於至善)'을 강령(綱領)에서 제외하여야 한다는 것, 둘째는 '물유본말 사유종시(物有本末 事有終始)'에서 물(物)과 사(事)를 구별한 것, 셋째는 '격물치지(格物致知)'에 대하여 격(格)을 칙(則), 정(正)으로, 치(致)를 구이지(求而至)로 주석한 것 등이 그것이다.

첫째로 '지어지선(止於至善)'을 강령에서 제외해야 된다고 박세당이 주장하는 논거는 두 가지이다. 하나는 강(綱)이 있으면 목(目)이 있어야 하는데, 이에 해당하는 목(目)이 없다는 것이고, 다른 하나는 지어지선(止於至善)은 명덕(明德)·신민(新民)의 공(功)이 이루어지는 것을 말하는 것이므로 그것을 분리하여 별도로 하나의 강령을 만들 수 없다는 것이다.[60] 주자의 삼강령설은 명명덕(明明德)·신민(新民)·지어지선(止於至善)을 각기 독자적인 내용으로 구성된 하나의 개념으로 파악하였으면서도, "명명덕과 신민을 모두 지선(至善)에 머무르게 하여 옮기지 말아야 한다(明明德新民, 皆當止於止於至善之地而不遷)"고 하여, '지어지선(止於至善)'을 독립된 개념에서 제외시키는 모순을 범하였다는 것이다.[61] 이것은 주자의 방법에 따라서 주자 주석의 논리적 모순을 지적한 대목으로 볼 수 있다.

둘째로 '물유본말 사유종시(物有本末 事有終始)'에 대하여 박세당은 물(物)은 천하(天下)·국(國)·가(家)·신(身)·심(心)·의(意)·지(知)·물(物)이고, 사(事)는 평(平)·치(治)·제(齊)·수(修)·정(正)·성(誠)·치(致)·격(格)이라고 하여 양자를 구분하여야 한다[62]고 주장하면서, 주자가 명덕과 신민을 각각 본과 말이라고 주석[明德爲本, 新民爲末]한 것은 명덕과 신민을 뒤섞어서 물(物)로 간주한 것이므로 경전의 본뜻이 아니라고 비판하였다.

셋째로 '격물치지(格物致知)'에 대하여 박세당은 주자가 '격(格)'을 '지(至)'

<hr>

60) 『思辨錄』,「大學」(이하 [대학사변록]으로 약함), 『서계전서』하, 3쪽(영인본 쪽수), "有綱必有目, 未有無其目而獨有其綱. 綱所以挈衆目, 目旣不存, 綱安所設. 故此書爲明德之目五, 爲新民之目三, 而及求其爲止至善之目者, 則終不可以得, 以此知此書之爲綱者二而已. 若夫止至善, 乃所以致明德新民之功, 則其不可離之, 使別爲一綱領明矣."

61) 이영호, 2000, 앞 논문, 142~144쪽.

62) [대학사변록] 경1장, 앞 책, 3쪽, "物者如下文曰天下曰國曰家曰身曰心曰意曰知曰物, 是也. 事者如其曰平曰治曰齊曰修曰正曰誠曰致曰格, 是也."

로, '물(物)'을 '사(事)'로, '치(致)'를 '추극(推極)'으로, '지(知)'를 '식(識)'으로 주석한 것을 비판하고, 물과 사를 구분해야 한다는 앞서의 주장을 되풀이 한 다음, 격은 칙(則), 정(正)으로, 치(致)를 '지극한 것을 구한다[求以至]'로 주석하였다.[63]

그렇다면 박세당은 왜 지어지선을 삼강령에서 제외하려 하였으며, 물과 사를 구분하려 하고, 격을 칙(則), 정(正)으로 풀이하였을까. 그의 의도는 다음과 같은 주자의 주석에 대한 비판에서 보다 분명하게 드러난다.

> 물격(物格)은 물리(物理)의 지극한 곳에 이르지 않은 것이 없는 것이고, 지지(知至)는 내 마음으로 아는 것을 극진하게 하지 않은 것이 없는 것이다. 아는 것이 이미 극진해지면 뜻이 성실해질 수 있고, 뜻이 이미 성실해지면 마음을 바로잡을 수 있을 것이다.[64]

이것을 비판하는 박세당의 논점은 두 가지로 요약해 볼 수 있다. 하나는 이것이 초학자(初學者)가 할 수 있는 일이 아니라 이미 수양을 마친 성인(聖人)만이 가능한 경지라는 것이다.[65] 여기서 주목되어야 하는 것은 '무불도(無不到)'의 이(理)는 '성인(聖人)의 극공(極功)'의 경지에서만 도달 가능한 것이고, 초학자의 '절기이명지리(切己易明之理)'의 이(理)가 아니라는 것이다. '이무불도(理無不到)', '지무불진(知無不盡)'하게 되면 이미 배움의 과정은 끝난 것이기 때문에 『대학』에서 말하는 '정심수신'이나 '제가치국'은 논의할 대상이 아니게 된다. 이러한 경지를 『대학』에서 초학자에게 요구할 리가 없다는 것이다.

---

63) [대학사변록] 경1장, 앞 책, 4쪽, "求以至曰致, 格, 則也, 正也. 有物必有則, 物之有格, 所以求其則而期得乎正也, 蓋言欲使吾之知, 能至乎是事之所當而處之無不盡則, 其要唯在乎尋索是物之則而得其正也."

64) 『대학장구』 0005(논문 끝에 부록된 〈표〉 참조, 이하 숫자는 이 〈표〉에 보이는 『대학장구』 장절의 순서이다), "物格者, 物理之極處, 無不到也. 知至者, 吾心之所知, 無不盡也. 知旣盡, 則意可得而實矣, 意旣實, 則心可得而正矣."

65) [대학사변록] 경1장, 앞 책, 4~5쪽.

두 번째 논점은 주자가 말하는 격물치지는 경험적 접근을 거부한다는 것이다.[66] 즉 주자가 말하는 '이무불도(理無不到)'의 이(理)는 '수사수물(隨事隨物)'하여 도달할 수 있는 개별 사물의 이(理), 곧 법칙이 아니었다. 박세당은 이 두 가지의 이(理)를 구분하고, 『대학』의 격물치지에서 '이무불도(理無不到)'의 이(理)를 제거하고자 하였다. 그리하여 주자가 격(格)을 지(至)라 하고, 물(物)은 사(事)와 같다 하고, 격물을 '궁지사물지리(窮至事物之理) 욕기극처무불도야(欲其極處無不到也)'라고 하면서 이 두 가지의 이를 혼재시키는 것을 막고 격물을 사물의 법칙 즉 개별 사물의 이를 탐구하는 것이라고 못 박고자 하여 굳이 격을 칙(則)으로 풀이하였던 것이다.

물과 사를 구분한 의도도 마찬가지이다. 박세당은 천하·국·가·신 등의 물과 평·치·제·수 등의 사에 모두 각각의 고유한 이가 있다는 것을 구별할 필요가 있었던 것이다. 그렇게 하지 않으면 만물에 보편적인 이무불도(理無不到)의 이로 대치되어 혼란에 빠질 것으로 보았다. 이는 『대학』의 경문에서도 '물유본말', '사유종시'라고 분명히 구별하고 있는 것에서 입증된다고 생각하였다.[67] 경문의 '지어지선'을 강령에서 제외하고자 한 의도도 이렇게 보면 분명해진다. 박세당이 볼 때 '지어지선'이야말로 개별 사물의 이가 아니라 바로 이무불도(理無不到)의 이였던 것이다. 그렇다고 박세당이 이를 완전히 부정하는 것은 아니었다. 지어지선은 말하자면 궁극적인 목표이지 초학자에게 제시할 강령은 아니라는 것이다.

여기서 주자가 말한 이무불도(理無不到)의 이는 주지하는 바와 같이 '이일분수(理一分殊)'의 이, 즉 만물의 이인 태극(太極)이었다.[68] 태극이란 '천지만물의 이를 총괄한 것'이다.[69] '만물은 이를 가지며 이는 하나의 근원에서 나왔는데',[70] 그것이 바로 태극이다. 따라서 만물은 각각 고유한 태극을

---

66) [대학사변록] 경1장, 위 책, 5쪽.

67) 이러한 견해는 이미 南宋代 黎立武에게서 표명되었다고 한다. 李東熙, 1981, 「朱子의 大學章句에 대한 硏究―格物說을 중심으로」, 『東洋哲學硏究』 2, 東洋哲學硏究會, 116쪽 참조. 여기서 중요한 것은 왜 그렇게 보려고 했느냐에 있다.

68) 任繼愈 編著, 전택원 옮김, 1990, 『中國哲學史』, 까치, 348~350쪽.

69) 『朱子語類』 권94, 太極圖, 中華書局, 1986, 2357쪽, "總天地萬物之理, 便是太極."

가지고 있는데, 이는 모두 하나의 태극에 통일되어 있다.[71] 주자는 이처럼 이와 태극의 개념에서 '만물의 이'[一理]와 '개별 사물의 이'[分殊理]를 혼재시키고 『대학』에서는 '천지만물의 이를 총괄한 태극'의 인식을 강요하고 있었던 것이다. 박세당이 『대학사변록』에서 가장 역점을 두어 비판하고 있는 것은 바로 이것이었다. 즉 그는 '이일분수'의 '이'를 격물치지의 대상에서 제외하고자 하였다.[72] 박세당은 『대학』에서 제시한 '격물치지'의 대상이 만물에 보편적인 '이일분수'의 '일리(一理)'가 아니라 사사물물에 개별적으로 존재하는 법칙, 즉 개별 사물의 '이(理)'라고 보고 있었다.

주자가 『대학』에서 인식 대상으로 설정한 '이일분수'의 '이'는 경험적으로 인식 가능한 존재는 아니었다. 그는 이에 대한 경험적 인식의 가능성을 명백하게 부정하였다.[73] 그렇다면 주자는 어떻게 '천지만물의 이'로서의 태극을 인식하려고 했는가? 그것을 제시한 것이 저 유명한 소위 『대학』 보망장(補亡章)[74]이었다. 주자는 『대학』의 가르침이 나온 이유가 '이를 끝까지 궁구하지 않은 것[惟於理, 有未窮]'에 있다고 보았다. 여기에 등장하는 세 번의 '이'는 모두 개별 사물의 이는 아니다. '인기이지지리(因其已知之理)'의 '이(理)' 역시 개별 사물에 내재되어 있는 '이일분수'의 '일리(一理)'라고 보아야 할 것이다. 여기서 주자는 개별 사물에 존재하는 보편적인 '일리(一理)'에 대한 불완전한 인식을 '구지어기극(求至於其極)'하여 '중물지표리정조(衆物之表裏精粗)'에 바로 이 '일리(一理)'가 '무불도(無不到)'함을 인식하는 것이 『대학』 공부의 목적이라고 보고 있었다.

---

70) 『朱子語類』권18, 大學五, 위 책, 398쪽, "萬物皆有此理, 理皆同出一原."

71) 『朱子語類』권94, 通書, 理性命章, 위 책, 2409쪽, "自其本而之末, 則一理之實, 而萬物分之以爲體, 故萬物各有一太極."

72) 이승수 역시 박세당이 주자의 '理一分殊'의 논리체계를 사용하는 것에 거부반응을 나타냈다고 보았다. 이승수, 1993, 앞 논문, 395~396쪽.

73) 任繼愈 編著, 1990, 앞 책, 351쪽.

74) 『대학장구』0502, "所謂致知在格物者, 言欲致吾之知, 在卽物而窮其理也. 蓋人心之靈, 莫不有知, 而天下之物, 莫不有理, 惟於理, 有未窮, 故其知有不盡也. 是以大學始敎, 必使學者, 卽凡天下之物, 莫不因其已知之理而益窮之, 以求至乎其極, 至於用力之久, 而一但豁然貫通焉, 則衆物之表裏精粗, 無不到, 而吾心之全體大用, 無不明矣."

'오심지전체대용(吾心之全體大用)'이 '무불명(無不明)'해지는 경지는 '이일분수'의 이를 인식할 때만 가능해질 것이다. 주자는 그 경지를 '활연관통(豁然貫通)'이라고 표현하였다. 여기의 '일단활연관통(一旦豁然貫通)'은 불교에서 말하는 '돈오(頓悟)'를 연상시킨다.[75] 이는 개별 사물의 이를 인식하려는 것이 아니라 '이일분수'의 이를 인식하려고 한 필연적인 결과였다.

박세당은 주자의 이러한 주석을 집중적으로 비판하였다. 박세당은 경1장 주석에서 충효(忠孝)를 예로 들어서 부자군신 간의 충효는 인지일용(人之日用)인데, 활연관통할 때까지는 아무리 노력해도 거짓된 것이고, 활연관통한 연후에만 충효가 성립된다는 것은 말이 안 된다고 하였다.[76] 보다 본격적인 비판은 보망장에 대하여 전개되었다. 박세당은 이 부분에서 『대학사변록』 중 가장 많은 분량을 할애하였다. 우선 박세당은 여기서 보망장과 관련된 정자와 주자의 말을 『혹문(或問)』 등에서 광범하게 인용하여 비평을 가하였다. 자기 생각과 일치하는 것에 대해서는 긍정하기도 하고, 어떤 것에는 의문을 표시하기도 하였으며, 어떤 경우에는 정자와 주자의 미묘한 차이점을 지적하기도 하였다. 그리고 자신의 생각과 다른 점에 대해서는 이를 비판하고 자신의 생각을 개진하였다.[77] 이를 통해서 볼 때 주자학이 인식

---

75) 朱子가 禪宗의 영향을 강하게 받았다는 것은 잘 알려진 사실이다. 任繼愈 編著, 1990, 앞의 책, 350~352쪽. 柳仁熙는 주자의 '豁然貫通'이 禪宗의 '默坐澄心'의 관념성을 극복한 것으로 보았다. 柳仁熙, 1980, 『朱子哲學과 中國哲學』, 汎學社, 148~173쪽. 즉 주자의 격물법은 선종의 '默坐澄心'과는 달리 개별 사물에 나아가서 관찰하는 귀납적 과정을 전제하고 있다는 점에서 인식론적으로 진일보한 것이라고 주장하였다. 그렇지만 주자가 개별 사물에 나아가서 인식하려고 한 것은 개별 사물의 개별적인 법칙이 아니라 '理一分殊'의 理였다. '豁然貫通'의 대상은 바로 '理一分殊'의 '一理'였던 것이다. 여기서 사물의 개별적 특성은 인식 대상에서 제외되고 있다. 따라서 이는 귀납이나 연역이라는 일반적인 인식과정을 통해서는 인식될 수 있는 것이 아니다. 그것은 '깨달을' 수 있을 뿐이다. 여기에는 인식과정에서의 일정한 비약이 전제되어 있다. 그리하여 주자가 개별 사물에 나아가서 인식[卽物窮理]하려고 하였음에도 불구하고, 결과적으로 선종의 '頓悟'와 차이가 없게 되고 말았다.

76) [대학사변록], 경1장, 앞 책, 5쪽, "人之日用無非父子君臣大經大倫之間, 而其半生修爲, 未免隔閡鬼關黽勉爲僞, 以待一朝豁然貫通使衆物之表裏精粗無不到, 吾心之全體大用無不明然後, 事君得誠其忠, 事父得誠其孝, 則推之於理, 終有所不然者矣."

77) [대학사변록], 전5장, 위 책, 8쪽. 예를 들면, "又曰, 致盡也, 格至也. 一物必有一理,

대상으로서 경험적 사실을 인정한 경우도 있고 그렇지 않은 경우도 있으며, 그것을 애매하게 처리한 경우도 있음을 알게 된다.

박세당 역시 주자학의 이러한 측면을 의식하면서 그러한 미묘한 부분을 놓치지 않고 비평하였는데, 그 요점은 '만리명진(萬理明盡)', 즉 '이일분수'의 '일리'에 대한 인식을 부정하는 것에 있었다.[78] 그리고 주자가 인륜일용의 이(理)를 인정하면서도 사물에 접하기도 전에[無事時思量] 의혹이 없어질 때까지 그 이치를 '심사정탁(審思精度)'하라고까지 말한 것은 있을 수 없는 일로 보았다.[79] 기타 『혹문』에 나오는 주자의 많은 말들 역시 불필요하게 범박(泛博)하고 유묘(幽妙)하며, 최소한 이는 초학지사(初學之士)에게는 할 말이 아니라고 하였다.

박세당이 활연관통의 경지 자체를 존재하지 않는다고 보는 것은 아니었다. 그도 역시 '내 마음 속에 분명하여 의심이 없는[吾心了然 無所疑蔽]' 경지가 있음을 인정하였다.[80] 그러나 이것은 '시물시사(是物是事)'의 '물칙지정(物則之正)'을 인식한 뒤에 오는 것이니, 이를 부정하고 참선과도 같은 수양을 통하여 하루아침에 깨닫는 주자의 활연관통과는 다를 수밖에 없다. 주자의 '일심통연(一心洞然)'과 박세당이 말하는 '오심료연(吾心了然)'은 질적으로

窮而至之, 所謂格物者也. 據此則其所以爲格致之訓者, 似指一事一物而言, 恐非爲窮萬物之理, 而盡一心之知者也"는 자기 생각과 비슷하다고 본 경우이고, "又曰, 格物亦非一端, 如或讀書講明道義, 或論古今人物而別其是非, 或應接事物而處其當否, 皆窮理也"는 자기 생각과 정확하게 일치한 경우이며(此於格致之義 最爲切當 而其所謂應接事物 而處其當否者 尤爲最切), "又曰, 今日格一物明日格一物, 據此則程子所以取義於格者, 明其不與朱子同矣"는 程子와 朱子 사이에 차이가 있다고 본 경우이다.

78) [대학사변록] 전5장, 위 책, 10쪽, "若其積累之勤終至於萬理明盡一心洞然, 若夫子之所謂吾道一而貫之者, 則此聖人之盛德極切, 而所謂惟天不之至誠者可以當之. 彼於穆不已與天地參而能贊其化育者, 固不容與得一善而服膺者, 等而亂之, 則又豈可遽以此責之於新學小子而獨闕乎擇善固執之義哉. 若朱夫子所謂者, 乃止至善之極致, 非初學欲誠其意者之事也."

79) [대학사변록] 전5장, 위 책, 9쪽, "若朱子言'於人倫日用之常, 有以見其所當然與其所以然', 若此等者可謂切矣. 然竊觀其立語之意, 猶涉於無事時思量, 與'此事此物推到目前, 須與下手處, 審思精度, 以求理則之所在, 使吾之所知, 十分已明無少疑惑'者, 似有緊慢之可言."

80) [대학사변록] 전5장, 위 책, 10쪽, "物有則心心有知, 以知求則, 宜可以得其正, 知及乎物則之正, 則吾心了然, 無少疑蔽, 其於應是物而處是事, 意之所施自無不順乎眞實之理, 此所謂誠也."

다른 것이다. 일심통연은 '만리명진(萬理明盡)'한 성인의 경지이니 '일선이복응자(一善而服應者)'와 '등이난지(等而亂之)'해서는 안 되는 것이다. 박세당은 여기서 성인의 극공(極功)을 초학자에게 강요해서는 안 된다고 완곡하게 말하고 있지만 내용상으로는 사실상 이를 부정한 것이었다.

박세당은 주자와는 달리 개별 사물의 이를 인정하고 이를 탐구하는 과정에서 '오심료연(吾心了然)'한 상태에 도달할 수 있다고 보았다. 그 과정은 '섭일급우진일급(躡一級又進一級)'하는 단계적 과정이었다.[81] 이는 인식론적으로 주자가 이일분수의 이, 즉 만물의 이인 태극에 대한 인식을 강요함으로써 저지되고 있던 경험과학에의 길을 열어놓았다고 볼 수 있다. 그것은 초학자의 일차적인 인식대상에서 이일분수의 이를 제거하는 것이었고, 인식 방법으로서 불교 선종의 돈오를 연상시키는 '일단활연관통(一旦豁然貫通)'을 거부하는 것으로 표현되었다. 그 대신에 박세당이 제시한 것이 '행원필자이(行遠必自邇)'였다.[82] 박세당은 『사변록』 서문(序文)을 비롯한 곳곳에서 이를 강조하였다. 주목되는 것은 그가 이것을 '세지곡사구유(世之曲士拘儒)'에 대한 비판과 연결시키고 있다는 것이다. 이는 그가 당시의 유자들에게서 주자 도통주의만을 맹신하는 경향이 나타나는 것은 바로 '활연관통'과 같은 신비주의적 인식론에서 비롯되었다고 생각하고 있음을 보여주는 것이었다.

2) 『대학』 본문의 재개정을 통한 이학(理學) 지양(止揚)

주자가 이정자를 계승하여 사서를 표장하고 경서의 반열에 올려두었으며, 그 가운데 특히 『대학』의 주석에 공을 들여 『대학장구』를 편찬한 것은 앞서 살핀 바와 같다. 그는 원래 『예기』에 들어 있던 『고본대학』을 개정하여,

---

81) [대학사변록] 경1장, 위 책, 4쪽, "況此大學, 乃爲初學入德之門, 則其所言, 當有以益加親切, 而今則不然, 開口指說, 以爲萬里初程投足一步之地者, 乃在於聖人之極功, 曾不開示以切已易明之理, 使曳一踵, 謹躡一級, 躡一級, 又進一級, 旣使無邈焉難及之歎, 又使無躐越凌跨之失者, 抑獨何哉."

82) 『思辨錄』 序, 『서계전서』 하, 앞 책, 2쪽.

본문을 경1장과 전10장으로 분장한 뒤 전5장에 「보망장」을 삽입하여 이학(理學)의 근거로 삼았다.[83] 박세당 역시 진시황의 분서갱유 이후 한나라의 유학자들이 만든 『대학』이 원래의 그것과 달라졌다고 보았으며, 그런데도 독자들이 자세히 살피지 못하여 오류가 생겼는데, 심지어 정자와 주자 역시 미처 바로 잡지 못하였다고 개탄하였다.[84]

박세당은 주자와 마찬가지로 경1장, 전10장 체제를 유지하면서도 장(章)·절(節)에는 이동이 많다. 경1장과 전수장, 전4~7장 등 6개장은 『대학장구』를 따랐지만 전8~10장에서는 상당히 많은 장·절의 이동이 있었다.[85] 그런데 주목되는 것은 전6장까지는 독립된 장명(章名)을 사용하다가 전7장부터 주자가 두 개념이 복합된 장명을 사용한 것을 비판하고, 전7~10장 역시 독립된 장명을 사용하였다는 점이다. 주자가 전7장이 '정심(正心)과 수신(修身)을 풀이한 것이다'고 하고, 전8장은 '수신과 제가(齊家)를 풀이한 것이다'고 하였으며, 전9장은 '제가와 치국(治國)을 풀이한 것이다'고 하고, 전10장은 '치국과 평천하를 풀이한 것이다'고 하였는데, 박세당은 이를 따르지 않고 전7장은 '정심', 전8장은 '수신', 전9장은 '제가', 전10장은 '치국'으로 각각 독립된 장명을 사용하였다.[86]

박세당은 그 이유를 다음과 같이 말하였다.

대개 『대학』의 뜻은 무릇 일을 하려면 반드시 먼저 그 근본을 세워야 하니, 근본이 서야만 말단을 다스릴 수 있게 된다는 것이다. 그러므로 격물치지는 뜻을 성실히 하는 근본이 되고, 뜻을 성실히 하는 것은 마음을

---

83) 이동희, 1981, 앞 논문.

84) [대학사변록] 전9장, 앞 책, 13쪽.

85) 이에 대한 상세한 분석은 이영호(2000)와 이향미(2003) 앞 논문 참조. 이향미가 『대학장구』를 따른 곳이 '5개장'이라 하였으나(이향미, 2003, 앞 논문, 24쪽), 전7장 역시 전문은 『대학장구』와 똑같다. 아마도 전7장부터 박세당이 장명(章名)을 고친 것 때문에 착오가 발생한 것 같다.

86) 이 점에 대해서는 이영호(2000)가 처음 주목하였으며, 이향미(2003)가 상세하게 분석하였지만, 그 의의와 성격에 대해서는 분명히 말하지 않았다.

바르게 하는 근본이 되며, 마음을 바르게 하는 것은 몸을 닦는 근본이
되고, 몸을 닦는 것은 집안을 다스리는 근본이 되며, 집안을 다스리는
것은 나라를 다스리는 근본이 된다. 따라서 격물치지와 성의(誠意)·정심(正
心)·수신(修身)·제가(齊家)가 저마다 각기 한 장이 된다.87)

즉 박세당은 주자가 전7장 이후는 두 개념이 한 장 안에 섞여 있다고
간주한 것을 비판하고, 격물치지와 성의가 각각 하나의 장을 이루었듯이
정심·수신·제가·치국도 각각 그에 적합한 독립된 하나의 장이어야 한다고
보았다. 그 이유로서 박세당은 무슨 일을 하려면 반드시 먼저 그 근본을
세워야하기 때문에, 각각 앞 장을 뒷장의 근본으로 삼은 것이 『대학』의
뜻이라는 점을 들었다.

박세당이 주자를 비판하고 독립된 장명을 사용하자고 주장한 것은 사소
한 문제 같지만 사실은 주자 이학의 허점을 예리하게 파고든 결과였다.
주자가 전7장 이하에서 복수의 장명을 사용한 것은 이일분수를 강조한
그의 이학의 필연적 결과였던 것이다. 주자의 이일분수에 의하면 인식
대상은 이일분수의 보편적인 이였으므로 정심의 이(理)와 수신(修身)의
이를 굳이 구분할 필요를 느끼지 못하여 복수의 장명을 사용하였던 것이다.

물론 박세당은 『고본대학』의 이 부분이 "죽간이 뒤섞여진 부분이 많아서
아래 위 장의 글이 서로 바뀌고 제 곳에 있지 않았"으므로 주자가 두 가지
의미를 가진 장명을 붙였을 것이라고 이해하였다.88) 설사 그렇더라도 만약
이것이 심각한 문제였다고 생각했다면 주자가 『대학장구』에 들인 수고에
비추어 볼 때 그대로 방치해 둘 리가 없었을 것이다. 박세당이 이것을

---

87) [대학사변록] 전10장, 앞 책, 15쪽, "蓋大學之意, 以爲凡爲是事, 要在先立乎其本, 本得而
末可爲也.故格致爲誠意之本, 誠意爲正心之本, 正心爲修身之本, 修身爲齊家之本, 齊家爲
治國之本.是以格致及誠正修齊, 每各自爲一章."

88) [대학사변록] 전10장, 위 책, 11쪽, "蓋朱子於此章以下, '並依舊文', 而其間簡編實多錯亂,
上下章文有互易, 而不得其所者, 故遂以爲'參釋兩義', 而不及察其不然也, 今輒忘僭越而正
之." 이영호(2000, 앞 논문, 135~136쪽)는 이 부분 해석에서 주자의 말과 박세당의
말을 혼동한 것 같다.

주자의 불찰로 간주하고 '참람한 것을 잊고' 바로잡은 것은 그가 주자의
이일분수를 부정하고 정심의 이와 수신의 이를 구별하여 인식하려 한 그의
태도의 연장선상에서 나온 것이었다.

　박세당이 이러한 입장에서 전8장을 '수신'으로, 전9장을 '제가'로 구분해서
보니『대학장구』전8장에서 '인지기소친애이벽언(人之其所親愛而辟焉)~천
하선의(天下鮮矣)'(0801)와 '고언유지(故諺有之)~막지기묘지석(莫知其苗之碩)'
(0802)은 '제가'에 해당하는 것이 분명하므로 전9장으로 옮기고,『대학장구』
의 전9장에서 '요순솔천하이인(堯舜帥天下以仁)~미지유야(未之有也)'(0904)
는 '수신'에 해당한다고 보아 전8장으로 옮겼던 것이다.

　그리고 전10장 제1절(1001)에서 "상노노이민흥효(上老老而民興孝), 상장
장이민흥제(上長長而民興弟), 상휼고이민불배(上恤孤而民不倍)" 3구의 '노노',
'장장', '휼고'는 '제가(齊家)'에 속하고, '흥효', '흥제', '불배'는 '국치(國治)'에
해당하므로 '소위평천하재치기국자(所謂平天下在治其國者)'와 맞지 않다고
보고 이 구절을 떼어내어 전9장의 2절로 옮겼다. 그리고 '치기국자(治其國者)'
와 '시이군자(是以君子)' 사이에 '본래 빠진 글이 있'는데, 후대에 편집하는
사람들이 이것을 자세히 살피지 않고 이 세 구를 죽간에서 탈락한 것으로
간주하여 여기에 넣는 잘못을 범하였다고 단정하였다.[89] 즉 그는 여기에
'혈구(絜矩)의 도리'를 보여주는 내용이 있었는데, 누락되었다고 보았던
것이다.『대학』을 개정한 사람 가운데 절 안의 특정 구절을 떼어내어 옮긴
것은 박세당이 처음이자 마지막인 것으로 보인다.

　박세당의 이러한『대학』체제의 재개정 작업은 주자 이학의 핵심인 이일
분수론의 허점을 예리하게 파고든 결과였는데, 그는 이러한 자신의 작업을
다음과 같은 주자의 말을 인용하여 합리화하였다.

　　이 장은 말이 이미 다했는데도 다시 단서(端緒)를 꺼내어 간혹 겹쳐

---

89) [대학사변록] 전10장, 위 책, 14쪽, "而竊究其所以誤之故, 治其國者之下是以君子之上,
　　本有闕文, 而編者不審, 取此三句於脫簡之中, 插入其間, 以綴上下, 則後之讀者無由而得察
　　也."

나오는 것이 있으니 글이 섞여진 듯하나, 그 단서(端緖)는 서로 접속이 되고 맥락(脈絡)이 서로 관통되어 되풀이하는 절실(切實)한 뜻이 따로 말 밖에 나타나고 있으므로 고칠 수는 없다. 반드시 이 두 해설 중에서 판단하여 같은 것을 서로 따르려고 한다면, 그 분계(分界)는 비록 여유 있는 듯하지만 의미는 혹시 도리어 부족하게 될 것이다.[90]

이것은 정자가 수정한 『고본대학』을 주자가 거부하면서 한 말이었는데, 박세당은 이것을 인용하여 주자의 주석이 오히려 주자가 말한 '단서'가 '접속되지 않고' '맥락'이 '환하게 관통'되지 않아서 자신의 재개정 작업이 불가피하였다고 주장하였다.[91] 이것은 실로 주자의 논리를 따라서 주자 주석의 허점을 지적하고 수정했다고 할 만하였다. 따라서 그것은 반주자학이냐, 탈주자학이냐를 넘어서 주자 이학의 발전이면서 동시에 지양(止揚)으로 볼 수 있을 것이다.

3) 경세(經世) 지향 유학으로서의 실학(實學)

『대학』의 전10장은 가장 분량이 많은데, 주자는 이것을 "치국(治國)과 평천하(平天下)를 풀이한 것이다"고 하였으면서도, '소오어상(所惡於上)~혈구지도야(絜矩之道也)' 절(1002) 주석에서는 "이것은 평천하의 요도(要道)이다. 그러므로 장 안의 뜻은 모두 이것으로부터 미루어갔다"고 하였다.[92] 박세당은 우선 주자의 이 주석을 비판하는 데 상당한 분량을 할애하였는데, 그 요점은 주자가 '치국(治國)'을 누락시킨 잘못을 추궁하고, 전10장의 내용이 '평천하'를 말한 것이 아니라 '치국'을 말한 것이라고 주장하는 데 두어졌

---

90) [대학사변록] 전10장, 위 책, 21쪽, "此章言己足而復更端, 間見層出, 有似於錯陳.然其端緖接續, 脈絡貫通, 而反覆深切之意, 又自別見於言外, 不可易也.必欲二說中判, 以類相從, 則其界分, 雖若有餘, 而意味或反不足."
91) [대학사변록] 전10장, 위 책, 21쪽, "今以此說而細玩乎上下文義, 所謂間見層出之端緖脈絡, 終未有以得夫了然乎其接續, 澳然乎其貫通, 則況於言外別見深切之意, 宜難得以明矣."
92) 『대학장구』 1002, "此平天下之要道也. 故章內之意, 皆自此而推之."

다.

박세당은 앞에서 거론한 것처럼 『대학』에서는 근본과 말단을 구분하여 근본을 강조하는 서술 패턴을 갖고 있다고 말한 것에 이어서 10장의 전문이 "소위평천하 재치기국자(所謂平天下, 在治其國者)"로 시작하는 것은 10장의 내용이 '평천하'가 아니라 '치국'을 말한 분명한 증거로 간주하였다.[93] 전9장 '제가'까지는 모두 '치국'에 비해 작은 것인데도 상세하게 말했으면서 '치국'만을 빠트릴 리가 없다는 것이다.[94] 이어서 전9장이 '제가와 치국을 풀이한 것'이라는 주자의 주장을 반박하고, 그것은 '제가'를 말한 것이지 '치국'을 말한 것이 아니라고 주장하였다.[95]

그리고 전10장에서 거론한 '민(民)'이 '국(國)의 민'이 아니라면 천하(天下)의 민도 될 수 없다고 보고 이 장 안의 말이나 구절마다 모두 '치국'을 말한 분명한 증거이므로, '평천하'를 말하면 '치국'은 그 안에 있어서 따로 거론하는 것이 불필요하다고 볼 근거는 없다고 주장하였다. 만약 그렇다면 '국'은 '천하'에 매여 있고, '가(家)'는 '국(國)'에 매여 있으며, '신(身)'은 '가'에, '심(心)'은 '신'에 매여 있으니, 『대학』이라는 책은 단지 '평천하'의 도리만 논하면 충분한데, 그것보다 작은 일들을 번거롭게 일일이 거론하면서 '국'만 소홀히 할 수 있겠느냐고 반문하였다.[96]

박세당은 전10장은 '치국'을 말한 것이며, '평천하'의 의미는 그 안에 있다고 주장하였다. 한 잠박의 누에 기르는 방법을 다하면 만 잠박의 누에를 기를 수 있다고 비유하면서 '치국'의 도리를 다하면 천하를 손바닥 위에서 운영할 수 있으므로, 평천하를 따로 말하지 않아도 치국을 말하는 것으로 충분하다는 것이다.[97]

---

93) [대학사변록] 전10장, 앞 책, 15쪽, "今第十章旣又曰所謂平天下在治其國者, 則其立言開端, 未有以見其獨異於他章, 是其意將欲言治國之道乎, 抑其否耶. 且在之爲言也, 謂夫其要之有在於是也."

94) [대학사변록] 전10장, 위 책, 15쪽.

95) 위와 같음.

96) [대학사변록] 전10장, 위 책, 16쪽.

97) 위와 같음.

이것은 주자가 이일분수의 일리(一里)에 대한 인식만을 중시하고 개별 사물의 이(理)에 대한 인식을 소홀히 한 것을 비판한 논리의 연장선상에 있지만 전10장의 의미는 더욱 각별해 보인다. 전10장에서 주자가 치국을 건너뛰고 평천하를 강조한 것은 그의 이일분수론의 자연스러운 귀결이었는데 이것은 주자 성리학의 치명적인 약점을 노출한 것이었다. 그것은 '수기치인(修己治人)'이라는 유학의 대명제에서 '수기'만을 강조하고 '치인', 즉 유학에 특유한 경세(經世)를 '수기'로 환원하려는 의도를 은연중에 드러낸 것이었기 때문이다. 박세당이 여기서 주자가 '치국'을 빠트렸다고 반복하여 지적한 것은 바로 주자 성리학이 수신에 치중하여 경세를 도외시하였다는 것을 분명하게 드러내기 위한 것임이 틀림없다.

　『대학』 전10장에서 민본사상을 강조한 부분은 『맹자』의 방벌(放伐)론보다 더욱 강렬한 표현이 다수 등장한다. 『시경(詩經)』을 인용하여 "국가를 소유한 자는 삼가지 않으면 안 되니, 편벽되면 천하 사람들에게 죽임을 당할 것이다"[98]고 하고, "민중을 얻으면 나라를 얻고, 민중을 잃으면 나라를 잃는다"[99]고 한 것은 『맹자』에 보이는 역성혁명(易姓革命)론이나 방벌론보다 더 직설적이고 강력하게 민본사상을 천명한 부분이다. 『대학장구』에서 이들 구절에 대한 주자의 주석이 짧고 형식적인 것에 비해서 박세당은 국가를 다스리는 자가 '자신의 사욕을 따르고 민을 돌보지 않으면 끝내는 그 나라를 잃게 되고 다른 사람에게 죽임을 당하게 될 것'이라고 반복하여 지적하고, "『대학』에서 이것을 간곡하게 말하면서 여러 차례에 걸쳐서 그 뜻을 환기시킨 것이 분명하니, 독자들이 더욱 깊이 살펴야 할 것이다"고 강조하였다.[100]

---

98) 『대학장구』 전10장 1004, "詩云節彼南山, 維石巖巖, 赫赫師尹, 民具爾瞻, 有國者, 不可以不愼, 辟則爲天下僇矣." 이 부분에 대한 주자의 주석은 다음과 같다. "言在上者, 人所瞻仰, 不可不謹. 若不能絜矩而好惡徇於一己之偏, 則身弑國亡, 爲天下之大戮矣."

99) 『대학장구』 전10장 1005, "詩云殷之未喪師, 克配上帝, 儀監于殷, 峻命不易, 道得衆則得國, 失衆則失國." 이 부분에 대한 주자의 주석은 다음과 같다. "有天下者, 能存此心而不失, 則所以絜矩而與民同欲者, 自不能已矣."

100) [대학사변록] 전10장, 앞 책, 17쪽, "彼辟者, 務殉己私而不恤其民, 則終必至於失其國而爲

또한 은(殷)나라는 본래 한 나라였는데 백성들의 마음을 얻었을 때는 흥하였지만 무도(無道)하여 백성들의 마음을 잃자 멸망하였다면서, 민심(民心)이 바로 천명(天命)이므로 통치자는 민심을 따라야 한다고 강조하였다.101) 그리고 『서경』「주서(周書)」의 「강고(康誥)」(1011)와 「진서(秦誓)」(1014)를 인용한 부분을 여기에 이어 붙여서 통치자의 잘잘못이 국가의 존망으로 직결된다는 것을 강조하였다. 또한 "인인(仁人)만이 남을 사랑할 수 있고, 미워할 수 있다"(1015)는 구절에 대해 주자가 "지공무사(至公無私)하기 때문에 호오(好惡)의 바른 것을 얻은 것이 이와 같다"고 주석한 것을 박세당은 "인자(仁者)가 악인을 미워하는 것은 악인이 백성을 해롭게 하기 때문"이라고 구체적으로 말하여 인자(仁者)에 대한 주자의 해석이 치자의 수신 차원에 머문 것에 비해 보다 경세의 차원으로 나아가 풀이하였다.102) 전10장에서 이처럼 나라를 잃을 수 있다고 경고한 부분(1005, 1011, 1018)에 대해서 주자는 '천리(天理)의 존망이 결정되는 기틀'이라고 이학(理學)적으로 해석한 것에 비해 박세당은 '혈구', 즉 민과의 관계 속에서 경세(經世)의 측면으로 해석하였다.103)

또한 전10장에는 '재화(財貨)'에 대해 언급한 부분이 상당한 분량에 달하는데, 박세당은 『대학장구』에서 여기저기 흩어져 있는 이와 관련된 구절을 모두 한데 모으고, 이것을 '혈구의 요점'으로 규정하였으며,104) 『대학』에

人傲也. 由是觀之, 在家而辟則無以齊其家而家亦亡, 在國而辟則無以治其國而國亦喪. 大學之所以丁寧於此, 屢致其意者, 著矣, 讀者尤當深察也. 此一節, 明不能絜矩者, 爲衆所傲."

101) 위와 같음, "然則天命去就, 由於民心之向背, 民心向背, 由於君道之得失, 君道得失, 初不出乎能與民同其好惡與否耳. 此一節, 又言始能絜矩而爲民所歸, 逮其後也不能絜矩, 則民亦棄之, 其反覆之意益深切矣."

102) 『대학장구』 전10장 1015, "唯仁人, 放流之, 迸諸四夷, 不與同中國. 此謂唯仁人, 爲能愛人, 能惡人." 이에 대한 주자의 주석은 "有此媢嫉之人, 妨賢而病國, 則仁人必深惡而痛絶之, 以其至公無私, 故能得好惡之正如此也."인데, 박세당은 "仁人誅惡之嚴如此, 爲其害民故也. 害民而惡之, 利民而愛之, 此其所以爲愛惡之皆當也."라고 말하여 수기와 경세에 대한 강조의 차이를 보여준다.

103) 『대학장구』 전10장 1018, "是故, 君子有大道, 必忠信以得之, 驕泰以失之." 이에 대한 주자의 주석은 "章內三言得失, 而語益加切, 蓋至此而天理存亡之幾, 決矣."인데, 박세당은 "忠信則能絜矩矣, 驕且泰則反之, 此其得失之所由也."라고 하였다.

이처럼 재화에 대한 내용이 많은 것은 '국가의 흥망이 바로 이 재화에 달려 있기' 때문이라고 하였다.[105] 박세당은 재화 관련 내용이 시작되는 첫 구절(1006) 주석에서 다음과 같이 말하였다.

무릇 민(民)은 국토에서 살면서 재화를 생산하여 사용하므로, 치자로서 덕(德)이 있는 사람은 그 민을 오게 할 수 있으니 내가 쓰는 재화가 없을까 걱정하지 않게 된다. 윗사람이 민에게 의뢰하는 것은 재화보다 급한 것이 없으므로, 능히 구(矩)로써 헤아려 자기의 호오(好惡)를 미루어서 민에게 미치지 못하는 것도 재화처럼 심한 것이 없다. 옛날부터 지금까지 교만하고 사치하는 임금은 그 민을 해치고 학대하였는데, 그 잘못은 바로 여기에 있었다. 치자들은 주지육림(酒池肉林)의 즐거움과 거교녹대(鉅橋鹿臺)의 부(富)를 누리니, 민이 어찌 자식과 아내를 팔고 구렁텅이에 빠지는 걱정을 면할 수 있겠는가. 결국 민은 흩어지고 국가는 망하여 그 몸도 능히 보존할 수 없을 것이니, 더구나 그 재화를 보존할 수 있겠는가.[106]

여기서 박세당은 민이 재화 생산의 주체임을 분명히 하고, 치자가 그것을 잘못 다루면 국가가 멸망하여 재화를 보존할 수 없을 것이라고 경고하였다. 그리고 민과 치자 사이에 재화를 두고 문제가 일어나는 지점이 부세(賦稅)에 있다고 제도 차원의 접근도 보여주었다.[107]

---

104) [대학사변록] 전10장, 앞 책, 19쪽, "自章首言絜矩之道, 其間歷引詩書, 反覆乎得失之端而致其丁寧者, 無非此義, 而猶不指明絜矩之要, 至此而始發之." 박세당은 『대학장구』에서 1006~1010, 1019~1021, 1012~1013, 1022~1023 순으로 재화와 관련된 구절을 모두 모아서 배열하였다.

105) [대학사변록] 전10장, 앞 책, 20쪽, "蓋自先愼乎德至此, 其所以反覆覼縷, 使在上者有以察民好惡之情而克自愼畏者, 終始不外乎財, 良以國之興喪, 卽繫於此."

106) [대학사변록] 전10장, 위 책, 19쪽, "夫民以居土, 土以生財, 財以爲用, 能有其德, 以來其民, 不患無財爲我之用. 蓋上之所資於民者, 莫急於財也, 而其不能絜之以矩而推己好惡以及於民者, 亦莫有若財之甚者. 從古及今, 凡驕恣泰侈之君, 所以殘虐其民者, 其失皆在於此. 在己而有酒池肉林之樂, 鉅橋鹿臺之富, 在民而安得免鬻子賣妻捐溝塡壑之患也. 卒之民散國亡而其身之不能保, 尙又能保其財乎."

107) [대학사변록] 전10장, 위 책, 19~20쪽, "上好仁以施於下, 則下亦化之, 莫不好義, 思以報

그리고 주목되는 것은 끝부분에 있는 '맹헌자왈(孟獻子曰)' 절(1022)과 '장국가이무재용자(長國家而務財用者)' 절(1023)에 대한 박세당의 주석이다. 주자의 이 부분 주석이 치자의 개인적인 수신 차원에 그친 것에 대해서[108] 박세당이 군주의 '임인(任人)' 차원으로 주석한 것은 주자의 오류를 극복하고 '경세' 차원으로 나아간 대표적인 부분이라고 할 만하다.[109] 『대학』의 이 전문(1022, 1023)은 '용인(用人)'의 문제를 지적한 것이 분명한데도 주자가 이것을 간파하지 못한 것은 '수신'만을 치우치게 강조하는 이학의 함정으로 간주하지 않을 수 없는데, 박세당은 이것을 분명하게 극복하고 있었던 것이다.

이어서 박세당은 '치국'에서 '용인'이 얼마나 중요한 문제인가를 다음과 같이 피력하였다.

> 무릇 임금이 나라를 다스리는 것을 혼자서 감당할 수 없으므로, 그것을 함께 하는 것이 바로 신하이다. 임금이 능히 스스로 덕을 삼가고 재화를 생산하는 방법에 뜻을 둔다면 괜찮지만 혹시라도 임용한 사람이 적임자가 아니면 민의 호오(好惡)에 반하여 그 근본과 말단이 뒤집어지지 않을 수 없을 것이므로, 나라도 결국 다스릴 수 없을 것이다. 그러므로 이 장(章)의 뜻은 늘 이러한 측면에 대해서 반복해서 간절하게 말하였으니, 과연 능히 이 문제에 최선을 다할 수 있다면 이른바 혈구라는 것도 얻지 못할 리가 없을 것이므로, 이 글을 읽는 자들이 더욱 깊이 살펴야 할 것이다.[110]

上, 如是則無先私後公之心, 而力耕疾作, 以供賦稅, 此見事之有終而府庫之財因以充足矣, 又豈有財在府庫而非爲吾所有也. 蓋世之貪君, 多於常賦之外, 浚剝其民, 以蓄私財, 自古已然, 在後代則如漢桓靈唐德宗, 無非是也, 故其丁寧而致意如此."

108) 『대학장구』 전10장, 1023의 주자 주, "此一節 深明以利爲利之害, 而重言以結之."

109) [대학사변록] 전10장, 앞 책, 20쪽, "而此兩節, 又明財聚民散之故, 以結德本財末, 與夫寶善寶仁之意. 其歸又在於上之任人得失, 亦猶上所引秦誓之旨, 上言絜矩則其任人亦以絜矩論, 下言財利則其任人亦以財利論."

110) [대학사변록] 전10장, 앞 책, 20쪽, "夫君之治國, 不能獨任其事, 所與共者臣也, 君能自愼乎德而有意乎生財之道, 其亦庶矣, 然或所用之非人, 又未嘗不反其好惡而易其本末, 國亦終不可爲矣, 故此章之指, 每復懇懇於此, 果能於此而無不盡則所謂絜矩者, 卽無所不得矣, 讀

여기서 박세당은 '덕이 근본이고 재화는 말단'이라는 것을 인정하면서도 그것을 적임자의 등용 여부에 달린 일이라고 '경세' 측면에서 주석하고 있다. 그리고 전10장의 전체적인 내용이 이것을 '반복하여 간절하게 말했다'고 한 말 속에서 전10장을 '평천하'를 말한 것이 아니라 '치국'을 말한 것이라는 앞서의 주장과 함께 경세 차원에서 해석하려는 그의 의도를 읽을 수 있다.

이처럼 박세당은 주자의 논리를 따라서 『대학』의 내용을 검토하여, 그것의 논리적 모순과 전문과의 불일치를 지적함으로써 주자 이학의 핵심이었던 이일분수론의 허점을 드러내고 『대학』의 체제를 재개정하였다. 이를 통해 유학의 본령인 '수기치인'이라는 대명제를 주자가 이학적으로 해석하여 도덕과 윤리의 수신 차원으로 환원하려는 것을 비판하고, 유학이 치인, 즉 경세를 지향하는 학문임을 드러내려 하였다. 박세당의 학문이 '실천적 학문'이 되는 이유는 바로 여기에 있었다. 박세당의 학문에서 양명학과 유사한 측면이 있지만[111] 그를 양명학자로 규정할 수 없는 이유는 그의 학문이 '이학'을 지향한 것이 아니라 '경세'를 지향(指向)하였기 때문이었다. 즉 이학을 지양(止揚)하고 유학의 본령을 회복한 것이었다.

박세당은 이를 통해서 주자학 의리론을 내세우며 제도 개혁에 반대하는 반탕평론자들의 학문적 정치적 행태가 유학의 본령에서 벗어난 잘못된 학문의 소산임을 드러내려 하였다. 당시 박세당을 비롯한 소론 당인들이 주장한 탕평론은 양반제로 대표되는 봉건적 신분제와 지주제의 폐단을 극복한 새로운 국가를 지향하는 것이었다.[112] 따라서 박세당이 『대학사변

者尤宜深察也."
111) 정순우, 2007, 「서계 박세당 공부론의 역사적 성격」, 한국학중앙연구원 편, 『서계 박세당 연구』, 집문당.
112) 박세당의 경세론에 대해서는 다음 논고가 있다. 김용흠, 1996, 앞 논문 ; 金駿錫, 1998①, 「西溪 朴世堂의 爲民意識과 治者觀」, 『東方學志』 100, 연세대 국학연구원 ; 1998②, 「17세기의 새로운 賦稅觀과 士大夫生業論」, 『歷史學報』 158, 歷史學會. 김준석은 박세당의 경세론이 '서인계의 改良的 방략과 유사하다'(1998②, 앞 논문, 139쪽)고 하여 실학으로 인정하지 않았지만, '박세당의 군신론은 실학의 군주관과 맥락을 함께 하는 것'(1998①, 앞 논문, 184쪽)으로 보기도 하였다. 이것은 토지제도 개혁

록』을 통해서 제시한 '경세' 지향 유학은 탕평론을 제창한 소론 당인들에게 특유한 실학으로 그 성격을 규정해도 무리가 없을 것이다.

4. 맺음말

박세당은 17세기 양반 주류를 대표하는 가문에서 태어나 과거에 장원급제하고 청요직을 두루 역임하였으므로 그의 관인으로서의 장래는 보장된 것이었다. 그런데도 조정에 진출한 지 10년도 되지 않아서 관직을 버리고 석천동에 은거하여 스스로 농사지으며 저술에 몰두한 것에서 그의 독특한 치자로서의 책무의식을 엿볼 수 있다. 그가 관직에 있는 동안 조정은 예송의 소용돌이 속에 있었으며, 그가 은거한 이후에도 예송의 여파로 인해 반복되는 환국으로 국가는 물론 집권 양반층의 위기의식은 심화되었다.

양란기 이후 양전과 대동, 호패와 균역이 논의된 것은 집권 주류 양반들조차도 당시의 기득권층이었던 양반과 지주가 누리고 있던 배타적인 신분적, 경제적 특권이 법과 제도를 통해서 억제 내지 제거되지 않으면 국가의 위기를 극복할 수 없다고 인식하였음을 보여준다. 이에 대항하여 양반과 지주의 기득권을 지키려는 세력이 제기한 것이 예론과 사문난적 논란이었고, 그것을 합리화 한 것이 바로 주자학 의리론이었다. 이에 제도 개혁을 추진하려는 세력은 유학에서 주자학 의리론보다 상위 범주인 탕평론을 제기하며 제도 개혁을 정치의 중심 문제로 삼으려 하였지만 주자학 의리론자들의 당파적 공세에 의해 사사건건 저지되고 있었다. 송시열과 노론 당인들이 제기한 회니시비는 바로 탕평론을 무력화시키기 위해 의리론을 내세우며 이루어진 대표적인 정치공세였다.

박세당이 석천동에 은거하여 가장 먼저 저술한 것이 바로 『대학사변록』이었다. 『대학』은 유학의 본령이 '수기치인'에 있다는 것을 가장 간명하게

주장 여부로 실학을 판가름한 것이었는데, 그의 경세론을 새로운 '국가론' 차원으로 확대시켜 보면 조선후기 실학으로 규정할 수 있다고 본다(김용흠, 2009, 앞 논문).

천명한 경전이었다. 주자는 이에 대한 주석을 통해서 이학의 논리적 근거로 삼았는데, 그 과정에서 치인을 수기로 환원하는 오류를 범하였다. 박세당은 주자의 방법과 논리를 따라서 『대학』의 내용을 검토하여 주자 주석의 논리적 모순을 지적하고 경문과의 불일치를 드러내었다. 이를 통해서 주자 이학의 오류를 지양하고 유학의 경세 지향을 회복하였다.

박세당이 주자의 이일분수론을 부정하고 사사물물의 이를 탐구 대상으로 설정한 것이나 '활연관통'으로 대표되는 주자 인식론의 허점을 지적하고 사물의 이치를 경험적으로 인식할 수 있는 길을 열어놓은 것은 주자 이학의 한계를 극복한 것이었다. 주자가 『대학』의 체계를 개정하면서 전7장 이하의 장명을 복수로 설정한 것은 이일분수를 핵심으로 보는 그의 이학 체계의 필연적 귀결이자 허점이었다. 박세당은 이것이 『대학』 전문과 모순된다고 보고 『대학』에 제시된 논리에 따라서 전7장 이하 장명을 단수로 확정하고, 그에 따라서 새롭게 장절을 배치하였다.

박세당은 그 과정의 연장선상에서 전10장이 '평천하'가 아니라 '치국'을 말한 것으로 간주하고 '경세'의 측면에서 새롭게 해석하였다. 이를 통하여 『대학』이 『서경』에서 천명한 민본사상을 『맹자』의 방벌론이나 역성혁명론보다 더욱 강력하게 천명하였다는 것을 드러내고, 국가 경영에서 재화의 중요성을 강조하였다고 밝혔다. 아울러서 재화의 생산과 보존이 부세제도의 운영에 달려 있으며 적절한 인재의 등용이 그 승패의 관건임을 드러냈다.

『대학사변록』을 통해서 박세당은 수기로 치인을 대체하려 했던 주자 이학의 오류를 시정하고 치인의 영역을 복구하여 유학의 본령이 경세에 있다는 것을 드러내려 하였다. 이것은 주자학 의리론에 입각하여 탕평론을 저지하는 것이 잘못된 학문의 소산이라는 점을 분명하게 밝힌 것이었다. 소론 당인들이 탕평론을 통해서 봉건적 신분제와 지주제의 모순을 극복한 새로운 국가를 지향하였다는 점에서 소론에게 특유한 실학의 형성과 전개를 볼 수 있는데, 박세당의 『대학사변록』은 이것을 위한 학문적 기초를 마련하였다는 점에 그 의의가 있었다.

〈표〉 주자의 『대학장구』와 박세당의 『대학장구지의』 비교

구분	大學章句	大學章句識疑
경	0001 大學之道 在明明德 在新民 在止於至善 0002 知止而后 有定 定而后 能靜 靜而后 能安 安而后 能慮 慮而后 能得 0003 物有本末 事有終始 知所先後 則近道矣 0004 古之欲明明德於天下者 先治其國 欲治其國者 先齊其家 欲齊其家者 先修其身 欲修其身者 先正其心 欲正其心者 先誠其意 欲誠其意者 先致其知 致知在格物 0005 物格而后 知至 知至而后 意誠 意誠而后 心正 心正而后 身修 身修而后 家齊 家齊而后 國治 國治而后 天下平 0006 自天子 以至於庶人 壹是皆以修身爲本 0007 其本亂而末治者否矣 其所厚者薄 而其所薄者厚 未之有也	
전1 明明德	0101 康誥曰 克明德 0102 太甲曰 顧諟天之明命 0103 帝典曰 克明峻德 0104 皆自明也	
전2 新民	0201 湯之盤銘曰 苟日新 日日新 又日新 0202 康誥曰 作新民 0203 詩曰 周雖舊邦 其命維新 0204 是故君子 無所不用其極	0201 湯之盤銘曰 苟日新 日日新 又日新 0202 康誥曰 作新民 0203 詩曰 周雖舊邦 其命維新
전3 止於至善	0301 詩云 邦畿千里 惟民所止 0302 詩云 緡蠻黃鳥 止于丘隅 子曰 於止 知其所止 可以人而不如鳥乎 0303 詩云 穆穆文王 於緝熙敬止 爲人君 止於仁 爲人臣 止於敬 爲人子 止於孝 爲人父 止於慈 與國人交 止於信 0304 詩云 瞻彼淇澳 菉竹猗猗 有斐君子 如切如磋 如琢如磨 瑟兮僩兮 赫兮喧兮 有斐君子 終不可諠兮 如切如磋者 道學也 如琢如磨者 自修也 瑟兮僩兮者 恂慄也 赫兮喧兮者 威儀也 有斐君子 終不可諠兮者 道盛德至善 民之不能忘也 0305 詩云 於戲 前王不忘 君子 賢其賢而親其親 小人 樂其樂而利其利 此以沒世不忘也	0301 詩云 邦畿千里 惟民所止 0302 詩云 緡蠻黃鳥 止于丘隅 子曰 於止 知其所止 可以人而不如鳥乎 0303 詩云 穆穆文王 於緝熙敬止 爲人君 止於仁 爲人臣 止於敬 爲人子 止於孝 爲人父 止於慈 與國人交 止於信 0204 是故君子 無所不用其極
전4 本末	0400 子曰 聽訟 吾猶人也 必也使無訟乎 無情者不得盡其辭 大畏民志 此謂知本	
전5 格物 致知	0501 此謂知本 0502 此謂知之至也	
전6 誠意	0601 所謂誠其意者 毋自欺也 如惡惡臭 如好好色 此之謂自謙 故君子 必愼其獨也 0602 小人 閒居 爲不善 無所不至 見君子而后 厭然揜其不善 而著其善 人之視己 如見其肺	

	肝 然則何益矣 此謂 誠於中 形於外 故君子 必愼其獨也	
	0603 曾子曰 十目所視 十手所指 其嚴乎	
	0604 富潤屋 德潤身 心廣體胖 故君子 必誠其意	
전7 修身在 正其心	0701 所謂修身 在正其心者 身有所忿懥 則不得其正 有所恐懼 則不得其正 有所好樂 則不得其正 有所憂患 則不得其正	
	0702 心不在焉 視而不見 聽而不聞 食而不知其味	
	0703 此謂修身 在正其心	
전8 齊家 在修身	0801 所謂齊其家 在修其身者 人 之其所親愛而辟焉 之其所賤惡而辟焉 之其所畏敬而辟焉 之其所哀矜而辟焉 之其所敖惰而辟焉 故好而知其惡 惡而知其美者 天下 鮮矣	0801 所謂齊其家 在修其身者
		0904 堯舜帥天下以仁而民從之 桀紂帥天下以暴而民從之 其所令 反其所好 而民 不從 是故君子 有諸己而後 求諸人 無諸己而後 非諸人 所藏乎身 不恕 而能喻諸人者未之有也
	0802 故諺 有之曰 人 莫知其子之惡 莫知其苗之碩	
	0803 此謂身不修 不可而齊其家	0803 此謂身不修 不可而齊其家
전9 治國 在齊 其家	0901 所謂治國 必先齊其家者 其家不可教 而能教人者無之 故君子 不出家而成教於國 孝者 所以事君也 弟者 所以事長也 慈者 所以使衆也	0901 所謂治國 必先齊其家者 其家不可教 而能教人者無之 故君子 不出家而成教於國 孝者 所以事君也 弟者 所以事長也 慈者 所以使衆也
	0902 康誥曰 如保赤子 心誠求之 雖不中 不遠矣 未有學養子而后 嫁者也	1001(일부) **上老老而 民興孝 上長長而 民興弟 上恤孤而 民不倍**
	0903 一家仁 一國 興仁 一家讓 一國 興讓 一人 貪戾 一國 作亂 其幾如此 此謂一言僨事 一人 定國	0801 人之其所親愛而辟焉 之其所賤惡而辟焉 之其所畏敬而辟焉 之其所哀矜而辟焉 之其所敖惰而辟焉 故好而知其惡 惡而知其美者 天下 鮮矣
	0904 堯舜帥天下以仁而民從之 桀紂帥天下以暴而民從之 其所令 反其所好 而民 不從 是故君子 有諸己而後 求諸人 無諸己而後 非諸人 所藏乎身 不恕 而能喻諸人者未之有也	0802 故諺 有之曰 人莫知其子之惡 莫知其苗之碩
	0905 故治國 在齊其家	0903 一家仁 一國興仁 一家讓 一國興讓 一人 貪戾 一國作亂 其幾如此 此謂一言僨事 一人定國
	0906 詩云 桃之夭夭 其葉蓁蓁 之子于歸 宜其家人 宜其家人而后 可以教國人	0905 故治國 在齊其家
	0907 詩云 宜兄宜弟 宜兄宜弟而后 可以教國人	0906 詩云 桃之夭夭 其葉蓁蓁 之子于歸 宜其家人 宜其家人而后 可以教國人
	0908 詩云 其儀不忒 正是四國 其爲父子兄弟足法而后 民法之也	0907 詩云 宜兄宜弟 宜兄宜弟而后 可以教國人
	0909 此謂治國 在齊其家	0908 詩云 其儀不忒 正是四國 其爲父子兄弟足法而后 民法之也
		0909 此謂治國 在齊其家
전10 平天下 在治國	1001 所謂平天下 在治其國者 **上老老而 民興孝 上長長而 民興弟 上恤孤而 民不倍** 是以君子 有絜矩之道也	1001 所謂平天下 在治其國者 **上老老而 民興孝 上長長而 民興弟 上恤孤而 民不倍** 是以君子 有絜矩之道也

1002 所惡於上 毋以使下 所惡於下 毋以事 上 所惡於前 毋以先後 所惡於後 毋以從前 所惡於右 毋以交於左 所惡於左 毋以交於右 此之謂絜矩之道也 1003 詩云 樂只君子 民之父母 民之所好 好 之 民之所惡 惡之 此之謂民之父母 1004 詩云 節彼南山 維石巖巖 赫赫師尹 民 具爾瞻 有國者 不可以不愼 辟則爲天下僇矣 1005 詩云 殷之未喪師 克配上帝 儀監于殷 峻命不易 道得衆則得國 失衆則失國 1006 是故君子 先愼乎德 有德 此有人 有人 此有土 有土 此有財 有財 此有用 1007 德者本也 財者末也 1008 外本内末 爭民施奪 1009 是故財聚則民散 財散則民聚 1010 是故言悖而出者 亦悖而入 貨悖而入者 亦悖而出 1011 康誥日 惟命不于常 道善則得之 不善 則失之矣 1012 楚書曰 楚國無以爲寶 惟善以爲寶 1013 舅犯日 亡人無以爲寶 仁親以爲寶 1014 秦誓日 若有一介臣 斷斷兮 無他技 其 心 休休焉 其如有容焉 人之有技 若己有之 人之彦聖 其心好之 不啻若自其口出 寔能容 之 以能保我子孫黎民 尙亦有利哉 人之有技 娼疾以惡之 人之彦聖 而違之 俾不通 寔不能 容 以不能保我子孫黎民 亦日 殆哉 1015 唯仁人 放流之 进諸四夷 不與同中國 此謂唯仁人 爲能愛人 能惡人 1016 見賢而不能舉 舉而不能先 命也 見 善而不能退 退而不能遠 過也 1017 好人之所惡 惡人之所好 是謂拂人之性 菑必逮夫身 1018 是故君子有大道 必忠信以得之 驕泰以 失之 1019 生財有大道 生之者衆 食之者寡 爲之 者疾 用之者舒 則財恒足矣 1020 仁者 以財發身 不仁者 以身發財 1021 未有上好仁 而下不好義者也 未有好義 其事不終者也 未有府庫財 非其財者也	1002 所惡於上 毋以使下 所惡於下 毋以事 上 所惡於前 毋以先後 所惡於後 毋以從前 所惡於右 毋以交於左 所惡於左 毋以交於右 此之謂絜矩之道也 0902 康誥日 如保赤子 心誠求之 雖不中 不 遠矣未有學養子而后 嫁者也 1003 詩云 樂只君子 民之父母 民之所好 好 之 民之所惡 惡之 此之謂民之父母 0304 詩云 瞻彼淇澳 菉竹猗猗 有斐君子 如 切如磋 如琢如磨 瑟兮僩兮 赫兮喧兮 有斐君 子 終不可諠兮 如切如磋者 道學也 如琢如磨 者 自修也 瑟兮僩兮者 恂慄也 赫兮喧兮者 威儀也 有斐君子 終不可諠兮者 道盛德至善 民之不能忘也 0305 詩云 於戲 前王不忘 君子 賢其賢而親 其親 小人 樂其樂而利其利 此以沒世不忘也 1004 詩云 節彼南山 維石巖巖 赫赫師尹 民 具爾瞻 有國者 不可以不愼 辟則爲天下僇矣 1005 詩云 殷之未喪師 克配上帝 儀監于殷 峻命不易 道得衆則得國 失衆則失國 1011 康誥日 惟命不于常 道善則得之 不善 則失之矣 1014 秦誓日 若有一介臣 斷斷兮 無他技 其 心 休休焉 其如有容焉 人之有技 若己有之 人之彦聖 其心好之 不啻若自其口出 寔能容 之 以能保我子孫黎民 尙亦有利哉 人之有技 娼疾以惡之 人之彦聖 而違之 俾不通 寔不能 容 以不能保我子孫黎民 亦日 殆哉 1015 唯仁人放流之 进諸四夷 不與同中國 此謂唯仁人爲能愛人 能惡人 1016 見賢而不能舉 舉而不能先 命也 見不 善而不能退 退而不能遠 過也 1017 好人之所惡 惡人之所好 是謂拂人之性 菑必逮夫身 1018 是故君子有大道 必忠信以得之 驕泰以 失之 1006 是故君子 先愼乎德 有德 此有人 有人 此有土 有土 此有財 有財 此有用 1007 德者本也 財者末也 1008 外本内末 爭民施奪

1022 孟獻子曰 畜馬乘 不察於鷄豚 伐冰之家 不畜牛羊 百乘之家 不畜聚斂之臣 與其有聚 斂之臣 寧有盜臣 此謂國不以利爲利 以義爲利也 1023 長國家而務財用者 必自小人矣 彼爲善之 小人之使爲國家 菑害 並至 雖有善者 亦無如之何矣 此謂國 不以利爲利 以義爲利也	1009 是故財聚則民散 財散則民聚 1010 是故言悖而出者 亦悖而入 貨悖而入者 亦悖而出 1019 生財有大道 生之者衆 食之者寡 爲之者疾 用之者舒 則財恒足矣 1020 仁者 以財發身 不仁者 以身發財 1021 未有上好仁 而下不好義者也 未有好義其事不終者也 未有府庫財 非其財者也 1012 楚書曰 楚國無以爲寶 惟善以爲寶 1013 舅犯曰 亡人無以爲寶 仁親以爲寶 1022 孟獻子曰 畜馬乘 不察於鷄豚 伐冰之家 不畜牛羊 百乘之家 不畜聚斂之臣 與其有聚 斂之臣 寧有盜臣 此謂國不以利爲利 以義爲利也 1023 長國家而務財用者 必自小人矣 彼爲善之 小人之使爲國家 菑害 並至 雖有善者 亦無如之何矣 此謂國 不以利爲利 以義爲利也

제2장 숙종대 소론 변통론의 계통과 탕평론
—명곡 최석정을 중심으로—

1. 머리말

　정치세력의 이합집산과 정치적 대립·갈등은 어느 시대나 있는 일이다. 여기에는 개인적 또는 집단적 이해관계나 권력욕 등이 작용하기 마련이다. 특히 교통·통신이 발달되지 못한 전근대에는 혈연이나 지연과 같은 요인에 의해 좌우되는 것을 피하기 어렵다. 그리고 조선왕조와 같이 유교(儒敎)·주자학(朱子學)이라는 세련된 정치 이론이 지배하는 사회에서는 학연(學緣)이 매우 중요한 요인으로 작용하기도 하였다. 그렇지만 정치사 연구가 이들 요인들의 작용을 밝히는 것에서 멈춰서는 안 될 것이다. 정치 세력의 분열과 대립·갈등에는 사상(思想)과 정책(政策)의 차이에 의해 초래된 측면도 분명히 존재하기 때문이다. 정치사에서 이런 측면을 밝혀내지 못한다면 일제 식민사관의 당파성론을 극복할 수 없게 되고, 이는 결국 오늘날 정치 현실 속에 만연해 있는 정치에 대한 허무주의와 정치적 무관심을 방조하는 결과를 초래할 수 있다.

　조선시기 붕당(朋黨)의 성립과 분열, 그들 사이에 전개된 대립·갈등 역시 그 저변에는 사상적 차이가 깔려 있다고 보아야 할 것이다. 16세기 후반부터 나타난 동인과 서인, 남인과 북인 등의 분열과 갈등은 조선주자학(朝鮮朱子學)이 정착되는 과정에서 드러난 학문적 사상적 개성과 체질의 차이에 의해 초래된 것이었다. 그런데 숙종대 서인이 노론(老論)과 소론(少論)으로 분열되기에 이른 것은 우선 시기적으로 앞서의 분열과 100여 년의 차이가 날 뿐만 아니라 몇 가지 측면에서 이전과는 다른 배경 속에서 전개되었다.[1]

첫째는 기축옥사(己丑獄事, 1589)와 인조반정(仁祖反正, 1623)에 의한 사상적 지형의 변화이다. 16세기 후반에 이황(李滉)과 이이(李珥)에 의해 소위 '조선주자학'이 형성된 이후에도 서경덕(徐敬德)의 화담학파(花潭學派), 조식(曺植)의 남명학파(南冥學派)와 같은 정주이학(程朱理學)에 이질적인 학문 조류가 분명히 존재하였다.[2] 이들이 이황의 퇴계학파와 함께 동인으로

---

1) 숙종대의 정치사에 대해서는 다음과 같은 논고가 있다. 金相五, 1974, 「懷尼師生論의 是非와 丙申處分에 대하여」, 『論文集』 1, 전북대 문리대 ; 鄭奭鍾, 1983, 『朝鮮後期社會 變動硏究』, 一潮閣 ; 洪順敏, 1986, 「肅宗初期의 政治構造와 換局」, 『韓國史論』 15, 서울 대 국사학과 ; 李銀順, 1988, 『朝鮮後期黨爭史硏究』, 一潮閣 ; 禹仁秀, 1993, 「朝鮮 肅宗代 政局과 山林의 機能」, 『國史館論叢』 43, 국사편찬위원회 ; 鄭景姬, 1993, 「肅宗代 蕩平論 과 '蕩平'의 시도」, 『韓國史論』 30, 서울대 국사학과 ; 禹仁秀, 1994, 「朝鮮 肅宗朝 南溪 朴世采의 老少仲裁와 皇極蕩平論」, 『歷史敎育論集』 19, 慶北大 師範大學 歷史敎育 科 ; 朴光用, 1994, 「朝鮮後期 '蕩平' 硏究」, 서울대 박사논문 ; 金世奉, 1995, 「朝鮮 肅宗初 老少分岐에 대한 一考察」, 『史學志』 第28輯, 檀國大史學會 ; 鄭景姬, 1995, 「숙종 후반기 탕평 정국의 변화」, 『韓國學報』 79, 일지사 ; 李熙煥, 1995, 『朝鮮後期黨爭硏究』, 國學資料院 ; 김용흠, 1996, 「朝鮮後期 老·少論 分黨의 思想基盤」, 『學林』 17, 연세대 사학연구회 ; 정홍준, 1996, 『조선 중기 정치권력구조 연구』, 高麗大 民族文化硏究 所 ; 金駿錫, 1997, 「탕평책 실시의 배경」, 『한국사 32』, 국사편찬위원회 ; 車長燮, 1997, 『朝鮮後期閥閱硏究』, 一潮閣 ; 金駿錫, 1998, 「18세기 蕩平論의 전개와 王權」, 『東洋 三國의 王權과 官僚制』, 國學資料院 ; 李迎春, 1998, 『朝鮮後期 王位繼承 硏究』, 集文堂 ; 洪順敏, 1998, 「붕당정치의 동요와 환국의 빈발」, 『한국사 30』, 국사편찬위 원회 ; 朴光用, 1999, 「肅宗代 己巳換局에 대한 검토」, 『東洋學』 29, 단국대 동양학 연구소 ; 禹仁秀, 1999, 『朝鮮後期 山林勢力 硏究』, 一潮閣 ; 김용흠, 2000, 「朝鮮後期 肅宗代 老·少論 對立의 論理」, 『韓國史의 構造와 展開』, 河炫綱敎授定年紀念論叢, 혜안 ; 2001, 「肅宗代 後半의 政治 爭點과 少論의 內紛」, 『東方學志』 111, 연세대 국학연구원 ; 李在喆, 2001, 『朝鮮後期 備邊司硏究』, 集文堂 ; 윤정, 2004, 「숙종대 端宗 追復의 정치사 적 의미」, 『韓國思想史學』 22, 韓國思想史學會 ; 이상식, 2005, 「숙종 초기의 왕권안정 책과 경신환국」, 『朝鮮時代史學報』 33, 朝鮮時代史學會 ; 2005, 「조선 肅宗代 君師父一 體論의 전개와 왕권강화」, 『韓國史學報』 20, 高麗史學會 ; 윤정, 2006, 「숙종대 太祖 諡號의 追上과 政界의 인식」, 『東方學志』 134, 延世大 國學硏究院 ; 2006, 「숙종대 『聖學輯要』進講의 경위와 의미」, 『南冥學硏究』 21, 慶尙大學校 慶南文化硏究院 南冥學硏 究所 ; 김용흠, 2009, 「조선후기의 왕권과 제도정비」, 이태진교수 정년기념논총간행 위원회, 『국왕, 의례, 정치』, 태학사.

묶여 있다가 퇴계학파의 남인과 분리되어 북인을 형성하게 된 중요한 원인도 그 사상적 차이에서 찾아져야 할 것이다. 그런데 기축옥사와 인조반정에 의해서 이들이 정계의 주도권을 상실한 것은 정주이학 일변도로 정계와 사상계가 재편되었음을 의미한다. 즉 17세기 후반 서인의 분열은 주자학 진영 자체의 내부 분열의 성격을 갖고 있다는 것이다. 이것은 노·소론의 분열이 이전 시기의 분열에 비해 학문 내적인 측면보다는 학문 외적 측면에 의해 초래될 가능성이 상대적으로 더 크다는 점을 시사하는 것으로 볼 수 있다.

둘째로, 서인의 분열이 이전 시기에 비해 아주 더디게 일어났다는 점이다. 사실 선조대 이후 정치 과정에서 집권 세력은 반드시 분열하는 일이 공식처럼 반복되었다. 동인이 남인과 북인으로 분열한 것이나, 북인이 대북과 소북으로 분열되고, 또 대북이 골북과 육북으로 분열된 것이 그러하였다. 그리고 이들의 분열은 모두 붕당이 발생한 지 50년 안에 모두 일어났다. 그런데 인조반정을 주도하여 집권한 서인 세력이 노론과 소론으로 분열하기까지 50여 년 이상의 기간이 경과되었다. 물론 그 사이에 서인이 단일한 정치집단으로서 단결되어 있었던 것만은 아니었다. 반정 초에 이미 공서(功西)와 청서(淸西), 노서(老西)와 소서(少西)의 명목이 나왔으며, 인조 말에는 원당(原黨)과 낙당(洛黨), 효종·현종 연간에는 한당(漢黨)과 산당(山黨) 등의 명목도 등장하여 그때그때 정치적 갈등의 중심이 되었다. 그러나 이러한 색목들은 단기적으로 명멸하였을 뿐 노론과 소론처럼 장기적이고 지속적인 정치적 구심점을 마련하지는 못하였다. 17세기 말에 등장한 노론과 소론은 18세기 탕평(蕩平) 정국을 주도한 주요 정치 세력이었으며, 19세기 세도정치기(勢道政治期)에도 그 명맥을 이어가고 있었다.

이러한 몇 가지 측면을 고려해 볼 때 서인의 분열은 학문적 사상적 개성이나 체질보다는 현실인식과 정책의 차이가 보다 우선적으로 작용하여 초래되었을 수도 있다. 인조반정 이후 서인 세력은 정주이학이라는 동일한

---

2) 화담학파와 남명학파의 사상적 특징에 대해서는 신병주, 2000, 『남명학파와 화담학파 연구』, 일지사 ; 정호훈, 2004, 『朝鮮後期 政治思想 硏究』, 혜안 참조.

사상적 지평 속에 포섭되어 있었다. 특히 '반정'의 명분으로 주자학 명분론과 의리론을 선양하면서 집권하였으므로, 주자학 정치사상 가운데서도 명분론적인 지향이 강화될 수밖에 없었다. 그러나 '양란기(兩亂期)'의 변화하는 국내외적 현실과 관련하여 주자학 명분론과 의리론만으로는 조선왕조가 직면한 국가적 위기에 대처해 나가는 데 많은 한계를 노출하였다. 그러자 서인 가운데 그것만을 고집하지 않고 의리론을 범유교적 차원으로 확대 해석하면서 현실에 적합한 대처 방안을 모색하고 정치적 행동으로 표출하려는 관인(官人)·유자(儒者)들이 속속 등장하였다. 이들이 내세운 것이 바로 변통론(變通論)이었다. 그리하여 인조대 이래 주자학 정치론이 의리론과 변통론의 대립 구도 속에서 분화되었는데, 그것이 정치세력의 분화로 귀결된 것이 바로 숙종대 노론과 소론의 분열이 아닌가 한다.3)

본 장에서는 이러한 시각에서 최석정(崔錫鼎, 1646~1715)을 중심으로 소론의 계보를 추적하여 그 연원과 계통을 밝히고, 소론 변통론과 노론 의리론의 대립 갈등이 조선후기 정치사에서 진보와 보수의 대립이었음을 드러내고자 한다. 최석정은 반정공신으로서 인조대 정국을 주도했던 최명길(崔鳴吉, 1586~1647)의 손자이다.4) 최명길은 잘 알려진 것처럼 두 차례의 호란에서 주화론(主和論)을 주도하였는데,5) 소론의 중심이 된 윤증(尹拯,

---

3) 인조대 정치를 이러한 시각에서 접근한 논고로서 金容欽, 2006, 『朝鮮後期 政治史 研究-仁祖代 政治論의 分化와 變通論』I, 혜안이 있다.

4) 崔錫鼎에 대해서는 다음 논고가 있다. 신병주, 1994, 「17세기 후반 소론학자의 사상」, 『역사와 현실』 13, 한국역사연구회 ; 姜信曄, 1994, 「崔錫鼎의 政治思想」, 『東國史學』 28, 東國史學會 ; 同, 「崔錫鼎의 生涯와 思想」, 『芝邨金甲周敎授華甲紀念史學 論叢』; 李在喆, 2000, 「朝鮮後期 明谷 崔錫鼎의 現實認識과 政局運營 方案」, 『李樹健敎授 停年紀念 韓國中世史論叢』; 姜信曄, 2001, 『朝鮮後期 少論 研究』, 봉명.

5) 崔鳴吉에 대해서는 다음 논고가 있다. 吳洙彰, 1985, 「仁祖代 政治勢力의 動向」, 『韓國史 論』 13, 서울대 국사학과 ; 李綺南, 1992, 「崔鳴吉의 政治活動과 權力構造 改編論」, 『擇窩許善道先生停年紀念韓國史學論叢』, 一潮閣 ; 李在喆, 1992, 「遲川 崔鳴吉의 經世觀 과 官制變通論」, 『朝鮮史研究』 1, 朝鮮史研究會 ; 조성을, 1992, 「17세기 전반 서인관료의 사상」, 『역사와 현실』 8, 역사비평사 ; 金泰永, 2003, 「遲川 崔鳴吉의 現實 變通論」, 『道山學報』 9, 道山學研究院 ; 배우성, 2003, 「사회정책적 논의의 정치적 성격」, 한국 역사연구회 17세기 정치사 연구반(이하 '한역연'으로 줄임), 『조선중기 정치와 정책』, 아카넷 ; 金容欽, 2006①, 「遲川 崔鳴吉의 責務意識과 官制變通論」, 『朝鮮時代史

1629~1714)은 당시에 척화론(斥和論)을 주도했던 윤황(尹煌)·윤선거(尹宣擧) 집안에 속하였다. 노론과 소론의 분열과 갈등에는 송시열(宋時烈)과 윤증의 대립·갈등을 밝히는 것도 중요하지만, 최석정과 윤증이 선대에는 주화파와 척화파로 그 입장을 달리하였는데 어떻게 후대에 소론이라는 동일한 당색을 이루게 되었는가도 밝혀져야 할 것이다. 인조대 주화파와 척화파의 대립은 효종·현종대 한당과 산당의 대립으로 이어졌으며, 이러한 흐름이 결국 숙종대 소론과 노론의 분열로 귀결되었는데, 여기에는 변통론과 의리론의 대립이 그 저변에 깔려 있었다. 본 장에서는 이것을 소론 변통론의 계통을 통해서 밝히고, 최석정의 정치노선을 통해서 숙종대에 등장한 탕평론의 성격을 규명해 보고자 한다.

2. 숙종대 소론의 형성과 변통론

1) 서인의 분열과 소론의 형성

숙종대 서인이 노론과 소론으로 분열된 것은 경신환국(庚申換局, 1680) 직후의 일이었다.[6] 갑인예송(甲寅禮訟, 1674)에서 남인들의 예론을 지지했던 김석주(金錫胄)·김만기(金萬基) 등 척신세력은 남인 영수 허적(許積)을 중심으로 군사권 장악 음모가 노골화되자 숙종과 함께 남인을 내치고 송시열과 김수항(金壽恒) 등 서인 세력을 불러들인 것이 바로 경신환국이었다.

學報』 37, 朝鮮時代史學會 ; 원재린, 2007, 「遲川 崔鳴吉의 학문관과 정치운영론」, 『한국사상사학』 29, 한국사상사학회. 인조대 胡亂 당시의 主和·斥和 논쟁에 대해서는 김용흠, 2006, 앞 책, 제4장 참조.

6) 老·少論의 분열에 대해서는 앞의 주 1)에 제시된 논고와 함께 그 이전에 나온 다음 연구가 있어 참고 된다. 幣原坦, 1907, 『韓國政爭志』, 三省堂書店 ; 小田省吾, 1923, 「李朝政爭略史」, 『朝鮮史講座』 分類史, 朝鮮史學會 ; 玄相允, 1949, 『韓國儒學史』, 民衆書館 ; 李丙燾, 1958, 『韓國儒學史草稿』(프린트 本), 서울대 문리대 국사연구실 ; 成樂熏, 1965, 「韓國政爭史」, 『韓國文化史大系』[2], 高麗大 民族文化研究所 編 ; 姜周鎭, 1971, 『李朝黨爭略史』, 서울대 출판부.

환국 이후 이들 척신 세력은 남인 세력을 뿌리째 뽑아버리기 위해 기찰(譏察)과 고변(告變)을 통한 정탐정치(偵探政治)까지 동원하는 것을 마다하지 않았다. 삼사의 언관들이 이를 비판하면서 서인 내에서 노론과 소론의 명목이 처음 등장하였다. 경신환국 이후의 이러한 서인의 분열은 대각(臺閣)과 낭묘(廊廟)의 대립이라는 양상으로 전개되었는데, 이는 사류(士類)와 훈척(勳戚)의 대립이라는 16세기 전반 사화(士禍) 당시의 사림파와 훈구파의 대립과 유사한 형태로도 인식되었다.[7] 즉 삼사에 포진한 연소 청류(淸流)들이 훈척의 정탐정치를 비판한 것은 사림정치(士林政治)의 원칙인 공론정치(公論政治)를 내세우면서 전개되었던 것이다.

그런데 당시에 사림정치의 상징적 인물이자 서인 산림을 대표하는 송시열이 연소 청류의 기대를 저버리고 훈척을 지지하였다. 송시열이 사림정치와 공론정치의 원칙을 저버리고 훈척의 정탐정치를 긍정한 것은 남인을 축출하는 것이 다른 어떤 문제보다도 중요하다는 논리에 근거한 것이었다.[8] 즉 송시열은 자신의 군자(君子) 일붕당론(一朋黨論)을 실현하는 것이 사림정치와 공론정치의 원칙을 지키는 것보다 중요하다고 판단한 것이었다.[9]

송시열의 이러한 논리와 입장은 재야와 재조를 막론하고 서인 내부에서 큰 파장을 일으켰다. 삼사의 연소한 언관들을 포함하여 조정에 포진한 관료들 사이에서도 이에 대한 찬반이 서로 나뉘었다. 당시 재조 관료들의 분열은 효종·현종대 경세 관료와 산림 계열 관료 사이의 대립의 연장선상에서 전개되었다. 이른바 '회니시비(懷尼是非)'라고 칭해지는 송시열과 윤증의 대립 역시 그러한 송시열의 입장과 밀접한 관련이 있었는데, 이것은 결국 서인 산림의 분열을 의미하는 것이었다. 이와 같이 서인이 노·소론으로 분열된 것은 연소배와 훈척의 대립에서 경세 관료와 산림 계열 관료의 대립, 나아가서는 서인 산림의 분열로까지 확대된 결과였다.

---

7) 『숙종실록보궐정오』 권14, 숙종 9년 계해 윤6월 28일 무진.
8) 『숙종실록』 권14, 숙종 9년 계해 3월 2일 갑진.
9) 金駿錫, 2003, 『朝鮮後期 政治思想史 研究—國家再造論의 擡頭와 展開』, 지식산업사, 283~291쪽 ; 김용흠, 2000, 앞 논문, 662쪽.

인조대 주화론과 척화론의 대립은 주자학 정치론이 변통론과 의리론의 대립 구도로 분화된 것을 반영한 것이었다. 반정 초의 개혁 국면에서 국가의 유지·보존을 통한 보민(保民)을 모색하는 변통론자들에 의해 양전(量田)과 대동(大同), 호패(號牌)와 균역(均役)이 논의되고, 관인·유자 사이에서 점차 지지자를 확대시켜 갔다. 이들은 호패법 시행에 역량을 집중시켜 나가고자 하였지만 의리론자들의 반발과 정묘호란으로 호패법은 결국 결실을 보지 못하고 폐기되고 말았다. 제도 개혁을 통한 국가체제의 재정비와 그를 통한 국방력 강화가 지지부진한 상황에서 후금(後金)=청(淸)과 정면으로 맞서는 것은 무모한 일이었다. 여기에 변통론자들이 주화론을 취하게 되는 필연성이 있었다. 이에 대해 의리론자들은 주자학 명분론과 화이론(華夷論)으로 대표되는 자신들의 이념을 국가 그 자체보다 중시하면서 척화론의 입장에 섰다.10)

효종대에는 그러한 대립 구도가 한당과 산당의 대립으로 나타났다. 대동법 시행을 두고 김육(金堉)·조익(趙翼) 등 변통론자들이 김집(金集)·김상헌(金尙憲) 등 의리론자들과 서로 대립한 것이 그것이었다.11) 현종대에도 대동법의 확대 시행과 사족수포(士族收布) 문제가 논의되는 가운데 변통론과 의리론의 대립 구도는 의연히 지속되었다. 이때는 효종대의 김육을

---

10) 김용흠, 2006, 앞 책.

11) 효종대 정국 동향에 대해서는 다음을 참조. 車文燮, 1973, 『朝鮮時代軍制研究』, 단국대출판부 ; 李離和, 1975, 「北伐論의 思想史的 檢討」, 『創作과批評』 38, 창작과비평사 ; 平木實, 1982, 『朝鮮後期奴婢制研究』, 知識産業社 ; 李泰鎭, 1985, 『朝鮮後期의 政治와 軍營制 變遷』, 韓國研究院 ; 金安淑, 1986, 「孝宗年間 奴婢推刷都監 설치의 배경과 성격」, 『嶠南史學』 2, 嶺南大 國史學會 ; 李京燦, 1988, 「조선 효종조의 북벌운동」, 『淸溪史學』 5, 청계사학회 ; 全炯澤, 1989, 『朝鮮後期奴婢身分研究』, 一潮閣 ; 禹仁秀, 1990, 「朝鮮 孝宗代 北伐政策과 山林」, 『歷史教育論集』 15, 歷史教育學會 ; 鄭萬祚, 1992, 「17世紀 中葉 山林勢力(山黨)의 國政運營論」, 『擇窩許善道先生停年紀念 韓國史學論叢』 ; 吳恒寧, 1993, 「朝鮮 孝宗代 政局의 變動과 그 性格」, 『泰東古典研究』 9, 翰林大 泰東古典研究所 ; 李根浩, 1993, 「孝宗代 執權西人의 賦稅制度變通論」, 『北岳史論』 3, 북악사학회 ; 李迎春, 1998, 「붕당정치의 전개」, 『한국사 30』, 국사편찬위원회 ; 鄭萬祚, 1999, 「17세기 중반 漢黨의 정치활동과 國政運營論」, 『韓國文化』 23, 서울대 한국문화연구소 ; 崔完基, 1999, 「17世紀 危機論과 孝宗의 經濟政策」, 『國史館論叢』 86, 국사편찬위원회 ; 한역연, 2003, 『조선중기 정치와 정책』, 아카넷 ; 김용흠, 2009, 앞 글.

이어서 그 아들인 김좌명(金左明)과 서필원(徐必遠) 등이 대동법 시행에 적극적이었는데, 송시열 등 의리론 계열에서는 공안(貢案) 개정을 내세우면서 이를 반대하거나 소극적 자세를 보였다.[12] 보다 중요한 것은 이 시기 변통론 진영에서 대동법과 사족수포론을 정치의 중심 현안으로 제기한 것에 대해서 의리론 진영에서는 명분과 의리 문제로 정치 쟁점을 치환시켰다는 점이다. 효종 9년 김육이 죽자 김좌명 형제가 묘에 수도(隧道)를 써서 장례를 치른 것을 송시열 일파가 참례(僭禮)라고 탄핵한 것,[13] 병자호란 당시 조모의 순절(殉節)을 이유로 청국 사신의 접대를 거부한 김만균(金萬均)의 사의론(私義論)을 옹호하면서 서필원 등 공의론(公義論)을 주장하는 신료들과 대립한 것 등은 그 대표적인 경우였다.[14] 숙종대 정국에서 이들 변통론 계열의 관료들은 몇 사람의 예외를 제외하고 대체로 소론의 입장에 섰다.

서인 산림(山林)의 연원을 이루었던 인조대 척화파 내부에도 변통론자가 없었던 것은 아니었다. 윤황(1571~1639)·유백증(兪伯曾, 1587~1646)·조석윤(趙錫胤, 1606~1655) 등은 변통론을 주장했음에도 불구하고 주화론자들과 공조하지 못하고 척화론의 입장에 섰다.[15] 그렇지만 이들의 입장은 정축년(1637) 성하지맹(城下之盟) 이후 형성된 서인 산림 내부의 변통론 계열로 이어졌다. 즉 효종대에는 반청척화(反淸斥和) 의리론의 본영이었던 서인 산림 계열 내부에서도 변통론과 의리론의 대립 구도가 발생하였던 것이다. 정축년에 당한 성하지맹의 치욕을 씻기 위해서는 제도 개혁을 통해서 부국강병을 달성해야 한다고 주장한 변통론자들의 입장은 복수설치의 의리

---

12) 현종대 정국 동향에 대해서는 다음을 참조. 이태진, 1985, 앞 책 ; 李迎春, 1989, 「제1차 禮訟과 尹善道의 禮論」,『淸溪史學』6, 청계사학회 ; 鄭萬祚, 1991,「朝鮮 顯宗朝의 私義·公義 論爭」,『韓國學論叢』14, 國民大 ; 李成茂, 1992,「17世紀의 禮論과 黨爭」,『朝鮮後期 黨爭의 綜合的 檢討』, 韓國精神文化研究院 ; 정만조, 1992, 앞 논문 ; 禹仁秀, 1992,「朝鮮 顯宗代 政局의 動向과 山林의 役割」,『朝鮮史研究』1, 조선사연구회 ; 정홍준, 1996, 앞 책 ; 우인수, 1999, 앞 책 ; 이영춘, 1998, 앞 글 ; 정만조, 1999, 앞 논문 ; 한역연, 2003, 앞 책 ; 김용흠, 2009, 앞 글.

13)『효종실록』권21, 효종 10년 기해 4월 무술.

14) 정만조, 1991, 앞 논문.

15) 김용흠, 2006, 앞 책, 235~245쪽.

그 자체를 자신만의 정치적 명분으로 독점하려는 의리론적 지향과 갈등하였다. 윤선거와 유계가 전자의 변통론적 입장을 대표한다면 송시열·송준길(宋浚吉)은 후자의 의리론적 지향을 대표하였다.[16]

이 시기에 송시열 계열에서는 남인에 대한 공격을 강화하여 조정에서 배제하려 하였는데, 이는 윤선거의 강력한 비판에 직면하였다. 특히 송시열이 윤휴(尹鑴)를 이단(異端)으로 규정하고 공격하자 윤선거는 변통론을 실현하기 위해서는 윤휴를 포용하여 등용해야 한다고 주장하였다. 즉 송시열이 주자학 의리론의 핵심인 벽이단론(闢異端論)을 내세우면서 윤휴로 대표되는 남인을 정국 운영에서 배제하려는 군자 일붕당론을 지향하였다면 윤선거는 변통론의 입장에서 파붕당론(破朋黨論)을 강력하게 주장하면서 이를 비판하였던 것이다. 숙종대에 표면화된 이른바 '회니시비', 즉 송시열과 윤증의 대립은 효종·현종 연간의 송시열과 윤선거의 대립의 연장선상에서 전개된 것이었는데, 이는 의리론과 변통론, 군자 일붕당론과 파붕당론의 대립이기도 하였던 것이다.[17]

이렇게 본다면 인조대에는 주화파와 척화파로 대립하였던 최명길과 운황 집안이 숙종대에는 변통론이라는 공감대 위에서 서로 공조할 수 있는 가능성이 열린 셈인데, 조정에서 이를 실천한 것이 최명길의 손자인 최석정·최석항(崔錫恒) 형제였다. 이들은 경신환국 이후 삼사에서 활동하면서 훈척의 정탐정치를 비판하는 연소 명류(名流)의 일원이 되었다. 그리고 윤선거의 묘갈명을 둘러싼 송시열과 윤증 사이의 갈등이 조정에까지 비화되자, 윤선거와 윤증을 적극적으로 옹호하였다.[18] 이로써 인조대 이래로 주화파와 척화파로 계열을 달리하였던 두 집안이 숙종대에는 변통론과 파붕당론의 공감대 위에서 동일한 정치세력의 일원이 될 수 있었던 것이다. 요컨대 인조대 이래 주자학 정치사상에 입각하여 정국을 주도해 오던 유력한 정치

---

16) 김용흠, 2005, 「17세기 政治的 갈등과 朱子學 政治論의 分化」, 오영교 편, 『조선후기 체제변동과 속대전』, 혜안.

17) 김용흠, 위 논문.

18) 신병주, 1994, 앞 논문 ; 이재철, 2000, 앞 논문.

집단이었던 서인은 산림과 관료를 막론하고 모두 의리론과 변통론의 대립 구도 속에서 분화되어, 숙종대 이르러서는 노론과 소론이라는 서로 다른 정치 세력으로 분화되기에 이른 것이다.

2) 최석정과 소론 변통론의 계통

최석정은 남구만(南九萬, 1629~1711)과 박세채(朴世采, 1631~1695)의 제자이고 이경억(李慶億, 1620~1673)의 사위였다. 이경억·이경휘(李慶徽, 1617~1669) 형제는 현종대 경세관료로 활동하면서 송시열 등의 산림 계열과 대립하였다. 이들은 고려시대 익재(益齋) 이제현(李齊賢)의 후손으로서 5대조 이공린(李公麟)은 사육신 박팽년(朴彭年)의 사위였고, 그 아들 이원(李黿)은 김종직(金宗直)·김굉필(金宏弼)의 문인으로서 무오·갑자사화 피화인이었다.[19] 최석정 집안 역시 고려시대 이래의 유서 깊은 관료 집안이었지만 사화의 피해를 입은 자는 없었다.[20] 최석정 집안으로서는 이경억 집안과의 혼인으로 가문의 의리론적 위상을 높일 수 있었을 것이다. 이경억의 부 이시발(李時發, 1569~1626)은 선조·광해군대의 군사 전문가로서 이항복(李恒福)·이덕형(李德馨) 등의 깊은 신임을 받았으며, 인조반정 이후 최명길 등과 함께 국방력 강화에 노력하였다.[21]

이경억·이경휘 형제는 효종대부터 당시의 국가적 위기를 타개하기 위해서는 각종 법과 제도의 변통과 개혁이 반드시 필요하다고 주장하였다.[22] 그리고 이것을 실현하기 위해서는 붕당이 반드시 타파되어야 한다고 보고 있었다.[23] 그런데 이들의 이러한 지향에 대하여 남인보다 오히려 서인

---

19) 崔錫鼎, 『明谷集』 권28, 「華谷李相國行狀」, 民族文化推進會 편, 『標點影印 韓國文集叢刊』 154집 440쪽(이하 '총간 154-440'로 줄임).

20) 최석정, 『명곡집』 권29, 「先祖領議政完城府院君文忠公行狀」, 총간 154-450.

21) 南九萬, 『藥泉集』 권23, 「刑曹判書李公請諡行狀」, 총간 132-355~356.

22) 『효종실록』 권15, 효종 6년 을미 7월 계묘, "願殿下 勿徒誘之傅會 而亟思所以修明政敎 迂續景命者爲治 則毋狃於苟安 毋憚於更張 征謀治法 講究靡遺 以戒偣差猶豫之失."

23) 『명곡집』 권28, 「華谷李相國行狀」, 총간 154-443, "請上勤學正心 求賢詰戎 立紀綱 破朋

가운데 산림 계열 관료가 제동을 거는 일이 많았는데, 그 중심에 송시열이 위치하고 있었다. 현종대 들어서 이들 형제들이 송시열과 갈등한 것은 바로 이 때문이었다. 앞서 언급한 김만균의 일로 서필원이 송시열과 갈등한 것은 그 대표적인 사례인데, 이들 형제들은 김시진(金始辰, 1618~1667)·이상진(李尙眞, 1614~1690) 등과 함께 서필원(徐必遠, 1614~1671)을 지지하는 입장에 섰다.[24]

1663년(현종 4) 수찬 김만균이 청사(淸使)의 접대를 거부하면서 시작된 이 논쟁은 사의론과 공의론의 대립이라는 성격을 띠고 있었다. 즉 병자호란 당시 강화도에서 순절한 조모에 대한 복수의 의리로 보아 김만균이 청사 접대를 거부하는 것은 정당하다는 사의론에 대해서, 인신(人臣)으로서 개인적인 의리를 내세워서 국사(國事)를 저버리는 것을 용납해서는 안 된다는 공의론의 대립이었다. 여기에는 명분론과 현실론, 세도론(世道論)과 존군론(尊君論)의 갈등이 내포되어 있었는데, 신료들 내부에서도 준론(峻論)과 완론(緩論)의 대립으로 확대되고 있었다.[25] 이경억 형제를 포함한 완론자들 대부분이 당시의 국가적 위기를 타개하기 위해서는 변통과 경장이 시급하다는 입장이었으므로 주자학 명분론과 의리론을 극대화시켜서 국사를 도외시하려는 사의론은 용납하기 어려운 일이었다. 이것은 인조대 척화론과 주화론의 대립과 유사한 성격을 띤 것으로서 그 저변에는 의리론과 변통론의 대립 구도가 깔려 있었다고 볼 수 있다.

이경휘·이경억·이상진은 송시열·송준길과 함께 김집의 문인이었고,[26] 서필원 역시 김집과 정홍명(鄭弘溟)에게 배웠으며,[27] 김시진도 젊었을 때 송시열·송준길과 '정호불소(情好不疏)'한 관계였다.[28] 따라서 이들은 모두

黨."

24) 『명곡집』 권23, 「吏曹判書春田李公神道碑銘」, 총간 154-321 ; 朴世堂, 『西溪集』 권13, 「禮曹參判金公墓碣銘」, 총간 134-266.
25) 정만조, 1991, 앞 논문.
26) 우인수, 1999, 앞 책, 47쪽.
27) 徐必遠, 『六谷遺稿』 권6, 附錄, 「神道碑銘」, 총간 121-622.
28) 박세당, 『서계집』 권13, 「禮曹參判金公墓碣銘」, 총간 134-265.

이이·성혼에서 김장생(金長生)·김집으로 이어진 주자학 정치사상을 공유하고 있다고 보아야 할 것인데, 그럼에도 불구하고 이들이 갈등을 일으킨 것은 현실인식의 차이에서 나온 것이었다. 즉 양란 이후의 국가적 위기에 대처하는 방안으로서 주자학 명분론과 의리론을 강화시킬 것인가 아니면 전반적인 제도 개혁을 우선할 것인가를 두고 발생한 인식의 차이에서 비롯된 것이었다. 이 시기 관인·유자들을 지배하고 있던 주자학 정치론은 이처럼 현실 인식을 매개로 하여 의리론과 변통론의 대립 구도로 분화되고 있음을 이 사건은 분명하게 보여주었다.

이들 가운데 이경휘 형제를 비롯하여 서필원과 김시진 등은 모두 현종대에 사거하였고, 이상진만이 숙종대까지 살아남았는데, 잘 알려진 것처럼 그는 서인이 노론과 소론으로 분열될 때 소론의 입장에 섰다. 그는 1683년(숙종 9) 김석주·김익훈 등의 정탐정치를 비판하는 삼사의 언관을 지지하였고, 1687년(숙종 13)에는 홍우원(洪宇遠) 등 남인들을 용서해야 한다고 주장하여 김만길(金萬吉)·이이명(李頤命)·한성우(韓聖佑) 등 노론 언관의 배척을 받았다.[29] 1688년(숙종 14)에는 송시열 문인들이 윤증을 '배사(背師)'로 공격하는 것에 대해 '당비편사(黨比偏私)'라고 송시열 문인들을 비판한 것 등이 그것이다.[30]

최석정은 이경휘·이경억 집안과 혼인 관계일 뿐만 아니라 이상진의 '문장(門墻)'에 출입하면서 그의 '지장(知奬)'을 받았다고 한다.[31] 또한 앞서 언급한 바와 같이 최석정은 남구만의 문인이기도 하였는데, 남구만은 이경휘 형제의 아비인 이시발의 시호를 청하는 행장을 지어서 인조반정 직후 국방력 강화를 위한 그의 노력을 높이 평가하면서, 그가 좀 더 오래 살았더라면 정묘·병자호란에 보다 잘 대처할 수 있었을 것이라고 아쉬워하였다.[32] 남구만은 김시진과는 이웃하여 살면서 평생 존경하는 관계였다고 한다.[33]

29) 『명곡집』 권34, 「右議政李公諡狀」, 총간 154-557.

30) 위와 같음, 총간 154-558.

31) 위와 같음, 총간 154-561.

32) 남구만, 『약천집』 권23, 「刑曹判書李公請諡行狀」, 총간 132-359.

그는 당시의 현실적인 모순을 타개하기 위해서는 근본적인 개혁이 필요하다는 입장이었다.[34] 이를 위해서는 반드시 붕당의 폐단이 타파되어야 할 뿐만 아니라 정치 안정이 필수적이라고 생각하였다. 그리하여 김만균의 일에 대해서 기본적으로 그의 유죄(有罪)를 인정하는 입장이었지만 그로 인한 정치적 파장이 확대되는 것은 막으려 하였다.[35] 경신환국 직후 남구만은 이상진과 함께 윤휴를 사사(賜死)하는 것에 반대하였다.

남구만은 기사환국까지는 송시열 계열과의 대립을 회피하였지만 그의 매부 박세당(朴世堂, 1629~1703)의 아들인 박태유(朴泰維)·박태보(朴泰輔)는 경신환국 이후 송시열의 정치노선을 가장 적극적으로 비판하면서 노·소론 분당의 주역이 되었다. 박세당은 현종대에 이경휘·이경억 형제를 비롯하여 서필원·김시진·이상진 등과 정치 노선을 같이하였다.[36] 그리고 박세당은 이경석(李景奭, 1595~1671)이 삼전도(三田渡) 비문(碑文)을 지은 일을 풍자한 송시열을 비판하였다가 갑술환국 이후 노론의 공격을 받고 결국 죽음을 맞이하기에 이르렀다.[37] 특히 박세당은 최명길의 주화론과 원종추숭(元宗追崇) 논쟁에서 견지하였던 별묘(別廟)론을 긍정적으로 평가하였다.[38] 인조대 박세당의 조부인 박동선(朴東善, 1562~1640)이 정묘호란 당시 척화론을 앞장서서 주장하였던 윤황과 정치 노선을 같이하였고, 원종추숭에 반대하는 입장이었다는[39] 점을 상기하면 이것은 중요한 인식의 변화였다.

숙종 연간까지도 사류, 또는 청류로 자처하는 사람들 대부분은 주화론과

33) 『약천집』 권16, 「禮曹參判金公墓誌銘」, 총간 132-203.
34) 남구만에 대해서는 다음 논고를 참조. 姜信曄, 1991, 「南九萬의 國防思想」, 『民族文化』 4, 民族文化推進會 ; 1993, 「南九萬의 政治思想」, 『素軒南都泳博士古稀紀念歷史學論叢』 ; 朴仁鎬, 1993, 「南九萬과 李世龜의 歷史地理研究」, 『歷史學報』 138, 歷史學會 ; 李在喆, 2001, 「士林政治期 南九萬의 現實認識과 政局運營論」, 『歷史敎育論集』 26, 역사교육학회.
35) 정만조, 1991, 앞 논문, 5쪽.
36) 김용흠, 1996, 앞 논문.
37) 이은순, 1988, 앞 책, 139~185쪽 ; 김용흠, 1996, 앞 논문.
38) 『서계집』 권7, 「遲川集序」, 총간 134-145 참조. 최명길의 주화론과 원종추숭 당시 그의 처신에 대한 자세한 내용은 김용흠, 2006, 앞 책 참조.
39) 『약천집』 권15, 「左參贊朴公墓誌銘」, 총간 132-174.

원종추숭에 대해 곱지 않은 시선을 보내고 있었다. 그런데 박세당이 이를 벗어난 것은 역시 당시 지배적이었던 주자학 명분론과 의리론에 얽매이지 않고 현실의 모순 그 자체를 직시하려는 그의 현실인식에서 나온 것으로 보아야 할 것이다.[40] 박세당의 형 박세후(朴世垕, 1627~1650)는 윤증(尹拯, 1629~1714)의 누이와 혼인하여 두 가문은 인척 관계를 맺었는데, 박세후가 후사 없이 죽자 박세당은 아들인 박태보를 양자로 들여보냈다.[41] 박세당·박태보 부자는 이처럼 윤증과 돈독한 관계를 유지하면서 당시의 정치를 비롯한 각종 현안에 대하여 서신을 통해 의견을 교환하고 입장을 조율하고 있었다.[42] 그 과정에서 당시의 현실에 대한 공감대를 마련해 나갔을 것으로 생각되는데, 여기서 최명길의 주화론과 예론에 대한 박세당의 새로운 인식은 윤증에게도 일정한 영향을 미쳤을 것으로 보인다. 이렇게 본다면 최명길 가문과 윤황 가문의 화해는 박세당 가문이 매개가 되었다고도 말할 수 있을 것이다. 1687년(숙종 13)에 송시열이 상소하여 사문난적인 윤휴를 도와 주자를 배반하였다고 윤선거를 공격하자, 박태보는 이에 맞서서 윤선거·윤증 부자를 변론하는 상소를 지어 올려 1684년(숙종 10) 최신(崔愼) 상소로 시작된 이른바 '회니시비'가 더욱 격화되기에 이르렀다.[43]

이 상소문에서 박태보는 윤선거가 강화도에서 '반드시 죽어야 할 의리는 없었다[無必死之義]'는 윤증의 주장을 적극 대변하였다.[44] 이는 현실론 또는 상황론이라고도 할 수 있는데, 윤증이 송시열의 윤선거 공격을 계기로 하여 주화론의 핵심 논리를 긍정한 셈이었다. 인조대 주화론은 대명의리론이나 '존주(尊周)의 의리' 그 자체를 부정한 것이 아니라 당시 국가가 처한

40) 박세당의 현실인식에 대해서는 다음을 참조. 김용흠, 1996, 앞 논문 ; 金駿錫, 1998, 「西溪 朴世堂의 爲民意識과 治者觀」, 『東方學志』 100, 연세대 국학연구원 ; 金駿錫, 1998, 「17세기의 새로운 賦稅觀과 士大夫生業論」, 『歷史學報』 158, 역사학회.

41) 尹拯, 『明齋遺稿』 권36, 「潘南朴君墓誌銘」, 총간 136-249.

42) 김용흠, 1996, 앞 논문.

43) 김용흠, 1996, 앞 논문, 71쪽.

44) 『甲乙錄』 권2, 「明齋答羅顯道兼示朴和叔」, 李離和 편, 『朝鮮黨爭關係資料集』 8, 驪江出版社 影印本, 1985, 200~201쪽(이하 『갑을록』 인용 쪽수는 이 영인본 쪽수를 가리킨다) ; 권3, 「前縣監羅良佐等疏」, 228쪽.

현실적인 상황에 비추어 강화(講和)가 불가피하다는 입장이었던 것이다.[45] 나아가서 윤증은 송시열이 청나라에 대한 복수설치의 의리를 절대화하고 자신의 정치적 명분으로 독점하려는 경향에 대하여 강하게 비판하였다.[46] 이렇게 본다면 이른바 '회니시비'는 인조대 주화론과 척화론의 논쟁이 숙종 대에 형태를 바꾸어 재현된 것으로 볼 수도 있을 것이다. 인조대에는 척화론 의 입장에 섰던 윤황의 후손인 윤증이 주화론의 핵심 논리를 긍정하면서 송시열의 척화론에 대항하는 형국이 전개된 것이었다. 효종대 이래 윤선거 가 변통론과 파붕당론을 주장하면서 송시열의 의리론과 군자 일붕당론에 맞선 것을 상기하면 이는 결국 변통론과 의리론의 대항 관계가 그 저변에 깔려 있음을 알 수 있다.

최석정은 기사환국 이전에 두 차례에 걸쳐 윤증 부자를 변론하는 상소를 올렸다. 첫 번째는 1685년(숙종 11) 윤증이 실록청에 보낸 편지를 찾아내어 조야에서 윤선거·윤증 부자를 공격하려는 노론의 움직임이 본격화되었을 때였다.[47] 이때 최석정은 숙종 앞에서 영의정 김수항에 맞서서 윤증을 변론하였지만 예문관 관원의 파직을 막지 못하였다.[48] 이에 상소하여 노론

---

45) 김용흠, 2006, 앞 책, 제4장 「主和論과 斥和論의 대립」 참조.

46) 『갑을록』 권1, 「擬與懷川書」(辛酉), 164~7쪽. 이것이 이른바 '辛酉擬書'이다.

47) 경신환국 이후 서인 집권 세력은 남인이 중심이 되어 편찬한 『현종실록』을 고쳐서 『현종개수실록』을 편찬하는 과정에서 윤증에게 윤선거의 강화도에서의 일에 대해 편지로 질문하였다. 이에 대해 윤증이 답장을 보낸 것은 1681년(숙종 7)이었는데 (『甲乙錄』 권2, 「明齋答羅顯道兼示朴和叔」, 200~201쪽), 그 내용을 문제 삼는 통문이 四學에서 처음 나온 것은 1684년(숙종 10) 12월이었다(同, 「四學通文」, 202쪽). 이듬 해인 1685년에는 충청도 유생들이 통문을 돌려(同, 「沃人 通文」, 202~203쪽 ; 「報恩 通文」, 205쪽) 報恩 幼學 李震顔의 상소가 나오기에 이르렀다(同, 「報恩 幼學 李震顔疏」, 205~207쪽). 이에 대해 소론 측에서도 四學 儒生 金盛大를 정거시키고(同, 「翰苑 簡通」, 203~204쪽), 성균관에서 통문을 돌려 이들의 논리를 비판하였으며(同, 「太學 通文」, 204~205쪽) 이진안 상소를 반박하는 상소를 올려 그에게 停擧 처벌이 내려졌 다(同, 「待敎 沈權·檢閱 柳尚載 等疏」, 207~208쪽). 이에 대해 領議政 金壽恒이 숙종에게 윤증의 잘못을 지적하면서 이진안에 대한 처벌을 번복하고 오히려 예문관의 관원이 처벌을 받게 하자 최석정이 상소를 올리게 된 것이다. 이때 윤증의 편지에서 문제가 된 내용은 '栗谷 李珥는 入山하여 (불교를 믿은) 잘못이 있지만 윤선거는 죽어야 할 의리가 없었다'는 것이다. 이를 두고 노론에서는 윤증이 '윤선거의 허물을 덮으려고 율곡을 모함하였다'고 비판하였다.

당인들이 '허구를 날조하여 사람을 모함한다'고 공격하였다가 파직당하기에 이르렀다.[49] 두 번째는 1687년(숙종 13) 박태보가 지은 상소로 인해 그 소두인 나양좌(羅良佐) 등이 처벌받자 이들을 변론하는 상소를 올렸다가 관직에서 쫓겨난 일이었다.[50] 이때 최석정이 윤선거·윤증 부자를 옹호하는 논리 역시 윤증이 상황론에 입각하여 내세운 '무필사지의'를 긍정하는 것이었다.[51] 이것은 최석정이 인조대 주화론자였던 최명길의 후손임을 감안하면 지극히 자연스러운 일이기도 하였다.

남구만 이외에도 최석정은 박세채를 스승으로 섬겼다.[52] 박세채의 반남 박씨 가문은 명문이라고 할 만하였다. 선조 박상충(朴尙衷)은 정몽주(鄭夢周) 등과 함께 활동하였던 신진 사대부였고, 8대조 박은(朴訔)은 태종대 좌명공신이 되었으며, 좌의정까지 지냈다. 고조 박소(朴紹)는 김안국·박영 등 김굉필 문인과 교류하였고, 조광조(趙光祖)의 인정을 받았으며, 훈구인 김안로와 대립하였고, 이언적(李彦迪) 등과 함께 활동하였다.[53] 종증조 박응순(朴應順)은 선조(宣祖)의 장인이었고, 조부 박동량(朴東亮, 1569~1635)은 임진왜란 때 선조를 호종한 호성공신이었으며, 백부 박미(朴瀰)는 선조의

---

48) 『갑을록』 권2, 「召對時筵說」, 208~209쪽.

49) 『갑을록』 권2, 「副提學崔錫鼎疏」, 210~212쪽.

50) 『갑을록』 권3, 「副提學崔錫鼎疏」, 232쪽.

51) 『갑을록』 권2, 「崔副學錫鼎與友人書」, 209~210쪽.

52) 朴世采에 대해서는 다음과 같은 연구가 있다. 姜信曄, 1990, 「朝鮮後期 南溪 朴世采의 禮治論」, 『慶州史學』 9, 동국대 국사학회 ; 1990, 「17世紀 後半 朴世采의 蕩平策」, 『東國歷史敎育』 2, 동국역사교육회 ; 鄭萬祚, 1992, 「朝鮮時代 朋黨論의 展開와 그 性格」, 『朝鮮後期 黨爭의 綜合的 檢討』, 韓國精神文化硏究院 ; 鄭景姬, 1993, 「肅宗代 蕩平論과 '蕩平'의 시도」, 『韓國史論』 30, 서울대 국사학과 ; 朴光用, 1994, 「朝鮮後期 '蕩平' 硏究」, 서울대 박사논문 ; 禹仁秀, 1994, 「朝鮮 肅宗朝 南溪 朴世采의 老少仲裁와 皇極蕩平論」, 『歷史敎育論集』 19, 역사교육학회 ; 정경희, 1994, 「17세기 후반 '전향 노론' 학자의 사상」, 『역사와 현실』 13, 한국역사연구회 ; 金成潤, 1997, 『朝鮮後期 蕩平政治 硏究』, 지식산업사 ; 金駿錫, 1998, 「18세기 蕩平論의 전개와 王權」, 朝鮮時代史學會 편, 『東洋三國의 王權과 官僚制』, 國學資料院 ; 姜信曄, 2001, 『朝鮮後期 少論 硏究』, 봉명 ; 김용흠, 2008, 「南溪 朴世采의 變通論과 皇極蕩平論」, 『東方學志』 143, 연세대 국학연구원.

53) 朴世采, 『南溪集』 外集 권15, 「高祖司諫院司諫贈領議政冶川先生朴公行狀」, 총간 142-54~58.

부마였으니, 훈척 가문이라고도 할 수 있었다.[54] 박세채 본인은 산림으로
자처하였지만 훈척에 대해서도 선입견을 갖지 않고 당대의 명사들과 두루
교류하였던 것도 이러한 가문의 영향으로 보인다.

그리고 박지계(朴知誡) 문인이자 원두표(元斗杓)의 형인 원두추(元斗樞)의
딸과 혼인하였을 뿐만 아니라 김극형(金克亨)·이의길(李義吉) 등 박지계
문인들과도 광범위하게 교류하였다.[55] 그는 인조대 원종추숭 논쟁에서
서로 대립하였던 박지계와 김장생의 예론 모두에 대해서 그 문제점을 지적
하였지만 박지계 예론의 타당성을 보다 인정하는 입장이었다.[56] 특히 주목
되는 것은 그가 이귀(李貴)의 경장론(更張論)에 깊은 공감을 표시하고, 정묘
호란 당시 이귀의 주화론이 군정(軍政)을 변통하여 '자강복설(自强復雪)'하기
위한 것임을 인정하였다는 점이다. 그는 당대의 이름난 '공경'들이 '군국대계'
는 도외시한 채 시부(詩賦)나 일삼으면서 행세하려는 세태를 비판하고,
이귀의 수많은 상소문들이 '학문에 근원을 두고 사공(事功)에 베풀어진
것[原於學問 而施於事功]'이라고 높이 평가하였다.[57] 그가 윤선거의 변통론에
공감하면서[58] 송시열의 처신을 비판한 것은[59] 바로 이러한 배경이 있었기
때문이었다.

숙종대 서인이 노·소론으로 분열되기에 이른 것은 이처럼 삼사 언관들이
주장한 사림정치와 공론정치의 원칙에 대한 찬반을 넘어서, 인조대 이래
국가적 위기에 대한 대처 방안을 두고 나타난 현실 인식의 차이에서 유래되
고 있었던 것이다. 주화론과 척화론, 공의론과 사의론, 존군론과 세도론,
파붕당론과 군자 일붕당론의 대립은 주자학 정치론이 이러한 현실 인식을

---

54) 李觀命, 『屛山集』권11, 「錦溪君朴公謚狀」, 총간 177-237.

55) 박세채, 『남계집』권73, 「工曹正郞贈戶曹參判金公墓碣銘」, 총간 140-479~480.

56) 『남계집』권57, 「集字日偶記」丁未 12월 3일, 총간 140-176 참조. 원종추숭 논쟁과
  박지계의 예론에 대해서는 김용흠, 2006, 앞 책, 제3장 ; 2006②, 「잠야(潛冶) 박지계
  (朴知誡)의 효치론(孝治論)과 변통론」, 『역사와 현실』61, 한국역사연구회 참조.

57) 『남계집』권66, 「忠定公章疏序」, 辛酉 6월 8일, 총간 140-359~360.

58) 『남계집』권81, 「成均生員 贈吏曹參議魯西先生尹公行狀」, 총간 141-116.

59) 정경희, 1994, 앞 논문, 91~92쪽.

매개로 변통론과 의리론의 대립 구도 속에서 분화되고 있음을 보여준다. 이러한 분화는 조정과 재야를 막론하고 모두 일어났다. 효종·현종 연간에는 이경휘·이경억 형제를 비롯하여 이상진·김시진·서필원 등과 함께 남구만· 박세당 등이 변통론 진영에서 활동하다가 숙종대 들어서 이상진·남구만·박 세당 등이 모두 소론으로 좌정한 것은 국정 운영의 방향에 대한 이러한 공감대 위에서 나온 것이었다. 서인 산림에서 윤선거와 송시열의 분열 역시 이러한 대립 구도에서 나온 것이었는데, 박세채는 윤선거의 입장에 동조하면서 소론의 '종주(宗主)'가 되었다.[60] 최석정이 선대에서는 주화론과 척화론으로 대립하였음에도 불구하고 윤선거·윤증 부자를 옹호한 것도 이러한 변통론 진영의 현실 인식의 동질성을 반영한 것이었다.

숙종대 형성된 소론 당인들은 인조대의 주화파, 효종·현종대의 경세관료 들이 견지한 변통론을 계승 발전시켜 조정에서 실천하려는 세력이 중심이 되었으며, 이들의 정치론은 박세채의 황극탕평론(皇極蕩平論)으로 집약되 고 있었다. 박세채는 숙종대에 조정에 진출하여 황극탕평론을 적극 주장하 였는데, 이것은 인조대 이귀·최명길 등의 왕권론·파붕당론·변통론을 계승· 발전시킨 것이었다.[61]

3. 황극탕평론과 새로운 국가 구상

1) 변통론의 내용과 황극탕평론

박세채는 숙종대의 현실을 국가적 위기로 간주하고, 변통과 경장을 적극 주장하였는데, 이를 실현하기 위해서는 붕당 간 대립은 종식되어야 할 것으로 보았다. 즉 파붕당론은 변통론 실현의 전제로서 주장되었는데,

---

60) 『숙종실록』 권14, 숙종 9년 계해 4월 17일 기축 ;『숙종실록보궐정오』 권14, 숙종 9년 계해 3월 2일 갑진.
61) 김용흠, 2008, 앞 논문.

이것은 율곡(栗谷) 이이(李珥, 1536~1584) 이래 서인 계열 변통론의 오랜 전통을 이은 것이었다. 명종 말에서 선조 초에 척신(戚臣)정치의 잔재 청산에 진력하였던 이이는 그 연장선상에서 중종·명종 연간 훈척정치에 의해 국가가 위기에 직면하였다고 진단하고 이를 해결하기 위한 방안으로서 누적된 폐법의 개혁, 즉 변통론을 강력하게 제기하였다.[62] 그는 선조대 사림이 집권한 뒤 이러한 폐정 개혁에 앞장서지 않고 수신(修身) 위주 의리론을 내세우면서 시비 논쟁에 몰두하여 사류의 분열을 조장하는 정치 행태에 대해 매우 비판적이었다. 그는 우선 이러한 현상이 당시 집권(執權) 관인·유자 일반에게 치자(治者)로서의 책무의식(責務意識)이 결여되었기 때문에 초래되었다고 보고 대신(大臣) 주도의 책임정치를 역설하였다.[63] 그리고 동·서 분당 사태에 직면해서는 '동정서사(東正西邪)'를 공론=국시(國是)로 내세우는 동인들을 비판하고, 양시양비론(兩是兩非論)에 입각한 조제보합론을 주장하였는데, 그는 이러한 사림의 대립이 '부의(浮議)'에 의해 격화되었다고 보고 현자(賢者)=대신에게 '위임책성(委任責成)'해야만 '정재대각(政在臺閣)', '정재부의(政在浮議)'의 폐단을 극복하고 '파붕당(罷朋黨)'을 실현할 수 있을 것이라고 주장하였다.[64]

이이가 이처럼 파붕당을 실현하고 변통=경장을 실천할 수 있는 관건으로서 제기한 대신 책임정치는 대신이 백관을 통솔하여 '각집기직(各執其職)'하게 함으로써 구현되는 것이었으므로 전조(銓曹) 낭관(郞官)의 통청권(通淸權)이나 자천제(自薦制)를 폐지하라고 주장하는 것은 지극히 당연한 것이었다.[65] 또한 그의 이러한 주장이 치자의 책무의식에 기초하고 있었으므로

---

62) 李珥, 『栗谷全書』 권3, 「玉堂陳時弊疏」(己巳), 총간 44-60~65 ; 同, 「陳弭災五策箚」, 총간 44-65~67.

63) 당시 治者로서의 責務意識의 결여에 의한 士類 일반의 無責任性에 대한 비판은 李珥의 거의 모든 상소문에서 나타난다. 이이, 『율곡전서』 권3, 「진미재오책차」(기사), 총간 44-66 ; 권5, 「辭直提學疏 三疏」(癸酉), 총간 44-94 ; 同, 「玉堂陳戒箚」(癸酉), 총간 44-95 ; 同, 총간 44-96 ; 同, 총간 44-97 ; 同, 「萬言封事」(甲戌), 총간 44-101, '臣鄰無任事之實' 항목 ; 同, 44-105.

64) 『율곡전서』 권7, 「陳時弊疏」(壬午), 총간 44-146, '政亂於浮議者何謂也' 항목 ; 同, 총간 44-149 ; 同, 권4, 「論朋黨疏」(壬申), 총간 44-87, "殿下以罷朋黨之責 委重於大臣."

대간의 정병(呈病)을 억제하고 피혐(避嫌)하는 관행을 금지하여 관직구임론(官職久任論)을 제기한 것도 같은 맥락에서 나온 주장이었다.[66]

이러한 이이의 변통론과 파붕당론을 가장 적극적으로 계승 발전시킨 것은 인조대 이귀(1557~1643)와 최명길(1586~1647)이었다. 선조대 이미 동인 삼사의 공격으로부터 스승인 이이·성혼을 가장 적극적으로 변론하였던 이귀는 인조반정 직후에는 변법적 경세론을 강력하게 제기하였다. 이귀는 이원익(李元翼)·윤방(尹昉)·신흠(申欽) 등 당시 정승들의 무책임성을 비판하고 상신(相臣) 한 사람을 선택하여 국사를 담당하게 해야 한다고 특유의 '득현위임(得賢委任)'론을 줄기차게 주장하였다. 그의 득현위임론은 조제론(調劑論)에 입각한 파붕당론의 일환으로서 그의 지론인 변법적 경세론을 실현하기 위해 제기한 것이었다.[67] 이귀의 득현위임론을 발전시킨 것이 최명길의 관제변통론이었다.

최명길의 관제변통론은 주자학 명분론과 의리론에 기초한 주자학 정치론과 현실 정치 사이의 모순을 제도개혁을 통해서 극복하려는 노력의 소산이었다. 병자호란과 그에 이어진 정축년 성하지맹에 이르는 과정에서 그것은 극단적으로 드러났다. 당시 횡행했던 '국군사사직지설(國君死社稷之說)'은 주자학 명분론과 의리론을 절대화하는 관인·유자 일반의 치자로서의 책무의식의 방기, 정치에 대한 무책임성을 잘 보여준다. 이때 주화론을 제기하여 이에 대항하였던 최명길은 비변사 체제와 삼사(三司) 언론의 제도와 관행이 이러한 모순을 부채질하였다고 보고 대신권 강화, 낭천권 폐지, 삼사 언관의 피혐 금지 등을 골자로 하는 관제변통론을 제출하였다. 그의 이러한 관제변통론은 파붕당론, 왕권론과 함께 '국사(國事)와 민사(民事)의 일치를 지향하는 보민론'을 실현하기 위한 변통 지향(指向) 경세론으로서 제기되었다.[68]

---

65) 『율곡전서』 권8, 「辭吏曹判書 三啓」(壬午), 총간 44-169.
66) 李先敏, 1988, 「李珥의 更張論」, 『韓國史論』 18, 서울대 국사학과, 246~247쪽.
67) 김용흠, 2006, 앞 책, 73~81쪽, 116~120쪽, 331쪽 ; 2007, 「延平 李貴의 政治論과 學問觀」, 『한국사상사학』 29, 한국사상사학회.
68) 김용흠, 2006①, 앞 논문.

인조반정 초의 개혁 국면에서 양전과 대동, 호패와 균역이 논의되었는데, 이귀는 호패법 시행이 우선이라고 주장하였다. 그리고 이와 함께 국방력 강화를 위한 군정변통론을 줄기차게 제기하였다. 이귀는 후금의 철기(鐵騎)에 맞서 변방방어는 불가능하다는 전제 아래 거주지에서 근거리에 위치한 산성(山城)에서의 거험청야(據險淸野) 전술을 기본 방어전략으로 보고 이를 위해 전국적인 범위에서의 진관체제 복구론을, 그리고 도성방어는 불가능하다고 보고 강화도와 남한산성을 보장(保障)으로 삼는 수도방어 전략을 내놓았다. 이를 위하여 민의 자발성에 기초한 정예병의 선발, 중내경외(重內輕外)의 원칙에 의거해 수도방위를 위한 정예부대의 편성, 전국의 진관체제와 수도방위를 유기적으로 결합시킬 수 있는 전국적으로 일원화된 중앙집권적 군사제도의 창설 등을 주장하였다. 그의 이러한 구상을 관통하는 일관된 원칙은 '국사와 민사의 일치를 지향하는 보민론'의 구현에 있었다. 그는 당시의 생산력 조건과 사회적 정서를 고려하여 철저하게 민의 자발성을 극대화하는 방향에서 군병을 확보하기 위한 방안을 모색하였다. 여기에는 사족수포론이 포함되어 있어 양반사족의 신분적 특권은 인정되지 않았으며, 그로 인한 양반사족의 불만을 최대한 무마하기 위해 보다 유리한 조건 속에서 군역을 마칠 수 있는 방안으로서 금위군(禁衛軍)의 편성을 제안하였다.[69]

또한 조익(趙翼, 1579~1655)·이식(李植, 1584~1647) 등은 조정에서 대동법과 사족수포론을 강력하게 주장하였으며,[70] 산림에서는 박지계(1573~1635)가 이에 동조하였다. 특히 조익과 박지계는 당시의 인재 등용과 과거제도의 폐단을 극론하고 공교육을 강화시키고 이를 시험제도와 긴밀하게 연결시켜 관리를 선발하는 학교제도를 구상하였다.[71] 인조대 전반에는 주로 주화론 계열 관인·유자들이 이러한 변통론을 적극 제기하였는데, 병자호란 전후해

---

69) 김용흠, 2006, 앞 책, 5장 2절, 「延平 李貴의 軍政變通論과 保民論」 참조.

70) 金容欽, 2001, 「浦渚 趙翼의 學問觀과 經世論의 性格」, 『韓國實學의 새로운 摸索』, 景仁文化社 ; 김용흠, 2006, 앞 책, 279~280쪽.

71) 김용흠, 2006②, 앞 논문.

서는 윤황·유백증·조석윤·조복양(趙復陽, 1609~1671)·김익희(金益熙, 1610~1656) 등 척화론 계열에서도 이들과 유사한 변통론을 제기하기에 이르렀다.[72]

특히 정축년 성하지맹 이후에도 지속되는 국가적 위기 상황에서 많은 관인·유자들은 대동법과 사족수포와 같은 대경장이 국방력 강화를 위해 반드시 필요하다고 보고 있었다. 이것은 당시의 지식인들이 그때까지 조선 왕조를 지탱해왔던 양대 중심축인 지주제와 양반제의 모순을 어떤 방식으로든 해소 또는 완화해야만 국가를 유지 보존할 수 있다는 인식에 도달한 것을 의미하였다. 양란을 전후한 시기에 나타난 이러한 일련의 변통 지향 경세론은 군주 수신만을 일방적으로 강조하는 도학적(道學的) 경세론과는 분명하게 구별된다.[73]

인조 말년에는 청국의 압력으로 변통과 경장을 위한 시도가 실현되기 어려웠는데, 명·청 교체가 완료되어 중원의 정세가 어느 정도 안정기에 접어든 효종·현종 연간에도 앞서 살펴본 바와 같은 의리론자들의 반발에 의해 제도 개혁은 지지 부진한 채 붕당간 갈등만 격화되어 갈 뿐이었다. 그리하여 마침내 현종 말 숙종 초에는 반복되는 환국에 의해 변통과 경장은 더욱 난관에 봉착하고 있었다. 이에 박세채는 황극탕평론을 제출하여 이를 타개하고자 한 것이다.

박세채의 황극탕평론은 『상서(尙書)』 「주서(周書)」의 홍범(洪範)편에 그 근거를 두고 있는데, 여기에는 유교의 정치원리와 경세(經世) 이론이 포괄적으로 집약되어 있었다.[74] 그 가운데서도 황극탕평은 군주에게 '건극(建極)'으로 표현되는 '대중(大中)의 도' 또는 '지극한 표준'을 세우도록 요구하였는데, 이는 군주의 책임과 동시에 권능을 명시한 것이었다. 박세채는 이것을 왕도의 실현을 위해서는 왕권을 높이고 이를 중심으로 군신 상하가 대공지

---

72) 김용흠, 2006, 앞 책, 374~381쪽.
73) 이 시기의 경세론을 變法的 經世論과 道學的 經世論으로 구분하여 이해하려는 시도에 대해서는 김용흠, 앞 책, 5장 참조.
74) '洪範'편에 입각한 탕평의 원리에 대해서는 金成潤, 1992, 「蕩平의 原理와 蕩平論」, 『釜大史學』 15·16합집, 부산대, 442~453쪽 참조.

정하고 무편무당한 정치를 펴야 한다는 의미로 해석하였다. 이는 주자가 황극을 군주의 도덕적 책임을 강조하는 방향에서 해석하여 군주권 견제의 논리로 활용한 것과 달리 원시유학 경전에 입각하여 군주권 강화를 통해서 주자학 정치론의 모순을 극복하려는 시도였다.[75]

박세채는 이러한 황극탕평론에 의거하여 주자의 붕당론을 비판하고 조제론을 통하여 궁극적으로 붕당을 타파해야 한다고 주장하였다.[76] 그는 경신환국 이후의 정국에 대하여 '탕평'을 내세워 인조의 등용 방식을 모범으로 삼아 서인과 남인의 인재가 함께 참여하는 정치를 복원시켜야 한다고 주장하였다. 그는 시비의 분별은 색목 전체를 그 대상으로 삼아서는 안 되며, 따라서 처벌은 색목 안의 '권간(權奸)'으로만 제한되어야 하고, 나머지 '어질고 능력있는 인재[賢能可用者]'는 죄를 탕척하고 등용하여 '인재가 등용되지 못하여 원한을 품고 있다는 탄식[抱寃遺才之歎]'이 없게 해야 한다는 것이다.[77]

여기서 주목되는 것은 그가 주자의 붕당론뿐만 아니라 송대의 조정론(調停論) 역시 분명히 부정하였다는 점이다.[78] 인조대에도 김류와 이귀 사이에 이를 두고 논쟁이 있었는데, 조정론과 조제론은 모두 현실적으로 존재하는 붕당을 인정하면서도 궁극적으로 파붕당을 지향하는 공통점이 있었다. 그러나 조정론이 당색간의 안배를 통한 세력균형에 초점을 맞추는 것에 비해서, 조제론은 당색을 고려한 인재 등용이 아니라 '재능에 따른 인재 등용'을 주장한다는 점에서 차이가 있었다.[79] 박세채도 조정론을 부정하고 조제론을 주장하였는데, 그가 말하는 재능있는 인재란 바로 '대변혁'·'대경장'을 추진할 수 있는 사람을 가리킨다.[80] 즉 박세채의 황극탕평론은 단순히

---

75) 김준석, 1998, 앞 논문, 270~271쪽.

76) 정만조, 1992, 앞 논문, 144~146쪽.

77) 『남계집』 권16, 「(癸亥熙政堂) 啓箚 二」, 총간 138-313~314.

78) 『남계집』 권12, 「陳時務萬言疏」 癸亥 5월, 총간 138-235, "旣非程子熙豊同事之道 又與范純仁元祐調停之論不同 尤恐有符於洪範惟皇作極之義矣."

79) 정만조, 1992, 앞 논문, 130~141쪽 ; 김용흠, 2006, 앞 책, 118~120쪽.

80) 『남계집』 續輯 권3, 「進別單啓箚四本箚」 甲戌 6월 4일, 총간 142-133, "爲殿下今日計

380   제3편 소론 실학의 계통과 목민서 편찬

서인과 남인이 조정에서 공존하는 정국운영론의 차원을 넘어서 변통과 경장을 추진할 수 있는 인재를 등용하여 국가체제의 혁신을 지향한 점에 그 특징이 있었다고 볼 수 있다.[81]

1683년(숙종 9) 박세채는 이를 위해 장문의 상소문을 올렸는데, 여기서 그가 제기한 변통론에는 인조대 최명길의 관제변통론, 이귀의 군정변통론, 조익·박지계의 공교육 강화론이 모두 포함되어 있었다. 그가 '8. 제치법(制治法)' 항목에서 '의정부고제(議政府故制)'를 복구하기 위해 먼저 비변사를 중서당(中書堂)으로 고쳐서, 삼공이 6부의 사무를 각각 분장하게 하고, 육경과 삼사장관, 팔도감사에게 '각득기직(各得其職) 위임책성(委任責成)'하게 해야 한다고 한 것은 최명길의 관제변통론을 계승한 것이었다.[82] '11. 수군정(修軍政)' 항목에서 조선전기의 오위와 진관체제를 복구하고 국왕 친병을 정선할 것을 주장한 것, '12. 전수어(專守禦)' 항목에서 산성을 쌓아서 '거험청야할 것을 주장한 것 등은 이귀의 군정변통론과 흡사하였다.[83] '6. 구현재(求賢才)' 항목에서 당시 용인(用人)의 폐단을 거론하면서 천거제를 주장한 것이나, '10. 법선왕(法先王)' 항목의 '학교'조에서 사장(詞章)에 치우친 과거제도의 폐단을 거론하고 제시한 '선사법(選士法)'과 '공거(貢擧)'제도는 조익과 박지계의 공교육 강화론을 연상시킨다.[84]

그는 여기서 한 걸음 나아가서 인조대 변통론자들에게서는 보이지 않던 주장이 두 가지 더 있었다. 하나는 그가 당시 토지제도의 모순을 지적하고 정전제(井田制)에 관심을 보이고 있다는 점이다. '10. 법선왕' 항목의 '경계(經界)'조에서 '경계부정(經界不正) 정지불균(井地不均)'한 상태에서는 항산을 통한 이용후생이 불가능하다고 보고, '부유한 자들의 토지는 주와 현에 걸쳐 있지만 가난한 자들은 송곳 꽂을 땅도 없는[富者跨州縣 而貧者無立錐之

正宜因此大變革大更張之會 … 惟賢惟才 可以擇任而爲國 濟濟相讓 無少朋比之習."
81) 김용흠, 2008, 앞 논문.
82) 『남계집』 권12, 「진시무만언소」, 총간 138-239.
83) 위와 같음, 총간 138-245~249.
84) 위와 같음, 총간 138-236~237, 243~244.

地' 현실에서 어떻게 '천지적자(天之赤子)'를 구휼할 수 있겠느냐고 통탄하였다. 그는 이에 대한 대책으로서 주(周)의 '정전지법(井田之法)'이 좋은 제도라고 보고 남송대 장재(張載)가 주장한 정전제를 시행한다면 국가와 농민에게 두루 유익할 것이라고 제안하였다.[85] 이는 그의 변통론이 인조대 변통론자들의 '국사와 민사의 일치를 지향하는 보민론'을 계승 발전시켜 토지문제로까지 그 관심의 영역을 확장시킨 것으로 볼 수 있다.

다른 하나는 이이가 변통과 경장의 중심 기구로서 설치를 제안하였던 '경제사(經濟司)'를 설치하여 새로운 법전을 편찬하자고 주장한 점이다. '9. 술조전(述祖典)' 항목에서 '설경제사(設經濟司)'조를 설정하고, 『속대전(續大典)』 편찬을 주장한 것이 그것이다.[86] 그는 『경국대전(經國大典)』이 편찬된 지 이미 오래 되어 많은 폐단이 발생하고 있다고 보고, 『경국대전』 편찬 당시 참고했던 『경제육전(經濟六典)』을 다시 참고하고, 이후에 나온 『속록』 『후속록』 등을 첨입한 새로운 법전이 필요하다고 역설하였다. 이때 그는 선조와 인조대 이래 변통론을 주장한 여러 신하들의 상소문에서 주장된 것 가운데 반대론자들에 의해 저지되어 시행되지 못한 것을 반영한 새로운 법전을 반포해야 한다고 주장하였다. 그는 그 법전의 이름까지도 『속대전』이라고 지어서, 지난날의 폐단을 혁파하고 새로운 제도를 제정해야 '국치어상(國治於上) 민안어하(民安於下)'할 수 있는 '변통치법(變通治法)'이 완성될 수 있다고 누누이 강조하였다.[87] 이를 통해서도 박세채의 탕평론이 '국사와 민사의 일치를 지향하는 보민론'을 구현하기 위한 것임이 분명하게 드러나는데, 잘 알려진 바와 같이 이는 영조대 탕평 정국하에서 『속대전』 편찬으로 실현되었다.[88]

---

85) 위와 같음, 총간 138-243, "今當一倣張子遺意 漸爲之經理 庶幾制土之權 出於國家 而耕獲之實 歸於本主 略如丘濬所謂占田之法 則官民之際 不至大妨矣." 張載의 井田論에 대해서는 金容燮, 1985, 「朱子의 土地論과 朝鮮後期 儒者」, 『延世論叢』 21, 연세대 대학원 참조. 박세채의 토지론에 대한 보다 자세한 분석은 김용흠, 2008, 앞 논문 참조.

86) 『남계집』 권12, 「진시무만언소」, 총간 138-241~242.

87) 김용흠, 2008, 앞 논문.

88) 정호훈, 2005, 「18세기 전반 蕩平政治의 추진과 『續大典』의 편찬」, 오영교 편, 앞

이와 같이 박세채의 황극탕평론은 단순한 정국운영론을 넘어서 당시의 국가체제를 혁신하려는 의지를 담고 있었으므로 기존의 국가체제를 유지·고수하고자 하는 송시열과는 그 지향을 달리 할 수밖에 없었다. 경신환국 이후 다시 정계에 복귀한 송시열은 이전에 남인의 공격 대상이 되었던 자신의 예론이 지닌 약점을 의식하고, 남인을 정국에서 배제하는 일에 몰두하였는데, 그 과정에서 의리론적 지향은 더욱 강화되었다. 그가 효종의 위패를 불천위의 세실(世室)로 삼자고 주장한 것은 효종의 정통성을 부정하려 한다는 남인들의 공격을 의식한 것이 분명하였다.[89] 그는 그 연장선상에서 태조 휘호 가상(加上) 논의, 문묘 이정 논의 등을 주도하여[90] 그러한 혐의로부터 벗어나려 하였다. 특히 정탐과 고변을 통해서 남인들을 일망타진하려는 김석주·김익훈 등 척신 세력을 지지한 것은 그가 군자 일붕당론을 실현하기 위해 사림정치의 원칙마저도 저버린 처사로 인식되어 삼사의 언관으로부터 격렬한 비판을 받았음은 앞서 언급한 바와 같다. 이러한 송시열에 대해서 박세채가 사사건건 이론(異論)을 제기하면서 윤증과 함께 소론을 주도한 것은 우연이 아니었던 것이다.[91]

이는 박세채와 송시열이 변통론 대 의리론, 파붕당론 대 군자 일붕당론,

책. 물론 박세채가 변통론만 주장한 것은 아니었다. 어쩌면 그에게서도 도학적 경세론으로 볼 수 있는 요소가 변통 지향 경세론보다 더 많을 수도 있을 것이다. 그리고 그는 송시열보다 더 보수적인 주자학자라는 평가도 있다(정경희, 1994, 앞의 논문). 그러나 그에게서 송시열의 경세론과 유사한 도학적 경세론이 아무리 많이 있다고 하더라도 여기서 살핀 바와 같은 변통 지향적 측면의 의미를 과소평가할 수는 없을 것이다. 오히려 이러한 현실인식에 입각하여 박세채의 학문론은 재검토가 필요하다고 생각된다.

89) 『숙종실록보궐정오』 권14하, 숙종 9년 계해 6월 12일 계미. 송시열은 변통론을 주도적으로 제기한 적이 없을 뿐만 아니라(김용흠, 2005, 앞 논문), 의리론으로 정치 쟁점을 치환시켰다는 것을 이 시기 왕실 전례 논의에서도 볼 수 있다. 이것은 효종대 이래 송시열의 정치 행적에서 보이는 중요한 특징이었다. 의리론과 변통론은 모두 유교·주자학의 중요한 구성 요소였고, 그 논리 구조 속에서 이 두 범주가 꼭 대립적으로만 존재한 것은 아니었지만, 현실 정치에서는 이처럼 첨예하게 대치하고 있었다는 점에 이 시기 정치의 특징을 볼 수 있다.

90) 禹景燮, 2005, 「宋時烈의 世道政治思想 硏究」, 서울대 박사논문, 314~323쪽.

91) 정경희, 1994, 앞 논문, 90쪽.

왕권론 대 신권론으로 현실인식과 지향점을 달리한 것의 필연적 귀결이었다. 박세채의 황극탕평론이 조광조에서 이이를 거쳐 이귀·최명길 등으로 이어지던 사림 계열 변통론의 계보를 이은 것이라고 한다면, 송시열 계열의 반탕평론은 조광조에서 이이를 거쳐 김장생·김집으로 이어지는 사림 계열 의리론을 계승한 것이었다.92) 이것은 이들이 모두 조광조에서 이이로 이어지는 서인 계열 주자학 정치사상을 계승하고 있으면서도 17세기 '국가재조(國家再造)' 방략과 관련하여 진보·개혁 노선과 보수·개량 노선으로 분화되고 있음을 반영한 것이었다.93)

2) 최석정의 탕평론과 새로운 국가 구상

국가체제의 혁신을 지향하는 박세채의 황극탕평론은 갑술환국 이후 조성된 탕평 정국에서 최석정에 의해 가장 적극적으로 주장되었다. 사실 조정에서 탕평론을 제기한 것은 박세채보다도 최석정이 먼저였다. 최석정은 갑인예송 이후 남인이 득세하던 시기에 '법도의 문란'으로 인해 국가가 위기에 빠졌다고 진단하고 탕평의 원리에 입각하여 군주가 건극지도를 실천해야 한다고 하면서, 남인들에 의해 처벌당한 송시열과 김수항을 변론하다가 삭출되었다.94) 경신환국 이후에는 서인이 득세한 시기였지만 역시 '군신상하(君臣上下) 염희탁일(恬憘度日)'하여 '법도가 무너지고 기강이 쇠퇴하였다'고 군주와 신료들의 나태한 태도를 비판하고,95) '대변칙대익(大變則大益) 소변칙소익(小變則小益)'이라는 정자의 말을 인용하면서 '족국유민(足國裕民)'을 위한 '대변통'의 필요성을 역설하였다.96)

이러한 최석정의 태도는 갑술환국 이후에 더욱 적극성을 띠었다. 그는

---

92) 김용흠, 2008, 앞 논문.
93) 金駿錫, 2003, 앞 책.
94) 『숙종실록』 권7, 숙종 4년 무오 윤3월 8일 무신 ; 『명곡집』 권14, 「辭館職兼陳所懷疏」 戊午, 총간 154-131.
95) 『명곡집』 권14, 「玉堂因灾異進戒箚」, 총간 154-135.
96) 『숙종실록』 권9, 숙종 6년 경신 7월 15일 임인.

이때를 군주가 '대작위(大作爲)'·'대유위(大有爲)' 할 수 있는 일대 기회라고 강조하고 숙종에게 '황극'을 세워서 국가체제의 혁신에 매진할 것을 촉구하였다.[97] 그는 갑술환국 이후 이조판서가 되자 구체적인 시무책을 건의하기 시작하여[98] 정승이 된 뒤에도 줄기차게 주장하였다.[99] 숙종이 자신의 건의에 무관심하자 몸소 원임대신들의 견해를 물어 주달하기도 하고,[100] 영의정이 되어서는 자신이 주장한 '보민과 경국(經國)의 대요(大要)'가 번번이 무산되어서 출사할 수 없다고, 이를 자신의 진퇴를 걸고 주장하기도 하였다.[101] 이로써 숙종대 최석정의 탕평론 역시 박세채의 그것과 마찬가지로 단순히 남인을 등용하고 노론과 소론을 보합하는 정국운영론의 차원을 넘어서 법과 제도의 개혁을 통한 새로운 국가체제의 형성을 위한 것이었으며, 그 방향은 '국사와 민사의 일치를 지향하는 보민론'의 실현에 있었음을 알 수 있다.

우선적으로 주목해야 할 것은 최석정이 박세채의 『속대전』편찬론을 실천에 옮겨서 숙종대 법전 정비 사업을 주도하였다는 점이다. 1698년(숙종 24) 『수교집록(受敎輯錄)』과 1706년(숙종 32)의 『전록통고(典錄通考)』편찬이 그것이다. 『수교집록』은 육전체제의 형식을 따라서 『대전후속록(大典後續錄)』이후 시행된 제 수교와 명령을 정리한 것이고, 『전록통고』는 『경국대전』과 그 뒤에 나온 법령집인 『대전속록』·『대전후속록』·『수교집록』의 조문을 분류·통합한 통일법전의 형식을 취한 것이었다.[102] 잘 알려진 것처럼

---

97) 『명곡집』 권15, 「因虹變辭職仍陳戒箚」, 총간 154-161~162.
98) 『숙종실록』 권30, 숙종 22년 병자 7월 21일 을해 ; 권31, 숙종 23년 정축 정월 15일 정묘.
99) 『숙종실록』 권33, 숙종 25년 기묘 4월 26일 을축.
100) 『숙종실록』 권33, 숙종 25년 기묘 5월 24일 계사.
101) 『숙종실록』 권38, 숙종 29년 계미 3월 12일 정사 ; 『명곡집』 권17, 「辭領議政三疏」 癸未, 총간 154-193.
102) 조선후기 법전 편찬에 대해서는 다음을 참조. 한상권, 1994, 「조선시대 법전편찬의 흐름과 각종 법률서의 성격」, 『역사와 현실』 13, 한국역사연구회 ; 洪順敏, 1998, 「조선후기 法典 編纂의 推移와 政治運營의 변동」, 『韓國文化』 21, 서울대 한국문화연구소 ; 조윤선, 2002, 『조선후기 소송연구』, 國學資料院 ; 정호훈, 2005, 앞 논문.

영조대 『속대전』은 이러한 사업의 연장선상에서 나온 것이었는데, 탕평 정국에서 이러한 법전이 편찬되었다는 것은 탕평책의 지향과 관련하여 중요한 의미가 있었다. 그것은 일차적으로 당시 지배층이었던 양반·지주· 토호에 의해 자행되는 전횡이 주자학에 입각한 교화론만으로는 제어되지 않는 현실을 극복하기 위한 시도였으며, 아울러 주자학 정치론에 근거한 공론정치의 폐단을 넘어서고자 하는 노력이기도 하였다.[103]

즉 이 시기 법전 편찬은 탕평론이 그러하듯이, 주자학 정치사상이 당시의 현실과 모순되거나 괴리된 부분을 극복하기 위한 노력이었던 것이다. 이것 은 탕평책이 말로만 '탕탕평평'을 외치고, 당색을 보합하는 단순한 정국운영 론에 머문 것이 아니라는 것을 잘 보여준다. 최석정이 탕평론을 말할 때 항상 '법도의 문란'을 국가적 위기의 근원으로 파악하고 있는 것에서 그러한 문제의식을 분명하게 볼 수 있다.

최석정이 이러한 법전 편찬에 적극적이었던 것은 박세채의 영향도 있었 지만 최명길로부터 내려오는 가학(家學)의 전통도 무시할 수 없는 요인이었 다.[104] 그의 관제변통론 역시 최명길의 그것을 계승하여 대신권을 강화시키 는 방향에서 비변사를 개혁하고, 삼사 언관이 피혐하는 폐단을 제거하고자 하였다.[105] 이것은 삼사의 언관이 당론의 주요 담당자라는 당시의 정치 현실을 극복하기 위한 노력으로서 비슷한 시기에 나온 송시열의 세도재상론 (世道宰相論)과는 그 성격이 전혀 다른 것이었다. 최명길—박세채—최석정 으로 이어지는 대신 책임론은 변통론·파붕당론·왕권론에 입각한 것이라면 송시열의 세도재상론은 의리론·군자 일붕당론·신권론에 입각한 것이어서 그 지향점이 다르다는 것은 앞서 지적한 바와 같다. 이것은 결국 이들이 지향하는 국가체제가 서로 다르다는 것을 말하는 것이었다. 최석정 등의 대신 책임론은 유수원(柳壽垣)·이익(李瀷) 등의 실학자들에 의해 거론되고,

---

103) 정호훈, 2005, 앞 논문. 탕평정치기의 법전 편찬이 갖는 의미에 대해서는 보다 더 면밀한 검토가 요구된다고 생각된다.

104) 원재린, 2007, 앞 논문.

105) 이재철, 2000, 앞 논문. 최석정은 최명길이 거론한 郎薦權 폐지 문제는 거론하지 않고 있는데, 그 이유는 분명하지 않다.

영·정조대 탕평책으로 구현되었는데, 이는 송시열의 주자 도통주의를 계승한 노론 당인들이 그에 입각하여 반탕평론을 견지한 것과는 분명하게 구별된다.[106]

군사제도와 관련해서는 이귀의 군정변통론을 계승한 박세채와 기본 입장을 같이 하면서도, 현실적으로 중앙군인 오위를 복구할 수 없더라도 진관체제는 복구해야 할 것으로 보고 있었다.[107] 여기서 그는 이귀가 주장했던 것처럼 영장(營將)을 '객관(客官)'이라고 비판하고, 주진(主鎭)에는 영장 대신 중군(中軍)을 두고, 수령이 친병을 거느려서 주민과 밀착된 군사훈련이 필요하다고 생각하였다. 최석정의 이러한 진관체제 복구론은 이귀가 제시한 거험청야 위주의 산성방어론과 일맥 상통하는 것이었다. 따라서 수도방위 역시 이귀의 그것과 같이 강화도와 남한산성을 보장으로 보는 방어전략을 유지해야 할 것으로 보았으므로 막대한 재정이 소요되는 도성(都城) 수축을 끝까지 반대하였던 것이다.[108]

토지제도와 관련해서는 당시 확대일로에 있던 지주제의 모순을 의식하고, '매일부(每一夫) 수전백무(受田百畝)'하여 '십이취일(十而取一)'한 '삼대지법(三代之法)'을 '민산을 제일(齊一)'하게 할 수 있는 이상적인 제도로 보았으며,[109] 기전(箕田)과 정전(井田)에 대해서도 긍정하는 태도를 보였다.[110] 그가 토지제도의 개혁에 대해 적극적인 주장을 내놓지는 않았지만, 그 대신 조부 최명길이 갑술양전(甲戌量田)을 주도한 것을 본받아서 양전사업을 적극적으로 추진하였다. 1697년(숙종 23) 이조판서가 되자 올린 '시폐십조(時弊十條)'의 맨 첫째 조항에서 양전의 필요성을 제기하고, 1701년(숙종 27)에는 영의정으로서 황해감사 유집일의 방전법(方田法)을 적극 지원하였

---

106) 김용흠, 2006①, 앞 논문.

107) 『명곡집』 권16, 「四條政弊箚子」, 총간 154-181.

108) 신병주, 1994, 앞 논문, 135쪽. 여기서는 도성수축 반대가 최석정이 실각한 원인이라고 지적하였다.

109) 『명곡집』 권20, 「陳時務四條箚」 戊子, 총간 154-254, "三代之法 每一夫 受田百畝 十而取一 欲令民産齊一 無甚富甚貧之家. 秦漢以後 此法毀廢 我國齊民無法 貧富固已不齊."

110) 『명곡집』 권3, 「井田」, 총간 153-468 ; 권5, 「謁箕子墓」, 총간 153-515.

다.[111]

　노론의 반발로 방전법 시행이 좌절된 뒤에도 1708년(숙종 34)에는 강원감사 송정규(宋廷奎)를 추천하여 부임하게 한 뒤, 강원도 양전을 독려하였다.[112] 이때 그는 갑술양전 이후의 문란해진 전품(田品) 등제(登第)를 바로잡아서 탕평의 원리를 구현하려 하였다.[113] 이는 1716년 병신처분(丙申處分) 이후 노론이 일방적으로 주도하던 정국에서 추진한 경자양전(庚子量田)이 전품 등제의 문란을 방치한 채로 주로 영세농민의 개간으로 발생한 가경지(加耕地)를 출세(出稅) 실결수(實結數)로 확보하는 것에 치중하여, 대토지소유자와 토호들의 기득권을 인정해 준 것과는 달랐다.[114]

　주목되는 것은 그가 전세 수취에서 비총제(比摠制)를 처음으로 주장하였다는 것이다. 그는 먼저 양전을 위한 균전사(均田使)나 균전어사의 파견에 반대하고 각 읍 수령이 구관(句管)하게 한 뒤, 각도 감사를 균전사로 삼고, 도사(都事)를 균전낭청으로 삼아서 직접 열읍을 돌아다니면서 감독하게 하는 것이 좋다고 주장하였다.[115] 이는 이전까지 시행된 경차관(敬差官)

---

111) 『숙종실록』 권35, 숙종 27년 신사 7월 15일 경자 ; 9월 10일 갑오. 유집일의 방전법에 대해서는 崔潤晤, 1992, 「肅宗朝 方田法 시행의 역사적 성격」, 『國史館論叢』 38, 국사편찬위원회 참조.

112) 『숙종실록』 권46, 숙종 34년 무자 9월 25일 무술 ; 10월 3일 을사 ; 12월 13일 을묘.

113) 『숙종실록』 권46, 숙종 34년 무자 9월 25일 무술.

114) 庚子量田에 대해서는 다음을 참조. 李哲成, 1991, 「肅宗末葉 庚子量田의 實態와 歷史的 性格」, 『史叢』 39, 고려대 역사연구소 ; 吳仁澤, 1992, 「肅宗朝 量田의 推móv와 庚子量案의 성격」, 『釜山史學』 23, 부산사학회 ; 1996, 「17·18세기 量田事業 硏究」, 부산대 박사논문 ; 김건태, 1999, 「갑술·경자 양전의 성격」, 『역사와 현실』 31, 한국역사연구회 ; 송찬섭, 2000, 「숙종대 재정 추이와 경자양전」, 『역사와 현실』 36, 한국역사연구회 ; 염정섭, 2000, 「숙종대 후반 양전론의 추이와 경자양전의 성격」, 위와 같음 ; 김건태, 2000, 「경자양전 시기 가경전과 진전 파악 실태」, 위와 같음 ; 최윤오, 2000, 「조선후기 양안과 행심책」, 위와 같음.

115) 『명곡집』 권16, 「사조정폐차자」, 총간 154-178. 都事는 종5품관으로서, 전국 각 도에 각각 1인씩 배치되었는데, 주요 임무는 관찰사를 보좌하여 수령을 규찰하고 文簿를 처결하는 것이었으므로 亞使라고도 불렸다. 관찰사의 유고시는 그 직임을 대행하기도 하여 亞監司라고도 불렸다. 특히, 중앙의 주요 관아에 있던 도사와는 달리, 관찰사를 보좌하는 도사는 각 도의 영역을 관찰사와 함께 나누어 그 소관지역을 巡歷하고 규찰하는 分道의 임무까지 맡게 되었다. 최석정은 균전사 또는 경차관

답험제가 이서들에 의한 중간 수탈을 구조적으로 방조하는 폐단을 시정하기 위한 의도에서 나온 것이었다.[116)]

다음 경차관 답험 대신 묘당에서 각도와 각읍의 전결 총수를 파악한 뒤, 그 해의 풍흉을 상·중·하 3등급으로 나누어 수조실수(收租實數)를 정해 둔 뒤, 각도 감사가 그 해의 풍흉을 보고해 오는 것에 따라서 수조액을 결정하면 된다는 것이다.[117)] 이것은 결국 감사가 전정을 주관하되 호조에서 미리 획정한 당해연도의 실총(實總)과 재총(災摠)을 바탕으로 실총에 준한 수세와 급재결수의 분표가 이루어지던 비총제 바로 그것이었다.[118)] 그는 이것을 하(夏)의 공법(貢法)과 같은 취지라고 주장하면서, 그가 오랫동안 생각해서 나온 방안이라고 강조하였다.

양역의 폐단과 관련해서 최석정은 호포와 정전(丁錢)이 민에게 실질적인 도움이 되지 않는다고 보고[119)] '교포지법(校布之法)'을 시행하자고 주장하였다. 그는 1703년(숙종 29)에 설치된 양역이정청(良役釐整廳)에서 이듬해 마련한 「교생낙강자징포절목(校生落講者徵布節目)」 가운데 고강(考講)을 통과하지 못한 교생(校生)에게 벌포 2필을 거두는 규정이 가혹하다고 보고 1필로 줄여서 징수하자고 주장하였다. 이것은 향촌의 양반 사족은 제외하고 양인 가운데 향교나 서원에 들어가서 군역을 면하려는 자들의 부담을 덜어 주자는 것인데, 그는 이들에게서 1필만 거두더라도 도고(逃故)를 대정(代定) 하지 못해서 생기는 재정 부족은 충분히 보충할 수 있다고 보고 있었다.[120)]

이것은 당시에 심각하게 문제가 되고 있던 백골징포나 인징·족징과 같은 양역의 폐단을 극복하는 방안으로서는 호포나 정전과 같은 대변통론에

을 파견하는 대신 도사에게 양전을 실질적으로 주관하게 하고 그 책임을 감사가 지게 하여 양자의 상호 견제를 꾀한 것이 아닌가 한다.
116) 李哲成, 1993, 「18세기 田稅 比摠制의 實施와 그 성격」, 『한국사연구』 81, 한국사연구 회, 76쪽.
117) 『명곡집』 권16, 「사조정폐차자」, 총간 154-178~179.
118) 이철성, 1993, 앞 논문, 75쪽.
119) 신병주, 1994, 앞 논문, 133쪽.
120) 『명곡집』 권20, 「진시무사조차」 무자, 총간 154-255~256.

비해 매우 타협적이고 사소한 방안처럼 보인다. 그러나 주목해야 할 것은 당시 양역의 폐단을 극복하기 위해 그가 마련한 방안은 따로 있었다는 것이다. 그것은 바로 이정법(里定法)의 시행이었다. 즉 물고(物故)와 도고의 대정을 통수와 면임에게 맡겨서 통내(統內)에서 대정하게 하자는 것이 바로 그것이다.[121] 그의 이 제안은 1711년(숙종 37)에 「양역변통절목」으로 실현되었다.[122]

이것은 소론 탕평파가 대변통론을 대신하여 양역의 폐단에 대해 마련한 방안으로서, 당시의 사회경제 변동으로 향촌에서 새롭게 성장하는 세력을 끌어들여서 관 주도의 향촌 통제를 강화하여 이에 대처하려는 것이었다.[123] 즉 양반과 지주의 반발로 인해 시행되기 어려운 호포·결포·정전 대신 요호부민(饒戶富民) 등 향촌에서 새롭게 성장하는 세력을 끌어들여 국가의 지방 통제를 강화함으로써 양역의 폐단을 극복해보자는 것이었다. 물론 그렇다고 해서 부민들의 이익을 일방적으로 지원한 것이 아니라는 점은 그가 전화(錢貨)의 폐단을 거론하면서 다수의 빈민을 보호하기 위해 '대전취식(代錢取息)'하는 잘못된 규정을 금지하자는 데서도 드러난다.[124]

최석정이 제안한 비총제와 이정법은 국가의 집권력 강화를 통한 공적 영역의 확장, 공법 질서의 확립에 의한 국가체제의 혁신을 통해서 양반제와 지주제의 모순을 해소하고자 하는 노력의 일환이었다. 이것은 18세기 탕평책의 중요한 특징이었는데, 최석정에 의해서 그러한 방향성이 확고하게

---

121) 위와 같음, 총간 154-253.
122) 鄭萬祚, 1990, 「肅宗朝 良役變通論의 展開와 良役對策」, 『國史館論叢』 17, 국사편찬위원회, 154~155쪽.
123) 이해준, 2000, 「'관 주도' 지방지배의 심층화」, 한국역사연구회 조선시기 사회사 연구반(이하 '사회사 연구반'으로 줄임), 『조선은 지방을 어떻게 지배했는가』, 아카넷 ; 정진영, 2000, 「국가의 지방지배와 새로운 세력」, 같은 책 참조. 李光佐 등 소론 탕평파 주도하여 편찬한 18세기의 대표적 牧民書인 『牧民攷』에서는 양역의 폐단을 제거하는 데 이정법이 대변통론 못지 않은 효과적인 방안임을 강조하고 있다(『牧民攷』, 「里定報草」, 金仙卿 편, 1986, 『朝鮮民政資料叢書』, 驪江出版社, 463쪽).
124) 『명곡집』 권20, 「진시무사조차」 무자, 총간 154-254~5. 이것은 高利貸의 폐단을 없애자는 것이지 화폐 그 자체를 폐지하자는 것이 아니라는 점이 주의를 요한다(신병주, 1994, 앞 논문, 132~133쪽).

제시되었던 것이다.125) 이러한 최석정의 구상은 숙종 후반 갑술환국 이후 탕평 국면에서 각종 제도와 규정이 마련되는 것으로 현실화되었다. 1703년(숙종 29)에 양역이정청이 설치되어 이듬해 「5군문군제변통절목」, 「수군변통절목」, 「군포균역변통절목」, 「교생낙강자징포절목」 등이 반포되고, 1708년(숙종 34) 해서 대동법이 공포된 것, 그리고 1711년(숙종 37) 「양역변통절목」이 반포되어 이정법이 제도화된 것들이 바로 그것이었다.126)

그렇지만 이처럼 최석정이 탕평책을 통해서 각종 법과 제도를 개혁하여 국가체제를 혁신하려는 노력은 노론 의리론자들의 강력한 반발을 받았다.127) 특히 그를 탄핵하는 상소문에서 '구장(舊章)'을 변경하였다'는 항목이 빠지지 않았다는 것은 제도 개혁에 대한 그들의 반발 정도를 보여준다.128) 최석정은 1714년 윤증이 사거하자 그 제문에서 송시열이 복수설치의 의리를 내세웠지만 전혀 성과가 없었다고 비판하였다가 노론 당인들의 반발을 받고 정계에서 물러나 결국 이듬해 죽고 말았다. 이후 1716년 병신처분(丙申處分)으로 노론이 득세한 가운데 경자양전은 대지주와 토호들의 기득권을 인정하는 타협적인 형태로 추진되었다. 경종대 소론 당인에 의해 이에 대한 비판이 횡행하는 가운데 노·소론의 대립·갈등은 결국 신축년과 임인년의 일련의 옥사라는 극단적인 형태로 표출되었다. 이후 영조대에 다시 무신난(戊申亂, 1728)을 거치고서야 탕평론이 논의되고 탕평책이 추진되었는데, 이때 박세채와 최석정의 일련의 국가구상은 법제화의 과정을 밟게 된다.

---

125) 이 시기 국가권력의 성격 변화에 대해서는 사회사 연구반, 2000, 앞 책, 아카넷에 실린 여러 논고를 참고할 수 있다.

126) 이와 관련하여 숙종대의 정책을 재난에 대한 대응이라는 측면에서 접근한 여러 논고가 「조선 숙종대 사회경제정책」이라는 제목으로 『역사와 현실』 25, 1997년 9월호에 특집으로 마련되어 있어 참고된다. 각 논문은 다음과 같다. 김성우, 「17세기의 위기와 숙종대 사회상」 ; 정형지, 「숙종대 진휼정책의 성격」 ; 권내현, 「숙종대 지방통치론의 전개와 정책운영」 ; 이욱, 「숙종대 상업정책의 추이와 성격」.

127) 김용흠, 2000, 2001, 앞 논문 ; 이재철, 2000, 앞 논문, 602~605쪽.

128) 『숙종실록』 권47, 숙종 35년 무자 5월 12일 임오 ; 권48, 숙종 36년 기축 3월 7일 임신.

4. 맺음말

　숙종대 서인이 노·소론으로 분열되기에 이른 것은 삼사 언관들이 주장한 사림정치와 공론정치의 원칙에 대한 찬반을 넘어서, 인조대 이래 국가적 위기에 대한 대처 방안을 두고 나타난 현실 인식의 차이에서 유래되고 있었던 것이다. 주화론과 척화론, 공의론과 사의론, 존군론과 세도론, 파붕당론과 군자 일붕당론의 대립은 주자학 정치론이 이러한 현실 인식을 매개로 변통론과 의리론의 대립 구도 속에서 분화되고 있음을 보여준다. 이러한 분화는 조정과 재야를 막론하고 모두 일어났다. 효종·현종 연간에는 이경휘·이경억 형제를 비롯하여 이상진·김시진·서필원 등과 함께 남구만·박세당 등이 변통론 진영에서 활동하다가 숙종대 들어서 이상진·남구만·박세당 등이 모두 소론으로 좌정한 것은 국정 운영의 방향에 대한 이러한 공감대 위에서 나온 것이었다. 서인 산림에서 윤선거와 송시열의 분열 역시 이러한 대립 구도를 반영한 것이었는데, 박세채는 윤선거의 입장에 동조하면서 소론의 종주가 되었다.

　이는 박세채와 송시열이 변통론 대 의리론, 파붕당론 대 군자 일붕당론, 왕권론 대 신권론으로 현실인식과 지향점을 달리한 것의 필연적 귀결이었다. 박세채의 황극탕평론이 조광조에서 이이를 거쳐 이귀·최명길 등으로 이어지던 사림 계열 변통론의 계보를 이은 것이라고 한다면, 송시열 계열의 반탕평론은 조광조에서 이이를 거쳐 김장생·김집으로 이어지는 사림 계열 의리론을 계승한 것이었다. 이것은 이들이 모두 조광조에서 이이로 이어지는 서인 계열 주자학 정치사상을 계승하고 있으면서도 17세기 '국가재조' 방략과 관련하여 진보·개혁 노선과 보수·개량 노선으로 분화되고 있음을 반영한 것이었다. 최석정이 선대에서는 주화론과 척화론으로 대립하였음에도 불구하고 윤선거·윤증 부자를 옹호한 것도 이러한 변통론 진영의 현실 인식의 동질성을 반영한 것이었다. 숙종대 형성된 소론 당인들은 인조대의 주화파, 효종·현종대의 경세관료들이 견지한 변통론을 계승 발전시켜 조정에서 실천하려는 세력이 중심이 되었으며, 이들의 정치론은 박세채의 황극탕평론으로 집약되고 있었다.

최석정은 스승 박세채의 황극탕평론을 계승하여 법과 제도의 개혁을 통해서 새로운 국가체제를 구축하고자 시도하였다. 특히 그가 박세채의 『속대전』 편찬론을 이어서 각종 법전 정비와 제도 마련에 심혈을 기울인 것은 당시의 지배층이었던 양반·지주·토호의 전횡이 주자학 교화론만으로는 제어되지 않는 현실을 극복하기 위한 노력이었다. 그가 조부인 최명길의 관제변통론을 계승하여, 비변사의 개혁을 통해서 왕권론에 입각한 대신 책임정치를 구현하고자 한 것 역시 주자학 정치론에 입각한 공론정치의 폐단을 극복해 보려는 시도였다.

또한 그는 지주제의 모순에도 관심을 기울여 기전이나 정전에 대한 긍정적 인식을 갖고 유집일의 방전법을 적극 지지하였다. 아울러 강원도의 양전사업을 적극 추진하여 갑술양전 이후 문란해진 전품 등제를 바로 잡아서 탕평의 원리를 구현하려 하였다. 나아가서 그가 비총제와 이정법을 주장한 것은 국가권력을 강화시켜 양반과 지주의 특권을 부정하려는 시도였다.

결국 최석정은 봉건국가의 집권력 강화를 통한 공적 영역의 확장, 공법 질서의 확립에 의한 국가체제의 혁신을 통해서 양반제와 지주제의 모순을 극복하고자 시도한 것이다. 이것은 이후 18세기 탕평책의 중요한 특징이었는데, 최석정에 의해서 그러한 방향성이 확고하게 구축되었던 것이다. 갑술환국 이후 최석정의 이러한 새로운 국가 구상은 노론 의리론자들의 집요한 반발에 직면하여 충분히 구현되지 못하였지만 영·정조대 탕평책을 통해서 점차 그 모습을 드러내게 된다.

제3장 18세기 '목민서'와 지방통치
─『목민고』를 중심으로─

1. 들어가는 말

　조선후기, 특히 18~19세기에는 다양한 종류의 목민서(牧民書)가 출현하였다.[1] 이것은 우리나라만 그런 것이 아니라 중국도 마찬가지였다. 중국 역시 명·청대, 그중에서도 특히 청대에 조선의 목민서와 유사한 책의 편찬이 집중되어 있다.[2] 이것은 이 시기가 집권적(集權的) 봉건국가(封建國家)의 성격에 큰 변화가 있었음을 보여주는 징표일 수도 있다.[3] 잘 알려진 것처럼

---

1) 조선후기 목민서에 대해서 다음 논고가 참고된다. 金英珠, 1982, 「耳溪 洪良浩의 牧民思想─『牧民大方』을 중심으로」, 『淑大史論』 11·12, 숙명여대 사학회 ; 安秉直, 1985, 「牧民心書考異」, 『丁茶山研究의 現況』, 民音社 ; 鄭奭鍾, 1997, 「『牧民心書』分析」, 『韓國 古代·中世의 支配體制와 農民』, 金容燮敎授停年紀念 韓國史學論叢 2, 지식산업사 ; 沈載祐, 1998, 「조선후기 牧民書의 편찬과 守令의 刑政運營」, 『奎章閣』 21, 서울대 규장각 ; 원재린, 2006, 「順菴 安鼎福의 '牧民'觀─『臨官政要』「政語」 분석을 중심으로」, 『韓國思想史學』 26, 韓國思想史學會 ; 임형택, 2007, 「목민심서(牧民心書)의 이해─다산 정치학과 관련하여」, 『韓國實學研究』 13, 韓國實學學會 ; 원재린, 2008, 「순암 안정복의 鄕政方略─『臨官政要』「時措」 분석을 중심으로」, 『大同文化研究』 64, 성균관대 대동문화연구원 ; 김선경, 2010, 「조선후기 목민학의 계보와 『목민심서』」, 『朝鮮時代史學報』 52, 朝鮮時代史學會. 목민서에 대한 자료 해제로는 內藤吉之助, 1942, 「牧民篇解說」, 『朝鮮民政資料 牧民篇』(이하 『민정자료』로 줄임) ; 金仙卿, 1986, 「『朝鮮民政資料叢書』 해제」, 『朝鮮民政資料叢書』, 驪江出版社 등이 있다.

2) 임형택, 2007, 앞 논문.

3) 집권적 봉건국가의 개념과 특징에 대해서는 다음 논고가 참고된다. 李炳熙, 1997,

목민서는 수령의 지방통치를 위한 지침서로서의 성격을 갖는 것이므로, 이처럼 다양한 목민서의 출현을 통해서 이 시기의 사회변동에 대한 정부·지배층의 대응 방안을 엿볼 수 있다.

조선후기에 편찬된 다양한 목민서는 19세기 초 정약용(丁若鏞)의 『목민심서(牧民心書)』로 종합되었다고 볼 수 있는데, 여기에는 크게 두 가지 유형의 목민서가 결합되어 있다. 하나는 중국의 사례를 크게 참고한 『선각(先覺)』으로 대표되는 유형이고, 다른 하나는 여기서 검토하고자 하는 『목민고(牧民攷)』인데, 이것은 철저히 조선의 현실에 바탕을 두고 편찬되었다. 『선각』은 중국 명대 『목민심감(牧民心鑑)』의 영향을 크게 받은 것인데, 『목민고』는 이로부터 벗어나서 조선의 현실 그 자체를 중심으로 편찬되었다는 점에서 차이가 있었다.[4]

이러한 차이에 유의하여 필자가 파악한 조선후기 대표적 목민서를 분류해 보면 아래 〈표 1〉과 같다. 물론 『목민고』에도 중국의 역사적 사례가 아주 없는 것은 아니고, 『선각』 역시 조선의 현실을 무시한 것은 아니었다. 그렇지만 『선각』류에는 중국 사례가 내용상 큰 비중을 차지하고 있는 것에 비해 그것이 현저하게 축소된 『목민고』류는 그 계통을 달리한 것으로 보고자 한다. 정약용의 『목민심서』는 이 두 계통의 목민서를 종합했다는 점에서 조선후기 목민서의 결정판으로 간주할 수 있다.[5]

「中世封建社會論」, 『金容燮教授停年紀念 韓國史學論叢 1 - 韓國史 認識과 歷史理論』, 지식산업사 ; 南智大, 1997, 「集權官僚制論」, 같은 책.

4) 『牧民心鑑』에 대해서는 다음 논저를 참조. 金成俊, 1990, 『牧民心鑑 研究』, 高大 民族文化研究所 出版部.

5) 『선각』은 上·下 2권으로 되어 있는데, 상권은 『목민심감』을 변용한 것이고, 하권은 『목민고』류와 유사한 내용을 포함하고 있다. 이에 대해서는 김선경, 2010, 앞 논문, 164~166쪽 참조. 김선경은 이 시기 목민서를 '선각류', '목민고류', '기타 단독 저술'로 분류하였는데(김선경, 위 논문, 172쪽), 본 장에서는 그 내용에서 '중국 사례'와 '조선의 현실'이 차지하는 비중을 중심으로 크게 '선각'류와 '목민고'류로 분류하였다. 정약용의 『목민심서』는 이 양대 조류를 종합한 목민서의 결정판이지만, 내용상 중국 사례 역시 중요한 비중을 차지하고 있으므로 선각류에 포함시켰다.

<표 1> 조선후기 목민서 분류

『목민고』류		『선각』류	
治郡要訣	18세기 전반	臨官政要	1757년
牧民攷 1	18세기 중엽	牧民大方	1792년
牧民攷 2	18세기 후반	先覺	1794년경
四政考	1800년경	七事問答	18세기말
居官大要	19세기 전반	三到	1808년경
牧綱	19세기 중반	牧民心書	1818년

『목민고』에는 장서각본(B12FB11, 이하『목민고1』로 줄임)과 규장각본(古 5120-172, 이하『목민고2』로 줄임)의 두 가지 대표적 이본(異本)이 존재하는 데, 이 둘 사이에는 편찬 시기의 선후 관계가 뚜렷하여『목민고』의 변천 과정을 살필 수 있다. 또한『목민고』는 이광좌(李光佐, 1674~1740)·조현명 (趙顯命, 1690~1752)과 같은 영조대 대표적인 소론 탕평론자가 그 편찬에 관여하였다. 따라서 이를 통해서 소론 탕평론자들의 국가 구상의 일단을 엿볼 수 있다. 잘 알려진 것처럼 탕평론(蕩平論)은 숙종대 박세채(朴世采)·최 석정(崔錫鼎) 등에 의해 제출되었는데, 이는 당시 조선왕조 국가가 처한 대내외적 위기로부터 벗어나기 위해 새로운 정책과 제도를 모색하고 이를 정치의 중심 문제로 끌어들이려는 관인(官人)·유자(儒者) 일각의 노력의 산물이었다.[6] 이광좌 등은 이를 계승하여 영조대 중앙정치에서 각종 제도와 법령의 개혁을 주장하면서 노론 반탕평론자들과 대립하고 있었는데, 이들 이『목민고』류와 같은 목민서 편찬에 적극적이었다는 사실이 주목된다. 본 장에서는『목민고』의 내용과 그 변천을 통해서 18세기 변화하고 있는 현실 속에서 수령의 지방통치 지침에서 드러난 소론 탕평파의 국가 구상의 일단을 살펴보고자 한다.

---

6) 김용흠, 2008,「南溪 朴世采의 變通論과 皇極蕩平論」,『東方學志』143, 연세대 국학연구 원 ; 2009,「숙종대 소론 변통론의 계통과 탕평론-明谷 崔錫鼎을 중심으로」,『韓國思 想史學』32, 韓國思想史學會.

2. 『목민고』의 편찬과 탕평책

1) 『목민고』의 편찬과 변천

우선 이 책의 출발점이 된 것은 규장각 소장의 『치군요결(治郡要訣)』(奎 12357)이다. 『치군요결』은 나이토 기시노스케[內藤吉之助]에 의해 조선의 목민서 가운데 가장 오래된 것으로 평가받았다.[7] 이 책 안에는 이광좌가 한지(韓祉, 1675~?)와 박사한(朴師漢, 1677~?)을 위해서 지은 것이라고 명시되어 있으며, 한지의 아들인 한덕일(韓德一, 1708~?)이 이천부사(利川府使)로 있을 때 누군가에게 보낸 편지(「利川府使韓咸之書」)가 맨 끝에 붙어있다. 『목민고1』에는 여기에 조현명이 그 조카 조재건(趙載健, 1697~1733)에게 보내는 편지(「居官之道」)를 덧붙이고 마지막으로 작자 미상의 「호은당난행결(好隱堂難行訣)」이 실려 있다. 『목민고1』의 전체 목차를 『민정자료』 및 『목민심서』와 비교하여 작성한 것이 다음 〈표 2〉이다.[8]

〈표 2〉 『목민고1』과 『민정자료』 차례 비교

목민고 1	朝鮮民政資料에 보이는 『治郡要訣』[9]	牧民心書[10]
居官大要, 未到任前雜細事宜, 到任後事, 民訴, 傳令, 臨下, 謹守公穀, 考察文書下記, 定排朔, 定式例, 賓旅之供, 興學校, 正風俗, 勸農桑, 武備, 火藥改搗法, 治盜法, 治盜節目, 考籍案, 作邑摠, 鄕薦差法, 留意解由, 獄修理	治郡要訣	治縣訣
糶糴法, 嚴守庫直, 先整斗斛升合, 以附近作統法, 定日分給, 還上還捧法, 軍政, 里定節目, 閑丁勿侵式, 里定報草, 軍布收捧法, **禁松作契節目**,[11] 田政, 傳令, 單子規式	政要一	
田政法, 家坐法, **鮎簫法, 爲政之要**	政要二[12]	政要
治郡要法	治郡要法	

---

7) 內藤吉之助, 1942, 앞 책, 16쪽 참조.
8) 內藤吉之助가 본 『牧民攷』는 여기의 『목민고2』를 가리킨다. 그는 『목민고1』은 보지 못한 것 같다. 그리고 『치군요결』과 『목민고2』는 내용상 차이가 있음을 알고 있었지만 『목민고2』는 『치군요결』의 대조본으로만 사용하고 수록하지 않았다고 밝히고 있다(위 책, 18쪽).

政要, 自治, 得人, 飭勵, 治民, **敎民**, **鍊武**, 良役, 田政, 糶政	政要三[13]	雲谷政要
政要, 坐衙, 訴牒, **待吏卒**, 田政, 軍政, 糶政	政要四[14]	
利川府使韓咸之書	利川府使韓咸之書[15]	없음
居官之道[16]	없음	
好隱堂難行訣	없음	

　아직까지는『목민고1』의 출발점이 된『치군요결』의 편자와 편찬 시기는 알 수 없다. 1698년(숙종 24)에 편찬된『수교집록(受敎輯錄)』의 이름이 보이고,「이정절목(里定節目)」이 들어있어서 숙종 말년인 18세기 초보다 빠를 수는 없다.『목민고1』안에 보이는 이광좌의 기록과 이어서 붙여진 조현명의 편지는 모두 18세기 전반의 것들이다. 이광좌가 한지를 위해 지어 준 것은

---

　9)〈표 2〉에 제시된『민정자료』내용은 규장각본『치군요결』과 완전히 일치한다. 이 자료는「치군요결」에서「利川府使韓咸之書」에 이르는 내용을 필사하고, 맨 앞의「치군요결」을 편의상 제목으로 삼은 것 같다. 본 장에서는 이 두 가지를 각각『치군요결』과「치군요결」로 구분하여 표기하고, 정약용이「치현결(治縣訣)」이라는 제목으로 인용한「치군요결」과「정요(政要)」一을 합하여『치군요결』로 표기하여,『목민고1』과 그 편찬 시기를 구분하여 접근해 보고자 한다.

　10)『목민심서』에 반영된『목민고1』의 내용에 대해서는 內藤吉之助, 1942, 앞 책, 15쪽 참조.

　11) 이하 굵은 글씨의 밑줄 친 부분은『목민고2』에서 삭제된 부분이다.

　12)『목민고1』과『민정자료』모두 '以下李庶尹所錄'이라고 밝혀져 있는데, '李庶尹'이 누구인지는 불명이나 李光佐일 가능성이 많다. 이광좌는 1715년에 漢城府 右尹에 임명된 적이 있고, 1721년에는 漢城府 左尹을 지냈다. 李光佐,『雲谷實紀』권16,「行狀」15쪽, 18쪽 참조.

　13)『민정자료』에는 '李雲谷, 爲韓監司作'이라고 이광좌가 韓祉에게 보낸 편지임이 명시되어 있다.

　14)『민정자료』에는 '朴師漢宰奉化時, 李雲谷作此以贈之'라고 이광좌가 박사한에게 보낸 편지임이 명시되어 있는데, 이때는 박사한이 奉化縣監이라고 하였다. 그런데『목민고1』에는 '朴師漢宰禮安時, 李光佐作此以贈之'라고 '禮安縣監'이라 하여 차이가 난다. 박사한은 경종 2년 4월 3일~경종 4년 5월 17일 봉화현감, 영조 16년 3월 25일~7월 24일까지 예안 현감을 역임하였다(해당 일자의『承政院日記』참조). 이광좌가 영조 16년 5월 26일에 죽었으므로 봉화현감 때라고 보는 것이 보다 타당하다고 생각된다.

　15) 韓祉의 아들인 韓德一이 누군가에게 보내는 편지이다.

　16) 趙顯命이 그 조카인 趙載健에게 보낸 편지로 구성되어 있다.『목민고2』에는 이 편지가 항목별로 분산되어 실려 있다.

한지가 감사일 때인데, 한지는 1718년 충청감사, 1720년 전라감사, 1727년 의주부윤을 각각 역임하였으므로 1718~1727년 사이의 일이다. 이광좌가 박사한에게 편지를 보낸 것은 박사한이 봉화현감일 때라고 하였으므로, 1722~1724년의 일이다.[17] 조현명의 조카인 조재건은 1733년에 죽었으므로,[18] 조현명이 보낸 편지는 이때를 넘지 못한다.

한덕일이 이천부사로 있었던 것은 1759~1760년 사이의 일이었다.[19] 그런데 『목민고1』을 보고 후대에 정리하여 편찬된 것으로 생각되는 『목민고2』에는 1755년(영조 31)에 반포된 「을해감자시사목(乙亥減尺時事目)」이 있는데, 『목민고1』에는 이것이 빠져 있다. 따라서 한덕일의 편지를 예외로 한다면 전체적인 내용은 1750년을 넘지 못한다고 보는 것이 합리적이다. 「호은당난행결」은 맨 끝에 '4촌'이라는 표현이 있는 것으로 보아서 이광좌가 그와 이종사촌 사이인 박사한에게 지어 준 것일 가능성이 높다. 그렇다면 이것 역시 이광좌가 죽은 1740년 이전의 일이 된다. 그렇지만 한덕일의 편지를 포함한 『목민고1』의 편찬 시기는 분명히 한덕일이 이천부사로 부임한 1759년 이후의 일일 텐데 정확한 시기에 대해서는 더 이상 알 수 없다. 여기서는 『목민고1』의 편찬 시기를 일단 18세기 중엽으로 비정하고자 한다. 그리고 정약용이 『치현결(治縣訣)』이라는 제목으로 인용한 『민정자료』의 「치군요결」과 「정요1」은 이것보다 앞선다고 보고 그 시기를 편의상 18세기 전반으로 비정하고 이 두 자료를 합하여 『치군요결』로 표기하고자 한다.

아래 〈표 3〉은 『목민고2』의 목차를 따라서 『목민고1』의 내용을 재배치해 본 것이다. 『목민고2』는 『목민고1』과 내용상 중복되는 곳이 많지만 한덕일의 편지와 「호은당난행결」이 없고, 이광좌 편지는 편지투의 표현이 삭제되고 그 내용이 객관화되어 실려 있으며, 조현명의 편지는 관계되는 항목에 나뉘어서 실려 있어서 완전히 다른 자료임을 알 수 있다. 『목민고1』 가운데

---

17) 『승정원일기』 경종 2년 4월 3일 정사 ; 경종 4년 5월 17일 기미.
18) 趙顯命, 『歸鹿集』 권14, 「用元墓表」, 民族文化推進會 편, 『標點影印 韓國文集叢刊』 212책, 522쪽(이하 '총간 212-522'로 표기함).
19) 『승정원일기』 영조 35년 7월 2일 경술 ; 영조 36년 11월 19일 기미.

『목민고2』에서 삭제된 항목은 다음과 같다.

> 금송작계절목(禁松作契節目), 항통법(衖筩法), 위정지요(爲政之要), 치군요
> 법(治郡要法), 정요(政要), 교민(敎民), 연무(鍊武), 대이졸(待吏卒), 이천부사
> 한함지서(利川府使韓咸之書), 호은당난행결(好隱堂難行訣)(〈표 2〉의 굵은
> 글씨 부분)

두『목민고』는 이외에도 다음과 같은 차이점이 있었다. 첫째,『목민고2』
에서는 송시열(宋時烈)과 윤증(尹拯) 및 이황(李滉) 편지가 추가되어 있다는
점이다.『목민고1』이 이광좌와 조현명의 편지만을 싣고 있는 것과 대조된
다. 이것은『목민고2』의 편찬자가 소론이라는 당색을 넘어서 노론·남인에
속하는 수령들도 이 목민서를 이용하여 지방 통치에 임할 수 있는 길을
열어놓으려는 의도로 보인다. 즉 탕평책의 취지를 보다 충실하게 반영하고
있다고 볼 수 있다.

둘째,『목민고2』에 새롭게 추가된 항목은 다음과 같다.

> 득인심(得人心), 도임(到任), 분조(分糶), 분급과식(分給科式), 오가통사목(五
> 家統事目), 소학강절목(小學講節目), 거재절목(居齋節目), 시노비폐단(寺奴
> 婢弊端), 을해감자시사목(乙亥減尺時事目), 결부이래이거지폐(結卜移來移去
> 之弊), 복호(復戶), 전정(田政), 사괄은결법(査括隱結法), 답험정식(踏驗定式),
> 진정(賑政), 형옥(刑獄)(〈표 3〉의 굵은 글씨)

〈표 3〉『목민고』이본 내용 비교

목민고 2	목민고 1	목민고 2 추가	인용서적 또는 인물
居官大要	居官大要, 居官之道	+4	『宋子大全』, 『明齋遺稿』
自治	自治(정요3), 居官之道	+20	『明齋遺稿』, 『退陶言行錄』, 『歸鹿集』, 兪棨
嚴內外	居官之道		『明齋遺稿』
得人心			
除拜	未到前雜細事宜(3)	+8	

中路	未到前雜細事宜(1)	+11	
到任			
坐衙	到任後事(2), 坐衙	+4	
聽訟	民訴, 居官之道訴牒(정요4)	+26	宋時烈
傳令	傳令	+5	
臨下	臨下, 居官之道	+20	李滉, 趙顯命, 朴文秀
鄉所	鄉薦差法	+5	
得人	得人, 飭勵(정요4)	+1	
文報	考察文書下記	+3	
考察下記文書	定排朔, 定式例, 賓旅之供, 作邑摠	+2	
官廳	居官之道	+대부분	崔奎瑞
謹守公穀	謹守公穀		
糶糴法	嚴守庫直, 糶政(정요4)	+2	
先整斗斛升合	先整斗斛升合		
以附近作統法	(以附近作統法)		
定日分給	定日分給		
分糶			
分給科式			
還上還捧法	還上還捧法	+16	
治民	治民	2(대체)	李滉 사례
正風俗	正風俗	+3	
勸農桑	勸農桑	-1	
考案籍	考案籍		
家座法	家座法		
五家統事目			
興學校	興學校		『警民篇』, 栗谷 鄉約
小學講節目			
居齋節目			
武備	武備		
火藥改擣法	火藥改擣法	+5	
束伍	里定節目, 鍊武		
軍布收捧法	軍布收捧法	+3	
里定節目	里定節目, 閑丁勿侵式		
里定報草	里定報草, 良役(정요1), 軍政 (정요4)	+4	목민고1의 편지 생략
良役變通節目	軍政(정요4)		
寺奴婢弊端			
乙亥減尺時事目			
治盜法	治盜法		

治盜節目	治盜節目	+1	
田政	田政		
傳令	傳令		
單子規式	單子規式, 田政法		
作結法	田政法		
養戶之弊	田政法		
單子規式	田政(정요3)		
折給之法	田政(정요3)		
田政又一法	田政(정요4)		
虛卜	田政(정요4)		
結卜移來移去之弊			
復戶			
田政			
查括漏結法			
踏驗定式			
獄政	獄修理, 居官之道	+8	
刑杖	居官之道	+7	
上司	居官之道	+9	
別星秩	居官之道	+7	宋時烈, 李滉
節用	居官之道	+9	尹拯, 李滉, 趙顯命
賑政			尹拯
解由	留意解由	+2	
刑獄			朝鮮王朝實錄
私酬應	居官之道	+10	尹拯
생략	禁松作契節目		정요1, 臨官政要
생략	政要3		정요3
생략	敎民		
생략	鍊武		
생략	待吏卒		정요4
생략	利川府使韓咸之書		
생략	好隱堂難行訣		
생략	䲷莆法		정요2, 牧綱
생략	爲政之要		정요2
생략	治郡要法		治郡要法

　　우선 환자의 분급에 관한 「분조(分糶)」 항목이 새로 설치되고 「환자환봉법
(還上還捧法)」 항목이 『목민고1』에 비해 16문단이나 늘어났다. 전정(田政)에
서는 「복호」, 「사괄은결법」, 「답험정식」 등이 추가되었고, 군정(軍政)에서는

「오가통사목」과 「양역변통절목(良役變通節目)」이 추가되었다. 이는『목민고2』가『목민고1』에 비해 전정·군정·환곡 운영에 대한 통제를 보다 강화하려 하였음을 분명히 볼 수 있다. 즉 국가의 집권력을 강화하려는 의도가 보다 강하게 반영되어 있다는 것이다.

셋째, 그 밖에 새로 만들어졌거나 그 내용이 늘어난 항목을 살펴보면, 조현명의 편지인 「거관지도(居官之道)」를 이용하여 「형장(刑杖)」, 「상사(上司)」, 「별성질(別星秩)」, 「절용(節用)」, 「사수응(私酬應)」 항목이 새로 마련되었으며, 「거관지도」의 내용을 포함한『목민고1』의 「민소(民訴)」, 「소첩(訴牒)」을 확대시켜서 「청송(聽訟)」 항목이 새로 만들어져서 내용상 그 분량이 대폭 늘어났다. 이것은 「형옥」 항목이 새로 설정된 것과 함께 수령의 형정(刑政) 운영을 비롯한 전반적인 실무적 역량을 보다 강화하려는 의도로 보인다.

넷째, 「자치(自治)」와 「임하(臨下)」 항목의 내용 역시 대폭 증가되었다. 이것은『목민고2』의 편찬자가『목민고1』의 내용이 수령의 수신(修身) 부분에서 취약하다고 보았음을 알 수 있다[20].

『목민고1』은 이광좌와 조현명의 편지를 그대로 수록한 것에서 드러나듯이 아직 보편적으로 사용할 수 있는 일반적인 지침서 역할을 하기에는 부족하였다. 아마도 이러한 문제의식을 갖고『목민고1』의 내용을 개편한 것이『목민고2』였던 것으로 생각된다.『목민고1』이 18세기 중엽이라면 『목민고2』는 일단 18세기 후반으로 비정해 두고자 한다. 어쨌든『치군요결』에서『목민고1』,『목민고2』로 발전하여 간 것은 분명하며, 이것은 결국 정약용의『목민심서』에도 그 내용이 반영되기에 이른다[21]. 즉『목민고』는 이와 같은 목민서 발전의 흐름 가운데 18세기를 대표하는 목민서의 한 유형이라고 간주할 수 있을 것이다. 그 발전의 방향은 수령의 실무 역량을 강화하여 국가의 집권력을 강화시키려는 것에 있음을 볼 수 있다.

---

20) 내용에 대한 자세한 분석은 2장 3절 참조.

21) 정약용이『목민심서』에서『治郡要訣』을 활용한 것에 대해서는 內藤吉之助, 1942, 앞 책, 15쪽 참조. 그런데 그는『목민고1』을 보지 못하였으므로, 이처럼 목민서가 변화되어 간 것을 인식하지 못하였다.

2) 『목민고』 편찬자와 탕평책

『목민고1』의 성격을 규명하는데 관건이 되는 인물은 이광좌, 한지, 박사한, 조현명 등이다. 이광좌는 백사(白沙) 이항복(李恒福, 1556~1618)의 현손이며, 어머니는 구당(久堂) 박장원(朴長遠, 1612~1671)의 딸이다. 박사한은 박장원의 손자이므로 이광좌와 박사한은 이종 4촌 사이가 된다.[22] 영조대 활동한 유명한 암행어사 박문수(朴文秀, 1691~1756)는 박사한의 형 박항한(朴恒漢)의 아들이다.

이광좌는 1694년(숙종 20)에 별시 문과에 장원 급제하여 삼사와 이조의 낭관과 같은 청현직에서 주로 활동하였으며, 1705년 상주목사(尙州牧使)를 비롯하여, 1708년 전라도 관찰사, 1713년 함경도 관찰사 등 지방관도 두루 역임하였다.[23] 그는 1694년 갑술환국 이후 소론 탕평파와 정치적 입장을 같이 하였으며,[24] 경종대에는 노론에 맞서 경종 보호를 주장하면서 연잉군(뒤의 영조)의 대리 청정에 반대하였다. 그러나 김일경(金一鏡) 등 소론 강경파와도 거리를 두면서 탕평파의 입장을 견지하였다.[25] 그리하여 영조 즉위 후 영의정이 되어 탕평책을 추진하였으며, 1728년 소론과 남인 급진파가 일으킨 무신난(戊申亂)에도 불구하고 영조의 신임을 받았다. 그러나 그의 탕평 노선은 노론 강경파의 집요한 공격의 대상이 되었으며, 결국 1740년 노론이 주도하는 삼사의 탄핵과 모함을 받고 울분 끝에 죽고 말았다.[26] 그리고 1755년 나주괘서(羅州掛書) 사건으로 소론 강경파의 대부분이 역적으로 처형될 때 관작마저 추탈되었으며, 이후 정조 초까지 관작의

---

22) 尹拯, 『明齋遺稿』 권42, 「吏曹判書久堂朴公神道碑銘」, 총간 136-392.

23) 이광좌, 『운곡실기』 권16, 「행장」.

24) 갑술환국 직후 소론 탕평파의 정치적 입장에 대해서는 김용흠, 2000, 「朝鮮後期 肅宗代 老·少論 대립의 論理－甲戌換局 직후를 중심으로」, 河炫綱教授定年紀念論叢, 『韓國史의 構造와 展開』, 혜안 참조.

25) 김용흠, 2001, 「肅宗代 後半의 政治 爭點과 少論의 內紛－'己巳 義理'와 관련하여」, 『東方學志』 111, 연세대 국학연구원.

26) 『운곡실기』 권2, 「年譜」, 26~27쪽.

복작과 추탈을 반복하였다.27)

이광좌는 영조 앞에서 스스로 최석정의 아들인 최창대(崔昌大)와 한태동(韓泰東)의 아들인 한지와 가장 절친하다고 자처할 정도로 이들과 친교가 깊었다.28) 최석정과 한태동은 조지겸(趙持謙)·박태보(朴泰輔) 등과 함께 숙종 전반에 훈척(勳戚)에 맞서 청론(淸論)을 주도하여, 김익훈(金益勳) 등 훈척을 비호한 송시열 등과 갈라서서 서인이 노론과 소론으로 분당될 때 소론을 대표한 인물이었다.29) 한지는 숙종 말년과 경종 초에 자신의 부친인 한태동을 옹호하는 상소를 올렸다.30) 즉 이광좌와 한지는 서인이 노·소론으로 분당될 때 소론 청론과 이들이 주장한 탕평론을 계승 발전시킨 인물로 볼 수 있다.

조현명 역시 소론 명문가 출신으로서 소론 탕평파와 정치적 입장을 같이 하였다. 그는 1719년 증광 문과에 급제한 뒤 역시 삼사에서 활동하였으며, 영조 즉위 후 용강현령(龍岡縣令)을 거쳐서 경상도와 전라도 관찰사 등 지방관을 두루 역임하였다. 그는 이광좌보다도 더 완화된 탕평론을 주장하였는데, 그의 탕평론은 영조의 적극적인 지지를 받아서 1740년 우의정, 1750년 영의정으로 현달하였다. 그러나 그 역시 노론 강경파의 탄핵을 받고 물러나지 않을 수 없었다.31)

이처럼 『목민고1』과 관련된 주요 인물들은 모두 소론 탕평파라는 공통점이 있다. 따라서 이 책의 편찬과 탕평론·탕평책과는 밀접한 관련이 있다고 보지 않을 수 없다. 숙종대 전반 박세채가 공식적으로 제기하여 최석정

---

27) 李熙煥, 2000, 「李光佐의 정치 활동과 老·少論의 대립」, 『조선시대사학보』 14, 조선시대사학회.

28) 『영조실록』 권16, 영조 4년 3월 5일 을묘.

29) 洪順敏, 1986, 「肅宗初期의 政治構造와 '환국'」, 『韓國史論』 15, 서울대 국사학과 ; 李熙煥, 1995, 『朝鮮後期黨爭硏究』, 58~66쪽.

30) 『숙종실록』 권62, 숙종 44년 8월 19일 을미 ; 『경종실록』 권1, 경종 즉위년 8월 30일 갑자.

31) 鄭萬祚, 1986①, 「歸鹿 趙顯命 硏究」, 『韓國學論叢』 8, 국민대 한국학연구소 ; 金亨姿, 1997, 「朝鮮後期 趙顯命의 政治·經濟思想」, 『實學思想硏究』 9, 毋岳實學會 ; 李根浩, 2009, 「趙顯命의 現實認識과 國政運營論」, 『한국사상사학』 32, 한국사상사학회.

등 소론 청론의 지지를 받은 탕평론은 단순히 당색을 조제보합 하는 정국운 영론의 차원을 넘어서, 당시의 조선 봉건국가를 유지 발전시키기 위해서는 양반과 지주의 전횡과 특권을 일정하게 제한하지 않을 수 없다는 인식에 그 바탕을 두고 대동(大同)과 균역(均役) 등을 원칙으로 하는 제도의 변통과 개혁을 구현하기 위한 정치론이었다. 이것은 당시의 심화되고 있던 봉건사 회의 모순을 국가 주도의 집권력 강화를 통해서 해소해 보고자하는 일군의 관인·유자들의 입장을 반영한 것이었으며, 이러한 관인·유자들의 체제 개혁론은 이른바 '조선후기 실학(實學)'으로 발전하였다.[32)]

이광좌와 조현명은 모두 당시의 국가적 위기를 타개하기 위해서는 대대 적인 제도의 개혁이 절실하다고 보았다. 그런데 숙종대 이래 당쟁이 격화되 어 이러한 제도 개혁 추진에 걸림돌이 되는 정치 현실을 타개하기 위해서는 탕평책 추진 역시 필수 불가결하다고 여겼다.[33)] 그렇지만 두 사람은 영조대 전반의 정국에서 약간 그 입장을 달리하였다. 그 핵심은 경종대 신축(辛丑)년 환국(換局)과 임인(壬寅)년 옥사(獄事)에 관련된 노론 당인들의 처벌에 대한 입장 차이에 있었다. 이광좌가 노론 4대신에 대한 엄격한 처벌을 주장하였다 면, 조현명은 분등설(分等說)을 제기하여 그 처벌을 완화시킬 것을 주장하였 다.[34)] 이러한 정책적 입장 차이는 양역변통(良役變通) 문제에서도 드러났다. 영조대 조정에서 양역변통 문제를 가장 강력하게 제기한 것은 이광좌였는 데,[35)] 그는 균역법과 같은 타협적 방안은 반대하였다.[36)] 이에 비해 조현명은

---

32) 김용흠, 2009. 「조선후기 정치와 실학」,『다산과 현대』 2, 연세대 강진다산실학연구 원.

33) 영조대 탕평책에 대해서는 다음 논고가 참고된다. 鄭萬祚, 1983, 「英祖代 初半의 蕩平策과 蕩平派의 活動」,『震檀學報』 56, 震檀學會 ; 崔完基, 1983, 「英祖朝 蕩平策의 贊反論 檢討」, 같은 책 ; 朴光用, 1984, 「蕩平論과 政局의 變化」,『韓國史論』 10, 서울대 국사학과 ; 鄭萬祚, 1986②, 「英祖代 中半의 政局과 蕩平策의 再定立」,『歷史學報』 111, 歷史學會 ; 朴光用, 1994, 「朝鮮後期 '蕩平' 硏究」, 서울대 박사논문 ; 朴光用, 1997, 「영조대 탕평정국과 왕정체제의 정비」,『한국사 32』, 국사편찬위원회.

34) 정만조, 1986①, 앞 논문.

35) 정만조, 1997, 「양역변통론의 추이」,『한국사 32』, 국사편찬위원회, 154쪽.

36) 崔誠桓, 2009, 「正祖代 蕩平政局의 君臣義理 연구」, 서울대 박사논문, 25쪽.

감필론(減匹論)과 결포론(結布論)을 주장하면서 균역법 추진의 주역이 되었다.[37]

그러나 조현명은 분등설을 노론 4대신에게만 적용한 것이 아니라 경종대 소론 대신들에 대해서도 적용하면서 이광좌는 단연코 역(逆)이 아니라고 옹호하였고,[38] 이광좌와 마찬가지로 이정법(里定法)의 중요성을 강조하였다.[39] 그리고 이른바 소론 준론(峻論)으로 분류되는 정제두(鄭齊斗), 유수원(柳壽垣) 등의 개혁론을 긍정하고, 특히 유수원의 관제개혁론을 조정에서 적극 주장하여 관철시킨 것을[40] 보면, 당시의 국가적 위기를 타개하기 위해서는 대대적인 체제 개혁이 필요하다는 것을 인정하였다는 점에서 이광좌 등과 기본 입장을 같이 하였다고 보아도 무리가 없을 것이다. 또한 이광좌와 조현명은 그러한 체제 개혁이 중앙정치 차원에서 제도적으로 달성되더라도 지방관이 그것을 어떻게 집행하느냐에 따라서 그 성패가 결정된다는 점에 깊이 유의하였던 것으로 생각된다. 이것이 바로 이들이 지방관의 통치 지침에 해당되는 목민서에 주목한 이유였던 것이다.

『목민고』는 바로 이러한 특징을 반영하여 지방관이 지역의 토착 토호 세력인 양반 지주와 향리들의 권력 남용과 전횡을 배제하고 국가의 통치 방침을 지역 사회에 구현하는 방안들을 세밀하게 제시하고 있다. 수령직 임명으로부터 시작하여, 도임과 그 직후의 일상적인 업무의 지침은 물론이고, 전정, 군정, 환곡 등 조세 징수와 관련된 세세한 규정, 그리고 이서(吏胥)들을 부리는 방안과 향촌 교화 및 수령 자신의 정신 수양에 이르기까지 다양한 내용이 망라되어 있다.

---

37) 김형자, 1997, 앞 논문.
38) 김형자, 1997, 위 논문, 47쪽.
39) 조현명, 『귀록집』권13, 「與載健書」, 총간 212-495, "軍丁則里代定之法寔妙."
40) 김형자, 1997, 앞 논문, 54~57쪽 ; 이근호, 2009, 앞 논문, 342~345쪽.

3. 『목민고』의 변천과 지방통치

앞서 『치군요결』을 18세기 전반, 『목민고1』을 18세기 중엽, 그리고 『목민고2』를 18세기 후반으로 각각 그 편찬 시기를 비정하여 보았는데 여기서는 그 내용을 시기별 차이에 유의하여 검토해보고자 한다. 이 세 가지의 목민서는 그 편찬 시기의 차이가 아무리 크게 보아도 30년을 넘지 않을 것인데, 그럼에도 불구하고 그 내용에 차이가 있다는 것은 18세기 사회변동을 반영한 것으로 보지 않을 수 없다.

1) 『치군요결』 단계 : 국가체제 정비와 목민서 편찬

우선 세 목민서에 공통적으로 보이는 맨 앞의 「거관대요(居官大要)」는 이 시기 수령에 의한 지방통치의 중요성을 설파하고, 수령이 스스로를 다스리기 위한 학습 방법을 제시하고 있다.

> 주현(州縣)의 관직에 대해 비록 옛 사람은 '사람을 수고롭게 하는 자리'라고 말하였지만 그러나 이 자리는 (임금의) 걱정을 나누어 가지는 책무를 지니고 있으며 백성과 사직이 여기에 의존한다. 정사가 제대로 이루어지면 백리의 지방이 편안해질 것이고, 그렇지 못하다면 폐해가 생령에게 미치게 된다. 시체처럼 자리나 지키면서 국록을 낭비하고 술과 여자를 즐기며 지방 행정을 위하여 꾀하는 일이 없는 자는 논할 가치도 없다.[41]

즉 수령의 역할이 임금과 그 근심을 나누는 책임을 지니고 있으며, 백성과 사직이 의존하는 존재임을 강조하고 있다. 이러한 막중한 임무를 수행하기 위해서는 수령이 자기 마음의 편벽한 것을 고쳐야 하는데, 이를 위해서 참고해야할 서적으로서 진덕수(眞德秀)의 『대학연의(大學衍義)』, 이이(李珥)

---

41) 『민정자료』, 3~4쪽, "主縣之職, 古人雖云勞人, 而有分憂之責, 民社之寄. 政得其理, 則百里晏然, 如不得其理, 則害及生靈. 若以尸居費廩, 荒嬉酒色, 無所猷爲爲心者, 則固無足論."

의 『성학집요(聖學輯要)』, 조선료(趙善僚)의 『자경편(自警編)』, 설선(薛宣)의 『종정록(從政錄)』 등을 들고 있다. 그리고 이와 함께 사건이 발생했을 경우 법령을 준수하기 위해 참고해야 할 서적으로서는 『경국대전』, 『수교집록』, 『결송유취(決訟類聚)』, 『무원록(無冤錄)』, 『종덕편(種德編)』, 『의옥집(疑獄集)』 등을 열거하였다.[42] 또한 마음이 밖으로 흩어지지 않고 오로지 '민사(民事)'에만 전념하기 위해서 읽어야 할 책으로서 『선천도(先天圖)』, 『논어(論語)』, 『효경(孝經)』 등을 언급하였다. 마지막으로 수령이 '마음에 항상 두려움을 간직하고 함부로 방자하지 않게 된다면 정치가 제대로 될 것'이라면서 그 요체로서 의리와 법, 관장(官長), 그리고 소민(小民)을 두려워해야 한다고 지적하였다.[43]

『치군요결』에는 수령에 임명된 직후부터 수령직을 떠날 때까지 주의해야 할 일들이 포괄되어 있다. 「미도임전잡세사의(未到任前雜細事宜)」가 수령에 임명된 직후에서 부임하기 전까지의 일이라면, 「도임후사(到任後事)」와 「전령(傳令)」은 도임 직후에 할 일을 적어 두었고, 「유의해유(留意解由)」는 수령직을 떠날 때를 미리 대비하라는 내용이다. 그리고 수령직을 수행함에 있어 기록을 매우 강조하고 있음도 볼 수 있다. 대동미 및 환자[還上]와 같은 여러 가지 공고(公庫) 곡물 관련 문서인 도록치부책(都錄置簿冊), 방하치부책(放下置簿冊), 분급치부책(分給置簿冊)은 물론,[44] 호적과 각종 문안(文案)의 관리를 강조하고,[45] 전정과 관련한 전안대장(田案大帳) 및 각 년의 행심책(行審冊) 등을 마련하고 있는 것,[46] 환곡과 관련하여 원수성책(願受成冊)과

---

42) 이들 서적들은 修己보다 治人을 강조하고 법과 제도의 엄격한 시행을 염두에 두고 있어 당시의 주류 주자학자들과는 강조점이 다른 느낌을 주는데, 이에 대한 자세한 분석은 별고로 미룬다.

43) 『민정자료』, 4쪽, "其要則畏義也, 畏法也, 畏官長也, 畏小民也. 心常存畏, 無或自肆, 其於 爲政, 庶乎其可也." 義理에 이어서 法을 중시하고 官長(=監司)과 小民을 두려워해야 할 대상으로 꼽은 것은 국가의 집권성을 강화하여 소민을 보호하는 것이 수령의 책무임을 설파한 것으로 볼 수 있다.

44) 『민정자료』, 「謹守公穀」, 15쪽.

45) 『민정자료』, 「考案籍」, 28쪽.

46) 『민정자료』, 「정요1」, 「田政」, 52쪽.

장건기(長件記)를 만들어 두라고 한 것47) 등이 그것이다. 이들 문서들에 대해서는 따로 항목을 설정하여 엄격하게 관리할 것을 강조하고 있다.48) 심지어는 각 면의 자세한 지명을 적은 서책을 책상 위에 비치해 두고 그 거리를 적어 둔 뒤, 민의 소장이 있으면 그 사람의 이름을 리(里) 아래 적어두라고까지 말하고 있다.49) 도임 직후 읍의 지도를 만들어서 집무실 벽에 붙여놓으라고 한 것도 같은 의도로 보인다.50)

또한 수령칠사(守令七事)와 유사한 항목도 눈에 띈다.51) 「권농상(勸農桑)」, 「흥학교(興學校)」가 그것이다. 수령칠사 가운데 '사송간(詞訟簡)'은 「민소(民訴)」 항목, '간활식(奸猾息)'은 「임하(臨下)」 항목의 대원칙으로 간주할 수 있다. 또한 「무비(武備)」·「화약개도법(火藥改搗法)」 항목은 '군정수(軍政修)'에 해당되고, '호구증(戶口增)'과 '부역균(賦役均)'은 「정요1」의 대원칙으로 간주할 수 있다. 그러나 『치군요결』에는 수령칠사로 포괄되지 않는 항목이 훨씬 많다는 점을 통해서 이 시기 사회변동이 조선전기와는 비교할 수 없을 정도로 격심하게 진행되고 있음을 짐작할 수 있다.

「민소(民訴)」 항목에서 이를 구체적으로 살필 수 있다. '소민이 양반의 침학을 받았다'는 것은 조선시대 전 시기에 일어난 일이겠지만 '양반이 완민(頑民)에게 욕을 당했다'는 것은 이 시기의 새로운 현상이었다. 노비와 토지 등 재산에 관한 소장 역시 늘 있는 일이겠지만 노비 추쇄 관련 소장은 이 시기의 빈번한 노비 도망과 관련되어 있을 것이다. 또한 '농사철에 본주가 경작을 못하게 한다'는 소장은 지주·소작인 간의 다툼이 격화된 것을 반영한 것이며, 물을 둘러싼 다툼으로 인한 소장 등 역시 이앙법이 확대·보급된

---

47) 『민정자료』, 「정요1」, 「糶糴法」, 36쪽

48) 『민정자료』, 「考察文書下記」, 16쪽. 수령의 지방통치에서 기록의 중요성을 보여주는 최근의 연구로서 李仙喜, 2009, 「조선후기 영남지방 지방관의 행정소통 체계와 조정방식」, 『嶺南學』 16, 경북대 영남문화연구원 참조.

49) 『민정자료』, 「民訴」, 9쪽.

50) 『민정자료』, 「到任後事」, 5쪽.

51) 守令七事는 農桑盛, 學校興, 詞訟簡, 奸猾息, 軍政修, 戶口增, 賦役均이다. 이와 관련된 논고는 金成俊, 1990, 「朝鮮守令七事와 『牧民心鑑』」, 앞 책, 참조.

현실에서 나온 것이다. 「민소」항목에서는 이러한 소장에 대한 '제사(題辭)'를 미리 제시해 두고 있는데, 이는 이러한 일이 매우 광범위하게 발생하고 있는 현실을 말해준다고 볼 수 있다. 또한 '백성들의 소장에는 맹랑한 것이 많다'는 지적은 이 시기 계급·계층 간의 갈등이 격화되어 민소가 남발되는 현실을 지적한 말로 이해된다.

주목되는 것은 수령이 이러한 첩소(牒訴)에 묻혀 지내는 것은 '말무(末務)'라는 지적이다.[52] 민의 고통과 즐거움은 긴요하지 않은 소장을 잘 처리하는 여부에 달려 있는 것이 아니라 신역(身役)과 전역(田役)·요역(徭役)을 잘 처리하는 것이 관건이라고 강조한다. 여기서는 이것을 '대절목(大節目)'이라고 표현하였는데, 그 방향은 호강과 간리(奸吏)의 농간을 명석하게 밝혀서 타파하는 것에 있었다.

> 관장(官長)이 군정과 전·호·요역의 대절목을 조리에 따라 구분하여 각각 그 마땅함을 얻으며, 호강을 위엄으로 억압하고, 이서의 간특함을 명석하게 밝혀서 깨뜨린다면 민의 원망은 발생하지 않을 것이고, 첩소도 올라오지 않을 것이다. … 마땅히 대절목에 힘쓰고 민장(民狀)에 대해서는 지체 없이 판결하여 주어야 한다. 밤낮으로 이 일에 몰두하여 마음과 힘을 소비해서는 안 될 것이다.[53]

『치군요결』에서는 「임하」항목에서도 이 '대절목'을 강조하였다.

> 이서를 다스리는 방법은 그 요령을 얻기가 가장 어렵다. 위엄을 숭상하면 [尙威], 이서 또한 민이라 살아갈 길이 없으며, 관용을 숭상하면[尙寬] 이서는 백성의 좀이 되니, 그들이 민에게 미치는 폐해가 또 많아진다. 그런즉

---

52) 『민정자료』, 「민소」, 7쪽, "爲宰者, 埋頭牒訴, 卽是末務."

53) 『민정자료』, 「민소」, 8~9쪽, "爲官長者, 誠能於軍政田戶徭役大節目, 區處條理, 各得其宜, 而威能憚壓豪强, 明能燭破吏奸, 則民寃無從而起, 牒訴無由而來矣. … 宜致力於大節目, 至於 民狀, 則無阻滯, 卽決遣而已, 可也. 不須心力, 晝夜汨汨於此也."

마땅히 엄격함을 숭상하되[尙嚴] 백성에게 해를 끼치지 않도록 하는 것이 좋다. 그러나 이 또한 본말이 있다. 호령을 내고 거두는 일이 모두 관장에게서 나오게 되면, 이서는 민들에게 감히 해를 끼치지 못하고 민 또한 이서를 거칠 일이 없게 되어 이서와 민들이 서로 간섭하지 않는 지경에 이를 것이니, 그러한 연후에라야 제대로 다스려졌다고 할 수 있을 것이다. 만약 가혹하고 세세한 일에 대하여 구차스럽게 형장으로 다스리려고 힘쓴다면 이서의 횡포는 그대로 계속될 것이고 그들이 백성에 대해 벌이는 침해 또한 없앨 수 없을 것이다. 군정·전정·요역·환자 등의 대절목에 모두 일정한 규식을 정해두면 이서의 간사한 행동은 막으려 하지 않아도 저절로 막아질 것이다. 그러므로 긴급히 대절목을 정돈하는 것, 이것이 바로 근본이다.54)

이서를 다스릴 때는 엄격해야 되고, 명령이 수령에게서만 나와야 하지만 그것보다 근본적인 것이 바로 군정·전정·환곡 등에서 대절목을 만들어 두라는 지적이다.

이서를 다스리는 요령으로서 더욱 주목되는 것은 이서와 향회(鄕會) 사이에 상호 견제하는 구조를 제시한 것이다. '모든 이서는 이방과 호장(戶長)으로 하여금 영솔하게 한다'는 원칙을 세우고, '이들 수리(首吏)들로 하여금 검찰하게' 하지만, 이 두 수리에 대해서는 또한 향청(鄕廳)에서 규찰하게 한 것이 그것이다.55) 또한 면 단위의 면임인 존위(尊位)와 풍헌(風憲)·약정(約正), 그리고 심지어는 리 단위의 두두인(頭頭人)들을 통해서 관속이나 면주인을 감시하게 할 것을 말하고도 있다. 그리고 향임을 차출할 때 향청에

---

54) 『민정자료』, 「臨下」, 13쪽, "御吏之法, 最難得其要. 尙威, 則吏亦民也, 而無所聊生. 尙寬, 則吏乃民之蠹也, 其貽害於民者亦多矣. 然則宜尙嚴, 而使不至爲民害, 可也. 然此亦有本有末. 號令申縮, 皆從官長出, 則吏不敢爲害於民也. 民亦無所關由於吏, 吏民幾至於不相干涉之境, 然後方可言治矣. 若區區用力於刑杖苟細之間, 則吏橫自如, 而民害不可祛矣. 軍田政戶徭役還上等大節目, 皆有一定規模, 則吏奸不期防而自防矣. 宜急急整頓大節目, 此乃本也."

55) 『민정자료』, 「임하」, 13쪽.

일임하지 말고 수령이 향청의 추천을 받아서 직접 선정하게 하였다.[56] 이러한 수령의 이서와 향임 통제는 이 시기에 재지 사족의 향촌 통제권이 약화되고 수령권이 강화되어 가는 현실을 반영한 것으로서 주목된다.[57]

이제 이른바 '대절목'인 전정·군정·환곡에 대해서 살펴볼 차례이다. 먼저 환곡과 관련하여 주목되는 것은 통 단위로 운영할 것을 강조한 점이다.

> 조적(糶糴)을 제대로 하는 법은 오로지 가명(假名)으로 속여 받는 행위를 살피는 것에 있다. 강자는 많이 받아먹고 약한 자는 조금 받아먹으니, 가을에 거두어들일 때 가명으로 받아간 곡식은 일족에게 거두는 것을 면하지 못하게 된다. 지금의 이른바 일족이라는 것은 모두 (받아간 사람과) 관계가 없는 사람이다. … 이른바 강자는 대·중·소호의 등급 나누기를 마음대로 하고 또 다른 사람의 이름을 빌려 제멋대로 받아먹는다. 그러므로 흉년이 든 해에는 곡물이 하호의 가난한 백성들에게 고르게 분배되지 못하고, 가을에는 (강자가 가명으로 받아먹은) 수가 많아서 거두어들이는 것이 어렵다. 이러한 폐단을 바로잡는 방법은 부근(附近)에서 '통을 만드는 것[作統]'만큼 좋은 것이 없다.[58]

통을 만들 때는 리나 면 단위가 아니라 반드시 촌락 단위로 10가 또는 30~50가를 헤아려서 한 통으로 삼으라고 하였다.[59] 그리고 통마다 토지가 있고 오래 살았으며 기력이 있어 능히 통을 통솔할 수 있는 사람을 한

---

56) 『민정자료』, 「鄕薦差任」, 28~29쪽.
57) 이해준, 2000, 「'관 주도' 지방지배의 심층화」, 한국역사연구회 조선시기 사회사 연구반, 『조선은 지방을 어떻게 지배했는가』, 아카넷 ; 吳永教, 2001, 『朝鮮後期 鄕村 支配政策 硏究』, 혜안.
58) 『민정자료』, 「정요1」, 「糶糴法」, 34쪽, "糶糴之弊, 專在於假名冒受, 强者多得, 弱者少得, 及至秋捧之時, 假名之穀, 未免徵族. 而所謂一族, 皆是不干之人. … 所謂强者, 大中小戶分等, 任意爲之, 且或假他人名號, 恣意受出. 故凶歲, 穀物不能均給於下戶殘氓, 及秋則數多故難捧. 此等弊端矯捄之責, 莫如附近作統."
59) 이것은 조선후기에 법제화된 五家作統制와 형태는 다르지만 그 기본 원리는 통한다고 볼 수 있다. 오영교, 2001, 앞 책, 257~260쪽 참조.

명 뽑아서 통수(統首)로 삼되, 양반은 절대 통수로 삼지 말고 중인이나 상한(常漢)을 써서 조적을 전담하게 하라고 하였다.

환곡 분급에 대해서는 ① 먼 촌에 먼저 분급한 후 가까운 촌에 분급한다, ② 검찰하는 군교의 무리를 정하여 소란스러움과 잡인 및 투절을 금한다, ③ 상례(喪禮)와 장례(葬禮)를 제외하고는 별환(別還)을 일체 막는다, ④ 올해 환자를 갚지 못한 사람은 초출하여 알려주고, 다음 해 환자 분급대상에서 제외한다[60] 등의 원칙을 제시하였다. 그리고 환곡 회수와 관련해서는 ① 받아들이는 날짜는 면 단위로 하지 말고 각 촌을 교차로 받아들인다, ② 통 내에서 곡(斛)을 만들어 납부하게 한다, ③ 총액 영수증[都尺文]은 환곡을 회수하는 대로 바로 내어준다[61] 등의 원칙을 제시하였다.[62]

군정과 관련된 항목은 「이정절목(里定節目)」,「한정물침식(閑丁勿侵式)」,「이정보초(里定報草)」,「군포수봉법(軍布收捧法)」 등인데, 그 핵심은 이정법을 엄격하게 시행하는 것에 놓여 있었다.[63] 이정법은 농업생산력 발전에 따른 자연촌의 성장을 기반으로 새로운 면리편제가 이루어지면서 나온 것이었지만 단순히 양역 부과의 기능을 촌락에 맡겨서 양역 운영상의 폐단을 줄여보고자 한 것으로만 볼 수는 없다. 당시에는 양역의 폐단을 극복하기 위해 호포·구전(口錢)·유포(遊布)·결포 등 양역변통론이 논의되었지만 별다른 결론을 내지 못하고 있는 상태에서,[64] 이광좌 등 소론 탕평파의 일각에서 적극 추진한 것이 바로 이정법이었다.[65]

---

60) 『민정자료』,「정요1」,「定日分給」, 37~39쪽.

61) 『민정자료』,「정요1」,「還上還捧法」, 39~40쪽.

62) 이 시기 환곡 운영과 관련해서는 다음 논고가 참고된다. 梁晋碩, 1989,「18·19세기 還穀에 관한 연구」,『韓國史論』21, 서울대 국사학과 ; 1999,「17세기 후반 환곡분급방식의 형성」,『奎章閣』22, 서울대 규장각.

63) 里定法에 대해서는 金俊亨, 1984,「18세기 里定法의 展開－村落의 기능 강화와 관련하여」,『진단학보』58, 진단학회 참조. 그런데 김준형은 숙종 37년에 나온 「良役變通節目」만을 분석하였을 뿐 「里定節目」을 본격적으로 주목하지는 않았다. 「이정절목」은 「양역변통절목」과 비슷한 시기에 나온 것으로 보이는데, 그 정확한 연대는 알 수 없다.

64) 정만조, 1997, 앞 글, 125~155쪽.

65) 『비변사등록』 영조 5년 기유 6월 11일.

이정법이란 인징·족징과 같은 양역에서의 고질적인 폐단을 극복하기 위해 리 단위에서 한정(閑丁)을 정확하게 파악하여 사망자·도망자·노제(老除)자를 대정(代定)하게 한 제도이다. 이를 위해서 「이정절목」에서는 리 단위의 철저한 남정 파악, 호적·물고입안(物故立案)은 물론, 도안(都案 : 里)과 사정책(査正冊 : 官)과 같은 관련 기록의 철저한 관리를 규정하였다. 또한 리 단위에서 이를 담당한 유사(有司)인 두두인을 두고 이를 규찰관과 풍헌·약정이 검찰하도록 하였으며, 호적감고(戶籍監考)와 이정(里正)·통수(統首)가 협력하여 사망자와 도망자 및 노제자를 파악하고 한정(閑丁)을 관리하도록 하였다. 그리고 이를 군·현 단위의 좌수·군무도감(軍務都監)과 같은 향청의 임장(任掌)들과 함께 연대 책임을 지도록 하였다. 즉 수령이 지휘하는 작청(作廳)의 이서들과 향청의 임장들 이외에 리 단위의 여러 담당자들을 두고 이들이 상호 감시하면서 연대 책임을 지게 한 점에 이 제도의 특징이 있었다.

이것은 17세기 생산력 발달, 자연촌의 보편적 발전, 농민의 자율성과 촌락 자치 기능의 제고라는 여러 요인에 의해 새롭게 면리제가 편제되면서 가능해진 제도였다. 이 시기에 정부는 향촌구조의 변화와 면·리의 단위성 강화에 주목하여 면리제·오가통제를 정비하고, 면임·이임(里任)·통수 등의 직임자를 선발하여 이를 중앙정부의 말단 기관화하여 촌락통치를 새롭게 강화하고자 하였는데, 이정법은 바로 이러한 향촌 통치정책의 연장선상에서 나온 제도였다.[66]

「이정보초」에서는 그 모두(冒頭)에서 "이정법은 조정의 아름다운 제도이다. 민의 소란스러운 원성이 없게 만들고, 이서가 농간을 피우는 폐단을 없애는 것으로서 이보다 좋은 제도는 없다"고 강조하였다.[67] '각 면에 한정이 있고 없음은 그 리의 풍헌·약정 및 호적감고가 모를 리가 없다'고 보고

---

66) 金俊亨, 1995, 「지방행정체제의 변화」, 『한국사 34』, 국사편찬위원회 ; 오영교, 2001, 앞 책, 210~211쪽.

67) 『민정자료』, 「정요1」, 「里定報草」, 46쪽, "里定之法, 乃朝家美制. 民無騷擾之怨, 吏絶弄奸之患者, 無踰於此制."

이들을 잘 다스리면 인징·족징과 같은 양역의 폐단을 제거할 수 있다는 것이다. 즉 이 시기에 경영형부농(經營型富農)과 같이 새롭게 성장하고 있던 평민층을 면리임직에 참여하도록 유도하여 양역의 폐단에 대처하려는 것이었는데, 이러한 의도는 단순히 양역 문제에만 국한되지 않고 오가통제와 함께 전정이나 환곡의 운영 및 관령 전달, 치안 유지 등 각종의 향촌 통치에서도 볼 수 있다는 점이 주목된다.[68] 이것은 양반사족의 반발로 인하여 양역변통론과 같은 대변통론을 시행할 수 없는 현실 속에서, 성장하는 새로운 계층을 끌어들여서 국가의 집권력 강화를 통하여 양반사족의 특권을 제한 내지 제거해 보려는 의도의 표출이었던 것이다. 이러한 오가통제와 이정법은 박세채와 최석정 등 소론 탕평파의 국가 구상에서 이미 제출된 것이었다.[69]

『치군요결』 단계에서 전정에 대해서는 「전령」, 「단자규식(單子規式)」의 두 항목만 보이는데, 이 역시 이정법의 취지와 마찬가지로 리 단위에서 존위·풍헌·약정 등에게 재실(災實)을 답험하여 이를 기록한 단자를 만들도록 하고 수령이 이를 감독하는 내용으로 구성되어 있다. 그러나 여기서는 이것이 매우 간략하여 이광좌의 기록으로 추측되는 「전정법」이 이어서 부록된 것으로 여겨진다.

2) 『목민고1』 단계 : 수령의 책임과 개혁 의지 강조

이 단계에서 수령의 자세와 관련하여 우선 주목되는 것은 수령의 책무의식이 한층 강화되었다는 것이다. 수령이 '하루 종일 생각할 일'이란 '손상익하(損上益下), 즉 재물을 흩어서 은혜를 베푸는 정치를 급무로 삼는 것'이라고 강조하였는가 하면,[70] "우리들은 국가의 그릇이므로 아래의 한 고을을

---

68) 오영교, 2001, 앞 책, 제3장 「鄕村對策과 面里制의 확립」 참조. 「禁松作契節目」이 「軍布收捧法」 아래 부록되어 있는 것 또한 이를 입증하는 증거로 볼 수 있다.
69) 김용흠, 2008, 2009, 앞 논문.
70) 『목민고1』, 「爲政之要」, "日夕所思, 惟以損上益下, 散財爲惠之政爲急務." ; 『민정자료』, 59쪽.

맡아서 잘 다스려서 넉넉하게 만들어야 한다"71)고 말한 것이 그것이다. 이러한 수령의 책무를 수행하기 위해 스스로를 다스리는 원칙으로서 '택심지공(宅心之公) 찰리지명(察理之明) 지수지확(持守之確) 거양지간(居養之簡)'을 제시하였다.72)

또 다른 하나는 다음과 같은 법에 대한 관점이다.

> 법이 비록 지극히 좋은 것이라도 잘 적용하지 못한다면 효과가 없을 뿐만 아니라 폐단이 생기기 마련이다. 반드시 형편에 따라서 잘 헤아려서, 특별한 법을 치우치게 믿다가 폐단을 낳는 일이 없게 하는 것이 좋다.73)

법과 제도의 개혁만으로 좋은 정치가 저절로 이루어지는 것은 아니라는 지적으로서, 여기에 목민서를 지어서 수령의 지침으로 삼게 한 이유가 있었던 것이다.

이광좌는 수령의 '치민대법(治民大法)'에는 양민(養民)과 교화(敎化)가 있는데, 양민이 먼저라고 하였다. 양민의 방법은 민의 질고(疾苦)를 제거하는 것, 산업을 넉넉하게 하는 것, 환과고독(鰥寡孤獨)과 노인들에게 특별한 은혜를 베풀어 기르는 것, 결혼과 초상에 때를 놓치지 않게 하는 것 등을 들었다. 민의 질고를 제거하는 첫 번째 과제로서 이졸과 임장이 민생에 폐단을 낳지 못하게 하는 것을 제기하였는데, 여기서 임장이란 위로는 향소부터 아래로 호수와 통수까지 포함된다고 하였다. 즉 군현 단위의 향임에서부터 면임과 이임은 물론이고 통 단위의 통수까지를 수령의 감독 대상으로 설정하고 있는 것은 앞서 이정법에서 살펴본 바와 같다. 수령이 이들을 지휘하여 전정과 군정 및 환곡에서 폐단을 제거해야 한다고 말하고, 마지막으로 호우의 침탈을 금해야 한다는 지적을 빠트리지 않았다.74)

---

71) 『목민고1』, 「政要」, "吾人是國器, 當一下邑, 自辦之有餘"; 『민정자료』, 73쪽.
72) 『목민고1』, 「自治」; 『민정자료』, 74쪽.
73) 『목민고1』, 「위정지요」, "法雖至美, 用之不善, 則不但無效, 弊亦隨生. 必爲隨便商量, 無或偏信別法, 而徒致弊亂, 好矣"; 『민정자료』, 59쪽.

산업을 넉넉하게 하는 것이 '가장 어렵다'고 하면서 정전제(井田制)가 폐지된 이후 제산지도(制産之道)가 없어졌다고 말한 것도 주목된다.[75] 이것은 이광좌가 당시 만연하고 있던 지주제의 폐단을 인식하고 있었음을 분명하게 보여준다. 이 글은 이광좌가 한지에게 준 글임은 앞서 밝힌 대로인데, 한지의 아비인 한태동은 소론의 대표적인 정전제 시행논자였다.[76] 이광좌가 한지와 가장 절친한 친구 사이라고 영조 앞에서 고백한 것을 상기한다면 그 역시 당시 지주제의 폐단을 정전제 시행을 통해서 극복해야 한다고 생각하였을 가능성이 많다고 볼 수 있다. 그러나 그는 이어서 토지제도 개혁과 같은 '대변통'을 기대할 수 없더라도 늘 그러한 마음을 갖고 권농과 진휼에 전념한다면 산업이 넉넉해질 수 있다고 말하고 있다.[77]

요컨대 이광좌는 양역변통과 토지개혁을 통해서 양반과 지주의 특권을 제거 내지 약화시켜야 한다고 본 것은 분명하지만 제도개혁 자체만으로 모든 폐단이 사라지는 것은 아니며, 대변통, 즉 제도개혁이 없더라도 수령의 노력 여하에 따라서 민생안정을 이룰 수도 있다고 보고 있었다. 이러한 그의 생각은 군정에서 이정법에 대한 확신으로, 전정에서는 연분단자규식(年分單子規式)과 이를 토대로 한 깃기책·작부책 등 답험 관련 상세한 기록 작성으로 나타났다.

그는 양역의 폐단을 제거하는 데는 이정법이 '최선의 방법'이라고 주장하면서, '구구절절이 편리하고 좋기 때문에 영구히 시행하는 데에 의심을 품지 말아야 할 것'이라고 말하고, 다음과 같이 그 중요성을 강조하였다.

> 2백년간의 고질병이자 나라를 해치는 근본이 되는 것을 하루아침에

---

74) 『목민고1』, 「治民」 ; 『민정자료』, 75~76쪽.

75) 『목민고1』, 「치민」, "瞻産業, 最難. 井田廢後, 無制産之道" ; 『민정자료』, 76쪽.

76) 金容燮, 2007, 『신정 증보판 朝鮮後期農業史研究 II』, 「朝鮮後期 土地改革論의 推移」, 지식산업사, 567쪽.

77) 『목민고1』, 「치민」, "然大變通, 雖不可望, 常存得此意思, 刻意勸農, 無奪其時, 乏種者貸之, 絶粮者賑之, 無田土者, 使富人分之, 無耕牛者, 使隣里借之, 有疾疫者, 使隣里助之. … 則其爲瞻産也亦大矣" ; 『민정자료』, 76쪽.

풀어주는데 어찌 이만한 대사업이 있겠는가?[78]

이어서 양역변통론이 결실을 맺지 못한 상황에서 이 제도는 '소변통'을 위한 최선책인데 세상 사람들이 소홀히 여겨 살피지 않고 '어쩔 수 없다'는 말만 하면서 시간을 낭비하고 있다고 이에 대해 무관심한 사람들을 비판하였다.[79]

전정에서 이광좌가 가장 역점을 두고 제기한 것은 토지소유자 개인별로 연분단자규식을 작성하고 이를 토대로 하여 개인별 수세 장부인 깃기책(衿記冊)과 수세단위 별로 작부(作夫)하여 기록한 작부책을 만드는 방법이다.[80] 이광좌는 이것을 작성하는 방법을 실무 책임자가 누구인가를 기준으로 세 가지로 제시하고 있다. 첫째는 면임, 둘째는 양반 또는 중인으로 본래 '엄근(嚴謹)'하다고 일컬어지는 사람,[81] 즉 민이고, 셋째는 서원(書員)이 그것 인데, 이광좌는 이 가운데 민을 쓰는 것을 가장 바람직스럽다고 보았고, 이전처럼 서원에게 맡기는 것은 불가피한 경우에만 쓰라고 말하고 있다.[82]

그는 이 규정이 매우 간단해서 시행하기 쉽지만, 이를 맡아줄 양반을

---

78) 『목민고1』, 「良役」, "節節便好, 其爲可行於永久, 斷斷無疑矣. 二百年痼弊, 爲亡國之根者, 一朝將大紓, 豈有如許大事業乎";『민정자료』, 80쪽.

79) 위와 같음, "旣不能行戶布口錢, 則此爲小變之最善者, 而世人忽焉不省, 亦消無奈何三者矣."

80) 깃기책과 작부책에 대해서는 崔潤晤, 2006, 『朝鮮後期 土地所有權의 발달과 地主制』, 혜안, 155~156쪽 참조. 최윤오는 깃기책과 작부책을 구별하지 않았는데, 여기서는 그것이 구별되어 있다. 『민정자료』86쪽, "移來移去, 則單子中所書者, 抄出別冊, 以去準來, 以來準去, 俾無差錯. 然後盡退當初叩算吏, 更選一番每面各一吏, 使之謄書單子實庫及 移來條, 爲衿記冊, 各人之下, 皆出實已上. 又退其吏, 更選一番, 使謄書各人實已上, 爲作夫冊, 而次第一從統戶書之, 以防養戶者收聚之弊. 又退其吏, 更選一番, 打算作夫";同, 89쪽, "移來移去, 互相憑準, 抄出衿記冊, 以出小已上, 抄出小已上, 以爲作夫冊, 復打算作夫." 개인별 답험상황을 기록한 것이 연분단자라면, 그 가운데 實結을 기록한 것이 깃기책이고, 그것을 作夫하여 기록한 것이 作夫冊인 것으로 이해된다.

81) 『민정자료』, 「정요3」, 87쪽, "又一法. 待事目來到, 極擇每面兩班或中人, 素稱嚴謹者一人, 請來委托十分當付." 『목민고1』의 '田政' 부분은 착간이 심하여, 여기서는 『민정자료』의 해당 부분을 인용하였다.

82) 이것은 원래 書員이 담당하던 일이었다. 최윤오, 2006, 앞 책, 151쪽 참조.

얻기 어렵다는 것을 인정하였다.[83] 이서를 쓰는 것도 한 가지 방법이라고
말하였지만, 서원에게 맡기면 반드시 속임수를 쓸 것이 뻔하다고 보았다.[84]
그래서 비록 이서를 쓰더라도 전에 서원을 했던 자는 모두 제외해야 한다고
말했다. 그 대신 이전에 삼공형(三公兄)을 지낸 자로서 '염치가 있고 자기
몸을 아낄 줄 아는 자[有廉恥愛惜其身者]', 또는 여러 이서 가운데 '성품이
본래 청렴하고 몸가짐이 바른 자[性素廉潔, 而有執守者]' 또는 '집안이 부유하
면서도 겉으로 거만을 떨지 않는 자[家富不外慕者]'를 선택하여 일을 맡길
것을 권장하였다.[85] 여기에는 분명히 이 시기 사회변동으로 새롭게 성장한
서민지주나 경영형부농이 포함되어 있었을 것이다.

연분단자규식을 보면, 그 서명자가 면임과 함께 리의 상존위(上尊位)와
하유사(下有司)로 명기되어 있어서 실제 작성에 참여하는 실무자는 리 단위
로 선발하였음을 알 수 있다.[86] 즉 전정에서 면임과 이임을 중시하고,
이서들의 농간을 가장 경계하였다. 그가 깃기책과 작부책을 만드는 과정에
서 이서들의 농간을 막기 위해 얼마나 주의를 기울이고 있는가는 작부와
타산(打算), 등서(謄書) 등에서 세 번이나 담당 이서를 바꾸어서 진행하라고
말한 데서 드러난다.[87] 이와는 대조적으로 양안에 기재되지 않은 곳을
추가로 기경(起耕)한 곳은 빠트려도 무방하다고 하였는데, 그 이유는 서원을
쓰지 않았다면 그것은 민에게 돌아갈 것이기 때문이라고 말한 것에서 그의

---

83) 이 시기에는 五家統制와 面里制가 강화되면서 재지사족과의 갈등이 심화되어 양반
    사족은 면임을 기피하는 것이 일반적 현상이었다. 이에 대해서는 오영교, 2001,
    앞 책, 181쪽 참조.

84) 『민정자료』, 「정요3」, 90쪽, "此規稍簡, 易施矣. 兩班難得, 則用吏亦一道. 但付之書員,
    則新頉必見欺, 新起亦必多, 反殘民舊陳以充數, 而實起則偸食, 火田亦必有弊端."

85) 『민정자료』, 「정요3」, 90쪽, "雖用吏, 前爲書員者, 則一竝掃去, 勿使接迹. 若抄曾經公兄,
    有廉恥愛惜其身者, 及諸吏中性素廉潔, 而有執守者, 及家富不外慕者, 隨各面廣狹難易而分
    授, 嚴束猛飭而送之, 則似不敢欺矣."

86) 『민정자료』, 「정요3」, 85쪽.

87) 『민정자료』, 「정요3」, 86쪽, "移來移去, 則單子中所書者, 抄出別冊, 以去準來, 以來準去,
    俾無差錯. 然後盡退當初叩算吏, 更選一番每面各一吏, 使之謄書單子實庫及移來條, 爲衿
    記冊, 各人之下, 皆出實已上. 又退其吏, 更選一番, 使謄書各人實已上, 爲作夫冊, 而次第一
    從統戶書之, 以防養戶者收聚之弊. 又退其吏, 更選一番, 打算作夫."

소민을 보호하려는 단호한 의지를 볼 수 있다.[88] 그는 "이서와 민은 본래 마땅히 하나로 보아야 하지만 사세(事勢)가 차이를 두는 것을 면치 못하게 한다"면서, '이졸은 다른 사람을 침해하는 자이고, 민은 침해를 받는 자'라고 구별하였던 것이다.[89]

이광좌가 한지에게 보낸 편지(이하 「정요3」으로 줄임)에 앞서 말한 세 가지 방법이 모두 제시되어 있는데, 박사한에게 보낸 편지(이하 「정요4」로 줄임)에는 둘째의 경우만 나와 있어 그가 이 방법을 중시하고 있음을 분명히 볼 수 있다. 「정요4」에서는 '향인' 가운데 면마다 감색관(監色官) 한 사람을 정하라고 하면서, 그 책임자가 사부(士夫)이면 사정소(査正所), 향품(鄕品)이면 사정관(査正官)이라고 칭하였다.[90] 그리고 그 이행 절목을 4가지로 압축하여 제시하였다. 이것은 이광좌가 수령을 보좌하는 세력을 공적 조직으로 파악하려는 의지를 보여준다.

3) 『목민고2』 단계 : 수령의 실무 지침 강화와 공공성

『목민고2』가 『목민고1』과 구별되는 두드러지는 특징은 수령의 수신(修身) 관련 내용이 대폭 늘어났다는 점이다. 수신 관련 내용은 전편에서 보이지만 대체로 「거관대요」·「자치」·「임하」 항목에 집중되어 있다. 여기에는 조현명이 그 조카인 조재건에게 보낸 편지를 수록한 『목민고1』의 「거관지도」의 내용에 송시열과 윤증 및 이황의 편지를 추가하여 탕평책의 취지를 강화시키려 하였음은 앞서 이미 지적하였다. 그렇지만 양적으로 보면 조현명과 윤증의 편지가 압도적으로 많아서 소론 명색을 굳이 감추려 들지 않았음을 알 수 있다.

퇴계 이황의 편지는 아들 이준(李寯)에게 보내는 것인데, 그 외에도 그

---

88) 『민정자료』, 「정요3」, 86쪽, "量外加起, 雖失之無妨. 盖不用書員, 則所失皆失於民故也."
89) 『민정자료』, 「정요3」, 92쪽, "吏民本當一視, 而事勢自不免差異. 盖吏卒則侵人者也, 民則 侵於人者也."
90) 『민정자료』, 「정요4」, 97쪽.

제자들이 이황의 행적을 기록한 『퇴도언행록(退陶言行錄)』에서도 인용하였다. 그리고 이황이 수령으로 있을 때의 사례를 직접 수록한 것도 있다. 예를 들면, 이황이 단양군수를 그만두고 떠날 때 그 아사(衙舍)가 깨끗하였는데, 그것은 '공부의 결과'라고 한 것[91]은 목민서 편찬자가 직접 그 사례를 수록한 것이고, 풍기군수를 그만두고 떠날 때 그 짐바리가 간소하였다는 학봉(鶴峰) 김성일(金誠一)의 기록[92]은 이황의 제자가 기록한 것을 인용한 것이다. 그리고 이황이 그 아들 이준에게 보낸 편지를 직접 인용한 것도 있다.[93]

송시열 편지는 그 아우인 송시도(宋時燾)에게 보낸 편지도 있지만 그 손자인 송은석(宋殷錫)에게 보낸 편지가 대부분이다. '모든 일은 성신(誠信)으로 힘써 행해야지' '거짓을 꾸며 명예를 구해서는 결코 안 된다'거나[94], "청신(淸愼)은 본래 사대부가 관직에 있을 때의 법도이나 얻기가 쉽지 않아서, 내가 일찍부터 개탄스럽게 여겼다"[95]고 하여 '성신'과 '청신'을 수령의 수기지침으로 제시하고 있다.

윤증의 편지는 모두 그의 아들인 윤행교(尹行敎)에게 보낸 편지인데, 일반적인 관인의 자세를 확인하는 것과 함께 목민관의 할 일을 구체적으로 지적한 것도 있다. '공검근근(恭儉勤謹) 검신율기(檢身律己)'하고, 관아가 파하면 "조용한 곳에서 청심성사(淸心省事)하고 조용히 서책에 침잠하여 스스로를 개발하도록 하라"는 것[96]이 전자에 속한다면, '망궐례(望闕禮), 향교의

---

91) 『목민고2』, 「自治」, 金仙卿 편, 『朝鮮民政資料叢書』, 驪江出版社, 1987(이하 『목민고2』의 인용은 모두 이 영인본에 따르고 쪽수만 밝힘), 300~301쪽, "退溪治丹陽, 及其去也, 吏人欲修理衙舍入見, 房牖塗紙, 明潔如新, 絶無涕唾點抹處, 此亦工夫所存處."

92) 『목민고2』, 「자치」, 301쪽 ; 金誠一, 『鶴峰集』 續集 권5, 「退溪先生言行錄」, 총간 48-241.

93) 『목민고2』, 「자치」, 301쪽, "身在冷官, 若不以恬靜苦淡爲心, 則必有爲所不當爲之事, 切宜戒之" ; 李滉, 『退溪先生續集』 권7, 「答子寯」, 총간 31-194.

94) 『목민고2』, 「居官大要」, 294쪽, "凡事務以誠信, 要使實惠及人, 決不可飾虛干名也" ; 宋時烈, 『宋子大全』 권126, 「答殷錫」, 1682년 11월, 총간 112-347.

95) 『목민고2』, 「자치」, 298쪽, "淸愼自是士夫居官規模, 而不易得, 嘗竊慨然. 故望於汝者, 不淺也" ; 송시열, 『송자대전』 권126, 「答殷錫」, 1681년 11월, 총간 112-346.

96) 『목민고2』, 「자치」, 299쪽 ; 윤증, 『명재유고』 권28, 「與子行敎」, 1698년 정월 보름, 총간 136-77~78.

분향(焚香), 사직단(社稷壇) 등의 일을 태만하지 말라'든가, '이서들을 성신으로 대우하고, 사송(詞訟)은 교화를 우선하라'는 것[97]은 후자에 속한다.

그렇지만 이들 편지 외에도 정기(正己)·정물(正物)을 말하고, 노여움을 다스리고 여색과 술, 기생을 경계하는 내용도 많이 보인다. 『목민고1』이 앞서 언급한 이광좌의 책무의식처럼 개혁과 책임을 보다 강조하였다면 『목민고2』에서 추가된 내용은 보다 처신을 중시한 인상을 준다. 수령에게 '소심이자(小心二字)'를 강조한 것이나[98] '인기교(因其教) 불역기속(不逆其俗)'을 권장하고,[99] '불요민(不擾民)'을 내세우는 것이 그것이다.[100] 요컨대 『목민고2』는 『목민고1』에 나타난 수령의 책무의식 대신 수신을 강조하고 개혁성이 완화된 느낌을 준다.

그리고 수령의 업무에 대해 보다 세밀한 지침을 제시하고 있는 점도 처신 또는 처세의 연장선상에서 이해된다. 『목민고1』의 「미도임전잡세사의」 내용을 분리하여 「제배」, 「중로」 항목을 새롭게 만들고 그 내용을 대폭 늘린 것이나, 「도임」 항목이 새롭게 설정된 것, 「관청」 항목을 따로 만들어서 산자요화식(散子蓼花式), 접객식(接客式), 아객식상(衙客食床), 제수(祭需), 오일찬물식례(五日饌物式例) 등에서 찬물의 종류별로 세세하게 식례를 제시하고 있는 것 등에서 그것을 볼 수 있다. 아울러서 부임 초기에 먼저 공책 한 권을 만들어서 각종 서류의 출납을 기록하라고 하면서 그 방법을 세세하게 제시하고,[101] 각종 물품의 출납을 기록한 '정간책(井間冊)'을 만들게 한 것,[102] 이서가 교대할 때 '전장기(傳掌記)'를 만들어서 신구 이서가 서명하게 한 것[103] 등도 『목민고2』가 『목민고1』에 비해 수령 업무에 대한 보다 세밀한

---

97) 『목민고2』, 「居官大要」, 294쪽 ; 『명재유고』 권28, 「與子行教」, 1697년 10월 21일, 총간 136-76.

98) 『목민고2』, 「거관대요」, 295쪽, "大抵小心二字, 爲守令者, 尤不可頃刻放倒也."

99) 『목민고2』, 「得人心」, 307쪽, "有一善治稱於世者, 予貽書願聞政術, 答以因其教不逆其俗 七字, 可以不失人和云."

100) 『목민고2』, 「득인심」, 308쪽, "有一守令陛辭時, 上引見曰, 何以治民. 對曰, 小臣無他才能. 只欲不擾民而已. 上亟稱善."

101) 『목민고2』, 「文報」, 363쪽.

102) 『목민고2』, 「官廳」, 369쪽.

지침을 제시하고 있음을 보여준다.

또한 『목민고1』에 보이는 조현명이 그 조카 조재건에게 보낸 편지인 「거관지도」 항목의 한 문단을 토대로 「형장」, 「상사」, 「별성질」, 「절용」, 「사수응」 항목을 따로 만든 것은 수령의 업무 전반을 망라하는 지침서를 만들려는 의도의 표출로 간주된다. 『목민고1』의 「흥학교」 항목에 「소학강절목」과 「거재절목」을 추가한 것이나[104] 노비와 관련된 「시노비폐단」, 「을해감자시사목」 항목이 새로 마련된 것도 그러한 의도의 반영으로 볼 수 있다.[105] 「소학강절목」과 「거재절목」은 양란기 이래 공교육 강화를 도모해 온 변통 지향 경세론의 연장선상에 있다.[106]

이것은 『목민고2』가 편찬된 시기의 사회가 그 이전보다 훨씬 다양해지고 복잡해진 현실을 반영한 것이기도 할 것이다. 「청송」 항목이 대폭 늘어난 것 역시 그와 무관하지 않다. 진처(陳處)·점산(占山) 등과 관련된 각종 입지(立旨), 관속을 고소하거나 징채(徵債), 분동(分洞), 산송(山訟), 노비추쇄 등과 관련된 소장은 물론이고 노제·병폐·물고 등 군역을 면하게 해달라는 소장 등에 대한 언급은 이 시기가 『목민고1』 단계보다 더욱 빠르게 변화하면서 계급·계층간 갈등이 심화되고 있음을 보여준다. 이들 소지(所志)와 관련해서는 심지어 다음과 같은 지침을 내릴 정도이다.

공책 5권을 만들어서 매번 통인(通引) 가운데 문자를 알고 믿을 만한 사람 한두 명, 혹은 서너 명을 골라서 매일 소지 가운데 윤기에 관계되는 일, 전정·군정·환곡·관속의 작폐 등에 관련된 일 등 다섯 가지 사항의

---

103) 『목민고2』, 「糶糴法」, 385쪽.

104) 이와 관련하여 다음 논고가 참고 된다. 鄭萬祚, 1987, 「朝鮮後期 鄕村敎學振興論에 대한 檢討－地方官의 興學策을 중심으로」, 『韓國學論叢』 10, 국민대.

105) 당시의 寺奴婢 폐단에 대해서는 全炯澤, 1989, 『朝鮮後期 奴婢身分研究』, 一潮閣, 145~149쪽 참조.

106) 兩亂期의 공교육 강화론에 대해서는 다음 논고가 참고된다. 金容欽, 2001, 「浦渚 趙翼의 學問觀과 經世論의 性格」, 韓國史研究會 編, 『韓國 實學의 새로운 摸索』, 景仁文化社 ; 2006, 「잠야(潛冶) 박지계(朴知誡)의 효치론(孝治論)과 변통론」, 『역사와 현실』 61, 한국역사연구회.

일과 그 밖의 가치지사(可治之事)는 반드시 엄제(嚴題)를 내려서 낱낱이 통인에게 넘겨주어 공책에 치부(置簿)한 다음 소지를 내어 준다.107)

그리고 수령으로 도임하자마자 소지는 올라오는 대로 받아들일 것을 '영갑(令甲)'으로 정해두고, 개좌(開坐) 여부나 심지어 식사 시간에도 막지 말고 올라오는 대로 받아들일 것이며, 지체 없이 처리할 것을 반복하여 강조하고,108) 하루 안에 발괄[白活]은 오는 대로 몇 번이고 들어주고, 한 사람이 거듭 발괄해도 상세히 들어주라고 말하였다.109) 청송은 크든 작든 '반드시 공정한 마음으로 충분하고 상세히 살필' 것이며,110) '안색을 온화하게 하고 민이 하고 싶은 말을 다할 수 있게 하며', '절대로 자신의 의견을 세우지 말고 평심(平心)으로 공평하게 듣고 법문을 자세하게 살펴서 처결할 것'을 말하고도 있었다.111)

「임하」 항목에서는 『목민고1』의 내용에 이어서 이서들을 엄격하게 단속할 것을 강조하는 내용도 대폭 첨가되었다. 이들은 '관과 민 사이에 자리 잡고 있어서 마치 몹쓸 담(痰)이 상초(上焦)와 하초를 가로 막는 것과 같으니, 이들의 폐단을 통렬하게 제거해야만 관과 민 사이에 소통이 원활하게 이루어질 것'이라고 말하면서도, 이졸 가운데 '빈피편고자(貧疲偏苦者)'가 많아서 '기한(飢寒)에 절박한 것이 매우 가엾다'면서 그들 또한 '인자(人子)'라는 생각을 항상 가져야 한다고 말하기도 하였다.112) 그런가하면 관속들이

107) 『목민고2』, 「聽訟」, 338쪽, "造空冊五卷, 每番通引中, 擇識字可信之人一二名, 或三四名, 每日所志中, 事係倫紀, 事係田政, 或軍政, 或還穀, 與官屬作弊等, 五件事, 及其他可治之事, 則必嚴題, 而這這移給通引, 使之置簿於空冊, 後出給所志."

108) 『목민고2』, 「청송」, 334쪽, "所志隨來隨捧事, 新到初, 定爲令甲"; 同, 337쪽, "嚴飭於門直, 必使呈訴及白活民人等, 勿拘開坐與否, 及進飯之時, 這這許入."

109) 『목민고2』, 「청송」, 334쪽, "一日內白活, 隨到屢次, 進來聽之. … 一人屢次白活者, 亦詳聽, 至於二三度, 終不可聽者, 亦出送."

110) 『목민고2』, 「청송」, 339쪽, "大小聽訟, 必以公正之心, 十分詳察."

111) 『목민고2』, 「청송」, 340쪽, "每日早起開衙, 聽民訴, 和顏色, 使之盡言. 有訟, 則切勿先立意見, 平心公聽, 細考法文而決之."

112) 『목민고2』, 「임하」, 349쪽, "此輩操官民間, 如頑痰隔上下焦, 須痛袪此弊, 要使官民之情, 洞豁無弊. 所謂吏卒, 亦多貧疲偏苦者, 飢寒切迫, 甚可矜惻. 必須輸其疾苦, 念其飢寒, 常存

생계를 지탱하기 어려운 폐단은 반드시 변통해야 하며, 그들이 저지른 잘못은 너그럽게 대해야 하지만 관장을 속이고 백성들을 병들게 만드는 행위는 일체 중치(重治)해야 한다고 말하기도 하였다.[113] 심지어 향임 보기를 도적과 같이 하고, 이서를 원수처럼 대하여 경계를 늦추지 않아야만 정치가 맑아지고 민이 편안해진다고까지 말하였다.[114]

주목되는 것은 이방 이하 이서들을 감찰하는 '도검독(都檢督)'을 임명해 둘 것을 말한 것이다. 이방이 비록 적합하지 않다고 하더라도 죄도 없이 바꾸는 것은 중난(重難)할 것이라고 지적하고, 이서 가운데 '식사리근간자(識事理勤幹者)'를 골라서 '도검독'이라 칭하여 차첩(差帖)을 주고 이방 이하 이서들을 검칙하게 하라고 하였다. 그래서 만약 이서 가운데 일을 그르치는 자가 있으면 해당 이서와 도검독 및 이방을 모두 매질하여, 그들이 항시 힘을 합하여 일하게 만들어야 된다는 것이다.[115] 그리고 유식한 향소를 얻으면 믿고 맡길 일이 많아진다면서, '공평조심지인(公平操心之人)'을 좌수로 삼으라고 하였다.[116] 향소와 감관(監官)이 적합하지 않으면 '인사태거(因事太去)'하는데, 이를 향회에 알려서, 이전에 향임을 지낸 자 가운데 사리에 밝은 자를 공론에 따라 삼망을 갖추어 들이게 한 뒤 사람 됨됨이를 살펴서 차출하라고 말하였다.[117] 삼향소(三鄕所)에게는 각 창고와 현사(縣司), 빙고

彼亦人子之意, 可也."

113) 『목민고2』, 「임하」, 350쪽, "官屬難支之弊, 必須變通之, 其過誤亦須平恕. 而惟欺官病民, 一切重治."

114) 『목민고2』, 「임하」, 354쪽, "視鄕任如盜賊, 凜然惟恐其一日之不防, 而受其欺也. 待吏胥如仇讐, 鞭笞棱楛, 不可於微眚, 怒目虯髥, 不懈於常接, 然後政得以淸, 民得以安, 而一世許之爲良吏."

115) 『목민고2』, 「임하」, 351쪽, "吏房雖不似, 無罪改遞, 則重難. 擇其中識事理勤幹者, 稱之曰, 都檢督, 成給差帖, 使之檢飭吏房以下, 而若諸吏中, 有誤事者, 則該邑與都檢督吏房幷打, 俾令常時同力擧行事."

116) 『목민고2』, 「鄕所」, 357쪽, "邑中之事, 倘得有識鄕所, 則事多有賴. 鄕所雖不得盡擇, 而座首可合, 公平操心之人, 預爲聞見, 錄其姓名以去, 到官後徐徐詳察. 時任者不合, 則好樣易之, 有事詢問."

117) 『목민고2』, 「향소」, 357~8쪽, "鄕所監官之不似者, 因事太去, 知委一鄕齊會, 以曾經解事理者, 從公論, 備三望,以入, 察其爲人動止, 以爲差出事."

(氷庫), 회계 등의 임무를 분장하게 하고, 고을의 민원(民怨)을 탐문하여 보고하는 임무를 부여하도록 하였다.[118]

또한 면임과 이임의 농간을 단속하라는 내용이 자주 보이는 것도 주목된다. 여러 역군을 감관과 색리(色吏)가 제멋대로 동원하는 일이 있는데, 이때 면리임 역시 이들과 같이 농간을 부린다거나[119] 환곡을 받을 때 민이 바칠 환곡을 미리 받아서 사사로이 나누어 먹고 도망·사망이라고 거짓 보고하는 폐단이 있다는 것이다.[120] 『목민고1』에서는 서원에 대한 불신을 강하게 표명하였는데, 『목민고2』에서는 경작자와 농임(農任)이 권농 전령을 제대로 이행하는지를 서원에게 적간(摘奸)하게 하고 있는 점도 변화된 것이다.[121] 각 면의 권농 담당 존위를 차출하여 권농의 임무를 부여한 뒤, 불시에 탐문하여 진황처나 후시처(後時處)가 있으면 존위와 풍헌 및 전주(田主)를 매질하라 하였으며, 향소로 하여금 적간하게 하기도 하였다.[122] 면리임의 농간을 서원이나 향소에게 적간하게 한 것은 18세기 중엽 『목민고1』 단계와는 분명히 달라진 모습이다.

그러면 이제 앞서 『치군요결』과 『목민고1』 단계에서 말한 '대절목'에서 『목민고2』는 어떻게 변화되었는지를 살필 차례이다. 전정과 관련하여 『목민고1』과 『목민고2』의 차이점은 아래 〈표 4〉와 같다. 이를 통해서 『목민고2』가 『목민고1』의 내용을 주제별로 분류하려고 시도하였음을 알 수 있다. 즉 「정요2」의 「전정법」에서 「작결법」, 「양호지폐」 항목을 뽑아내고, 「정요3」의 「전정」에서 「절급지법(折給之法)」, 「정요4」의 「전정」에서 「허복(虛卜)」 항목을 설정한 것에서 그러한 의도를 읽을 수 있다. 그렇지만 편찬자의 시도는 별로 성공적이지 못하였다. 단자규식과 관련된 내용이 '우일법(又一法)'의 형태로 반복되는 것이나, 따로 「전정」 항목이 다시 설정된 것도

118) 『목민고2』, 「향소」, 358쪽, "三鄉所, 分掌各庫縣司氷庫會計等事, 上司公事, 亦令趁即擧行, 鄉中民寃, 亦令這這探告, 可也."
119) 『목민고2』, 「治民」, 414쪽.
120) 『목민고2』, 「還上還捧法」, 407쪽.
121) 『목민고2』, 「勸農桑」, 418쪽.
122) 『목민고2』, 「권농상」, 422쪽.

그것을 보여준다.

〈표 4〉田政 내용 비교

목민고2	목민고1	민정자료
田政	田政	정요1
傳令	傳令	
單子規式	單子規式	
又一法		
又一法	田政法	정요2
作結法		
養戶之弊		
單子規式	田政	정요3
折給之法		
田政又一法	田政	정요4
虛卜		
結卜移來移去之弊	없음	없음
復戶		
田政		
查括漏結法		
踏驗定式		

또한 『목민고2』에서는 「결부이래이거지폐」, 「복호」, 「전정」, 「사괄누결법」, 「답험정식」이 따로 추가로 작성되었다. 「결부이래이거지폐」에서는 결부를 옮겨 다니면서 일어나는 농간이 상세하게 나열되어 있다.

　토호와 품관 및 간리(奸吏)와 장교배들이 혹 토지를 많이 소유한 부민을 회유·협박하여 결가(結價)를 받아낸 뒤 (결가를) 그의 이름에 이록(移錄)한다. 혹은 빈궁한 품관들이 본리를 버리고 부실(富實)한 양민이 사는 촌을 찾아서 타리(他里)로 넘어 들어가 부세와 결역을 즉시 갖추어 납부하지 않고 혹 결주(結主)와 호수 등에게 그 역을 대신 감당하게 하기도 한다. 결 단위로 분급하는 환자[還上]를 다수 받아먹은 후에 갖추어 납부하지 않으면 호수와 작인이 그의 강력한 세력을 꺼려서 받아내지 못하고 혹 호수가 수습하여 대신 납부하거나 혹 바치지 못하고 해를 거듭하여 방치해 두면서 탕감되기를 기다린다. 심지어 양반과 상민 가운데 부요(富饒)자가 빈민에게 돈을 빌려주고 해를 계산하여 이자를 따져서 만약 갚지 못하면 그의 결부를 그 채무자에게 옮겨 놓고 결역에 응하게 하기도 한다. 혹은 봄·여름 사이에 미리 돈과 곡식을 지급하고 가을·겨울 사이에 그 이자를 계산하여 결역에 응하게 하면 빈민은 봄에 곤궁하여 생활에 쫓겨서 앞날에 역을 지기 어렵다는 것을 감안하지 않고 다투어 받아먹는다. 그해 가을에 서원이 나오면 채권자는 자신의 결부를 채무자 이름 밑으로 옮겨 놓는다. 그러면 서원 역시 뇌물을 받고 상지(裳紙)에 기록하여 준다. 8결 단위로 작부한 후 세금을 거두기 전에 민인들이 어지럽게 정소(呈訴)하여 결국 받아내기 어렵게 된 것은 모두 이러한 경우이다. 이러한 이유로 경내의 조금 부유한 자들이 전혀 결역에 응하지 않게 되는 일도 있다.[123]

이것은 이 시기가 『목민고1』단계보다 전정을 둘러싼 이해관계의 대립이 훨씬 복잡하고 치열하게 전개되고 있음을 보여준다. 그 맨 끝에 양호(養戶)의 폐단을 막기 위해서 기존의 8결 작부를 4결 작부로 바꿀 것을 제안하고 있는 것도 주목된다.[124]

「복호」에서는 '부민결부(富民結卜)'에는 복호를 절대로 인정해주지 말라는 것과 작부할 때 가좌통호(家座統戶)의 순서대로 각 리 별로 작부할 것을 강조하고 있다. 이 문단의 맨 끝 부분에 이 내용은 '작부조'에 들어가야 한다고 작은 글씨로 씌어 있는 것 역시 이 목민서가 주제별 편찬에 불완전한

---

123) 『목민고2』, 「結卜移來移去之弊」, 515~516쪽, "土豪品官, 及奸吏將校輩, 或富民多結者處, 誘脅徵價後, 移錄於渠名爲祢, 或貧窮品官之類, 捨本里, 就其良民富實之村, 越入於他里, 賦稅結役, 不卽備納, 或使結主戶首等, 替當其役爲祢. 結給還上, 多數受食後, 仍不備納, 則戶首與作者, 憚其豪勢, 不能徵納, 或以戶首, 收拾替納, 或仍爲未捧, 移年掩置, 希望蕩減. 甚至於兩班常漢之富饒者, 給債貧民, 計年便利, 如有未捧, 則以其結卜, 移送於負債人, 使之應役爲祢. 或春夏間預給錢穀, 秋冬間計其利息, 役使之應其結役, 則貧民正當窮春, 急於生活, 不計前頭應役之難, 而爭先受食, 及秋書員之出也, 債主移結卜移錄於負債人名下, 則書員役受賂懸給裳紙, 作夫之後, 徵稅之前, 民人等呈訴紛紜, 而必境難捧, 皆由於此類. 以此之故, 境內之稱富者, 或有全無結役對答之事."

124) 『목민고2』, 「결부이래이거지폐」, 516쪽, "作夫時, 例以八結作夫, 而此有養戶之弊. 必以四結作一夫, 則可除此弊, 而捧稅極輕便矣."

형태임을 말해준다. 「사괄누결법」에서는 서원의 농간을 막기 위해 각 면마다 양반 도감(都監)이나 중인으로서 '해사유문필자(解事有文筆者)'를 한 사람씩 정해서 누결(漏結)을 적발해 내도록 하였다. 「답험정식」에서는 복심(卜審) 참가자를 감관 1명, 서원 1명, 면임 1명, 사환군(使喚軍) 1명, 전·답주 1명 등 모두 6명만 참가하게 할 것, 전답을 복심할 때 반드시 그 전답주인과 같이 답험할 것, 감관색리가 부수(卜數)를 제멋대로 결정하는 것을 막을 것, 이임(里任)의 무리가 접대비와 지가(紙價) 명목으로 곡식과 가축을 과다하게 약탈하는 것을 방지할 것 등을 제시하였다. 「전정」에서는 이것이 수령의 가장 어려운 정사이니 반드시 정신을 집중하여 신중하게 살펴야 하며, 힘들다고 해서 태만해서는 안 된다고 강조하였다. 그리고 서원의 부정을 방지하기는 어려운 일임을 인정하고 이들의 농간을 막기 위해 '관정식답험기(官定式踏驗記)'를 서급(書給)하여 이것에 따라서 거행하게 하고 이것을 어기면 각별히 중형에 처하겠다고 엄하게 분부하고, 면마다 추생(抽栍)하여 몸소 부정을 살필 것을 말하기도 하였다.

군정에서 『목민고2』의 중요한 특징은 「오가통사목」과 「양역변통절목」이 수록된 것이다. 숙종 원년에 반포된 「오가통사목」은 오가작통제를 제도화한 것인데, 이는 조선후기 면리제의 기초가 되어 이정법 시행을 가능하게 한 제도였다. 숙종 37년에 반포된 「양역변통절목」은 바로 그 이정법을 제도화한 것이었다.[125] 이것은 『목민고1』에 이어서 『목민고2』에서도 이정법 시행을 통해서 양역의 폐단을 극복하려는 방향 속에서 군정을 운영하고자 하였을 뿐만 아니라 국가의 법제적 통제를 보다 강화하려는 의도를 드러낸 것이었다. 「속오」 항목에서도 '속오군을 통에서 충정하게 한 것은 좋은 법'이라고 말하여[126] 오가작통제의 취지를 속오군 충정에 원용하라고 한 것도 그러한 지향성을 반영한 것이었다.[127]

---

125) 오영교, 2001, 앞 책, 제3장 「鄕村對策과 面里制의 확립」; 제4장 「鄕村對策과 五家作統制의 성립」.
126) 『목민고2』, 「束伍」, 446쪽, "束伍則統定, 旣是良法."
127) 이것은 1730년에 반포된 「束伍節目」에 보인다. 『비변사등록』 영조 6년 경술 9월 25일.

환곡에 대해서『목민고1』에서는『치군요결』에 있는 내용에 크게 덧붙인 것이 없었는데,『목민고2』에서는「분조」·「분급과식」항목을 따로 설정하여 환곡의 분급과 관련된 내용을 제시하였고, 환곡의 징수를 다룬「환자환봉법」은 대폭 증보되었다.「분조」에서는 창색(倉色)이 면임과 짜고 원수성책(願受成冊)에 허명(虛名)을 재록(載錄)하거나, 혹은 부민의 호를 빌려 거간이 농간을 피우거나, 양반이나 강한지민(强悍之民)이 요민(饒民)의 이름을 빌려서 환명대수(換名代受)하는 폐단, 고지기가 가마니를 가지고 농간을 부리는 것 등을 적발하는 요령을 제시하였다. 즉 담당 이서들은 물론 면임과 이임들의 농간에 유의할 것을 말한 것은『목민고1』과 달라진 모습이다.「분급과식」에서는 원회곡(元會穀), 상진곡(常賑穀), 군작미(軍作米), 별회미(別會米) 등 분급곡식 별로 분급량과 유고곡(留庫穀)을 파악해 둘 것, 대호·중호·소호·잔호(殘戶) 등 호의 등급별로 순번을 나누어 분급할 것, 8결 작부 단위로 분급할 것 등의 원칙을 제시하였다.

「환자환봉법」에서는 환곡의 납부를 독촉하는 일을 약정과 리 유사에게 맡기라고 말하였다. 그리고 감색배가 환곡을 투식(偸食)하거나 방납하는 폐단, 향품과 토호가 작부할 때 노(奴) 이름으로 입호(入戶)하여 환곡을 떼어먹는 폐단, 면리임과 면주인이 민인의 환곡을 미리 받아먹고 '지징무처(指徵無處)'라고 속이고 환곡을 미납하는 폐단 등을 엄하게 살펴서 막아야 한다고 하였다. 환곡을 고봉으로 받는 것은 '익하지정(益下之政)'이 아니라고 하였으며, 수량이 부족하거나 납부한 환곡이 좋은 곡식이 아니더라도 결코 '환퇴(還退)'는 안 된다고 하였다. 관속의 환곡을 준봉(準捧)하는 것과 양반가의 환곡을 받아내는 것이 가장 어려운 일이라고 인정하고 이를 극복하는 요령 및 창색의 농간을 적발하는 요령 등을 제시하기도 하였다.

이처럼『목민고2』에서는 환자의 분급과 회수 과정에서 앞서의『치군요결』단계보다 훨씬 농간이 심하게 발생하고 있는 현실을 반영한 것으로 이해된다.『목민고2』에서는 이러한 환곡의 폐단을 수령의 통제를 강화시켜서 극복하려는 의도를 분명하게 드러냈다.

4. 맺음말

지금까지 조선후기 목민서의 유형 가운데『목민고』류의 변천을 통해서 이 시기 사회변동의 양상을 확인하고 국가의 대응 방안을 수령의 지방통치 지침을 통해서 살펴보았다.『선각』류가 중국의 사례를 비중 있게 다루고, 지방통치 지침을 일정한 틀에 맞추어 연역적으로 제시하려고 한 것에 비해,『목민고』류는 조선의 현실을 있는 그대로 반영하면서 수령의 통치 지침을 마련하려고 한 점에서 차이가 있었다. 정약용의『목민심서』는 이러한 두 부류의 목민서를 종합하여 성립된 것이었다.

『목민고』류의 목민서는 수많은 필사본이 존재하는데, 그 내용상의 차이를 중심으로『치군요결』,『목민고1』,『목민고2』의 순서로 변천된 것으로 보고, 그 작성 시기를 각각 18세기 전반, 중엽, 후반으로 비정하였다.『목민고』류의 편찬에는 18세기 소론 탕평파가 주로 관여하고 있었다. 이들은 모두 당시의 사회변동으로 인해 초래된 국가의 위기를 대대적인 제도 개혁을 통해서 타개해야 한다고 보았지만 국왕 영조의 강력한 탕평책 추진에도 불구하고 노론 반탕평파의 반발로 인해 제도 개혁이 지지부진한 현실 속에서, 지방관의 엄밀한 선발과 직무 수행을 통해서 이를 극복하는 방안을 마련하려 하였다. 영조대 대표적인 탕평론자인 이광좌와 조현명은 또한 그러한 제도 개혁이 중앙정치 차원에서 달성되더라도 지방관이 그것을 어떻게 집행하느냐에 따라서 그 성패가 좌우된다는 점에 깊이 유의하였다. 이것이 바로 이들이 지방관의 통치 지침에 해당되는 목민서에 주목한 이유였다.

『목민고』류의 지방통치 지침은 모두 17세기의 양란기 이래 초래된 국가적 위기를 국가의 집권력(集權力) 강화와 공공성(公共性) 확대, 그리고 공적(公的) 영역의 확장을 통해서 극복하려는 지향을 공통적으로 반영하고 있었다. 그것은 당시까지 조선 봉건왕조 국가를 지탱해 온 양대 지주였던 양반제와 지주제의 폐단을 제거할 수 있는 제도개혁이 지지부진한 현실 속에서 대안으로서 마련된 것이었다. 즉 17세기 이래 생산력 발전에 기초한 자연촌의 발달, 그에 따른 민의 의식의 성장과 촌락 자치 기능의 제고 등 여러 요인에 의해 새롭게 향촌 사회가 재편되는 현실을 능동적으로 수용하여 제시된 것이었다. 면리제의 발달에 따른 오가통제와 이정법의 등장은 바로 그러한 변화된 현실에 대한 대응으로서 나온 것이었는데,『목민고』류의 목민서에 서는 이러한 국가의 향촌통제정책에 발맞추어 수령권을 강화시키고, 양반 토호와 이서들의 전횡과 중간수탈을 방지하여 소민을 보호할 수 있는 방안 을 집중적으로 마련하여 제시하려 하였다.

『치군요결』에 비해『목민고1』은 지방관의 책무의식을 더욱 강조하고, 전정에서 깃기책과 작부책을 작성하는 상세한 규정을 마련하여, 토호와 간리의 농간을 막고 소민을 보호하려 하였다. 이를 위해 향촌에서 새롭게 성장하는 세력을 면임과 이임으로 임명하여 기존 향촌 지배세력과 상호 견제하고 감시하는 방안을 제시하였다.『목민고2』단계에서는 지방관의 책무의식을 유자·관인 일반의 수신 지침으로 대체하고 수령의 업무에 대한 보다 포괄적인 지침을 제시하려 하였다. 그리고 이황과 송시열, 윤증의 편지를 수록함으로써 당색을 안배하여 조제하려는 탕평책의 취지를 보다 강화하여 당색과 관계없이 수령들이 폭넓게 활용할 수 있는 길을 열어놓았 다. 그와 함께 면임과 이임에 대한 감시와 통제를 강화시킬 것을 말하여 이 시기 면·이임이 기존 향촌지배 세력인 토호·간리와 마찬가지로 새로운 중간수탈 계층으로 전화하는 현실을 반영하고 있다. 또한 토호 지주의 농간을 방지하는 요령, 환곡의 폐단을 제거하는 방안을 더욱 확대하여 구체적으로 제시하였다. 이것은 양반제와 지주제를 혁파하지 못하는 정치 현실 속에서 그에 따른 폐단을 수령권을 강화시켜, 지역사회에서 공적 영역을 확장시키고 공공성을 강화함으로써 해소하려는 시도였다.

그렇지만 이러한 방안들은 기본적으로 수령의 의지에 의해 좌우될 수밖 에 없고, 향촌에서 수령을 보좌하는 작청의 이서, 향청의 임장, 풍헌·약정 등의 면·이임과 촌락에서 활동하는 각종 두두인, 호수와 통수 등 광범위한 세력을 준공적(準公的) 조직으로 동원해야만 가능한 것이었다.『목민고』류 의 목민서에서 제시된 지침들은 이들을 공적 제도화하지 못한다면 뚜렷한 한계를 가질 수밖에 없었다. 여기에 18세기 탕평론자들이 주목한 지방통치의 한계가 있었다. 즉 그것은 18세기 탕평책의 한계를 고스란히 체현하고 있었다. 이로 인해 탕평책을 추진하던 강력한 군주인 정조가 사거하자 19세기 세도정치가 전개되면서 지방통치가 마비되어 삼정의 문란으로 대표되는 국가적 위기가 초래되는 것을 막지 못하였던 것이다.

그렇지만 18세기 탕평책 추진과 함께 대동과 균역의 이념을 내세우면서 진행되었던 국가의 집권력 강화, 공공성 확대, 공적 영역의 확장은 중세 해체기 국가적 위기를 타개하는 하나의 방향을 제시한 것이라는 점에서 그 중요성이 과소평가될 수는 없을 것이다. 『목민고』류에 보이는 수령의 지방통치 지침은 그러한 각도에서 새롭게 주목되어야 한다고 본다.

제4장 홍양호 실학사상의 계통과 『목민대방』

1. 머리말

조선후기 실학에 대해서는 많은 연구가 이루어졌지만 관련 연구자들 사이에서 아직도 그 개념과 성격에 대해 합의에 이르지 못하고 있다. 이로 인해 실학자의 범위 설정도 혼란에 빠져 있는 것이 현실이다. 특히 실학자를 재야학자로만 제한해서 보려는 경향이 강하게 지속되고 있는 것도 그러한 현실과 관련되어 있다. 여기에는 실학사상에도 불구하고 조선왕조가 근대화에 성공하지 못하고 멸망에 이르렀다는 결과론적 인식과 조선후기 유자(儒者) 관인(官人)에 의해 전개된 정치에 대한 불신이 암암리에 전제되어 있다.

홍양호(洪良浩, 1724~1802)는 이조판서를 거쳐서 품계가 정1품 보국숭록대부에 이르고 홍문관·예문관·성균관의 삼관(三館) 대제학을 지냈으니[1] 조선후기의 전형적인 관인으로 볼 수 있다. 그는 주자성리학(朱子性理學)이 지배하는 당시의 학문 풍토 속에서 그와는 이질적인 소론 강화학파(江華學派)의 양명학을 수용하여 당시의 현실적 모순을 극복하기 위한 새로운 학문을 모색하였다. 그는 '족국유민(足國裕民)'의 원칙 아래 국가와 민을

---

1) 『승정원일기』 정조 17년 12월 20일 ; 李晩秀, 『屐園遺稿』 권10, 「大提學耳溪洪公諡狀」, 民族文化推進會 편, 『標點影印 韓國文集叢刊』268책 433쪽(이하 '총간 268-433'으로 표기함).

동시에 보존·발전시키는 방향에서 당시 봉건사회의 제 모순을 타개하기 위한 경세론을 전개하였으며, 이러한 조선의 현실에 대한 관심이 시간적 공간적으로 확대되어 조선의 역사와 지리에 대한 깊은 관심으로 이어졌다. 또한 음운학, 금석학을 비롯하여 서예, 음악, 미술까지 포괄하는 박학적 학풍을 구축하였다. 이러한 그의 학문으로 미루어 볼 때 그를 실학자로 규정하는 데 손색이 없다고 생각된다.

　그에 대한 연구는 문학쪽에서 선도하여 많은 연구가 이루어졌지만 실학자로 규정하는 것에는 소극적이고,[2] 역사쪽에서 보다 적극적으로 실학자로 규정하는 경향이다.[3] 이외에도 홍양호 가문의 예술과 서예 비평,[4] 음악론,[5]

---

2) 서병국, 1965, 「訓民正音 解例本 이후의 李朝 국어학사 是非」, 『경북대 논문집』 9 ; 성범중, 1984, 「耳溪 洪良浩의 北塞文學에 대한 一考察」, 『冠嶽語文研究』 9, 서울대 국문과 ; 1985, 「이계 홍양호의 문학관과 문학활동」, 『한국문화연구』 2, 경기대 ; 임유경, 1988, 「崔孝一逸話의 傳承과 變異樣相」, 『書誌學報』 22, 韓國書誌學會 ; 崔信浩, 1989, 「耳溪 洪良浩의 文學論에 있어서의 道氣의 問題」, 『韓國漢文學研究』 12, 한국한문학연구회 ; 김성규, 1998, 「경세정운도설에 대한 홍양호의 서평」, 『문헌과 해석』 3, 문헌과해석사 ; 陳在敎, 1999, 『耳溪 洪良浩 文學 研究』, 성균관대 大同文化研究院 ; 「『耳溪集』 소재 「崔必恭傳」」, 『민족문학사연구』 14, 민족문학사연구소 ; 2002, 「이계 홍양호의 「醫員傳」에 나타난 인물 형상」, 『민족문학사연구』 21 ; 2003①, 「18세기 朝鮮朝와 淸朝 學人의 학술교류 : 洪良浩와 紀昀을 중심으로」, 『古典文學研究』 23, 한국고전문학연구회 ; 2003②, 「풍산(豊山) 홍문(洪門)과 이계(耳溪) 홍양호(洪良浩)」, 『문헌과 해석』 24, 문헌과해석사 ; 2003③, 「『북새잡요』에 나타난 북관의 진경과 변경민의 삶」, 『한국학논집』 37, 한양대 한국학연구소 ; 이종묵, 2003, 「홍양호와 삼각산 우이동」, 『문헌과 해석』 24 ; 이군선, 2004, 「이계가와 우이동」, 『한국한문학연구』 33 ; 정우봉, 2005, 「耳溪 洪良浩 문학의 한 국면」, 『震檀學報』 100, 震檀學會 ; 진재교, 2006, 「홍양호 한시에 나타난 북관의 진경과 변경민의 삶-『북새잡요』로 본 북관의 풍속지」, 한양대 한국학연구소 편, 『19세기 조선 지식인의 문화지형도』, 한양대 출판부 ; 최기숙, 2008, 「조선후기 사대부의 생활공간과 글쓰기 문화-耳溪 洪良浩의 '記'를 중심으로」, 『古典文學研究』 33, 한국고전문학회.

3) 金英珠, 1982, 「耳溪 洪良浩의 牧民思想」, 『淑大史論』 11·12合輯, 숙명여대 사학회 ; 元裕漢, 1984, 「耳溪 洪良浩의 貨幣經濟論」, 『弘大論叢』 16, 홍익대 ; 徐仁源, 1991, 「耳溪 洪良浩의 北學論」, 『實學思想研究』 2, 무악실학회 ; 1993, 「耳溪 洪良浩의 國防論」, 『素軒南都泳博士古稀紀念 歷史學論叢』, 민족문화사 ; 1995, 「耳溪 洪良浩의 歷史認識」, 『東國史學』 29, 동국사학회 ; 2000, 「耳溪 洪良浩 研究의 現況과 課題」, 『東國史學』 34 ; 2003, 「耳溪 洪良浩의 實學思想」, 『韓國學論集』 37, 한양대 한국학연구소 ; 강석화, 2003, 「홍양호-18세기 후반의 참보수」, 『63인의 역사학자가 쓴 한국사 인물 열전』 2, 한영우선생정년기념논총간행회 ; 박현모, 2003, 「홍양호의 정치론, 원칙과 예외

천문관[6] 등도 연구되어 홍양호 학문의 대체적인 규모는 밝혀졌다고 볼 수 있다.

그런데 역사학계 일각에서 홍양호를 실학자로 규정하는 것에 주저하는 이유는 그에게서 양반제와 지주제에 대한 분명한 입장이 보이지 않기 때문일 것이다. 그렇지만 그의 경세론을 국가론 차원으로 확대시켜서 본다면 양반제와 지주제를 부정한 기존의 실학자들과 그 지향점이 일치된다고 생각된다. 즉 실학을 국가론 차원으로 확대시켜 개념을 규정할 필요가 있다는 것이다. 본 장에서는 홍양호 실학사상의 계통을 정치적으로는 소론 탕평파, 학문적으로는 소론 강화학파와의 관계 속에서 살펴보고, 실학사상의 개념 그 자체에 대해서도 새롭게 접근해 보고자 한다. 아울러서 그가 편찬한 목민서인 『목민대방(牧民大方)』을 18세기에 다양하게 출현한 각종 목민서와 관련시켜 그 위치를 규정하고, 여기서 제출된 지방통치의 방식과 이념을 그의 실학사상과 관련시켜 이 시기에 출현한 새로운 국가론의 한 형태로 이해하여 보고자 한다.

2. 강화학파와 홍양호의 실학사상

1) 강화학파의 실학사상과 탕평론

홍양호의 풍산(豊山) 홍씨 가문이 조선후기에 유력 가문이 된 데는 홍주원

- 적 조치」,『문헌과 해석』24, 문헌과해석사 ; 김문식, 2003,「홍양호의 북학론」,『문헌과 해석』24 ; 강석화, 2005,「耳溪 洪良浩의 생애와 학문관」,『震檀學報』100, 震檀學會 ; 배우성, 2005,「洪良浩의 地理認識」,『진단학보』100 ; 서인원, 2006,「이계 홍양호의 생애와 사상」, 한양대 한국학연구소 편, 앞 책.
4) 신영주, 2001,「18·19세기 홍양호 가(家)의 예술 향유와 서예 비평」,『민족문학사연구』18, 민족문학사연구소.
5) 宋芝媛, 2005,「이계 홍양호의 음악론」,『진단학보』100, 진단학회.
6) 송호빈, 2009,「耳溪 洪良浩의 天文觀에 나타난 사유방식의 궤적」,『어문논집』60, 민족어문학회.

(洪柱元)이 인목대비(仁穆大妃)의 장녀인 정명공주(貞明公主)와 결혼하여 영안위(永安尉)로 봉해진 것이 결정적인 계기가 되었다.[7] 그런데 대다수의 홍주원 후손과는 달리 홍양호의 선대가 소론으로 좌정한 것은 그의 증조부인 홍만회(洪萬恢, 1643~1710)의 선택이었던 것으로 보인다. 홍만회는 대과를 보지 않았지만 정3품 통정대부에 오르고, 관직이 첨지중추부사까지 이르렀는데, 여기에는 최석정(崔錫鼎)과 이인엽(李寅燁) 등 숙종대 소론 탕평파의 추천이 있었다고 한다.[8] 또한 그는 자신의 딸들을 이집, 이광좌(李光佐) 등 영조대 소론 탕평파 인사들과 결혼시켰다. 이러한 흐름은 홍만회의 아들인 홍중성(洪重聖, 1668~1735)으로 이어져, 그 아들 홍진보(洪鎭輔), 즉 홍양호의 부친을 소론 탕평파로서 영조대 영의정까지 역임한 심수현(沈壽賢, 1663~1736)의 딸과 결혼시켰다.[9] 따라서 심수현은 홍양호에게는 외조부가 되는 셈이다. 또한 홍중성은 최석정의 아들 최창대(崔昌大, 1669~1720)와 함께 시사(詩社)를 결성하여 활동하였다.[10] 이처럼 홍양호의 친가는 대대로 숙종대 소론 탕평파와 이를 계승한 영조대 소론 탕평파와 밀접한 관계를 맺고 있었다.

외가인 청송(靑松) 심씨 가문은 경종이 세자일 때 세자빈으로 책봉된 단의왕후(端懿王后)를 배출한 가문이었다.[11] 심수현의 부 심유(沈濡, 1640~1684)는 숙종대 서인이 노론과 소론으로 분당될 때 최석정 등과 함께 소론에 가담하였다.[12] 이를 이어서 심수현은 갑술환국 이후 정국에서 남구만·최석정 등 소론 탕평파와 정치적 입장을 같이 하였다. 경종대에는 노론측에서 추진한 왕세제(후일의 영조) 대리청정의 명을 환수할 것을 청하는 상소의

7) 진재교, 2003②, 앞 글 ; 강석화, 2005, 앞 논문.
8) 洪良浩, 『耳溪集』 권27, 「曾祖考判決事贈吏曹參判府君墓碣銘 幷序」, 총간 241-486.
9) 홍양호, 『이계집』 권32, 「祖考郡守贈吏曹參判府君墓誌」, 총간 242-11.
10) 진재교, 1999, 앞 책, 18~19쪽.
11) 『경종실록』 부록, 「誌文」. 심씨는 1696년 世子嬪으로 책봉되었으나 경종이 즉위하기 2년 전에 병으로 죽었다. 경종이 즉위한 후 왕후로 추봉되고, 端懿王后라는 시호가 내려졌다.
12) 徐宗泰, 『晩靜堂集』 권16, 「應敎沈公墓誌銘」, 총간 163-352.

소두가 되었다.13) 영조대에는 이집에 의해 이광좌와 함께 소론 탕평의 상징으로 거론되었으며,14) 1729년 기유처분(己酉處分) 이후 영조 9년부터 약 2년 5개월이라는 비교적 긴 기간 동안 영의정으로 재직하였다.15) 이처럼 홍양호의 친가와 외가에 관련된 이광좌, 이집, 심수현 등은 모두 정승이 되어 영조대 소론 탕평파를 대표하여 활동하였다.

홍양호의 학문에 큰 영향을 준 것은 외가인 심수현 가문이었다.16) 특히 홍양호는 외삼촌인 심육(沈錥, 1685~1753)을 스승으로 섬겼다고 스스로 밝혀 두었다.17) 심육은 조선 양명학을 확립한 하곡(霞谷) 정제두(鄭齊斗, 1649~1736)의 제자였다. 심육의 조부인 심유는 정제두와 이종간이고, 심육은 정제두의 아들인 정후일(鄭厚一)과 긴밀하게 교류하였다. 심육 가문과 정제두 가문은 인간적으로 뿐만 아니라 학문적으로도 매우 가까웠다. 심육은 정제두의 문집 간행을 주도할 정도로 정제두의 실질적인 수제자이자 계승자였다.18) 홍양호는 이외에도 이광려(李匡呂, 1720~1783)·신대우(申大羽, 1735~1809) 등 강화학파의 인물들 또는 이종휘(李種徽, 1731~1797)와 같이 강화학파의 자장 안에서 양명학적 사유를 전개한 인물들과 교류하였다.

이들 강화학파에 속하는 인물들은 대체로 정제두의 학문과 정치론을 계승하였다. 정제두 학문은 양명학의 '심즉리(心卽理)' 명제를 바탕으로 한 일원적 구조였다. 이기(理氣)·체용(體用), 음양·동정, 미발(未發)·이발(已發), 심·성·정, 인심·도심 등 주자학에서 차별적으로 이해되어 왔던 본체론과 심성론의 여러 개념들은 물론, 격물치지, 지행합일 등 인식론에 관련된 개념과 거경궁리(居敬窮理), 존덕성(尊德性)·도문학(道問學) 등 수양론에 이르기까지 하나의 개념이 다른 하나의 개념에 포섭되는 일원적 구조로 이해

---

13) 『경종실록』 권5, 경종 원년 신축 10월 13일 경오.

14) 『영조실록』 권22, 영조 5년 기유 6월 25일 무술.

15) 『영조실록』 권32, 영조 8년 임자 12월 26일 기묘 ; 권38, 영조 10년 갑인 5월 4일 기묘.

16) 진재교, 1999, 앞 책, 21~25쪽.

17) 『이계집』 권18, 「太史氏自序」, 총간 241-325.

18) 진재교, 2003②, 앞 글, 137쪽.

하였다. 이러한 그의 사유구조는 이들 여러 개념들을 엄격하게 구분하여 인식하고 있던 주자학(朱子學) 사상체계와는 명백하게 구분된다. 정제두의 경학 연구는 비록 주자성리학의 개념과 주자적 분석방법으로서 표현되고 있었지만 사상의 핵심은 양명학적 내용을 주조로 하였다.[19]

특히 주자의 『대학』 이해가 명덕(明德)과 신민(新民)을 분리하여 선후·본말의 관계로 보는 것에 대해서 정제두는 왕양명의 친민설(親民說)을 따라서, 만물일체(萬物一體)의 원리에 입각하여 명덕과 친민을 합일시켜서 이해하였다. 주희(朱熹)의 성학론(聖學論)이 이념상 군주의 절대성을 상정하면서도 실제로는 신권(臣權)에 의해 군권(君權)을 제약할 수 있는 길을 열어놓은 것에 비해 정제두는 신권을 군권에 종속시키려 하였다. 그리고 『대학』을 사대부학으로 보지 않고 군주학으로 보고, 군주를 전면에 내세워, 양반이 국가 곧 군주와 '인민지권(人民之權)'을 다투는 정치구조를 부정하고 민의 존재를 새롭게 인식하였다. 따라서 그의 황극(皇極) 이해는 주자의 그것과 달라질 수밖에 없었다. 주자의 황극 이해는 군주가 만민이 법 받아야 할 도덕적 표상으로서 조금도 과불급(過不及)이 없는 완벽한 존재여야 한다고 규정하였는데, 정제두는 '황극'을 군주에 의해 주도되는 통치 규범으로 간주하고, '군민상여(君民相與)'한 것으로 보아서 민의 존재를 강조하였다. 즉 정제두는 『대학』의 명덕·친민론으로부터 도출된 군민일체관에 입각하여 황극탕평론을 제기한 것이다.[20] 이를 통해서 그는 성장하는 민의 입장이 반영된 사회개혁을 지향하였다.

정제두는 양반제와 노비제, 즉 중세 신분제의 모순에 대한 분명한 인식을 갖고 있었다. 귀천의 구분이 900여 년에 걸쳐서 자자손손 내려와 양민이 모두 천인이 되어서, 나라를 다스릴 수 없게 되었다고 본 것이 그것이다.[21]

---

19) 정두영, 2009, 「朝鮮後期 陽明學의 受容과 政治論」, 연세대 박사논문, 92쪽.

20) 金駿錫, 2005, 「18세기 蕩平論의 전개와 王權」, 『韓國 中世 儒敎政治思想史論 II』, 지식산업사 ; 조남호, 2006, 「정제두의 황극론 고찰」, 『陽明學』 16, 한국양명학회 ; 정두영, 2009, 앞 논문, 97~111쪽.

21) 鄭齊斗, 『霞谷集』 권22, 「箚錄」 4, 총간 160-553, "貴賤之分, 蓋將九百年矣, 傳子傳孫, 良民已盡入賤, 擧一國良者一而賤者二也. 兩班者與國並人民之權, 又君一而民一也, 天下豈

그는 양반과 노비를 제거해야한다고 분명하게 주장하였다. 그리고 양반을 제거하면 붕당은 자연히 소멸될 것으로 보았다.[22] 여기서 그의 황극탕평론과 사회개혁론의 관련성을 분명히 볼 수 있다. 또한 그것은 국가(國家)를 유지·보존해야 한다는 문제의식 속에서 나온 것이었다.

정제두는 이러한 신분제 개혁을 전제로 하여 지주제의 모순을 제거할 방안을 내놓았다. 한전론(限田論)이 바로 그것이었다. 그는 민전에 대해서 일정 시기부터 1호당 소유면적의 기준, 즉 상한선을 3결로 정하되, 이미 기준 면적 이상을 소유하고 있는 호에게는 감할 것을 요구하지 않으나 미달인 호에게는 그 선을 넘지 못하게 하며, 그 소유지가 상한선에 미달인 호에게는 매입을 허용하지만 한도를 넘는 호에게는 매전(買田)을 불허하고, 그들이 토지를 방매(放賣)하려 할 때는 반드시 관에서 매입하도록 하자는 것이었다. 이같이 하면 토지가 점진적 그리고 자연적으로 무전자(無田者)와 기준 이하 소유자들에게 돌아가게 되고, 따라서 그 농지는 마침내 모든 농업자들이 비교적 균등하게 소유하게 될 것이라고 하였다.[23] 이것은 결국 지주제의 점진적 해체와 자영 소농경제의 안정을 전망하는 토지개혁안이었다. 이처럼 국가를 유지·보존하기 위해 양반제와 지주제의 폐지를 구상한 정제두는 실학자로 규정해도 무리가 없을 것이다.

정제두는 윤증·박세채의 문인이었으며, 숙종대 정국에서 소론 탕평파를 대표하였던 최석정과는 박세채 문하에서 동문수학한 사이였다.[24] 숙종대 서인이 노론과 소론으로 분당될 때 윤증·박세당(朴世堂)·남구만(南九萬)·박세채 등은 서로 혼맥과 학맥으로 얽혀 있었는데, 이들은 당시의 국가적 위기를 타개하기 위해서는 신분제와 지주제의 모순을 어떤 형태로든 해소해

有是理也. 且一國中役一半之民, 供一半之人, 人君獨以其一半之半, 欲以爲國, 天下有如是
而有國者哉. 況一偏苦而一偏樂, 非天地生物之意, 其害甚於洪水猛獸. 物極則變, 今已極矣,
合當變矣. ○罷兩班朋黨軍籍, 在於此矣. 然則限田改嫁, 不可不行."

22) 정제두,『하곡집』권22,「箚錄」5, 총간 160-564, "消兩班.狹官路, 擇賢久任, 使無世爵.
… 消奴婢消空士 無閑遊浪議, 無兼並坐食之人, 三十年稀, 五十年盡消朋黨."

23) 金容燮, 2007,『신정 증보판 朝鮮後期農業史硏究[Ⅱ], 지식산업사, 575쪽.

24) 정두영, 2009, 앞 논문, 81~86쪽.

야 할 것으로 보았다. 박세당이 주자의 '정전난행설(井田難行說)'을 두고 남구만과 서신 교환을 통해서 토론하면서 이를 비판하고 있는 것이나[25] 박세채가 한전론과 유사한 구준(丘濬)의 점전법(占田法)을 거론한 것은[26] 이들이 지주제의 문제점을 극복하기 위한 방안을 모색하고 있었음을 보여준다. 또한 윤증은 자기 부친 윤선거(尹宣擧)의 사족수포론(士族收布論)을 계승하였으며,[27] 박세당은 호포론의 득실을 따져보고 있었는데, 이는 모두 양반제의 폐단을 극복하려는 노력이었다.[28] 박세채가『경국대전(經國大典)』을 보완하는 법전으로서『속대전(續大典)』편찬을 구상하였던 것도 양반·지주·토호의 전횡을 공법 질서의 확립을 통해서 제어하려는 문제의식의 소산이었다. 이들은 모두 송시열의 주자 일존(一尊)의 학문경향과 군자 일붕당론(一朋黨論)에 반대하고 소론으로 좌정하면서, 이러한 개혁안을 정치에 반영하기 위한 정국운영 방안으로서 탕평론(蕩平論)을 공유하고 있었다.[29]

최석정은 자기 선배들의 이러한 문제의식을 계승하여 각종 법전 정비와 제도 마련에 심혈을 기울였는가 하면, 기전(箕田)이나 정전(井田)에 대한 긍정적 인식 아래 같은 박세채 문인인 유집일(兪集一)이 주장한 방전법(方田法)을 지지하고, 양전 사업을 적극 추진하여 갑술양전 이후 문란해진 전품(田品) 등제(登第)를 바로 잡아서 탕평의 원리를 구현하려 하였다. 그러나 이러한 노력들은 양반·지주의 이익을 대표하는 노론 반탕평론자들의 반발에 부딪쳐 실현되지 못하였다. 또한 숙종대 내내 호포와 결포, 정포(丁布)와 구전(口錢) 등 다양한 양역변통 방안이 논의되었으나 역시 결론을 내지 못하였다.[30] 이에 차선책으로서 그가 추진한 것이 비총제(比摠制)와 이정법

25) 김용흠, 1996,「朝鮮後期 老·少論 分黨의 思想基盤－朴世堂의『思辨錄』是非를 中心으로」,『學林』17, 연세대 史學研究會.

26) 김용흠, 2008,「南溪 朴世采의 變通論과 皇極蕩平論」,『東方學志』143, 연세대 국학연구원.

27) 김용흠, 2010①,「肅宗代 前半 懷尼是非와 蕩平論－윤선거·윤증의 논리를 중심으로」,『韓國史研究』148, 韓國史研究會.

28) 김준석, 2003,「17세기의 새로운 賦稅觀과 士大夫生業論－朴世堂의 賦役論과 稼穡論」,『朝鮮後期 政治思想史 研究－國家再造論의 擡頭와 展開』, 지식산업사.

29) 김용흠, 2010①, 앞 논문.

(里定法)이었다. 이는 국가의 집권력 강화를 통한 공적 영역의 확장, 공법 질서의 확립에 의한 국가체제의 혁신을 통해서 양반제와 지주제의 모순을 약화시켜보려는 시도였다.[31]

정제두가 토지개혁론을 제론하고 양반과 노비제 폐지를 구상하면서 이를 실현시킬 방안으로서 양명학에 입각하여 군민일체론을 제시하고 황극탕평 론을 주장한 것은 바로 이러한 소론 탕평파의 경세론을 배경으로 하여 나온 것이었다. 따라서 실학의 정치론이 바로 탕평론임을 정제두는 분명하 게 보여주었다.[32] 정제두가 강화도에서 그의 학문을 강론하여 형성된 강화 학파는 바로 이러한 정제두의 사상을 계승하고 확장시켰다. 그의 아들 정후일과 그의 문인 이광명(李匡明)·이광사(李匡師)·이광려·심육·윤순(尹 淳)·신대우 등이 가학(家學)으로 전승하고,[33] 이를 사학(史學)·언어·수학· 서예 등으로 확장하였다.[34] 홍양호의 박학적 학풍은 이처럼 넓게는 소론 탕평파, 좁게는 강화학파의 영향 아래 형성된 것이었다.

2) 홍양호 실학사상의 계통과 특징

홍양호의 실학사상을 거론하기 전에 먼저 홍양호의 문학작품에서 드러난 민에 대한 인식을 살펴볼 필요가 있다. 홍양호는 「유민원(流民怨)」·「수졸원 (戍卒怨)」 등과 같은 시를 통해서 민의 생활정서를 선명하게 제시하고, 또 미적 인식을 통해서 그들의 삶의 모습을 긍정적이며 가치 있게 포착하였 다. 뿐만 아니라 향토정서를 생동감 있게 수용하였으며, 생활방언도 주저

---

30) 鄭萬祚, 1990, 「肅宗朝 良役變通論의 展開와 良役對策」, 『國史館論叢』 17, 국사편찬위원 회.

31) 김용흠, 2009①, 「숙종대 소론 변통론의 계통과 탕평론－明谷 崔錫鼎을 중심으로」, 『韓國思想史學』 32, 韓國思想史學會.

32) 김준석, 2005, 앞 논문.

33) 최재목, 2004, 「江華 陽明學派 연구의 방향과 과제」, 『陽明學』 12, 韓國陽明學會 ; 2005, 「동아시아에서 하곡 정제두의 양명학이 갖는 의미」, 『양명학』 13, 한국양명학회.

34) 劉明鍾, 1994, 『性理學과 陽明學』, 연세대 출판부, 332~333쪽.

없이 시어(詩語)로 채택하였다. 또한 민초의 삶과 질고를 예리한 필치로 그려냈다. 그는 농민들의 애환을 구체적이고 사실적으로 묘사하였으며, 특히 노동을 적극적으로 긍정하였다.[35] 홍양호의 이러한 민중의식은 민족의식으로 확대되어, 국토산하에 얽힌 민족적 양상을 형상하는데 여러 가지 수법을 동원하였다. 민족적 시각으로 국토산하의 미를 포착하거나 민족의 전설이나 역사, 애국인물, 국경 문제 등 다각도로 국토의 모습을 다채롭게 형상화한 것이 그것이다.[36]

또한 그는 「청구단곡(青丘短曲)」과 「북새잡요(北塞雜謠)」에서 민요와 시조를 함께 한시(漢詩) 영역 내로 포섭하여 민족가요를 한시와 접목시켰다. 동아시아의 보편적 문학양식인 한시에 민족의 정서를 접목시켰던 것이다. 홍양호는 민족가요인 시조를 한시로 형상화하면서 가요의 특성을 십분 고려하고 그 내용을 온전히 수용하는 데 심혈을 기울였다. 그러면서 외형적인 한시의 형식적 규범에 집착하지 않고 다양한 수법과 개방적 형식을 차용하여 시조의 정감과 미를 온전히 담아냈다. 이는 시조의 정서를 한시 내부로 받아들여 한시의 민족적 면모를 강화시키기 위한 의도에서 나온 것이었다.[37] 이처럼 문학작품에서 드러난 그의 민중의식과 민족의식은 그의 학문의 중요한 골격을 형성하였다.[38]

나아가서 홍양호에게서 양반제를 폐지하자는 주장은 보이지 않지만, 본인 스스로 신분이나 당색에 관계없이 예술을 매개로 맺어진 일종의 문학

35) 진재교, 1999, 앞 책, 253~285쪽. 다만 「七月霜」의 끝 구절인 '聖主愛民同赤子, 救汝當如 拯水火, 三南之米嶺東粟, 滄海浮來萬斛船'이 '상투적 언술'로 '사태의 본질을 흐리고 있다'(같은 책, 266쪽)기 보다는 양명학의 군민일체관에 입각하여 탕평 군주에 대한 기대를 표출하고 勸農과 賑恤에 대한 治者로서의 責務意識을 표현한 것으로 볼 수도 있을 것이다.

36) 진재교, 위 책, 287~366쪽.

37) 진재교, 위 책, 149~170쪽.

38) 홍양호의 민중의식과 민족의식이 오늘날의 그것과 달리 봉건사회라는 당시의 시대적 한계를 벗어날 수 없음은 물론이다. 그러나 그의 이러한 의식은 봉건사회 해체기에 새로운 국가론을 형성하는 중요한 전제가 되었다. 본 장에서는 이를 강조하기 위해 오늘날의 그것과의 시대적 차별성을 염두에 두면서 이 용어를 그대로 사용하고자 한다.

동인그룹인 '난사(蘭社)'를 결성하여 활동하였다. 여기에 참여한 인물들에는 성대중(成大中)과 같은 서류(庶流)나 송재도(宋載道)와 같은 처사가 있는 등 출신 성분과 현실적 처지가 매우 이질적이고 다양한 편이었다. 또한 '난사'에서의 교류 이외에도 여항시인이나 화원들과도 특별한 관계를 유지하였다. 그는 어릴 적 조부의 교유 관계를 직접 목도하면서 여항의 예인이나 시인과도 자연스럽게 친숙해졌다. 당시 조부 홍중성은 홍세태(洪世泰)·정선(鄭敾)과 같은 여항시인이나 화가들과 교유하였으므로, 이를 체험하면서 자란 홍양호가 여항인이나 예인과 만남을 가진 것은 전혀 이상한 일이 아니었다. 그가 김홍도(金弘道)와 교류한 것이나 '송석원시사(松石園詩社)'의 맹주이자 여항문인의 유력한 후원자였던 천수경(千壽慶)의 부탁으로『풍요속선』의 서문을 지어서 여항시인들의 시를 적극적으로 지지·평가해 주었던 것 역시 그의 민중의식의 연장선상에 있다고 볼 수 있다.[39]

　홍양호의 민중의식과 민족의식은 단순한 관념에 그치지 않고 관인으로서의 실천으로 이어졌다. 우선 그의 목민관으로서의 치적이 주목된다. 영조·정조 년간의 탕평정국에서도 반대파의 잦은 탄핵으로 홍양호는 지방관을 자주 역임하였는데, 이때마다 홍양호는 우리나라 중세 국가에 특유한 권농(勸農)과 진휼(賑恤)에 심혈을 기울였다.[40] 1758년 강동현감(江東縣監)으로 재직할 때는 만류제(萬柳堤)라는 제방을 쌓고 그 주위에 식목을 하여, 완벽한 저수지를 완공시킴으로써 치수와 민생에 주목할 만한 업적을 내었다. 1760년 홍주목사(洪州牧使) 재직시에는 이미 예정된 합덕지(合德池)를 중수하였고, 1770년 황해도 관찰사로 재직할 때는 연안(延安)의 남대지(南大池)를 소척(疏滌)하고 무너진 제방을 다시 쌓도록 상소하여 이를 실현시켰다.[41] 또한 1757년 여름에는 영조의 특명으로 암행어사로서 한강변에 파견되어 수공업자의 과중한 조세 부담과 한강변 민들이 겪는 각종 폐단을 상세히

---

39) 진재교, 1999, 앞 책, 62~83쪽.
40) 권농과 진휼정책을 우리나라 중세 국가의 특징으로 보고 중세의 시대구분을 시도한 논고로서 김용흠, 2010,「한국 중세 국가 연구의 방향과 사회인문학」,『東方學志』150, 연세대 국학연구원 참조.
41) 진재교, 1999, 앞 책, 32~37쪽.

보고하여 시정하게 하였다. 같은 해 겨울에는 제주 독운어사(督運御史)로서 제주도로 곡식을 적기에 이송하여 기근이 든 제주를 구제하였으며, 호남지역의 배를 징발하여 제주도 진휼곡을 운송하는 것은 폐단이 크므로 제주도의 배를 이용하여 운송할 것, 나리포창을 비롯한 연해 지역의 창고를 증설하고 여러 지역을 유기적으로 연결시켜 서로 진휼이 가능하게 할 것을 건의하였다. 또 호남 여러 곳의 민폐를 상세히 보고하여 잘못된 점을 시정하게 하였다.[42] 1792년 평안도 관찰사 재직시에는 운산(雲山) 등 10고을의 진휼을 건의하여 실현시켰다.[43]

그런가 하면 황해도 관찰사 재직시에는 청국 사람들이 장연(長淵) 땅에 배를 대고 인삼과 전복을 노략질하는 행위를 근절시키기 위해 방영(防營)을 설치하자고 건의하여 실현시켰으며,[44] 1777년 경흥부사(慶興府使) 재직시에는 북관의 여러 읍의 식목에 힘써 바람과 자연재해로부터 농토가 유실되는 것을 방지해야 한다는 것과 폐사군(廢四郡)의 후주(厚州) 지역에 읍을 다시 설치하여 개척할 것을 건의하여 실현시켰다.[45] 평안도 관찰사 재직 당시에는 용천(龍川)의 가도(椵島)에서 청국인이 어리(漁利)를 침탈하는 것을 금지시켰다.[46] 이러한 일련의 치적은 그의 민중의식에 바탕을 둔 민족의식의 반영으로 볼 수 있다.

또한 중앙관인으로서의 활동 역시 그의 민중·민족의식과 밀접하게 연관되어 있었다. 그가 1782년 청국 사행 이후 '이용후생(利用厚生)'을 실현시키는 방안으로서 올린 상소문은 그 대표적인 사례였다.[47] 여기서 그는 수레·수차·벽돌의 사용을 주장하고, 당나귀·양을 길러 사용할 것, 동기(銅器) 사용을

---

42) 진재교, 위 책, 30~31쪽 ; 강석화, 2005, 앞 논문, 313쪽.

43) 『정조실록』 권33, 정조 15년 신해 12월 22일 임술 ; 권36, 정조 16년 임자 12월 16일 경진.

44) 진재교, 1999, 앞 책, 36쪽.

45) 진재교, 위 책, 40쪽.

46) 이만수, 『극원유고』 권10, 「大提學耳溪洪公諡狀」, 총간 268-432.

47) 이에 대한 자세한 내용은 다음을 참조. 진재교, 1999, 앞 책, 99~110쪽 ; 김문식, 2003, 앞 글 ; 강석화, 2005, 앞 논문 ; 서인원, 2006, 앞 논문.

금지하고 모자(帽子) 무역을 혁파할 것 등을 제시하였는데, 이는 두 가지 측면에서 주목할 수 있다. 첫째는 그의 '이용후생' 방안의 목적이 '족국유민'에 놓여 있다는 것이다.[48] 여기서 그는 '국계(國計)'와 '민용(民用)'을 동시에 언급하였다. 그가 제시하는 방안은 항상 국가와 민을 동시에 이롭게 하는 방향에서 나왔다.[49]

이와 같이 국가와 민을 동시에 이롭게 하는 방향에 대한 인식은 유래가 있었다. 인조대 이귀(李貴)·최명길(崔鳴吉) 등 주화론(主和論) 계열 관인들 역시 자신들의 변통론의 전제로서 '국사(國事)와 민사(民事)'의 일치를 지향하는 보민론(保民論)'을 전개한 바 있는데, 이는 숙종대 소론 탕평파로 이어졌다.[50] 앞서 살펴본 정제두의 한전론도 사실은 농가경영을 안정시키는 동시에 국가수입의 증대, 국가재정의 확보를 목적으로 한 것이기도 하였다. 이를 위해 그는 토지개혁에서 나아가 부세 불균의 문제 역시 해결해야 할 것으로 보고 있었다.[51] 이것은 소론 탕평파와 강화학파가 보민을 위해서는 국가의 역할이 반드시 필요하다고 인식하고 있음을 보여준 것이다. 강화학파에 속하는 이광려가 고구마 종자 보급에 노력한 목적 역시 국계와 민우(民憂)에 이롭게 하기 위한 것이었다.[52] 그는 홍양호가 청국 사신으로 갈 때 편지를 보내 '국계민생(國計民生)'을 위한 노력의 일환으로서 수레와 벽돌 제도를 살펴 줄 것을 당부하였다.[53]

---

48) 『이계집』 권19, 「陳六條疏」(癸卯), 총간 241-352, "伏乞聖明恕其煩猥, 而留神澄省, 詢于卿士, 採而行之, 則庶有補於足國裕民之道矣."

49) 홍양호 사상의 이러한 특징에 대해서는 청국의 紀昀으로부터도 인정받고 있었다. 紀昀, 「耳溪集序」, 총간 241-3, "又民生國計, 念念不忘, 亦無名士放誕風流之氣." 이외에도 사회경제문제 관련 그의 상소문에서 이러한 문제의식이 일관되게 보인다. 『이계집』 권20, 「請寢唐錢貿來疏」, 총간 241-363, "且西邊之民, 見其目前厚利, 爭以銀蔘紬布等物, 冒禁潛越, 換來唐錢, 譬如川決駟奔, 莫可防遏, 則域中百需, 皆渡鴨水, 而民用日乏, 國計日耗, 將何以善其後耶."

50) 金容欽, 2006, 『朝鮮後期 政治史 硏究 Ⅰ－仁祖代 政治論의 分化와 變通論』, 혜안 ; 2008, 앞 논문 ; 2009①, 앞 논문.

51) 정두영, 2009, 앞 논문, 117쪽.

52) 鄭良婉, 1993, 「月巖李匡呂論」, 『江華學派의 文學과 思想(1)』, 韓國精神文化硏究院, 59쪽.

53) 李匡呂, 『李參奉集』 권4, 「與洪判書漢師書」, 총간 237-305.

홍양호는 한 걸음 더 나아가 이용후생을 위한 국가의 필요성을 다음과 같이 강조하였다.

> 신의 생각으로는 (수레 사용이) 불가능한 것이 아니라 하지 않는 것입니다. 대개 일찍이 이를 시행하는 방도를 강구한 적이 없었습니다. 어째서 이렇게 되었을까요? 군자들은 순상(循常)을 편안하게 여기고 변통 논의를 하려 들지 않으며, 중인(衆人)은 견문에 길들여져서 희이(稀異)한 일을 즐겨 하지 않기 때문입니다. 그래서 국가가 법을 만들어 금지한 적이 없음에도 불구하고 끝내 한 사람도 창시하여 행하지 않습니다. 비록 개연히 뜻이 있는 자가 있더라도 조정의 명령이 없다면 힘이 미치지 못하여 시행하는 것에 불편함이 있습니다.[54]

여기서 그는 수레 사용과 같은 일은 민간이 스스로 알아서 할 수도 있는 일이지만 그것이 불가능한 현실을 날카롭게 진단하고, 국가가 제도와 법령으로 시행해야 하는 이유를 설파하고 있다. '군자' 즉 조정의 양반관료들은 현실에 안주하여 변통에 대한 의지가 없고, '중인' 즉 일반 민중들은 직접 보고 듣는 것에만 사로잡혀서 새로운 시도를 어렵게 여기는 것이 현실이기 때문에 국가의 명령이 있어야만 시행 가능하다는 것이다. 여기서 홍양호의 경세론이 국가론의 측면에서 정제두와 강화학파의 실학사상과 그 지향점을 공유하고 있음을 분명히 볼 수 있다. 뿐만 아니라 그는 한 걸음 더 나아가서 이용후생을 위한 생산력 증진에 국가의 능동적 역할을 주문하고 있다.

또 한 가지는 청국의 문물을 적극 수용하는 태도이다. 청국에 대한 인식의 변화는 노·소론 분당기에 소론 탕평론자들 사이에서 이미 나타나고 있었다.

---

54) 『이계집』 권19, 「陳六條疏」, 총간 241-347, "臣則謂非不能也, 乃不爲也, 蓋未嘗求行之之術也. 豈惟是哉. 君子安於循常, 不欲爲通變之論, 衆人狃於見聞, 不樂爲稀異之事. 故國家未嘗設法而禁之, 終無一人刱行者. 雖或有慨然有志者, 而苟非朝廷之令, 則力有所不及, 行之有不便焉耳."

박세당이 그 대표적 인물이었다. 박세당은 현종조에 청국에 사신으로 다녀오고 나서, 만주족 왕조인 청이 이미 중국 남쪽까지 평정하여 전쟁이 끝났으며, '물화핍주(物貨輻輳)'하여 '편안하게 부귀를 누리고 있는[安享富貴]' 것을 당시 조선의 열악한 현실과 비교하여 설명하고 청나라가 사치스러워서 곧 망할 것이라는 기존의 청에 대한 인식이 잘못임을 지적하였다.[55] 또한 박세당은 만주족에 대한 사대부 일반의 정서와 조선왕조의 청에 대한 외교정책은 별개의 문제로 보고 있었다. 박세당은 이미 멸망한 명의 연호인 숭정(崇禎) 연호를 그대로 계속 사용해야 한다는 박세채의 주장을 강하게 비판하였다.[56]

이러한 사고는 정제두에게서도 볼 수 있다. 그는 선왕(先王)의 전례를 행한다면 오랑캐와도 교류할 수 있다고 생각하였다. 선왕의 법과 제도를 행하는 것이 중요하지 화이의 구분은 중요한 것이 아니라는 생각이다. 이것은 명에 대한 의리를 강조하고 화이를 엄격하게 구분하고자 하였던 주자 도통주의자(道統主義者)의 사고 속에서는 나올 수 없는 태도였다. 그는 청국에 간 사신이 황제에게 궤배하는 것은 절대로 불가하다고 주장하는 당시 사대부층의 허위의식을 비판하고, 칭신(稱臣)과 궤배의 불가피함을 인정하였다.[57]

이러한 소론 탕평파의 청국에 대한 인식과 변화된 화이관을 계승하여, "천하의 관점에서 보면 중국 또한 단지 손바닥 위의 한 가닥 손금에 지나지 않는다"는 인식이 홍양호에게서 나올 수 있었던 것이다.[58] 이러한 논리에는 중국과 우리나라의 관계는 상대적인 것이지 절대적인 관계가 아닐 뿐만 아니라 중국이 천하의 중심이 아니라는 관점이 담겨 있다. 그의 이러한 인식은 서구의 과학기술이나 자연과학, 역사 등 문화 전반에 대한 관심으로

---

55)『현종실록』권16, 현종 10년 기유 3월 4일 정유.
56) 김용흠, 1996, 앞 논문, 78~79쪽.
57) 정두영, 2009, 앞 논문, 93~94쪽.
58)『이계집』권11,「送趙學士士受鼎鎭赴燕序」, 총간 241-197, "曩也, 吾弟使於燕, 歸謂余曰, 嘗聞西士之言, 中國在天下, 如掌上一紋. 今以我東視中國, 亦猶是耳."

까지 확대되었다. 그는 중국에 전하는 서양 서적을 구입하려는 강한 의지를 드러내고, 서양 천문학의 과학적인 기구나 방법을 도입해야 한다고 피력하고 있다.[59] 따라서 홍양호의 북학사상은 홍대용(洪大容)·박지원(朴趾源)·박제가(朴齊家) 등 노론 낙론 계열과는 다른 사상적 계통 속에서 형성되었음을 알 수 있다.[60]

민족의식과 관련하여 홍양호는 민족사의 유구성과 문화전통에 대한 강한 자부심을 표출하였다. 『해동명장전(海東名將傳)』과 『흥왕조승(興王肇乘)』을 편찬한 것에서 이를 볼 수 있다. 그의 문화전통에 대한 자긍심은 민족적인 현실 문제에 지대한 관심을 가졌던 인물들과의 교유 관계와 그의 문집 여러 곳에서 그 실상이 드러난다. 한글 연구와 국토 지리에 박식했던 여암(旅菴) 신경준(申景濬), 민족 역사의 새로운 체계를 열어 놓았던 수산(修山) 이종휘 등과의 학문적인 교유 관계를 통해서 표방한 민족의식이라든지,[61] 최석정이 지은 「경세정운도설(經世正韻圖說)」에 서문을 쓰면서 보여준 훈민정음에 대한 각별한 관심, 나아가 훈민정음의 가치를 인정하고 그 장점을 선양한 것 등에서 알 수 있다. 그의 민족현실에 대한 객관적 인식과 국계를 위한 발상은 국경 문제, 실지(失地)에 대한 회복의식으로 이어졌다. 그는 백두산 정계 사건 이후 고취되었던 국경 문제와 폐사군 부활 문제, 후주의 진보(鎭堡) 설치 문제, 그리고 선춘령(先春嶺)과 토문강의 위치 비정 문제 등을 탐색하였다.[62] 그가 금석문(金石文)에 관심을 갖고 고증학적 학문 태도를 갖기에 이른 것 역시 이러한 민족의식의 소산으로 볼 수 있다.[63]

---

59) 진재교, 1999, 앞 책, 85~93쪽.
60) 홍양호 북학사상에 대해서는 서인원, 2006, 앞 논문 참조. 여기서는 홍대용 등 노론 북학파와의 유사점이 지적되었는데, 홍양호 사상의 연원과 계통에 대해서는 주목하지 못하였다.
61) 강석화, 2005, 앞 논문.
62) 진재교, 1999, 앞 책, 95~98쪽 ; 배우성, 2005, 앞 논문.
63) 진재교, 위 책, 110~125쪽.

3. 『목민대방』의 특징과 성격

1) 18세기 목민서와 『목민대방』

조선후기에는 다양한 목민서가 편찬되었는데, 그 편찬자를 알 수 없는 것이 대부분이다.[64] 당시의 목민관이나 관인·유자들에 의해 필요에 따라서 필사되어 목민관의 지침서로 사용되었기 때문이다. 필자는 조선후기 목민서를 크게 『목민고(牧民攷)』류와 『선각(先覺)』류로 분류한 바 있는데, 이때 『목민대방』은 『선각』류에 포함시켜서 이해하였다.[65] 『목민고』류의 저술자는 거의 대부분 소론인 것에 비해, 『선각』류는 이원익(李元翼)·안정복(安鼎福)·정약용(丁若鏞) 등 남인 계통이며, 소론으로서는 홍양호의 『목민대방』이 보일 뿐이다. 즉 『목민대방』은 소론 당인에 의해 저술된 『선각』류 목민서라는 점이 우선 주목된다. 또한 홍양호의 『목민대방』은 안정복의 『임관정요

---

64) 조선후기 목민서에 대해서 다음 논고가 참고된다. 金英珠, 1982, 「耳溪 洪良浩의 牧民思想－『牧民大方』을 중심으로」, 『淑大史論』 11·12, 숙명여대 사학회 ; 安秉直, 1985, 「牧民心書考異」, 『丁茶山研究의 現況』, 民音社 ; 鄭奭鍾, 1997, 「『牧民心書』分析」, 『金容燮敎授停年紀念 韓國史學論叢 2－韓國 古代·中世의 支配體制와 農民』, 지식산업사 ; 沈載祐, 1998, 「조선후기 牧民書의 편찬과 守令의 刑政運營」, 『奎章閣』 21, 서울대 규장각 ; 원재린, 2006, 「順菴 安鼎福의 '牧民'觀－『臨官政要』『政語』 분석을 중심으로」, 『한국사상사학』 26, 한국사상사학회 ; 임형택, 2007, 「목민심서(牧民心書)의 이해－다산 정치학과 관련하여」, 『韓國實學研究』 13, 韓國實學學會 ; 원재린, 2008, 「순암 안정복의 鄕政方略－『臨官政要』「時措」 분석을 중심으로」, 『大同文化研究』 64, 성균관대 대동문화연구원 ; 김선경, 2010, 「조선후기 목민학의 계보와 『목민심서』」, 『朝鮮時代史學報』 52, 朝鮮時代史學會 ; 김용흠, 2010②, 「18세기 牧民書와 지방통치－『牧民攷』를 중심으로」, 『한국사상사학』 35, 한국사상사학회. 목민서에 대한 자료 해제로는 內藤吉之助, 1942, 「牧民篇解說」, 『朝鮮民政資料 牧民篇』(이하 『민정자료』로 줄임) ; 金仙卿, 1986, 「『朝鮮民政資料叢書』 해제」, 『朝鮮民政資料叢書』, 驪江出版社 등이 있다.

65) 김용흠, 2010②, 앞 논문. 당시 필자는 '중국 사례'와 '조선의 현실'이 차지하는 비중을 분류 기준으로 삼았다. 그런데 『목민대방』에서는 '중국 사례'가 보이지 않아서 그러한 분류가 무리가 있어 보인다. 그렇지만 『목민대방』에서 6전체제로 나누어 그 내용을 서술한 방식이 '立規模, 嚴內外' 등 3字句로 구성된 것은 『목민심감』의 그것과 유사하고, 또한 마지막에 첨부한 「什伍相聯之制」는 왕양명의 「十家牌法」을 원용하였다는 점에서 『先覺』류로 분류해도 무리가 없다고 생각된다.

(臨官政要)』와 함께 정약용의『목민심서』가 나오기 전에 필자와 편찬 시기가
분명한 몇 안 되는 목민서에 속한다.

　『선각』류 목민서 가운데,『임관정요』와『목민대방』그리고『목민심서』와
같이 편찬자가 분명한 것을 제외한 대부분은 명대 주봉길(朱逢吉)이 지은
『목민심감(牧民心鑑)』을 활용하였다는 공통점이 있다.『목민심감』은 수령
이 부임지에 도착하여 업무를 수행하고 후임자에게 인계할 때까지 수령이
지녀야 할 기본적인 마음가짐과 자세 및 지방행정에 적용할 수 있는 행정
지침 등을 세세하게 제시하고 있다.[66] 특히 이 책의 구성과 체제는『대학』의
정치론, 곧 수신(修身)－제가(齊家)－치국(治國)의 구조를 따르고 있는 점이
주목된다.[67] 그러나 이 책은 중국의 지방 사정을 근거로 만들어진 것이었으
므로 조선에 필요치 않거나 혹은 조선에 그대로 적용할 수 없는 내용도
많이 들어 있었다. 이에『목민심감』의 내용을 조선의 형편에 맞게 수정하고,
여기에 이원익의 편지글과 편자 자신의 추록(追錄)과 첨록(添錄)이 추가된
형태로 만들어진 것이『선각』이었다.[68]

　『선각』은 상·하권으로 구성되어 있는데, 상권은『목민심감』을 참고하여
변용한 것과 이원익의 편지로 구성되어 있다.[69] 〈표 1〉에 의하면『목민심
감』은 12개의 편목을 정해 체제를 구성하고, 각 영역별로 모두 102항목을
분속하였는데,『선각』은『목민심감』에 보이는 수신－제가－치국으로 이어
지는『대학』의 정치론을 훼손하지 않으면서 영역별 구별을 없애고 순서에
따라 서술하되, 항목 수를 60항목으로 대폭 줄였다(〈표 2〉). 그리고 여기에
이원익이 그의 조카인 이덕기(李德沂)에게 지방관으로서 유의하고 참고할

---

66) 金成俊, 1990,『牧民心鑑 硏究』, 高麗大 民族文化硏究所, 31쪽.

67) 정호훈, 2010,「15~6세기 牧民書의 전개와 牧民學」,『한국사상사학』36, 한국사상사
　　학회, 272~276쪽.

68) 김선경, 2010, 앞 논문, 164~165쪽. 따라서『선각』역시 수많은 異本이 있는데
　　그에 대한 자세한 내용은 이 논문이 참고된다(같은 논문, 169~172쪽).

69) 아래 〈표 1·2〉는 정호훈이 작성한 해제(정호훈 역주, 2013,「선각(先覺) 해제」,
　　『선각』, 혜안, 39쪽)에서 전재하였고, 〈표 3·4〉는 김용흠, 2010②, 앞 논문에 의거하
　　였다.

만한 사항을 써 준 편지에서 필요한 내용을 뽑아서 실었다. 하권은 작성자가 분명치 않은 「추록」과 「첨록」으로 구성되어 있다. 「추록」에 실린 조항은 모두 120조항으로, 조적(糶糴, 20조), 전정(田政, 10조), 군정(軍政, 16조), 문장(文狀, 28조), 면세(免稅, 6조), 양전(量田, 8조), 시노(寺奴, 2조), 치도(治盜, 3조), 호적(2조), 총론(25조) 등이다. 「첨록」은 각종정례(各種定例), 수령칠사문답(守令七事問答), 칠사제요(七事提要), 칠사강령대지(七事綱領大志) 등으로 구성되어 있다.[70]

조선후기에는 수많은 목민서가 존재하는데, 그것은 편찬자의 필요에 따라서 다양한 방식으로 필사되어 이용되었을 것이다. 이들 목민서를 이용하는 논자들은 어떻게 하면 조선의 현실에 구체적으로 적용할 수 있는 목민서를 만들 수 있는가와 함께 그것을 어떤 방식으로 체계적으로 제시할 수 있는가를 고민하였던 것 같다. 『선각』 상·하권의 구성은 그것을 잘 보여주지만 그러한 고민을 성공적으로 해결하지는 못하였다. 상권에서 『목민심감』의 항목을 임의로 추출하여 작성한 것이나 특정인의 편지가 수록된 것도 그렇지만, 하권의 「추록」에 실린 내용 역시 또 다른 18세기의 목민서인 『목민고』의 구체성에는 미치지 못하였으며, 「첨록」에는 수령칠사와 관련된 내용이 중복되어 수록되어 있는 점 등이 그것을 말해준다.

그리고 소론 계통 목민서인 『목민고』류의 변천에서도 역시 이러한 문제의식을 발견할 수 있다.[71] 『목민고』류 목민서 편찬에는 이광좌(李光佐)·조현명(趙顯命) 등 영조대 소론 탕평파가 주로 관여하였다. 이들은 모두 당시의 사회변동으로 초래된 국가의 위기를 대대적인 제도개혁을 통해서 타개해야 한다고 보았다. 그러나 그러한 체제 개혁이 중앙정치 차원에서 제도적으로 달성되더라도 지방관이 그것을 어떻게 집행하느냐에 따라서 그 성패가 결정된다는 점에 깊이 유의하였다. 이것이 바로 이들이 지방관의 통치 지침에 해당되는 목민서에 주목한 이유였다. 『목민고』에는 이러한 문제의

---

70) 內藤吉之助, 1942, 앞 책, 182~183쪽.
71) 김용흠, 2010②, 앞 논문. 『牧民攷』역시 異本이 많은데, 이 논문에서는 藏書閣本을 『목민고1』, 奎章閣本을 『목민고2』로 구분하고, 양자의 차이점을 비교·검토하였다.

〈표 1〉『목민심감』의 체재와 구성

편목	항목
勤始	**度己分** 立志節 克偏見
初政	愼登堂 正禮義 重言語 **明戒約 詢舊政** 誓神詞
正家	戒家人 訓子弟 **先奉養** 愼門禁 嚴市直 薄自奉 厚親族
莅事	立規程 勤日記 **身先勞 究根本** 責實效 務精思 察事情 愼發落 明賞罰 密關防 絶奸弊 精法律 詳案牘 **覈錢穀** 驗公器 嚴巡警 嚴祀典
宣化	厚風俗 立敎條 明國制 重農事 崇學校 恤民艱 戢强惡 旌善行 **禁遊惰** 抑邪術 **止浮言 表先哲**
聽訟	**弛訟源** 察初情 和聽納 詳推讞 審輕重 **分故誤 別善惡** 存公平 戒延蔓 **止穢詈 恕愚戇** 謹刑具 愼鞭朴 早疎決 親視獄 重屍視 緩親訟
徵料	原賦役 平需具 善收納 量期限 **戒多取**
營繕	明急緩 審農時 立遠圖
事上	**恪守職** 推誠心 **加禮貌 奉條約** 絶非謗 **審悖理**
馭下	**處胥吏** 戒里單 **察耆老** 嚴皂隷 斥讒間 **絶饋遺** 杜干託 審任使 **詳委任**
交人	**和同寅** 睦隣屬 重眞賢 周患難 誠誠信 尙謙和 **戒誇衒 絶邪類 引己咎**
備荒	**預堤防** 誠祈禱 **申實迹 陳民艱 請賑給**
善終	禮新官 **告舊政 委行橐**

비고 : 1. 고딕 글씨의 이탈릭체 편목은 『선각』에서 항목의 이름으로 활용됨.
　　　　 2. 고딕 글씨로 된 항목은 『선각』에서 누락되었음.

〈표 2〉『先覺』 상권의 항목

立志節 愼登堂 正禮義 克偏見 重言語 戒家人 訓子弟 愼門禁 嚴市直 薄自奉 厚親戚 立規程
勤日記 責實效 勉精思 察事情 愼發落 明賞罰 密關防 絶奸弊 精法律 詳案牘 驗公器 嚴巡警
嚴祀典 厚風俗 立敎條 重農事 崇學校 恤民艱 戢强惡 旌善行 抑邪術 察初情 和聽納 詳推讞
審輕重 存公平 戒延蔓 謹刑具 愼鞭朴 早疎決 親視獄 重屍視 緩親訟 原賦役 平需具 善收納
量期限 善事上 善馭下 審任使 睦隣屬 重眞賢 立遠圖 嚴皂隷 斥讒間 絶饋遺 禮新官 **審禁令**

비고 : 굵은 글씨로 된 항목은 『선각』에서 신설.

〈표 3〉조선후기 목민서 분류

『목민고』류		『선각』류	
治郡要訣	18세기 전반	臨官政要	1757년
牧民攷 1	18세기 중엽	牧民大方	1792년
牧民攷 2	18세기 후반	先覺	1794년경
四政考	1800년경	七事問答	18세기말
居官大要	19세기 전반	三到	1808년경
牧綱	19세기 중반	牧民心書	1818년

〈표 4〉『목민고1』과 『민정자료』 차례 비교

목민고 1		朝鮮民政資料에 보이는 『治郡要訣』	牧民心書
居官大要, 未到任前雜細事宜, 到任後事, 民訴, 傳令, 臨下, 謹守公穀, 考察文書下記, 定排朔, 定式例, 賓旅之供, 興學校, 正風俗, 勸農桑, 武備, 火藥改搗法, 治盜法, 治盜節目, 考籍案, 作邑摠, 鄕薦差法, 留意解由, 獄修理		治郡要訣	治縣訣
糶糴法, 嚴守庫直, 先整斗斛升合, 以附近作統法, 定日分給, 還上還捧法, 軍政, 里定節目, 閑丁勿侵式, 里定報草, 軍布收捧法, 禁松作契節目, 田政, 傳令, 單子規式		政要一	
田政法, 家坐法, 詁箌法, 爲政之要		政要二	政要
治郡要法		治郡要法	
政要, 自治, 得人, 飭勵, 治民, 敎民, 鍊武, 良役, 田政, 糶政		政要三	雲谷政要
政要, 坐衙, 訴牒, 待吏卒, 田政, 軍政, 糶政		政要四	
利川府使韓咸之書		利川府使韓咸之書	없음
居官之道		없음	
好隱堂難行訣		없음	

〈표 5〉『목민대방』의 체제와 구성

	篇題
吏典之屬	1. 立規模, 2. 嚴內外, 3. 分職統, 4. 擇任使, 5. 敎文數, 6. 均差役, 7. 考事例, 8. 釐弊瘼, 9. 時點閱, 10. 節財用
戶典之屬	1. 核戶丁, 2. 禁游惰, 3. 勸耕種, 4. 敎蒔畜, 5. 察災傷, 6. 限徵納, 7. 平斗斛, 8. 完蓋藏, 9. 詳簿籍, 10. 輕剩餘
禮典之屬	1. 正風化, 2. 禮齒德, 3. 奬節行, 4. 敬祀享, 5. 勤講試, 6. 廣書籍, 7. 資婚嫁, 8. 恤孤獨, 9. 尊上司, 10. 安賓旅
兵典之屬	1. 修城壕, 2. 謹管鑰, 3. 審烽燧, 4. 檢名籍, 5. 括逃漏, 6. 課武藝, 7. 繕器械, 8. 設巡徼, 9. 養戰馬, 10. 備車乘
刑典之屬	1. 恢聽斷, 2. 簡推逮, 3. 申科禁, 4. 盡民情, 5. 愼獄訟, 6. 察幽枉, 7. 明律令
工典之屬	1. 葺廨宇, 2. 浚堤渠, 3. 繕橋梁, 4. 治道路, 5. 明堠站, 6. 養山藪, 7. 惠工匠
什伍相聯之制	統首職掌, 牌長職掌, 里監職掌, 里正職掌, 譏察將職掌, 風憲職掌
	牧民大方 後題

식을 반영하여 지방관이 지역의 토착 토호 세력인 양반 지주와 향리들의 권력 남용과 전횡을 배제하고 국가의 통치 방침을 지역 사회에 구현하는 방안들을 세밀하게 제시하였다. 수령직 임명으로부터 시작하여 도임과

그 직후의 일상적인 업무의 지침은 물론이고, 전정·군정·환곡 등 조세 징수와 관련된 세세한 규정, 그리고 이서들을 부리는 방안과 향촌 교화 및 수령 자신의 정신 수양에 이르기까지 다양한 내용이 망라되어 있다. 이들 내용은『선각』류에 부록된 것에 비해 그 구체성과 사실성이 비교할 수 없을 정도로 강화된 것이었다. 그러나 그 구체성과 사실성을 포괄할 수 있는 체계성은 보여주지 못하였다. 전정 부분에서 주제별 분류 시도가 성공하지 못한 것은 그 대표적 사례였다.[72]

홍양호는 이러한 목민서들을 두루 검토한 뒤, 하나의 목민서로 이러한 두 가지 목적을 동시에 달성할 수 없다는 결론에 도달하였던 것으로 보인다. 그래서 조선의 구체적 현실을 반영하는 목민서를 전제로 하고, 목민관의 지방통치에 필요한 전체적인 윤곽을 보여주는 목민서를 만들기로 작정하고 편찬한 것이『목민대방』이었던 것이다.

그가『목민대방』을 육전 체제에 맞추어 편찬한 것은 바로 그러한 의도의 산물이었다.『목민대방』은 6전 체제에 맞추어 편찬된 최초의 목민서로 보인다. 홍양호는『목민심감』이나『선각』에 보이는 삼자구(三字句) 형태로 편찬된 목민서의 유용성을 조선의 현실에 맞게 구현할 목민서를 구상하였는데, 그 체제를『목민심감』이나『선각』처럼『대학』의 정치론에 맞추지 않고,『주례(周禮)』의 정치론을 원용한 6전 체제에 맞추어 편찬하였던 것이다.

잘 알려진 것처럼『주례』의 육전체제는 여말선초에 신진사대부에 의해 새로운 국가구상으로 적극 채택되어『경국대전』체제의 형성으로 귀결되었다.[73] 그런데 16세기부터『경국대전』체제가 현실과 괴리되어 모순을 드러내자 이이(李珥)와 성혼(成渾) 이래 이의 개혁을 주장하는 흐름이 형성되어 인조대 주화론, 숙종대 탕평론으로 이어졌다.[74] 박세채의『속대전』편찬론

72) 김용흠, 2010②, 앞 논문, 160~161쪽.
73) 정호훈, 2004,「조선전기 法典의 정비와『經國大典』의 성립」, 오영교 편,『조선 건국과 경국대전체제의 형성』, 혜안 ; 도현철, 2005,『麗末鮮初 改革思想의 展開와『周禮』」, 연세대 국학연구원 편,『한국 중세의 정치사상과 周禮』, 혜안 ; 윤훈표·임용한·김인호, 2007,『경제육전과 육전체제의 성립』, 혜안.
74) 김용흠, 2006, 앞 책.

이 탕평론과 함께 제기된 것이 이를 보여주는데, 이는 갑술환국 이후 탕평정국에서 최석정에 의해 『수교집록(受敎輯錄)』과 『전록통고(典錄通考)』 편찬으로 이어졌다.[75] 18세기에는 탕평책 추진과 함께 영조대 『속대전』, 정조대 『대전통편』이 편찬되었는데 여기에 『주례』의 정치론이 원용되었음은 물론이다.[76] 『목민대방』은 이처럼 탕평정치를 통해서 법과 제도에 의한 통치규범을 재정비하려는 중앙정치의 흐름과 그 맥을 같이 하면서 등장한 것이었다. 영·정조대 탕평책은 단순히 당색을 조제 보합하는 정국운영의 차원을 넘어서 당시의 조선왕조 국가를 유지 발전시키기 위해 양반 지주의 특권과 전횡을 법과 제도에 의해 차단하고, 대동과 균역을 원칙으로 하는 제도의 변통과 개혁을 추진하려는 지향이 담겨 있었다.[77] 영·정조대 탕평책 추진에 적극 동조하였던 홍양호는 그러한 흐름이 지방정치 차원에서도 구현되어야 한다고 보고, 『목민대방』과 같은 6전 체제에 입각한 목민서를 편찬하였던 것이다.

홍양호는 '목민지도(牧民之道)'에는 '삼경(三經)과 육전(六典)'이 있다고 하면서 3경으로서 치(治)·양(養)·교(敎)를 거론하였다.[78] 이것은 이광좌가 수령의 '치민대법(治民大法)'으로서 양민(養民)과 교화(敎化)를 거론한 것에서 진일보한 것이었다.[79] 홍양호가 교화보다 양민을 우선한 것은 이광좌와 같지만 그는 양민보다 치(治)가 우선한다고 보았다. 그것은 다스림이 없으면 민이 혼란에 빠져서 양민이 불가능하기 때문이라는 것이다. 그는 양과 교가 치를 이룬 후에야 완성될 수 있기 때문에 치(治)야말로 양민과 교화의 시작과 끝을 이루는 도(道)라고 주장하면서 6전 체제는 바로 그것을 위하여 마련한 것이라고 명쾌하게 정리하였다.[80] 그가 3경을 6전의 근본으로 보고,

75) 김용흠, 2008, 2009①, 앞 논문.

76) 정호훈, 2005, 「18세기 전반 蕩平政治의 추진과 『續大典』의 편찬」, 오영교 편, 『조선후기 체제변동과 속대전』, 혜안.

77) 김용흠, 2009②, 「조선후기 정치와 실학」, 『다산과 현대』 2, 강진다산실학연구원.

78) 『이계집』 外集, 권11, 『牧民大方』(이하 『牧民大方』은 모두 이 자료를 이용하였으므로 '『목민대방』'으로 줄여서 표기한다), 「篇題」, 총간 242-340.

79) 김용흠, 2010②, 앞 논문, 151쪽.

전(典)의 의미를 법이자 '정지구(政之具)'라고 규정한 것은 법과 제도에 의한 지방 통치의 필요성을 천명한 것이었으며,[81] 이것이 주(周)의 6관에서 나온 것임을 명시하여『주례』를 따른 것임도 밝혀 두었다. 또한 그는 '군현'과 '방국'을 다스리는 도는 하나라고 말하여 중앙정부 조직의 원리였던 6전 체제를 지방통치에 적용한 것임을 인정하는 것에 주저하지 않았다.[82] 이것은 홍양호가 자신의 선배들인 이광좌·조현명 등 영조대 소론 탕평파에 비해 국가의 역할을 보다 강화시켜야 한다고 본 사고의 산물임이 분명한데, 이는 앞서 살펴본 그의 북학사상 관련 상소문의 지향과 일맥상통하는 사고이기도 하였다.

잘 알려진 것처럼 양란기 이후 농업생산력의 발전과 상품화폐경제의 성장으로 자연촌락이 크게 성장함에 따라 면리제가 새롭게 발달하였다. 이에 따라 지주제와 양반제를 유지·고수하고자 하였던 재지사족의 향촌지 배는 점차 약화될 수밖에 없었다.[83] 특히 양란기의 국가적 위기에 대한 대처 방안을 마련하는 데 있어서 기존의 사족지배체제는 그 한계를 분명하게 노정하였다. 이 시기에 국가적 위기를 타개하기 위해서는 양반제와 지주제의 모순을 약화 내지 해소하는 것이 시급하였고, 또한 그것을 주장하는 논자들도 다수 등장하였기 때문이다.[84] 이를 위하여 양전과 대동, 호패와 균역 등이 논의되었는데, 이를 배경으로 하여 국가에서는 호패법과 오가작 통제를 시행하여 향촌지배를 강화하고자 하였다. 숙종 연간에「오가통사목 (五家統事目)」,「관휼사목(官恤事目)」,「양역변통절목(良役變通節目)」 등이 연

---

80) 『목민대방』,「편제」, 총간 241-340, "治先於養者, 不治則民亂, 無以遂其養也. 養先於教 者, 不養則民散, 無所施其教也. 然養與教也, 皆待治而後成, 治也者, 其成始成終之道乎. 故六典之屬, 治具最詳."

81) 『목민대방』,「편제」, 총간 241-340, "凡牧民之道, 有三經六典. 何謂三經, 曰治也養也敎 也. 何謂六典, 曰吏也戶也禮也兵也刑也工也. 經之爲言常也, 政之本也. 典之爲言法也, 政之 具也. 非本無以立, 非具無以行."

82) 위와 같음, "蓋爲政, 無小大, 分之爲郡縣, 積之成邦國, 皆所以牧民也. 故治郡與爲邦, 其道一也. 虞之三事, 周之六官, 皆是物也."

83) 정진영, 1998, 『조선시대 향촌사회사』, 한길사, 256~257쪽.

84) 김용흠, 2006, 앞 책, 372~380쪽.

이어 반포되어 오가작통제와 이정법(里定法)이 실시되기에 이르렀으며, 영조대 「오가통법신명구제절목(五家統法申明舊制節目)」, 정조대 「존위성책(尊位成冊)」 등이 거듭 반포되어 향촌지배와 관련된 조직과 직임을 정비하였다.[85] 이것은 결국 양반제와 지주제를 폐지할 수 없는 현실 속에서 국가권력을 강화시킴으로써 향촌에서 자행되는 양반·지주·토호의 전횡을 억제 내지 제거하려는 노력이었다. 이와 함께 재지사족의 향촌지배는 약화되고 수령권은 강화되었다. 이에 수령을 지도·감독하려는 제도적 노력도 기울여졌다. 숙종대 도입되어 영·정조대에 팔도구관당상제(八道句管堂上制)가 본격적으로 시행되고 암행어사 파견이 확대된 것 등은 그러한 흐름 속에서 나온 것이었다.[86] 이것은 신분제와 지주제의 모순을 국가의 집권력 강화와 공적 영역의 확장을 통해서 극복하려는 노력의 표현이었다. 홍양호가 지방통치에서 6전 체제를 도입하려고 시도한 것은 이러한 흐름의 연장선상에서 나온 것이었다.

『목민대방』이 『선각』류는 물론이고, 『치군요결(治郡要訣)』이나 『목민고』와 같은 그 이전의 목민서의 존재를 의식하고 나온 것이라는 점은 앞서 이미 지적하였다. 『목민대방』 이전에 편찬된 이들 목민서에는 전정·군정·환곡과 조세 징수와 관련된 세세한 규정이 수록되어 있는데, 『목민대방』에는 그러한 내용이 매우 간략하게 처리되어 있다.[87] 이것은 홍양호가 『목민고』 등을 전제하고, 그 큰 강령이 되는 것만을 압축하여 간결하게 제시하고자 한 의도의 산물이었다. 그가 이광좌·조현명 등 선배 정론가들이 강조한 이정법에 대하여 '병전지속(兵典之屬)'의 '5. 괄도루(括逃漏)' 항목에서 간단하게 언급하고 넘어간 것은 그 대표적 사례이다.[88] 이후 정약용이 『목민심서』

---

85) 오영교, 2001, 『朝鮮後期 鄕村支配政策 硏究』, 혜안, 211쪽.

86) 이해준, 2000, 「'관 주도' 지방지배의 심층화」, 한국역사연구회 조선시기 사회사 연구반, 『조선은 지방을 어떻게 지배했는가』, 아카넷, 200~201쪽 ; 한상권, 2000, 「어사 파견과 지방지배 강화」, 같은 책, 218~219쪽.

87) 김영주, 1982, 앞 논문 ; 강석화, 2005, 앞 논문 ; 서인원, 2006, 앞 논문. 여러 논자들은 이것을 『목민대방』의 약점으로 간주하였으나, 이는 『목민대방』과 『목민고』의 관계를 소홀히 다룬 결과로 보인다.

를 편찬하면서, 6전 체제와 함께 부임(赴任)·율기(律己)·봉공(奉公)·애민(愛民)·진황(賑荒)·해관(解官) 등을 등치시켜서 나열한 것에서도 그러한 홍양호의 의도를 짐작할 수 있다. 즉 정약용은 18세기 널리 유포되었던『목민고』류와『선각』류의 서로 다른 두 계통의 목민서를『목민심서』로 종합하여 집대성하면서『목민대방』에서 제시된 육전체제를 수용하였던 것이다. 여기서 홍양호의『목민대방』은 정약용이『목민심서』를 편찬하는 징검다리가 되었다는 것을 분명하게 볼 수 있다.

2) 왕양명의 십가패법과 십오상련지제

『목민대방』에는 왕양명(王陽明)의 십가패법(十家牌法)을 응용한「십오상련지제(什伍相聯之制)」에 대한 상세한 규정이 수록되어 있다.[89] 왕양명의 십가패법은 명대의 이갑제(里甲制)에서 청대의 보갑제(保甲制)로 변화되는 과도기의 향촌 통제 정책으로서 제시된 것이다. 명 건국 초에 등장한 이갑제는 농촌수공업 및 상품생산의 급속한 발전으로 상업적 대지주가 출현하면서 지주제의 형태가 변화되자 붕괴되어갔다. 특히 정덕(正德) 연간(1506~1522)에 이르러서부터는 공사(公私) 전장(田莊)의 확대, 대토지 사유화 현상, 상업의 발달 및 요역의 과중 등이 서로 어우러져 점차 사회문제로 표면화되기 시작했고, 이로 인해 많은 유망인이 발생하게 되었다. 여기에 정치의 부패와 각종 사회모순이 결합되어 사회계층분화가 급속하게 진전되자, 수많은 유민이 발생하여 전국 도처에서 군도(群盜)가 크게 일어나 반란으로까지 확대되었다.[90]

왕양명이 십가패법을 본격적으로 시행한 것은 그가 1517년(正德 12) 남감

---

88) 『목민대방』,「兵典之屬」, 총간 242-346, "五曰, 括逃漏. 逃故代定之法, 虛實相蒙, 奸僞百出, 不可不嚴加防察. 而每一代定之際, 一境騷然, 姑用里代定之規, 以爲界限. 本里如無餘丁. 則以近里代定."

89) 오영교, 2001, 앞 책, 250~251쪽. 王陽明의 十家牌法에 대해서는 宋正洙, 1997,『中國近世鄕村社會史硏究』, 혜안, 127~130쪽 참조.

90) 송정수, 1997, 앞 책, 114~116쪽.

순무(南贛巡撫)로 부임하면서부터였는데, 당시 이 지역 역시 유민들에 의해 도적 집단이 창궐하고 대소의 반란이 지속되고 있었다. 그가 이곳의 순무로 발탁된 것은 이와 같은 반란 세력을 진압하고 향촌사회를 안정시키기 위해서였는데, 그는 이를 위해 십가패법과 이에 기초한 총소갑제(總小甲制) 및 남감향약(南贛鄕約)을 거행하였다.

그는 우선 유적(流賊)을 토벌하여 향촌사회를 안정시키는 방책으로서 십가패법을 시행하였다. 이는 각 부(府)와 현에 있는 민가에 대해서 10가를 1조(組)로 편성하고, 십가패식(十家牌式)과 각가패식(各家牌式)을 갖추어 각 가의 호적과 인정의 다과(多寡), 기주(寄住)·잠숙(暫宿)하는 사람의 유무, 남녀 성정(成丁)·미성정의 수, 생업, 기능, 질환, 폐질 및 가옥의 크기까지 기입하여 각 가의 문 위에 게시하도록 했으며, 매일 1가씩 윤번으로 각 가의 문에 걸려 있는 패를 보고 동정을 심찰하고 면식이 없는 사람이나 의심스러운 행동을 하는 사람이 있으면 관에 알려 구리(究理)하며, 혹 은닉하면 10가를 연좌시켜 처벌하는 연대책임을 바탕으로 치안질서를 유지하려는 제도였다.[91]

당시 왕양명이 이러한 상호연좌제를 시행한 것은 양민과 도적을 확실하게 구분할 필요성에서 나온 것이었다. 그는 십가패법을 바탕으로 민병 조직으로서 군민일체의 치안전투조직인 총소갑제(總小甲制)를 편성하여 도적을 근절하고 향촌사회의 안정을 도모하였다. 총소갑제는 이후 각 갑을 통솔하기 위해 갑의 조직 위에 보장(保長)을 세움으로써 보갑제로 발전하였다. 또한 그는 보갑제의 시행과 병행하여 향촌민에 대한 교화를 위해서 향약을 시행하였는데 이것이 유명한 남감향약이었다. 왕양명이 시행한 이들 방책이 주효하여 소요를 진압하고 향촌질서를 확보하는 데 성공을 거두자, 이는 강서남부뿐만 아니라 강서북부 여러 지역에까지 확대 시행되었다. 이로써 향약과 보갑제는 향촌질서를 안정시키는 주요 방책으로 자리잡게 되었다.[92]

---

91) 송정수, 위 책, 128~129쪽.
92) 송정수, 위 책, 344쪽.

이는 명·청 교체 이후 청대로 이어져, 1708년(康熙 47)에는 전국에 걸쳐 보갑제 시행령이 반포되었다. 이로써 10호 1패, 10패 1갑, 10갑 1보의 삼급제(三級制)의 보갑조직(保甲組織)이 편성되어, 연대책임뿐만 아니라 향촌방위의 기능을 바탕으로 향촌치안유지의 임무, 보갑책을 이용한 호구관리 및 조세징수의 보조 임무, 상호부조, 권선교화 등 제반 향촌질서 유지의 임무를 수행하였다.[93]

명대 이갑제에서 청대 보갑제로 변화되면서 향촌방위 기능이 강화되는 것과 함께 향약의 성격도 변화되었다. 그것은 향촌 자치적 성격이 점차 사라지고 관 주도의 성격이 강화된 것이다. 이것은 명에서 청으로 넘어가면서 국가권력이 강화되는 과정의 표현이었다. 즉 명·청 교체기의 사회변동은 향촌지배에서 국가권력의 강화로 귀결되었던 것이다. 그러나 청대는 신사층(紳士層)이 향촌 내에서 자신의 지배력을 강화시키기 위해 향약과 보갑조직을 장악하려고 시도하면서 국가와 마찰을 빚어 국가가 의도한 대로 원활하게 운영되지 못하였다. 이에 대해 청 왕조는 1726년(擁正 4)에 「신보갑조령(新保甲條令)」, 1757년(乾隆 17)에 「신보갑조례(新保甲條例)」를 반포하여 보갑법 시행을 독려하였는데, 이는 1852년(咸豊 2)에 반포된 「보갑장정(保甲章程)」의 내용과 거의 같았다. 따라서 청대 보갑제는 건륭 연간에 완성되어 후대까지 이어졌다고 볼 수 있다.[94]

왕양명의 십가패법은 영조대에 조정에서도 논의된 적이 있었다. 그것을 제안한 것은 조문명(趙文命, 1680~1732)이었다. 1728년 무신난(戊申亂) 당시 도성 방어 문제가 제기되자 어영대장이었던 조문명이 항통법(巷統法)을 제안하였는데, 이는 왕양명의 십가패법을 응용하여 종래의 오가통법을 강화시키려 한 것이었다.[95] 영조 역시 이에 대해 관심을 갖고 조정에서 논의되었다.[96] 당시 조문명의 항통법은 시행되지 않았지만 오가통법에

---

93) 송정수, 위 책, 350쪽.
94) 송정수, 2007, 「향촌조직」, 오금성 외, 『명청시대 사회경제사』, 이산, 117~121쪽.
95) 趙文命, 『鶴巖集』 책3, 「御將時移陣本營 論時急事宜」, 총간 192-498.
96) 『승정원일기』 영조 4년 3월 29일 기묘 ; 4월 1일 신사.

대한 논의는 꾸준히 이어졌다. 1729년(영조 5)에 이태좌(李台佐)가 주도하여 전문 10조의 「오가통법신명구제절목」이 반포되고,[97] 1733년(영조 9) 평안감사 권이진(權以鎭)에 의해 향촌 방수책(防守策)으로 제기되기도 하였으며, 1749년(영조 25) 조현명이 이의 시행을 독려한 것,[98] 1756년(영조 32)에는 금주 단속을 위해 국가 차원에서 오가통법을 활용하기 위한 절목이 반포된 것이 그것이다.[99]

왕양명의 십가패법은 이광덕(李匡德, 1690~1748)에 의해서도 제기되었다. 그는 누군가에게 보내는 편지에서 북쪽 변경의 방어책을 논하면서 '십가패법은 아주 좋은 것'이므로, 처음에 불편하게 여기는 사람들이 있더라도 시행해야 할 것으로 보았다.[100] 이광덕은 박세채의 외손이자 조경명(趙景命)의 사위였다.[101] 조경명은 조문명·조현명의 형이었으므로, 이 집안은 영조대 소론 탕평파에 속하였다. 또한 이광덕은 이광사·이광려 등과 함께 전주이씨 덕천군파(德泉君派) 중 이른바 '6진(六眞) 8광(八匡)' 중의 하나로서 강화학파에 속한다고 볼 수 있다.[102] 이광덕은 홍양호가 1747년 소과에 합격하고 알현할 정도로 홍양호와는 긴밀한 관계에 있었다.[103] 이렇게 본다면 홍양호가 십가패법에 관심을 갖기에 이른 것은 좁게는 강화학파, 넓게는 소론 탕평파와의 관련 속에서 나온 것임을 알 수 있다. 『목민대방』에서 십가패법에 대하여 직접 거론한 것은 두 군데였다. 하나는 호전의 '권경종(勸耕種)'조에서 농우의 사용과 관련하여, 먼저 1패 내에서 농우를 날짜별로 나누어 갈 것을 말한 것이고,[104] 또 하나는 형전의 '신과금(申科禁)'조에서

---

97) 『비변사등록』 86책, 영조 5년 7월 15일.

98) 『비변사등록』 120책, 영조 25년 8월 1일.

99) 오영교, 2001, 앞 책, 236~237쪽, 269~270쪽.

100) 李匡德, 『冠陽集』 권14, 「答李君敬書」 甲寅, 총간 209-492다, "十家牌事儘好, 初以令不便者雖有之, 何妨乎."

101) 李是遠, 『沙磯集』 冊5, 「大提學冠陽李公行狀」, 총간 302-187.

102) 鄭良婉, 1993, 「月巖 李匡呂論」, 『江華學派의 文學과 思想(1)』, 韓國精神文化硏究院, 15쪽.

103) 『극원유고』 권10, 「大提學耳溪洪公諡狀」, 총간 268-429.

104) 『목민대방』, 총간 242-342, "用十家牌法, 使一牌之內, 有無相資, 排日分耕, 本牌未畢耕前,

우(牛)·송(松)·주금(酒禁)에 십가패법을 쓰라는 것이 그것이다.[105]

그런데 그가 제시한 「십오상련지제」의 내용은 왕양명의 십가패법과는 많은 차이가 있다. 그 내용을 보면 5가를 1통으로 삼고 통수 1인을 두며, 2통마다 패장 1인을 둔다. 그리고 매리(每里)에는 이감(里監)·이정(里正)·기찰장(譏察長) 각 1인, 면마다 풍헌(風憲)·부헌(副憲)·검독(檢督)·도장(都將)·훈장(訓長)·약정(約正) 각 1인, 읍에는 무학(武學)훈장과 관리(官吏)훈장 및 도훈장(都訓長) 각 1인을 둔다는 것이다. 이들에 대해서는 아래 작은 글씨로 어떤 사람을 선발할 것인지에 대해서 말하였다.[106] 이어서 통수·패장·이감·이정·기찰장·풍헌에 대해서는 그 직장(職掌)을 따로 항목을 설정하여 규정하였다.[107]

〈표 6〉을 통해 우선 그 신분을 살펴보면, 통수와 패장 그리고 이정은

〈표 6〉 십오상련지제

구분	명칭	자격 조건	신분
統	**統首**	5家 중 稍解事者	평민
牌	**牌將**	10家 중 中庶 이하 稍解文字者	중인 이하
里	**里監**	里 내의 鄕品·中庶 중 識文字有風力者	양반
	里正	庶民 중 勤幹解事者	평민
	譏察長	將校 중 勤幹者	중인
面	風憲	鄕品 중 識文字有風力者	양반
	副憲	閑散·中庶 중 勤幹識字解事者	중인
	檢督	中庶·將校 중 勤幹者	중인
	都將	將校 중 有風力者	중인
	訓長	士夫 중 能文負望者	양반
	鄕約正	士夫 중 年高望重者	양반
邑	武學訓長	武科前銜 혹은 出身 중 武藝에 능하고 兵學을 익힌 자	양반
	官吏訓長	老吏 중 能文數者	중인
	都訓長[108]	朝官·生進 중 文望이 있어 향 내에서 信服하는 자	양반
	都約正[109]	(士夫 중) 읍에서 衆望이 있는 자	양반

毋得許借他里."

105) 『목민대방』, 총간 242-347, "凡牛松酒三者, 爲國之大禁, 必先揭榜, 曉諭坊曲, 使民遠罪, 依鄕約, 用十家牌法, 如有犯者, 併罪其統首, 俾絶容隱之弊."
106) 『목민대방』, 「什伍相聯之制」, 총간 242-349.
107) 『목민대방』, 「십오상련지제」, 총간 242-349~351.

일반 평민에게도 열려 있음을 볼 수 있다. 리 단위에서는 이감, 면 단위에서는 풍헌과 부헌, 훈장과 향약정, 읍 단위의 무학훈장과 도훈장을 양반이 맡도록 하였고, 리 단위의 기찰장, 면 단위의 검독·도장, 읍 단위의 관리훈장은 중인들이 맡도록 하였다. 그러나 조선후기에는 양반이 향임을 기피하는 것이 일반적인 현상이었고, 당시의 양반 가운데는 평민에서 신분을 상승시킨 경우가 많았음을 감안하면 실제로는 평민이 담당할 수 있는 직장은 이보다 훨씬 많았을 것이다.[110]

「십오상련지제」에 이어진 각 직장은 다음과 같다.

　　통수 : 통 내의 인(人)과 물(物)에 대하여 생산·물고·도망·출가·퇴속과 수화(水火)·도적 등의 일과 범도(犯屠)·범양(犯釀)·범송(犯松) 및 인명 살상이나 절도와 같은 범죄 등을 패장-이감-풍헌을 거쳐서 수령에게 보고한다. 또한 부모에 불순하고 윗사람을 능멸하거나 남녀가 구별이 없거나 행지(行止)가 수상한 사람은 이감-풍헌·도약정을 거쳐서 수령에게 보고한다.

　　패장 : 우선 목패(木牌)를 관리하는 임무가 주어졌다. 목패에는 10가의 호수의 역과 성명을 가좌(家座) 순서대로 적어서 수령이 낙인(烙印)하고 이임(里任)이 착명한 것을 패장이 관리한다. 또한 법령을 위반한 자는 직접 수령에게 보고하고, 패 내에 유민으로 내접(來接)한 자, 노비 매매나 용고(傭雇) 부양 실태, 과객(過客), 이래이거자(移來移去者) 등에 대해서는 이감-풍헌을 거쳐서 수령에게 보고한다. 그리고 패 내에서

---

108) '都訓長'은 그 명칭이 큰 글씨로 따로 되어 있지 않고, 그 명칭과 내용이 面 訓長 아래 부기되어 있지만 읍 단위에 두라고 하였으므로 표에서는 이처럼 분리하여 작성하였다.

109) 都約正 역시 큰 글씨로 따로 되어 있지 않고, 그 명칭과 내용이 鄕約正 아래 부기되어 있다. 그 자격조건이 '一邑之衆望'으로 되어 있는데, 향약정이 '士夫' 중에 선발하므로 도약정 역시 '사부' 이상에서 선발하였을 것이다.

110) 정진영, 1998, 앞 책, 285~293쪽 ; 오영교, 2001, 앞 책, 181~182쪽, 214쪽.

검험(檢驗)이나 사문(査問)의 일이 있을 때나, 우마를 비롯한 각종 매매문서, 서실(閭失) 등에 대해서는 통수와 함께 서명한다. 아울러 향약과 유사한 길흉상조·유무상자·수화상구 등과 농우 사용 등을 관장한다.

이감 : 리 내의 풍화나 금령에 관한 일을 풍헌을 거쳐서 수령에게 보고한다. 또한 과객이나 이래이거자 현황에 대한 기록, 전답의 면적과 경작 상황, 진폐·신기(新起)·천반복사(川反復沙)와 같은 경작지 변동 상황에 대한 기록 등을 작성하여 책자를 만들어서 풍헌을 거쳐서 수령에게 보고한다. 추수기 답험에는 면임·서원과 함께 참여해야 하며, 매월 패장들을 모아서 그 직장에 대해 효유·신칙하는 임무도 주어졌다.

이정 : 환자(還上)와 군포를 검납하고 한정(閑丁)을 수괄하며 인물을 추착(推捉)하는 임무를 관장한다. 리마다 후인(堠人)을, 동구(洞口)에는 이정표의 일종인 목패를 세워서 관리하는 임무, 상저조율(桑楮棗栗) 등의 나무 종식(種植)을 권장하고 100그루 이상 심은 자는 수령에게 보고하여 포상하게 하는 임무가 주어졌다.

기찰장 : 리 내에서 도적이나 행지 수상자를 살펴서 풍헌을 거쳐서 수령에게 보고하고, 강도나 행겁자(行劫者)는 직접 수령에게 보고한다. 또한 수졸(守卒) 2명을 정해서 밤마다 리 내를 순경(巡警)하는 임무가 주어졌다.

면 단위의 풍헌 : 우선 적간·행사(行査)·전령·지위(知委) 등의 관령을 거행하며, 풍화·인물살상·행지수상자를 수령에게 보고하고 두치(斜治)한다. 생산·사망·이래이거자에 대한 보고를 수합하여 매월 말에 책자를 만들고, 수화·도적이나 변괴 관련 일들을 곧바로 수령에게 보고한다. 우·주·송금을 적간하여 위반자를 곧바로 수령에게 보고하고, 바람이 거센 시기에는 화금(火禁)을 엄계(嚴戒)한다. 경종이나 수확, 진폐·반락된 전지의 수, 수한(水旱)·충박(蟲雹) 등의 재해(災害)를 매월 책자로 완성하여 수령에게 보고하여 답험에 대비한다. 면내의 제언·산수(山藪)·교량·도로 등을 적간하여 보고한다.

이를 통해서 다음과 같은 몇 가지 사실을 알 수 있다. 우선 통수-패장-이감-풍헌-수령의 보고 체계가 확립되어 향촌의 구석구석까지 국가권력이 침투할 수 있는 길을 열어놓았다는 점이다. 둘째로는 리 단위에서는 이감, 면 단위에서는 풍헌이 각종 상황이 기록된 책자를 수령에게 보고하고 관장한다는 점이다. 셋째로는 정령과 교화가 이들 조직을 통해서 모두 수행된다는 점이다. 따라서 이전에는 향촌자치적 성격을 띠었던 향약의 기능을 수령이 주도하여 수행되도록 하였다. 넷째로 이감이 권농유사를, 풍헌이 권농감관을 겸하게 하여 권농 기능이 강화된 점이다. 다섯째로 리 단위에서 이감과 이정의 직장을 구분한 점이다. 이감이 각종 기록을 작성하여 보고하고 답험에 참여한다면, 이정은 환자·군포의 수봉이나 인물 추착으로 특화된 임무가 주어졌다.

면 단위의 부헌 이하에는 별도의 직장이 명시되어 있지 않은데, 이들의 임무는 「십오상련지제」에서 직임 아래 작은 글씨로 부기되어 있다. 부헌은 면 내에서 권농·차역(差役)·금령 등의 일을 관장하고 풍헌이 유고시에 그를 대신해서 각종 문보(文報)를 담당한다. 도장은 면내에서 순경과 금령을, 훈장은 고강(考講)과 고과(考課)를, 향약정은 면내의 '향약 규정(糾正)'의 일을 각각 담당한다.

읍 단위에서 무학훈장은 장교와 한량에게 활쏘기를 권장하고 고강하는 일을, 관리훈장은 관리나 지인(知印)에게 교수·고강하는 일을 담당한다. 도훈장은 읍내 유생의 고강과 과제(課製)를 담당하고, 사맹삭(四孟朔)에 각 면의 면 훈장으로 하여금 그들이 가르치는 유생들과 함께 향교에 모여서 약속을 듣게 한다. 도약정은 향약·교화의 일을 담당한다.

홍양호의 십오상련지제는 2통 즉 10가에 패장을 두고 목패를 관리하게 하며, 상주 인정(人丁)과 유동 인구를 파악하고, 범법자 색출에서 통수와 패장에게 연대책임을 지게 한 것은 왕양명의 십가패법과 유사하다. 그러나 왕양명의 십가패법이 양민과 도적을 구분하고, 보갑제와 같은 치안전투조직을 편성하고자 한 것에 그 주요 목적이 있었지만, 홍양호의 십오상련지제는 촌락 단위까지의 원활한 지방행정 수행에 보다 중점이 두어졌다.

홍양호 십오상련지제의 중요한 특징은 그것이 면 단위 아래에 집중되어 있다는 점이다. 통수에 대한 규정은 숙종 원년의 「오가통사목」과 큰 차이가 없지만,[111] 패장을 두었다는 점, 그리고 주요 직장이 통수·패장과 함께 이감·이정·기찰장 등 리 단위에 집중되어 있고, 면 단위에서는 풍헌만을 별도로 규정하였을 뿐이며, 읍 단위의 직임에 대해서는 따로 설명하지 않았다. 이것은 그가 면임을 불필요하다고 본 것이 아니라 면리제가 확대되면서 강화된 면임의 역할을 인정하면서 리 단위의 규정이 필요하다고 보았기 때문일 것이다. 즉 「십오상련지제」는 통−패−리에 그 중점이 두어져 있다는 것이다. 그가 「오가통사목」에 보이는 이정(里正) 이외에 이감(里監)을 따로 설정한 것도 리 이하의 향촌질서를 중시하는 그의 의도를 드러낸 것이었다.

여기서 왕양명의 십가패법과 그 형태와 기능이 유사함에도 불구하고 홍양호가 십가패법이라는 이름을 사용하지 않고 굳이 '십오상련지제'라는 명칭을 붙인 이유를 검토해 볼 필요가 있다. 십오연좌제(什伍聯坐制)는 『주례』에서도 보이지만, 홍양호는 굳이 상앙(商鞅)의 그것을 택하였다.[112] 양자가 5가 또는 10가 단위로 상벌에 연대책임을 지게 한 것은 동일하지만, 그 방법에 대해 『주례』가 '상보상수(相保相受)' 또는 '상안상수(相安相受)'라고 막연하게 규정하고 있는 것에 비해, 상앙은 '불고간자(不告姦者)'에 대한 엄격한 처벌과 '고간자(告姦者)'에 대한 시상을 규정하여 변법의 엄격한 시행을 도모한 점이 다르다. 홍양호 역시 통수와 패장에 대하여 '불고관(不告官)'에 대한 처벌 규정을 두고 있다.[113]

---

111) 오영교, 2001, 앞 책, 250쪽.

112) 상앙의 십오연좌제에 대해서는 金燁, 1975, 「商鞅의 什伍聯坐制 研究」, 『大丘史學』 9, 大丘史學會 참조. 『周禮』에서는 '五家爲比, 十家爲聯, 五人爲伍, 十人爲聯, 四閭爲族, 八閭爲聯, 使之相保相受, 刑罰慶賞, 相及相共'(「地官」 族師) 또는 '掌鄕合州黨族閭比之聯, 與其民人之什伍, 使之相安相受, 以比追胥之事, 以施刑罰慶賞'(「秋官」 士師)이라고 하였으며, 상앙의 그것은 '令民爲什伍, 而相收司連坐, 不告姦者, 腰斬, 告姦者, 與斬敵首同賞, 匿姦者, 與降敵同罰'(『史記』 권68, 「商君列傳」)이다.

113) 『목민대방』, 「統首職掌」, 총간 242-349, "凡統內有犯屠犯釀犯松及殺傷人命, 盜竊他物等事, 登時發告里監. 如或隱匿不告, 因他現發, 則統首比犯者, 降一等施罰事"; 동, 「牌將職

상앙의 변법은 춘추전국시대의 오랜 분열을 마감하고 통일제국 진(秦)을 만든 원동력이었음은 잘 알려진 일이다. 상앙으로 대표되는 법가 사상가들은 국가권력의 강화와 절대 군권의 확립을 위하여 법에 의한 획일적인 지배를 강조하였다.[114] 특히 상앙은 토지를 포함한 현실적인 재화의 분배와 점유를 법령에 의해 보증하고, '약민(弱民)' 정책과 같이 전제권력의 안정과 확립을 위한 부자(富者) 억압책을 시행하려 하였다.[115] 국가에 의한 수전(授田)과 이것을 기초로 한 각종 의무의 부과가 제민(齊民) 지배의 구체적인 내용이라면, 이 관계를 보증하는 형식과 제도는 리·향·현·군으로 조직된 군현체제였으며, 이 체제를 유지하는 수단은 법령이었다. 국가가 제민의 의무를 보다 강력하게 보증받기 위해 제민의 전 생활을 철저하게 통제하려 한 것이 제민지배체제였는데, 이러한 목적을 위해서 상앙이 리 단위에서 도입한 제도가 바로 십오연좌제였던 것이다.[116]

이러한 법가 사상은 후대 유자들에 의해 지속적인 비난과 부정의 대상이었음에도 불구하고 홍양호가 굳이 이를 채택한 이유는 무엇일까? 가장 중요한 배경은 양란기 이후 생산력의 발달, 자연촌의 보편적 발전, 농민의 자율성과 촌락자치 기능의 제고라는 여러 요인에 의해 새로운 면리편제가 확립된 것에 있었다.[117] 이에 비해 기존의 향촌지배체제를 대표하여 군현단

掌」, 총간 242-350, "凡十家內, 如有犯禁違令者, 而統首掩匿不告者, 牌長卽爲告官, 若附同不告, 則牌長與統首同罪案." 물론 「오가통사목」에도 '不告者'에 대한 처벌 규정이 있다(『비변사등록』31책, 숙종 원년 9월 26일, "統內如有奸僞偸竊之類, 來歷不明之人, 亦令登時發告, 自統里轉報於官守, 以爲査治之地. 若或漏報欺隱, 事終發覺, 則統任重究, 統內連罪, 若係本統已先報知, 而里中掩覆不告者, 竝論以制書有違之律爲白齊"). 그러나 홍양호의 「십오상련지제」는 '오가통사목'의 '統任'을 統首와 牌將으로 구분하고 따로 항목을 설정하여 이의 처벌을 규정하고 있어서 「오가통사목」에 비해 훨씬 강화된 점이 다르다.

114) 李成珪, 1989, 「諸子의 學과 思想의 理解」, 서울大學校東洋史學硏究室 編, 『講座 中國史 Ⅰ』, 지식산업사, 195~196쪽.

115) 李成珪, 1984, 『中國古代帝國成立史硏究—秦國齊民支配體制의 形成』, 一潮閣, 54쪽, 61쪽.

116) 이성규, 위 책, 112쪽.

117) 오영교, 2001, 앞 책, 210~211쪽.

위로 편제된 향소는 그 지위가 점차 위축되었다. 정령의 실무는 면리 기구로, 교화의 주된 업무는 면리단위의 향약기구로 각각 이관되었다. 이에 따라 비록 유효한 자치적 기능을 일부 지니고 있었지만 점차 그 비중은 감소되었다. 18세기 들어서 향소는 각종 기구의 감독 내지 조정이라는 부차적인 기구가 되었다. 행정업무가 세분화·전문화됨에 따라 면리기구에 대한 이서들의 간섭이 많아지고 관사체계의 수반인 수령권 주변으로 각종 권한이 집중되었다. 수령제—면리제·오가통제를 중심으로 집권적인 향촌통치체계가 성립되어 가고 있었던 것이다.[118]

그렇지만 실제 면리의 편제는 면리제가 기반하고 있는 기본법인 「오가통사목」 등의 법제적인 규정에 따라 전국적인 범위에서 통일적으로 실시되지 못하였고, 국가의 의지 또한 일방적으로 관철될 수 없었다. 따라서 19세기에 이르기까지 방위면 체제를 탈피하지 못한 경우도 있었으며, 리의 규모에 있어서 심한 불균등성이 나타나는 등 국가의 의지에 의해 구획된 행정촌은 끝내 실현될 수 없었다. 이와 함께 재지사족은 면리의 편제에 직접적으로 관여함으로써, 또는 동계·동약의 지역 지배를 통해 국가의 면리 편제와 촌락 지배에 대응하고 있었다. 이러한 사정은 조선후기에도 촌락에 대한 국가의 공적 지배만이 존재하였던 것이 아니라 재지사족의 사적 지배 또한 여전히 확보되고 있었음을 보여준다.[119]

이러한 현실 속에서 홍양호는 향촌에서 재지사족의 사적 지배를 배제하고 국가의 공적 지배력을 강화하는 방안으로서 십오연좌제의 도입이 필요하다고 생각하였던 것 같다. 이것은 양명학적 군민일체관의 필연적 귀결이기도 하였다. 『치군요결』·『목민고』와 같은 이전의 목민서들이 지역의 토착 토호 세력인 양반 지주와 향리들의 권력 남용과 전횡을 배제하고 국가의 통치 방침을 지역사회에 구현하는 방안을 세밀하게 제시하고 있는데, 홍양호는 그것을 효과적으로 달성하는 방안으로서 「십오상련지제」를 시행해야 한다고 생각하였던 것이다. 홍양호의 「십오상련지제」는 『목민고』류에 보이

---

118) 오영교, 위 책, 335쪽.
119) 정진영, 1998, 앞 책, 284~285쪽.

는 이정법보다 훨씬 포괄적이고 강력하게 향촌을 통제하려는 의도를 드러낸 것이었다. 이것은 집권력 강화를 통해 관리들의 중간수탈을 배제함으로써 봉건국가의 위기를 해소해보고자 한 탕평책의 지향이 한층 강력하게 표출된 것으로서, 중세사회 해체기에 등장한 새로운 근대 지향적인 국가 운영 방안으로서 주목된다고 하겠다.

4. 맺음말

조선후기는 봉건사회 해체기에 해당된다. 따라서 당시의 지식인들의 정치론이나 경세론은 혈연와 학연에 의해 일차적으로 지배되었다. 홍양호 역시 이러한 시대적 한계 속에서 자신의 학문을 형성해갔다. 그에게 영향을 미친 것은 넓게는 소론 탕평파, 좁게는 강화학파의 학문과 사상이었다. 이들은 당시의 국가적 위기를 해소하기 위해서는 양반제를 비롯한 신분적 모순, 지주제로 대표되는 사회경제적 모순이 극복되어야 할 것으로 보았다. 이들은 이를 정치에서 구현하기 위해 탕평론을 주장하였다. 특히 정제두는 양반제·노비제의 폐지를 주장하였고, 그 실현 방안으로서 황극탕평론을 제시하였다. 따라서 정제두의 학문은 실학사상으로 규정할 수 있으며, 실학의 정치론이 탕평론임을 확인할 수 있다. 그의 학문과 정치론은 강화학파로 계승·발전되었다. 홍양호는 이러한 흐름을 정통으로 계승한 관인·유자였다.

홍양호는 봉건적 신분제와 지주제의 모순을 직접 거론하지는 않았지만 그로 인한 모순과 폐단에 대해서는 농민의 입장에서 절실하게 공감하고 있었다. 그의 문학작품은 이러한 그의 민중의식을 잘 보여준다. 또한 이러한 민중의식에 바탕을 두고 강력한 민족의식을 표출하기도 하였다. 그는 우리 역사의 유구성에 자부심을 갖고, 연속성 속에서 당시의 조선사회를 이해하였다. 그리하여 조선의 역사·지리·언어·문화·예술 등의 영역으로 그의 학문을 확장할 수 있었다. 그는 자신의 민중·민족의식을 관인으로서 지방과 중앙에서 실천하였다. 그가 목민관으로서 권농과 진휼에 진력한 업적이나 민의 이용후생을 증진시키는 방안을 제시한 것은 그것을 잘 말해준다. 그는 이러한 방안을 '족국유민(足國裕民)'의 원칙, 즉 '국계(國計)와 민용(民用)'을 동시에 실현함으로써 달성해야 할 것으로 생각하였다. 이것은 양반제와 노비제를 폐지하고 토지개혁을 통해서 지주제의 모순을 해소하려 하였던 정제두 등의 실학사상과 그 지향점에서 동일한 것이었다. 따라서 그를 관인 실학자로 규정해도 무리가 없을 것이다. 특히 이용후생을 위한 생산력 증진에는 여느 강화학파 지식인보다도 국가의 능동적 역할을 강조하였다.

홍양호 실학사상은 그가 편찬한 『목민대방』을 통해서도 살펴 볼 수 있다. 18세기에는 수많은 목민서가 출현하여 널리 유포되었는데, 크게 보아 『목민고』류와 『선각』류로 분류해 볼 수 있다. 『목민고』류가 대체로 소론 계통이라면, 『선각』류는 남인 계통의 목민서였는데, 홍양호가 저술한 『목민대방』은 『선각』류에 속하였다. 홍양호 집안이 대대로 소론에 속하였음에도 불구하고 그가 『선각』류 목민서를 편찬하게 된 것은 『목민고』류의 목민서의 존재를 전제로 하고, 『선각』류 목민서의 유용성을 흡수한 또다른 목민서의 필요성을 인정하였기 때문이었다. 이때 그는 『선각』류에 나타난 『대학』의 정치론을 따르지 않고, 『주례』의 정치론을 원용한 육전체제에 입각하여 『목민대방』을 편찬하였다. 이것은 영·정조대 탕평정치기에 『속대전』·『대전통편』이 편찬되어 법과 제도에 의한 통치 규범을 재정비하려는 중앙정치의 흐름과 그 맥을 같이하는 것이었다.

『목민대방』에서 홍양호는 숙종대 오가작통제와 이정법을 계승하여, 왕양명의 십가패법을 원용한 「십오상련지제」를 제시하였다. 이는 통-패-리를 중시한 연좌제였는데, 그는 왕양명의 십가패법을 응용하면서도 상앙의 십오연좌제를 연상시키는 이름을 붙였다. 이것은 이 시기 생산력 발전에 의해 자연촌이 보편적으로 발전하고 농민의 자율성과 촌락 자치 기능이 제고된 현실 속에서 수령에 의한 국가의 공적 지배를 촌락 구석구석까지 관철시킴으로써 재지사족 또는 토호의 사적 지배를 차단하려는 강력한 의지의 소산이었다. 그는 이러한 목적을 달성하기 위해 유가 사상가들

대부분이 비난하고 꺼려 왔던 상앙과 같은 법가 사상의 수용도 주저하지 않았다. 봉건사회의 모순을 타파하기 위해 국가의 강력한 역할을 강조하였던 홍양호 실학사상의 특징이 목민서에서 육전체제의 수용과 십오연좌제의 시행으로 나타났던 것이다.

『목민대방』은 18세기 소론 탕평파 내지 소론 양명학파의 국가 구상을 지방통치 차원에서 집약적으로 보여준다는 점에 그 중요한 특징이 있었다. 여기에는 양반·지주·토호의 특권과 전횡을 막고 국가의 집권력을 강화시켜서 국가와 민생을 동시에 안정시키려 한 탕평론 및 실학사상의 지향이 이전보다 강화된 형태로 제시되었다. 이것은 당시 봉건사회의 모순을 해소하고자 한 관인 실학자 일각의 지향을 반영한 것으로서, 결국 근대 지향적인 국가 구상의 일단을 드러낸 것이었다.

제4편
다산 정약용의 국가 구상과 다산학단

제1장 다산의 국가 구상과 정조 탕평책

1. 머리말

다산(茶山) 정약용(丁若鏞, 1762~1836)의 실학사상(實學思想)에 대해서는 많은 연구가 이루어지고 있지만, 그것이 영·정조대 탕평론 또는 탕평책과 어떤 관련이 있는지에 대해서는 별로 주의가 기울여지지 않았다. 이것은 다산이 조정에서 활동한 기간이 10여 년 남짓으로 짧았던 탓도 있지만, 조선후기 정치사에 대한 편견에서 연유한 측면도 있는 것 같다. 이른바 '당쟁(黨爭)'에 대한 부정적 선입견이다. 당쟁을 정치가의 개인적인 권력욕이나 사리사욕을 추구하는 과정에서 빚어진 무의미한 권력투쟁으로만 보는 시각이다. 이른바 '조선후기 실학'을 정치에서 소외된 재야 지식인의 사상으로 규정한 통설도 이러한 편견의 소산이었다. 이로 인해 실학과 탕평론의 관련성에 대해서도 그에 합당한 관심을 기울이지 못하였다.

조선후기 정치사에서 모략과 음모가 다반사로 일어났던 것은 사실이지만 그것만 있었던 것은 아니었다. 이 시기 정치적 대립·갈등에는 사상과 정책의 차이에서 초래된 측면도 분명히 존재하였다. 그리고 실학이 발생하여 발전하는 과정은 정치적 대립·갈등과도 긴밀하게 연관되어 있었다. 특히 17세기 말에 등장한 탕평론은 당시 조선왕조 국가가 처한 대내외적 위기로부터 벗어나기 위해 새로운 정책과 제도를 모색하고 이를 정치의 중심 문제로 끌어들이려는 유자(儒者)·관인(官人) 일각의 노력의 소산이었다.[1] 따라서 조선후기 국가개혁론으로서의 실학은 그것을 정책으로 구현하기 위한 정치론이었던 탕평론과 밀접하게 관련될 수밖에 없었다. 특히 영·정조대에는 탕평책이 본격적으로 추진되면서 당시 정치를 주도하던 관인·유자들은 그에 대한 찬반을 두고 격렬하게 대립하였다.[2] 이것이 정조대 관직에 진출한 다산 정약용이 직면한 정치 현실이기도 하였다. 따라서 그의 실학사상은 정조 탕평책과 밀접한 관련을 갖고 있었다.

본 장에서는 우선 다산 실학사상의 중심이 이른바 '일표이서(一表二書)'에서 제출된 국가 구상, 즉 국가론에 있다고 보고 그 성격을 규명하여 '조선후기 실학'의 개념에 접근해 보고자 하였다. 그리고 그것이 정조의 탕평책과 어떻게 관련되어 있는지를 규명해 보려 한다. 잘 알려진 것처럼 정조의 죽음으로 실학사상을 현실정치에 반영시키려는 노력은 좌절되었다. 이로 인해 제도 정치를 통해서 국가체제를 개혁할 수 있는 가능성은 소멸되었다. 그렇지만 오늘날 우리가 계승·발전시켜야 할 역사적 전통은 바로 여기에 존재하고 있음을 되새겨 보고자 한다.

2. 실학의 개념과 다산의 국가 구상

1) '조선후기 실학'과 국가론

다산 정약용은 스스로 작성한 「자찬묘지명(自撰墓誌銘)」에서 500여 권이 넘는 자신의 방대한 저술을 소개하고 나서, 그것을 '수기(修己)'를 위한

---

1) 김용흠, 2008, 「南溪 朴世采의 變通論과 皇極蕩平論」, 『東方學志』 143, 연세대 국학연구원 ; 2009, 「숙종대 소론 변통론의 계통과 탕평론－明谷 崔錫鼎을 중심으로」, 『韓國思想史學』 32, 韓國思想史學會.
2) 김용흠, 2009①, 「조선후기 정치와 실학」, 『다산과 현대』 2, 연세대 강진다산실학연구원 ; 2011, 「18세기 官人·實學者의 政治批評과 蕩平策－耳溪 洪良浩를 중심으로」, 『역사와 경계』 78, 부산경남사학회.

'육경사서'의 경학(經學)과 '천하국가'를 위한 '일표이서'의 경세학(經世學)으로 압축하여 제시하였다. 그리고 자신의 국가 구상을 집대성한 『경세유표(經世遺表)』에 대해서는 그것이 '신아지구방(新我之舊邦)'을 목표로 한 것임을 분명히 밝혀두었다.[3] 이는 다산 실학사상의 중심에 국가 개혁론 내지는 새로운 국가 구상이 놓여 있음을 스스로 천명한 것이었다. 이것은 이른바 '조선후기 실학'의 개념에 대한 저간의 논란에 시사하는 점이 많다고 생각된다. 최근에 이러한 논란을 극복하기 위해 실학의 범위를 '중심과 외연'으로 구분하여 접근할 것을 제창한 논고가 나왔는데,[4] 필자는 그 중심을 국가론으로 설정할 것을 제안한 바 있다.[5]

우선은 실학이 역사적으로 형성된 개념임을 염두에 두고서, '경제학(經濟學)', '정치경제학(政治經濟學)'이라는 이름으로 개항기 학자들이 거론한 내용이 거의 모두 '국가'의 개혁 방안에 집중되어 있는 것이 주목된다.[6] 이 시기가 제국주의 열강의 침략으로 조선왕조 '국가'가 위기에 처한 시기임을 감안한다면 이는 지극히 자연스러운 일이었다. 이러한 실학에 대한 관심은 식민지 시기 '조선학(朝鮮學) 운동'으로 계승되었다. 여러 연구자들이 정약용의 사상을 거론하면서 하나같이 '신아구방(新我舊邦)'을 내세운 것이 그 단적인 증거였다.[7] 즉 이들이 조선후기 실학에서 주목하고자 한 것은 바로 '국가 개혁론', 즉 '국가론'이었던 것이다.

이것은 양란기(兩亂期) 이래 관인·유자들에 의해 제시된 문제의식과도

---

3) 丁若鏞, 『與猶堂全書』 1집 권16, 「自撰墓誌銘」, 民族文化推進會 편, 『標點影印 韓國文集叢刊』 281책 347쪽(이하 '총간 281-347'로 줄임).

4) 임형택, 2003, 「21세기에 다시 읽는 실학」, 『大同文化研究』 42, 성균관대 대동문화연구원 ; 2009, 「동아시아 실학의 개념 정립을 위하여」, 『韓國實學研究』 18, 韓國實學學會.

5) 김용흠, 2011①, 「조선후기 실학'과 사회인문학」, 『東方學志』 154, 연세대 국학연구원. 이하의 서술은 필자가 2011년 7월 중국 오르도스에서 열린 제11차 동아실학국제학술대회에서 발표한 내용의 일부이다.

6) 임형택, 2000, 「국학의 성립 과정과 실학에 대한 인식」, 백낙청 엮음, 『현대 학문의 성격』, 민음사, 265~269쪽.

7) 趙珖, 2004, 「개항기 및 식민지시대 실학연구의 특징」, 『한국실학연구』 7, 한국실학학회, 237쪽, 243쪽.

일맥상통하는 바가 있었다. 실학의 발생기에 해당되는 왜란을 전후한 시기에 이수광(李睟光)·한백겸(韓百謙)·허균(許筠) 등 많은 논자들에 의해 토지·부세·노비·관제·과거·국방 등에 관한 제도 개혁론, 혹은 보민(保民)·왕정론(王政論), 대외교역론, 취말보본론(取末補本論) 등이 제기되었는데, 이들의 논점은 하나같이 낡은 제도와 법규를 경장(更張)·변통(變通)하여 민생을 안정시기고 국가의 기반을 강화시켜야 한다는 것으로 모아지고 있었다.[8] 이들은 주자학(朱子學)에서 출발하였지만 주자학만으로는 국가적 위기를 타개하는 데 한계가 있다는 것을 깨닫고 주자학을 넘어선 유교사상 일반, 나아가서는 노장학(老莊學)과 서학(西學)까지도 검토하면서 새로운 사상을 모색하였다. 호란을 전후한 시기에는 당시의 국가적 위기를 타개하기 위해 양반제와 지주제의 모순을 해소 또는 완화시켜야 한다는 주장은 더욱 확대되었다.[9] 유형원(柳馨遠)의 『반계수록(磻溪隨錄)』은 바로 이러한 논의를 집대성한 대표적인 정론서(政論書)였다.[10]

　여기서 유형원은 토지제도의 개혁을 전제로 정치·경제·군사·교육 등을 전면적으로 개혁한 새로운 국가 구상을 제출하였다. 우선 그는 지주전호제를 해체하여 공전제(公田制)를 시행해야 한다고 보았다. 그의 토지개혁 구상은 전국의 토지를 국가가 통일적 계획적으로 구획 조정하고 이를 노동력과 신분, 그리고 사회분업관계를 고려한 새로운 기준에 따라서 재분배하는 것이었다. 이로써 사적(私的) 대토지소유와 지주제 경영이 부정되고, 농업을 비롯한 상공업의 일정한 발전과 민산(民産)의 균등화를 실현할 수 있으며, 이것을 기반으로 조세·요역·군역 등 국가 수취체계의 효과적인 운영을 도모할 수 있다는 것이다. 또한 토지를 중심으로 구성된 사회조직을 군사조직으로 전환하여, 농업과 군역을 일치시키는 병농일치 제도를 구상하였다.[11] 이처럼 『반계수록』에서 제시된 국가 개혁론은 이전까지 존재했

---

8) 金駿錫, 1998①, 「실학의 태동」, 『한국사 31』, 국사편찬위원회, 350쪽.
9) 김용흠, 『朝鮮後期 政治史 研究Ⅰ-仁祖代 政治論의 分化와 變通論』, 혜안, 2006.
10) 김준석, 1998①, 앞 글, 346쪽.
11) 金駿錫, 2003, 『朝鮮後期 政治思想史 研究-國家再造論의 擡頭와 展開』, 지식산업사,

던 다양한 흐름의 학술 조류와 개혁론을 종합하여 체계화한 혁신적인 성격을 띠었다.[12)

이렇게 본다면 실학사상의 중심은 바로 '국가론'에 있다고 말해도 좋을 것이다. 그것은 주자학의 한계를 자각한 새로운 국가론이었으며, 양반제로 대표되는 봉건적 신분제와 지주제와 같은 봉건적 경제제도를 극복할 것을 지향하는 국가론이었다. '조선학운동'에서 대체적인 합의에 도달하여 해방 이후 1950년대 본격적으로 제기된 '실학'의 개념은 바로 이것이었다. 국가론을 실학의 중심으로 본다면 그것을 뒷받침하는 경학과 철학, 지리학과 역사학, 천문학과 우주론 등은 그 내포가 될 것이고, 문학과 예술은 그 외연으로 구분할 수 있을 것이다.[13)

18세기 들어서 실학사상은 양란기의 그것을 계승하여 더욱 체계적으로 발전하였다. 농업생산력의 발전과 지주전호제의 확대에 의한 농민층 분화의 전개, 상품생산과 화폐경제의 발달, 봉건적 신분제의 붕괴와 서민의식의 성장 등을 배경으로 하고, 여기에 집권적 신분제적 정치운영의 파행과 수취체계의 문란이 더해지면서, 이를 뒷받침하고 있던 주자학 지배 이념이 이들 문제에 대한 적절한 대책을 제시하지 못하는 가운데 서학과 청대 학술의 영향을 받으면서 발전하였다.[14) 양란기에 실학이 유형원으로 대표되는 서울·경기 지역 남인들을 중심으로 발생하여, 17세기 말 서인이 노론과 소론으로 분당되는 것을 촉진하고 소론 당인들로 확대되어 갔다면, 18세기 후반에는 집권 세력이었던 노론 내부에서도 실학이 등장하여 당색별로 특색 있게 발전되어 갔다. 따라서 그들이 제출한 국가론도 조금씩 차이가 있었다.

토지개혁을 전제로 새로운 국가체제를 구상한 남인 실학은 국가가 토지와 인민을 전면적으로 관리하여 새로운 생산관계를 창출하려 하였다면

139~223쪽 ; 정호훈, 2004, 『朝鮮後期 政治思想 硏究』, 혜안, 234~236쪽.

12) 김용흠, 2009①, 앞 논문, 394쪽.

13) 김용흠, 2011①, 앞 논문, 204~205쪽.

14) 김준석, 1998①, 앞 글, 342~343쪽.

노론 북학파는 대외 통상을 확대하고 상품화폐경제를 발전시키며 농업생산력을 높이는 등 주로 생산력 증대에 그 초점을 두었다.[15] 이에 비해 소론 탕평파 내지 양명학파에서는 국가권력 그 자체의 역할과 기능을 확대·강화시켜 양반·지주·토호의 각종 특권을 억제 내지 해소함으로써 민산을 보장하고 국용을 풍족하게 하려 하였다.[16]

이들 실학자들은 모두 당시의 사회모순의 중심에 있던 지주제를 해소하고 경제적 균등을 실현해야 할 것으로 보았으며, 봉건적 신분제의 차별을 해소하고 개인의 능력에 입각한 사회적 분업을 지향하였다. 이를 위해서는 국가의 공적 영역의 확장을 통한 집권력 강화, 공법 질서의 확립에 의한 국가체제의 혁신을 통해서 국가의 공공성을 확대·강화시켜야 한다는 것에는 당색을 떠나서 일치된 사고를 보였다. 이 시기 국가론은 다산 정약용에 의해 당색을 뛰어넘어 가장 전향적인 형태로 종합되었는데, 그것은 주권재민 관념에 입각한 우리식 민주주의 국가, 또는 국가의 각급 행정 단위, 정치 단위의 수장을 아래로부터의 공론을 바탕으로 선출하자는 대의정치론적 발상으로까지 발전하였다.[17]

이러한 정약용의 정치론은 주로 초기 저작인「전론(田論)」,「원정(原政)」,「원목(原牧)」,「탕론(湯論)」에 의거한 것이지만 만년(晚年)에도 이를 견지하고 있었던 것으로 확인되었다.[18]『경세유표』에서는 이러한 정치론을 전제하고 포괄적이면서도 체계적인 국가 구상을 제출하였으며,『목민심서』는 이것을 지방통치 차원에서 수령이 참고할 수 있는 형태로 제시한 것이었다.[19]

---

15) 김용흠, 2009①, 앞 논문, 406쪽.

16) 김용흠, 2010,「18세기 '牧民書'와 지방통치-『牧民攷』를 중심으로」,『한국사상사학』35, 한국사상사학회 ; 2011②,「洪良浩 實學思想의 系統과『牧民大方』」,『朝鮮時代史學報』56, 朝鮮時代史學會.

17) 趙誠乙, 2006,「朝鮮後期 實學의 理想國家와 政治體制論」, 연세대 국학연구원 편,『韓國實學思想研究 2』, 혜안, 97쪽 ; 정호훈,「實學者의 政治理念과 政治運營論」, 위 책, 154쪽 ; 백민정, 2008,「정약용 정치론에서 권력의 정당성에 관한 물음-帝命과 侯戴 논의에 대한 재성찰을 중심으로」,『철학사상』29, 서울대 철학사상연구소.

18) 金泰永, 2000,「다산 經世論에서의 王權論」,『茶山學』창간호, 다산학술문화재단, 218~220쪽 ; 백민정, 2008, 앞 논문.

2) 다산의 국가 구상과 정치론

『경세유표』를 통해서 표출된 정약용의 국가 구상은 다음과 같이 요약해 볼 수 있다. 우선 그는 토지제도의 개혁을 모든 국가체제 개혁의 근본으로 삼고 있으며, 정전제(井田制)에 의해 국가적으로 재편성된 자영농의 제도적 정립을 모색하였다. 여기서 농민은 상업적 농업을 전제로 하여 부(富)를 축적하기도 하고, 지역의 추천을 전제로 국가 관원으로 발탁되기도 하는 등 이전보다 역동적인 존재로 전제되어 있다. 정약용은 분급받은 토지의 경작 문제, 즉 치전(治田)에 커다란 중점을 두고 있으며, 균부(均賦)에도 비중을 두는 국가 관리체계를 기획하였다.[20]

또한 그는 국가 행정력의 관리 아래 모든 산업을 조직하고 편성하며 배치하고 관리한다는 원칙을 일관되게 견지하였다. 즉 모든 산업 분야를 국가 기관이 주도하여 적극적으로 개발해야 한다는 개혁론을 제기하였던 것이다. 『경세유표』에 보이는 중앙의 각종 산업행정기구가 새로운 개발과 기술의 수용을 통해서 모든 분야의 산업 생산력을 최대한 발전시키고, 다시 이를 전국의 행정단위에 널리 전포하여 적극적으로 편성 배치하도록 함으로써 결국 국가와 백성을 부유하게 만든다는 방안이었다.[21] 생산력 발전에서 국가의 역할과 기능을 매우 강력하게 강조하는 입장이었다.

정약용은 이것을 실현하기 위해서는 강력한 왕권에 입각한 왕권 중심 통치체제가 요구된다고 보았는데, 이는 주자학 정치론에 입각한 세도재상론(世道宰相論)과는 결정적으로 다른 것이었다.[22] 그는 왕권을 정점으로

---

19) 오영교, 2007, 「『經世遺表』와 새로운 국가구상」, 오영교 편, 『세도정권기 조선사회와 대전회통』, 혜안, 304~305쪽.

20) 오영교, 위 논문, 337쪽.

21) 金泰永, 2003, 「茶山의 국가 産業行政體系 개혁론」, 『한국실학연구』 5, 한국실학학회. 이러한 정약용의 실학은 '國家 위주 개혁론'이라고 말할 수는 있지만 '國家主義的 성격'(같은 논문, 355쪽)으로 볼 수는 없을 것이다.

22) 김태영, 2000, 앞 논문, 211쪽. 주자학 정치론에 입각한 世道宰相論은 숙종대 宋時烈에 의해 제출되어 老論 專權 政治論으로 발전하였으며 19세기 勢道政治를 뒷받침하는 정치론이 되었다. 이에 대해서는 김준석, 2003, 앞 책, 266~301쪽 참조.

하여 공경(公卿) 이하 재상으로부터 말단의 이서(吏胥)에 이르기까지 모든 직관(職官)들이 각기의 구체적인 소관 직사를 주체적으로 수행함으로써 전국적으로 객관적이고 일률적인 기준에 의거한 왕법을 통일적으로 관철시키는 국가체제를 구상하였다.23)

중앙관제에 대해서는 기존의 아문(衙門)을 모두 6조 체제 속에 재배치하여 6조 중심체제를 통해서 실무권한을 집중시킴으로써 보다 효율적인 행정체계의 운영을 도모하였다. 또한 비변사를 폐지하고 의정부를 국정 최고기구가 되게 하며 중추부에서 군국기무를 장악하여 변무(邊務)를 총괄하게 할 것을 주장하였다. 이러한 정치제도 개혁론에서 그는 줄곧 새로운 교육, 과거, 인사제도를 통해서 배출된 인재를 개혁의 주체로 설정하였다. 이들 새로운 계층을 관료체계에 흡수하여 개혁을 주도해 나갈 수 있다고 보았던 것이다.24)

지방제도와 관련해서는 군현 분등(分等)과 분예(分隷) 논의를 통해서 중앙집권의 영향력이 지방에 효율적으로 전달될 수 있는 지방행정체제를 구상하고, 이러한 구조와 틀 속에서 수령과 예하 향리층이 제 역할과 기능을 발휘할 수 있도록 했다. 또한 각 지역의 경제력에 따라 향리의 수를 조절함으로써 민의 부담을 감소시키고, 향리의 신분적 세습적 특권을 없애며, 향리가 해당 고을의 토호 세력과 결탁하는 소지를 근절시키기 위한 방법을 제기하였다.25) 그의 이러한 지방제도 개혁 구상은 재지사족과 향리층 중심의 향촌자치적 전통을 거부하고 국왕과 민이 목민관을 통해서 직접 연결되는 체제를 지향하였다.26)

정약용은 이와 같은 체계적인 국가 개혁론을 통해서 위로는 대신으로부터 아래로는 지방 이서에 이르기까지 봉건적 특권에 의지하여 분권적 할거

---

23) 김태영, 2000, 앞 논문, 216쪽.

24) 오영교, 2007, 앞 논문, 315~318쪽.

25) 오영교, 위 논문, 323쪽.

26) 김기승, 2005, 「다산 정약용의 부국강병형 국가 개혁 사상-『경세유표』를 중심으로」, 『韓國史學報』 19, 고려사학회, 81쪽.

적으로 권력을 농단하는 세력을 제압하고 명백하고 객관적인 표준에 근거하여 전국적으로 일률적인 통치체제를 구축함으로써 안민과 부국을 실현하고자 하였다. 따라서 그의 왕권론은 봉건적 전제군주 또는 서양의 절대주의 체제와는 구별된다고 보지 않을 수 없다.[27]

그리고 『경세유표』에서 보이는 왕권론이 「원목」·「탕론」 등의 정치론과 모순된다고도 생각되지 않는다. 『경세유표』의 국가론은 「원목」이나 「탕론」에서 제시된 '하이상(下而上)'의 정치론에 의해 선출 또는 추대된 국왕이 추진해야 할 개혁의 청사진이 아닐 수 없다.[28] 그것은 국가통치의 정점에 위치한 왕권을 바탕으로 '통치의 직무를 분담하는 모든 신료의 복무 성적을 독려하고 고찰하며 그 결과를 가지고 출척(黜陟)을 단행'함으로써 '왕권이 중심이 되어 의도적으로 추진하지 않으면 결코 진행될 수 없는 정치사업'이 었던 것이다.[29]

조선시기 국왕이 이념적으로 보수적 성향을 지닌 것은 틀림없지만 현실 문제와 관련하여 끊임없이 정치적 결정을 내려야 하는 국왕이라는 위치가 갖는 정치적 속성상 보수적 이념에만 안주해 있기는 어려웠다. 15세기에 『경국대전』 체제가 성립되는 과정에서도 그러하였지만, 특히 양란을 전후한 시기의 국가적 위기에 대처하는 과정에서 신료들이 제도 개혁을 두고 찬반이 나뉘었을 때, 국왕은 거의 대부분 개혁을 지지하고 추동하는 입장에 섰다. 이것은 결국 중앙집권체제를 강화시키고 국가의 공적 영역을 확장시킴으로써 중세 국가로서의 봉건성을 극복해가는 과정이기도 하였다.[30]

특히 18세기 영조와 정조가 탕평책을 통해서 군주권을 강화하고 중앙집

---

27) 조광, 1998, 앞 글, 233쪽 ; 김태영, 2000, 앞 논문, 262쪽. 서양의 절대주의는 상비군 체제를 전제하고 있는데, 정약용 등 실학자들은 모두 병농일치를 주장한 점에서도 결정적인 차이가 있다고 생각된다.

28) 林熒澤, 1990, 「茶山의 '民'主體 政治思想의 이론적·현실적 근저－「湯論」「原牧」의 이해를 위하여」, 姜萬吉 외, 『茶山의 政治經濟思想』, 창작과비평사.

29) 김태영, 2000, 앞 논문, 239쪽, 245쪽.

30) 김용흠, 2009②, 「조선후기의 왕권과 제도정비」, 이태진교수 정년기념논총 간행위 원회, 『국왕, 의례, 정치』, 태학사, 80쪽.

권을 강화한 것은 기층 민중을 보호하기 위한 것임과 동시에 도시와 농촌에서 성장해 온 향반이나 역관·서얼·상인 세력과 같은 중간계층을 정치구조속에 수용하려는 노력의 소산이었다. 이는 집권력 강화, 공적 영역의 확장, 공법 질서의 확립을 통해서 양반제로 대표되는 신분제와 지주제의 모순을 완화 내지 해소하고 대동(大同)과 균역(均役)을 구현한 새로운 국가를 지향하려는 노력이었다.[31] 따라서 정약용이 19세기 초에 저술한『경세유표』에서 강력한 군주권을 바탕으로 국가체제를 혁신하려고 구상한 것은 결코 우연이 아니었던 것이다.

그리고 정약용의 여전론(閭田論)과 정전론(井田論)은 분명 토지 국유화를 전제하고 있는 것이 사실이다. 그러나 그것은 왕토주의로 회귀하려는 복고주의적인 것도 아니었고, 사회주의적인 지향을 가진 것은 더욱 아니었다. 그것은 국가권력을 통해서 지주제의 폐단을 제거하려는 의도에서 나온 것이었다. 그는 이를 통해서 독립 자영농을 육성하려고 시도하였으며, 상품화폐경제의 발달을 전제로 하여 농업생산력을 증진시키고자 하였다. 즉 그는 사적 토지소유는 부정하였지만 시장경제는 인정하였던 것이다. 따라서 정약용의 토지국유론은 국가권력을 통해서 사적 토지소유가 무한대로 확대되는 폐단을 억제하기 위해 공적 영역을 확장하려는 것으로 보아야 할 것이다.

또한 정약용은 당시 만연되어 있던 환곡의 폐단에 대해서는 통렬하게 비판하였지만 이를 폐지하려 한 것이 아니라 이에 대한 개혁안을 제출하였다.[32] 그는 전국적으로 환곡 천만 석을 확보하여 운영하고 있던 당시의 현실을 인정하고 그 효율적 운영방안을 제시하였다.[33] 경제사학계에서는 이것을 '시장'과 대립되는 '국가 재분재 경제체제'로 규정하면서 한국에서 근대화를 방해한 요인으로 규정하고 있다.[34] 그러나 정약용이 제출한 진휼

---

31) 김용흠, 2009①, 앞 논문, 438쪽.
32) 오영교, 2007, 앞 논문, 331~332쪽.
33) 鄭允炯, 1990,「茶山의 還上改革論」, 강만길 외, 앞 책, 235~236쪽.
34) 이헌창, 2010,「조선시대를 바라보는 제3의 시각」,『韓國史研究』148, 韓國史研究會.

양곡 수급론은 당시의 상품화폐경제의 발전을 전제하고 이를 최대한 활용한 개혁 방안이었다.[35]

　경제사학계에서는 국가와 시장을 대립적으로 이해하는 이른바 '주류 경제학'의 입장에서 한국경제사를 바라보고 있으며, 근대화는 서구화이자 자본주의화라는 등식에서 벗어나지 못하고 있다. 이러한 사고의 근저에는 '근대로의 이행'과 관련하여 영국과 미국 등 제국주의 국가를 모델로 보는 사고가 자리잡고 있다. 조선후기에 자본주의 맹아가 발생하여 발전하고 있었다는 사실과 국가에서 환곡 천만석으로 상징되는 진휼정책을 추진하고 있었다는 것은 모순되는 것이 아니라 우리의 근대 이행 모델이 제국주의 국가와 달리 스웨덴이나 덴마크와 같은 사회민주주의 국가로의 지향을 보여주는 것으로 해석될 수도 있을 것이다. 이러한 측면에서 정약용 등의 토지국유론과 환곡제도 개혁론 등은 국가의 공적 영역을 확장하고 공공성을 강화시켜 민생을 안정시킴으로써 국가를 부강하게 만드는 우리식 근대화 모델로 볼 수도 있다. 정약용의 국가론에서 드러난 국가 경영의 방향은 오늘날 우리에게 절실하게 요청되는 복지국가 모델을 구축하는 데 있어서 역사적 자원으로 활용될 수도 있을 것이다.

3. 정조 탕평책과 다산의 정치 노선

1) 정조 탕평책과 제도 개혁

　다산 정약용이 성균관에 입학하여 중앙정치를 접하기 시작한 것은 1783년이었으며, 1789년 비로소 문과에 급제하고 나서 본격적으로 관직에 진출하여 정조가 서거한 1800년까지 활동하였다. 그는 채제공(蔡濟恭)과 이가환(李家煥)으로 대표되는 청남 세력의 후원을 받으면서 활동하였는데, 이로 인해

---

35) 金敬泰, 1990, 「茶山의 賑恤糧穀 需給論」, 강만길 외, 앞 책, 269쪽.

노론 벽파를 비롯한 수많은 반대파의 공격에 시달리지 않을 수 없었다. 정약용의 문과 급제가 지연된 것도 반대파의 공작에 의한 것일 가능성이 많다.[36] 즉 정조의 탕평책에 대한 찬반에 의해 다산의 출사와 이후의 정치 노선이 규정되었던 것이다.

정조(正祖)의 탕평책은 영조(英祖) 탕평책의 한계에 대한 반성적 자각 위에서 추진되었다.[37] 영조 못지않게 어려운 여건 속에서 조부인 영조로부터 왕위를 승계한 정조는 개혁을 거부하는 다수 신료들에 의해 둘러싸인 상태에서도 탕평책 추진을 통해서 변통 지향 경세론을 정치의 중심 문제로 끌어들이는 수완을 발휘하였다. 이를 위해서 국왕 정조는 주자학 의리론은 물론이고, 유학의 권도론(權道論), 명대의 양명학, 청조의 고증학, 노장사상, 심지어는 서학까지도 폭넓게 섭렵하면서 학문적으로 천착하였을 뿐만 아니라 생부(生父) 사도세자의 죽음에 얽힌 임오의리(壬午義理)마저도 적대 세력을 견제하고 제압하는 수단으로 활용하는 철저한 면모를 보였다.

우선 정조는 정국 운영의 지향점으로서 개혁 정책을 전면에 내세웠다. 정조 2년 6월에 반포된 「대고(大誥)」가 바로 그것이었다. 여기서 정조는 민산(民産)·인재(人材)·융정(戎政)·재용(財用)의 네 가지 항목으로 당시의 개혁 과제를 요약하였는데 조선후기 봉건사회의 기본모순인 토지문제를 가장 심각한 문제로서 제기하였다. 그리고 각 항목과 관련하여 제도의 폐단을 극론하고 '무본(懋本)'·'무실(懋實)'의 원칙에 입각한 제도 개혁의 필요성을 천명하였다.[38] 실로 정조는 토지개혁을 포함한 봉건제도의 제반 모순에 대한 개혁을 정치의 목표로서 천명한 조선왕조 유일의 군주였다고 하겠다.

---

36) 조성을은 그 이유로서 본인이 과거시험에 적극적이지 않았다는 점과 서학에 대한 관심을 들고 있는데, 그보다는 반대파의 정치공작의 결과였을 가능성이 크다고 생각된다. 조성을, 2001, 「정약용과 화성 건설」, 유봉학 외, 『정조시대 화성 신도시의 건설』, 백산서당, 179쪽, 각주 8) 참조.

37) 이하 정조 탕평책에 대해서는 김용흠, 2006, 「19세기 전반 勢道政治의 형성과 政治運營」, 『한국사연구』 132, 한국사연구회, 196~202쪽에 주로 의거하였다.

38) 『정조실록』 권5, 정조 2년 무술 6월 4일 임진.

다음 정조는 이러한 자신의 개혁의지를 주자학 의리론과 도통설에 입각하여 정당화하였다. 그는 조선후기 개혁 정치의 대척점에 서 있는 정통 주자학자인 송시열을 추숭하는 사업을 국가사업으로 추진하고 주자학을 '정학(正學)'으로 규정하여 연구·보급에 앞장서서 학자 군주로서의 면모를 과시하였다.[39] 또한 그는 여기서 한발 더 나아가 유교의 유구한 도통을 국왕 자신이 계승한다는 논리를 세웠다. 군주도통설(君主道統說)이 그것이었다.[40] 산림(山林) 대신 의리주인을 자처하고 '만천명월주인옹(萬川明月主人翁)'임을 천명하는 발상도 같은 맥락이었다.[41] 이는 공자 이래 도학과 정치가 두 갈래로 나뉘어졌고, 그 때문에 이상사회, 즉 왕도정치가 실현될 수 없었으므로 사문(斯文)=주자학의 과업은 갈라진 두 길을 하나로 합하는 데 두어야 한다고 확신하는 주자와 송시열(宋時烈)의 열망을 정조 자신이 체현한다는 의미를 띠고 있었다. 영조의 존왕론(尊王論)이 군사(君師)와 선사(先師)를 겸행하는 것에 초점을 두었다면 정조는 도학과 정치의 일치를 구현하는 임무를 스스로 짊어지겠다고 나선 것이었고, 그럼으로써 군주의 전제권이 주자학의 도통적 지위를 압도하는 초월적 존재임을 천명하려는 의도였다. 정조는 이러한 초월적 군주권에 입각하여 전반적인 제도 개혁을 탕평(蕩平)의 '대의리(大義理)'로서 추진하려 하였다.[42]

셋째로 정조는 개혁을 반대하는 압도적 다수의 신료들에 둘러싸인 상태에서 제반 제도 개혁을 정치의 중심 문제로 끌어들이기 위해 조정론(調停論)

---

39) 金文植, 1996, 『朝鮮後期 經學思想研究』, 一潮閣, 39쪽 ; 1999, 「정조의 주자서 편찬과 그 의의」, 정옥자 외, 『정조시대의 사상과 문화』, 돌베개 ; 2000, 『정조의 경학과 주자학』, 문헌과 해석사 ; 김준석, 2000, 「『朱書百選』의 번역에 붙임」, 朱子思想研究會, 『朱書百選』, 혜안.

40) 정조의 君主道統說에 대해서는 金成潤, 1997, 『朝鮮後期 蕩平政治 研究』, 지식산업사, 200~210쪽 ; 金駿錫, 1998②, 「18세기 탕평론의 전개와 왕권」, 『東洋 三國의 王權과 官僚制』, 국학자료원 참조.

41) 李泰鎭, 1993, 「正祖」, 『韓國史市民講座』 13, 一潮閣.

42) 『정조실록』 권1, 정조 즉위년 병신 5월 16일 병술, "蕩平不害於義理, 義理不害於蕩平, 然後方可謂蕩平平之大義理. 今予所言, 即義理之蕩平, 非混淪之蕩平也." 여기서 정조가 말하는 '義理'는 각 붕당의 의리가 아니라 개혁의 의리를 말하는 것으로 보아야 할 것이다.

은 물론이고, 이열치열(以熱治熱)·대승기탕(大承氣湯) 등과 같은 극단적인 통치술을 통하여 적대 세력인 노론 벽파를 포용하면서 견제하고 개혁 정책으로 견인하려 하였으며, 때로는 채찍과 당근을 병용하여 최소한 개혁에 반대하지 못하도록 묶어두는 정치적 수완을 발휘하였다.[43] 또한 정조대 각종 역모사건에 연루된 은전군(恩全君) 이찬(李禶), 은언군(恩彦君) 이인(李䄄), 화완옹주(和緩翁主, 정조의 고모, 鄭致達의 妻)의 처벌 문제에 대해서는 권도론으로 대응하였다.[44] 특히 자신의 생부 사도세자의 죽음과 관련된 임오의리조차도 적대 세력을 위협하고 견인하는 수단으로 활용하면서 이를 권도론으로 합리화였다.[45]

넷째로 정조는 영조의 관제개혁을 계승하여 사림정치·공론정치의 폐단을 제거하고 파붕당(破朋黨)을 통한 대신 책임정치를 구현하고자 하였으며, 개혁 세력을 육성하기 위한 제도 마련에도 주력하였다. 정조는 즉위 초년에 노론 의리론자들의 공세에 밀려 영조대 폐지되었던 전랑권을 복구할 수밖에 없었지만 한림천거제 복구 주장은 수용하지 않았으며, 전랑권도 1789년(정조 13)에는 다시 혁파해버렸다.[46] 그리하여 한림(翰林)−전랑(銓郎)−문임(文任)직을 축으로 운영되던 기존의 청요직 중심의 권력체계를 약화시키고, 그 대신 대신권을 강화시키는 한편 규장각을 설치하고 초계문신(抄啓文臣) 제도를 도입하여 새로운 청요직으로 부상하게 만들어 규장각[초계문신]−대신 중심 체제로 정치를 운영하려 하였다.[47] 이것은 두말할 것도 없이 노론 일당 전제를 막고 자신의 개혁 정책에 동조하는 정치 세력을 육성하여 개혁 정치를 추진하기 위한 노력의 일환이었다.

다섯째로 정조는 조정의 신료들은 물론 지방의 수령, 재야 지식인들로부터 광범위하게 개혁을 위한 의견을 수렴하였을 뿐만 아니라 민서(民庶)들의

---

43) 박현모, 2001, 『정치가 정조』, 푸른역사, 115~124쪽.

44) 박현모, 위 책, 61~92쪽.

45) 『정조실록』 권35, 정조 16년 임자 5월 22일 기미, "大倫所在, 血讎在彼, 於是乎參前倚衡, 求權於經."

46) 『정조실록』 권28, 정조 13년 기유 12월 8일 기미.

47) 김성윤, 1997, 앞 책, 157~210쪽.

의견을 직접적으로 순문하기도 하는 등 개혁 방안을 마련하기 위한 여론 수렴에 적극적인 노력을 기울였다. 1786년(정조 10)에 있었던 군신(群臣)의 소회등록(所懷騰錄),[48] 1798년(정조 22)의 민은소(民隱疏),[49] 1798년(정조 22), 1799년(정조 23)의 농정소(農政疏)를[50] 비롯하여 수많은 상언(上言)·격쟁(擊錚)이 있었던 것이[51] 그것을 말해준다. 이것은 물론 영조대 정제두(鄭齊斗) 등이 제기한 군민일체(君民一體)설을 수용하여 군민일체를 구현하는 계몽 절대군주로서의 신민관을 몸소 실천하려는 태세를 보인 것이기도 하였다.[52] 그러한 그의 지향은 서얼허통의 확대, 상공인 세력의 육성, 이와 관련한 새로운 정치·상공업 도시의 건설 등의 정책으로 구체화되었다.[53] 이를 통해서 그가 시민세력의 출현을 기대했으며 절대군주와 시민층의 결합에 의해 봉건세력에 대한 견제와 이에 의한 정치·사회 개혁을 시도하고자 했음을 볼 수 있다. 또한 봉건제의 기본모순에 해당하는 지주제의 모순을 개혁하기 위한 토지개혁 논의가 정조 재위 기간 내내 조정에서 논의되었으며, 그와 함께 노비제 혁파 논의, 양전을 둘러싼 논의 등이 계속되었다.[54]

정조는 이러한 개혁 정책을 그의 탕평책을 통해서 구현하려 하였는데, 신료들 사이에서는 이에 대한 찬반이 결국 시파(時派)와 벽파(僻派)의 분립으로 나타났다. 시(時)·벽(僻) 문제는 정조의 생부 사도세자 문제와 관련한 부홍파(扶洪派) 대 공홍파(攻洪派)에 뿌리를 두고 있었는데, 정조가 탕평을

---

48) 『正祖丙午所懷騰錄』, 서울대학교 古典叢書, 1970. 이에 대한 연구로는 韓㳓劤, 「正祖丙午所懷騰錄의 分析的 硏究」, 『서울대 論文集』 제11집, 1965, 3~51쪽 참조.

49) 安秉旭, 1981, 「朝鮮後期 民隱의 一端과 民의 動向」, 『韓國文化』 2, 서울대 한국문화연구소.

50) 金容燮, 1968, 「18世紀 農村知識人의 農業觀」, 『한국사연구』 2, 한국사연구회(1995, 『증보판 朝鮮後期農業史硏究』[Ⅰ], 지식산업사에 재수록).

51) 韓相權, 1996, 『朝鮮後期 社會와 訴冤制度』, 一潮閣.

52) 정제두의 君民一體說에 대해서는 정두영, 1998, 「18세기 '君民一體' 思想의 構造와 性格」, 『조선시대사학보』 5, 조선시대사학회 참조.

53) 김성윤, 1997, 앞 책, 241~274쪽.

54) 김용섭, 1968, 앞 논문 ; 김성윤, 1997, 앞 책, 211~241쪽 ; 金容燮, 2004, 「朝鮮後期 賦稅制度 釐正策」, 『新訂 增補版 韓國近代農業史硏究Ⅰ－農業改革論·農業政策(1)』, 지식산업사, 328~331쪽.

추진하는 과정에서 점차 그 성격이 변질되고 집단적 범주가 강화되었다. 결국 시벽은 정조가 자신의 개혁정치의 정당성 여부를 생부의 신원과 연관시킴으로써 해결하고자 하는 정조의 독특한 정국 운영 방식에 의해 탕평 대 반탕평의 구도에서 점차 개혁 대 반개혁의 대립으로 그 의미가 변화되고 있었다. 즉 시벽은 임오의리에 대한 강온의 입장이라는 당쟁적 성격에서 개혁에 대한 찬반으로 그 성격이 변화되어 갔던 것이다.[55]

2) 청남의 정치 노선과 사도세자 추숭

정약용이 포함되어 있던 채제공 주도의 청남 세력은 시파의 중심이 되어 정조 탕평책을 뒷받침한 것은 잘 알려진 사실이다.[56] 이들의 이러한 정치 노선은 영조대 이래 개혁 정책의 당위성에 대한 공감대 위에서 나온 것으로 보아야 할 것이다. 즉 이들이 사도세자를 지지하고 정조 탕평책을 뒷받침한 것은 다른 무엇보다도 사상과 정책의 공통된 지향에서 찾아야 한다는 것이다.

이러한 측면은 1789년 사도세자의 묘지문인 「현륭원지문(顯隆園誌文)」을 작성하는 과정에서 정조와 채제공이 긴밀하게 협력한 것에서 잘 드러난다.[57] 이 지문에서는 사도세자의 광병(狂病)을 인정했던 영조의 '임오의리'와는 달리 사도세자의 공덕을 강조하였다. 즉 사도세자가 영조·인원왕후·정성왕후·정순왕후에 대해 효도를 다한 것, 영조의 탕평책을 계승하여 각 당파의 준론자들까지 공정하게 포용하는 인사정책을 펼친 것, 효종을 이어 북벌의 뜻을 품고 군사 분야에서 『무예신서』 등을 편찬하는 성과를 거둔 것, 백성들을 위해 부역을 견감하고 진휼정책을 펼친 것, 자신에

---

55) 김성윤, 1997, 앞 책, 318쪽.
56) 박광용, 2003, 「채제공 — 영조·정조 연간 실시된 탕평정국의 큰 기둥을 받친 남인 관료 정치가」, 한영우선생정년기념논총 간행위원회 엮음, 『63인의 역사학자가 쓴 한국사인물열전』 2, 돌베개.
57) 崔誠桓, 2009, 「正祖代 蕩平政局의 君臣義理 연구」, 서울대 박사논문, 222쪽 ; 2010, 「정조대 후반 탕평정국과 진산사건의 성격」, 『民族文化』 35, 한국고전번역원, 247쪽.

대한 신하들의 비판까지 수용하는 납간(納諫)의 덕을 지닌 것 등을 특기하였다. 이것은 '영조의 임오의리'는 존중하되, 선세자의 공덕을 드러내는 방식으로 수정을 가하여 '정조의 임오의리'를 천명한 것이었다.[58]

정조가 이처럼 영조의 임오의리를 수정하여 자신의 의리를 제시하고자 한 것은 일부 역적들에 의해 왜곡된 영조의 본뜻과 선세자의 실덕을 천명하고, 이를 근거로 삼아 선세자 위해론(危害論)과 보호론(保護論)을 계승해 분열되어 있던 신하들을 광범위하게 포용할 수 있는 의리를 만들어 내고자 한 것이었지만[59] 여기에만 머문 것은 아니었다. 그것은 정조 탕평책의 지향점을 국가 개혁의 차원으로까지 끌어올리기 위한 의도의 산물이기도 하였다.[60] 이를 위해 정조는 지문 작성에서 멈추지 않고 사도세자를 추숭하는 사업을 꾸준히 추진하였다. 「금등(金縢)」 문서가 공개되고, 화성(華城) 축조를 결정하였으며, 1795년 혜경궁 홍씨의 회갑잔치를 위해 대대적인 화성 행차를 거행한 것 등이 그것이었다. 정약용은 이 과정에 실무 담당자로서 적극 참여하였다. 1789년 사도세자의 무덤을 수원으로 이장할 때는 주교(舟橋) 설치를 위한 설계를 담당하였다. 1794년 12월에는 경모궁추상존호도감(景慕宮追上尊號都監) 도청(都廳)이 되어 실무를 맡아 진행하였다.[61] 이때 사도세자의 존호를 올리는 과정에서 「옥책문(玉冊文)」에 '금등'의 일을 적시할 것을 주장하여 관철시키기도 하였다.[62] 또한 수원 화성을 축조하기 위한 규제를 정하고 설계하였다. 1795년 2월에는 채제공·이가환과 함께 화성 행차에 주도적으로 참여하였다.

이와 같이 채제공·이가환·정약용으로 대표되는 청남 세력이 사도세자를 추숭하는 사업에 적극적으로 동조하였던 것은 정조의 의도가 그의 국가 구상, 즉 제도 개혁을 추진하기 위한 것에 있다는 것을 인정하였기 때문이었

---

58) 최성환, 2009, 앞 논문, 331~332쪽.
59) 최성환, 위 논문, 333쪽.
60) 최성환, 위 논문, 267쪽.
61) 금장태, 2011, 『다산 평전 — 백성을 사랑한 지성』, 지식과교양, 78쪽.
62) 『여유당전서』 1집, 16권, 「자찬묘지명」, 총간 281-341.

다. 사도세자의 추숭이 추진된 이 기간에는 채제공이 정승으로서 재직하고 있으면서 다양한 측면에서 개혁이 시도되거나 시행되었다. 1789년 12월 전랑 통청권이 다시 혁파되고, 1790년 4월 남인 최현중(崔顯重)이 노비제 개혁안을 제시한 것을 계기로 하여 그에 대한 논의가 본격화되었으며,[63] 8월 선혜청 제조 정창순(鄭昌順)이 양전 시행을 강력하게 촉구하여 양전과 토지개혁을 두고 갈등이 시작되었다.[64] 1791년 정월에는 백성이 신문고를 쳐서 한전제와 노비 소유제한을 주장할 정도로 개혁적 분위기가 고조되었으며, 3월에는 정조의 강력한 의지에 의해 시노비(寺奴婢) 개혁이 논의되었고, 이 해 채제공의 발의로 신해통공(辛亥通共)이 단행되었다. 4월에는 오부(五部)의 령(令) 자리에 서얼을 허통시키는가 하면, 태학 서치(序齒)가 시행되었다. 6월에는 서얼과 중인에게 기사장(騎士將) 의망을 허통하도록 하였고, 정조 탕평의 군사기반인 장용영 체제가 정비되었다. 8월에는 대사성 구임(久任)법을 실시하고, 당상관 통청을 예조참의와 대사성의 두 갈래로 분리하는 등 전진적인 조치가 잇달았다.[65] 1794년에는 남인 이석하(李錫夏)가 호적에 토지를 등재하자는 토지개혁안을 제안하였는데, 이는 정약용이 고안한 '가좌표(家坐表)'를 작성하여 집권측의 탈법적 토지 겸병을 억제하고 균전(均田)을 이루려는 것이었다.[66] 노비제 개혁안을 제시한 최현중은 채제공 문인이고, 이석하는 정약용과 함께 죽란시사(竹欄詩社)의 일원으로서 절친한 사이였다.[67]

이처럼 정조대 후반에 채제공 등 남인 주도하에 개혁 정책이 본격적으로 추진되었는데, 이는 사도세자를 추숭하는 사업과 동시에 이루어졌다. 이에 대한 노론 벽파의 반발이 서학에 대한 공격으로 표출되었다. 채제공·이가환·정약용 등이 당시 조선왕조 국가가 직면한 각종 모순을 극복하기 위한

---

63)『정조실록』권30, 정조 14년 경술 4월 7일 정사.

64) 김성윤, 1997, 앞 책, 216~219쪽.

65) 김성윤, 위 책, 301쪽.

66)『정조실록』권40, 정조 18년 갑인 7월 24일 기유 ; 茶山硏究會, 1981,『譯註 牧民心書 Ⅲ』, 창작과비평사, 84~85쪽.

67) 김성윤, 1997, 앞 책, 222쪽.

방안으로서 새로운 사상과 정책을 모색하고 이를 정책으로 구현하기 위해 노력하고 있었으므로, 이들은 물론 그 주변에서 서학에 심취하고, 천주교 신도가 나오는 것은 자연스러운 현상이었다. 그렇지만 이들이 천주교 신도였던 것은 아니었다.[68] 정약용 역시 누차의 상소를 통해서 천주교를 신봉하지 않는다는 입장을 밝혔으며, 유배에서 풀려난 이후 「자찬묘지명」을 비롯한 일련의 묘지명을 작성하여 그러한 입장을 분명하게 표출해 두었다.[69] 그럼에도 불구하고 '사학(邪學)' 배척을 명분으로 이들에 대한 정치 공세가 지속된 것은 결국 정조 탕평책과 그 궁극적 목표인 개혁 정책에 대한 반발로 볼 수밖에 없다. 이단(異端)에 대한 공격은 송시열이 윤휴를 사문난적(斯文亂賊)으로 공격한 이래 정치적으로 항상 보수가 진보를 공격하는 형태를 띠고 전개되었는데,[70] 정조대 후반의 척사론(斥邪論) 역시 양반·지주의 기득권을 고수하려는 보수 세력이 이것을 타파하려는 진보 개혁 세력을 제거하는 수단으로서 동원되었던 것이다.

잘 알려진 것처럼 서학에 대한 정조의 대책은 온건한 것이었다. 정조는 서학을 명(明)·청(淸) 문화 수용 과정에서 일어난 말단적인 문화현상으로 보고, '설법(說法)'이 아닌 '인기인(人其人) 화기서(火其書)'의 교화 우선 원칙을 적용하였다.[71] 동시에 문체반정(文體反正) 운동을 전개하여 '부정학(扶正學)'을 표방하면서 노론의 약점인 '속학(俗學)' 즉 패관문체와 소설잡기를 거론하면서 양자를 상쇄시키려 하였다. 그렇지만 정조의 이러한 태도는

---

68) 차기진, 2002, 『조선후기의 西學과 斥邪論 연구』, 한국교회사연구소.

69) 『여유당전서』1집 권15, 「墓誌銘」, 총간 281-325~338. 이것은 원래 家藏의 秘本이었다고 한다. 여기에는 李家煥, 李基讓, 權哲身, 吳錫忠, 丁若銓 등 5명의 묘지명이 실려 있다. 여기서 權日身과 丁若鍾·李承薰이 빠진 것을 보면 신유박해의 피화자 가운데 정약용이 억울하다고 본 사람들을 수록한 것으로 볼 수 있다. 즉 이들은 천주교 신도는 아니었던 것이다.

70) 김용흠, 2010, 「肅宗代 前半 懷尼是非와 蕩平論 - 윤선거·윤증의 논리를 중심으로」, 『한국사연구』148, 한국사연구회 ; 2012, 「당론서(黨論書)를 통해서 본 회니시비(懷尼是非) - 『갑을록(甲乙錄)』과 『사백록(俟百錄)』 비교」, 『역사와 현실』85, 한국역사연구회.

71) 朴光用, 1985, 「英·正祖代 南人 세력의 정치적 위치와 西學政策」, 『韓國敎會史論文集』II, 韓國敎會史硏究所, 38쪽.

'순전히 정치기술적 차원'의 대응이었던 것만은 아니었다.72) 이것은 자신의 탕평책이 '정학(正學)'의 연장선상에서 나온 것으로서 국가적 위기를 극복하려는 노력인데 이에 대해 반발하는 것은 '사학(邪學)'의 폐단이나 다를 것이 없다는 논리였다. 즉 천주교 신도가 확대되는 것은 당시 조선왕조 국가의 모순에서 나온 경제적 신분적 불평등 때문이므로, 개혁 정책을 통해서 이를 해소한다면 그 확대를 막을 수 있다는 생각에서 나온 것이었다. 따라서 이때 정조가 강조한 '정학'은 주자학으로 볼 수는 없을 것이다. 그것은 정조가 규장각 각신들과 토론하고, 이후 정약용이 육경사서의 경학 연구를 통해서 수립한 실학으로 보아야 할 것이다. 문체반정 운동 역시 패관잡기가 유가의 본령인 '경술(經術) 문장'에서 벗어난 것으로 보고 비판한 것이었으며, 이에 대해서는 정약용도 적극 동조하였다.73)

정조가 자신의 친부인 사도세자와 관련하여 '영조의 임오의리'와 구별되는 자신만의 '임오의리'를 제기하고 '금등'을 공개한 것도 서학 배척에 대한 대응으로서의 의미를 지녔다. 사도세자를 추숭하는 일련의 사업은 그 연장선상에 있었다. 정조는 자신의 개혁 구상에 대한 반발을 극복하는 궁극적 방안은 사도세자를 왕으로 추존하는 것에 있다고 생각하였다. 개혁 추진을 자신의 정통성 확립과 연계하여 사고한 것이다. 그렇지만 이것은 영조가 금지한 것이었으므로, 노론 벽파의 강력한 반발에 직면할 수밖에 없었다. 이들의 반발을 무마하면서도 개혁의 의리를 확고하게 만들기 위해 나온 것이 '갑자년 구상'이었다.74) 즉 정조 스스로 왕위를 순조에게 물려주고 상왕(上王)으로서 수원 화성에 이거(移居)한 뒤 사도세자를 왕으로 추존함으로써 강화된 권위를 바탕으로 개혁을 추진하겠다는 것이 '갑자년 구상'의 실체였던 것으로 생각된다.75)

---

72) 박현모, 2001, 「西學과 儒學의 만남 : 18세기 천주교 논쟁과 정조의 대응」, 『정치사상연구』 4집, 한국정치사상학회, 11쪽.
73) 『여유당전서』 1집 권8, 「文體策」, 총간 281-172.
74) 정조의 '갑자년 상왕 구상'에 대해서는 최성환, 2009, 앞 논문, 278~286쪽 참조.
75) 이른바 화성 遷都說은 이러한 정조의 정국 구상에 대한 노론 벽파의 두려움의 표현이었던 것 같다. 김성윤, 1997, 앞 책, 247~252쪽.

1799년 채제공이 사거한 뒤, 정조는 이러한 구상을 추진할 핵심 세력으로서 이가환과 정약용 등 청남 세력을 염두에 두었던 것으로 보인다. 그러나 정조의 이러한 정국 구상은 갑작스러운 서거로 실현되지 못하였다. 이후 순조가 즉위한 뒤, 노론 벽파인 정순왕후가 수렴청정하면서 이들에게 천주교 신도라는 굴레를 뒤집어 씌워 탄압한 것이 신유박해였던 것이다. 이로 인해 이가환은 사망하고 정약용은 강진으로 유배되었는데, 여기서 저술한 것이 일표이서(一表二書)였다. 따라서 여기에 정조가 탕평책을 통해서 실현하고자 했던 국가 구상이 반영되는 것은 자연스러운 일이었다. 정약용에 의해 집대성된 실학사상은 이처럼 정조 탕평책과 긴밀한 관계 속에서 형성된 것이었다.

4. 맺음말

조선후기 정치가 무의미한 권력투쟁으로만 시종한 것은 아니었다. 양란기 이래 국가의 대내외적 위기를 배경으로 이를 타개하기 위한 노력이 치열하게 시도되었다. 그 과정에서 형성된 것이 이른바 '조선후기 실학'이었으며, 이를 현실정치에서 실현하기 위한 정치론이 탕평론이었다. 따라서 실학과 탕평론은 밀접하게 연관될 수밖에 없었다. 다산 정약용의 국가 구상이 정조 탕평책과 긴밀하게 관련된 것은 그 필연적 귀결이었다.

조선후기 실학은 그 발생에서부터 전개 과정 그리고 이후 그것에 주목한 내용에서 모두 국가론이 그 중심에 자리 잡고 있다. 다산 정약용이 자신의 사상을 '신아구방'으로 집약해 둔 것은 '조선후기 실학'의 중심이 국가론에 있음을 천명한 것이었다. 이것은 우리 역사가 장구한 기간 '국가'로 대표되는 정치 공동체를 발전시켜온 전통과 무관하지 않다. 실학이 당색을 불문하고 국가의 고유한 역할과 기능을 강화시켜 계급모순을 해소함으로써 사회와 국가의 발전을 도모하려고 구상하였다는 점은 항상 되새겨 봐야 할 대목이 아닐 수 없다.

정조와 정약용은 개혁의 당위성과 그 추진 방향 및 추진 방법에 대하여 대체로 입장을 같이 하였다. 이것은 정조 탕평책의 관건이었던 사도세자의 복권과 추숭 과정에서 정약용 등이 정조의 구상을 적극적으로 뒷받침한 것에서 잘 드러난다. 그리고 이것은 토지제도와 노비제 개혁을 비롯한 일련의 개혁 추진과 함께 진행되었다. 그렇지만 이들의 노력은 반대파의 반발을 극복하지 못하고 좌절되었다. 그렇다고 해서 이들의 노력 자체가 무의미한 것은 아니다. 지금까지는 '승리(勝利) 사관(史觀)'에 지배되어 이들의 노력을 평가 절하해온 인상을 준다. 조선후기 정치를 모두 무의미한 권력투쟁으로만 간주하는 편견은 바로 이러한 잘못된 인식에서 유래한 것이다.

정조 탕평책과 개혁 정책이 정조의 죽음으로 좌절되고 나서 집권세력이 천주교를 빙자하여 정약용 등을 탄압한 것도 주목되어야 한다. 정약종·권일신·이승훈 등은 천주교 신도였으므로 죽음을 피하기 어려웠다고 하더라도, 권철신·이가환 등이 사거하고, 정약용 형제가 유배된 것은 명백한 정치 탄압이었다. 이것은 '사학(邪學)'을 제거한다는 명목으로 정조 연간의 개혁 세력을 탄압한 것이 명백하였다. 이는 숙종대 송시열이 이단(異端) 배척을 내세우면서 윤휴를 사문난적으로 몰아서 죽음에 이르게 한 것과 같이, 봉건적이고 보수적이며 역사의 흐름을 거스르는 행위였다는 평가를 피하기는 어려울 것이다. 정약용이 서학의 영향을 받은 것은 사실이지만 천주교를 신봉하지 않았다는 것은 그가 유배 시절에 육경사서를 연구하고 일표이서를 저술한 것에서도 볼 수 있다. 그가 만약 천주교의 구원관을 신봉하였다면 이처럼 동아시아의 지적 전통을 탐색하여 독자적인 국가 구상을 제출하지는 못하였을 것이다.

정약용은 강진에 유배된 뒤, 자신의 국가 구상을 일표이서(一表二書)로 표출하였다. 이것은 정조대 탕평책을 통해서 구현하려 하였던 새로운 국가의 모습을 형상화 한 것이었다. 『경세유표』에서 정약용은 위로는 대신으로부터 아래로는 지방 이서에 이르기까지 봉건적 특권에 의지하여 분권적 할거적으로 권력을 농단하는 세력을 제압하고, 명백하고 객관적인 표준에 근거하여 전국적으로 일률적인 통치체제를 구축함으로써 안민과 부국을 실현하려 하였다. 정약용은 이것을 강력한 왕권을 통해서 실현하려고 하였는데, 이는 「원목」이나 「탕론」에서 제시된 '하이상'의 정치론과 모순되는 것은 아니었다.

왕권을 옹호하고 강화하는 것이 비민주적이고 보수적이라는 사고는 조선 후기의 사실과는 맞지 않는다. 영조·정조가 조정의 고관들보다 일반 백성들의 의사를 적극적으로 정치에 반영시키려고 노력한 사실은 실록을 통해서 숱하게 볼 수 있고, 연구를 통해서도 밝혀졌다. 서구식 대의정치(代議政治)만이 민주주의의 유일한 제도는 아닐 것이다. 문제는 민의 의사를 실질적으로 정치와 정책에 반영시켰느냐의 여부가 민주주의를 판단하는 기준이 되어야 할 것이다. 이렇게 본다면 정약용의 국가 구상과 정치론을 우리식 민주주의의 한 형태로 볼 수도 있을 것이다.

정약용의 토지개혁론을 복고주의라고 보거나 사회주의적이라고 보는 것도 편견이다. 그는 사적 토지소유는 부정하였지만 시장경제는 인정하였다. 그의 환곡제도 개혁론은 상품화폐경제의 발전을 전제하고 이를 최대한 활용한 개혁 방안이었다. 따라서 그는 국가와 시장을 대립적으로 보지 않고 상호 보완적인 경제체제를 지향하였음을 알 수 있다. 또한 진휼정책을 국가 경영의 중요한 요소로 설정하고 있다. 복지국가로의 지향은 우리 역사 속에서 장구한 기간 발전시켜온 중세 국가의 중요한 역사적 전통이었다. 따라서 다산의 국가 구상이 근대적이냐 아니냐의 여부를 떠나서, 오늘날 전환기에 처한 한국 자본주의의 방향을 설정하는 데 있어서 시사하는 점이 많다고 생각된다.

제2장 다산 실학의 성격과 국가 구상
-21세기 유학의 변용 가능성 탐색-

1. 머리말

21세기는 문명사의 전환기라는 말이 유행하고 있다. 18세기 시민혁명과 산업혁명을 통해서 구축되었다고 알려진 서구 근대 문명이 20세기까지 세계사를 지배하였지만, 이제 21세기에는 그 수명이 다했다는 문제의식이 다. 서구의 뜻있는 지성들은 일찍부터 그 대안을 중국을 비롯한 동아시아 문명에서 찾으려고 시도하였다.[1) 2012년 다산 탄신 250주년을 전후하여 국내외에서 다산(茶山) 정약용(丁若鏞, 1762~1836)에 대한 관심이 고조되고 있는 것도 이러한 분위기와 무관하다고는 볼 수 없다.

그렇지만 지금까지 다산 정약용의 사상 가운데 무엇을 주목해야 하는지에 관해서 합의된 논의가 제시된 적은 없었다. 여기에는 합의를 도출하는 것에 익숙하지 않은 우리의 연구 풍토도 문제지만 서구적 학문 방법론이

---

1) 존 M 홉슨 지음, 정경옥 옮김, 2005,『서구 문명은 동양에서 시작되었다』, 에코리브르 ; 뚜웨이밍 지음, 김태성 옮김, 2006,『문명들의 대화』, 휴머니스트 ; 조반니 아리기 지음, 강진아 옮김, 2009,『베이징의 애덤 스미스-21세기의 계보』, 도서출판 길. 이러한 서양 학계의 동향을 소개한 중국과 우리나라의 저술은 다음과 같다. 리보중 지음, 이화승 옮김, 2006,『중국 경제사 연구의 새로운 모색』, 책세상 ; 김상 준, 2011,『맹자의 땀, 성왕의 피-중층근대와 동아시아 유교문명』, 아카넷 ; 황태연, 2011,『공자와 세계 1-공자의 지식철학(상)』, 청계.

지배적인 현실도 그것을 어렵게 만드는 데 중요한 작용을 한 것 같다. 동양의 전통시대 지식인을 서구적 방법론으로 이해하는 데는 한계가 있을 수밖에 없다. 우리 인문·사회과학계에서 최근까지도 '서구 중심주의'에 대한 문제제기가 끊임없이 이어지고 있는 현실은 그러한 한계에 대한 고민의 표출로 볼 수 있다.[2] 이것은 다산 정약용의 사상, 나아가서 조선후기 실학 내지 동아시아 유학을 문명사의 대안으로서 탐구하려 할 경우 피할 수 없는 딜레마다.[3]

다산의 사상, 나아가서 동아시아 유학이 문명사의 대안으로서 무언가 유의미한 내용을 제시하려면 서구적 학문 방법론 자체에 대한 심도 깊은 토론이 선행되어야 할 것이다. 그것은 서구 근대 문명과 함께 발생하여 발전한 서구적 방법론에 대하여 무조건 긍정한다거나 부정하는 태도에서 탈피하여 무엇을 보편성으로 인정할 것인가를 진지하게 논의하는 것이다. 다산이나 동아시아 유학을 논의할 때 그것의 의미를 서구적 보편성을 기준으로 탐색할 수밖에 없는 것이 지금의 현실이 아닌가 한다. 즉 20세기까지 세계사를 지배한 서구 근대 문명이 가진 보편성 내지 진보적 측면을 인정한 위에서 다산의 사상 내지 동아시아 유학 가운데 어떤 측면이 21세기에도 유의미한 것인지를 밝혀야 할 것이다.

이러한 문제의식 아래 본 장에서는 지금까지 다산 정약용에 대한 연구에서 드러난 몇 가지 측면에 대하여 문제를 제기하여 논의의 출발점으로 삼고자 한다. 그리고 다산 사상에서 어떤 측면을 우리가 문명사의 대안으로서 제시할 수 있는지를 탐색해 보고자 한다. 이것은 결국 장구한 기간에 걸쳐서 전근대 동아시아를 지배한 유학에서 오늘날 주목해야 하는 것이 무엇인지를 규명하는 작업이 될 것이다.

---

2) 최근의 조선후기 연구사 정리에서도 '서구 중심주의'에 대한 문제의식이 확인되고 있다. 이에 대해서는 김용흠, 2013, 「21세기에 조선후기는 무엇을 말할 수 있나?: 조선후기를 보는 시각과 정치사 연구」, 『歷史學報』 219, 歷史學會 참조.
3) 서구중심주의 극복을 위한 다양한 담론 전략에 대해서는 강정인, 2004, 『서구중심주의를 넘어서』, 아카넷 참조.

2. 다산 실학 이해의 몇 가지 문제

1) 근대와 근대화 그리고 조선학운동

인류 역사에서 근대는 서양에서 가장 먼저 시작되었고, 그에 힘입어 서구 문명이 오늘날까지 세계사를 지배하고 있으므로 근대와 관련된 담론에서 서구적 보편성의 존재를 인정하지 않을 수 없다. 그렇지만 그것이 역사적 사실과 괴리되어 지배한다면 이야기는 달라진다. 다음은 국내에서 유력한 진보적 사회단체의 중견 활동가의 인식이다.

> 인류 역사에서 제도나 의식의 가장 큰 변화를 가져온 계기의 하나는 근대 혁명일 것이다. … 주권의 이전, 그것이야말로 진정한 인류의 혁명이었다. 그 관념 아래서 개별 국가의 혁명이 이루어졌다. 시민혁명, 독립혁명, 명예혁명이라고 이름 붙이지 않아도, 헌법을 가지게 된 모든 근대 국가는 혁명을 거친 셈이다. 혁명에 성공하고 나면 그 이념과 취지를 담은 선언문을 공포하고, 내용을 구체화하는 헌법을 제정하였다.[4]

서구의 근대는 '혁명'을 통해서 도래했다는 이러한 인식은 꼭 진보적 지식인이 아니더라도 우리나라의 평균적 지식인이라면 갖고 있는 상식에 속한다. 그래서 당연해 보이는 이러한 인식은 역사적 사실과는 다른 논리적 비약으로 가득 차 있다. 우선 시민혁명, 독립혁명, 명예혁명이 동일한 성격의 사건인지도 문제지만, 이를 통해서 내린 '모든 근대 국가는 혁명을 거친 셈'이라는 결론이나 '개별 국가의 혁명이 이루어졌다'는 전제는 사실 관계를 벗어난 비약이다. 전근대에서 근대로의 변화가 컸다는 점에서 수사적으로 사용한 것이라면 모를까 그렇지 않다면 유럽의 개별 국가들이 모두 근대적인 '혁명'을 거쳤다는 오해를 낳을 수 있다.

---

[4] 차병직, 2013, 「압구정 아줌마의 방향 전환 ─ 1996~참여연대 아카데미」, 『참여사회』 205호, 참여연대, 29쪽.

이러한 논리적 비약은 비유럽 국가들의 후진성을 진단하는 척도로서 더욱 위력을 발휘한다. 특히 20세기에 식민지 또는 반(半)식민지를 겪은 나라들은 바로 그러한 '혁명'이 없었기 때문에 선진국의 (반)식민지가 될 수밖에 없었다는 것이다. 이러한 논리는 비유럽 국가들의 전근대 문화에 대한 부정적 인식으로 직결된다. 우리 학계에 만연되어 있는 '서구 중심주의'는 바로 이러한 논리적 연관 속에 존재한다.

이러한 인식이 다산의 사상을 있는 그대로 인식하는 것을 방해한다. 다산이 1표 2서를 통해서 제시한 것은 '낡은 나라를 새롭게 하는 것[新我舊邦]'이지 혁명으로 국가를 타도하는 것이 아니었다. 그러니 서구 근대사상에 비해서 질적으로 저급한 것으로 치부된다. 1894년에 있었던 갑오농민전쟁도 '국가를 타도하자'는 주장이 결여된 점이 늘 한계로 지적되곤 한다.

서구의 모든 국가가 혁명을 통해서 근대 국가를 건설한 것은 아니었다. 그리고 설사 혁명을 통해서 근대 국가를 건설했더라도 전근대적 봉건적 요소와의 지난한 갈등과 청산 과정을 거치지 않을 수 없었다. 전형적인 시민혁명으로 간주되는 프랑스 대혁명이 19세기 내내 혁명과 반혁명의 와중에 있었던 점이 그것을 보여준다. '근대혁명' 개념이 전근대에서 근대로의 변화가 컸다는 점을 강조하는 수사(修辭)의 차원이라면 응당 그 변화의 과정에 대해서도 관심을 기울여야 할 것이다. 이것은 결국 개별 국가의 전근대와 근대가 서로 갈등하면서 발전하는 과정 바로 그것일 것이다. 즉 개별 국가의 전근대는 각국의 역사와 전통에 따라서 다를 수밖에 없으므로 근대 국가의 건설 과정 역시 각국에 고유한 방식이 존재한다는 것을 인정해야 한다는 것이다.

이러한 논의는 자연스럽게 서구적 근대의 보편성은 무엇인가라는 문제로 이어진다. 즉 인류 역사에서 서구의 근대가 가진 긍정적 측면이 무엇이냐는 질문이다. 오늘날처럼 '자본주의적 근대'의 문제점이 심각하게 논의되는 현실 속에서는 더욱 중요한 의미를 갖는다. 서구적 근대는 '인간 해방'과 '기술 발전'의 측면에서 전근대와는 질적으로 다른 성격을 내포하고 있다. 그렇지만 2차례의 세계대전으로 대표되는 전쟁과 제국주의적 침략 및 그에 따른 식민지 착취라는 부정적 측면 또한 노출하였다. 일본 제국주의에 의해 식민지를 경험한 우리나라에서는 민족해방운동의 연장선상에서 근대의 지양 내지 극복이 시대적 과제로 제시되기도 하였다.[5] 또한 오늘날에는 자본주의의 무한 팽창이 낳은 자원 고갈과 환경 위기로 인해 '탈근대' 논의를 불러오기도 하였다.

다산 연구자들 대부분이 다산의 사상이 근대 지향적이라는 점에 대해서는 대체로 의견을 같이 하고 있다.[6] 그렇다면 근대의 극복 내지 지양, 또는 탈근대가 논의되는 오늘날 다산의 사상은 어떤 의미를 가질 수 있는가? 우선 첫째로, 필자는 한국의 근대화 프로젝트가 아직 미완성 상태에 있다고 보고자 한다. 현재 한국 자본주의가 고도로 발달하여 세계 10위권의 경제 대국이 되었지만 그에 못지않게 심각한 사회·경제적 모순을 안고 있다. 또한 무엇보다도 한반도의 분단 상태를 청산하지 못한다면 한국의 근대화는 완성된 것으로 보기 어렵다. 둘째로 근대의 극복 내지 지양은 근대를 회피하고 부정한다고 해서 가능한 것이 아니라 근대의 긍정적이고 진보적 측면을 달성함으로써 가능하다고 보고자 한다. 근대화는 서구화나 산업화로 완성되는 것은 아니었다. 서구의 부르주아 민주주의와 시장 자본주의는 근대적 현상이기는 하지만 근대의 본질인 인간 해방과 기술 발전을 충분히 구현한 것으로는 볼 수 없다. 제국주의에 의한 식민지의 종속과 착취 역시 근대의 진보적 본질을 구현하는 과정에서 극복될 수 있다.

근대화가 서구화라는 관념은 아직도 우리들의 뇌리에 각인되어 있고, 또 일정하게 현실을 반영하는 측면도 있다. 오늘날 우리가 현실적으로 부딪치는 문제들에 대한 해결책을 모색할 때 많은 사람들이 서구 여러 나라들의 사례를 살펴보는 것을 보아도 그렇다. 그렇지만 21세기가 문명사의 전환기라는 문제의식은 이제 더 이상 서구 문명이 우리 문제에 대한

---

5) 임현진, 1996, 「사회과학에서의 근대성 논의」, 역사문제연구소 편, 『한국의 '근대'와 '근대성' 비판』, 역사비평사, 209쪽 ; 정태헌, 1996, 「한국의 식민지적 근대화 모순과 그 실체」, 같은 책, 247~249쪽.

6) 이헌창, 2012, 「茶山 정약용의 國家制度論에 관한 一考察」, 『韓國實學研究』 24, 韓國實學學會.

504 제4편 다산 정약용의 국가 구상과 다산학단

충분한 해결책을 제시할 수 없다는 것을 의미하는 것이다.

개항 이후 우리 역사에서 근대화가 서구화라는 점에 대해서 가장 크게 문제의식을 갖게 된 것이 바로 조선학(朝鮮學) 운동이 아닌가 한다. 1930년대 전개된 조선학운동을 신간회가 해소되고 난 이후 정치운동으로서의 독립운동이 불가능해진 단계에서 전개된 문화운동으로만 간주하는 것은 그 의미를 매우 폄하하는 것이다. 그것은 당시 민족주의 진영과 사회주의 진영의 대립이 민족해방투쟁에 조성한 난맥상에 대한 통찰에서 나온 것이기도 하였다. 즉 조선학운동은 서양의 정치사상에 입각한 서구적 근대화가 우리의 현실과는 꼭 들어맞지 않을 수 있다는 것을 의식한 위에서 전개된 운동이라는 것이다. 그것은 서구적 근대를 부정하는 것이 아니라 그것을 우리 실정에 맞게 수용할 수 있는 준거를 확보하고자 하는 노력으로 나타났다. 조선학운동에서 다산 정약용을 주목한 것은 바로 이러한 맥락에서 나온 것이었다. 이들은 다산이 제시한 '신아구방(新我舊邦)'의 국가론에 깊은 관심을 표명하였는데, 이것은 개항기 이래 서세동점의 상황으로 초래된 국권 상실의 위기와 그에 이어진 식민지 상황을 반영한 자연스러운 현상이었다.[7]

그런데 해방과 분단, 그리고 전쟁으로 우리에게 강요된 근대화는 조선학운동과 그 연장선상에서 마련된 신국가 건설론을 압살하고, 남한과 북한에서 각각 미국식 자본주의 국가와 소련식 사회주의 국가의 양 극단으로 발현되었다. 이들은 조선학운동의 전통과는 단절된 채로 상호 경쟁과 모방을 통해서 각자의 방식으로 서구식 근대화에 매진하여 왔다. 이후 소련과 동유럽 사회주의 국가의 몰락으로 유럽에서는 냉전체제가 해체되었음에도 불구하고, 한반도에서는 남과 북의 긴장이 오히려 고조되어 신냉전체제를 조성하기에 이르렀다. 이로 인해 초래된 민족의 위기를 극복하기 위해서도 조선학운동이 주목한 우리식 근대화에 대한 문제의식을 복원할 필요가

---

7) 조선학운동을 이런 시각에서 접근한 논고는 다음과 같다. 김용흠, 2011①, 「조선후기 실학과 사회인문학」, 『東方學志』 154, 연세대 국학연구원 ; 2012, 「다산의 국가 구상과 정조 탕평책」, 『다산과 현대』 4·5 합본호, 연세대 강진다산실학연구원 ; 2013, 「홍이섭 사학의 성격과 조선후기 실학」, 『한국실학연구』 25, 한국실학학회.

있다. 21세기 문명사의 전환기에 다산을 다시 호출하려는 이유는 바로 여기에도 있었던 것이다.

2) 국가와 왕권에 대한 오해와 이해

오늘날 한국의 대부분의 지식인들 사이에서는 국가에 대한 부정적 편견이 지배적이다. 그 이유로서 크게 두 가지를 지적해 볼 수 있다. 하나는 남한의 권위주의 정권에 의한 독재와 인권 탄압이고, 다른 하나는 맑스 레닌주의 역사관의 영향인데, 이 두 요인은 서로 인과관계로 연결되어 있다.

제2차 세계대전 이후 냉전체제 아래 미국이 주도하는 세계질서에 편승하여 남한에서는 독재 정권이 창궐하였다. 남한의 독재 정권은 남북 분단을 이용하여 정통성이 결여된 정권을 유지하려 하였다. 이들은 반공 이데올로기와 국가 안보를 내세우면서 각종 국가 기구와 정보 기관을 통해서 국민을 감시하고 탄압해야만 스스로의 권력을 유지할 수 있었으므로 민주주의를 부정할 수밖에 없었다. 이에 대한 반발로서 남한 지식인들 사이에서는 국가권력을 부정적으로 보는 시각이 각인되었다. 이러한 상황은 맑스 레닌주의 역사관이 확산되는 요인이 되었다. 국가는 계급지배의 도구이며, 국왕은 지배계급을 대표하여 민중을 착취하는 절대 권력자라는 인식이 지식인들을 지배하였다. 그런데 이러한 인식은 우리의 전근대 역사 전통과는 맞지 않는 사고였다. 이로 인해 전근대와 근대의 단절은 심화되었으며, 지식인들이 서구 중심주의를 넘어서는 것을 어렵게 만들었다.

우리 민족은 장구한 기간 국가로 대표되는 정치체를 운영하는 역사적 경험을 축적해 왔으며, 사회발전과 짝을 이루어 국가의 '공적 영역'을 확장해 온 역사적 전통을 갖고 있다. 흔히 '계급국가'라고 폄하해 온 우리의 중세 국가에서도 '소민(小民)'을 보호하기 위한 여러 법과 제도를 마련해 왔으며, 국가의 역할을 적절하게 설정하여 시장의 왜곡을 막으려 노력하였다.[8]

한국 중세 국가는 집권적(集權的) 봉건국가(封建國家)였다. 중세 국가의 집권력은 기본적으로 생산력 수준에 의해 규정되었으며, 여러 계급 계층의 역학 관계 및 당시의 지배적인 사상과 제도의 한계를 반영하고 있었다. 중세 국가는 소민 보호를 존립의 관건으로 삼고, 강력한 왕권에 의해 이를 추진하였다. 그러나 이러한 정책을 추진하는 주체인 관료들은 대지주(大地主)로서 민(民)에 대한 사적(私的)인 지배를 통해서 그 계급적 이익을 실현하려는 존재였으므로, 분권적(分權的) 봉건성(封建性)을 내재적 속성으로 갖고 있었다. 중세 국가의 신분제는 이들의 특권을 국가가 공인한 제도였다. 결국 중세 국가는 집권성과 봉건성의 상호 모순 대립 속에서 운영될 수밖에 없었다.9) 이와 동시에 중세 전 기간에 걸쳐서 자신의 계급적 이익을 넘어서 활동하는 지식인들이 존재하였다. 이들과 강력한 군주가 협력하여 추진한 소민 보호 정책은 모두 집권성을 강화시키는 성격을 띠었다. 따라서 한국 중세의 발전은 집권성의 강화로 표현되었다.

'조선후기 실학'은 이러한 중세 국가의 위기를 배경으로 등장한 것이었다. 왜란과 호란은 조선왕조 국가의 존립을 심각하게 위협한 사건이었다. 이에 관인(官人) 유자(儒者) 일각에서는 양반 지주로서의 자신들의 계급적 이해를 넘어서서 국가를 유지 보존하기 위한 각종 제도 개혁 방안을 제출하기에 이르렀다. 그 과정에서 국가와 민(民)에 대한 새로운 인식이 성립될 수 있었다. 이리하여 대동(大同)과 균역(均役) 그리고 탕평(蕩平)은 이 시기의 시대적 화두가 되었다.10) 실학은 바로 이러한 경향을 학문적으로 체계화하여 성립된 것이었다.

당시의 실학자들은 모두 당시의 사회모순의 중심에 있던 지주제를 해소

---

8) 김용흠, 2010①, 「한국 중세 국가 연구의 방향과 사회인문학」, 『동방학지』 150, 연세대 국학연구원, 44쪽.

9) 김용흠, 2010①, 앞 논문, 76쪽. 한국의 전근대 국가는 집권국가이므로 봉건사회로 볼 수 없다는 지적은 신분제도와 분권성에 입각한 '봉건성'에 대하여 주의를 소홀히 한 견해이다. 그리고 영주와 영주 사이에 토지를 분봉하는 봉건제도가 결여되었으므로 봉건사회로 볼 수 없다는 지적은 서양의 봉건제를 너무 좁게 해석한 것이다. 조선시대 국왕이 수령에게 사실상 지방통치의 전권을 위임할 수밖에 없었던 현실은 조선왕조가 봉건왕조임을 입증하는 것이다.

10) 김용흠, 2010①, 앞 논문, 246쪽.

하고 경제적 균등을 실현해야 할 것으로 보았으며, 봉건적 신분제의 차별을 해소하고 개인의 능력에 입각한 사회적 분업을 지향하였다. 이를 위해서는 국가의 공적(公的) 영역의 확장을 통한 집권력 강화, 공법 질서의 확립에 의한 국가체제의 혁신을 통해서 국가의 공공성(公共性)을 확대 강화시켜야 한다는 것에는 당색을 떠나서 일치된 사고를 보였다.[11]

이를 통해서 조선후기 실학의 중요한 특징 두 가지를 지적해 볼 수 있다. 첫째는 당시의 실학자들은 양반 지주 출신 관인 유자였지만 자신들의 봉건적 특권을 부정하는 제도 개혁안을 제출하였다는 점이다. 즉 자신들의 계급적 이익을 초월해서 국가의 유지 보존을 목표로 삼았다는 것이다. 둘째는 이로 인한 여타 양반 지주들의 반발을 국가 그 자체의 강화를 통해서 극복하려 하였다는 점이다. 이들은 양반·지주·토호의 각종 봉건적 특권을 억제 내지 해소함으로써 민산(民産)을 보장하고 국용(國用)을 풍족하게 하려 하였다.[12] 즉 국가에 고유한 역할과 기능을 강화시켜 계급모순을 해소함으로써 사회와 국가의 발전을 도모하려고 구상하였던 것이다.

다산이 『경세유표』에서 제시한 국가 개혁론은 이러한 조선후기 실학의 체제 개혁 구상을 집약한 것이었다.[13] 여기서 그는 위로는 대신으로부터 아래로는 지방 이서에 이르기까지 봉건적 특권에 의지하여 분권적 할거적으로 권력을 농단하는 세력을 제압하고 명백하고 객관적인 표준에 근거하여 전국적으로 일률적인 통치체제를 구축함으로써 안민(安民)과 부국(富國)을 실현하고자 하였는데, 이를 위해서는 강력한 왕권이 요구된다고 보았다.[14]

---

11) 김용흠, 2009①, 「조선후기 정치와 실학」, 『다산과 현대』 2호, 강진다산실학연구원, 406~407쪽.

12) 김용흠, 2009②, 「숙종대 소론 변통론의 계통과 탕평론-明谷 崔錫鼎을 중심으로」, 『韓國思想史學』 32, 韓國思想史學會 ; 2010②, 「18세기 '牧民書'와 지방통치-『牧民攷』를 중심으로」, 『한국사상사학』 35, 한국사상사학회 ; 2011②, 「洪良浩 實學思想의 系統과 『牧民大方』」, 『朝鮮時代史學報』 56, 朝鮮時代史學會.

13) 김태영, 2013①, 「조선 정법서의 전통과 경세유표」, 『다산과 현대』 6호, 강진다산실학연구원.

14) 김태영, 2000, 「다산 經世論에서의 王權論」, 『茶山學』 창간호, 다산학술문화재단 ; 2003, 「茶山의 국가 産業行政체계 개혁론」, 『한국실학연구』 5, 한국실학학회 ; 2011,

다산의 왕권론이 자의적(恣意的) 전제(專制) 왕권을 의미하는 것이 아니라는 점은 여러 논자들에 의해 지적되었다. 왕권은 '철저히 공공적 존재이어야 한다'는 것을 강조하였다고 보거나[15] '국왕권 강화라기보다는 공권력 강화'를 통한 '정치적 수행력을 실질적으로 향상시키는 정치론'[16]이라는 평가는 이러한 논의를 대표한다. 그리고 다산이 '왕권견제를 위한 논리적 장치를 마련하려고 고심'했다는 지적이나[17] '국가권력의 실질적 주체로 상정한 것은 관료기구였다'[18]는 주장도 역시 그러한 논의와 동일한 맥락에서 나온 것으로 볼 수 있다. 이러한 논의에는 서구 근대정치사상에서 보이는 견제와 균형의 원리나 의회 민주주의의 원리가 결여된 것에 대한 아쉬움이 짙게 드리워져 있다.[19] 이들 논의에는 군주제를 타도해야만 근대적이라는 선입견이 깔려있는데, 이것은 우리의 역사적 경험과는 맞지 않는다.

조선시기 국왕이 이념적으로 보수적 성향을 지닌 것은 틀림없지만 현실 문제와 관련하여 끊임없이 정치적 결정을 내려야 하는, 국왕이라는 위치가 갖는 정치적 속성상, 보수적 이념에만 안주해 있기는 어려웠다. 15세기 『경국대전』 체제가 성립되는 과정에서도 그러하였지만, 특히 양란을 전후한 시기의 국가적 위기에 대처하는 과정에서 신료들이 제도 개혁을 두고 찬반이 나뉘었을 때, 국왕은 거의 대부분 개혁을 지지하고 추동하는 입장에 섰다. 이것은 결국 중앙집권체제를 강화하고 국가의 공적 영역을 확장함으로써 중세 국가로서의 봉건성을 극복해가는 과정이기도 하였다.[20]

「경세유표에 드러난 다산 경세론의 역사적 성격」, 『退溪學報』 129, 退溪學研究院 ; 2012, 「다산의 정전제론」, 실시학사 편, 『다산 정약용 연구』, 사람의 무늬 ; 2013②, 「다산의 통치법제와 통치이념론」, 『茶山學』 22, 다산학술문화재단.

15) 김태영, 2000, 앞 논문, 237쪽.
16) 이봉규, 2012, 「經學的 脈絡에서 본 茶山의 政治論」, 실시학사 편, 앞 책, 121쪽.
17) 백민정, 2010, 「정조의 사대부 인식과 정치철학적 입장 연구」, 『한국실학연구』 20, 한국실학회, 462쪽.
18) 강석화, 2013, 「다산의 중앙정부조직안과 관료제의 공적 운영」, 『다산과 현대』 6호, 강진다산실학연구원, 153쪽.
19) 이헌창, 2012, 앞 논문, 68쪽.
20) 김용흠, 2009③, 「조선후기의 왕권과 제도정비」, 이태진교수정년기념논총 간행위원회, 『국왕, 의례, 정치』, 태학사, 80쪽.

특히 18세기 영조와 정조가 탕평책을 통해서 군주권을 강화하고 중앙집권을 강화한 것은 기층 민중을 보호하기 위한 것임과 동시에 도시와 농촌에서 성장해 온 향반이나 역관·서얼·상인 세력과 같은 중간계층을 정치구조속에 수용하려는 노력의 소산이었다. 이는 집권력 강화, 공적 영역의 확장, 공법 질서의 확립을 통해서 양반제로 대표되는 신분제와 지주제의 모순을 완화 내지 해소하고 대동과 균역을 구현한 새로운 국가를 수립하려는 노력이었다.[21] 정약용이 19세기 초의 시점에서『경세유표』를 저술하여, 강력한 군주권을 바탕으로 국가체제를 혁신하려고 구상한 것은 바로 이러한 역사적 경험에 근거한 것이었다.

물론 그렇다고 해서 다산이 주장한 왕권론을 오늘날 액면 그대로 받아들이자는 것은 아니다. 그리고 서양의 계몽사상이 개척한 사회계약설에 입각한 인민주권론, 견제와 균형의 원리에 입각한 삼권분립, 의회 민주주의 이론 등이 동시대 정치론으로서는 가장 선진적이었을 뿐만 아니라 오늘날에도 민주주의 정치론의 중요한 구성 요소임에는 분명하다. 그렇지만 이러한 정치론이 보이지 않는다고 해서 근대적이지 못하다고 보는 것은 서구적 근대성만을 보편적으로 간주하는 서구 중심주의로 보지 않을 수 없다.

더구나 오늘날에는 이러한 서구 근대 정치사상이 부르주아 계급의 이데올로기에 불과할 뿐 진정한 민주주의의 실현과는 거리가 있다는 것이 속속 드러나고 있다. 서구에서 산업혁명 이후 폭발적으로 분출된 사회주의 운동은 바로 그러한 문제의식의 소산이었다. 우리나라에서도 서양식 민주주의는 한계가 뚜렷하다는 것이 입증되고 있다. 선거를 통해서 구성된 국회는 국민의 진정한 이익을 대표하지 못하고 있고, 견제와 균형의 원리는 독재자의 등장으로 형해화 되기 일쑤였다.

따라서 우리는 다산에게서 이러한 서구 근대 정치사상에 비견되는 것을 찾으려고 할 것이 아니라, 그가 강력한 왕권을 통해서 실현하려고 하였던 국가가 어떤 국가인가를 물어야 한다. 대동과 균역 그리고 탕평으로 표현되

---

21) 김용흠, 2009①, 앞 논문, 427~428쪽.

는 조선후기 실학의 이념, 이를 실현하기 위한 집권력 강화, 공적 영역의 확장, 공법 질서의 확립은 우리식 근대 국가의 형성 방향이었다. 여기에 저항하는 세력은 강력한 왕권 또는 그에 버금가는 공권력을 통해서 제압해야 마땅할 것이며, 이것을 구현하기 위해서는 우리 현실에 입각하여 서양의 정치사상과 제도를 도입하는 것도 마다해서는 안 될 것이다. 이때 자본주의 국가인가 사회주의 국가인가라는 서구적 기준으로부터 벗어날 필요가 있다. 우리식 근대 국가의 형성 방향에 적합한 것이라면 이데올로기적 편견을 벗어나 필요에 따라서 수용할 수 있다는 자세를 견지해야 할 것이다. 이때 다산의 사상 내지 국가 구상이 그 준거(準據)가 될 수 있다고 본다.

3. 다산 실학을 통해서 본 유학의 성격

1) 국가 경영 원리로서의 유학

유교(儒敎) 또는 유학(儒學)이 동아시아의 역사적 자산 가운데 가장 두드러진 요소라는 점에 대해서는 아마 이론(異論)이 없을 것이다. 그렇지만 20세기에 들어서 서양 제국주의의 진출과 침략으로 위기에 빠진 중국에서는 유교를 극복해야 할 봉건적 인습(因習)으로 간주하는 경향이 강하였고,[22] 서양 대신 일본 제국주의의 위협에 시달리고 있던 대한제국 말기 한국에서는 유교망국론(儒敎亡國論)이 유행하였다.[23]

일본 제국주의에 의해 식민지로 전락하자 한국인들은 민족독립운동을 전개하였는데, 독립운동 진영이 민족주의와 사회주의라는 이데올로기에 의해 분열되어 독립운동에 혼선을 초래하였다. 이에 두 진영을 통합하여 일본 제국주의에 대항하자는 운동이 국내외에서 전개되었는데, 국내에서는

---

22) 뚜웨이밍, 2006, 앞 책, 266쪽.

23) 이태진, 2002, 「유교적 경제발전 모델에 대한 역사적 변론」, 『의술과 인구 그리고 농업기술 – 조선 유교국가의 경제발전 모델』, 태학사, 433쪽.

신간회 운동으로 나타났다. 여러 가지 대내외적 여건으로 인해 신간회 운동은 실패로 돌아갔지만 이데올로기의 대립을 넘어서 민족해방투쟁을 전개하려는 움직임은 이후에도 대원칙으로서 지속되었다.

독립운동에서 민족주의 진영과 사회주의 진영의 갈등과 대립은 단순히 독립운동의 전략에 대한 차이를 넘어서 독립 이후에 건설할 새로운 국가 형태에 대한 서로 다른 방략의 소산이기도 하였다. 즉 근대화에 대한 서로 다른 입장의 표출이기도 하였던 것이다. 이러한 대립을 극복하고 통합을 모색하는 과정에서 전개된 것이 바로 앞서 언급한 조선학운동이었다. 말하자면 조선학운동은 유교망국론에 대한 일종의 안티 테제였던 셈이었다.

1930년대 전개된 조선학운동은 이 시기에 전 세계적으로 표출된 민족해방운동의 통일전선 노선을 반영한 것이었으며, 해방 전후의 신국가 건설론에 큰 영향을 미쳤다. 해방 정국의 국가건설론은 좌·우익을 막론하고 무계급 사회, 즉 계급 철폐 또는 소멸을 지표로 설정한 통일민족국가를 지향하였으며, 국가건설의 목표에 이르는 경로로서 비자본주의적 발전의 길을 선택하였다. 특히 해방 직후에는 균등주의 이념이 보편화되었는데, 여기에는 자유민주주의의 한계를 극복하려는 공통점이 있었다. 조소앙(趙素昂)의 삼균주의, 안재홍(安在鴻)의 신민족주의, 백남운(白南雲)의 연합성 신민주주의는 바로 그러한 지향을 담은 담론이었는데, 이 가운데 안재홍은 조선학운동의 핵심 일원이었다. 이러한 신국가 건설론은 당시 일반 민중들의 지향과도 일치되는 것이었는데, 2차 대전 이후 미국과 소련에 의해 조성된 냉전체제에 의해 분단과 전쟁으로 압살되었다.[24)]

지난 세기 말에 유교 또는 유학에 대한 관심이 다시 고조되었다. 한국·대만·싱가포르·홍콩 등 아시아의 신흥공업국을 비롯한 동아시아 각국의 경제성장을 설명하는 개념으로서 제출된 유교자본주의론, 아시아적 가치론 등이 그것이다.[25)] 유교자본주의론은 "막스 베버의 설명방식을 원용하여, 서구 자본주의가 발달하는 과정에 프로테스탄트의 윤리가 긍정적으로 작용

---

24) 김용흠, 2011①, 앞 논문, 227쪽.
25) 함재봉, 2000, 『유교 자본주의 민주주의』, 전통과현대.

한 것처럼, 아시아 지역에서도 유교적 요인이 자본주의가 발달하는 데 긍정적으로 기여했다"는 것이다. 이들이 유교적 특징으로 거론하는 요소들은 강력한 정부, 우수한 관료집단, 가족주의, 높은 교육열, 조직에 대한 충성, 강한 성취욕, 헌신과 협동, 근면과 검약 등이었다.[26] 이에 대해서는 '오히려 철저히 반(反)유교적'이고, '군사독재와 재벌체제를 암묵적으로 승인해주는 담론적 효력을 지닌다'면서 '어정쩡한 천민자본주의를 유교적 언어로 포장하고 정당화하는 일은 그만두어야 한다'는 비판이 이미 있었다.[27]

1997년 말 아시아에 금융위기가 불어 닥친 이래 아시아적 가치(Asian value)를 둘러싼 논의가 국내외에서 급격하게 활성화되었다.[28] 서구의 여러 학자들은 아시아에서 경제가 발전할 때는 유교 문화에 내재한 강한 리더십, 검약과 절제의식, 높은 교육열, 가족적 인간관계, 협동과 근면 등의 문화적 요인이 이 지역 경제발전의 동인이라고 지적하였다. 그런데 1990년대 말 경제위기가 불어 닥치자 아시아 지역의 문화에 내재한 정실 인사, 부패, 뇌물, 기업 운영의 불투명성, 연고주의, 정경유착 등을 경제위기의 주범으로 지목하였다. 한때는 아시아의 경제기적을 설명하기 위하여 동원되었던 아시아적 가치의 개념이 이제는 정반대로 경제위기를 몰고 온 주범으로 주목받게 된 것이다. 그런가 하면 아시아인들에 의해 아시아적 가치가 주장되기도 하였는데, 예를 들면 박정희가 주창한 한국적 민주주의나 싱가포르의 이광요 전 총리, 인도네시아의 전 대통령 수하르토, 말레이시아 총리 마하티르 등이 아시아의 독특한 문화적 요인을 거론하면서 서구식 민주주의는 자기들의 상황에 적합하지 않다고 주장한 것이 그것이다. 이것은 미국을 비롯한 서구가 다른 지역에 대한 정치·경제·문화적 지배를 정당화하기 위해 동원하는 형이상학적 수사이며, 개발독재국의 정치가들이 기득권을 고수하기 위해 동원하는 이데올로기적 장치에 불과하다고 통렬하

26) 이승환, 2004, 『유교 담론의 지형학』, 푸른숲, 242~243쪽.
27) 이승환, 위 책, 244~254쪽.
28) 김대중 외, 1999, 『아시아적 가치』, 전통과현대.

게 비판한[29] 논자는 아시아적 특수성과 관련된 논란을 다음과 같이 정리하였다.

아시아적 특수성을 지나치게 과장하는 시각들은 오리엔탈리즘에 물든 것이거나, 서구 제국주의의 입장을 반영한 것이거나, 권위주의적 통치를 연장하기 위한 음모이거나, 아니면 자아도취적 국수주의의 발로 중 하나라고 볼 수 있을 것이다. 그러나 역으로 아시아의 특수성을 간과하고 지나쳐버리려는 태도는 자기비하적 서구 추수주의이거나, 신자유주의적 세계화의 맹종자거나, 아니면 관념적인 세계시민의 백일몽, 이 가운데 하나일 것이다.[30]

그와 동시에 '유교를 새로운 진보의 논리로 재활용할 수 없다고 예단하는 입장은 유럽 중심주의적 시각에 물들어 있는 오리엔탈리즘의 변종일 따름'이라고 하면서, 유교 정신에서 실질적 민주주의의 성취, 욕망의 절제와 자기 수양 등을 서양의 자본주의 문명에 대한 대안으로서 제출하였다.[31] 그런가 하면 최근에는 서구 근대 문명을 대신할 수 있는 새로운 문명관을 모색하는 과정에서 '비판적 민중유학'을 제시하거나[32] '유교적 공공성의 문법'을 비판적으로 재구성하여 '생태 민주적 공공성의 문법을 확립'함으로써 현대 위험사회를 극복하는 논리를 개발하려는 시도도 있다.[33]

이러한 시도들은 유교 내지 유학을 새롭게 조명하여 서구적 근대의 문제점을 극복하려는 시도로서 나름대로 의미있는 논점들이 포함되어 있다. 그러나 이러한 논의들은 유교 내지 유학의 가장 중요한 측면을 간과하고

---

29) 이승환, 2004, 앞 책, 273~288쪽.

30) 이승환, 위 책, 290쪽.

31) 이승환, 위 책, 263~264쪽.

32) 나종석, 2013, 「인권에 대한 유교적 정당화의 가능성에 대한 연구」, 『다산과 현대』 6호, 강진다산실학연구원.

33) 박영도, 2013, 「위험사회와 유교적 공공성의 문법」, 『다산과 현대』 6호, 강진다산실학연구원.

있다.

첫째로 중국 역사에서는 유교 이외에도 도교와 불교를 비롯한 다양한 학문과 사상이 존재하여 인류 문화의 보고라고도 할 만한 방대한 규모의 지식이 축적되어 있다. 그런데 21세기 문명사의 전환기에 왜 꼭 유교 내지 유학만을 주목해야 하는가라는 문제가 있다. 여기에서 우리가 주목해야 할 것은 중국 역사의 특수성이다. 중국은 다양한 민족을 포함한 다민족 국가로서 주기적으로 통일 제국을 건설하면서 발전해 왔다. 그 가운데 중앙집권국가를 가장 장구한 기간에 걸쳐서 발전시켜 왔다는 점이 다른 국가와는 현저하게 구별되는 특징이다.

중국에서의 왕조 교체를 역사의 순환 과정이 아니라 진보의 관점에서 본다면, 춘추전국시대를 통일한 진(秦)과 한(漢) 제국, 그리고 위(魏)·진(晉)· 남북조(南北朝)의 오랜 분열을 통일한 수(隋)·당(唐) 제국, 그에 이은 송(宋)· 원(元)·명(明)·청(淸) 왕조의 성립은 이전 왕조보다 생산력과 생산관계의 측면에서 이루어진 발전의 성과로 볼 수 있다. 그에 따라서 이들 왕조에서는 확대되고 있는 제국을 통치하기 위한 다양한 사상과 제도를 모색하였는데, 이 역시 새로운 왕조가 등장하면서 단계적 발전을 이루었다.[34]

유교·유학은 이들 제국의 발전에 발맞추어 발전한 측면도 존재한다. 한·당 유학이 있는가 하면 송대 신유학(新儒學)이 있다. 그리고 신유학 가운데 주자학(朱子學)은 원나라에서 국교로 정착되어 명·청대 전 기간에 걸쳐서 관학(官學)으로서의 지위를 누렸다. 이처럼 유학이 시대의 진전에 따라서 국가의 통치 이념이자 국학으로서의 지위를 누린 것은 국가의 발전을 추동하고 유지·발전시키는 요소가 있었기 때문이라고 볼 수 있다. 즉 중국에서의 국가의 발전은 유학의 발전과 함께 이루어지고 있었던 것이다.[35] 중국 역사에 존재하는 다양한 학문과 사상에도 불구하고 우리가 유학에 주목하게 되는 것은 바로 이러한 측면 때문이다.

---

34) 徐連達·吳浩坤·趙克堯 지음, 중국사연구회 옮김, 1989, 『중국통사』, 청년사.

35) 戶川芳朗·蜂屋邦夫·溝口雄三 지음, 조성을·이동철 옮김, 1990, 『유교사』, 이론과 실천.

둘째로 유교의 역사적 발전에 대한 시각이 결여되어 있다. 유학은 춘추전국시대의 선진(先秦) 유가(儒家)로부터 한·당의 훈고학(訓詁學), 송대의 성리학(性理學), 명대의 양명학(陽明學), 그리고 청대의 고증학(考證學)과 청 말의 공양학(公羊學)까지 다양하게 발전하였는데, 대체로 국가 발전에 대응하여 단계적 발전을 이루었다고 볼 수 있다. 여기에는 그 통치질서를 공고히 하고 지배층의 기득권을 방어하는 측면만 존재하였던 것이 아니라 각 단계의 생산력과 생산관계의 발전 및 그에 입각한 기층 민중 의식의 성장을 반영한 측면도 존재하였다고 보는 것이 합리적일 것이다. 이러한 유학의 역사성을 무시하고 유교나 유학의 원리를 추상화하여 현대사회에 바로 대입시키는 것은 모든 것을 설명할 수 있는 것 같지만, 실제로는 어느 것도 설명하지 못하는, 매우 공허한 이론이 되지 않을 수 없다.

특히 한국 역사에서 유교 내지 유학은 집권체제와 함께 발전하였음을 분명히 볼 수 있다. 최근 집권성 자체를 우리 역사 발전의 내재적 속성으로 규정한 연구가 속속 제출되고 있다.[36] 한국사에서 국가는 집권권력의 성립에서 기원하였으며, 집권성의 구현 정도에 따라서 발전이 규정되었다.[37] 그 과정에서 유교사상은 집권국가의 통치원리로서 기능하면서 제도화 과정을 밟아나갔는데, 그것은 사회발전과 그 지향을 같이 하는 것이었다.[38]

삼국시기에는 태학 등 유학 교육기관이 설립되고, 유교에 입각하여 관등(官等)·공복(公服)·관제(官制)를 포괄하는 율령(律令)이 반포되어 집권체제를 뒷받침하였다. 삼국통일 이후 신라에서는 국학(國學)이 설치되고 독서삼품과(讀書三品科)가 실시되어 골품제의 모순을 극복하고 집권성을 강화하려는 시도가 나타났다. 능력 본위의 과거 관료제를 지향하는 이러한 시도는 혈통 본위로 운영되던 골품제의 벽에 가로 막혀 실효를 거두지 못하였지만

---

36) 金駿錫, 2005①, 「儒敎思想論」, 『韓國 中世 儒敎政治思想史論 I』, 지식산업사 ; 李景植, 2005, 『韓國 古代·中世初期 土地制度史－古朝鮮~新羅·渤海』, 서울대 출판부 ; 김용흠, 2010①, 앞 논문.

37) 김용흠, 2010①, 앞 논문, 61쪽.

38) 김준석, 2005①, 앞 논문, 22쪽. 이하 집권체제의 발전과 유교사상의 관계에 대해서는 이 논고에 주로 의거하였다.

이후 고려시기로 계승·발전되었다. 후삼국을 통일한 고려왕조국가에서 유교의 정치이념과 제도가 본 궤도에 올랐다. '취민유도(取民有度)'를 원칙으로 하는 부세(賦稅) 체계의 확립, 집권적 관료제와 과거제의 정착, 관인(官人)에 대한 급부(給付) 체계로서의 수조권(收租權) 분급제(分給制)의 정비는 바로 유교의 정치제도로서 마련된 것이었다.

14세기 후반에는 주자학(朱子學)이 수용되어 정치·사회 이론의 획기적 전환이 이루어졌다. 고려왕조의 붕괴를 초래한 각종 요인을 청산하고 새로운 차원에서 집권체제를 정립하는 과제가 조선왕조에 주어졌다. 조선왕조는 인륜설(人倫說)에 기초한 사회신분제와 토지의 사적(私的) 소유에 바탕을 둔 지주전호제(地主佃戶制)를 두 축으로 하는 집권체제의 재건을 지향하였으며, 주자학은 여기에 유효적절한 이론 근거가 될 수 있었다. 주자학은 세계와 인간을 통일적으로 설명할 수 있는 이법(理法), 이기론(理氣論)을 구비하고, 그 담지자로서 사대부층의 등장을 촉진한 점에서 기존 유교의 한계를 넘어선 것이었다.[39]

여말선초의 사회변동은 단순한 왕조 교체에만 머문 것은 아니었다. 비록 동일한 중세사회 내부에서의 변화이고 집권적 봉건국가라는 본질에는 변함이 없었지만 집권성의 강화와 국가 공적 영역의 확장이라는 방향 속에서 새로운 국가 운영원리를 모색하고 정착시켰다는 점에서 일정한 질적 변화를 수반한 것이었다.

조선왕조의 건국 세력은 이러한 역사적 과제를, 고려왕조가 남긴 제반 폐단을 제거하고 새롭게 집권체제를 정비하는 것으로 수행하려 하였다. 정치적으로는 중앙집권적 관료제와 군현제의 정비, 경제적으로는 토지제도와 조세제도의 개혁, 사회적으로는 양천제에 기초한 사회 신분질서의 확립, 사상적으로는 유교·주자학에 입각한 사상 교화 정책의 추진 등이 바로 그것이었는데, 이러한 시책들은 봉건국가 자체의 집권력 강화라는 일관된 방향 속에서 추진되었으며, 여기에는 국가의 농민 파악을 강화시킴으로써

---

39) 김준석, 위 논문, 60~61쪽.

권문귀족 및 지방 토호 세력에 의한 무차별적인 농민수탈과 같은 사적 지배를 배제하려는 의도가 깔려 있었다.[40]

주자학은 본래 그 사상체계가 원시유교(原始儒敎)를 토대로 발전한 것이었으므로 인정(仁政)·덕치론(德治論)이나 위민론(爲民論)을 그대로 수용하고 정명설(正名說)과 혁명론(革命論)에 동의하였다. 여기에 더하여 이기(理氣)·인성론(人性論)을 새롭게 수립함으로써 유교의 정치·사회론에 철학적 기반을 제공하였을 뿐만 아니라 수기치인(修己治人)의 임무를 제왕(帝王)에서 사대부 일반으로 확대했으며, 정명설(正名說)을 강상론(綱常論)으로 구체화하여 인간 보편의 윤리 규범 체계를 세웠다. 조선왕조의 건국 주체 세력은 이러한 주자학을 유일한 지도이념이자 국정교학(國定敎學)으로 채택하였으며, 공적 법제(法制)와 의례(儀禮)는 물론이고 모든 인간·사회 관계를 이에 의거하여 일사분란하게 질서화 하고자 하였다.[41]

이처럼 조선왕조의 집권적 봉건체제를 뒷받침했던 주자학은 16세기 후반에 들어서면서 학리(學理)·학설(學說)적 이해와 연구가 절정에 이르고 학파가 나뉘며 이념의 분화가 일어났다. 이로써 조선적인 특색이 뚜렷이 드러나는 것과 함께, 정치세력 사이의 정쟁은 치열해졌다. 주자학의 이해 수준이 높아지고 유자층(儒者層)이 확대되면서 경전해석이나 연구방식에도 여러 가지 관점과 견해가 나타났다. 그렇지만 주류 학문이나 중심 이념은 주자학으로 획일화되고 이를 벗어나는 그 밖의 다른 학문이나 사상은 이단(異端)·사설(邪說)로 간주되기에 이르렀다.[42]

신라에서 고려로, 그리고 고려에서 조선으로 왕조가 교체되는 과정에서 집권성과 분권성이 모순·대립하는 가운데 집권성을 강화시켜서 국가적 위기를 타개하려는 노력이 지속적으로 이루어져 각종 제도와 법령이 단계를 달리하면서 발전하였는데, 여기서 유학은 집권성 강화에 중요한 역할을

---

40) 김용흠, 2010①, 앞 논문, 72~73쪽.

41) 金駿錫, 2005②, 「朝鮮時期 朱子學과 兩班政治」, 『韓國 中世 儒敎政治思想史論 I』, 지식산업사, 196~197쪽.

42) 김준석, 2005①, 앞 논문, 55~56쪽.

하였다. 그것은 왕권 강화를 수반하거나 강력한 왕권에 의해 추진되었다. 조선시기에는 왕권과 신권의 갈등이 본격화된 시기로 볼 수 있는데, 이는 집권성과 봉건성 사이의 갈등의 또 다른 표현이었다. 16세기 수조권 분급제가 소멸하고 지주전호제가 본격적으로 발전하는 가운데 서원과 향약 등을 통해서 향촌 사회에서 독자적인 세력을 구축한 사림 세력은 선조대 중앙 정계를 지배하자마자 붕당을 형성하여 분열·대립하였다. 그로 인해 신권은 비대해지고 왕권은 약화되었으며, 중세 국가의 집권체제는 이완되었다. 또한 『경국대전』 체제의 모순을 해소하려는 제반 제도 개혁은 뒷전으로 밀려날 수밖에 없었다. 양란(兩亂)으로 인한 국가적 위기가 초래된 것은 그 필연적 귀결이었다.[43]

　주자학이 보급되고 심화·발전함에 따라서 그 담당 계층이었던 양반 사대부 사이에서는 두 가지 서로 다른 태도가 나타났다. 하나는 대부분의 양반들이 보이는 태도로서 유교·주자학을 자신들의 사적(私的) 목표 달성을 위한 수단으로 활용하려는 태도였고, 다른 하나는 유교·주자학 본래의 교시(敎示)에 충실하여 그 주체자, 또는 공적(公的) 운용자로서 자세를 견지하려는 모습이었다. 전자가 지배층, 즉 유자·관인의 특권적 지위를 획득하고 유지하는 것을 우선적인 목표로 삼고 유교 교양을 습득하여 과거를 통해서 벼슬에 나감으로써 기존 질서에 영합하고 안주하려는 태도였다면, 후자는 사회의 변동을 인정하고 이에 능동적으로 대처하는 진취적 태세를 보이면서 국가와 민생을 위해 기여해야 할 소명으로 생각하는 태도였다.[44]

　송학(宋學) 발생의 배경이 된 북송대 사대부의 경세의식이나 이를 계승한 남송대 '도학의 격렬성'에 비추어 볼 때[45] 후자가 주자학이 성립될 때의 사대부의 소명의식(召命意識)과 통하는 것이었지만 조선시기 양반 지식인들 다수는 전자의 입장에 섰다. 그리고 그것이 주자학 자체의 계급적 속성과도

---

43) 김용흠, 2010①, 앞 논문, 77~78쪽.

44) 김준석, 2005②, 앞 논문, 203쪽.

45) 戶川芳朗 외 지음, 조성을·이동철 옮김, 1990, 『유교사』, 이론과 실천, 248~249쪽, 270~272쪽.

일치되는 것이었다.

양란(兩亂)을 전후한 시기의 국가적 위기에 직면하여 주자학은 그것을 타개할 수 있는 적절한 대책을 제시하지 못하였다. 이에 진보적인 관인 유자들은 주자학을 넘어선 유교(儒教) 일반, 나아가서는 노장(老莊)사상을 비롯한 제자백가(諸子百家), 또는 당시에 유입되고 있던 서학(西學)을 수용하여 그 타개책을 모색하였다. 이들은 토지·부세·노비 제도를 비롯하여 관료제·과거제, 국방 관련 각종 제도의 개혁론은 물론이고 새로운 보민(保民)·왕정론(王政論), 대외 교역론, 취말보본론(取末補本論) 등을 제기하였다.[46] 이러한 흐름 속에서 조선후기 실학이 성립되었다.

즉 조선후기 실학은 주자학에서 출발하였지만 주자학이 당시의 현실 정치·사회적 모순을 극복하는 데 한계가 있다는 것을 절감하고 새로운 사유방식을 모색하는 가운데 성립된 학문이었는데, 그 중요한 계기가 된 것은 국가의 위기였다. 실학자들은 봉건적 신분제와 지주제를 약화 내지 폐지하여 기층 민중의 생산 활동을 보장해야만 국가의 재정이 튼튼해지고 국방력이 강화될 수 있다고 보았다. 즉 이들이 제기한 제도 개혁론은 유교·주자학에 고유한 보민론의 연장선상에서 제기된 것이었다. 따라서 노장사상이나 서학을 수용하였다고 하더라도 이들의 학문이 전통적인 유학의 범주를 벗어난 것은 아니었다. 그러면서도 기존의 유교·주자학과 구별되는 이유는 바로 이들이 새롭게 구상하고 있던 국가의 성격에 있었다.

18세기 들어서 실학사상은 양란기의 그것을 계승하여 더욱 체계적으로 발전하였다. 이 시기의 실학은 당색별로 학파를 이루어 특색 있게 전개되었는데, 남인의 성호학파(星湖學派), 소론의 강화학파(江華學派)가 대표적이다. 18세기 후반에는 집권 세력이었던 노론 내부에서도 호론(湖論)과 낙론(洛論)으로 학문적 분화가 일어났는데, 낙론 가운데서 북학파가 등장하였다. 이들은 모두 토지개혁에 관심을 가지면서도 그것을 전제로 권력구조·관료제도·과거제도·군사제도·교육제도를 포함한 전면적 제도개혁이냐, 아니

---

46) 金駿錫, 2005③, 「實學의 胎動」, 『韓國 中世 儒教政治思想史論 Ⅱ』, 지식산업사, 65쪽.

면 생산력 증진을 우선할 것인가 등을 두고 조금씩 차이가 있었다. 그러나 모두 국가의 공적 성격을 강화하여 민생을 안정시키고 국가 질서의 안정을 도모한다는 점에는 일치되었다.[47]

18세기 정조대는 탕평책 추진을 통해서 실학사상을 정책에 반영하려는 노력이 가장 적극적으로 경주된 시기였다. 이를 위해 정조는 주자학은 물론 유학(儒學)의 권도론(權道論), 명대의 양명학, 청대의 고증학, 노장사상, 심지어는 서학까지도 폭넓게 섭렵하면서 학문적으로 천착하였을 뿐만 아니라 생부 사도세자의 죽음에 얽힌 임오의리(壬午義理)마저도 적대 세력을 견제하고 제압하는 수단으로 활용하는 철저한 면모를 보였다. 정조는 토지 개혁을 포함한 봉건제도의 제반 모순에 대한 개혁을 정치의 목표로 천명한 조선왕조 유일의 군주였다.

당대의 어느 실학자 못지않은 개혁적 면모를 보인 정조는 자신의 국가 구상을 규장각(奎章閣) 각신들과 끊임없이 토론하고 실행 방안을 모색하였으며, 이에 반대하는 신료들을 설득하기 위해 적극적으로 광범위한 여론 수렴에 나서기도 하였다. 이리하여 당대의 기라성 같은 실학자들이 정조의 국가 구상에 적극 부응하였다. 실로 정조대는 실학의 국가 구상에 대한 찬반을 두고 대대적인 힘겨루기가 전개된 시기로 규정할 수 있는데 이것은 결국 정조가 추진한 탕평책에 대한 찬반으로 나타났다.

정조가 탕평 정국에서 군주권을 강화하고 중앙집권을 강화한 것은 기층 민중을 보호하기 위한 것임과 동시에 도시와 농촌에서 성장해 온 향반이나 역관·서얼·상인 세력과 같은 중간계층을 정치 구조 속에 수용하려는 노력의 소산이었다. 이는 집권력 강화, 공적 영역의 확장, 공법 질서의 확립을 통해서 양반제로 대표되는 신분제와 지주제의 모순을 완화 내지 해소하고, '대동'과 '균평'을 구현한 새로운 국가를 지향하는 노력이었다.

또한 영조대를 이어서 정조대 더욱 활성화된 일련의 편찬 사업은 동아시아의 지적 전통 가운데 이러한 새로운 국가를 뒷받침할 수 있는 요소들을

---

47) 김용흠, 2009①, 앞 논문, 426쪽.

집대성한 것이었다. 예컨대『속대전(續大典)』·『대전통편(大典通編)』과 같은 법전,『흠휼전칙(欽恤典則)』과 같은 형법서 등은 양반과 지주·토호들의 전횡이 주자학 교화론만으로는 제어되지 못하는 현실을 극복하려는 노력이었다. 또한『동국문헌비고(東國文獻備考)』나『만기요람(萬機要覽)』과 같은 백과사전적 정법서들은 이 시기 국가 경영의 규모를 보여준다.[48]

다산은 이러한 조선후기 실학을 집대성한 실학자였다. 그는 강진 유배 시절에 우선 6경(經) 4서(書)로 대표되는 유학의 경전을 새롭게 정리한 뒤, 그것을 바탕으로 그 스스로 '1표(表) 2서(書)'라고 이름붙인『경세유표(經世遺表)』·『목민심서(牧民心書)』·『흠흠신서(欽欽新書)』를 저술하여 조선왕조 국가체제를 혁신하는 국가 구상을 제출하였다.

그가 6경 4서를 새롭게 정리한 것은 결국 주자의 경전 주석이 가진 한계를 극복하려는 시도였다. 주자학은 향촌 재지 지주의 입장을 반영하고 있으므로, 양반 지주의 계급적 이익을 넘어서지 못하였다. 다산이 6경 4서에 대한 연구를 '수기(修己)'의 차원으로 규정한 것은 국가의 위기를 극복하기 위해 관인·유자들이 양반 지주의 계급적 이익을 넘어서야 하는 당위성을 경전에 대한 새로운 해석을 통해서 확보하려 한 것이었다.

또한 주자가 5경의 주석에 멈춘 것에 비해 다산이 '악경(樂經)'을 포함한 6경에 주목하고,『악서고존(樂書孤存)』을 편찬하여 이를 복원하려고 시도한 것은 중요한 의미가 있었다. 유교적 질서는 예(禮)와 악(樂)으로 표현되는데, 악경이 진(秦) 시황제의 분서갱유(焚書坑儒)에 의해 없어지고,『주례(周禮)』·『의례(儀禮)』·『예기(禮記)』등 예 관련 경전만 남게 되었다. 이것은 유학이 봉건적 위계질서를 일방적으로 옹호하는 중요한 요인이 되었다. 예는 춘추전국 시대와 같은 혼란기를 극복하기 위해서는 국가 조직이 반드시 요구된다는 전제 위에서 이를 유지하기 위해 상하 질서를 사회윤리적 차원에서 규정해 둘 필요성 속에서 나온 것이었다. 그렇지만 중국의 역사에서 예교(禮

---

48) 김용흠, 2009①, 앞 논문, 427~430쪽.『萬機要覽』은 순조대 편찬되었지만 그 편찬자들이 정조대 규장각에서 활동한 각신 출신들로서, 정조대까지의 국가 경영에 대한 내용을 주로 정리한 것이다.

敎), 즉 예적 질서는 지배계급의 입장만을 일방적으로 강요하는 수단으로
전락하였다. 봉건적 신분제를 철폐해야 한다고 본 다산은 유학이 지배계급
의 이익만을 일방적으로 보장하는 예적 질서의 폐단을 극복하기 위해서는
악(樂)을 통해서 보완할 필요가 있다고 보았음에 틀림없다.[49] 악에는 화합과
소통의 수평적 질서를 지향하는 논리가 포함되어 있는데,[50] 다산은 유학이
계급 지배의 도구로 전락하는 것을 막기 위해서는 이러한 악경의 논리를
복원하는 것이 긴요하다고 본 것이다.

　　다산은 대동과 균역, 그리고 탕평을 지향하는 조선후기 실학의 국가
구상을 집대성하였는데, 이를 뒷받침하기 위해서는 유교·주자학에 내재되
어 있는 계급지배를 배타적으로 비호하는 논리를 제거해야 한다고 보았던
것이다. 21세기에 유교 내지 유학을 문명사의 대안으로서 새롭게 주목하려
고 할 경우, 다산이 악경에 주목했던 이러한 문제의식을 계승·발전시켜야
할 것이다. 이것은 유학을 국가의 발전 단계를 떠나서 추상적으로 복원해서
는 안 된다는 것을 의미한다.

2) 민본에서 민주로의 변용 가능성

　　유교·주자학의 가장 큰 특징 가운데 하나가 민본(民本)사상이라는 점은
대부분의 논자들이 동의하는 사실이다. 동시에 많은 논자들이 이것을 서양
의 민주주의 정치사상과 비교하여 검토해 왔다.[51] 선진(先秦) 유가의 경전에
는 민본사상을 뒷받침하는 많은 내용이 들어있다. 그런데 그 내용들은
모두 국가와의 관련 속에서 언급되고 있음을 볼 수 있다. "민이 국가의

---

49) 금장태, 2008, 「다산 정약용의 악론과 악률 복원의 과제」, 『한국유학의 악론』,
　　예문서원, 130~133쪽.
50) 丁若鏞, 『與猶堂全書』 제12권, 『樂書孤存序』, "禮以節外, 樂用和衷. 節乃制行, 和則養德.
　　二者不可偏廢, 抑德內也本也. 存乎內者中和祗庸, 斯孝友睦婣成於外, 則樂之於以敎人所先
　　務也."
51) 안병주, 1987, 『儒敎의 民本思想』, 성균관대 대동문화연구원 ; 김석근 외 지음, 2000,
　　『민본주의를 넘어서』, 청계 ; 李相益, 2005, 『儒敎傳統과 自由民主主義』, 심산.

근본이다. 근본이 단단해야 나라가 편안하다"는 『서경(書經)』의 언급은
이것을 대표한다.52) 그리고 민을 군(君)·사(師)와 관련하여 언급한 것도
국가를 염두에 둔 것이었다.

　　하늘이 아래의 민을 도와서 군(君)을 만들고 사(師)를 만든 것은 오직
　　상제(上帝)를 도와서 사방(四方)을 사랑하고 편안하게 하기 위한 것이었
　　다.53)

　　하늘이 민을 낳았는데 욕망이 있어서 군주가 없으면 이에 혼란스러워진
　　다. 하늘이 총명한 사람을 낳아서 (군주로 삼아) 다스리게 하였다.54)

　이것은 전국시대의 사회상을 반영하는 『맹자(孟子)』에서도 마찬가지였
다.

　　민이 가장 귀중(貴重)하며 사직(社稷)이 그 다음이고 군(君)은 가볍다.
　　그러므로 민에게 (신임을) 얻으면 천자(天子)가 되고, 천자에게 (신임을)
　　얻으면 제후(諸侯)가 되고, 제후에게 (신임을) 얻으면 대부(大夫)가 된다.
　　제후가 사직을 위태롭게 하면 (제후를) 바꾼다. 이미 희생(犧牲)을 갖추고
　　제물로 바칠 곡식[粢盛]을 깨끗이 하여 때에 맞게 제사를 지냈는데도 가뭄이
　　들거나 홍수가 나면 사직을 바꾼다.55)

　민(民)은 귀(貴)하고 군(君)은 경(輕)하다는 이 구절은 국가의 주권자가
민이라는 주장이 나올 만큼 파격적으로 보인다.56) 그리고 민생을 위해서는

---

52) 『書經』 夏書 五子之歌, "民惟邦本 本固邦寧."
53) 『書經』 周書 泰誓上, "天佑下民 作之君 作之師 惟其克相上帝 寵綏四方."
54) 『書經』 商書 仲虺之誥, "惟天生民 有欲 無君 乃亂. 惟天生聰明 時乂."
55) 『孟子』 盡心下 14, "孟子曰 民爲貴, 社稷次之, 君爲輕. 是故 得乎丘民而爲天子, 得乎天子爲
　　諸侯, 得乎諸侯爲大夫. 諸侯危社稷 則變置. 犧牲旣成 粢盛旣潔 祭祀以時 然而旱乾水溢
　　則變置社稷."

국가의 통치체제도 바꿀 수 있다는 의미를 담고 있어 아래 구절에 보이는 방벌론(放伐論), 즉 역성혁명론을 연상시킨다.

제(齊) 선왕(宣王)이 묻기를, '탕(湯)이 걸(桀)을 추방하고, 무왕(武王)이 주(紂)를 정벌하였다고 하는 데 (그런 일이) 있었습니까?'라고 하니, 맹자가 대답하기를 '전(傳)에 있습니다'라고 하였다. (선왕이) 말하기를 '신하가 임금을 시해할 수 있습니까?'라고 물으니, (맹자가) 말하기를 '인(仁)을 해친 자를 적(賊)이라 하고, 의(義)를 해친 자를 잔(殘)이라고 합니다. 잔적(殘賊)한 사람은 일개 사내일 뿐입니다. 한 사내인 주(紂)를 죽였다는 말은 들었어도 임금을 시해하였다는 말은 듣지 못하였습니다'라고 하였다.[57]

맹자가 말하였다. 걸(桀)과 주(紂)가 천하를 잃은 것은 그 민(民)을 잃었기 때문이요, 민을 잃은 것은 그 마음을 잃었기 때문이다. 천하를 얻는 데는 도(道)가 있으니 그 민을 얻으면 천하를 얻을 수 있다. 민을 얻는 데 도(道)가 있으니 그 마음을 얻으면 민을 얻을 수 있다. 그 마음을 얻는 데는 도(道)가 있으니, (민이) 원하는 것을 베풀어주어 모이게 하고, (민이) 싫어하는 것은 베풀지 말아야 한다.[58]

맹자의 방벌론은 유교 민본 사상에서 가장 진보적인 형태로 볼 수 있는데,[59] 중국에서 유학이 발전되는 과정에서도 이에 대해서는 별다른 관심이 주어지지 않았으며, 대체로 비판적인 시각이 우세하였다.[60] 다산은 「탕론

---

56) 이상익, 2005, 앞 책, 291쪽.
57) 『孟子』梁惠王下 8, "齊宣王問曰 湯放桀 武王伐紂 有諸. 孟子對曰 於傳有之. 曰 臣弑其君 可乎. 曰 賊仁者謂之賊 賊義者 謂之殘. 殘賊之人 謂之一夫. 聞誅一夫紂矣 未聞弑君也."
58) 『孟子』離婁上 9, "孟子曰 桀紂之失天下也, 失其民也. 失其民者 失其心也. 得天下有道 得其民 斯得天下矣. 得其民有道 得其心 斯得民矣. 得其心有道 所欲與之聚之, 所惡勿施爾 也."
59) 안병주, 1987, 앞 책, 101~102쪽.
60) 안병주, 위 책, 104~108쪽, 135~136쪽.

「湯論)」에서 이러한 논리를 비판하고 맹자의 방벌론을 발전시켜 '하이상(下而上)'의 상향식 추대론을 제출하였다.[61]

　　대저 천자(天子)의 지위는 어떻게 해서 소유한 것인가. 하늘에서 떨어져 천자가 된 것인가, 아니면 땅에서 솟아나 천자가 된 것인가. 생겨진 근원을 더듬어보면 이러하다. 5가(家)가 1린(隣)이고 5가에서 장(長)으로 추대한 사람이 인장(隣長)이 된다. 5린(隣)이 1리(里)이고 5린에서 장으로 추대된 사람이 이장(里長)이 된다. 5비(鄙)가 1현(縣)이고 5비에서 장으로 추대된 사람이 현장(縣長)이 된다. 또 여러 현장들이 다같이 추대한 사람이 제후(諸侯)가 되는 것이요, 제후들이 다같이 추대한 사람이 천자가 되는 것이고 보면 천자는 여러 사람이 추대해서 만들어진 것이다.

　　대저 여러 사람이 추대해서 만들어진 것은 또한 여러 사람이 추대하지 않으면 물러나야 하는 것이다. 때문에 5가가 화협하지 못하게 되면 5가가 의논하여 인장을 개정(改定)할 수가 있고, 5린이 화협하지 못하면 25가가 의논하여 이장을 개정할 수가 있고, 구후(九侯)와 팔백(八伯)이 화협하지 못하면 구후와 팔백이 의논하여 천자를 개정할 수가 있다. 구후와 팔백이 천자를 개정하는 것은 5가가 인장을 개정하고 25가가 이장을 개정하는 것과 같은 것인데, 누가 신하가 임금을 쳤다고 말할 수 있겠는가.[62]

　「원목(原牧)」에서는 '목민자(牧民者)가 백성을 위해서 있는 것인가, 백성이 목민자를 위해서 있는 것인가?'라고 스스로 묻고, '목민자가 백성을

---

61) 임형택, 1990, 「茶山의 '民' 主體 政治思想의 이론적·현실적 근거」, 姜萬吉·鄭昌烈 외, 『茶山의 政治經濟 思想』, 창작과비평사 ; 함영대, 2011, 『성호학파의 맹자학』, 태학사, 248~253쪽.

62) 『여유당전서』 제11권, 「湯論」, "夫天子何爲而有也. 將天雨天子而立之乎. 抑涌出地爲天子乎. 五家爲鄰, 推長於五者爲隣長. 五鄰爲里, 推長於五者爲里長. 五鄙爲縣, 推長於五者爲縣長. 諸縣長之所共推者爲諸侯, 諸侯之所共推者爲天子, 天子者, 衆推之而成者也. 夫衆推之而成, 亦衆不推之而不成. 故五家不協, 五家議之, 改鄰長. 五鄰不協, 二十五家議之, 改里長. 九侯八伯不協, 九侯八伯議之, 改天子. 九侯八伯之改天子, 猶五家之改鄰長, 二十五家之改里長, 誰肯曰臣伐君哉."

위하여 있는 것이다'라고 반복하여 언급하였다. 그는 「탕론」과 유사한 추대론을 전개한 뒤, 편민(便民)을 위한 법(法)의 제정도 상향식으로 이루어져야 한다고 주장하였다.

> 이정(里正)이 민망(民望)에 의하여 법을 제정한 다음 당정(黨正)에게 올렸고, 당정도 민망에 의하여 법을 제정한 다음 주장(州長)에게 올렸고, 주장은 국군(國君)에게, 국군은 황왕(皇王)에게 올렸다. 그러므로 그 법들이 다 백성의 편익(便益)을 위하여 만들어졌다.[63]

그렇다면 선진 유가의 민본사상이 다산에 이르러서야 비로소 긍정적으로 주목되고 발전할 수 있었던 이유는 무엇일까? 그것은 다산이 살았던 시대의 사회경제적 배경과 분리하여 보기는 어려울 것이다. 다산이 살았던 18세기 조선사회는 '격동의 사회'였는데, 그러한 변화는 아래로부터 민중들의 노력에 의해 일어났다. 조선후기 민중들은 양란(兩亂)으로 인한 전쟁의 피해를 복구하고 침체된 생산력을 증진하면서 자신들이 당면한 어려운 생활조건을 적극적으로 개선해 나갔다.

이들에 의해 조선후기에는 농업·수공업·광업·상업 등 모든 산업분야에서 괄목할 만한 진전을 보였다. 농민들은 황폐한 농토를 개간하고 수리시설을 복구했으며, 생산력을 높이기 위해 영농방법을 개선하고, 보다 많은 소득을 얻기 위해 새로운 작물을 재배하여 상품화하기도 하였다. 이와 아울러 생산 체계에서도 보다 넓은 농지를 경작하는 광작(廣作)이 확대되고, 임노동자를 고용하여 이윤을 실현시킨 경영형부농이 나타났는가 하면, 지주·전호 관계에서도 도조제(賭租制)가 유행하여, 이를 토대로 전호권(佃戶權)이 성장해갔다. 민영수공업이 성장하고 광업도 활성화되었다. 이에 따라 상품유통이 활성화되고 시장권이 확대되었다. 이처럼 이 시기는 생산력과 생산관계의 진전을 중심으로 경제 변동이 가시화되어 봉건적 경제체제를

---

63) 『여유당전서』 제10권, 「原牧」, "里正從民望而制之法, 上之黨正, 黨正從民望而制之法, 上之州長, 州上之國君, 國君上之皇王. 故其法皆便民."

무너뜨리고 새로운 경제체제로의 발전을 지향하였다.[64]

조선후기 경제가 변동되자 신분제는 이완되고, 친족체계가 변화하였으며, 촌락의 구조와 향촌 운영체계 또한 변모하고 있었다. 이러한 변화 속에서 사회신분의 변동·분화와 신분간의 갈등이 격렬하게 전개되기도 하였다. 일찍이 조선사회가 경험하지 못했던 변동과 변화가 혼란과 혼효를 수반하며 일시에 일어나고 있었던 것이다.[65]

이러한 사회경제적 변동은 민중의식의 성장으로 귀결되었다. 이 시기의 경제발전에 의해 서민들의 삶이 질적으로 향상되자 종래의 이념·제도·문화의 균형이 뒤흔들리면서 새로운 문학의식·예술성향·창작 유통의 방향이 나타났다. 문학에서 사설시조와 판소리의 등장, 미술에서 풍속화와 민화의 유행 등은 그것을 대표한다.[66]

이러한 조선후기 사회변동은 조선왕조 국가체제의 변화를 요구하고 있었다. 영·정조대 탕평책은 그러한 흐름을 반영하여 국가를 새롭게 혁신하려는 노력의 소산이었다. 그러나 그것은 반탕평파 중심의 보수적 양반지주 세력에 의해 사사건건 저지되어 개혁은 지지부진하였다. 이로 인해 민중조직이 발전하고 민중사상이 성행하였다. 불교나 감결(鑑訣)사상과 같은 전통적 종교신앙과 관련된 사상이 등장하였는가 하면, 서학(西學)·동학(東學) 등 신종교운동에 속하는 것도 있었다. 이 시기 대표적인 민중사상이었던 정감록(鄭鑑錄) 비결(秘訣)은 현실사회의 불평등을 직관하고 이를 타파하려는 의지를 보여주었다. 그리고 유민(流民)들이 명화적(明火賊)이나 극적(劇賊) 등을 조직하여 활동하기도 하였다.[67]

19세기가 되면 점차로 국가의 수취가 토지로 집중되고 수취물의 형태도 돈이나 준화폐인 미포로 단일화되었다. 법조문 상의 조세항목·조세원과 수취의 대응관계가 지방에서는 이미 파괴되어 지방마다 관행에 의존하여

---

64) 崔完基, 1997, 「개요」, 『한국사 33』, 국사편찬위원회, 1~3쪽.
65) 韓榮國, 1995, 「개요」, 『한국사 34』, 국사편찬위원회, 1쪽.
66) 崔完基, 1998, 「개요」, 『한국사 35』, 국사편찬위원회, 8~10쪽.
67) 趙珖, 1997, 「개요」, 『한국사 36』, 국사편찬위원회, 5~9쪽.

수취가 행해지고 있으며, 그마저도 손쉽게 변경되었다. 수령마저도 그 실체를 정확하게 파악하지 못하고 이서의 손에 맡겨 두었다. 이런 상황에서 조세 행정의 일정 부분이 민의 손에 넘어가고 있었다. 마을 내부에서 군역 부담자를 자체적으로 교체하는 이정법(里定法)이 대대적으로 시행되고, 환곡을 이(里) 단위로 분배하고 거두는 이환(里還)이 널리 퍼지고, 전세 완납의 책임을 마을이 지는 곳이 많았다. 면리의 민이 조세 책임을 다하기 위해서 행하는 논의는 이미 공의(公議)라는 이름을 얻고 있었다. 민의 국가나 관에 대한 공동체적 대응은 늘상 있는 것이었지만, 19세기 조선사회는 민의 공동체적 대응이 단지 조세의 완납에 머물지 않았다. 조세원 파악과 조세 부과까지도 민의 공의에 위임하는 것이 폐단을 줄이면서 그나마 조세를 수취할 수 있는 최선의 방안이 되고 있었다. 다산은 이같은 사회변화를 적극 수용하여 더 많은 조세행정을 민에게 맡기자고 제안하였다. 마을에 조세 완납의 책임만 지울 것이 아니라 조세원 파악과 수취량 배분까지도 마을 민에게 이양하고, 민이 자신들에게 편한 대로 조세 수취방식의 변화를 꾀하는 것까지 인정하고, 좋은 변화는 적극 채택하여 시행하자는 견해였다.[68] 이회(里會)·면회(面會)·향회(鄕會)의 등장과 민회(民會)로의 발전은 이러한 민의 성장을 바탕으로 한 것이었다.[69]

「탕론」과 「원목」에서 제출된 다산의 상향식 추대론과 혁명론, 그리고 입법론은 이와 같은 조선후기 민의 성장을 염두에 두고 보아야만 그 역사적 성격을 분명히 규명할 수 있다. 다산이 구상한 일련의 상향식 정치론은 선진 유가의 민본사상을 계승하여, 조선후기의 봉건사회 해체기에 성장한 민의 의식을 반영한 것이었다. 따라서 이것은 우리식 근대화 과정의 일 양상으로 볼 수 있다.

다산의 상향식 정치론은 같은 시기 서양에서 제출된 사회계약설이나 국민주권론, 의회 민주주의와 삼권분립처럼 분명한 형태를 갖춘 것은 아니

68) 김선경, 2012, 「『목민심서』 연구 : 통치기술의 관점에서 읽기」, 『歷史敎育』 123, 歷史敎育硏究會, 133~134쪽.
69) 김인걸, 1997, 「민중의 사회적 결속」, 『한국사 36』, 국사편찬위원회, 57~74쪽.

었으므로, 무언가 부족해 보이는 것이 사실이다.[70] 그러나 분명한 것은 근대화가 서구적 근대에 대한 일방적인 모방이나 수용에 그치는 것이 아니라면 우리에게 적합한 근대화를 모색하려 할 때 다산의 정치론이 그 출발점이 될 수밖에 없다는 사실이다. 그것은 다산의 정치론이 당시의 민의 성장과 국가의 역할을 포함한 역사적 경험을 종합한 위에서 동아시아의 지적 전통을 비판적으로 정리하여 제출되었기 때문이다.

「탕론」과 「원목」에서 제시된 상향식 추대론, 혁명론, 입법론과 『경세유표』의 국가 구상을 모순된 것으로 볼 수 있는지는 의문이다. 『경세유표』에서 제출된 강력한 왕권론과 「탕론」 등의 상향식 정치론은 차원을 구별해서 보아야 하지 않을까 한다. 「탕론」 등에서 제출된 상향식 정치론이 국가권력 형성의 원칙론이라면, 『경세유표』에서는 구체적으로 이상적인 국가의 형태를 그려본 것이다. 즉 『경세유표』의 국가론은 「탕론」 등에서 제시한 상향식 추대론에 의해 선출된 국왕이 추진해야 할 개혁의 청사진으로 볼 수 있다. 그것은 국가통치의 정점에 위치한 왕권을 바탕으로 '통치의 직무를 분담하는 모든 신료의 복무 성적을 독려하고 고찰하며 그 결과를 가지고 출척(黜陟)을 단행'함으로써 '왕권이 중심이 되어 의도적으로 추진하지 않으면 결코 진행될 수 없는 정치사업'이었던 것이다.[71]

『경세유표』는 크게 보아 두 가지 차원의 변법론적 과업을 설정하고 있다. 그 하나는 끝없이 만연되어 온 지배층의 인습과 비리를 극복하기 위해 국가체제 자체를 새로운 기준에 따라 근본적으로 변혁한다는 과업이다. 다른 하나는 지배층의 수탈로 인해 지리멸렬한 상태를 답습하는 모든 정치·경제·산업 분야의 생산력을 최대한 작동시키고 제고시킨다는 과업이다. 그리고 두 가지를 실현하기 위해 국가 행정·경제의 모든 분야에 분업적 전치(專治)의 원칙을 도입함으로써 모든 신민(臣民)을 자립적 자영(自營)의

---

70) 이헌창, 2012, 앞 논문, 56~65쪽.

71) 김태영, 2000, 앞 논문, 239쪽, 245쪽. 이헌창은 양자 사이에 '연속성을 중시하는 견해가 있고, 단절성을 중시하는 견해도 있는데, '양자를 절충하고 종합하는 해석이 필요하다'고 주장하였다(2012, 앞 논문, 20쪽).

주체로 거듭나게 하고 그들 각자의 창발력을 총동원하려 하였다.[72] 이를 위해 다산이 제시한 정전제(井田制)·부공제(賦貢制)·만민균직론(萬民均職論)은 오늘날에도 국가의 위상과 관련하여 음미할 가치가 있다.

다산의 정전제론은 유교를 지배 이념으로 삼은 우리나라와 중국의 전역사를 통해서 국가체제의 경제적 기초를 구성하는 허다한 토지론들을 검토·비판하고 그 최선의 이론을 유교 경전의 원리에서 깨쳐내어 정립한 그의 독자적인 경세론이었다.[73] 그에 의하면 전국의 모든 정지(井地)의 '공전(公田)'은 반드시 '왕토(王土)'로서 확보하고, 또한 반드시 정방형으로 구획한다. 이 정전을 '표준과 법식'으로 삼아서 1/9조(租)에 해당하는 정전 농민들의 협업적 공동 경작만을 요구함으로써 중간 농단의 바탕 자체를 제거하려 하였다. 그의 정전제는 결코 만백성을 상대로 균전(均田)의 혜택을 베풀려는 것이 아니었다. 농민 각자가 '전토를 경치(耕治)하는 데 그 중점을 둔 것'이며, '국가의 조세와 부렴(賦斂)을 바로잡기 위한' 제도였다.[74]

정전제와 더불어 국가 재정의 양대 원천을 이루는 것이 부공제였다. 부공제는 삼대 이후 어느 누구도 깨달아 낸 자가 없었는데, 다산 자신이 옛 경전의 연구를 통해 비로소 깨쳐내어 정립하기에 이른 것이었다. 즉 산림·천택·조수·초목을 비롯한 국가의 각종 부존 자원을 모두 다 개발하여 각 분야에다 전업적 종사자를 배치함으로써 무수한 항산(恒産)의 터전을 마련하고, 거기서 수세(收稅)함으로써 국가도 부유해지고 그 종사자의 가계 또한 유족해진다는 전혀 새로운 경제론이었다.[75]

다산의 만민균직론은 종래까지 유교문화권에서 제시된 이상적인 토지론인 균전론(均田論)을 포괄하면서도 그것을 지양(止揚)하는 이상적인 생산관계론이었다. 만민이 각자 자기 직사를 자영할 때만이 가장 열성을 다하기 마련이요, 그래서 창의적 기술이 발전하고 생산이 높아질 뿐만 아니라

---

72) 김태영, 2013①, 앞 논문, 27~28쪽.

73) 김태영, 위 논문, 52쪽.

74) 김태영, 위 논문, 33쪽, 36쪽.

75) 김태영, 위 논문, 49쪽.

아름다운 인간 품성까지도 길러진다고 다산은 스스로 확신하였다. 다산은 인간의 자율적 주체성을 긍정하고 그 사회적 실천 능력을 무한히 신뢰하였다. 인간 사회의 모든 가치 있는 것은 모두 그 일을 실행함으로써 구현된다는 그의 독특한 '행사주의(行事主義)'는 그같은 인간의 자율적 주체성을 전제한 것이었다. 자율적 주체적 인간이어야만 자기 직사(職事)를 자기 책임하에 전업적으로 자영하면서 사회적 국가적 협업관계 또한 제대로 수행해 낼 수 있다. 다산의 법치주의는 그와 같이 권한과 책임을 다하는 주체성을 가진 개별 인간들을 국가라는 공동체 안에서 결속함으로써 한 차원 높은 왕정을 구현하고자 하는 객관적 기준으로서 설정된 것이었다.[76]

정약용의 여전론(閭田論)과 정전론은 분명히 토지 국유화를 전제하고 있다. 그러나 그것은 왕토주의로 회귀하려는 복고주의적인 것도 아니었고, 사회주의적인 지향을 가진 것은 더욱 아니었다. 그것은 국가권력을 통해서 지주제의 폐단을 제거하려는 의도에서 나온 것이었다. 그는 이를 통해서 독립 자영농을 육성하려고 시도하였으며, 상품화폐경제의 발달을 전제로 하여 농업생산력을 증진시키고자 하였다. 즉 그는 사적 토지소유는 부정하였지만 시장경제는 인정하였던 것이다. 따라서 정약용의 토지국유론은 국가권력을 통해서 사적 토지소유가 무한대로 확대되는 폐단을 억제하기 위해 공적 영역을 확장하려는 것으로 보아야 할 것이다.[77]

또한 정약용은 당시 만연되어 있던 환곡의 폐단에 대해서는 통렬하게 비판하였지만 이를 폐지하려 한 것이 아니라 이에 대한 개혁안을 제출하였다.[78] 그는 전국적으로 환곡 천만 석을 확보하여 운영하고 있던 당시의 현실을 인정하고 그 효율적 운영방안을 제시하였다.[79] 경제사학계에서는 이것을 '시장'과 대립되는 '국가 재분배 경제체제'로 규정하면서 한국에서

---

76) 김태영, 위 논문, 50~51쪽.

77) 김용흠, 2012, 앞 논문, 388쪽.

78) 오영교, 2007, 「『經世遺表』와 새로운 국가구상」, 오영교 편, 『세도정권기 조선사회와 대전회통』, 혜안, 331~332쪽.

79) 鄭允炯, 1990, 「茶山의 還上改革論」, 강만길 외, 앞 책, 235~236쪽.

근대화를 방해한 요인으로 규정하고 있다.[80] 그러나 정약용이 제출한 진휼(賑恤) 양곡(糧穀) 수급론은 당시의 상품화폐경제의 발전을 전제하고 이를 최대한 활용한 개혁 방안이었다.[81]

경제사학계에서는 국가와 시장을 대립적으로 이해하는 이른바 '주류 경제학'의 입장에서 한국경제사를 바라보고 있으며, 근대화는 서구화이자 자본주의화라는 등식에서 벗어나지 못하고 있다. 이러한 사고의 근저에는 '근대로의 이행'과 관련하여 영국과 미국 등 제국주의 국가를 모델로 보는 사고가 자리 잡고 있다. 조선후기에 자본주의 맹아가 발생하여 발전하고 있었다는 사실과 국가에서 환곡 천만 석으로 상징되는 진휼정책을 추진한 것은 모순되는 것이 아니라 국가와 시장에 대한 조선왕조 특유의 관계 설정으로 볼 수 있다. 이것은 우리의 근대 이행 모델이 제국주의 국가와는 달리 북유럽 사회민주주의 국가로의 지향과 유사함을 보여주는 것이다. 이러한 측면에서 다산의 토지국유론과 환곡제도 개혁론 등은 국가의 공적 영역을 확장하고 공공성을 강화시켜 민생을 안정시킴으로써 국가를 부강하게 만드는 우리식 근대화 모델이었던 것이다.[82]

4. 맺음말

'인간 해방'과 '기술 발전'의 측면에서 서구적 근대의 진보성은 인정해야 하지만 아직 전 지구적 차원에서 충분히 실현된 것으로는 볼 수 없다. 제국주의의 식민지 침탈을 비롯하여 환경 파괴 등 자본주의적 근대가 낳은 제반 폐단은 근대의 진보성을 실현함으로써 극복할 수 있다. 우리나라가 경제적으로는 발전했지만 아직 '근대화 프로젝트'가 완성된 것으로는 볼 수 없다. 적어도 민족이 통일될 때까지는 근대화 과정에 있다고 보아야

---

80) 이헌창, 2010, 「조선시대를 바라보는 제3의 시각」, 『한국사연구』 148, 한국사연구회.
81) 金敬泰, 1990, 「茶山의 賑恤糧穀 需給論」, 강만길 외, 앞 책, 269쪽.
82) 김용흠, 2012, 앞 논문, 388~389쪽.

할 것이다. 근대화를 전근대와의 연속선상에서 보고 서구 중심주의를 벗어나기 위해서는 일제시대 조선학운동의 전통을 계승할 필요가 있다.

우리의 근대화는 서구 문명이 들어와서 비로소 출발된 것은 아니었다. 조선후기, 즉 양란 이후 직접 생산자들의 노력에 의해 경제와 사회가 발전함에 따라서 전근대적 제도와 인습을 극복하려는 노력이 광범위하게 전개되었다. 이에 진보적인 지식인들이 등장하여 이 시기의 민의 성장에 입각하여 사회경제적 발전을 반영하고 촉진할 수 있는 제도 개혁을 모색하는 사상운동을 전개하였는데, 그것이 바로 조선후기 실학이었다. 이들은 국가의 위기를 타개하기 위해 양반제와 지주제의 모순을 완화 내지 해소하고 대동과 균평을 구현하는 새로운 국가를 지향하였다. 이것은 국가의 공적 영역을 확장하고 공법 질서를 확립하여 집권력을 강화시키고 공공성을 확대하려는 우리식 근대화 방향이었다.

중국과 우리나라는 세계사에서 보기 드물게 장구한 기간 중앙집권국가를 발전시켜왔으며, 유학은 그 국가 경영의 원리로서 수용되고 발전하였다. 조선후기 실학은 주자학에서 출발하였지만 당시 국가의 위기와 관련하여 주자학을 넘어선 새로운 유학을 추구하였다. 실학자들은 양반 지주 출신이면서도 이들의 특권을 배제하는 제도 개혁을 주장하였으며, 국가의 고유한 역할과 기능을 강화시켜 계급 모순을 해소함으로써 사회와 국가의 발전을 도모하려 하였다.

다산은 대동과 균역, 그리고 탕평을 지향하는 조선후기 실학의 국가 구상을 집대성하였는데, 이를 뒷받침하기 위해 유교·주자학에 내재되어 있는 계급지배를 배타적으로 비호하는 논리를 제거하려 하였다. 그리하여 6경 4서에 대한 주석을 새롭게 시도하여 주자의 주석을 비판하고, 주자가 주목하지 않은 '악경(樂經)'을 복원하기 위해 『악서고존(樂書孤存)』을 편찬하였다. 또한 선진(先秦) 유가의 민본사상을 발전시켜 상향식 추대론, 혁명론, 입법론을 제시하였다. 다산이 이러한 정치론을 제출할 수 있었던 것은 조선후기 사회경제적 변동과 그에 따른 민중의식의 성장이 그 배경이 되었다.

다산의 상향식 정치론과 1표 2서의 국가 구상은 상호 보완관계에 있었다. 「탕론」 등에서 제출된 상향식 정치론이 국가권력 형성의 이론이라면,『경세유표』의 국가론은 바로 그러한 과정을 거쳐서 선출된 국왕이 추진해야 할 개혁의 청사진이었다. 여기서 제시한 정전제(井田制)와 부공제(賦貢制), 만민균직론(萬民均職論) 등은 오늘날에도 바람직한 국가의 위상과 역할을 가늠하는 준거가 될 수 있다.

또한 1표 2서에는 국가와 민, 국가와 시장의 관계 설정과 관련된 풍부한 사례가 제시되어 있다. 조선후기 경제의 발전 방향이 비록 자본주의화로 잡혀 있었다고 하더라도, 국가가 시장을 적절하게 통제함으로써 시장 자본주의의 모순을 제거하려 한 것이 우리식 근대 국가가 지향하는 방향이었음을 다산은 보여주었다. 아울러서 비록 서구와 같이 민이 정치의 주체가 되는 제도를 구체적으로 제시하지는 못하였지만, 실질적으로 민의 주체성과 자율성에 입각하여 국가를 운영하는 방안이 다양하게 구상되었다.

21세기 문명사의 전환기에 유학이 그 대안이 되려면 피상적인 문화적 요소를 넘어서 국가 경영 원리를 보여주는 정치경제학(政治經濟學)이 되어야 한다. 여기에는 다산 실학의 국가 구상에 보이는 국가와 민의 관계, 국가와 시장의 관계 등이 중요하게 고려되어야 하며, 「탕론」 등에서 제출된 상향식 정치론과『경세유표』에서 제시된 국가론을 서구의 정치·경제사상과 비교·검토하는 가운데 서구적 근대성의 진보적인 측면을 구현하는 방향으로 재구성된 유학이어야 할 것이다.

제3장 『경세유표』를 통해서 본 복지국가의 전통

1. 머리말

　다산 정약용이 강진에 유배 와서 수많은 저술을 남겼다는 것은 잘 알려진 사실이다. 정약용은 조선후기 실학을 집대성했다는 평가를 받고 있는데, 조정에 있을 때는 국왕 정조(正祖)와 함께 대동(大同)과 균역(均役), 그리고 탕평(蕩平)을 구현하는 새로운 국가를 만들려고 시도하였다. 그러나 노론 벽파를 중심으로 한 반대파의 반발에 부딪쳐 정조의 죽음으로 좌절을 맛보고, 강진으로 유배되었다.[1] 그래서 그는 조정에서 못다 이룬 꿈을 500여 권이 넘는 저술로 남겼던 것이다. 그는 자신이 조정에 있을 때 시도한 제도 개혁의 정당성을 동아시아의 지적 전통 위에서 확보하기 위해 유교 경전인 6경 4서에 대한 새로운 해석을 담은 주석서를 저술하였다. 그 다음 '낡은 국가를 새롭게 만들려는[新我舊邦]' 구상을 담은 이른바 '일표이서(一表二書)'의 저술에 착수하였다.[2]

　그는 먼저 조선왕조 국가의 낡은 제도를 혁신하려는 의도 아래 제도

---

1) 김용흠, 2009, 「조선후기 정치와 실학」, 『다산과 현대』 2, 연세대 강진다산실학연구원 ; 2012, 「다산의 국가 구상과 정조 탕평책」, 『다산과 현대』 4·5 합본호.
2) 김용흠, 2014, 「다산 실학의 성격과 국가 구상―21세기 유학의 변용 가능성 탐색」, 『한국학논집』 56, 계명대 한국학연구원.

개혁안을 담은『경세유표(經世遺表)』의 저술에 착수하였지만, 중도에 중단하고『목민심서(牧民心書)』의 저술에 매진하여 완성한 뒤, 마지막으로『흠흠신서(欽欽新書)』를 저술하다가 유배가 풀려서 고향으로 돌아갔다. 따라서 그가 강진에서 완성한 것은 일표이서 가운데『목민심서』뿐이었고,『경세유표』는 고향 마재로 돌아가서 탈고하였다.[3] 일표이서는 모두 정약용이 기획한 국가 구상의 산물이었으므로, 상호 밀접한 연관성을 갖고 각각 새로운 국가의 서로 다른 측면을 보여주고 있지만 그 기획의 전체적인 밑그림은 『경세유표』를 통해서 볼 수 있다.

정약용이 사거한 뒤 일표이서는 지식 사회에 전파되어 널리 영향을 미치고 있었다. 행정과 소송에 주로 참고되는『목민심서』와『흠흠신서』에 비해 『경세유표』는 실무 지침서로서의 성격이 약하여 널리 활용되지는 못하였다고 하지만 이미 개항 전 강위(姜瑋, 1820~1884)의 시무 상소에서 인용되고 있었고, 광무양전 사업(1898~1904) 당시에는 양전의 참고서로 활용될 정도의 위력을 발휘하였다.[4] 또한 1894년 동학농민운동을 주도한 전봉준 일파가 『경세유표』를 활용했을 가능성도 꾸준히 제기되고 있다.[5]

이후 애국계몽기에도 정약용에 대한 관심은 지속적으로 제기되었는데, 특히 이때는 몽테스키외나 루소와 같은 서양의 계몽사상가에 대비하여 언급되었다.[6] 그리고 1919년 3·1운동을 전후하여 사회주의가 도입된 이후에는 민족주의와 사회주의 계열 지식인 모두 정약용의 사상에 관심을 갖고 1930년대 조선학(朝鮮學)운동이 전개되기에 이르러『여유당전서(與猶堂全書)』의 발간으로 이어졌다.[7]

---

3) 조성을, 2007,「『경세유표(經世遺表)』의 문헌학적 제문제−성립과정과 저술시기를 중심으로」,『다산학』10, 다산학술문화재단 ; 김용흠, 2015,「서울과 지방의 학술 소통 : 다산학과 다산학단」,『다산과 현대』8 ; 조성을, 2016,『年譜로 본 茶山 丁若鏞−샅샅이 파헤친 그의 삶』, 지식산업사, 704쪽, 731~732쪽.

4) 고동환, 2012,「19세기 후반 지식세계의 변화와 다산(茶山) 호출(呼出)의 성격」, 『다산과 현대』4·5 합본호, 37쪽.

5) 홍동현, 2015,「1894년 강진지역 동학농민전쟁과 다산 정약용의『경세유표』」,『다산과 현대』8, 368쪽.

6) 김진균, 2012,「근대계몽기(1894~1910)의 다산 호출」,『다산과 현대』4·5합본호.

그렇지만 정약용의 국가 구상에 대한 본격적인 연구는 해방 이후를 기다려야만 했다. 해방 이후 반세기가 지나는 동안 정약용에 대한 연구는 방대한 분량에 달하지만 그가 구상한 국가의 성격에 대해서는 아직도 논란이 분분한 실정이다. 대체로 식민사관 극복이라는 문제의식에서 제기된 내재적 발전론 입장에서 조선후기 실학을 근대적, 또는 근대 지향적 사상으로 규정하고, 정약용의 국가 구상이 그 정점에 위치하는 것으로 받아들여졌다. 그렇지만 지난 세기말부터 이러한 구도의 문제점에 대한 지적이 나오고 있다.[8]

이들은 서구의 역사에서 도출한 역사발전 단계론을 도식적으로 적용하는 문제, 자본주의를 도달점이나 경과점으로 설정하는 근대주의, 국제적·외적 계기를 무시하고 내적 계기만을 중시하는 민족주의의 편협성, 그리고 '근대' 담론 그 자체의 타당성 문제 등을 제기하였다.[9] 조선후기 실학에 대한 이러한 문제제기는 나름대로의 입장과 논거에 입각하고 있는데, 정약용이 제출한 국가 구상의 성격이 무엇인가를 규명하여 이들 문제에 대한 해답을 모색할 수도 있을 것이다.

본 장에서는 두 가지 논점을 가지고 이에 접근해 보고자 한다. 하나는 『경세유표』의 국가 구상이 우리 역사에서 장구한 기간 계승·발전된 국가 경영의 전통 위에서 나온 것이라는 점이고, 다른 하나는 그것은 국가의 기능과 역할이라는 측면에서 볼 때 오늘날의 복지국가와 가장 유사한 모습을 보인다는 점이다.[10] 여기서는 특히 『경세유표』에서 압도적 비중을 점하

---

7) 최재목, 2012, 「1930년대 조선학운동과 '실학자 정다산'의 재발견」, 『다산과 현대』 4·5합본호.

8) 김용흠, 2011, 「'조선후기 실학'과 사회인문학」, 『동방학지』 154, 연세대 국학연구원 ; 정일균, 2012, 「1950/60년대 '근대화'와 다산 호출」, 『다산과 현대』 4·5합본호. 이외에도 다수의 연구사 정리가 존재하는데, 『경세유표』의 연구사를 정리한, 가장 최근에 발표된 논고로서 조성을, 2017, 「경세유표 연구의 제문제」, 『다산학』 31, 다산학술문화재단이 있어 참고된다.

9) 김용흠, 2011, 앞 논문, 233쪽.

10) 오늘날 국가의 모델로 받아들여지고 있는 서양 근대 국가에 대한 논의는 절대주의 국가론, 입헌주의 국가론, 도덕 국가론, 계급 국가론, 다원 국가론 등이 있다.

고 있는 정전제(井田制)와 부공제(賦貢制) 및 환곡제도 개혁론을 집중적으로 검토하여 『경세유표』가 복지국가의 전통을 집약한 저술임을 보이고자 한다.

2. 국가의 역할과 민의 자발성

1) 『경세유표』의 구성과 특징

2016년 겨울, 우리는 전국에서 연인원 1700여만 명이 영하의 추위 속에서 주말마다 촛불을 들고 '이것이 나라냐'고 외쳤다. 21세기 들어 세계 10대 경제강국이라는 외형적인 화려한 수사에도 불구하고 우리나라는 세계 최고의 자살률과 최저 출산율, 최고의 장시간 노동이라는 통계를 통해 그 내부에 치명적인 문제를 안고 있다는 것이 폭로되었다. 청년들은 '3포' 세대를 넘어 이제는 'n포 세대'라고 자조하며 '헬조선'이라는 저주를 퍼붓고 있으며, 장년층은 심각한 고용불안, 노후불안에 시달리고, 노년층은 최고의 빈곤율과 자살률로 나날의 삶을 이어가는 것이 고통임을 호소하고 있다. 세계가 주목하는 경제력과 기술력에도 불구하고 세월호 참사와 같은 대형 재난에

앤드류 빈센트 지음, 권석원·서규선 옮김, 1992, 『국가론』, 도서출판 인간사랑 참조. 이들 다양한 유형의 국가들이 20세기에 두 차례의 세계대전을 경과하면서 점차 복지국가로 이행하고 있다는 관점에서 복지국가를 조망한 저술이 있어 참고된다. 라메쉬 미쉬라 지음, 남찬섭 옮김, 1996, 『복지국가의 사상과 이론』, 한울 ; 프랑스아·자비에 메랭 지음, 심창학·강봉화 옮김, 2000, 『복지국가』, 한길사. 우리 역사 속에 존재했던 국가와 오늘날의 복지국가는 동양과 서양이라는 지역적 차이는 물론, 전근대와 근대 이후, 그리고 자본주의의 등장 이전이냐 이후냐의 결정적인 차이가 있으므로 즉자적인 비교는 무의미한 일이다. 다만 근대 자본주의가 출현한 이후 스스로의 모순에 의해 직면한 위기를 국가의 개입을 통해서 국민을 보호함으로써 극복하려 한다는 점에서 현대 복지국가의 기능과 역할은 우리 역사 속 국가의 존재 이유와 일맥상통하는 측면이 있다고 보았다. 즉 근대 이후 등장한 다양한 유형의 국가 가운데 국가의 역할과 기능의 측면에서 우리 역사에서 존재했던 국가와 가장 유사한 국가는 복지국가로 볼 수 있다는 것이다.

무기력한 국가의 맨얼굴을 보면서 국민들이 촛불을 들고 부르짖은 말이 바로 '이것이 나라냐?'였다.

이것은 다른 모든 것을 떠나서 오늘날 우리나라의 현실이 역사적 전통과 심각하게 어긋나 있다는 것을 보여준다. 우리는 세계에서 드물게 집권국가의 유구한 역사와 전통을 갖고 있었다. 선사시대 만주와 연해주, 한반도 등 동북아시아를 무대로 삶을 꾸려가고 있던 우리 조상들은 생산력 발전과 함께 계급 사회가 도래하자 '국가'를 통해서 결집하지 않으면 생존할 수 없다는 것을 터득하게 되었다. 우리 역사에 고조선을 비롯한 부여, 진국, 고구려, 옥저, 동예, 삼한 등의 여러 '국가'가 등장한 것은 바로 생존을 위한 고투의 산물이었던 것이다.

고조선이 멸망한 이후 이들 수많은 나라 가운데 고구려, 백제, 신라만이 살아남아서 이른바 '삼국시대'가 전개되었는데, 그것은 이들 국가가 권농(勸農)정책, 진휼(賑恤)정책과 같은 '(국)민을 보호하는 정책'을 폈기 때문에 가능한 일이었다.[11] 이것은 중국에서 발원한 유교(儒敎)의 보민론(保民論)이 전래되기 이전의 일이었으므로, 국가가 국민을 보호해야 한다는 것은 생존을 위해 우리 민족 스스로가 터득한 원칙임을 알 수 있다. 국가가 국민을 보호하는 정책을 효율적으로 시행하면 번영하였고, 국민을 보호하지 못하면 붕괴되었다는 것을 우리 역사는 분명하게 보여주었다. 정약용이 일표이서를 통해서 새나라 만들기에 나선 것은 다른 무엇보다도 바로 이러한 역사 전통을 통찰하고 나온 것이었다.[12]

『경세유표』의 내용은 이상 국가론이 아니라 당시 조선의 현실에 입각한 제도 개혁안을 제시한 것이었다. 그것은 정약용이 그 서문에서 밝혔듯이, "털끝 하나하나가 병들지 않은 것이 없어서 개혁하지 않으면 나라가 망할 것"이라는 절박한 현실 인식의 산물이었다. 그는 당시의 현실에 입각하여

---

11) 김용흠, 2010, 「한국 중세 국가 연구의 방향과 사회인문학」, 『동방학지』 150, 연세대 국학연구원. 필자는 이를 근거로 삼국시대부터를 중세로 보아야 한다고 주장하였다.

12) 정약용이 일표이서 곳곳에서 유교 경전과 중국의 역사를 검토하는 것과 함께 반드시 우리 역사 속에서 관련 사례를 검토하고 있는 것에서 그것을 볼 수 있다.

개혁의 필요성과 절박성을 토로하면서, 그 정당성을 중국과 우리나라의 역사 전통 속에서 끌어냈다. 그가 『주례(周禮)』를 비롯한 유가(儒家) 경전에서 그 근거를 찾고, 중국과 조선에서 제도 개혁의 사례를 검토한 것은 그 정당성이 유구한 역사와 전통에 뿌리박고 있다는 것을 보이고자 한 것이다. 따라서 『경세유표』는 우리나라를 포함한 동북아시아의 전근대 국가론을 집약한 저술로 볼 수 있다.

『경세유표』는 『주례』를 이념으로 삼아서 조선왕조 국가의 각종 제도를 재조명하였다. 잘 알려진 것처럼 『주례』는 동북아시아에서 장구한 기간 발전해온 중앙집권 국가의 통치체제를 유교적 규범에 입각하여 마련한 경전으로서, 조선왕조 국가의 출범 이래 조선후기 실학자들이 국가의 제도 개혁을 거론할 때마다 주요 전거가 되어 왔다.[13]

〈표 1〉 『경세유표』의 내용 구성[14]

책	권수	대제목	소제목	기타
1책	권1	천관(天官) 이조(吏曹)		治官之屬 20
	권2	지관(地官) 호조(戶曹)		敎官之屬 20
	권3	춘관(春官) 예조(禮曹)		禮官之屬 20
2책	권4	하관(夏官) 병조(兵曹)		政官之屬 20
	권5	추관(秋官) 형조(刑曹)		刑官之屬 20
	권6	동관(冬官) 공조(工曹)		事官之屬 20
3책	권7	천관수제(天官修制)	동반관계, 서반관계, 종친훈척, 외명부, 외관지품	
	권8	천관수제	삼반관제(三班官制)	장인영국도
	권9	천관수제	군현분예(郡縣分隸)	12성(省) 군현총수
4책	권10	천관수제	군현분등(郡縣分等)	민호(民戶)와 전결(田結)
	권11	천관수제	고적지법(考績之法)	무남성 고적계본식
5책	권12	지관수제(地官修制)	전제(田制) 1	정전론(井田論) 1~3
	권13	지관수제	전제 2	
	권14	지관수제	전제 3	
6책	권15	지관수제	전제 4	
	권16	지관수제	전제 5	관전별고(官田別考)
	권17	지관수제	전제 6	방전의(邦田議)
7책	권18	지관수제	전제 7	기사추대개장
	권19	지관수제	전제 8	

---

13) 연세대 국학연구원 편, 2005, 『한국 중세의 정치사상과 周禮』, 혜안 ; 조성을, 2017, 앞 논문.

	권20	지관수제	전제 9	정전의(井田議) 1
	권21	지관수제	전제 10	정전의 2
8책	권22	지관수제	전제 11	정전의 3
	권23	지관수제	전제 12	정전의 4
	권24	지관수제	전제별고 1	결부고변, 제로양전고
9책	권25	지관수제	전제별고 2	어린도설(魚鱗圖說)
	권26	지관수제	전제별고 3	어린도설
	권27	지관수제	부공제(賦貢制) 1	구부론(九賦論)
10책	권28	지관수제	부공제 2	
	권29	지관수제	부공제 3	관시지부(關市之賦)
	권30	지관수제	부공제 4	염철고(鹽鐵考) 상
11책	권31	지관수제	부공제 5	염철고 하, 광야고
	권32	지관수제	부공제 6 잡세(雜稅)	각주고, 외쇄고
	권33	지관수제	부공제 7	방부고(邦賦考)
	권34	지관수제	창름지저(倉廩之儲) 1	
12책	권35	지관수제	창름지저 2	대청강소성 평창액저표
	권36	지관수제	창름지저 3	상평창조례
13책	권37	지관수제	호적법(戶籍法)	
	권38	지관수제	교민지법(敎民之法)	1부12방표, 1부9방표
	권39	균역사목추의 1	해세(海稅)	
14책	권40	균역사목추의 2	선세(船稅)	
	권41	춘관수제(春官修制)	과거지규 1	
	권42	춘관수제	과거지규 2	
15책	권43	하관수제(夏官修制)	무과(武科)	
	권44	하관수제	진보지제(鎭堡之制)	

　『경세유표』는 44권 15책으로 되어 있는데(〈표 1〉), 1책과 2책은 『주례』의 체제에 맞추어서 관제의 전체적인 규모를 제시하였고, 3책과 4책은 '천관수제(天官修制)'라는 제목 아래 이조의 관직 운용 개혁에 대해 서술하였다. 5책부터 13책까지는 '지관수제(地官修制)'라는 제목 아래 호조 소관 각종 제도와 그 개혁 방안을 검토하였는데, 14책 권39, 40의 '균역사목추의'도 호조 소관으로 볼 수 있다. 14책 권41과 15책 권42는 '춘관수제(春官修制)'라는 제목 아래 과거제도의 개혁에 대해 논하였고, 15책 권43, 44는 '하관수제(夏官修制)'라는 제목 아래 각각 무과 개혁안과 진보(鎭堡)의 제도를 논하였

---

14) 丁海廉, 2004, 『역주 경세유표 1~3』, 現代實學社에 의거하였다.

다. 이렇게 보면 『경세유표』는 예조와 병조 개혁안은 매우 소략하고, 형조와 공조에 대한 내용이 누락된 것을 볼 수 있다.[15]

『경세유표』에서 압도적인 비중을 점하고 있는 것은 바로 지관수제, 즉 호조 관련 내용이었는데, 그 중 5책에서 8책은 전제(田制) 1~12라는 제목으로 정전제(井田制)의 시행 방안에 대해 검토하고 있다. 이렇게 보면 『경세유표』에서는 토지제도 개혁론이 가장 중요하게 다루어지고 있음을 알 수 있다. 그 다음이 부공제(賦貢制, 1~7)이고, 환곡(還穀)제도 개혁안을 다룬 창름지저(倉廩之儲, 1~3)가 그 뒤를 이었으며, 이러한 논의를 뒷받침하기 위해 호적법(戶籍法), 교민지법(敎民之法), 해세(海稅)와 선세(船稅) 등이 보충된 것으로 이해된다.

잘 알려진 것처럼 조선후기에는 직접 생산자인 농민들의 노력으로 농업 생산력이 발전하고, 이를 바탕으로 상품화폐경제가 성장하였는데, 정작 농촌에서는 대토지 소유가 확대되어 다수 농민들은 몰락하고, 국가 재정은 궁핍해지는 악순환에 빠져 있었다. 즉 대토지 소유 확대가 생산력 발전의 걸림돌이 되고, 전반적인 국가 발전을 제약하는 근본적 문제로 떠오르고 있었다. 따라서 국가의 존립을 위해서라도 토지소유의 왜곡을 바로잡지 않으면 안 되었다. 정약용이 『경세유표』의 압도적인 분량을 정전제 검토에 할애한 이유는 바로 여기에 있었다.

2) 정전제 시행 단계로서의 구일세법

정약용은 처음에는 자신의 선배 실학자들의 견해를 따라서 균전론(均田論)을 내세우다가 유배 직전에는 이를 비판하고 사적 토지소유를 전면적으로 부정하는 여전론(閭田論)을 제출하였다.[16] 그런데 강진으로 유배 와서는

---

15) 정약용이 스스로 작성한 자찬묘지명에서 "經世遺表四十八卷, 未卒業"이라고 한 것은 일차적으로 이러한 측면 때문이 아닌가 한다.

16) 김태영, 2012, 「茶山의 井田制論」, 실시학사 편, 『다산 정약용 연구』, 사람의무늬, 144~155쪽.

정전론(井田論) 시행 방안을 집중적으로 검토하였다. 이에 대한 선행 연구에서 정약용은 토지의 사적 소유와 병작제를 승인한 전제 위에서 정전제의 시행을 추구하였다고 주장하거나[17] 정전제 시행의 당위성만 강조되었을 뿐 구체적인 방법론은 제시되지 못하고, 구일세법 시행에 머물렀다고 평가하였는데,[18] 이러한 주장은 『경세유표』의 관련 내용에 대한 그릇된 해석에서 비롯된 것으로 보인다.

『경세유표』에서 정약용이 주목한 것은 대토지 소유 해체를 위한 '국가의 역할'에 있었다. 그는 유교 경전에 입각하여 사적 토지소유를 원리적으로 부정하였지만 현실적으로 존재하는 민의 땅을 빼앗을 수는 없다고 보았다. 따라서 국가의 정책을 통해서 대토지 소유를 해체하는 방안을 모색할 수밖에 없었다.

> 천하의 전지를 다 빼앗아 농부들에게 나누어 주는 것이 고법(古法)이다. 그것이 불가능하다면 천하의 전지를 헤아려 우선 그 가운데 1/9을 취하여 공전(公田)을 만든다면 이 역시 '고법'의 반(半)은 된다. … 만약 농사짓지 않는 민에게 하나라도 전지를 소유하게 한다면 이것은 고법이 아닌데, 균평하게 해서 장차 무엇하겠는가?[19]

이것은 정약용이 균전론을 비판하면서 나온 주장인데, 국가가 공전을 만들어서 구일세법을 시행하는 것으로 정전제는 반쯤 실현된 것으로 본다.

---

17) 이영훈, 1996, 「다산의 정전제 개혁론과 왕토주의」, 『민족문화』 19, 민족문화추진회.

18) 박찬승, 1990, 「丁若鏞의 井田制論 考察」, 尹絲淳 編, 『丁若鏞』, 高麗大 出版部, 284~285쪽. 최근의 연구에서도 이러한 주장이 확인된다. 박진태, 2013, 「다산의 토지문제 인식의 추이와 연속성」, 『다산과 현대』 6, 175쪽. 이러한 논의를 비판적으로 검토한 아래 논고가 있다. 최윤오, 2015, 「다산 정약용의 어린도설과 정전제」, 『한국민족문화』 56, 부산대 한국민족문화연구소.

19) 『경세유표』 권16, 지관수제, 전제 5, "盡天下而奪之田, 以頒農夫, 則古法也. 如不能然, 盡天下而算其田, 姑取九分之一, 以作公田, 亦古法之半也 … 使不農之民, 一或有田, 則已非古法, 均之, 將何爲哉."[丁海廉 校註, 2004, 『經世遺表』原文, 現代實學社, 205쪽(이하 쪽수는 이 책에 의거함)].

여기서 정약용은 '농사짓지 않는' 사람이 토지를 소유하는 것은 '고법'이 아니라고 말하고 있는데, '농사짓는 사람이 전지를 얻고, 농사를 짓지 않으면 전지를 얻을 수 없다[農者得田, 不爲農者不得田]'[20]는 것은 그의 정전론을 관통하는 가장 중요한 원칙이었다. 그렇다면 대지주의 땅에서는 어떻게 정전을 시행할 것인가?

지금 나라 안의 전지가 사전(私田) 아닌 것이 없으니, 어떻게 할 것인가? 장차 큰 일을 하려고 하는데 어찌 자잘한 절차를 다 돌보겠는가. 무릇 정전으로 구획할 땅은 (그 주인이) 좋아하고 하지 않고를 묻지 않고 구획해서 정지(井地)로 만든 다음, 이에 값을 물어 보아 '공전' 1구는 관(官)에서 그 값을 내는데 대체로 후하게 쳐준다. '사전' 8구는 그 시점(時占) ─ 무릇 전지는 모두 왕전(王田)이다. 사주(私主)를 전주(田主)라 일컬어서는 안 되므로 시점이라고 칭한다. 아래도 이와 같으니, 보는 이는 상세히 살펴야 할 것이다. ─ 에게 물어 보아, 그 8구가 모두 1가(家)의 전지라면 그대로 두어 분산 경작하는 일이 없도록 하고, 다만 '시점'으로 하여금 8농부를 엄선하여 8구를 나누어 맡기되, 1부가 2구를 얻지 못하게 한다면, 이것이 곧 '정전'이다. 이에 이들 8부가 함께 '공전' 경작하기를 일체 고법(古法)과 같이 하며, 가을에 '공전'의 곡식을 수확해서 공가(公家)에 바치도록 하고, (공가가) 다시는 조세·잡요(雜徭) 따위로 이들 8농부를 침책하지 않는다면, 이것이 곧 1/9법이다.[21]

대지주의 땅에서 '공전'으로 구획하는 땅은 국가에서 매입하며, '사전'에는

---

20) 『경세유표』 권16, 지관수제, 전제 5, "農者得田, 不爲農者不得田."[205쪽].
21) 『경세유표』 권20, 지관수제, 전제 9, "今國中之田, 無非私田, 將若之何. 將大有爲, 奚顧細節. 凡可井之地, 不問其肯與不肯, 畫之爲井, 然後乃問其價, 其公田一區, 官出其價, 大約從厚, 其私田八區, 問其時占(凡田皆王田也, 私主不可謂之田主. 故名之曰時占. 下皆倣此, 覽者詳之.), 若其八區, 都係一家之田, 亦令仍舊 無使分裂, 但使時占, 嚴選八夫, 分授八區, 毋使一夫, 得佃二區, 於是乎井田也. 於是以此八夫, 共治公田, 一如古法, 及秋而穫公田之粟, 以之輸公, 不復有租稅雜徭, 侵此八夫, 於是乎九一也."[253쪽].

소작농 8가구를 배치하고, 이들로 하여금 공전을 경작하게 하여 그 수확물을 국가에 납부하게 한 뒤, 일체의 다른 세금이나 부역을 금지하는 것이 구일세법이라고 하였다. 만약 이대로 시행되었을 경우, 8가구의 소작농이 지주에게 지대를 제대로 바칠지 의문이다. 여기서 작은 글씨로 '시점(時占)'의 의미를 부언한 것은 정약용이 사적 토지소유를 부정하는 원칙을 재차 확인해 둔 것으로 보아도 좋을 것이다.

또한 정약용은 정전론을 주장하는 여기저기에서 지주의 지대를 부정하는 주장을 분명히 하였다.[22] 이 시기에는 소작농민들의 지주에 대한 항쟁이 전국적으로 만연되어 있는 시기였는데,[23] 만약 국가에서 이처럼 강력하게 사적 토지소유를 부정하는 원칙을 천명하고 나온다면 소작농들이 기꺼이 지대를 납부하려 들 리가 없을 것이다.

그리하여 정약용은 이렇게 말하고 있다.

9분의 1세는 하늘과 땅이 모나고 둥근 것처럼 바른 이치이다. 9분의 1보다 많으면 백성이 지탱하지 못하고, 9분의 1보다 가벼우면 나라가 넉넉할 수 없다. 옛적에는 9분의 1로 하여 위아래가 모두 편했는데, 한(漢)나라 이래로 9분의 1보다 가볍게 했다. 그러나 부역을 번거롭게 일으켜서 징수하여 거두는 것이 한도가 없고, 유력자들이 교활한 방법으로 땅을 겸병하여 농부들은 말라비틀어질 지경이었다. 이는 (국가와 지주에게) 들어오는 수입을 모두 계산하면 10에서 7, 8을 바치지 않는 자가 드물었기 때문이었다. 참으로 9분의 1로 하는 법을 회복하여, 9분의 1세 외의 여러 가지 폐해를 모두 제거할 것 같으면 백성으로서 춤추지 않을 자가 있겠는가?[24]

---

22) 『경세유표』 권16, 지관수제, 전제 5, "使不農之民, 一或有田, 則已非古法, 均之, 將何爲哉. 雖得大均, 不農者, 坐收十五, 躬耕者, 仍輸十六, 先王之法, 誠如是乎."[205쪽].

23) 金容燮, 2004, 「18, 19世紀의 農業實情과 새로운 農業經營論」, 『新訂 增補版 韓國近代農業史硏究 I－農業改革論·農業政策(1)』, 지식산업사, 31~56쪽.

24) 『경세유표』 권20, 지관수제, 전제 9, "九一者, 天地方員之正理. 多於九一, 民不可支也. 輕於九一, 國不可給也. 古者九一, 上下咸安, 自漢以來, 輕於九一. 然賦役繁興, 徵斂無藝, 豪猾兼幷, 農夫憔悴, 悉計所入, 其不爲什七八者, 鮮矣. 誠若九一是復, 而**九一之外, 雜害悉**

여기서 '9분의 1세 외의 여러 가지 폐해'에는 지주의 지대가 포함되어 있는 것이 분명하며, 구일세법의 시행을 통해서 이것을 부정하려는 의도를 분명히 읽을 수 있다. 정약용은 정전제 시행을 위해 국가가 할 일은 여기까지 이며, 그 다음은 소작농들이 적극적인 활동을 통해서 스스로 그 경작권을 획득하기를 바라고 있다고 보아야 할 것이다. 즉 정전제는 국가가 나서서 주도적으로 추진하지만 민의 자발적인 협조와 노력이 없이는 달성하기 어려운 일임을 인정한 것이다. 따라서 정약용은 정전론과 구일세법을 분리 해서 본 것이 아니라 구일세법의 철저한 시행이야말로 정전제를 시행하는 하나의 수단이자 단계로 보았던 것이다.

3) 생산의 전업화와 산업의 다각화

정약용의 정전론에서 주목해야 할 또 한 가지는 단순히 빈민 구제와 같은 시혜 차원의 국민 보호를 말한 것이 아니라 생산력 발전을 염두에 두고 있다는 점이다.

> 부모 처자와 부양할 식구가 비록 많아도 진실로 굳센 힘이 없다면 이 전지를 줄 수 없다. 어떤 농부가 있어 부모·처자·형제·자매가 10명이 넘더 라도 모두 쇠약하고 병들어서 농사에 힘쓸 수 없는데, 소사도(小司徒)가 상등의 전지를 주려 하겠는가.[25]

> 전지를 배분하는 법은 전지를 다스리는 데 중점을 두는 것이지 전산(田産) 을 마련해 주는 데 있지 않다.[26]

除, 民有不蹈舞者乎."[247쪽].

[25] 『경세유표』 권15, 지관수제, 전제 4, "父母妻子所養者, 雖衆, 苟無强力, 不可以授此田也. 有吡焉, 父母妻子, 兄弟姊妹, 恰過十人, 皆罷癃殘疾, 不可力田, 小司徒, 其肯以上地授之 乎?"[194쪽], "井田之法, 當先算田總. 於是嚴選强力者, 計畝以授之, 田盡而止, 不復爲意. 此堯舜三王之法也."[195쪽].

[26] 『경세유표』 권15, 지관수제, 전제 4, "分田之法, 重在治田, 不在制産, 孰云計口而分田

토지개혁의 목적이 '제산(制産)'에 있는 것이 아니라 '치전(治田)'에 있으며, '강력한 자'에게만 상등의 전지를 배분해야 한다는 정약용의 말은 약자를 배려하지 않는 각박한 말처럼 들리지만 그것이 아니었다.

> 적당한 사람을 얻어서 전지를 맡겨 힘을 다해서 농사지으면 곡식 소출이 많아지고, 곡식 소출이 많아지면 백성의 먹을 것이 풍족해지고, 백성의 먹을 것이 풍족하면 노쇠한 자, 병든 자, 쇠약한 자, 어린이, 공장이, 장사꾼, 산과 못을 관리하는 자, 저울을 관장하는 자, 마소를 치는 자, 채소와 과일을 재배하는 자, 베를 짜는 부인들도 모두 그 가운데서 먹을 것을 얻어 화목하고 즐겁게 살 것이다. 이것이 바로 성인(聖人)의 뜻이다.[27]

그가 능력 있는 농부에게만 전지를 주려 한 것은 생산력을 제고하기 위한 것이며, 그래야만 농업에 종사하지 않는 사람들도 풍족해질 수 있다고 본 것이다. 정약용의 정전론은 만백성이 각자 자기 직업을 수행하여 획득한 재화를 가지고 농민이 생산한 양식과 교환하여 먹고 사는 것을 전제하고 있다.[28] 즉 주곡 생산을 전담하는 정전제 농업의 확고한 기초 위에서 여타 산업의 제 분야를 개발하고 진흥함으로써 전국적으로 수많은 항산(恒産)의 터전을 마련하고, 거기서 부공(賦貢)을 징수함으로써 국가재정을 풍족하게 만들려 하였다. 그리하여 만백성을 9직(九職)에 배치하여 각자 자기 직업에 전업적으로 종사하게 하고 이들로부터 직공(職貢)을 거둘 것을 구상하였던 것이다.[29]

　乎." [194쪽].

27) 『경세유표』 권15, 지관수제, 전제 4, "得人以任之, 盡力而治之, 則出穀多. 出穀多, 則民食足, 民食足, 則疲者病者衰者釋者工者商者虞者衡者牧者圃者媵者, 皆得怡怡然得食於其中, 此聖人之志也." [194~195쪽].

28) 김태영, 2012, 앞 논문, 165쪽.

29) 김태영, 2012, 위 논문, 254쪽. 9직은 『경세유표』(권27, 지관수제 부공제)에서는 삼농(三農, 9곡 생산), 원포(園圃, 초목 재배), 우형(虞衡, 山澤之材), 수목(藪牧, 새와 짐승 번식), 백공(百工), 상고(商賈, 재화 유통), 빈부(嬪婦, 고치와 삼), 신첩(臣妾, 쓸모없는 물건), 한민(閑民)이고, 『목민심서』(호전, 권농)에서는 전농(田農, 9곡

정약용은 우리나라가 유사 이래 주곡 위주의 농업경제에 매달려 분업이 발달하지 못하고, 생산기술이 너무나 낙후되어 있다고 지적하고, 전업적 분업을 통해서만 다양한 생산 기술이 제대로 발달할 수 있고 또한 모든 일이 독자적인 명목과 실제를 갖출 수 있다고 보았다. 9직 분업론은 국가가 나서서 새로운 생산 영역을 창출함으로써 다양한 일자리를 제공하자는 것이고, 부공제는 바로 이러한 구직론(九職論)에 입각하여 창출된 다양한 산업 분야에서 조세를 징수하여 재정 수입을 늘리자는 발상이었다.[30]

실제로 조선후기에는 농업에서도 상업적 농업이 발달하고, 수공업·광업·어업·염업 등에서도 괄목할 만한 발전이 이루어졌으며, 이에 따라 상품화폐경제가 하루가 다르게 성장하고 있었다.[31] 정약용의 9직론은 이러한 사회경제적 변동을 염두에 두고 유교 경전을 검토해서 마련한 것으로 볼 수 있는데, 구부론(九賦論)에 입각한 부공제(賦貢制) 운영 역시 민의 자발적이고 적극적인 활동을 통해서 9직이 활성화되어야만 가능한 일이었다. 정약용은 이러한 민의 능동적인 참여를 전제하면서, 정전제를 기초로 하여 전조(田租)와 부렴(賦斂)을 바로 잡고 백성들에게 9직을 권장하는 것을 국가의 역할로 설정하였던 것이다.[32]

따라서 『경세유표』에서 압도적 비중을 점하고 있는 정전제와 부공제는 단순히 조세제도 개혁론의 차원으로만 볼 수는 없다.[33] 그것은 국가체제

생산), 원전(園廛, 과일 생산), 포휴(圃畦, 채소 재배), 빈공(嬪功, 포백 직조), 우형(虞衡, 목재 생산), 축목(畜牧, 가축 사육), 공(工), 상(商), 신첩(臣妾)이라 하였다. 김태영, 같은 논문, 213쪽 참조.

30) 김태영, 2012, 위 논문, 216쪽.

31) 崔完基, 1997, 「개요」, 『한국사 33』, 국사편찬위원회, 3~9쪽.

32) 『경세유표』 권16, 지관수제, 전제 5, "堯禹之所以畫田爲井者, 非爲均民之産業, 乃爲正國之租賦 … 億兆林蔥, 雖慈母, 猶不能一一乳哺之, 唯其取於民有制, 則民斯便矣. 故聖人務正租賦, 不務均産. 惟以九職勸萬民, 使各胥資, 以得食而已."[209쪽]

33) 안병직, 2012, 「茶山의 田賦改革論」, 실시학사 편, 앞 책. 『경세유표』를 조세제도 개혁론으로 이해하는 것은 홍이섭 선생 이래 많은 연구자들에 의해 답습되어 왔다. 이에 대한 비판적 검토로 아래 논문이 있다. 김용흠, 2013, 「홍이섭 사학의 성격과 조선후기 실학」, 『韓國實學研究』 25, 韓國實學學會. 부공제는 새로운 산업의 발전 전망을 담은 것이지 부세론을 전개한 것이 아니므로, '부세론의 정립에 실패했

전반의 개혁론이었고, 새로운 국가 경영 기획이었으며, 그 발전 전망을 담은 미래 국가의 청사진이었다.

구일세법은 당시 시행되고 있던 전세제도에 비하면 현격하게 높은 것이다.[34] 물론 당시의 전세가 제도상으로는 40분의 1 또는 30분의 1에 불과하면서도 각종 불법적 수취가 자행되어 실질적 수취는 매우 높은 수준이었음을 감안하면 구일세법이 토지 소유자 입장에서도 불리한 것은 아니었다. 그렇지만 정약용이 염두에 둔 것은 소작농에게 있었다. 토지소유의 모순이 국가 경제를 좀먹고 있다는 것을 폭로하여 지주의 지대를 타파할 수 있다면 9분의 1세는 결코 높은 세율이 아니라고 본 것이다. 그리고 이를 통해서 국가 재정 수입 또한 증가될 것이니 그야말로 국가와 민이 함께 혜택을 누릴 수 있는 방안이기도 하였다.

17세기 이래 수많은 지식인들은 지주전호제의 모순이 생산력 발전을 가로막고 있다고 인식하여 왔다. 그 때문에 수백 년에 걸쳐서 토지개혁론이 제도개혁의 관건으로서 거론되어 온 것이다. 정약용의 정전론은 이러한 토지개혁론을 검토한 위에서 실현 가능성을 가장 크게 염두에 두고 제기된 것이었다. 그의 정전론은 대토지 소유에서 오는 각종 모순을 제거하기 위해 일하는 농민만이 토지를 점유할 수 있다는 원칙을 세우고 국가가 공전을 마련하여 이러한 원칙을 실천한 뒤, 구일세법을 관철시켜 지주제를 해체하려고 구상하였다. 따라서 사적 토지소유는 원칙적으로 부정되었으며, 구일세법을 통해서 소작농의 자발적인 지대 거부 운동을 유도하여 현실적으로 존재하는 토지소유권을 무력화시키려고 시도하였다.

그렇지만 아무리 소작농이 자발적으로 나서더라도 지주들의 반발을 무릅쓰고 이것을 추진하기 위해서는 강력한 왕권과 국가권력이 요구된다.[35]

다'(안병직, 위 논문, 395쪽)는 지적은 초점이 빗나간 것이다.

34) 鄭允炯, 1990①, 「茶山의 財政改革論」, 『茶山學의 探究』, 民音社, 310쪽.

35) 『경세유표』 권20, 지관수제, 전제 9, "宜先定聖志, 乃召一二大臣, 可與謀國者, 敦定厥議, 然後上告宗廟, 下告萬姓, 則臣民見者, 咸知先靈難誣, 事在必行. … 欲正經界, 非唯人主, 力量弘大, 奮發興作, 乃作可爲也."[248쪽]. 또한 정약용은 정전제 시행을 방해하는 지주에 대해서는 엄하게 처벌해야 한다고 주장하였다. "唯井地時占之人, 有不循公議,

즉 그는 강력한 국가권력을 통해서 계급 모순을 극복하려고 시도했던 것이다. 『경세유표』에서 제시된 강력한 왕권과 국가권력은 민의 자발성을 극대화하여 계급 모순을 제거함으로써, 생산에 종사하는 백성이 풍요롭게 사는 국가를 전망하고 있었다.

3. 복지국가의 전통과 새나라 만들기

환곡은 원래 진휼(賑恤)제도로 출발되었지만 양란 이후 국가 재정이 궁핍해지면서 재정 수입을 확보하는 수단으로 변질되었다. 그리하여 18세기에 이미 전정(田政), 군정(軍政)과 함께 환곡(還穀)제도의 문란이 농촌경제를 파탄으로 몰아가는 주요 요인으로 지목되어 '삼정(三政)의 문란'이라는 말이 관용어가 되었다.[36] 환곡은 18세기 초에 500만 석이던 것이 1760년 경 930만 석으로 대폭 상승하여 이후 대체로 1000만 석을 유지하였다.[37]

이렇게 환곡 총액이 증가한 것은 회록법(會錄法)의 시행으로 모곡(耗穀)의 일부가 원곡(元穀)으로 흡수되었기 때문이지만, 한편으로 중앙의 재정관서와 감영 등에서 각도에 환곡을 새롭게 창설하였기 때문이기도 하였다. 당시 환곡의 모곡 수입은 중앙관서의 정규 수입에 버금가는 규모였기 때문에 중앙 아문과 감영 등에서는 구관곡(句管穀)을 창설하여 자체적으로 모곡을 수취하려는 노력을 계속하였다.[38] 이로 인해 환곡 운영에서 허다한 폐단이 노출되었다.

專憑私慾, 强梗橫挐, 沮戲大事者, 監役參軍, 得論報御史, 嚴刑遠配, 或謗訕朝廷, 以沮萬世之利者, 直用極律."[254쪽].

36) 鄭允炯, 1990②, 「茶山의 還上改革論」, 姜萬吉·鄭昌烈 외, 『茶山의 政治經濟 思想』, 창작과비평사, 217쪽.

37) 오일주, 1992, 「조선후기 재정구조의 변동과 환곡의 부세화」, 『역사와 실학』 3, 歷史實學會, 84쪽.

38) 최주희, 2017, 「19세기 전반 중앙재정의 문제와 다산의 중앙재정개혁론」, 다산학술문화재단 주관 제21회 다산학 학술회의 발표문, 158~160쪽.

정약용은 유배 이전에 이미 "법은 환자보다 나쁜 것이 없다"면서 환곡의 폐단을 통렬하게 비판하였다.[39] 그리고 『목민심서』에서는 환자를 백성의 뼈를 깎는 병폐에 비유하였을 뿐만 아니라 환자에 의한 농민 수탈을 '늑탈(勒奪)'이라고 폭로하기도 하였다. 정약용은 그 폐단을 아전들의 농간에서 찾았던 당대의 통념을 넘어서 수령과 감사의 부정을 고발하였다. 그는 환자의 폐단이 단순히 아전들의 기강이 해이해져서 발생한 것이 아니라 사회의 구조적 모순에서 초래된 것이라고 보았던 것이다.[40]

이를 극복하기 위해 정약용은 ① 중앙아문과 감영에서 개별적으로 운영하던 구관곡을 없애고, ② 8도와 2부(府, 개성부와 강화부)의 가호(家戶) 수를 감안하여 호당 8석의 환곡이 배분될 수 있도록 환총(還總)을 조정한다. 그리고 ③ 기존의 결환(結還), 호환(戶還), 통환(統還)의 잡다한 환곡 분급 방식을 호(戶)로 통일하고, ④ 이에 대한 관리를 호조와 감영으로 일원화하여 모곡의 수취와 관리 체계를 정비한다. 또한 ⑤ 1200만 석의 환곡은 반류반분(半留半分)으로 운영하고, 2/10의 모곡을 수취하도록 하되, 간색미(看色米)·낙정미(落庭米)·타석미(打石米) 등 일체의 부가 경비를 없애도록 하였다.[41] 마지막으로 ⑥ 나머지 300만 석을 상평곡(常平穀)으로 만들어 풍흉에 따라 곡식을 매매함으로써 곡가(穀價)를 안정시킬 뿐 아니라 흉년이 들어 농민들이 환곡을 갚지 못할 때에 대비하자고 주장하였다.[42]

---

39) 『다산시문집』 권12, 「환자론」.

40) 정윤형, 1990①, 앞 논문, 307쪽. 정약용이 지적한 환곡제도의 폐단은 정윤형, 1990②, 앞 논문에 자세하다.

41) 최주희, 2017, 앞 발표문, 161~162쪽. 기존 환곡 1000만 석은 1석=15두로 계산한 것이었는데, 정약용은 이것을 비판하고 1석=10두로 계산하여 전체 환곡 규모를 1500만 석으로 산정하고, 그 가운데 1200만 석만 춘대추납의 환자로 운영하자고 제안하였다.

42) 정윤형, 1990②, 앞 논문, 237쪽.

1) 전근대 진휼정책의 전통

그렇다면 19세기 삼정 문란의 최대 요인이었던 환곡제도를 폐지하지 않고 존치시키려 든 이유는 무엇일까?[43] 전근대에는 전반적인 생산력의 한계로 인해 인민들이 자연재해에 취약할 수밖에 없었다. 수재(水災)나 한재(旱災)로 큰 기근(饑饉)을 만나면 빈궁한 농민들은 굶어 죽거나 유리걸식 하는 참담한 상황을 피하기 어려웠고, 토지 황폐화와 인구 감소로 농촌 사회가 붕괴되기 마련이었다.[44] 따라서 국가는 자연재해로 인한 흉년에 대한 대비책을 마련하지 않을 수 없었다.

한국 중세의 농업생산력은 장구한 세월을 거치면서 꾸준히 발전해 왔다. 그러나 중세 거의 전 기간에 걸쳐서 단혼 소가족 단위의 자립적 소농경영이 확립되는 데는 많은 장애 요인이 도사리고 있었다. 경지 이용방식이나 농업 기술, 농기구, 시비법, 수리 시설 등 영농 조건에서 꾸준한 발전이 있었지만, 소농경제가 이로써 바로 안정될 수 있는 것은 아니었다. 국가에 의한 과도한 수취나 국가권력을 이용한 지배층의 착취뿐만 아니라 자연재해 나 전란(戰亂) 등에 의해서도 농민의 재생산 기반은 끊임없이 위협받았다. 따라서 중세 농민이 재생산 기반을 유지하기 위해서는 경지 이용방식이나 농업기술과 같은 영농 조건 못지않게 국가의 진휼정책도 중요한 부분이 되지 않을 수 없었다.

우리 역사에서 진휼정책이 최초로 확인되는 것은 고구려에서 시행된 진대법(194)이지만, 국가 차원에서 볼 때 진휼정책보다 근본적 대응이 권농 정책이었다. 삼국시대 초기부터 이미 권농정책을 통해서 농민들의 재생산 기반을 제고하기 위해 노력하였다는 기록이 확인되고 있다.[45] 국가가 지배

---

43) 안병직은 환곡이 국가 경영을 위한 세입 확보 차원에서 필수 불가결하여 혁파보다 개혁의 대상이 될 수밖에 없었다고 보았으며(2012, 앞 논문, 393쪽), 이러한 시각은 최주희(2017)에서도 기본적으로 답습되어 있다. 이들의 논의에서는 환곡의 본래 기능인 진휼(賑恤) 측면에 대한 이해가 누락되어 있다.

44) 金敬泰, 1990, 「茶山의 賑恤糧穀 需給論」, 姜萬吉·鄭昌烈 외, 앞 책, 243~244쪽.

45) 김용흠, 2010, 앞 논문, 58쪽.

체제를 안정시키기 위해서도 농민들의 재생산 기반을 보호하여 유망을 막는 정책이 절실하게 요구되었다. 즉 권농정책과 진휼정책은 우리 역사에서 국가의 존립 이유가 국민을 보호하는 것에 있다는 것을 분명하게 보여준 정책이었던 것이다.

정약용은 우리나라 환곡제도의 역사를 정리하면서 진대법을 언급하고 나서 바로 고려시대의 진휼정책으로 넘어갔다. 이것은 관련 기록의 부족 때문이었으므로, 유교 경전과 중국 역사에서 진휼정책 관련 기사를 뽑아서 먼저 제시한 것은 자연스러운 일이었다. 우리와 같이 중국 역시 집권적 봉건국가의 유구한 역사와 전통이 있었으므로, 국가를 운영하는 과정에서 유사한 문제에 부딪칠 수밖에 없었기 때문이다.

고려시대에 대해서는 건국 초기에 이창(里倉)으로부터 의창(義倉)과 상평창(常平倉) 운영 사례만 간략하게 제시하였다.[46] 진휼정책은 농민의 재생산을 보장하려는 목적에서 시행되었지만, 고려시대에 이미 국가의 재정 수입과 지출에 직접 관계되는 중요한 일이 되었다. 그러므로 성종(成宗)대부터 중앙과 지방에 의창을 설치하고 동서대비원(東西大悲院)을 비롯한 각종 진제(賑濟) 기구를 설치하는 한편, 진휼에 필요한 재원을 확보하기 위해 별도로 의창조를 수취하여 담당 기관에 분급하였다. 또한 세입의 순감소를 초래하는 재면(災免)은 답험손실(踏驗損實)의 절차와 감면(減免) 정도를 법으로 규정하여 자의적 재면을 금지하였다. 즉 고려시대 이미 진휼은 국가 차원에서 계획하고 시행하는 중대한 재정 활동이었으므로 진휼의 시행 여부는 일일이 중앙정부가 결정하였다.[47]

고려전기에 시행된 의창제도는 고려중기 이후에는 제대로 그 기능을 발휘하지 못하다가 그 후 계속적으로 국가재정이 악화됨에 따라서 충렬왕(忠烈王) 이전에 붕괴되고 말았다. 의창제도 등 상설적인 구휼 기관이 붕괴된 후에도 국가는 산발적이고 형식적인 차원의 구휼 사업을 계속하였지만, 몽고와의 전쟁 이후 계속 악화되는 국가의 재정 때문에 그 실효는 거둘

---

46) 『경세유표』 권34, 지관수제, 창름지저 1[404쪽].
47) 안병우, 2002, 『高麗前期의 財政構造』, 서울대 출판부, 159~160쪽.

수 없었고, 오히려 백성들은 국가의 과렴(科斂)과 권세가들의 고리대에 시달리는 형편이었다.

고려말 의창 부활의 조짐은 공민왕(恭愍王)대를 전후하여 지방관으로 파견된 과거 출신 신진 세력들에 의해 몇몇 지방에서 독자적으로 의창이 설치됨으로써 나타나기 시작하였다. 그러한 분위기는 점차 중앙으로 파급되어 신진 세력들이 권력을 장악하게 되는 창왕(昌王)·공양왕(恭讓王)대를 중심으로 의창이 설치되어 이것이 조선초 의창의 기틀을 이루게 되었다.[48]

조선왕조 개창 이후 15세기 전반기에는 집권적 통치체제가 정비되는 것과 함께 진휼기구가 마련되어 고려시기와는 비교할 수 없는 규모로 진휼이 시행되었다. 태종 후반기부터 수만 석까지 분급하는 사례가 있었으며, 태종 16년(1416)에는 경기도에서만 20만 석 정도를 분급하기도 하였다. 그 후 세종 5년(1423)에 극심한 흉황이 닥쳤을 때 전국에 분급한 양이 100만 석을 넘었고, 그 이후에는 한 도(道)에 1회 분급하는 양이 수십만 석에 이르는 경우가 흔히 있었다. 특히 세종 26년(1444)에는 경기도에만 100만 석을 분급하였으며, 세종 26·27·28년에는 매년 200만 석 이상을 전국에 분급하였다. 이 정도의 환자와 진제는 농민들의 농사를 돕는데 큰 도움을 주었으며, 많은 기민(饑民)들을 구제하였다. 세종 28년(1446)의 경우 곡종으로 분급한 양이 160만 석 정도였는데, 이것은 당시 전체 토지의 약 30~40% 정도의 면적에 파종할 수 있는 양이었다. 그리고 이 정도 면적을 경작하는 민호는 전체 농민의 절반이 넘었을 것이기 때문에 극심한 흉황에는 절반 이상의 농민들이 국가에서 분급하는 곡종에 의존해야만 비로소 재생산을 유지할 수 있었다고 보아야 할 것이다.[49]

그런데 16세기에 접어들면서 국가는 더 이상 의창제도를 유지하는 데 관심을 두지 않았다. 따라서 중종(中宗) 무렵에는 환자·진제로 분급하는 미곡도 군자곡(軍資穀) 중심으로 바뀌었다. 그리고 환자를 수납할 때 모곡의

48) 朴鍾進, 1986,「高麗前期 義倉制度의 構造와 性格」, 邊太燮 編,『高麗史의 諸問題』, 三英社, 441쪽.

49) 金勳埴, 1993,「朝鮮初期 義倉制度硏究」, 서울대 박사논문, 235~236쪽.

명목으로 본수(本數) 이외의 잉여곡을 수취하는 것이 제도화되면서 환자의 성격이 변질되었다.[50] 그와 함께 환자의 수납 과정에서 재징(再徵)·첩징(疊徵)·남징(濫徵), 족징(族徵)·인징(隣徵) 등의 문제가 발생하였다. 또 수납 대상 선정이나 수납 순서에서 불균등 현상이 생겨났으며, 유력층의 환자 '거납(拒納)' 현상까지 발생하였다. 그래서 그 대책으로서 '공채미납자(公債未納者)'에게 '전가사변형(全家徙邊法)'의 시행이 검토되었다. 여기에는 비축 곡 부족과 미수곡 증가의 해결, 그리고 환자를 거납하는 사족·부민층에 대한 통제를 강화하려는 의미가 담겨 있었다. 그러나 그 시행 기준 변화에서 도 드러나듯이 국가정책은 후퇴를 거듭하였다.[51]

한편, 16세기에는 부족한 진자(賑資)를 보충하기 위한 다른 세목(稅目)의 진휼 전용(轉用) 현상이 나타났다. 주로 전세 상납곡, 중앙 각사의 공물 여유분, 노비 신공(身貢), 어·염·선세(船稅), 결송작지가(決訟作紙價), 각사(各司)에 상납할 죄인 수속(收贖) 등이 전용 대상이 되었다. 또한 민간의 보유 곡물을 직접 구황 재원으로 이용하는 방안도 검토·권장되었다. 민간보유곡의 출연이라 할 수 있는 '권분(勸分)', 즉 사채(私債)나 '관봉(官封)' 그리고 납속보관제(納贖補官制) 등이 그것이었는데, 이것은 15세기와는 다른 특징적인 현상을 이루면서 대체로 사채, 관봉, 납속 수가(受價)·납속 보관(補官)의 단계를 거쳐 정착되어 갔다.[52] 중종대에는 진휼청(賑恤廳)이 설치되어 이러한 진휼 사업을 운영하는 절목(節目)을 만들어 시행하기도 하였다.[53]

2) 환곡 천만석의 의의와 다산의 개혁론

양란을 경과하여 17세기 후반이 되면 진휼을 담당하는 부서가 상설화되

---

50) 김훈식, 위 논문, 238~240쪽.
51) 趙圭煥, 1997, 「16세기 還穀 運營과 賑資調達方式의 변화」, 『韓國史論』 37, 서울대 국사학과, 177쪽.
52) 조규환, 위 논문, 177~179쪽.
53) 李泰鎭, 1998, 「상평창·진휼청의 설치 운영과 구휼문제」, 『한국사 30』, 국사편찬위원회, 347쪽.

고, 이들이 환곡을 운영하게 됨으로써 재정아문으로 등장하게 된다. 상평청 (常平廳)과 진휼청(賑恤廳)이 바로 그것이었다. 상평청은 권설(權設) 기관으로서 치폐를 거듭하다가 1648년(인조 26) 상설기관으로 변모한 뒤, 1650년 (효종 1) 청의 사신 접대를 위하여 3분모를 상평청에서 회록(會錄)하여 사신 접대 비용으로 사용하기 시작했다. 즉 상평청이 당시 환곡의 대부분을 차지하던 호조 구관곡(句管穀)의 모곡(耗穀) 중 3/10을 매년 회록하게 됨으로써 재정아문으로 등장하는 계기가 되었다. 진휼청 역시 17세기 후반 복설되어 독자적인 환곡을 마련하여 재정아문으로 등장하였다.[54]

18세기 초에 전국의 환곡 총액은 500만 석에 달하였는데, 이러한 환곡의 증가를 주도한 것이 바로 상평청과 진휼청의 환곡이었다. 이외에도 공명첩 (空名帖)을 발급하여 마련한 곡물의 절반을 첩가미(帖價米) 명목으로 비축하였으며, 지방수령에게는 진자(賑資)를 확보하기 위해 자비곡(自備穀)을 마련하도록 독려하였다. 이처럼 조선왕조 정부는 빈발하는 자연재해에 대비하기 위하여 비축곡물의 확보에 노력하였다.[55]

18세기에 이르러서도 자연재해는 거의 매년 발생하였고, 이에 대한 대책으로서 왕조 정부에서는 비축곡물을 확보하기 위해 노력한 결과 영조대의 환곡은 18세기 초반의 5백만 석에서 천만 석으로 급격히 증가하였다. 18세기의 환곡은 중앙아문곡인 호조곡, 상진곡, 비변사 곡물 등이 있었고, 지방에는 감영곡과 통영, 병·수영 곡물이 있었다. 1750년 균역법이 공포된 이후에는 급대를 목적으로 군작미(軍作米) 10만 석을 균역청에 이록하여 균역청이 환곡을 운영하였다. 이를 계기로 중앙 각 관아에서도 환곡을 운영하기 시작했다. 정조대에는 장용영을 신설하면서 그 비용을 충당하기 위해 환곡을 설치하였고, 이어서 총융청, 사복시, 주자소, 수어청, 병조, 형조, 한성부 등이 비용 조달을 목적으로 환곡을 설치하여 운영하였다.[56]

18세기 들어 환곡이 급격히 증가하는 가운데 왕조 정부에서는 반류반분

54) 文勇植, 2001, 『朝鮮後期의 賑政과 還穀運營』, 景仁文化社, 19~44쪽.
55) 문용식, 위 책, 68쪽.
56) 문용식, 위 책, 142쪽.

(半留半分), 진분(盡分), 이류일분(二留一分), 개색(改色) 등 다양한 방식으로 환곡을 운영하였다. 호조곡, 상진곡, 비변사곡은 반류반분으로 운영되어 농량과 진자에 사용되었다. 그러나 비용 조달을 목적으로 설치된 감영곡과, 삼사곡(三司穀)을 제외한 중앙아문의 환곡은 진분으로 운영되었다. 또한 지역간의 풍흉의 차이와 비축곡물의 불균(不均) 속에서 타 지역에 이전을 목적으로 설치된 각종 창고곡은 곡물의 부패를 방지하기 위해 이류일분으로 운영되어 가장 충실하게 유지될 수 있었다. 이처럼 왕조 정부는 농민 재생산 보장과 재정 충당이라는 이중적 목표를 달성하기 위해 다양한 방법으로 환곡을 운영하였다. 또한 반분곡(半分穀)의 경우는 필요에 따라 추가 분급이 이루어지는 가분(加分)이 시행되기도 하였으며, 경우에 따라서는 매년 분급하는 응가분(應加分)이 시행되기도 하였다.57)

18세기 후반 가분이 일상화되고, 진분곡이 증가함에 따라서 환곡의 총량은 천만 석을 유지하였지만 그 분급률은 증가하였다. 그러나 빈번한 자연재해로 인하여 분급한 환곡을 전부 징수하지 못하여 포흠곡(逋欠穀)이 증가하였다. 이에 따라 환곡의 모곡을 재정에 충당하던 각 기관들은 재원을 확보하기 위해 각종 모리(牟利) 행위를 자행하여 환곡의 폐단이 심화되었다.58)

조선후기에 흉년이 들면 기민(饑民)에게 식량을 진급(賑給)하는 구제제도가 정비된 것은 대체로 18세기 영·정조 시기의 일이었으며, 그 법제적 근거가 된 것이 1746년 편찬된『속대전(續大典)』과 1786년 편찬된『대전통편(大典通編)』이었다. 이에 따라 18세기 말부터 시작하여 1808년에 편찬된『만기요람(萬機要覽)』재용편(財用編) 황정(荒政) 조에 경중(京中) 설진(設賑)과 외읍(外邑) 설진(設賑), 그리고 경청발매식(京廳發賣式 : 1朔 1巡)과 최빈궁백급식(最貧窮白給式 : 국왕의 특별교시에 의한 무상지급), 외읍분진식(外邑分賑式 : 1朔 3巡) 등의 정식이 수록되기에 이르렀다.59) 이러한 진휼을 위한 곡물의 많은 수량이 환곡 중에서 획급되고 있었다. 따라서 진곡의 획급이

---

57) 문용식, 위 책, 180쪽.
58) 문용식, 위 책, 194쪽.
59) 김경태, 1990, 앞 논문, 245~249쪽.

필연적으로 환자용 곡물을 감소시키기도 하였다.[60]

18세기 영조·정조대 환곡 천만 석(정약용의 계산에 따르면 1500만 석)은 이와 같이 흉년에 기민 진휼에 필수 불가결하였기 때문에 정약용은 그 폐단을 제거하고 새로운 운영방안을 제시하였던 것이다. 즉 그것은 장구한 기간 국가가 진휼정책을 통해서 생산자 농민을 보호하려는 역사적 전통을 계승하여 나온 것이었다.

정약용이 중앙아문과 감영에서 개별적으로 운영하는 구관곡을 없애고 (①), 환곡의 관리를 호조와 감영으로 일원하여 모곡의 수취와 관리 체계를 정비하자(④)고 주장하였지만[61] 그렇다고 당시 환곡이 가지고 있던 재정 기능을 완전히 부정하였다고 볼 수는 없다. 다만 정약용의 환곡제도 개혁안에서 또한 주목해야 하는 것은 상평곡 300만 석의 존재이다. 상평법은 곡가 조절을 위한 제도로서 미곡·면포 등 생활필수품을 값이 쌀 때 다소 비싼 값으로 사들였다가 값이 오르면 다소 싼 값에 팔아서 물가를 조절하는 장치였다. 정약용은 자신의 환곡 운영 개혁안에도 불구하고 환곡의 원곡이 고갈될 위험에 대비한 안전장치로서 상평곡을 설정하려 하였다.

정약용은 상평곡을 조적법(糶糴法)으로 운영하여 곡가를 조절하려 하였는데, 이것은 진곡(賑穀) 수급을 위한 해결 방안이었을 뿐만 아니라 미곡(米穀) 상품화(商品化)의 전개와 더불어 풍년에도 미곡 상인들의 미곡 매점(買占)과 미가(米價) 조종으로 미가가 폭등하는 것에 대한 현실적인 대응 방안이기도 하였다. 정약용이 제안한 상평곡 운영은 조선후기 상품화폐경제의 진전에 따른 미곡의 상품화와 미가 고등에 대응하여 미곡의 상품유통과 미가 조절에 의한 전진적인 진곡 수급론으로 볼 수 있다.[62] 즉 정약용이 환곡 1500만 석 가운데 300만 석을 상평곡으로 설정한 것은 시장경제의 작동 원리를 활용하여 농민을 보호하려는 시도였던 것이다. 이를 통하여

---

60) 김경태, 위 논문, 251쪽.

61) 최주희, 2017, 앞의 발표문 가운데 각주 41)에서 인용한 부분에 보인다.

62) 김경태, 1990, 위 논문, 263~269쪽. 이렇게 본다면 상평창 운영을 중앙과 지방의 경비 보충을 위한 것이라는 견해(최주희, 2017, 앞 발표문, 164쪽)는 재고를 요한다.

제3장 『경세유표』를 통해서 본 복지국가의 전통　559

당시의 변화하는 현실 속에서 환곡의 진휼 기능을 확보하려는 그의 의지를 확인할 수 있다.

3) 민에 대한 믿음과 새나라 만들기

마지막으로 정약용의 환곡 개혁론에서 주목해야 할 점은 앞서의 정전제 시행에서와 마찬가지로 민의 자발성을 적극 활용하려고 한 측면이다. 정약용은 일찍이 황해도에서 농민들이 국가의 제도를 무시하고 자치적으로 군포계(軍布契)를 조직하고 역근전(役根田)을 마련하여 군역을 해결하는 것을 보고 그 효능을 높이 평가하여 이 방식을 제도화하도록 건의한 적이 있었는데, 이러한 논의가 『경세유표』와 『목민심서』에서도 반복되고 있다.[63]

정전제 시행에서 소작농의 자발적인 지대 거부 운동을 유도한 바 있었는데, 이러한 태도는 장정을 조발(調發)하는 방식에도 적용되어, 자치조직으로서의 촌락의 장(長)인 촌감(村監)이 공론(公論)을 모아서 차출하도록 권장하고 있다.[64] 또한 선세(船稅)와 같이 과세대상이 이동하고 어획량을 파악하기 어려운 경우에 어장(漁場)마다 배의 척수와 세액을 확정하고 도선주(都船主)를 갑수(甲首)로 내세워 세액을 자치적으로 배분하는 방식을 권장하였다.[65]

환곡을 분급할 때 호(戶) 단위로 나누어 주지 말고 리(里) 단위로 나누어 줄 것을 주장하고 있는 것[66] 역시 농민들의 자치 능력에 대한 두터운 신뢰에서 나온 것이었다. 조선후기에는 생산력 발전에 토대를 둔 상품화폐경제의 성장으로 향촌 사회가 변화되어 면리제(面里制)가 획기적으로 발전

---

63) 정윤형, 1990①, 앞 논문, 313쪽.

64) 『경세유표』 권21, 지관수제 전제 10, "唯於畎內諸佃之中, 擇定一夫, 以爲佃首, 或觀其畝數, 或觀其人品, 參酌差定. 村監收公議差出, 縣令不得干涉."[263쪽]

65) 『경세유표』 권39, 균역사목추의 1, 해세(海稅), 어세(魚稅), "乃令本地僉使, 擇於諸船, 立一甲首(如所云, 都船主類), 使之均稅."[457쪽]

66) 『경세유표』 권36, 지관수제, 창름지저 3, "其頒糧之法, 宜於本額, 截取其半, 分排四衢之民戶, 又察其土宜, 頒之以里, 不頒之以戶."[428쪽]

하자, 경제력을 바탕으로 밑에서부터 상승해 오는 새로운 서민 계층이 면리제 운영에 참여하였다. 이들의 면리 기구 참여는 재지 사족층의 지배권을 약화시키고, 두레 등 공동 노동 조직의 강화를 바탕으로 촌락에서 발언권을 강화시켜 오던 농민층의 지위를 높여 주는 역할을 하였다. 이에 따라 국가에서는 부세의 안정적 확보를 위해 각 리 별로 공동 연대책임을 지우는 경향이 나타났는데, 그 대표적인 것이 이정법(里定法)이었다. 이정법은 국가에서 한정(閑丁)을 수괄(收括)하는 기능을 촌락에 맡겨서 농민층의 자율적인 노력으로 양역을 확보하려는 의도에서 나온 것이었다.[67]

19세기가 되면 거의 모든 군현이 이정법 아래 '군다민소(軍多民少)' 현상에 직면하여 각기 나름대로의 관행으로 군액을 해결하는 현상을 보이게 된다. 한 리의 상족(上族, 양반)과 하족(下族, 평민)이 모두 고르게 돈을 모아서 그 이자로 군포를 마련하여 납부하는 군포계가 운영되는가 하면, 상·하족 모두 군포를 고르게 내어 납부하는 호포제도 운영되고 있었다. 또 군포의 부족분을 모든 가호 또는 전답에 고르게 배분해서 충당하는 호렴(戶斂)이나 결렴(結斂) 등의 관행도 나타나고 있었다.[68]

정약용이 환곡에서 리 단위 운영을 주장한 것은 이러한 사회 변화를 긍정하는 방향에서 능동적으로 대응함으로써 국가와 민이 동시에 혜택을 누릴 수 있는 방안으로서 마련된 것이었다. 이러한 그의 의도는 전세 운영에 대한 아래 말에서도 확인할 수 있다.

나라에서 법정 세율을 내려 보내 세액을 정하고 백성이 공의(公議)를 모아 세액을 채우면, 위에서는 아래를 살피는 노고가 없고, 아래에서는 공평(公平)해지는 아름다움이 있을 것이니, 이 또한 양쪽에 함께 이득이 있어서 모두 편치 않겠는가?[69]

---

67) 金俊亨, 1995, 「지방행정체제의 변화」, 『한국사 34』, 국사편찬위원회, 198~202쪽.
68) 한영국, 1995, 「호구정책의 강화」, 『한국사 34』, 국사편찬위원회, 208쪽.
69) 『경세유표』 권22, 지관수제, 전제 11, "國降法率, 以定稅額, 民收公議, 以充稅額, 則上無察下之勞, 下有平物之美, 不亦兩得而俱便乎."[277~278쪽].

여기서 말하는 '양쪽'은 국가와 백성을 지칭하는 것으로서, 국가의 역할과 백성의 '공의(公議)'를 새로운 국가 운영의 두 축으로서 상정하고 있었던 것이다. 정약용은 국가가 제도 개혁을 통해서 환곡 운영에서 드러난 각종 폐단을 제거하는 것과 함께 향촌에서 새롭게 성장하는 계층이 주도하는 자치와 공론을 통해서 환곡제도가 본래의 진휼 기능을 회복하기를 기대했던 것이다. 정약용은 이와 함께 국가와 민 사이에서 제도의 허점을 이용하여 중간수탈을 자행하는 권력자와 벌열, 양반과 토호들을 강력한 권력으로 제압하여 민이 스스로의 자치를 통해서 흉년에 대비하면서 재생산 기반을 확보하여 생산력 증진에 몰두할 수 있게 만들려고 하였다.[70]

조선후기에는 생산력 발전에 힘입어 봉건제가 해체되고 자본주의가 싹트고 있었다.[71] 그렇지만 각종 제도의 모순과 봉건적 인습에 기대어 양반 지배층이 기득권을 고수하려는 경향 또한 강고하게 존재하였다. 이로 인해 생산력 발전은 지연되고, 대다수 민은 궁핍을 벗어나지 못하였으며, 국가는 재정 위기에 빠졌다. 정약용이 『경세유표』에서 구상한 국가는 바로 이러한 문제를 해결하려는 것이었다.

그렇지만 그가 구상한 국가는 자본주의 국가는 아니었다. 그가 환곡제도 개혁론의 하나로서 상평곡을 설정한 것은 시장 경제를 활용하여 진휼정책의 안전판을 마련하겠다는 것이지, 자본주의를 추구한 것은 아니었다. 당시의 역사 발전 방향이 자본주의로 잡혀 있었음에도 불구하고 정약용은 우리나라 국가 경영의 유구한 역사 전통에 입각하여 농민의 재생산 기반을 보장하는 것을 국가의 중요한 기능으로 설정하고 있었다. 따라서 그가 구상한 국가는 그 기능과 역할의 측면에서 볼 때 오늘날의 복지국가에 가깝다고 생각된다. 그리고 이러한 국가를 만들기 위해서는 국가의 역할과 함께 향촌을 비롯한

---

70) 이것은 「탕론」이나 「원목」에서 제시된 상향식 추대론, 혁명론, 입법론이 『경세유표』의 국가 구상과 모순된 것이 아니라 상호 보완 관계에 있다는 것을 분명하게 보여준다. 김용흠, 2012, 앞 논문, 387쪽 ; 2014, 앞 논문, 76쪽 참조.

71) 내재적 발전론에 비판적인 논자들 역시 조선후기에 '자본주의 맹아'가 발생하였다는 사실 자체는 부정하지 않는다. 이헌창, 2007, 「한국사 파악에서 내재적 발전론의 문제점」, 『한국사 시민강좌』 40 참조.

각종 경제 공동체에서 민의 공론와 자치 능력을 중시하였다는 점이 주목된다.

4. 맺음말

정약용이 『경세유표』를 통해서 제시한 것은 국가체제 전반의 개혁론이었고, 새로운 국가 경영 기획이었으며, 그 발전 전망을 담은 미래 국가의 청사진이었다. 그는 장구한 기간 우리나라 중세의 고질적인 문제였던 대토지 소유를 해체하여 생산력을 증진시키고, 일하는 농민만이 토지를 점유하고 식량 생산을 전담하게 하려 하였다. 그는 이를 위해 정전제를 시행할 것을 구상하고, 국가가 공전을 마련하여 이러한 원칙을 실천한 뒤, 구일세법을 관철시켜 지주제를 해체하려고 구상하였다.

기존의 사적 토지소유권은 존중하면서도 국가는 정전 구획과 공전 마련, 그리고 구일세법의 실행에 매진함으로써, 소작농이 지대를 거부할 수 있는 분위기를 조성하여 사적(私的) 대토지소유를 실질적으로 무력화시키도록 유도하려 하였다. 따라서 구일세법은 정전론과 분리되어 있는 것이 아니라 정전제 시행을 위한 수단이자, 그것을 완성하기 위해 반드시 거쳐야 하는 단계로 보았던 것이다.

정전제 시행에 저항하는 양반 지주 등 기득권 세력에 대해서는 강력한 국가권력을 동원하여 제압하려 하였다. 『경세유표』에서 제시된 강력한 왕권과 국가권력은 지배층이나 기득권자의 횡포로부터 생산자 농민을 보호하기 위해 작동하는 것으로 설정되어 있다. 결국 정약용은 국가권력을 강화시켜 계급 모순을 극복하려고 시도한 셈인데, 이것은 중세 우리 역사의 중요한 특징 가운데 하나였다.

또한 능력 있는 농민들에게만 경작지를 분배하여 식량 생산을 전담하게 하고, 나머지 국민들은 상업에 종사하거나, 광업, 임업, 어업 등 각종 산업을 개발하여 여기에 전업적으로 종사함으로써 새로운 부가 가치를 창출하게 할 것을 구상하였다. 이를 위해 정약용은 정전제와 함께 구직론(九職論)을 제시하고, 여기서 부공(賦貢)을 징수하여 국가 재정을 확충하려 하였다. 즉 구직론과 부공제는 정전제 시행 이후에 실현될 미래 국가의 청사진에 해당된다.

정약용은 19세기 삼정 문란의 주범이었던 환곡제도에 대해서 그 폐단을 제거하여 진휼의 본래적인 의미를 회복시키려 하였다. 이것은 장구한 기간 국가가 진휼정책을 통해서 국민을 보호하려 한 역사 전통을 계승하여 나온 것이었다. 그리고 자신의 환곡제도 개혁안에도 불구하고 원곡이 고갈될 위험에 대한 안전 장치로서 상평곡을 설정하였다. 그가 제안한 상평곡 운영은 조선후기 상품화폐경제의 진전에 따른 미곡의 상품화를 활용하여 미가 조절을 통해서 진휼곡을 확보하려는 전진적인 방안이었다.

정약용은 이러한 제도 개혁을 민의 자발성을 활용하여 추진하려고 구상하였다. 정전제를 시행하기 위해 구일세법을 강조한 것은 소작농들의 자발적인 지대 거부 운동을 유도한 것이었다. 또한 부공제도 관련 산업 종사자들의 공론에 입각하여 운영하려 하였다. 특히 환곡을 리 단위로 분배하자고 제안한 것은 조선후기 사회변동으로 새롭게 성장하는 서민 계층을 활용하여 진휼 기능의 실효를 거두기 위한 것이었다. 이것은 결국 향촌을 비롯한 각종 경제 공동체에서 민의 공론과 자치 능력을 신뢰하고, 그에 의지하여 국가권력을 강화시키려는 시도였다. 그의 각종 개혁안은 중간 세력의 농간을 제거하여 국가와 (국)민이 함께 부강해지는 방안들이었다. 1894년 농민전쟁의 지도부가 『경세유표』에 주목할 수 있는 개연성은 바로 이러한 측면에서 충분하다고 볼 수 있다.

중국과 우리나라는 집권국가의 유구한 역사와 전통이 있는데, 모두 국가가 국민을 보호하지 않으면 존립할 수 없다는 것을 국가 경영의 대원칙으로서 확인하고 있었다. 국가가 국민을 보호하는 정책이 효율적으로 작동되면 국가는 번영하였지만 그것이 흐지부지되어 실패하면 국가는 몰락의 과정을 거쳤다. 18세기 영조·정조대에 환곡 천만 석(정약용의 주장에 따르면 1500만 석)을 확보한 것은 조선왕조 국가가 이러한 대원칙을 실현한 성취로 보아야지, 그 말폐에 사로잡혀 진휼정책으로서의 본뜻을 부정하는 것은 역사를 왜곡하는 것이다. 따라서 정약용이 이러한 역사 전통을 통찰하여 환곡제도 개혁안을 제출한 것은 자연스러운 일이었다. 즉 우리 역사 속에는 국가가 국민을 보호하려는 유구한 전통이 존재하였으며, 『경세유표』는 이에 입각하여 전근대 국가론을 집약한 것이었다.

정약용은 국가권력을 강화시켜 지주전호제를 해체하고 일하는 농민에게 항구적인 경작권을 보장하려고 하였다. 농민의 재생산 기반을 항구적으로 보장하여 생산력 증진을 도모하고, 각종 재해의 위험으로부터 보호해주며, 농업 이외의 새로운 산업 분야를 창출하여 일자리를 만들어 내는 국가는 어떤 국가일까?

정약용은 사적 토지소유를 부정하였지만 시장 경제는 인정하였다. 따라서 그가 구상한 국가는 사회주의 국가는 아니었다. 시장 경제는 인정하였지만 매점매석과 같은 자본의 횡포는 국가가 제어해야 한다고 보았으므로 자유 방임주의에 입각한 자본주의 국가를 구상한 것도 아니었다. 정약용이 『경세유표』에서 구상한 국가는 그 역할과 기능의 측면에서 볼 때 오늘날의 복지국가에 가까웠다.

1930년대 전개된 조선학운동은 독립 이후 국가 건설의 방향으로서 바로 이러한 역사 전통에 주목하였다. 그것은 민족주의와 사회주의라는 이념 대립을 넘어서 합의한 신국가 건설의 대원칙이기도 하였다.[72] 그런데 분단과 전쟁, 그리고 냉전 체제를 거치면서 외세와 그와 결탁한 세력에 의해 그러한 원칙이 부정된 것이 바로 우리가 오늘날 직면한 모든 문제의 근원이었다. 이제 그 역사 전통을 회복하는 것은 21세기를 맞이하여 우리의 생존을 가늠하는 관건이 되고 있다. 정약용이 저술한 『경세유표』에서 제시된 국가론을 오늘날 새롭게 주목하는 이유는 바로 여기에도 있었다.

---

72) 김용흠, 2011, 2012, 2014, 앞 논문.

제4장 『목민심서』에서 무엇을 볼 것인가

1. 전통과 현대의 접점으로서의 『목민심서』

2018년은 다산 정약용(丁若鏞, 1762~1836)이 유배지 강진에서 『목민심서』 초고를 완성한 지 200주년이 되는 해이다. 잘 알려진 것처럼 정약용은 사상적 스승이자 정치적 동지였던 국왕 정조(正祖)가 갑자기 서거하자 1801년에 천주교도로 몰려 강진으로 유배된 이후 유교 경전인 6경 4서에 대한 새로운 해석을 담은 주석서를 편찬하고 이어서 '낡은 국가를 새롭게 만들려는[新我舊邦]' 구상을 담은 '일표이서(一表二書)'를 저술하였다. 『경세유표(經世遺表)』, 『목민심서(牧民心書)』, 『흠흠신서(欽欽新書)』가 바로 그것이었다. 정약용은 이외에도 자연과학과 의학을 포함한 방대한 규모의 저술을 남겼지만, 그 가운데 『목민심서』가 사람들로부터 가장 많은 주목을 받아서, 정약용이 사거한 뒤에 수많은 필사본이 유통될 정도로 그의 대표적인 저술로 인식되었다. 1876년 문호 개방 이후 서양 문물의 압도적 유행 속에서도 『목민심서』에 대한 관심은 꾸준히 지속되었다.[1] 과연 후대 사람들이 정약용의 『목민심서』를 통해서 보고자 한 것은 무엇이었을까?

21세기에 들어서자 많은 인문사회 과학자들 사이에서 '문명의 전환'이라

---

1) 고동환, 2012, 「19세기 후반 지식세계의 변화와 다산(茶山) 호출(呼出)의 성격」, 『다산과 현대』 4·5 합본호, 연세대 부설 강진다산실학연구원.

는 말이 화두가 되었다. 18세기 시민혁명과 산업혁명을 거치면서 형성된 민주주의와 자본주의를 앞세운 서양 문명이 20세기까지 세계를 지배하였지만 21세기 들어서서 그 지속적인 발전 가능성에 대해서 의문이 제기되면서 새로운 대안 문명에 대한 모색이 활발해진 현상을 가리키는 말이었다. 우리나라는 제2차 세계대전 이후 일본 제국주의의 지배를 벗어나서 원조를 받던 나라에서 다른 나라를 원조하는 나라로 괄목할만한 변화를 보였는데, 그것은 서양 따라잡기에서 성공한 덕분이었다. 그리하여 경제적으로 세계 10대 경제 강국으로 호칭되고 있지만 대부분의 국민들은 선진국 국민이라는 자부심을 갖지 못하고 있다.[2] 이러한 경제적 통계와 국민들의 주관적 의식의 괴리는 어디에서 유래한 것일까? 혹시 우리가 지금까지 그렇게 신봉해 마지않았던 서양 문명이 우리의 정체성과 맞지 않기 때문은 아닐까?

『목민심서』에 대한 끊임없는 관심은 우리의 정체성(正體性)이 무엇인가에 대한 의문과 관련이 있다. 정약용이 우리의 유구한 역사 전통에 근거를 두고 바람직한 목민관의 모습을 보이고자 저술한 것이 바로 『목민심서』였다. 여기에는 조선후기의 왜곡된 현실을 비판적으로 극복하는 방안에 대한 풍부한 성찰이 담겨있다. 모든 역사가 전통인 것은 아니다. 전근대 우리 역사 속에는 우리가 계승 발전시켜야 할 것만 존재하는 것이 아니라 우리가 비판하고 극복해야 할 요소들도 무수하게 발견된다. 우리 역사 속에 존재하는 이러한 퇴행적이고 부정적인 측면을 신랄하게 비판하고, 공동체 구성원 모두가 공존 공영할 수 있는 방안을 우리의 역사적 현실에 입각하여 추출하여 제시하였다는 점에서 『목민심서』가 주목할 가치가 있다고 할 수 있다.

물론 그 시각은 목민관, 즉 지식인이자 지배자에 맞추어져 있다. '목민(牧民)'이란 용어 자체가 통치 조직으로서 국가를 전제하고 있으며 민을 통치의 대상으로 보는 관점을 드러낸다. 정약용 역시 신분적으로는 양반이고 경제적으로는 지주 계급에 속한다. 그런데 『목민심서』 전편에는 민의 주체성과 창조성을 신뢰하고, 노동력을 보호하려는 관점이 저변에 깔려있다. 정약용

---

2) 김용흠, 2017①, 「백성을 하늘처럼 섬긴 다산 정약용의 삶과 사상」, 한국행정연구원 편저, 『역사학자들이 본 역사 속 행정 이야기』, 혜안.

의 사상을 거론할 때 '애민(愛民)', '위민(爲民)'이라는 수식어가 따라다니는 이유이다. 이것은 정약용이 무슨 숭고한 이타적(利他的)인 도덕군자였기 때문이어서가 아니라 그가 직면한 현실이 주체적으로 활동하는 민의 창조성이 없이는 나아질 수 없다는 인식의 소산으로 보는 것이 합당할 것이다.

따라서『목민심서』를 통해서 우리는 전근대 역사 속에서 우리 조상들이 피땀 흘려 창출해낸 바람직한 정체성이 무엇인지를 돌아볼 수 있다. 그것이 아무리 보잘 것 없는 것이라고 하더라도 우리 문제의 해결은 그것으로부터 출발할 수밖에 없다. 그것을 올바르게 인식해야만 서양 문명을 주체적으로 수용할 수 있다. 일제 시기의 국학자 위당(爲堂) 정인보(鄭寅普)가 정약용에 대한 연구는 바로 '조선사의 연구'라고 말한 것[3]은 바로 이러한 측면을 지적한 것으로 이해된다.

인간 해방과 기술 진보에서 서양 근대 문명이 이룩한 성취는 사실대로 인정해야 할 것이다. 그렇지만 제국주의적 팽창으로 식민지 주민들을 고통 속에 빠트리고, 두 차례에 걸친 세계대전으로 수많은 인명이 살상된 것에서 이미 서양 근대 문명의 한계는 드러났다. 이제 서양 문명이 그 수명을 다했다고 보고 문명의 전환이 거론되는 오늘날, 그것을 보완하고 대체할 수 있는 요소를 정약용의 사유 속에서 찾아내어 제시할 수 있다면 지구촌 사람들의 삶이 향상되는 것에 일말의 기여나마 할 수 있지 않을까.

2. 조선후기 사회변동과 목민서의 전통

1) 조선후기 사회변동의 양상과 특징

『목민심서』를 이해하는 또 하나의 중요한 전제가 우리 역사에서 '국가'라는 정치 공동체가 차지하는 위치이다. 세계사에서 보기 드물게 우리는

---

3) 정인보, 「唯一한 政法家 丁茶山先生 敍論」, 『東亞日報』1934년 9월 10일.

장구한 기간에 걸쳐서 국가를 발전시켜 왔으므로, 한국사의 발전은 국가를 빼놓고 말할 수 없다. 고대국가는 물론 한국 중세에도 신라-고려-조선으로 국가가 연속성을 갖고 발전하였다. 이것은 국가가 '계급지배의 도구였다'는 맑스주의의 명제가 우리 역사와는 일치되지 않는다는 것을 가리킨다. 국가가 계급지배의 도구로 전락했던 역사가 없는 것은 아니었지만 지배계급의 배타적 이익을 보장하기 위해서 국가를 만들었다고 한다면 이것은 역사적 사실과 일치되지 않는다.[4] 국가는 스스로를 유지 보존하기 위해서도 지배계급의 자의적 횡포와 착취로부터 민을 보호하는 역할을 수행할 수밖에 없었던 것이다. 국가가 법과 제도를 통해서 지배계급을 효율적으로 통제하면 민의 창조적 역량이 극대화되어 국가는 번영하였지만, 이러한 제도가 이완되어 지배계급의 계급적 착취가 만연되면 민의 저항으로 국가는 위기에 빠졌다.

한국 중세 국가가 연속성을 갖고 발전한 것은 국가가 민을 보호하는 기능을 수행하였기 때문에 가능한 일이었다. 신라보다는 고려가, 고려보다는 조선이 민을 보호할 수 있는 제도적 장치를 더 많이 갖추었다는 점에서 한국 중세는 발전하였다고 말할 수 있다. 마지막 중세 왕조 국가 조선은 이전 시기에 축적된 경험과 기술에 입각하여 생산력을 비약적으로 발전시키고, 성장한 민의 역량과 의식을 바탕으로 하여 중앙집권 국가의 새로운 체계를 선보였다. 이른바 '『경국대전(經國大典)』체제'가 바로 그것이었다.[5]

그렇지만 그것은 계급갈등으로 인하여 당대의 성숙한 민의 의식과 역량을 충분히 반영하지는 못하였다. 조선전기에는 이를 두고 지배계급 내에서 격렬한 정치적 갈등을 겪었다. 흔히 말하는 '훈구와 사림'의 갈등 역시 그 가운데 하나였다. 『경국대전』체제 형성의 주역이었던 훈구 세력은 그것이 반포되기도 전부터 이미 정치경제적 권력을 남용하여 사사로운

---

4) 김용흠, 2010①, 「한국 중세 국가 연구의 방향과 사회인문학」, 『東方學志』150, 연세대 국학연구원.
5) 오영교 외, 2004, 『조선 건국과 경국대전체제의 형성』, 혜안.

이익 추구에 골몰하였다. 이들에 대한 저항의 선두에 선 세력이 바로 향촌에 근거지를 둔 사림 세력이었다. 15세기 말에서 16세기 전반까지 네 차례에 걸쳐 일어난 이른바 '사화(士禍)'는 사림 세력이 훈구에 의해 정치적 박해와 탄압을 받은 것을 가리킨다.

그렇지만 역사의 흐름은 훈구의 박해와 탄압을 넘어선 사림의 득세로 귀결되었다. 향촌을 근거 삼아서 줄기차게 중앙정계 진출을 시도한 사림 세력은 선조(宣祖)대 마침내 중앙정계를 장악하기에 이른다. 그런데 사림은 중앙정계를 장악하자마자 자신들이 훈구에 대항하여 추구하였던 국가 경영의 합리화, 즉 『경국대전』 체제의 모순을 해소하여 민을 보호해야 한다는 역사적 과제는 도외시하고 스스로 분열하여 갈등하기에 이르렀다. 이른바 '당쟁(黨爭)'으로 칭해지는 정치적 대립 갈등이 바로 그것이었다. 왜란과 호란, 즉 양란(兩亂)으로 조선왕조 국가가 존립의 위기에 빠진 것은 그 필연적 귀결이었다.

양란 이후 조선 사회는 이전과는 질적으로 다른 사회로 발전하였다. 전근대 사회의 주산업이었던 농업에서 생산력이 발전하여 새로운 생산관계가 폭넓게 형성되었으며, 여타 수공업, 광업 등에서도 괄목할만한 발전이 이루어졌다. 이러한 생산력 발전에 기초하여 상품화폐경제 역시 새로운 단계로 들어섰다. 이것은 조선후기가 조선전기와는 질적으로 확연히 구분되는 사회였다는 것을 말하는 것이다.

조선후기의 이러한 사회변동은 몇 가지 점에서 주목할 만한 특징을 갖고 있었다. 우선 첫째로 이것은 직접 생산을 담당한 민(民)의 노력으로 이루어졌다는 점이다. 농업에서 다수 농민들의 노력으로 개간을 통해 농경지를 확장하였으며, 새로운 농법을 개발하고 상품 작물을 재배하여 상업적 농업을 발전시키는 등 새로운 경영 기법을 도입한 것은 바로 선진적 농민들이었다. 수공업과 광업이 관영에서 민영으로 변모된 것 역시 민의 노력을 반영한 것이었다. 조선왕조의 지배층이 천시했던 상업이 광범위하게 발전하여 전국적 범위에서 시장이 형성되고 상평통보(常平通寶)가 발행되자마자 전국적으로 유통된 것 역시 피지배층이었던 상인들의 노력 덕분이었다.

둘째로 이러한 사회변동에 대응하여 국가의 제도를 개혁해야 한다는 학자들이 등장하였다는 점이다. 이른바 '조선후기 실학(實學)'의 등장이었다. 양란 이후 민의 노력으로 사회경제가 이전과는 다르게 질적으로 발전하고 있었지만 국가의 각종 봉건적인 제도와 관행은 그것의 발전을 가로막고 있었다. 따라서 이를 개혁하여 새로운 국가를 만들자고 주장하는 지식인이 등장하는 것은 자연스러운 일이었다. 조선후기에 당쟁이 격렬하게 전개되었는데, 여기에는 사회변동에 맞게 제도를 개혁하자고 주장하는 관인(官人)·유자(儒者)들과 이것을 거부하는 지배층 사이의 갈등이 기본적으로 가로놓여 있다고 보아야 할 것이다. 즉 당쟁의 저변에는 민의 노력에 의한 변화를 제도로 수렴할 것을 주장하는 실학자들과 이에 대항하여 양반 지주의 기득권을 고수하려는 주자학자의 사상적 대립이 깔려 있었던 것이다. 조정에서 실학자들의 주장을 정책으로 반영하려는 관인들이 주장한 것이 바로 탕평론(蕩平論)이었다. 따라서 탕평론은 실학을 제도 정치에서 구현하려는 정치론으로 간주할 수 있다.6)

2) 목민서 편찬의 전통과 『목민심서』

『목민심서』는 수령의 지방행정 지침을 담은 목민서(牧民書)였는데, 이러한 목민서는 집권국가의 장구한 역사를 갖고 있던 중국에서 먼저 간행되어 다양한 형태로 발전하였다.7) 조선전기에는 이 가운데 『목민충고(牧民忠告)』·『목민심감(牧民心鑑)』·『사사십해(四事十害)』 등이 전래되어 간행되었지만

---

6) 김용흠, 2009, 「조선후기 정치와 실학」, 『다산과 현대』 2, 연세대 강진다산실학연구원.

7) 임형택, 2007, 「목민심서(牧民心書)의 이해-다산 정치학과 관련하여」, 『韓國實學研究』 13, 韓國實學學會, 12~13쪽 ; 김형종, 2014, 「명·청 시대 중국의 관잠서-황육홍(黃六鴻)의 『복혜전서(福惠全書)』를 중심으로」, 『다산과 현대』 7, 연세대 강진다산실학연구원. 한편 일본 에도 막부 시대에도 목민서가 편찬되어 목민서 간행이 서구와 다르게 동북아시아 3국에서의 보편적 현상이었음을 알 수 있다. 이희복, 2014, 「근세일본의 목민사상과 관련하여-小川和也의 『목민의 사상』을 통해서」, 『다산과 현대』 7.

조선의 현실과 맞지 않아서 널리 활용되지는 못하였다. 16세기 들어서 조선의 학자들에 의해 조선의 현실에 입각한 수령의 통치 지침서가 간헐적으로 간행되었는데, 역시 널리 전파되지는 못하였다.8)

〈표 1〉『목민심감』의 체제와 구성9)

편목	항목
勤始	度己分 立志節 克偏見
初政	愼登堂 正禮義 重言語 明戒約 詢舊政 誓神詞
正家	戒家人 訓子弟 先奉養 愼門禁 嚴市直 薄自奉 厚親族
莅事	立規程 勤日記 自先勞 究根本 責實效 務精思 察事情 愼發落 明賞罰 密關防 絶奸弊 精法律 詳案牘 蠲錢穀 驗公器 嚴巡警 嚴祀典
宣化	厚風俗 立敎條 明國制 重農事 崇學校 恤民艱 戢强惡 旌善行 禁遊惰 抑邪術 止浮言 表先哲
聽訟	弛訟源 察初情 和聽納 詳推讞 審輕重 分故誤 別善惡 存公平 戒延蔓 止穢詈 恕愚戇 謹刑具 愼鞭朴 早疎決 親視獄 重屍視 緩親訟
徵料	原賦役 平需具 善收納 量期限 戒多取
營繕	明急緩 審農時 立遠圖
事上	恪守職 推誠心 加禮貌 奉敎令 絶非謗 審背理
馭下	處胥吏 戒里甲 察耆老 嚴皂隷 斥讒間 絶饋遺 杜干託 審任使 詳委任
交人	和同寅 睦隣屬 重眞賢 賙患難 務誠實 尙謙和 毋誇衒 絶邪類 引己咎
備荒	預提防 誠祈禱 申實迹 請救濟 陳民情
善終	禮新官 告舊政 輕行橐

조선에서 목민서 편찬이 사회적 흐름을 형성한 것은 18세기에 이르러서 였다.10) 수령의 행정 지침서로서의 목민서가 다양하게 제작되고 광범위하게 유포되었다는 점에서도 조선후기는 전기와 질적으로 구별된다고도 말할 수 있다. 즉 17세기 이래 조선에서는 생산력 발전에 따른 자연촌의 발달,

---

8) 정호훈, 2010, 「15~6세기 목민서(牧民書)의 전개와 목민학(牧民學)」, 『韓國思想史學』 36, 韓國思想史學會.

9) 金成俊, 1990, 『牧民心鑑 硏究』, 高麗大 民族文化硏究所.

10) 심재우, 1998, 「조선후기 牧民書의 편찬과 守令의 刑政運營」, 『奎章閣』 21, 서울대 규장각 ; 김선경, 2010, 「조선후기 목민학의 계보와 『목민심서』」, 『朝鮮時代史學報』 52, 朝鮮時代史學會 ; 김용흠, 2010②, 「18세기 '牧民書'와 지방통치」, 『韓國思想史學』 35, 韓國思想史學會 ; 정호훈, 2018, 「조선의 목민서 전통과 『목민심서(牧民心書)』」, 연세대 부설 강진다산실학연구원 제21회 학술대회 발표문, 33쪽.

그에 따른 민의 의식의 성장과 촌락 자치 기능의 제고 등 여러 요인에 의해 향촌사회가 재편되어, 조선전기와는 확연하게 구분되는 사회로 발전하고 있었던 것이다. 이로 인해 빚어지는 각종 사회적 갈등을 지방행정 차원에서라도 해소하기 위해 목민서가 편찬되고, 필사되어 전국적으로 유통되었다. 이들 목민서는 당색에 따라서 소론 계통과 남인 계통에서 서로 다른 유형으로 편찬되고 유통되기에 이르렀는데, 정약용의 『목민심서』는 이들 목민서의 양대 조류를 종합하여 편찬되었던 것이다.[11]

18세기에 목민서의 편찬과 유통에 적극적으로 참여했던 관인·유자들은 대체로 탕평론을 제창하고 탕평책을 지지하였다는 점도 주목을 요한다.[12] 탕평론은 17세기 말 숙종대 당쟁이 격화되어 정권 주도 세력이 교체되는 환국(換局)이 반복되자, 이로 인한 국가의 위기를 타개하기 위해 소론 계통 관인·유자들에 의해 처음 주장되었다.[13] 이들이 제출한 탕평론은 단순히 당색을 조제·보합하는 정국 운영론 차원을 넘어서, 당시의 조선왕조 국가를 유지·발전시키기 위해서는 양반과 지주의 전횡과 특권을 일정하게 제한하지 않을 수 없다는 인식에 바탕을 두고 대동(大同)과 균역(均役) 등을 원칙으로 하는 제도의 변통과 개혁을 구현하기 위한 정치론이었다.[14]

이러한 탕평론에 입각하여 숙종대 처음 시도된 탕평책은 노론 반탕평파의 격렬한 저항에 직면하여 소기의 성과를 거두지 못하였다. 이후 숱한 정치적 희생과 우여곡절을 거치면서 영조·정조대에 비로소 국왕의 지원을 받아서 정국 운영의 대원칙으로 인정받기에 이르렀지만 원래 탕평론이

---

11) 김용흠, 2017①, 앞 글, 103쪽.
12) 김용흠, 2010②, 앞 논문, 140~144쪽.
13) 김용흠, 2014, 「조선의 주류 지식인은 왜 사문난적이 되었나? - 서계 박세당의 삶과 사상」, 『내일을 여는 역사』 57, 도서출판 선인 ; 2016, 「스승을 비판한 백의정승 - 명재 윤증의 탕평론과 회니시비」, 『내일을 여는 역사』 61, 도서출판 선인 ; 2016, 「주자학자 박세채가 탕평론을 제출한 사연」, 『내일을 여는 역사』 62, 민족문제연구소 ; 2017, 「소론 정승이 장희빈을 살리려 한 이유는? - 명곡 최석정의 정치 노선과 탕평론」, 『내일을 여는 역사』 66, 민족문제연구소.
14) 김용흠, 2016, 「조선의 정치에서 무엇을 볼 것인가 - 탕평론·탕평책·탕평정치를 중심으로」, 『한국민족문화』 58, 부산대 한국민족문화연구소.

지향했던 대대적인 체제 개혁은 실현되지 못하였다. 이러한 현실에서 목민서 편찬자들은 설사 그러한 체제 개혁이 중앙정치 차원에서 제도적으로 달성되더라도 지방관이 그것을 어떻게 집행하느냐에 따라서 그 성패가 좌우된다는 점에 주의를 기울였다. 이것이 바로 이들이 지방관의 통치 지침에 해당되는 목민서 편찬에 주목한 이유였다.[15]

18세기에 편찬·유통된 수많은 목민서를 유형별로 분류하면 소론 계통의 『목민고(牧民攷)』류와 남인 계통의 『선각(先覺)』류로 구분해 볼 수 있다.[16] 『선각』류는 중국 목민서인 『목민심감』을 변용한 것으로서 중국 사례를 적극적으로 수록하였으며, 현상 유지적이고 보수적인 수령상을 보였다고 한다면, 『목민고』류는 조선의 현실에 치중하여, 중국 사례는 부차적으로 체용하였고, 수령의 능동성과 적극성을 강조하였으며, 지방 통치와 관련된 구체적이고 세밀한 내용을 담고 있다.[17]

〈표 2〉 조선후기 목민서 분류[18]

『목민고(牧民攷)』류		『선각(先覺)』류	
치군요결(治郡要訣)	18세기 전반	임관정요(臨官政要)	1757년
목민고(牧民攷)	18세기 중엽	목민대방(牧民大方)	1792년
신편 목민고	18세기 후반	선각(先覺)	1794년 경
사정고(四政考)	1800년 경	칠사문답(七事問答)	18세기 말
거관대요(居官大要)	19세기 전반	삼도(三到)	1808년 경
목강(牧綱)	19세기 중반	목민심서(牧民心書)	1818년

---

15) 김용흠, 2010②, 앞 논문, 144쪽. 노론측에서는 뚜렷한 목민서가 발견되지 않고 있다. 이에 대해 노론의 출발점이 되었던 사상적 지도자인 송시열(宋時烈)이 목민서에 대한 부정적 견해를 피력하였기 때문이라는 지적이 있다(김선경, 2010, 앞 논문, 173쪽). 이것은 노론이 탕평론을 반대하는 것과 일맥상통하는 현상이라고 생각된다.

16) 김선경, 2010, 앞 논문 ; 김용흠, 2010②, 앞 논문 ; 정호훈, 2018, 앞 논문.

17) 정호훈 역주, 2013, 「『선각(先覺)』 해제」, 『선각』, 혜안, 43~45쪽.

18) 〈표 2·3〉은 김용흠, 2010②, 앞 논문 참조. 〈표 2〉에서 『목민대방』을 당색의 차이에도 불구하고 『선각』류로 분류한 이유는 후술하였다. 『목민대방』에 대해서는 다음 논고를 참조. 김용흠, 2011, 「洪良浩 實學思想의 系統과 『牧民大方』」, 『조선시대사학보』 56, 조선시대사학회.

〈표 3〉『목민고』와 『목민심서』 비교

목민고	朝鮮民政資料에 보이는 『治郡要訣』	목민심서
居官大要, 未到任前雜細事宜, 到任後事, 民訴, 傳令, 臨下, 謹守公穀, 考察文書下記, 定排朔, 定式例, 賓旅之供, 興學校, 正風俗, 勸農桑, 武備, 火藥改搗法, 治盜法, 治盜節目, 考籍案, 作邑摠, 鄕薦差法, 留意解由, 獄修理	治郡要訣	治縣訣
糶糴法, 嚴守庫直, 先整斗斛升合, 以附近作統法, 定日分給, 還上還捧法, 軍政, 里定節目, 閑丁勿侵式, 里定報草, 軍布收捧法, 禁松作契節目, 田政, 傳令, 單子規式	政要一	
田政法, 家坐法, 鮎筩法, 爲政之要	政要二	政要
治郡要法	治郡要法	
政要, 自治, 得人, 飭勵, 治民, 敎民, 鍊武, 良役, 田政, 糶政	政要三	雲谷政要
政要, 坐衙, 訴牒, 待吏卒, 田政, 軍政, 糶政	政要四	
利川府使韓咸之書	利川府使韓咸之書	없음
居官之道	없음	
好隱堂難行訣	없음	

『목민고』류에서 제시한 지방통치 지침은 모두 17세기 양란기 이래 초래된 국가의 위기를 국가의 집권력(集權力) 강화와 공공성(公共性)의 확대, 그리고 공적(公的) 영역의 확장을 통해서 극복하려는 지향을 공통적으로 반영하고 있었다. 이것은 당시까지 조선 봉건왕조 국가를 지탱해 온 양대 지주(支柱)였던 양반제와 지주제의 폐단을 제거할 수 있는 제도개혁이 지지부진한 현실 속에서 그 대안(代案)으로서 마련된 것이었다. 즉 17세기 이래 생산력 발전에 따라 민의 의식이 성장하고, 자연촌이 발달하는 것과 함께 촌락 자치 기능이 제고되는 등 여러 요인에 의해 새롭게 향촌 사회가 재편되는 현실을 능동적으로 수용하여 제시된 것이었다. 면리제(面里制)의 발달에 따른 오가통제(五家統制)와 이정법(里定法)의 등장은 바로 그러한 변화된 현실에 대한 대응으로서 나온 것이었는데, 『목민고』류의 목민서에서는 이러한 국가의 향촌통제 정책에 발맞추어 수령권 강화를 통해서 양반 토호(土豪)와 이서(吏胥)들의 전횡과 중간수탈을 방지하여 소민(小民)을 보호할 수 있는 방안을 집중적으로 마련하여 제시하려 하였다.[19]

정약용에 앞서 『선각』류의 대표적 목민서로서 간행된 안정복(安鼎福)의

『임관정요』는 유형원(柳馨遠)에서 이익(李瀷)으로 전해진 근기남인 실학의 전통 위에서 저술된 목민서였다.[20] 안정복은 스승 이익이 제시한 향정 운영의 원리와 향정책을 계승하여『임관정요』를 저술하였는데, 춘추시대의 자산(子産)이나 삼국시대의 제갈량(諸葛亮)을 비롯하여 중국 한(漢)대의 조 광한(趙廣漢), 황패(黃霸), 공수(龔遂) 등과 같은 목민관의 사례를 본받아야 한다고 강조하였다.[21] 『임관정요』는 「정어(政語)」, 「정적(政績)」, 「시조(時措)」로 구성되어 있는데, 「정어」와 「정적」편에서 중국의 역사적 사례를 집중적으로 소개하였고, 「시조」편에서는 조선후기 향촌사회의 모순과 이를 해소하기 위한 향정(鄕政) 방략이 21개 주제로 정리되어 있다.[22]

그렇지만『임관정요』「시조」편의 향정 방략은『목민고』류에 비하면 구체 성과 현실성이 떨어진다.『목민고』류 목민서는『치군요결』에서『목민고』, 『신편 목민고』로 변천하면서[23] 당대의 현실적 모순을 타개할 수 있는 구체 적 방안을 제시하고 있지만 체계적이지는 못하였다. 소론 당색을 갖고 있던 홍양호(洪良浩)가 형태상으로『선각』류와 유사한『목민대방』을 편찬 한 것은 당대에도 이러한 문제의식이 있었다는 것을 보여준다. 그는『목민고』류 목민서를 전제하면서도,『선각』류 목민서의 유용성을 흡수한 목민서가 필요하다고 보고『목민대방』을 저술하였다. 그렇지만『선각』류에 보이는 『대학(大學)』의 정치론을 따르지 않고,『주례(周禮)』의 정치론을 원용한 육전체제(六典體制)에 입각하여 이를 편찬하였다. 이것은 영·정조대 탕평정 치기에『속대전(續大典)』·『대전통편(大典通編)』이 편찬되어 법과 제도에 의 한 통치 규범을 재정비하려는 중앙정치의 흐름과 그 맥락을 같이하는 것이

---

19) 김용흠, 2010②, 앞 논문, 164~165쪽.

20) 원재린, 2014, 「근기남인계 목민학 전통과『목민심서』」,『다산과 현대』7.

21) 원재린, 2012, 「『임관정요』에 반영된 향정론 계승 양상」, 경기문화재단 실학박물관 편,『조선의 牧民學 전통과 牧民心書』, 景仁文化社, 161~173쪽.

22) 원재린 역주, 2012, 「『임관정요』해제」,『임관정요』, 혜안, 21쪽.

23) 필사본『목민고』에는 장서각(藏書閣)본과 규장각(奎章閣)본이 있는데, 그 내용상으로 보아서 장서각본에서 규장각본으로 변모된 것이 밝혀졌다(김용흠, 2010, 앞 논문). 이에 규장각본을『신편 목민고』라고 부르기로 하였다. 백승철 역주, 2014, 『신편 목민고』, 혜안 참조.

었다.[24]

〈표 4〉『목민대방』의 체제와 구성

篇題						
吏典之屬	1. 立規模,	2. 嚴內外,	3. 分職統,	4. 擇任使,	5. 敎文數,	6. 均差役,
	7. 考事例,	8. 釐弊瘼,	9. 時點閱,	10. 節財用		
戶典之屬	1. 核戶丁,	2. 禁游惰,	3. 勸耕種,	4. 敎蒔畜,	5. 察災傷,	6. 限徵納,
	7. 平斗斛,	8. 完蓋藏,	9. 詳簿籍,	10. 輕剩餘		
禮典之屬	1. 正風化,	2. 禮齒德,	3. 奬節行,	4. 敬祀享,	5. 勤講試,	6. 廣書籍,
	7. 資婚嫁,	8. 恤孤獨,	9. 尊上司,	10. 安賓旅		
兵典之屬	1. 修城壕,	2. 謹管鑰,	3. 審烽燧,	4. 檢名籍,	5. 括逃漏,	6. 課武藝,
	7. 繕器械,	8. 設巡徼,	9. 養戰馬,	10. 備車乘		
刑典之屬	1. 恢聽斷,	2. 簡推逮,	3. 申科禁,	4. 盡民情,	5. 愼獄訟,	6. 察幽枉,
	7. 明律令					
工典之屬	1. 葺廨宇,	2. 浚堤渠,	3. 繕橋梁,	4. 治道路,	5. 明堠站,	6. 養山藪,
	7. 惠工匠					
什伍相聯之制	統首職掌, 牌長職掌, 里監職掌, 里正職掌, 譏察將職掌, 風憲職掌					
牧民大方 後題						

이들 목민서는 모두 『목민심서』에 인용되어 있으므로, 정약용 역시 앞선 시대 목민서 편찬자들의 고민을 잘 알고 있었을 것이다. 정약용은 『목민심서』에서, 홍양호가 『목민대방』에서 제시한 『주례』의 육전체제를 수용하고, 여기에 맞추어 『목민고』류에 보이는 향촌 사회의 구체적이고 현실적인 운영 방안을 배치하면서도, 『선각』류에 보이는 '3자구'를 원용한 '2자구'를 소제목으로 삼고, 편별로 각각 6개로 압축하여 체계를 세웠다.

그리고 맨 앞에 「부임(赴任)」편과 맨 마지막에 「해관(解官)」편을 배치하여 수령의 부임에서 이임까지의 시간적 동선(動線)을 고려한 『목민고』류의 문제의식을 수용하였으며, 여기에 「율기(律己)」, 「봉공(奉公)」, 「애민(愛民)」 편을 덧붙여서 수령이 국가와 민을 매개하는 존재이며, 스스로의 수양(修養)이 원활한 임무 수행의 전제임을 확인하였다. 또한 「진황(賑荒)」편을 따로 설정하여 우리의 중세 국가에 특유한 진휼(賑恤)정책을 계승·발전시킬 것을

---

24) 김용흠 역주, 2012, 「『목민대방』 해제」, 『목민고·목민대방』, 혜안, 262쪽.

〈표 5〉『목민심서』의 체제와 구성

편목	항목
부임(赴任)	제배(除拜), 치장(治裝), 사조(辭朝), 계행(啓行), 상관(上官), 이사(莅事)
율기(律己)	칙궁(飭躬), 청심(淸心), 제가(齊家), 병객(屛客), 절용(節用), 낙시(樂施)
봉공(奉公)	선화(宣化), 수법(守法), 예제(禮際), 문보(文報), 공납(貢納), 왕역(往役)
애민(愛民)	양로(養老), 자유(慈幼), 진궁(振窮), 애상(哀喪), 관질(寬疾), 구재(救災)
이전(吏典)	속리(束吏), 어중(馭衆), 용인(用人), 거현(擧賢), 찰물(察物), 고공(考功)
호전(戶典)	전정(田政), 세법(稅法), 곡부(穀簿), 호적(戶籍), 평부(平賦), 권농(勸農)
예전(禮典)	제사(祭祀), 빈객(賓客), 교민(敎民), 흥학(興學), 변등(辨等), 과예(課藝)
병전(兵典)	첨정(簽丁), 연졸(練卒), 수병(修兵), 권무(勸武), 응변(應變), 어구(禦寇)
형전(刑典)	청송(聽訟), 단옥(斷獄), 신형(愼刑), 휼수(恤囚), 금포(禁暴), 제해(除害)
공전(工典)	산림(山林), 천택(川澤), 선해(繕廨), 수성(修城), 도로(道路), 장작(匠作)
진황(賑荒)	비자(備資), 권분(勸分), 규모(規模), 설시(設施), 보력(補力), 준사(竣事)
해관(解官)	체대(遞代), 귀장(歸裝), 원류(願留), 걸유(乞宥), 은졸(隱卒), 유애(遺愛)

강조하였다.[25]

    아울러서『선각』류 목민서의 특징이었던 중국의 역사적 사례를 수록하는
것에서 나아가 조선은 물론 그 이전 왕조인 신라와 고려에서도 관련된
인물의 사적을 샅샅이 찾아서 수록하였다. 이처럼『목민심서』는 당색을
넘어서 이전 시기의 목민서를 계승하고 확대·발전시킨 저작이었으며, 그
내용과 형태의 측면에서 중국과 조선에서 편찬된 다양한 종류의 목민서를
집대성하여 완성된 것이었다.

3. 향촌사회 적폐 청산의 원칙과 전략

    『목민심서』는 국가의 존재를 전제하고 있다. 국가는 민을 보호하기 위해
존재하며, 국가가 없이는 민은 존재할 수 없고, 역으로 직접 생산에 종사하는
민이 없으면 국가도 존립할 수 없다는 원칙이『목민심서』전편을 관통하고
있다.

---

25) 한국 중세 국가의 특징이 권농(勸農)정책과 진휼정책에 있다고 보고, 이것을 시대구
  분의 기준으로 삼을 것을 주장한 논고로서 김용흠, 2010①, 앞 논문 참조.

그런데 조선후기에는 생산력이 발전하고 상품화폐경제가 확대됨에 따라서 민의 존재형태가 다양해졌다. 농촌에서 부농과 서민지주가 등장하고, 상업에서 부상대고가 즐비하였으며, 광업에서도 덕대가 나와서 눈부시게 활약하였다. 이처럼 경제적 능력을 갖춘 피지배층이 광범위하게 등장하였는데, 국가가 제도 개혁을 통해서 이들을 체제 내로 끌어들이지 못하자 이들은 경제력을 이용하여 신분 상승을 꾀할 수밖에 없었다. 그리하여 18세기에는 노비 인구가 급격하게 감소하고 양반은 폭발적으로 증가하였다. 이에 따라 향촌에서 기존의 사족(士族) 지배체제에 균열이 생기고, 계급·계층간 갈등은 격화되었다.

이러한 조선후기 사회변동으로 인하여 향촌에서 행정권과 사법권을 쥔 수령의 임무는 조선시대 어느 시기보다 중요해졌다. 수령이 국가의 정책을 어떻게 이해하고 지방 행정에 임하느냐에 따라서 민들의 생사여탈이 좌우될 정도였다. 향촌 사회에는 직접 생산에 종사하는 농민 말고도, 작청(作廳)의 이서(吏胥)와 군교(軍校), 좌수(座首)·별감(別監) 등 향청(鄕廳)의 임장(任掌), 풍헌(風憲)·약정(約正) 등의 면·리임(面里任)과 촌락에서 활동하는 각종 두두인(頭頭人), 호수(戶首)와 통수(統首) 등 다양한 민들이 존재하였는데, 정약용이 가장 개탄한 것은 이들과 함께 향촌의 유력자들이 국가의 제도적 허점에 편승하여 직접 생산자인 농민의 존립을 위협하는 현실이었다. 전정(田政)에서 양호(養戶)와 방결(防結), 군정에서 군포계(軍布契)·군포전(軍布田)과 계방(契房), 환곡에서 방환(防還) 조직 등이 등장한 것은 그러한 현실을 보여준다.26)

정약용은 이러한 현실이 봉건사회의 구조적 모순의 소산이므로 일개 지방관이 해결할 수 없다는 것을 잘 알고 있었다. 그리하여 이것을 극복하기 위한 국가체제의 전반적 개혁 방안을 『경세유표(經世遺表)』를 통하여 제시하였다.27) 그런데 문제는 이러한 개혁방안이 실현될 전망은 요원한데다가,

---

26) 송양섭, 2014, 「『목민심서』에 나타난 다산 정약용의 '인시순속(因時順俗)'적 지방재정 운영론」, 『다산과 현대』 7, 185쪽.

27) 김용흠, 2017②, 「『경세유표』를 통해서 본 복지국가의 전통」, 『동방학지』 180,

설사 그러한 제도 개혁이 착수되더라도 그것이 시행되어 효과를 내기까지는 시간적 간격이 존재할 수밖에 없으므로, 현행 법 테두리 내에서나마 우선적으로 민을 보호하는 방안을 마련할 필요성이 절박하게 요청되었다는 점이다. 이러한 현실적 요청에 응하여 저술된 것이 바로『목민심서』였다.[28]

『목민심서』에는 조선후기 향촌 사회에 만연되어 있던 각종 부정과 비리가 적나라하게 묘사되어 있다.[29] 그리고 정약용 스스로도 봉건체제의 모순이 심화되어 가는 현실 속에서 난마처럼 얽힌 난국을 타개하기에는 수령이라는 위치가 너무도 미약하다고 무력감을 토로하기도 하였다. 그래서 때로는 '습속을 좇아'서 '백성의 원망이 없'도록 하라고 말하기도 하였다.[30] 그렇지만 그가 이런 말을 하게 된 배경에는 중요한 원칙이 있었다. 바로 직접 생산자이자 국가의 각종 부세를 부담하는 기층 농민을 보호해야 한다는 점이었다.『목민심서』에는 이러한 원칙 위에서 당시 향촌 사회에 만연되어 있던 적폐를 청산하는 전략을 제시하고 있었다.

정약용은 양반과 상·천민, 이서와 향임, 지주와 소작인, 부농과 임노동자 등 다양한 계급·계층으로 분화된 향촌 사회에서 수령이 그 역학 관계를 정확하게 파악하고 실현 가능한 목표를 설정한 뒤, 이들을 설득하고 지휘하여 차근차근 단계를 밟아서 적폐를 청산하는 전략을 제시하였다. 이를 위해서 수령은 해당 향촌에 대한 각종 정보를 수집·정리하여 정확하게 현황을 파악하는 전문성을 갖추고, 용의주도하게 추진해야 할 것으로 보았다. 그가 여기서 제시한 전략의 방향은『경세유표』에서 제시된 국가 차원의 제도 개혁을 당시의 향촌사회 현실 속에서 구현하기 위한 것으로 보는

연세대 국학연구원.

28) 김용흠, 2015,「서울과 지방의 학술 소통 : 다산학과 다산학단」,『다산과 현대』8.

29) 일제시기 일본인 학자들은 이것을 인용하여 조선왕조 국가의 후진성 내지 정체성의 징표라고 주장하였는데, 이것은 오히려 조선후기 사회가 역동적으로 변화하고 있는 징표일 수도 있다. 일본인 학자들의 주장에 대해서는 이미 선학의 비판이 있어서 참고할 수 있다. 정석종, 1997,「『牧民心書』分析」,『金容燮教授停年紀念 韓國史學論叢 2-韓國 古代·中世의 支配體制와 農民』, 지식산업사.

30) 송양섭, 2014, 앞 논문, 200쪽.

것이 순리일 것이다.

또 하나 『목민심서』에서 간과할 수 없는 점은, 정약용 당대까지 이루어졌던 공법(公法) 질서 확립을 위한 노력을 긍정하고 그 연속선상에서 개혁을 구상하고 있다는 점이다. 대동법과 균역법은 물론이고, 『경국대전』과 그에 이어서 편찬된 『속대전』과 『대전통편』에 대한 내용을 숙지하라고 강조하였으며, 나아가서 『비변사등록(備邊司謄錄)』, 『국조보감(國朝寶鑑)』, 『문헌비고(文獻備考)』, 『만기요람(萬機要覽)』 등과 같이 국가에서 편찬한 각종 자료 역시 적극 활용하라고 권장하였다.[31]

정약용은 수령이 국가에서 마련한 법령에 무지하여 이서배들과 향임층이 관행이라는 이름으로 공법 질서를 유린하는 현실을 방치하고 있다고 개탄하였다. 이것은 국가의 집권력 강화, 공법 질서의 확립을 통해서 공공성을 확대시키려는 탕평정치의 지향을 계승·발전시켜서 향촌 사회에서 실현시키려는 의도를 분명하게 드러낸 것이었다. 즉 직접 생산자를 보호하는 것이 국가의 일차적인 존재 이유라는 것을 확인하고, 이것을 구현하기 위한 앞선 시기의 노력 위에서 정약용의 향촌 사회 적폐 청산 전략이 마련된 것임을 보여준다.

『목민심서』가 후대 사람들의 지속적인 관심의 대상이 된 것은 목민관인 수령의 행정 지침서라는 실무적인 요인 때문만은 아니었다. 중앙 정치는 당쟁으로 점철되고, 향촌 사회에서는 각종 부정과 비리가 판치는 것으로만 보였던 조선후기에서 무엇을 계승하고, 어떻게 국가를 운영해야만 직접 생산자인 민을 보호하여 지속 가능한 국가를 만들어 갈 수 있는가에 대한 문제의식이 『목민심서』에 대한 관심으로 표출되었다고 보는 것이 합당할 것이다.

---

31) 원재린, 2014, 앞 논문, 133~134쪽.

4. 잃어버린 미래를 찾아서

조선 봉건국가는 정약용이 원하던 새로운 국가 경영 원리를 정착시키지 못하고 결국 일본 제국주의의 식민지로 전락하였다. 이후 서양 사상이 물밀 듯이 유입되면서 자신의 모든 것을 바쳐 일본 제국주의에 저항했던 대부분의 독립운동가들 조차도 우리의 전통보다는 서양 사상에 입각하여 새로운 국가 건설을 전망하기에 이르렀다. 민족주의와 사회주의의 이념 대립으로 독립운동 세력이 분열되어 갈등한 것은 독립 이후 신국가 건설에서 서양의 사상과 제도를 어떻게 수용할 것인가에 대한 서로 다른 전망의 소산이기도 하였다.

제2차 세계대전을 전후하여 선진적인 독립운동가들은 서양의 정치사상과 제도가 우리에게 최선이 아닐 수도 있다는 인식에 도달하였다. 1930년대 이후 세계를 주도했던 미국식 자본주의나 소련식 사회주의 국가체제는 모두 우리가 무조건적으로 추종하기에는 많은 문제가 있다는 점을 깨닫기 시작한 것이다. 이 시기에 '조선학운동(朝鮮學運動)'이 일어나서 정약용의 저술이 『여유당전서(與猶堂全書)』로 간행된 것은 결코 우연이 아니었다. 이것은 독립 이후 신국가 건설에서 서양 사상만을 무조건 추종할 것이 아니라 우리의 역사 전통 위에서 바람직한 국가 형태를 모색해야 한다는 점에 암묵적인 합의가 이루어졌다는 것을 의미하며, 이러한 인식은 대중적으로 확산되어 해방 직후 대중들의 압도적 지지를 받기에 이르렀다.[32]

그렇지만 이후 역사의 전개는 대다수 한반도 주민들의 염원을 외면한 외세에 의해 왜곡되었다. 미국과 소련에 의해 분단되어, 남한과 북한에는 각각 극단적인 자본주의 국가와 사회주의 국가가 들어서서 대치하기에 이르렀으며, 세계사적으로 유래를 찾을 수 없는 참혹한 전쟁을 겪을 수밖에

---

32) 김용흠, 2011, 「조선후기 '실학'과 사회인문학」, 『동방학지』 150, 연세대 국학연구원 ; 2013, 「홍이섭 사학의 성격과 조선후기 실학」, 『한국실학연구』 25, 한국실학학회 ; 2014, 「다산 실학의 성격과 국가 구상－21세기 유학의 변용 가능성 탐색」, 『한국학논집』 56, 계명대 한국학연구원.

없었다. 식민지 경험과 분단, 전쟁과 그것을 이은 냉전 체제는 우리가 스스로의 바람직한 역사 전통을 제대로 계승하지 못한 것에 대한 뼈아픈 대가였다.

남한은 21세기 들어서 세계 10대 경제 강국이 되었다고 하지만 극심한 경제적 불평등은 한국 자본주의의 발전 전망을 어둡게 만들고 있다. 이제 미국식의 극단적 자본주의는 그 한계를 분명히 드러냈다. 시장경제를 활용하여 생산력 증진을 도모하면서도 강력한 국가권력을 동원하여 자본의 횡포를 제어하려 한 『경세유표』의 국가론은 『목민심서』에서도 관철되어 있다. 그것은 서양의 근대 국가론에 따르면 복지국가 유형에 가깝다.[33] 1표 2서에서 정약용이 제시한 국가론은 우리에게 복지국가의 유구한 역사적 전통이 있었음을 보여준다.

또한 한국 사회 구석구석에 쌓여있는 각종 적폐의 형태는 조선후기 향촌 사회의 그것 못지않아 보인다. 오늘날 중앙의 행정부나 사법부에서 빚어지는 각종 부정과 비리는 물론 지방자치가 실시된 이후에도 자치 단체가 지방 주민의 의사를 무시하는 행정을 펼치는 양상도 마찬가지다. 『목민심서』를 읽다 보면, 정약용이 묘사한 향촌사회의 부정과 비리가 형태는 다르지만 동일한 유형으로 오늘날에도 반복되고 있는 것 같은 착시현상을 불러일으킨다. 『목민심서』가 제시한 적폐 청산의 원칙과 전략 및 그것을 추진하는 과정은 오늘날에도 적폐청산의 매뉴얼과 로드맵이 되기에 손색이 없어 보인다.

문명의 전환이 모색되는 21세기에 이르러서 남과 북은 비로소 대결과 반목의 역사를 청산하려는 노력을 시작하고 있다. 그렇지만 남북간에 화해와 협력이 진전되면 될수록 향후 통일국가의 모습에 대한 서로간의 입장 차이가 부각되어 갈등이 일어날 가능성 역시 증대될 것이다. 이러한 갈등을 극복하기 위해서는 1930년대 독립운동가들이 민족주의와 사회주의의 이념 대립을 넘어서 합의한 국가 건설의 대원칙을 되살릴 필요가 있다. 우리의

---

33) 김용흠, 2017②, 앞 논문.

국가 경영의 전통에 입각하여 서양 사상을 취사선택해야 한다는 조선학운동의 문제의식을 새로운 통일국가 건설의 대원칙으로 합의할 수 있다면 남과 북의 견해 차이를 해소하는 첩경이 될 것이다. 결국 21세기에도 우리가 『목민심서』에 주목하는 이유는 바로 외세에 의해 압살된 '잃어버린 미래'를 되찾는 것이 우리가 나아갈 방향이기 때문이다.

제5장 중앙과 지방의 학술 소통 : 다산학과 다산학단

1. 머리말

조선후기 학문의 새로운 경향으로서 학계에서는 '경향(京鄕) 분기(分岐)'를 지적해 왔다.[1] 조선후기에 농업생산력 발전에 힘입어 상품화폐경제가 활성화되면서 도시화가 진전되자 학문도 서울 중심의 경화(京華) 사족(士族)들이 주도하였다는 것이다. 그렇지만 이것은 경향성에 불과할 뿐, 조선후기의 새로운 학문이 지방에서, 또는 지방과의 교류를 통해서 발전할 수 있는 가능성을 배제할 수는 없다. '경향 분기' 담론은 연암 일파만을 조선후기의 새로운 학문, 즉 이른바 '조선후기 실학'으로서 인정하려 한다는 혐의가 있다. 여기에는 노론(老論)만을 새로운 학문의 담당자로 간주하려는 당파적 인식이 깔려 있고, 조선후기 실학 발생의 배경으로서 청(淸)에서 들어온 선진 문물의 영향과 자극만을 중시하는 외인론(外因論)에 빠져들 위험성을 안고 있다.

조선후기의 새로운 학문이 '경향 분기'에 의해 서울이나 수도권에서만

---

1) 조선후기 학문의 '경향 분기'에 대해서는 유봉학(1995,『연암일파 북학사상 연구』, 일지사)이 제시한 이래 지금까지도 그 개념의 적합성이 확인되고 있다. 이경구, 2014,「18세기 말~19세기 초 지식인과 지식계의 동향」,『韓國思想史學』46, 韓國思想史學會, 290쪽 참조.

발생하고 발전한 것이 아니라는 것을 잘 보여주는 사례로서 다산학과 다산학단을 거론할 수 있을 것이다. 잘 알려진 것처럼 다산 정약용의 주요 저술들은 강진 유배 시절에 저작되었다. 그리고 이것은 다산 한 사람만의 힘으로 이루어진 것이 아니라 강진 지역 제자들의 도움으로 가능했다는 점이 속속 밝혀져 이제 학계의 상식이 되었다. 즉 다산학 자체가 중앙과 지방의 소통을 통해서 형성되었다고 볼 수 있다. 그리고 다산이 강진 지역에서 양성한 제자들은 다산과 그 집안을 매개로 중앙 학계와 소통하면서 상당한 학문적 업적을 남겨 이들을 '다산학단'으로 인식하는 경향이 이제 정착되어 가고 있다.[2]

조선시대에 수많은 사람들이 유배를 갔지만, 유배지에서 다수의 제자를 배출하고, 그 인연으로 딸을 결혼시키고, 거기서 태어난 손자를 제자로 받아들인 경우는 다산 정약용 말고는 찾기 어렵다. 이를 통해서 본인의 의도와는 관계없이 중앙의 학문이 지역과 소통하면서 형성되고 발전하는 역사적 사례를 창출하였던 것이다. 여기에는 중앙과 지방이라는 지역간 소통뿐만 아니라, 사족(士族)과 이족(吏族)이라는 신분을 넘어선 소통, 유교와 불교라는 상이한 사상체계의 소통 또한 이루어지고 있었다. 이를 통해서 다산학과 다산학단은 당시 중앙 학계를 풍미했던 추사학과 추사학파에 비견될 정도로 19세기 지식계의 중요한 한 축을 담당하였다고 볼 수 있다. 따라서 다산학과 다산학단의 특징을 정확하게 파악하는 것은 19세기의 사상 지형을 새롭게 인식하는 중요한 과제로 떠오르고 있다.

2. 강진이 다산에게 : 다산학의 형성

조선후기 실학을 집대성하였다는 평을 받고 있는 다산 정약용은 500권이 넘는 저술을 남겼는데, 그 대부분은 강진 유배 시절에 이루어졌다는 것은

---

2) 임형택, 1998, 「丁若鏞의 康津 流配期의 교육활동과 그 성과」, 『韓國漢文學研究』 21, 한국한문학연구회(2000, 『실사구시의 한국학』, 창작과비평사).

잘 알려진 사실이다(아래 〈표 1~3〉 참조). 유배 이전 다산은 18세기 실학의 양대 산맥이었던 성호학파(星湖學派)와 연암(燕巖) 일파의 주요 인사들과 교류하면서 이들의 학문을 흡수하였을 뿐만 아니라 학자 군주 정조(正祖)의 지도를 받으며 학문을 연마하였다.[3] 그의 「자찬묘지명(自撰墓誌銘)」에 의하면 1783년 성균관 유생으로서 이미 정조의 인정을 받았고, 1789년 대과에 합격한 이후 10년이 넘는 기간 동안 규장각(奎章閣)을 비롯한 각종 청요직을 역임하면서 눈부신 활약을 보였는데, 이는 그의 학문이 당대 중앙학계를 대표할 만한 수준에 이르렀음을 보여준다.

〈표 1〉 다산의 강진 유배 이전 저술 목록

연도		저술명	공동작업	최종 저술
1784년	여름	『중용강의(中庸講義)』	정조	
1789년	봄	『희정당대학강의(熙政堂大學講義)』	정조	『대학강의(大學講義)』
1791년	겨울	『시경의(詩經義)』	정조	『시경강의(詩經講義)』
1792년	겨울	「기중가도설(起重架圖說)」		
1795년	봄	『정리통고(整理通攷)』	이가환 등	
	겨울	「서암강학기(西巖講學記)」		
		『도산사숙록(陶山私淑錄)』		『도산사숙록』
1797년	겨울	『마과회통(麻科會通)』 12권		『마과회통』
1798년	봄	『사기찬주(史記纂註)』	정조	
1800년		『문헌비고간오(文獻備考刊誤)』		『문헌비고간오』
1801년	봄	『이아술(爾雅述)』 6권		
	여름	『기해방례변(己亥邦禮辨)』		미전
	여름	『백언시(百諺詩)』		『이담속찬(耳談續纂)』

즉 다산은 이미 당대 중앙학계의 학문적 성과를 섭렵한 상태에서 강진에 유배되었다고 볼 수 있는데, 강진에서 이루어진 기이할 정도로 방대한 규모의 저술은 강진 지역 제자들의 조력으로 가능하였다.[4] 강진에서 다산이 어떻게 그처럼 방대한 저작을 남길 수 있었던가를 알려주는 자료로서 자주 인용되는 부분이 후손 정규영(丁奎英)이 작성한 연보의 끝 부분에 보인다.

---

3) 金文植, 1996, 『朝鮮後期 經學思想研究 - 正祖와 京畿學人을 중심으로』, 一潮閣, 173~180쪽.

4) 임형택, 1998, 앞 논문.

공은 20년 가까이 고독하고 우울한 심경으로 지낼 때 일찍이 다산초당에서 연구저술에 마음을 기울여 여름의 무더위에도 쉬지 않고 겨울밤엔 닭의 울음을 듣곤 하였다. 그 제자들 가운데 경전을 열람하고 역사서를 탐색하는 자가 두어 사람, 부르는 대로 받아쓰는데 붓달리기를 나는 듯하는 자가 두세 사람, 손을 바꾸어가며 수정한 원고를 정서하는 자가 두세 사람, 옆에서 거들어 줄을 치거나 교정·대조하거나 책을 매는 작업을 하는 자가 서너 사람이었다. 무릇 어떤 저술을 시작할 때면 먼저 거기에 대한 자료를 수집하되 서로서로 대비하고 이것저것 훑고 찾아 마치 빗질하듯 정밀을 기했던 것이다.[5]

이것은 다산이 뛰어난 학자이긴 하였지만 그의 방대한 저술은 강진 지역 제자들의 도움을 받아서 이루어진 것이기도 하다는 것을 보여준다. 이것을 두고 '강진이 아니었다면 다산의 저술이 나올 수 없었을 것'이라고 말하는 것은 지나친 비약이지만 다산의 '방대한' 저술은 강진 지역 제자들의 일정한 학문적 수준이 없었다면 불가능한 일이었다고 말할 수는 있을 것이다. 물론 그러한 제자들을 단기간에 양성할 수 있었던 다산의 교육자적 능력이 탁월한 것이었음은 인정해야 할 것이지만, 강진 지역 제자들이 그의 가르침에 적극 부응하여 이룩한 성과라는 점도 사실이다.[6] 이렇게 본다면 강진 유배 시절에 이룩한 다산의 학문적 성과는 중앙과 지방이 학문적으로 소통하는 하나의 양상이라는 측면에서도 접근할 수 있다. 다산의 학문, 즉 다산학 그 자체가 이처럼 중앙과 지방의 소통을 통해서 이루어진 측면도 있다는 것이다.

강진 유배 시절 다산의 저술은 경학(經學)과 경세학(經世學)이 정연한 체계를 갖고 이루어졌다. 다산의 경학 연구는 육경(六經)→ 사서(四書)→

---

5) 丁奎英, 『俟菴先生年譜』(임형택, 2000, 앞 책, 399~400쪽에서 재인용).
6) 정민, 2011, 「다산의 강진 강학과 제자 교학 방식」, 『다산학』 18, 다산학술문화재단 ; 2011①, 『다산의 재발견』, 휴머니스트. 또한 정민은 강진 지역 제자들이 다산의 가르침에 적극 부응한 사례로서 황상을 집중 탐구하기도 하였다. 정민, 2011②, 『삶을 바꾼 만남』, 문학동네 참조.

『소학(小學)』·『심경(心經)』의 순서로 정리되었으며, 1815년에 경학 연구가
일단락되고 나서[7] 스스로 '일표이서(一表二書)'라고 이름붙인 경세서 저술
에 착수하였다. 일표이서는 '신아구방(新我舊邦)', 즉 조선왕조 국가에 대한
대대적인 개혁 방안을 모색한 것인데, 이에 앞서 다산이 육경·사서와 같은
유교 경전에 대한 연구를 완수하였다는 것은 그가 18세기까지의 동아시아의
지적(知的) 전통을 비판적으로 정리한 위에서 조선의 현실에 대한 연구에
착수한 것을 말해준다.

다산은 왜 일표이서의 저술에 앞서 육경사서의 주석을 정리하는 작업을
수행했을까? 여기서 두 가지 사항이 고려되어야 한다. 첫째는 중국에서
발생하여 약 2천여 년에 걸쳐 발전해 온 유학에는 수많은 이질적 요소들이
뒤섞여 있다는 점이다. 둘째는 주자(朱子) 도통주의(道統主義)에 입각한
주자학 일존(一尊)주의가 조선후기 학계의 지배적 경향이었다는 점이다.
정조가 서거한 뒤 다산이 유배된 것은 다산이 바로 이러한 학문 경향에
저항하였기 때문으로도 볼 수 있다.

조선후기 실학은 주자학이 양란기 국가적 위기를 타개하는 데 실패하였
다는 문제의식에서 출발한 것이었다. 양란기 국가적 위기를 극복하기 위해
서는 '대동(大同)과 균역(均役), 그리고 탕평(蕩平)'을 구현하는 새로운 국가
체제를 실현해야 했지만, 이것은 주자 도통주의자들의 반발을 받고 있었
다.[8] 그렇다고 해서 실학자들이 주자학을 무조건 부정하기도 어려웠다.
주자학, 즉 송학(宋學)은 이전 단계의 한학(漢學)에 비하면 진보적인 요소들
이 내포되어 있었기 때문이었다. 그렇지만 이제 송학의 한계를 극복하기
위해서는 일정하게 한학을 재해석하여 원용하지 않을 수 없었다. 다산의
경학이 한학과 송학을 절충한 측면이 존재하는 것은 그 때문이었다.[9]

---

7) 김문식, 1996, 앞 책, 192쪽. 김문식은 다산의 경학 연구를 시기별로 구분하여
   "대체로 1812년까지 六經의 연구, 1813~1814년은 四書의 연구, 1815년은『小學』과
   『心經』의 연구기"라고 정리하였다. 연구와 저술의 시차를 고려하면 대체로 수긍할
   수 있는 주장이다. 그런데 그는 일표이서가 그 뒤에 이루어진 측면에 대해서는
   천착하지 않았다.
8) 김용흠, 2009,「조선후기 정치와 실학」,『다산과 현대』2, 연세대 강진다산실학연구원.

연도	저술명	공동 작업	최종 저술
1803년 봄	『단궁잠오(檀弓箴誤)』 6권		『상례외편(喪禮外編)』
여름	「조전고(弔奠考)」		『상례외편』
겨울	『예전상의광(禮箋喪儀匡)』 17권		『상례사전(喪禮四箋)』
1804년 봄	『아학편훈의(兒學編訓義)』	(아동 교육)	『아학편훈의』
1805년 여름	『정체전중변(正體傳重辨)』 3권		『상례외편』
겨울	『승암문답(僧菴問答)』 3권	정학연	『예의문답(禮疑問答)』
	『상례외편(喪禮外編)』 12권		『상례외편』
1807년 겨울	『예전상구정(禮箋喪具訂)』 6권		『상례사전』
1808년 봄	「다산문답(茶山問答)」	제자들	『역학서언』
겨울	『제례고정(祭禮考定)』 2권		『사례가식(四禮家式)』
	『주역심전(周易心箋)』 24권	정학유·이청	『주역사전(周易四箋)』
	『주역사전(周易四箋)』 24권	정학연·정학유·이청	『주역사전』
	『주역서언(周易緒言)』 12권		『주역서언』
1809년 봄	「예전상복상(禮箋喪服商)」 6권		「예전상복상」
가을	『시경강의(詩經講義)』		『시경강의』
겨울	「예전상구정(禮箋喪具訂)」 6권		『상례사전』
1810년 봄	『시경강의보(詩經講義補)』	이청	『시경강의보』
	「관례작의(冠禮酌儀)」		『가례작의』
	『가례작의(嘉禮酌儀)』		『가례작의』
가을	『상서고훈(尙書古訓)』 6권	이청	『상서고훈』
	『매씨상서평(梅氏尙書平)』 9권		『매씨상서평』
겨울	『소학주관(小學珠串)』	(아동 교육)	『소학주관』
1811년 봄	『아방강역고(我邦疆域考)』		『아방강역고』
	『상서지원록(尙書知遠錄)』 7권		
겨울	『예전상기별(禮箋喪期別)』 21권		『상례사전』
	『상례사전(喪禮四箋)』 50권		『상례사전』
1812년 봄	『민보의(民堡議)』		『민보의』
겨울	『춘추고징(春秋考徵)』	정학유(초본) 이강회(재고본)	『춘추고징』
1813년 겨울	『논어고금주(論語古今注)』	이강회·윤동	『논어고금주』
1814년 여름	『맹자요의(孟子要義)』		『맹자요의』
가을	『대학공의(大學公議)』		『대학공의』
	『중용자잠(中庸自箴)』 3권		『중용자잠』
	『중용강의보(中庸講義補)』		『중용강의보』
겨울	『대동수경(大東水經)』 8권 2책	이청 집주(集注)	『대동수경』
1815년 봄	『소학지언(小學枝言)』		『소학지언』

---

9) 김문식, 1996, 앞 책, 202~217쪽.

	『심경밀험(心經密驗)』		『심경밀험』
1816년 봄	『악서고존(樂書孤存)』 12권	이청, 김종	『악서고존』
1817년 가을	『상의절요(喪儀節要)』 6권	정학유·이강회	『상의절요』
	『사례가식(四禮家式)』 9권		『사례가식』
	『방례초본(邦禮草本)』 49권	미완성	『경세유표』
1818년 봄	『목민심서(牧民心書)』 48권		『목민심서』
여름	『국조전례고(國朝典禮考)』 2권		『상례외편』

〈표 3〉 다산 해배 이후 저술 목록

연도	저술명	공동 작업	최종 저술
1819년 여름	『흠흠신서(欽欽新書)』 30권		『흠흠신서』
겨울	『아언각비(雅言覺非)』 3권		『아언각비』
1821년 봄	『사대고례산보(事大考例刪補)』	이시승(李時升) 이청	『사대고례』
1822년	「자찬묘지명(自撰墓誌銘)」		
1827년	『독상서보전(讀尙書補傳)』		『독상서보전』
	『염씨고문상서소증초(閻氏古文尙書疏證鈔)』		『염씨고문상서소증초』
1834년 봄	『상서고훈』과 『상서지원록』 합편 간행		『상서고훈』(개정)
가을	『매씨서평』 10권 개수		『매씨서평』(개수)

　　그렇지만 다산의 경학이 단순한 한송 절충에 머문 것은 아니었다. 그의 경학은 경세학과 불가분의 관계 속에 있기 때문이다. 그의 경학은 일표이서가 지향하는 국가 구상을 뒷받침하기 위한 것이라는 점을 상기할 필요가 있다. 그것은 대동과 균역, 그리고 탕평을 지향하는 국가 구상을 위한 새로운 경학이었던 것이다. 이것은 전근대 조선사회가 달성한 가장 높은 수준의 유학이었다. 따라서 전근대와 근대를 연속선상에서 규명하기 위해서는 다산학에서 출발하지 않을 수 없고, 그러한 문제의식을 보여준 것이 일제 시기의 '조선학운동(朝鮮學運動)'이었다.[10]

---

10) 김용흠, 2011, 「조선후기 '실학'과 사회인문학」, 『동방학지』 154, 연세대 국학연구원 ; 2012, 「다산의 국가 구상과 정조 탕평책」, 『다산과 현대』 4·5 합본호, 강진다산실학연구원 ; 2013, 「홍이섭 사학의 성격과 조선후기 실학」, 『한국실학연구』 25, 한국실학학회 ; 2014, 「다산 실학의 성격과 국가 구상－21세기 유학의 변용 가능성 탐색」, 『한국학논집』 56, 계명대 한국학연구원.

다산이 강진 유배 시절 저술 속에서 탐색한 학문은 이처럼 전근대와 근대를 이어주는 새로운 유학이었다는 점이 주목을 요하는 대목이다. 그런데 다산의 경세학을 대표하는 일표이서 가운데 강진에서 완성한 것은 『목민심서』뿐이었다. 그는 다산초당에서 『경세유표』의 저술에 먼저 착수하였지만 중단하고 『목민심서』로 작업 방향을 돌려 초고를 완성하였던 것이다. 『흠흠신서』는 해배되어 마재 본가로 돌아가자마자 완성하였으니, 그 준비는 강진 지역에서 거의 이루어진 것임을 미루어 짐작케 한다. 일표이서 가운데 『목민심서』만이 강진에서 완성된 데에는 강진의 현실에 자극받은 결과임이 틀림없다.

『목민심서』에서도 강진의 이러한 현실에 대한 지적이 다수 발견되지만, 그의 강진 지역에 대한 현실인식을 잘 보여주는 것은 강진에서 지은 시를 통해서도 엿볼 수 있다. 다산은 2500여 수에 이르는 시를 지은 시인이기도 하였다. 한 연구자의 조사에 의하면 총 1195편 2263수의 시가 남아 있는데, 그 가운데 유배 기간에 지은 시는 234편 537수에 달한다.[11] 이것은 『여유당집』에 실려 있는 것을 기준으로 한 것이고, 최근에는 여기서 빠진 시들로서 강진 유배기에 작성된 시들이 속속 발굴되고 있다.[12]

다산이 강진 유배기에 많은 사회시를 썼다는 사실은 잘 알려져 있다. 조선후기 사회모순을 절실하게 묘사한 것으로 유명한 「애절양(哀絶陽)」, 「하일대주(夏日對酒)」를 비롯하여, 「충식송(蟲食松)」, 「승발송행(僧拔松行)」, 「엽호행(獵虎行)」, 「이노행(狸奴行)」, 「전간기사(田間紀事)」 등의 사회시를 남겼는가 하면,[13] 특히 강진 지역을 대상으로 「탐진촌요(耽津村謠)」, 「탐진

---

11) 金相洪, 2003, 『茶山 文學의 再照明』, 단국대 출판부, 156~164쪽. 김상홍은 다산의 일생을 修學期, 仕宦期, 流配期, 逍遙自適期로 구분하고, 규장각본 『여유당집』을 기준으로 하여 수학기 179편 261수, 사환기 454편 660수, 그리고 소요자적기 328편 805수를 남겼다고 밝혔다. 유배기 편수는 명시하지 않았는데, 다산이 75평생 총 1195편, 2263수를 남겼다고 했으므로 여기서 계산하면 234편 537수가 유배기 편수가 된다. 『여유당전서』에는 제1집 권1부터 권7까지가 시인데, 권4의 「율정별(栗亭別)」 이하 끝까지, 그리고 권5는 모두 강진 시절에 지은 작품이 수록되어 있다.
12) 정민, 2011①, 앞 책 ; 2011③, 『새로 쓰는 조선의 차 문화』, 김영사, 155쪽.
13) 김상홍, 2003, 앞 책, 163쪽.

어가(耽津漁歌)」,「탐진농가(耽津農歌)」 등을 짓기도 하였다. 이들 시를 통해서 다산은 농민들이 굶주리는 모습과 삼정(三政) 문란(紊亂)의 실상을 날카롭게 묘사하였다.[14]

강진 지역은 1809년 미증유의 흉년이 들었다. 1808년 겨울부터 1809년 입추까지 가뭄으로 인하여 풀 한 포기 없는 적지천리가 되어 염병이 유행하고, 탐관오리의 가렴주구로 인하여 수많은 백성들이 죽었으며 살아 있는 자들도 비참한 삶을 살았다. 이러한 참상을 고발·풍자한 시가 1810년에 쓴 「전간기사」 6편이고, 같은 해 여름에 이를 다시 우언문으로 형상화한 것이 「조승문(弔蠅文)」이었다.[15] 다산은 『목민심서』의 여러 곳에서 1809년과 1814년의 기근으로 도적과 염병이 크게 유행한 것을 지적하고, 특히 자신의 처방을 통해서 강진 지역 사람들을 살린 사람의 숫자가 헤아릴 수 없을 정도였다고 말했다.[16] 그는 수령과 아전들이 농민들을 수탈하는 실상을 신랄하게 고발하였는데, 그가 두보(杜甫)의 삼리시(三吏詩)를 차운(次韻)하여 지은 「용산리(龍山吏)」,「파지리(波池吏)」,「해남리(海南吏)」에서 아전들의 횡포를 고발한 것도 이 시기였다.

다산이 다산초당에서 『경세유표』 저술을 완성하지 못한 상태에서 『목민심서』 저술로 전환한 것은 강진 지역의 이러한 현실이 작용한 것이 틀림없다. 즉 조선왕조 국가 개혁의 청사진에 해당되는 『경세유표』를 저술하다가 그가 목격한 강진의 절박한 현실을 타개하기 위해서는 기존 제도의 테두리 내에서나마 목민관인 수령이 어떻게 하면 백성들의 삶을 개선할 수 있겠는가라는 문제를 먼저 규명할 필요를 느꼈던 것이다. 이렇게 본다면 『목민심서』는 그 저술 내용의 측면에서도 중앙과 지방의 학술적 소통의 산물로 볼 수 있을 것이다.

다산은 또한 이른바 '조선시(朝鮮詩) 선언(宣言)'을 통해서 민족주체 의식

---

14) 宋載邵, 1986, 『茶山詩 硏究』, 창작과비평사, 63~85쪽.

15) 김상홍, 2003, 앞 책, 404쪽.

16) 『牧民心書』愛民, 寬疾, "余在康津, 値嘉慶己巳甲戌大饑, 厥明年春, 瘟疫大行. 余以此方傳之, 所全活亦不可勝數."(김상홍, 2003, 앞 책, 435쪽에서 재인용)

을 표출한 것으로 유명한데, 강진 지역 중심의 전라도 방언도 여기에 중요한 매개체가 되었다. 예를 들면 아래 「탐진농가」에 사용된 반상, 돈모, 밥모 등의 어휘는 시골 아낙네들이 모내기철에 품팔이 다니는 정경을 눈에 보이는 것처럼 사실적으로 묘사하는 데 활용되었다.

모내기철 모 품팔이 아낙네들 일손 바빠　　　　　　秧雇家家婦女狂

보리 베는 반상(盤床) 일도 도울 생각 전혀 않네.　　不曾刈麥助盤床.

　　이 지방 사람들은 남편을 반상이라 부른다[土人謂夫曰盤床].

이서방넨 뒤에 가고 장서방네 먼저 가세.　　　　　　輕違李約趨張召

예로부터 돈모[錢秧] 심기 밥모[飯秧]보다 낫다 하네.　自是錢秧勝飯秧.

　　순전히 돈으로 품삯을 주는 것을 돈모라 하고, 식사를 제공하여 품삯을 감하는
　　것을 밥모라 한다[純以錢防雇者, 謂之錢秧, 與之飯而減雇曰飯秧].[17]

또한 「탐진어가」에서도 이 지역 방언을 활용하여 현장성을 살리고 있다.

계랑 봄바다에 뱀장어도 많을시고.　　　　　　　　　桂浪春水足鰻鱺

푸른 물결 헤치며 활선[弓船]이 떠나간다.　　　　　　樟取弓船漾碧漪.

　　위에 그물을 편 배를 방언으로 활선이라고 한다[船上張罾者, 方言謂之弓船].

높새바람 드높을 때 일제히 출항해서　　　　　　　　高鳥風高齊出港

　　새는 을(乙)이고, 을은 동쪽이다. 그러므로 동북풍을 높새바람이라고 한다[鳥者乙
　　也, 乙者東方. 東北風曰高鳥風].

마파람 급히 불 때 가득 싣고 돌아오네.　　　　　　馬兒風緊足歸時.

　　말은 오(午)이다. 그러므로 남풍을 마파람이라 한다[馬者午也, 南風曰馬兒風].[18]

---

17) 丁若鏞,『與猶堂全書』 제1집, 권4,「耽津農歌」, 民族文化推進會 편,『標點影印 韓國文集叢刊』281책 82쪽(이하 '총간 281-82'로 표기하였다. 번역은 송재소, 1986, 앞 책, 40~42쪽 참조).
18) 『여유당전서』 제1집 권4,「탐진어가」, 총간 281-82(번역은 송재소, 1986, 앞 책, 40~42쪽 참조).

594　제4편 다산 정약용의 국가 구상과 다산학단

다산은 이 지역 방언인 '활선[弓船]'을 활용할 뿐만 아니라 여기에 높새바람
[高鳥風], 마파람[馬兒風] 등의 어휘를 덧붙여 사용하여 훨씬 현장성을 살려내
고 있다. 이것은 강진 지역의 방언을 활용하는 것에서 나아가 다산의 창의성
이 결합되어 현실성을 극대화한 사례로 볼 수 있을 것이다. 다산과 강진,
즉 중앙과 지방은 이처럼 소통하면서 우리 문학의 새로운 국면을 창출하기
도 하였던 것이다.

또한 다산은 강진에서 지은 수많은 시문(詩文)을 통해서 강진 지역의
아름다움을 노래하였다. 다산 스스로 강진 일대의 이르는 곳마다 시를
남겼고, 때로는 제자들과 함께 여러 지역을 유람하면서 시를 수창하며
즐겼다. 우선 주목되는 것은 다산초당에 대한 다산의 구상과 그가 구현한
초당의 풍경이다. 다산은 다산초당으로 오기 전에 이미 자신이 생각하는
이상적인 주거 형태에 대해서 피력해 두었다.[19] 그리고 1808년 다산초당으
로 옮겨온 뒤에는 대(臺)를 쌓고 못을 팠으며 각종 꽃과 나무를 심고 물을
끌어다가 폭포를 만들어 자신이 구상했던 주거지를 조성해 나갔다. 다산이
조성한 초당의 모습은 여러 편의 시와 그림 등을 통해서 오늘날까지 전해진
다.[20] 이를 통해서 다산이 실현했던 다산초당의 모습은 우리나라 전통정원
의 공간 구성을 계승 발전시킨 것으로서,[21] 웰빙과 힐링을 추구하는 오늘날
주거지 선정의 기준으로 새롭게 활용할 수 있을 것이다.

다산초당뿐만 아니라 백련사는 물론이고, 보은산과 보은산방, 고성사,
금곡사, 정수사, 월고만, 용혈암 등 강진 지역 곳곳을 제자들과 함께 유람하
며 시를 수창하고 즐기며 놀았다. 특히 다산은 초당에 있을 때 매년 '석문(石

---

19) 『여유당전서』 제1집 권14 「題黃裳幽人帖」, 총간 281-316 ; 강진군, 2009, 『다산 정약
    용, 마파람이 바다 위에 불어』, 「幽居論」.
20) 정민, 2011①, 「다산의 초당 경영과 공간 구성」, 앞 책, 401~426쪽. 정민은 여기서
    『여유당전서』에 수록된 「茶山八景詞」와 「茶山花史」 외에도, 『茶山四景帖』과 『茶山十
    二勝帖』, 「茶山十二景序」 등을 발굴하여 분석하였다. 그리고 「산거잡영」 24수가
    다산초당의 가장 마지막 모습을 묘사한 것이라고 주장하였다(정민, 「새로 찾은
    다산의 「산거잡영」 24수」, 같은 책, 277~303쪽).
21) 정동오, 2012, 「한국 전통정원의 공간구성과 다산 정약용」, 『다산과 현대』 4·5
    합본호, 강진다산실학연구원.

門)에서 바람 쐬고, 용혈(龍穴)에서 쉬고, 청라곡(靑蘿谷)에서 물마시고, 농산(農山)에 있는 농막[墅]에서 묵은 뒤 말을 타고 돌아'왔다고 한다.[22] 그가 말한 농산의 별서(別墅)에는 조석루(朝夕樓)라는 서재 겸 누각이 있었으며, 그 주변에는 한옥관(寒玉館), 녹운오(綠雲塢), 금고지(琴高池), 척연정(滌硯亭), 국단(掬壇), 녹음정(鹿飮井), 의장혜(倚杖蹊), 표은곡(豹隱谷), 앵자강(鶯子岡), 수경간(漱瓊澗) 등의 이름으로 자연과 인공이 조화를 이룬 경관이 조성되어 있었는데, 다산은 「조석루기(朝夕樓記)」에서 그 경관을 사실적이고 구체적으로 묘사하고 있다.[23] 농산별서와 조석루는 다산의 친구인 윤서유(尹書有, 1764~1821) 소유의 별장이었다.

다산이 조석루를 방문할 때마다 거쳐간 용혈암은 고려시기 백련결사를 주도했던 천인, 천책, 정오 3국사가 머물던 유서깊은 곳이었다. 다산은 『만덕사지』를 편찬할 때 제자 이청에게 용혈암과 관련하여 천인과 정오의 실적을 조사하게 하였다. 용혈암 인근에는 석문암, 합장암(지금의 소석문), 응진암, 죽림암, 천불암 등이 있었고, 주작산에는 망월암이 있었다고 한다.[24] 다산은 용혈암에 대한 시를 여러 편 남겼으며, 유학자임에도 불구하고 천책국사의 시를 읽고 그에 대한 깊은 감명을 표하였다. 이처럼 「조석루기」는 우리나라 전통 '별업원림'의 정수를 보여주는 것으로서 오늘날에도 주목할 가치가 있다. 그리고 다산이 남긴 용혈암 관련 시들은 이 지역 개발과 관련하여 중요한 시사를 던져주고 있다.

22) 『여유당전서』 제1집 권13, 「朝夕樓記」, 총간 281-286.
23) 정동오, 2012, 앞 글, 372쪽.
24) 기어 자굉 편, 학래 이청 집, 양광식 역, 1998, 『백련사지』, 강진문헌연구회.

3. 다산이 강진에게 : 다산학단의 출현

다산이 강진에 남긴 것 가운데 가장 큰 것은 다방면에 걸친 제자들을 양성하였다는 것이다. 최근에 그들을 '다산학단'이라고 이름붙이고 연구가 활발하게 전개되었다.[25] 이들을 크게 다산일문, 읍중 제자, 다산 초당 제자, 승려 제자로 구분하여 정리해 보고자 한다.

1) 다산학단 - 다산 일문

먼저 다산 일문에는 다산의 두 아들인 정학연(丁學淵, 1783~1859)과 정학유(丁學游, 1786~1855), 그 사위 윤창모(尹昌模, 1795~1856), 외손자 윤정기(尹廷琦, 1814~1879)가 있다. 다산이 강진에 유배 온 이후에도 그 두 아들에 대해서 편지로 훈육을 아끼지 않은 것은 잘 알려져 있다.[26] 그리고 틈나는 대로 강진 유배지로 찾아가서 다산의 훈도를 직접 받기도 하였다.[27] 따라서 이들의 학문도 상당한 수준에 이르렀을 것이지만 부친인 다산의 그늘에 가려 주목을 받지 못하였다.

우선 정학연은 다산의 학문을 충실하게 계승하여, 시(詩)와 의술(醫術) 등으로 이미 중앙 학계에 이름을 날리고 있었다. 추사(秋史) 김정희(金正喜, 1786~1856)는 "정학연이 왔다 가면 단지 한 사람이 왔다 갔을 뿐인데 여러 명이 오간 것 같은 느낌이다"고 말하여 그의 다방면에 대한 박학(博學)을 토로한 일이 있다.[28] 추사의 제자인 우선(藕船) 이상적(李尙迪, 1804~1865)은 정학연에 대한 만시(輓詩)에서 "문장은 능히 나라를 빛낼 만했고, 의술은 국가도 고칠만 했다"고 높이 평가하였다. 정학연의 후배 옥파(玉坡) 신필영

---

25) 임형택, 1998, 앞 논문 ; 정민, 2011, 앞 논문.

26) 박석무, 2009, 『유배지에서 보낸 편지』, 창작과비평사.

27) 정학연은 1802년, 1805년, 1815년 세 차례, 정학유는 1808년, 1810년 강진에 가서 직접 다산의 가르침을 받았다.

28) 洪吉周, 『睡餘放筆』(김영진, 2008, 「酉山 丁學淵 資料 解題」, 『茶山學團資料集成』1, 성균관대 동아시아학술원, 26쪽에서 재인용).

(申弼永, 1830~1865)은 정학연이 만여 수에 가까운 시를 남겼으나 대부분 산실되고 약 500여 수만 전해진다고 하였다.[29]

둘째, 정학연·정학유 형제는 당대의 중앙 학계의 주류라고 할 수 있는 인물들과 폭넓게 교류하였다. 이들은 1831년을 전후하여 서유구(徐有榘)와 홍석주(洪奭周) 집안 인물들이 중심이 된 시회(詩會)에 적극 참여하면서 교유하였다. 이 시회에는 노론·소론·남인의 주요 가문의 사족(士族)이 당색을 넘어서 교류하였을 뿐만 아니라 이만용(李晩用), 최헌수(崔憲秀), 초의(草衣) 같은 당시 이름있던 서얼(庶孽)·중인(中人)·승려 시인까지 합류하였다.[30] 이 외에도 김정희·명희·상희 형제, 낙하생(洛下生) 이학규(李學逵), 대산(臺山) 김매순(金邁淳), 함경대사(菡鏡大師), 하정(霞汀) 서팔보(徐八輔, 서유구 庶子), 사기(沙機) 이시원(李是遠), 소치(小癡) 허련(許鍊)·미산(米山) 허형(許瀅) 부자 등과 교유하였다.[31] 이들 형제는 19세기 중앙 학계를 주도하였던 김정희 가문, 홍석주 가문, 서유구 가문, 신작(申綽) 가문, 김매순 가문 등과 학문적으로도 교류하였다.[32]

〈표 4〉 다산학단−다산 일문과 저술 목록

인물	저술	분야
정학연(丁學淵, 1783~1859) 초명 학가(學稼) 자 치기(穉箕)·치수(穉修) 호 유산(酉山)	『종축회통(種畜會通)』 3권 3책	농서
	『삼창관집(三倉館集)』 1책	시집
	『선음(鮮音)』 1책	시집
	『순리어필집(蓴里魚疋集)』 1책	시집
	『근체시선(近體詩選)』	시집
	『유두륜산기(游頭輪山記)』	기행문
	『정황계첩(丁黃契帖)』	첩문
	『택상당첩(宅相堂帖)』	시집
	『유산척독(酉山尺牘)』	편지
	『유산필기(酉山筆記)』 4책(고려대)	유서

29) 김영진, 2008, 앞 글, 8쪽, 19쪽 참조.
30) 김영진, 위 글, 28쪽 각주 1). 초의는 이 모임을 '두릉시사(杜陵詩社)'라 하였고, 정학연은 '열상시사(洌上詩社)'라고 불렀다고 한다.
31) 김영진, 위 글, 8쪽.
32) 김영진, 위 글, 27쪽.

	『유산총서(酉山叢書)』	
	『십병함해(十病函海)』(일본 천리대)	의서
정학유(丁學游, 1786~1855) 초명 학포(學圃) 자 치구(穉裘), 호 운포(耘圃)	『시명다식(詩名多識)』 4권 2책	
	「농가월령가」	
윤창모(尹昌模, 1795~1856) 자 백하(伯夏), 호 안암(鴈菴)		
윤정기(尹廷琦, 1814~79) 자 기옥(奇玉)·경림(景林) 호 방산(舫山)	『역전익(易傳翼)』 1책	5경
	『시경강의속집(詩經講義續集)』 11권 6책	5경
	『동환록(東寰錄)』 4권 4책	지리지
	『금란분합계(金蘭分合契)』(미전)	
	『물명고(物名攷)』(미전)	
	『방산유고(舫山遺藁)』 3권 2책	문집
정약전(丁若銓, 1758~1816) 자 천전(天全), 호 손암(巽庵)	『현산어보(玆山魚譜)』	
	『송정사의(松政私議)』	

셋째, 이들 형제는 다산을 통해서 강진 지역 제자들인 황상, 이청, 이강회, 혜장, 초의 등과 밀접하게 교류하였고, 이들이 중앙 학계로 진출하는 매개 역할을 수행하였다. 정학연은 1805년에 두 번째로 강진을 방문하여 그 부친으로부터 『주역』과 『예기』에 대한 가르침을 받았는데, 그 해 겨울 혜장·황상과 함께 두륜산을 유람하고 「유두륜산기(游頭輪山記)」를 남겼다. 초의가 1815년 처음 상경하여 신위, 김정희·명희 형제와 교류한 것, 1830년 과 1831년에 연달아서 상경하여 '두릉시사'에 참여한 것 등은 모두 정학연 형제와 함께 이루어졌다. 황상이 다산 사후 여러 차례에 걸쳐(1845년, 1848년, 1853년, 1855년) 상경하여 김정희·권돈인 등과 교류할 수 있었던 것도 정학연 형제가 주선한 것이었다. 그리고 강진에 남아있던 다산 초당 제자 윤종심, 윤종삼, 윤종진, 윤종벽 등과도 교류하였다.[33] 실로 정학연·정학유 형제는 19세기 중앙과 지방의 학술적 소통을 매개하고 촉진하는 역할을 수행하였다고 해도 과언이 아니다.

넷째로 이들 형제는 다산 실학을 계승한 저술을 남기고 있다는 것이다. 이들은 다산에게 직접 교육을 받았고, 다산의 『주역사전』(정학연·정학유),

---

33) 김영진, 위 글, 9~14쪽.

『춘추고징』·『상의절요』(정학유) 등을 다산과 함께 저작하였으므로(〈표 2〉), 경학에 대한 조예도 깊었을 것이나 그에 관한 독자적 저술로 현재 전하는 것은 보이지 않는다. 현재 전해지고 있는 것은 정학연이 편찬한 『종축회통(種畜會通)』과 정학유가 편찬한 『시명다식(詩名多識)』·「농가월령 가(農家月令歌)」 등이다. 『종축회통』은 농업과 축산에 대한 내용이고, 「농가 월령가」는 각 계절에 따라 농민들이 유의해야 할 사항과 세시풍속(歲時風俗) 을 노래로 표현한 것이다.

　다산은 자식들에게 학문과 함께 농사를 겸할 것을 틈날 때마다 권장하였 다.[34] 자식들의 어렸을 때 이름을 학가(學稼)·학포(學圃)라고 지을 정도였다. 그러니 이들이 『종축회통』이나 「농가월령가」를 지은 것이 결코 우연이 아니었던 것이다. 정학연의 『종축회통』은 우리나라와 중국의 기존 농·축산 서적들을 종합 정리한 것으로, 서광계(徐光啓)의 『농정전서(農政全書)』와 홍만선의 『증보산림경제(增補山林經濟)』를 근간으로 하여 나름의 체계로 각종 농·축산 서적을 초록한 것이다.[35] 정학유의 『시명다식』은 『시경(詩經)』 에 등장하는 생물을 초(草)·곡(穀)·목(木)·채(菜)·조(鳥)·수(獸)·충(蟲)·어 (魚) 등 총 8개 항목으로 나누어 해당되는 『시경』 각 장의 편명과 물명을 적고 이를 고증한 해설을 붙인 것이다.[36] 이들의 저술 방법이 모두 다산의 그것과 일맥상통한다는 점이 주목된다. 즉 이들 저술은 다산 저작의 연장선 상에서 다산학을 확장하는 의미를 갖고 있다고 말할 수 있다.

　『삼창관집(三倉館集)』은 정학연의 초장년기 시집이고, 『선음(鮮音)』은 정 학연과 김정희·신위 등이 지은 시들을 모은 것인데, 『순리어필집(蓴里魚疋 集)』(고려대·숭실대 소장), 『정유산시초(丁酉山詩抄)』(하버드대 소장), 『옥 급삼산기(玉笈三山記)』(임형택 소장) 등은 그 이본이라고 한다. 『근체시선 (近體詩選)』은 정학연이 만년에 지은 시들이 수록되어 있는데, 김상희, 김매

---

34) 『여유당전서』 제1집 권18, 「示學淵家誡」, 총간 281-391 ; 권21, 「寄兩兒」, 총간 281-454
　　~455 ; 권21, 「寄游兒」, 총간 281-459.
35) 김영진, 2008, 앞 글, 24~25쪽.
36) 허경진·김형태 옮김, 2007, 『시명다식』, 한길사, 10쪽.

순, 김현근, 함경대사 등과 어울리며 지은 시들이다.37) 『택상당첩(宅相堂帖)』
은 정학연·정학유가 그 자제 및 윤정기 등과 함께 원굉도(袁宏道)의 국영시
(菊影詩)를 본 따 지은 시를 수록한 것이고, 『정황계첩(丁黃契帖)』은 정학연·
정학유가 황상과 함께 두 집안이 대대로 우의를 지속하기를 다짐하며 계를
맺고 남긴 기록을 엮은 것이다.38) 『유산필기(酉山筆記)』는 19세기에 유행한
고증적 성격을 띤 유서(類書)의 일종으로서, 단군조선(檀君朝鮮)으로부터
역대 국명과 지명·제도·풍속·인명·용어에 이르기까지 백과사전식으로 편
집된 저술이다. 대부분의 항목은 기존의 서적에서 그대로 인용하였고,
일부는 요약·정리하여 재편집한 것으로서, 주로 『동국문헌비고(東國文獻備
考)』의 내용이 많이 인용되어 있다.39) 이들 저술들 역시 정학연이 중앙과
지방의 인물들과 학술적으로 긴밀하게 소통하였음을 보여준다.

다산 일문에서 주목할 만한 또다른 학자로서 다산의 외손자 방산(舫山)
윤정기(尹廷琦, 1814~1879)가 있다. 윤정기의 조부가 바로 조석루와 옹산별
업의 주인인 윤서유(尹書有, 1764~1821)였다. 그는 1790년 경 상경하여 다산
형제를 비롯한 이가환(李家煥) 등과도 교유하였는데, 다산이 강진에 유배된
이후에는 큰아들 윤창모(尹昌模, 1795~1856)를 다산에게 보내 공부하도록
하였다. 윤창모가 1812년 다산의 딸과 혼인하여 태어난 아들이 바로 윤정기
였다.40)

다산이 해배되어 마재에 있을 때 방산은 다산에게 직접 가르침을 받았고,
다산이 서거한 뒤에는 외숙인 정학연의 훈도를 받았다. 그는 서울에서
청소년기를 보내면서 권돈인(權敦仁), 이명적(李明迪), 한계원(韓啓源), 윤정
현(尹定鉉), 김병학(金炳學) 등 당대의 이름난 재상들 또는 명문가의 인물들
과 교류하였다. 또한 김조순(金祖淳)의 후손인 우관(雨觀) 김병륙(金炳陸)과

37) 김영진, 2008, 앞 글, 21~22쪽.
38) 신익철, 2008, 「『宅相堂帖』『丁黃契帖』 해제」, 『다산학단문헌집성』 1집, 성균관대
　　동아시아학술원, 31쪽, 35쪽.
39) 허태용, 2008, 「『酉山筆記』 해제」, 『다산학단문헌집성』 2, 1쪽.
40) 박철상, 2009, 「다산학단에서 방산 윤정기의 위상」, 『다산과 현대』 2, 154쪽.

매우 절친하였는데, 그는 방산의 매서(妹壻)이기도 하였다.[41] 그런가하면 방산은 1859년 정학연이 세상을 뜨자 이듬해 강진으로 낙향하여 이 지역 친구들과 어울려 의성사(依聲社)라는 시사(詩社)를 결성하고 시를 주고 받았다.[42] 따라서 방산 역시 정학연 형제 못지않게 중앙과 지방의 소통을 체현한 인물로 볼 수 있다.

방산이 남긴『동환록』,『역전익』,『시경강의속집』등의 저작은 각각 다산의『아방강역고』,『주역사전』,『시경강의』를 근간으로 하여 보완한 것이다.[43]『동환록』은 다산의 역사지리학을 계승하였을 뿐만 아니라 우리나라의 역사지리의 전고에 효율적으로 접근할 수 있는 체제를 갖춤으로써 다산의 '조선시 선언'을 실천할 수 있는 현실적 방안을 모색한 역사지리서라고 한다.[44] 방산은『시경강의속집』서문에서 다산의 시경학을 계승하였음을 명시하였으며, 다산 역학을 근간으로 하여 보완하려는 의도에서『역전익』을 저술하였다.[45] 방산은 다산의 제자 가운데 6경에 관한 저술을 남긴 유일한 인물이었다.

방산은 그의 외숙 정학연을 통하여 추사학파와 긴밀하게 교류하였다. 그것을 잘 보여주는 것이 그가 자신의 시집인『단풍시권(丹楓詩卷)』을 보내 청나라 문인 주당(周棠)의 비평을 받았다는 점이다. 1853년 겨울 동지사편에 보낸 것으로 보이는데, 추사의 제자들이나 그와 연관이 있는 역관이 주선했을 가능성이 높다.[46] 방산의 시에 대한 주당의 비평은 기대와 달리 가혹한

---

41) 이철희, 2008,「『舫山先生遺稿』解題」,『다산학단문헌집성』3, 3쪽.

42) 이철희, 2014,「방산 윤정기의 시세계에서 '紅葉傳聲'의 의미」,『韓國漢文學研究』 55, 한국한문학연구회, 142쪽.

43) 박철상, 2009, 앞 논문, 155쪽.

44) 이철희, 2009,「방산 윤정기의 저작에서 시와 역사의 만남-「교남회고」·『동환록』과 『이십일도회고시』의 관계조명」,『다산과 현대』2, 192쪽.

45) 이영호, 2009,「방산 윤정기 경학의 특징과 그 경학사적 위상」,『다산과 현대』 2, 199쪽, 212쪽.

46) 박철상(2009, 앞 논문, 162쪽)은 김석준(金奭準, 1831~1915)과 같은 역관일 것으로 추정하였다. 김석준은 추사를 마지막까지 시종한 말년 제자였다(한영규, 2013, 『조희룡과 추사파 중인의 시대』, 학자원, 92쪽). 유홍준은 김석준을 추사학파의 역관 그룹으로 거론하였다(유홍준, 2002,『완당평전 1 - 일세를 풍미하는 완당바

것이었는데, 이에 대해 정학연과 함께 권돈인 등 추사 주변 인물들의 의견이 덧붙여 있는 것으로 보아 그가 시를 통해 추사학파와 긴밀하게 교류했음을 알 수 있다. 다산학단으로서 청나라 문인의 비평을 받은 것은 방산이 유일하다.[47]

특히 방산이 지은 「진흥왕북수비가(眞興王北狩碑歌)」는 추사가 발견한 진흥왕 순수비를 노래한 것이어서 방산과 추사의 직접적인 교류를 분명하게 보여주고 있다. 진흥왕 순수비는 본래 도선(道詵)의 비석으로 전해져 왔는데, 1817년 김정희가 처음으로 진흥왕 순수비임을 밝혀내 세상에 알려졌다. 그런데 정작 추사학파의 학인들은 이 비석에 대해 금석학의 측면에서만 관심을 가졌을 뿐 그 역사지리적 측면에 대해서는 주목하지 못하였다. 그런데 방산이 1844년에 직접 이 비석을 찾아가 실사를 하고 문헌적 고증을 통해 이 시를 지었다. 방산의 이 시는 시의 형식을 취하고 있지만 북한산 순수비에 대한 연구라 할 수 있을 만큼 치밀한 고증을 담고 있다.[48] 여기에 등장하는 많은 전거와 역사적 사실은 바로 자신의 『동환록』을 바탕으로 한 것이었다. 다산의 외손자로서 다산학을 계승한 윤정기는 북한산 진흥왕 순수비를 통해 역사책에서 누락된 당시 신라 강역의 지리적 측면을 부각시켰던 것이다. 추사 이후 추사학파 인물들이 상대적으로 관심이 적었던 역사학적, 지리학적 측면에 대한 연구를 보완한 셈이었다.[49]

주목되는 것은 추사학파에 속하는 김석준이 방산의 경학을 높이 평가한 것이다. 김석준이 추사학파의 인물을 노래한 『회인시록(懷人詩錄)』에서 정학연과 이청을 거론한 것은 다산학단과 추사학파의 교류를 보여준다.[50] 그런데 이어서 지은 『속회인시록(續懷人詩錄)』은 박규수(朴珪壽)를 비롯한 재상에서부터 여항인에 이르기까지 자신과 교유가 있었던 인물들을 평한

람」, 학고재, 295쪽).

47) 박철상, 2009, 앞 논문, 162~163쪽.

48) 박철상, 위 논문, 163쪽.

49) 박철상, 2014, 「다산과 방산」, 강진다산실학연구원 제14회 학술대회 자료집.

50) 박철상, 2009, 앞 논문, 156쪽.

시들인데 여기에 방산이 포함된 것이다.

> 다옹(茶翁)께서 일찍이 학문을 전수하니   茶翁曾授學
> 학문의 근원에는 뿌리가 있는 법   文源自體泉
> 누항에서 경전을 연구하다가   研經陋巷裏
> 머리 긁적이며 푸른 하늘 바라보네.   搔首望靑天
> 역설(易說)과 『동환록(東寰錄)』에 담긴 내용은   易說東寰錄
> 풍부하고 중요하니 반드시 전해지리.   瞻核後必傳[51]

이처럼 그가 정약용과 그를 계승한 방산의 경학에 대해 높이 평가한 것은 다산학단과 추사학파의 교류를 넘어서 19세기 학계에서 다산학단이 추사학파를 보완하는 역할을 했다는 것을 추사학파에서 인정한 것으로 간주할 수 있을 것이다. 이로써 방산을 통해서 중앙과 지방이 학문적으로 교류하였을 뿐만 아니라 다산학단과 추사학파가 서로 소통하고 학문적으로 상호 보완하면서 발전하고 있음을 볼 수 있다.

2) 다산학단 - 읍중 제자들

다산은 1801년 강진으로 유배 온 후 강진 읍내에서 머물면서 1802년 겨울부터 제자들을 가르치기 시작하였는데, 읍중 제자들은 이때부터 1808년 다산초당으로 거처를 옮기기까지 다산과 인연을 맺은 사람들이다. 다산이 해배되어 마재로 돌아가기 직전에 작성하여 제자들에게 준 「다신계절목(茶信契節目)」에서 다산은 이들을 '우환을 같이 한 사람들'이라고 말하면서 다신계에도 모두 한 마음으로 참여할 것을 각별하게 당부하였다.[52] 이들은 대부분 강진 읍내에서 활동하는 아전들의 자제들이었는데, 사족(士族)이 아닌 이족(吏族)이면서도 상당한 분량의 저술을 남긴 것이 주목된다(〈표

---

51) 金奭準, 『續懷人詩錄』(박철상, 위 논문, 159쪽에서 재인용).
52) 임형택, 2000, 앞 책, 403쪽.

〈표 5〉 다산학단-읍중 제자들과 저술 목록

인물	저술	기타
손병조(孫秉藻), 소자 준엽(俊燁)	『선암집(船菴集)』	
황상(黃裳, 1788~1870) 소자 산석(山石), 자 자중(子仲)·제불(帝黻), 호 치원(巵園)	『치원유고(巵園遺稿)』 『치원총서(巵園叢書)』 『치원소고(巵園小藁)』 『치원진완(巵園珍玩)』	
황경(黃褧, 1792~1867) 소자 안석(安石), 호 양포(蘘圃)	『양포총서(蘘圃叢書)』 『양포일록(蘘圃日錄)』 『승귀제투(勝歸除套)』	
황지초(黃之楚, 1793~1843) 소자 완담(完聃), 호 연암(硯菴)		
이청(1792~1861) 소자 학래(鶴來), 자 금초(琴招)	『정관편(井觀編)』 3책 『사대고례(事大考例)』 26권 10책 『학림장고(鶴林掌考)』	공저
김재정(金載靖), 소자 상규(尙圭)		

5)). 결국 이들 저술은 다산을 매개로 중앙과 지방이 소통하여 이룩한
성과로 볼 수 있는데, 특히 이청과 황상은 다산으로부터 가르침을 받았을
뿐만 아니라 다산이 강진을 떠난 후 스스로 상경하여 서울의 경화세족과도
교류하여 중앙과 지방의 학술적 소통을 체현하였다.

황상에 대해서는 다음과 같은 점이 주목된다. 우선 황상은 다산의 가르침
을 가장 충실하게 실천한 제자라는 점이다. 유명한 과골삼천(踝骨三穿)[53]과
삼근계(三勤戒)[54] 고사는 황상이 스승 다산의 가르침을 죽을 때까지 실천한
것을 상징적으로 보여준다. 황상은 늙어서도 다산의 가르침을 되새기며
초서(鈔書)를 해서 총서(叢書)를 편찬하고, 시를 지었으며, 다산초당을 본떠
서 일속산방(一粟山房)을 꾸며놓고 주경야독하며 죽을 때까지 책을 손에서
놓지 않았다. 황상의 다산에 대한 변치 않는 태도에 감동하여 정학연 형제는
정황계를 맺어 그 자손에게까지 인연을 이어가고자 하였다.[55] 정황계는
19세기 학인들이 중앙과 지방의 간격, 사족과 이족의 신분적 한계를 넘어서

---

53) 黃裳, 『巵園遺稿』 권5, 「與裵州三老」 ; 정민, 2011②, 앞 책, 13쪽.
54) 『치원유고』 권5, 「三勤戒」 ; 정민, 2011②, 앞 책, 36~37쪽.
55) 정황계에 대해서는 정민, 2011②, 앞 책, 410~422쪽 참조.

학술적 소통을 이어가려는 의지를 과시한 것이었다.

둘째로 황상이 추사학파와 교류하였다는 것이다. 황상은 1836년 다산이 서거한 이후에도 4차례나 상경하였는데, 두 차례(1848~1849년, 1853~1854년)에 걸쳐서 정학연을 통해서 추사 형제들을 만나고 권돈인, 이만용 등 추사학파의 인물들과 교류하였다.[56] 추사는 일찍부터 황상에 대해서 관심을 갖고 만나고 싶어 했지만 서로 길이 엇갈려 보지 못하다가 황상과 만나서 시를 주고 받았으며, 추사학파의 인물들과의 교유를 주선하였다. 추사 형제들과 추사학파의 인물들은 황상의 시가 다산의 시학을 계승한 것이라는 점을 인정하였을 뿐만 아니라 황상만의 독자적인 경지를 이루었다고 극찬하였다.[57] 이것은 강진 지역의 학술이 중앙 학계의 인정을 받은 것을 의미할 뿐만 아니라 19세기 학술을 대표하는 다산학과 추사학이 학파를 넘어서 소통하면서 발전하였다는 것을 보여준다.

황상이 교류한 인물들은 세 부류로 나누어 볼 수 있다. 첫째는 다산의 자제들과 그 주변 인물들로서 두릉에서 만난 다산의 문인들이다. 그들은 두릉시사에 참여한 일부 인사들인데, 정학연 형제와 가까웠던 사람들이다. 다산의 제자 산북(汕北) 신기영(申耆永, 1803~?)을 비롯하여 동번(東樊) 이만용(李晩用, 1792~?), 서근삼(徐勤三), 심행농(沈杏農)이 여기에 포함된다. 둘째로 추사와 추사학파의 인물들이다. 추사 김정희(金正喜, 1786~1856), 산천(山泉) 김명희(金命喜, 1788~1857), 금미(琴縻) 김상희(金相喜, 1794~1861), 이재(彝齋) 권돈인(權敦仁), 초의선사(草衣禪師), 소치(小癡) 허련(許鍊) 등이 그들이다. 셋째로 강진의 다산학단을 배경으로 활동한 인물들이다. 아우인 황경(黃褧), 기숙(旗叔) 윤종삼(尹鍾參), 자이(自怡) 이시헌(李時憲), 염반천(廉磻泉), 귀춘(歸春), 배회(裵回), 김문수(金文秀), 김양빈(金良彬), 벽은(碧隱) 권공헌(權公憲, 1786~1870) 등이 그들이었다.[58] 황상이 교류한 인물들은 그가

---

56) 박철상, 2010, 「치원 황상과 추사학파의 교류」, 『다산과 현대』 3 ; 정민, 2011②, 앞 책, 476~515쪽. 박철상은 『정황계첩』이 다산학단 내에서의 황상의 위상을 보여 준다면 『치원진완(巵園珍玩)』을 통해 추사학파와의 유대를 알 수 있다고 하였다.

57) 李澈熙, 2006, 「茶山 詩學의 계승자 黃褧에 대한 평가와 그 의미 ─秋史·山泉의 巵園遺稿序 분석」, 『大東文化硏究』 53, 성균관대 대동문화연구원.

말 그대로 중앙과 지방의 학술적 소통을 체현한 인물임을 입증하고 있다.

셋째로 다산의 사회시를 계승·발전시켰다는 것이다. 그는 스승 다산과 마찬가지로 당대의 사회적 모순을 직시하고 삼정의 문란으로 민중이 기아에 허덕이는 현실을 고발하는 등 사회 현실을 민중의 입장에서 생생하게 파헤친 작품을 다수 창작하였다. 특히 그는 「애절양(哀絶陽)」, 「승발송행(僧拔松行)」 등 다산과 동일한 제목으로 또 다른 내용의 시를 지어서 당대 군정의 문란으로 인한 민의 고통을 묘사하고 아전의 비리와 횡포를 폭로하였는가 하면 조세제도의 모순으로 인한 기막힌 현실을 고발하였다. 당대의 사회모순을 파헤치는 예리한 시각과 민을 바라보는 따스한 시선은 다산과 함께 하면서도, 그것을 시적으로 포착하는 방식은 다산과는 다른 그 특유의 미감과 감수성을 드러냈다.[59]

넷째로 황상이 '일속산방(一粟山房)'이라는 새로운 거주 모델을 제시하였다는 점이다. 일속산방은 젊은 시절 다산이 일러준 내용을 그대로 재현한 은거 공간이었다. 크기는 단 한 간짜리 암자였는데, 사방 벽에는 동서남북으로 석영옥(石影屋), 노학암(老學菴), 일속산방(一粟山房), 만고송실(萬古松室)이라고 이름붙였다. 석영옥은 추사가 지어준 이름이며, 노학암은 추사 글씨의 현판이 남아 있다. 나머지 이름은 정학연이 지어 준 것이다. 소치 허련은 「일속산방도」를 그렸고, 초의가 그것을 감정하였다. 즉 일속산방은 다산학단과 추사학파가 협찬하여 마련한 거주 공간이었던 것이다. 좁쌀에 비유될 정도의 작은 집이었지만 방 안에는 각종 도서와 문집이 늘어서 있고, 벽에는 세계지도가 붙어 있었다고 한다. 황상은 이곳에서 초서(鈔書)와 창작, 강학 활동을 하고, 화초를 기르고 벌을 치면서 차를 마시는 생활을 즐겼다. 이곳 원림의 구조와 형태는 다산 이래 다산초당, 일지암 등으로 확산되어 간 원림 구성과 동일한 형태를 보여, 우리나라 전통 원림 연구에

---

58) 구사회·김규선, 2012, 「새 자료『치원소고(巵園小藁)』와 황상(黃裳)의 만년 교유」, 『동악어문학』 58, 동악어문학회.

59) 陳在敎, 2002, 「茶山學의 形成과 巵園 黃裳」, 『대동문화연구』 41, 성균관대 대동문화연구원.

중요한 자료를 제공하였다.[60]

황상과 함께 읍중 제자로서 두드러진 활약을 보인 사람이 이청이다. 다산은 황상과 이청을 각각 그 재능에 따라서 문학과 이학(理學)으로 분야를 특화시켜 교육시켰다.[61] 다산은 1806년 봄부터 1808년 봄 다산초당으로 거처를 정하기 전까지 이청의 집에서 머물기도 하였고, 읍중 제자 가운데 다산초당으로 옮긴 이후에도 유일하게 다산을 따를 정도로 긴밀한 관계를 유지하였다.[62]

우선 이청은 다산의 주요 저작에 가장 많이 참여한 제자였다는 점이 주목된다. 그는 『주역사전(周易四箋)』, 『시경강의보(詩經講義補)』, 『상서고훈(尙書古訓)』, 『대동수경(大東水經)』, 『악서고존(樂書孤存)』 등의 저술을 다산과 함께 저작하였다(〈표 2〉). 실제로 다산초당에서 이룩한 방대한 저술 작업에는 이청의 도움이 절대적이었다. 특히 다산 자신이 중풍으로 심각하게 고생할 때 다산이 구술하고 이청이 받아 적어 완성된 저술이 많았는데, 『시경강의보』와 『악서고존』이 대표적이다.[63] 심지어는 다산이 해배되고 마재로 돌아간 뒤에도 상경하여 『사대고례산보(事大考例刪補)』의 저작에 참여하였다.[64] 또한 그는 정약전의 저술로 알려진 『현산어보(玆山魚譜)』에 수많은 주석을 남겼다.

즉 이청은 『주역』, 『시경』, 『서경』, 『악경』 등 다산의 6경 관련 주요 경전에 대한 저술에 참여하였을 뿐만 아니라 『대동수경』과 『현산어보』는 사실상 공동 저술하였다. 『대동수경』은 신경준의 『산경표(山經表)』와 함께 조선 자연지리학의 쌍벽을 이룬 저술로 알려져 있다. 『산경표』가 산맥을 근간으로 하였다면 『대동수경』은 하천을 중심으로 한반도의 지형과 지세를 묘사하는 지리학을 구축하였던 것이다. 여기서 이청은 수많은 '청안(晴案)'

---

60) 정민, 2010, 「황상의 일속산방 경영과 산가생활」, 『다산과 현대』 3.
61) 정민, 2011①, 앞 책, 71쪽 ; 2011②, 앞 책, 108쪽, 488쪽.
62) 임형택, 2000, 앞 책, 407쪽.
63) 임형택, 위와 같음.
64) 임형택, 2008, 「『事大考例』 解題」, 『다산학단문헌집성』 8, 2~4쪽.

을 통해서 다산이 기억에 의존해 큰 틀을 세워놓은 것에 고금의 문헌에서 증거 자료를 조사해 고증하였다. 정약전이 흑산도에서 서식하는 어류를 직접 보고 관찰한 경험적 지식에 근거해 저술한 『현산어보』에 구체적인 문헌 자료를 고증해서 주석을 달아 완성한 것도 이청이었다.[65]

둘째로 이청은 다산 해배 이후 직접 상경하여 추사와 추사학파를 비롯한 중앙 학계의 주요 인물들과 교류하였다. 그는 서울에 올라가 추사가 가장 아끼던 제자인 소치(小癡) 허련(許鍊, 1808~1893)과 함께 한방에서 하숙하며 어렵게 생활하였지만, 그의 학문에 대해서는 추사가 '내 스승'이라고 말할 정도로 인정을 받았다.[66] 추사 문인이었던 현일(玄鎰, 1807~1876)은 풍석(楓石) 서유구(徐有榘) 역시 이청이 '자신의 질문에 즉시 응대하여 마치 스승과 같은 존재였다'고 높이 평가하였다고 전하고 있다.[67] 이청은 추사나 서유구와 같은 당대 석학들의 인정을 받았을 뿐만 아니라 김정희 측근이었던 홍현보, 남병철 등과도 교류하였음이 확인된다.[68]

셋째로 이청은 다산의 저술에서 누락된 천문역산학 분야에 대하여 『정관편(井觀編)』을 저술하였는데, 이는 중앙과 지방의 학술적 교류의 성과물이라는 점이다. 『정관편』은 천문역산 분야의 거의 모든 주제를 망라해 38개 항목으로 나누어 8권 3책의 분량으로 서술한 천문역산서이다. 여기서 이청은 조선의 중요한 천문서들을 활용하여 천문 관련 역사기록과 천문 데이터를 빠짐없이 인용하여 정리하였을 뿐만 아니라 중국의 고전적 문헌은 물론 명·청대 편찬된 천문역산서들까지 총 망라하여 참고하였다. 그야말로 19세

---

65) 문중양, 2006, 「19세기 호남 실학자 李晴의 『井觀編』 저술과 서양 천문학 이해」, 『韓國文化』 37, 서울대 한국문화연구소, 129~130쪽.
66) 정민, 2011②, 앞 책, 487~488쪽. 이것은 앞서 언급한 김석준의 「회인시록(懷人詩錄)」 가운데 나온 표현이다(秋史昔年呼我師). 이청은 추사보다 6살이나 어린데도 이런 평을 받았다는 점이 주목된다. 이철희는 이청이 1849년 무렵 허련과 함께 권돈인 집에 기숙하였다고 한다. 이철희, 2015, 「이청의 우물추락사실에 대한 해명」, 『語文硏究』 167호, 韓國語文敎育硏究會, 299~300쪽 참조.
67) 玄鎰, 『皎亭詩稿』 권5, 「哀李靑田鶴來」(이철희, 2015, 위 논문, 305쪽에서 재인용).
68) 한영규, 2013, 『조희룡과 추사파 중인의 시대』, 학자원, 132쪽 ; 이철희, 2015, 앞 논문, 297쪽.

기 전반기까지 조선에 유입된 대부분의 천문역산서들을 모두 활용하였던 것이다. 이처럼 누구보다도 방대한 자료를 섭렵해 문헌고증의 방법으로 천문역산 분야에서 논란이 되었던 주제들을 자신의 입장에서 총 정리하였다는 점에서 최한기에 비견되는 업적을 남긴 것이다.[69] 강진 출신 학자 이청이 이처럼 서울에서 가장 선진적인 학술을 주도할 수 있었던 것은 서유구의 서자인 서팔보(徐八輔, 1825?~1854)와의 교류 덕분이었다. 『정관편』의 여러 곳에서 서팔보가 계산한 천문 데이터를 소개하면서 '벗 서팔보'라고 소개한 것을 보면 둘 사이가 매우 긴밀하였음을 알 수 있다. 이청이 당시로는 최신의 천문학 관련 서적과 데이터를 섭렵할 수 있었던 것은 한 때 규장각 검서관으로 일한 적이 있던 서팔보와의 교류가 결정적 역할을 하였을 것으로 보인다.[70]

이 두 사람 외에도 손병조는 『선암집(船菴集)』을, 황상의 아우인 황경은 『양포총서(蘘圃叢書)』, 『양포일록(蘘圃日錄)』, 『승귀제투(勝歸除套)』 등의 저술을 남겼는데, 아직 그 내용에 대해서는 학계에서 파악하지 못하고 있다. 이들 저술이 어떻게 다산학을 계승·발전시켰는지를 파악하는 것 역시 19세기 사상 지형을 새롭게 인식하는 데 빼놓을 수 없는 작업이 될 것이다.

3) 다산학단 - 다산초당 제자들

다산초당 제자들 가운데 가장 두드러진 활동을 펼친 사람으로서 이강회(李綱會)가 있다. 이강회는 동고(東皐) 이준경(李浚慶, 1499~1572)의 후손으로서 고산(孤山) 윤선도(尹善道, 1587~1671)의 사위였던 이보만(李保晚)의 5대손이다. 이보만의 후손들 가운데 강진에 머물면서 해남 윤씨와 혼맥을 맺은 가문에서 다산의 제자들이 나왔는데, 이기록(李基祿), 이유회(李維會)·이강회가 그들이었다.[71]

---

69) 문중양, 2006, 앞 논문.

70) 문중양, 위 논문, 136쪽.

71) 趙成山, 2007, 「李綱會의 經世思想－茶山學 繼承의 한 局面」, 『대동문화연구』 57,

이강회 역시 다산의 저술 활동에 적극 동참하여 『춘추고징(春秋考徵)』, 『논어고금주(論語古今注)』, 『상의절요(喪儀節要)』 등에 이름을 올렸다(〈표 2〉). 이강회는 다산의 지도 아래 경학과 경세학에 정진하여 다산 제자들 가운데 경세학(經世學)에 가장 두드러진 업적을 남겼다. 다산이 해배되어 고향으로 돌아간 뒤 그는 특이하게도 정약전이 머물던 우이도로 들어가서 『주례』 연구에 몰두하여 『주관연의(周官演義)』 저술에 착수하였다. 다산은 일찍이 정약전에게 『주례』 주석서 편찬의 필요성을 피력하였지만[72] 여러 가지 여건상 실행에 옮기지 못하였는데, 이강회가 그 뜻을 충실히 계승하여 실천하였던 것이다.[73]

또한 그의 저술은 대부분 『주례』에 대한 관심의 연장선상에서 이루어졌다. 『물기당요찬(勿欺堂要纂)』은 『성리대전(性理大全)』에서 중요한 부분을 발췌한 학습 노트였는데, 그의 『주례』에 대한 관심이 드러나 있다. 그의 이러한 관심은 지리서 편찬으로 이어져 『탐라직방설(耽羅職方說)』을 편찬하였는데, 이 저술은 『주례』 「직방(職方)」을 본떠서 제주도에 대한 지리 현황을 정리한 것이었다. 또한 수레와 배의 제도를 연구한 것도 『주례』 주석서 편찬의 연장선상에 있었다.[74]

1818년 가을에 이강회는 우이도로 들어가서 그해 겨울에 「운곡선설(雲谷船說)」을 지었다. 「운곡선설」은 정약전이 문순득의 표류담을 기록한 「표해시말(漂海始末)」의 부록으로 작성한 글이다.[75] 『유암총서(柳菴叢書)』에 이들과 함께 실린 「차설답객난(車說答客難)」과 「제차설(諸車說)」은 수레에 관한 전문 저작이다. 『현주만록(玄洲漫錄)』은 1819년 현주(玄洲, 지금의 우이도)에 표류한 중국인 시홍량(施洪量)과 필담한 내용인데, 표류한 배의 구조와 모양, 선인(船人)의 복장, 배 운용 방법 등을 상세히 기록하였다.[76] 이들

성균관대 대동문화연구원, 143~144쪽.

72) 『여유당전서』 제1집 권20, 「答仲氏」.

73) 조성산, 2007, 앞 논문, 151쪽.

74) 조성산, 위 논문, 152~153쪽.

75) 조성산, 2007, 앞 논문, 147쪽.

76) 조성산, 2008, 「李綱會 著作 解題」, 『다산학단문헌집성』 7, 28쪽.

저술에서 이강회는 국가 경제와 국방에 대한 관심을 분명하게 표명하면서, 주요 물자의 자국 생산과 기술의 독립, 문호 개방과 유통, 국토의 개간과 간척 등을 주장하였다. 그의 이러한 주장은 당시 조선이라는 국가가 당면한 현실을 위기로 인식하는 현실인식에서 나왔는데, 그는 수레와 선박이라는 구체적인 대상에 대한 논의를 통해서 과감한 개혁을 적극적으로 주장하였다. 이것은 정약용의 제도 개혁 정신을 계승한 것이었으며, 그 당위성을 옛 제왕의 실천을 통해서 확인하려 하였다.[77]

이강회의 경세사상에는 『주례』에 대한 관심과 함께 군주권과 법·기강 강화에 대한 근기 남인의 문제의식이 담겨 있다.[78] 그가 제도 개혁을 실현하는 방안으로서 군주의 역할을 강조하고 법과 기강을 강화해야 한다고 언급한 것에서 그것을 볼 수 있다.[79] 그리고 그가 박지원(朴趾源)의 『열하일기(熱河日記)』와 박제가(朴齊家)의 『북학의(北學議)』를 인용하여 수레와 선박 등을 논한 것은 북학파(北學派)의 이용후생(利用厚生) 사상을 계승한 것이었다.[80] 이것은 조선후기 실학의 집대성자인 다산의 가르침을 받았으므로 지극히 자연스러운 일이었지만 그 제자로서 저술에서 구체적으로 언급하였다는 점은 주목해도 좋을 것이다.

이러한 이강회의 저술은 다산을 매개로 하여 서울과 경기 지역의 학문이 지방으로까지 확산된 것으로 볼 수 있는데, 이강회는 이들 선배 학자들이 이룩한 성과를 더욱 보완하고 발전시켰다. 이강회는 다산 해배 이후 흑산도에 들어가서 문순득과 교류하고, 표류 중국인과 필담을 나누는 등 독특한 행적을 보였는데, 다산의 죽음을 전후해서는 서울에도 올라와 있었고,[81]

---

77) 安大會, 2005, 「茶山 제자 李綱會의 利用厚生學－船說·車說을 중심으로」, 『한국실학연구』 10, 한국실학학회.
78) 정호훈, 2004, 『朝鮮後期 政治思想 硏究－17세기 北人系 南人을 중심으로』, 혜안 ; 2005, 「17세기 體制 改革論의 전개와 周禮」, 연세대 국학연구원 편, 『한국중세의 정치사상과 周禮』, 혜안.
79) 조성산, 2007, 앞 논문, 158~163쪽.
80) 안대회, 2005, 앞 논문.
81) 조성산, 2007, 앞 논문, 149쪽.

다산이 이강회 이름으로 추사에게 보낸 편지가 있는 것을 보면[82] 중앙
학계의 인물들과도 교류하였을 가능성은 충분하다고 생각되지만 그것을
입증할 기록을 볼 수 없는 것이 아쉬울 뿐이다.

「다신계절목」에 보이는 18명의 제자 가운데 10명이 해남 윤씨이다. 윤종
문(尹鍾文)과 윤종영(尹鍾英)은 해남 연동 출신으로서 윤선도의 직계 후손이
자 다산의 외가 사람들이고, 윤자동(尹玆東)과 윤아동(尹我東) 형제는 강진군
호암의 율정 마을 윤씨이다. 나머지 6명은 다산초당이 있는 귤동(橘洞)의
윤씨들로서 모두 초당의 원 주인인 귤림처사 윤단(尹摶, 1744~1821)의 손자
들이다. 윤종기(尹鍾箕)·윤종벽(尹鍾璧, 족보에는 鐘億)·윤종삼(尹鍾參, 족보
에는 鐘翼)·윤종진(尹鍾軫) 4형제는 윤단의 장자인 윤규로(尹奎魯)의 아들들
이고, 윤종심(尹鍾心=尹峒, 족보에는 鍾洙)·윤종두(尹鍾斗)는 차남인 윤규하
(尹奎夏)의 아들들이다. 이들은 같은 해남 윤씨로서 지역을 넘어서 서로
교류하였던 것으로 보인다.[83]

〈표 6〉 다산학단−다산 초당 제자들과 저술 목록

지역	인물	저술	기타
광주이씨 (李浚慶 후손)	이유회(李維會, 1784~1830) 자 인보(寅甫)		
	이강회(李綱會, 1789~?) 자 굉보(紘甫)	『주관연의(周官演義)』	미전
		『탐라직방설(耽羅職方說)』 1책	
		『현주만록(玄洲漫錄)』	
		『유암총서(柳菴叢書)』 1책	
		『운곡잡저(雲谷雜櫡)』 1책	
		『물기당요찬(勿欺堂要纂)』 1책	
	이기록(李基祿, 1780~1837) 자 문백(文伯)		
장흥	정수칠(丁修七, 1768~?) 자 래칙(來則), 호 연암(烟菴)		
해남(연동) 윤씨	윤종문(尹鍾文, 1787~1870) 자 혜관(惠冠)		
	윤종영(尹鍾英, 1792~1849) 자 배연(拜延), 호 경암(敬庵)		

---

82) 정민, 2011①, 「다산이 이강회의 이름으로 추사에게 보낸 편지」, 앞 책, 549~565쪽.
83) 임형택, 2000, 앞 책, 412~413쪽.

제5장 중앙과 지방의 학술 소통 : 다산학과 다산학단 613

해남윤씨 (강진 귤동)	윤종기(尹鍾箕, 1786~1841) 자 구보(裘甫)		통정대부 (음직)
	윤종벽(尹鍾璧, 1788~1837) 자 윤경(輪卿), 호 취록당(醉綠堂)	『취록당유고(醉綠堂遺稿)』	
	윤종삼(尹鍾參, 1798~1878) 자 기숙(旗叔), 호 성헌(星軒)	『춘각집(春閣集)』 『춘각총서(春閣叢書)』 『춘각수초(春閣手鈔)』	
	윤종진(尹鍾軫, 1803~1879) 자 금계(琴季), 호 순암(淳菴)	『순암총서(淳菴叢書)』 『순암수초(淳菴手鈔)』	진사 (進士)
	윤종심(尹鍾心, 1793~1853)=尹峒 자 공목(公牧), 호 감천(紺泉)		
	윤종두(尹鍾斗, 1798~1852) 자 자건(子建)		
해남윤씨 (강진 율정)	윤자동(尹玆東, 1791~?) 자 성교(聖郊), 호 석남(石南)		진사 (進士)
	윤아동(尹我東, 1806~?) 자 예방(禮邦), 호 율정(栗亭)	『우초관총서(雨蕉館叢書)』	
한양	이택규(李宅逵, 1796~?) 자 백홍(伯鴻)		이승훈 자
기타	이덕운(李德芸, 1794~?) 자 서향(書香)		
	이시헌(李時憲, 1803~60) 자 숙도(叔度), 호 자이(自怡)	『자이집(自怡集)』 2책	
	신대윤(申大允)		
	오정해(吳鼎海, 1769~?) 자 중원(重源)		

　이들 역시 다산의 저작에 적극 참여하였을 것인데, 현재 그 이름이 확인되
는 것은 『논어고금주』에 이강회와 함께 참여한 윤동(尹峒) 즉 윤종심이
유일하다(〈표 2〉). 이들 역시 상당한 분량의 저작을 남겼는데, 현재 확인되고
있는 것은 윤종벽의 『취록당유고(醉綠堂遺稿)』, 윤종삼의 『춘각집(春閣集)』,
『춘각수초(春閣手鈔)』, 『춘각총서(春閣叢書)』, 윤종진의 『순암수초(淳菴手
鈔)』와 『순암총서(淳菴叢書)』, 그리고 윤아동의 『우초관총서(雨蕉館叢書)』
등이 있다.

　윤종벽의 『취록당유고』에 의하면 그는 다산의 두 아들 정학연·정학유와
교유하였고, 윤종문 등 종형제를 비롯하여 백련사의 승려인 기어(騎魚)
자홍(慈弘)과 철경(掣鯨) 응언(應彦)과도 교류하였다. 그의 시에는 당대의

현실을 사실적으로 묘사한 것도 있고, 해남과 강진 일대의 경관을 읊은 것도 있다.[84] 나머지 저술에 대해서는 아직 연구가 이루어지지 않아서 그 구체적인 내용은 알 수 없지만 어쨌든 이들이 상당한 분량의 저술을 남긴 것은 다산학을 계승·발전시킨 양상으로서 주목을 요하는 대목이다.

4) 다산학단 - 승려 제자들

〈표 7〉 다산학단-승려 제자들과 저술 목록

인물	저술	기타
아암(兒庵) 혜장(惠藏, 1772~1811) 본호 연파(蓮坡)	『아암집(兒庵集)』 3권 1책	
수룡(袖龍) 색성(賾性, 1777~1806)		
철경(掣鯨) 응언(應彦)		
기어(騎魚) 자굉(慈宏[慈弘])		
침교(枕蛟) 법훈(法訓, ?~1813)		
일규(逸虯) 요운(擾雲)		
초의(草衣) 의순(意恂, 1786~1866) 자 중부(中孚), 호 초의(草衣) 법명 의순(意恂)	『초의시고(草衣詩藁)』 2권 『선문사변만어(禪門四辨漫語)』 1권 『이선래의(二禪來儀)』 1권 『일지암문집(一枝庵文集)』 2권 『동다송(東茶頌)』 『초의선사전집(艸衣禪師全集)』	
호의(縞衣) 시오(始悟, 1778~1868)		『매옥서궤(梅屋書匭)』
철선(鐵船) 혜즙(惠楫, 1791~1858)	『철선소초(鐵船小艸)』 1권	『다산송철선증언첩 (茶山送鐵船贈言帖)』

다산이 강진에서 유배 생활을 하는 동안 스님들과 긴밀하게 교류하면서 사제 관계를 맺었던 사실도 주목된다. 다산은 유배 이전에 이미 청파대사(靑坡大師) 혜원(惠苑), 연담(蓮潭) 유일(有一, 1720~1799) 등의 고승과 교류가 있었다. 연담 유일은 대둔사의 12대종사(大宗師)의 한 사람으로서, 30년 동안 강경(講經)에 전념하여 정조 시대 강경(講經)을 대표하는 스님으로

---

84) 김봉남, 2008, 「『醉綠堂遺稿』 解題」, 『다산학단문헌집성』 2.

이름이 높았다.[85] 강진으로 유배 간 이후에는 완호(琓虎) 윤우(倫佑, 1758~1826), 은봉(隱峰) 두운(斗雲, 생몰년 미상)과 교류하였다. 완호 윤우는 대둔사 13대강사(大講師) 중 한 분이었다.[86] 은봉은 대둔사의 시원암(始原菴)인 만일암(挽日菴)을 중수한 후 다산을 찾아 와 기문을 부탁했던 인물이다. 다산은 진불암과 만일암 등을 왕래하며 그와 교분을 나누었다.[87]

다산이 맨 처음 인연을 맺은 승려 제자는 아암 혜장이었다. 혜장은 만덕사(萬德寺)의 승려로서 30세에 대둔사『화엄경(華嚴經)』대법회에서 주맹(主盟)으로 활약할 정도로 교학에 해박하여 대둔사 12대강사 가운데 1인으로 추앙받았다. 아암은 어린 시절부터 연담 유일과 운담(雲潭) 정일(鼎馹) 문하에서 수학했으며, 불교 경전은『수능엄경(首楞嚴經)』과『기신론(起信論)』을 특히 좋아하였다. 그는 불교 경전 외에도 유교 경전에 대한 이해가 깊었다.[88] 다산은 아암이 불교 경전뿐만 아니라 '외전(外典) 중에서 『논어(論語)』를 매우 좋아'였으며, "여러 성리서(性理書)에 이르기까지 모두 정확하게 연마하여 속유(俗儒)들이 미칠 바가 아니었다"고 평가하였다.[89]

다산과 혜장은 1805년 백련사에서 처음 만나『주역(周易)』에 대하여 밤새 토론한 이후, 두 사람은 의기투합하여 때로는 사제간처럼, 때로는 아주 가까운 벗처럼 다정하게 지냈다. 혜장은 다산의 거처를 한동안 고성암으로 옮기게 해서 승려의 수발을 받으며 공부에 몰두할 수 있도록 배려해 주기도 하였다. 1808년 봄 다산이 초당으로 거처를 옮기자 두 사람의 왕래는 더욱 빈번해져 1811년 혜장이 술병에 걸려 40세의 젊은 나이에 세상을 뜨기까지 계속되었다.[90]

아암의 제자는 수룡(袖龍) 색성(賾性), 기어(騎魚) 자홍(慈弘), 철경(掣鯨)

---

85) 김상홍, 2003, 「茶山學이 草衣禪師에게 끼친 影響」, 앞 책, 534~535쪽.

86) 임혜봉, 2001, 『茶聖 초의선사와 대둔사의 다맥』, 예문서원, 228쪽.

87) 정민, 2011①, 「다산과 은봉의 교유와 『만일암지』」, 앞 책, 189~210쪽.

88) 오경후, 2006, 「朝鮮後期 佛敎史 撰述과 『大東禪敎考』」, 『韓國思想과 文化』 35, 한국사상 문화학회, 91~92쪽.

89) 『여유당전서』 권17, 「兒庵藏公塔銘」.

90) 정민, 2011①, 「다산과 혜장의 교유와 두 개의 『견월첩』」, 앞 책, 243~261쪽.

응언(應彦), 침교(枕皎) 법훈(法訓) 등이 있는데, 이들은 모두 다산의 제자가 되어 아암의 입적 이후에도 교류가 지속되었으며, 수룡 색성과 침교 법훈은 이른바 전등계(傳燈契)의 일원이 되었다.[91] 1809년 초의(草衣) 의순(意恂)이 다산과 만나게 된 것도 혜장이 주선하였을 가능성이 많다.[92] 완호의 법맥을 이은 이른바 '삼의(三衣)' 가운데 초의와 호의(縞衣) 시오(始悟)는 다산에게 스승의 예를 다하였다.[93]

다산은 이들 승려들에게 유교 경전을 공부하게 하고 시 창작을 독려하였다. 다산은 특히 초의를 가르치는데 심혈을 기울여, 직접 찾아가기도 하고, 꾸짖기도 하였으며, 초당으로 부르거나 증언(贈言)과 서간 등을 통해서 다양한 방법으로 교육시켰다. 다산의 초의에 대한 이와 같은 엄격하면서도 자상한 교육으로 초의는 다산학을 수용하여 학사 대부들과 교유하였고, 대종사(大宗師)가 되어 조선 말기 불교계와 시단에 큰 족적을 남겼다.[94]

다산은 이들과 함께 『대둔사지(大芚寺志)』와 『만덕사지(萬德寺志)』를 편찬하였다. 『대둔사지』의 찬술은 궁극적으로 대둔사가 조선후기 불교계에서 차지하는 위상을 천명하고 불교 중흥을 모색하기 위한 것이었다. 대둔사 12종사와 12강사의 강회는 화엄학 연구를 성행시켰고, 대둔사를 선(禪) 교학(敎學)의 종원으로 부상시켰다. 아울러 서산대사(西山大師)의 의발 전수와 사액 사우인 표충사(表忠祠) 건립은 대둔사가 서산의 법통을 계승하고 전국 사찰의 종원임을 표방하는 계기가 되었다.[95]

특히 다산은 『대동선교고(大東禪敎考)』를 찬술하여 『대둔사지』에 수록하였다. 『대동선교고』는 다산의 자료수집과 분석이 돋보이는 저술이었다.

---

91) 정민, 2011③, 「차 맷돌을 빙글빙글 돌려-『六老山居詠』에 보이는 차시」, 앞 책, 203쪽.

92) 정민, 2011③, 「적막히 스님 하나 찾아오누나-다산과 초의」, 앞 책, 210쪽.

93) 정민, 2011①, 「다산이 호의에게 보낸 편지첩-『매옥서궤』」, 앞 책, 211쪽.

94) 김상홍, 2003, 앞 책, 565쪽.

95) 吳京厚, 2002, 「朝鮮後期 『大芚寺志』의 編纂」, 『한국사상사학』 19, 한국사상사학회. 오경후는 다산이 『대둔사지』 편찬에 '영향'을 주었다고 하였으나, 최근 정민은 다산이 사실상 편찬을 주도하였음을 밝혔다. 정민, 2011①, 「다산이 호의에게 보낸 편지첩-『매옥서궤』」, 앞 책 참조.

다산은 삼국의 불교사 기록이 객관적으로 기술되어 있지 않다고 지적하고, 우리나라와 중국의 대외관계를 기초로 불교의 전래 등을 분석하여 과거의 오류를 바로잡았다. 다산은 당시 승려들의 행적을 정리하는 과정에서 다양한 자료를 활용하였다. 『삼국사기(三國史記)』를 저본으로 하였지만, 『불조통재(佛祖通載)』·『전등록(傳燈錄)』·『염송집(拈頌集)』·『사산비명(四山碑銘)』·『불조원류(佛祖源流)』 등을 기초로 『삼국사기』의 오류를 비판하고 보충하였다. 아울러 행적이 끊긴 승려는 이름이라도 기록하여 후세 사람들이 알아보게 하였다. 그의 방대한 자료 수집, 면밀한 검토와 같은 실증적 자세는 불교계의 사지(寺誌)와 승전(僧傳) 찬술에 모범이 되었다.[96]

『대둔사지』에는 다산의 이름이 전면에 드러나 있지 않지만 『만덕사지』에는 권마다 다산이 감정(鑑定)하였다고 명시하였다. 여기에는 다산과 함께 이청, 기어 자굉(慈宏), 철경 응언 등이 참여하였다. 만덕사의 본래 이름은 '만덕산(萬德山) 백련사(白蓮社)'로서 후에 산 이름을 따라서 만덕사라고 부르게 되었다. 백련사는 고려 희종(熙宗, 1204~1211) 때 창건되어 천태종(天台宗)의 중심 도량으로 크게 종세(宗勢)를 떨쳤으며, 조계종(曹溪宗)의 수선사(修禪社)와 함께 당시 결사(結社) 운동의 쌍벽을 이루었다. 그러나 조선에 들어서 점점 폐허화되어 인근의 대둔사보다도 뒤떨어진 사원으로 몰락하였다.[97]

다산은 고려후기 만덕산 백련사에서 배출된 8명의 국사(國師)에 대한 자료를 망라하여 정리함으로써 백련사의 법통을 밝혔다. 특히 『호산록(湖山錄)』을 인용하여 진정국사(眞靜國師) 천책(天頙)에 대해서 상세하게 서술한 것은 『만덕사지』가 유일하다. 『호산록』은 천책의 시문집으로서 오늘날 전해지지 않고 있는데, 다산이 이것을 보고 높이 평가하면서 『만덕사지』 편찬에 활용하였던 것이다.[98]

다산의 승려 제자 가운데 가장 두드러진 활동을 보인 것은 초의 의순이었

---

96) 오경후, 2006, 앞 논문, 108~109쪽.

97) 許興植, 1976, 「萬德寺志의 編纂과 그 價値」, 『萬德寺志』, 亞細亞文化社, 453쪽.

98) 허흥식, 위 논문, 474쪽.

다. 초의에 대한 다산의 애정은 각별하였지만 그에 못지않게 초의도 다산의 가르침을 갈구하였다. 초의가 다산을 만났을 때, 다산은 48세, 초의는 24세였는데, 초의는 출가 이후 그때까지 여러 해 동안 영호남을 주유하면서 대덕(大德) 석학(碩學)을 찾아 깨달음을 갈구하였으나 실망을 거듭하며 답답해하던 때였다. 그런 그가 다산을 만나자 그의 인품과 학문에 빠져 들어, 대둔사와 초당을 왕래하면서 모시고 공부하면서 그의 곁을 떠나지 않았다.[99]

초의에게서 주목되는 점은 그가 대둔사에만 머물지 않고 서울에 자주 왕래하면서 중앙 학계와 교류하였다는 점이다. 다산이 해배되기 전인 1815년 처음 상경하여 다산의 집을 찾아 아들 정학연 형제와 만났는데, 이때 추사 형제와도 첫 대면을 하였고,[100] 신위(申緯), 홍현주(洪顯周) 등과 시를 읊으며 교류하였으며, 이듬해인 1816년에는 수락산에 올라 이조판서 윤행임(尹行恁)의 아들인 윤정현(尹定鉉, 1783~1874)에게 주는 시를 지었다.[101] 1817년에는 금호(琴湖)에 있는 경주 김씨 별장인 동장(東莊)에서 추사와 함께 김경연·김유근·김재원 등과 만나서 시를 주고받았다.[102] 김유근(金逌根, 1785~1840)은 당시 안동 김씨 세도를 주도하고 있던 김조순(金祖淳)의 아들이다.

1830년 겨울에도 상경하여 양수리 수종사(水鍾寺)에 머물면서 가까운 마재에 있던 스승 정약용을 알현하고 정학연 형제를 만났으며, 홍현주를 방문하여 완호(琓虎) 스님의 비명을 부탁하였다. 이듬해인 1831년에는 정학연 형제와 함께 홍석주, 신위 등 두릉시사의 선비들과 시를 주고 받았다. 초의가 그 동안 지은 시를 책으로 묶어 홍석주와 신위의 서문을 받은 것이 『초의시고(草衣詩藁)』였다. 초의는 이때 2년여를 서울에서 머물다가 1832년 가을에야 일지암으로 돌아왔다.[103]

---

99) 정민, 2011③, 「적막히 스님 하나 찾아오누나-다산과 초의」, 앞 책, 210쪽.
100) 정민, 위 책, 225쪽.
101) 임혜봉, 2001, 앞 책, 78쪽.
102) 유홍준, 2002, 앞 책, 147쪽.

특히 추사 김정희와는 1815년 처음 만난 이래 죽을 때까지 긴밀하게 교류하였다. 소치 허련을 추사에게 소개하여 제자가 되게 하였으며, 추사가 제주도 유배 중인 1843년에는 제주도로 직접 방문하여 위로하고 시를 주고 받기도 하였다. 그 외에도 초의가 교류한 중앙의 인물들은 약 40여 인에 이른다.[104] 흥미로운 것은 초의가 같은 다산의 제자인 황상을 다시 만난 것이 추사와의 인연이 계기가 되었다는 점이다. 1849년 황상은 대둔산 일지암으로 초의를 찾아가 추사의 글씨를 보여줄 것을 청하였다. 황상은 초의와 추사가 왕래한 것을 잘 알고 추사의 글씨를 보려고 찾아갔던 것이다.[105] 이를 통해서 중앙과 지방의 교류가 교차되면서 이루어졌음을 볼 수 있다.

이처럼 강진 유배 시절 다산은 아암 혜장과 초의 의순, 그리고 그 제자들과 긴밀하게 교류하면서 유교 경전을 가르치고 시를 짓는 일을 독려하였다. 다산이 이들에게 시를 지으라고 요구한 것은 나름대로 유학과 불교의 접점을 모색하려는 노력의 일환으로 보인다. 어쨌든 이것은 이들이 유교와 불교라는 서로 다른 사상 체계를 넘어서 어떻게 사는 것이 올바른 삶인가라는 질문에 대한 해답을 진지하게 모색하였다는 점에서 중요한 의미를 지닌다고 생각된다. 그리고 다산은 유학자이면서도 『대둔사지』와 『만덕사지』 편찬을 주도하여 사지(寺誌) 편찬의 전범을 창출한 것 역시 주목할만하다. 특히 다산의 사후에도 초의 등이 추사를 비롯한 중앙 학계의 인물들과 교류한 것은 중앙과 지방의 지역간 소통, 유학과 불교의 서로 다른 사상간 소통과 함께 다산학과 추사학이 소통하면서 상호 보완하는 계기가 되었다는 점에서 19세기 사상 지형을 파악할 때 중요하게 고려해야 할 요소가 아닐 수 없다.

---

103) 임혜봉, 2001, 앞 책, 82~83쪽.
104) 김상홍, 2003, 앞 책, 563쪽.
105) 정민, 2011③, 앞 책, 331쪽. 이때 황상이 초의와 만난 보다 자세한 내용은 정민, 2011②, 앞 책, 435~448쪽 참조.

4. 맺음말

다산이 강진에서 제자들의 도움을 받으며 방대한 저술을 남겼다는 것은 중앙과 지방의 학술적 소통의 산물이기도 하였다. 다산은 이를 통해서 전근대 동아시아의 지적 전통을 비판적으로 정리하고 조선왕조 국가의 혁신을 모색하였다. 그는 중국과 한국을 포함한 동북아시아에서 장구한 기간 발전해 온 학문을 계승·발전시켰으며, 서로 다른 당색으로 분열되어 있던 학문을 종합하여 독자적인 학문 체계를 형성하였다. 서양 근대의 압도적인 위력 속에서 민족의 독립과 근대화를 고민하던 일제시대 학자들이 '조선학운동'을 전개한 것은 근대를 전근대와의 연속선상에서 모색하기 위한 것이었는데, 이때 다산의 학문, 즉 다산학에 주목한 것은 자연스러운 일이었다.

다산은 강진에서 유학 경전인 육경과 사서를 새롭게 해석하고, 그에 바탕을 두고 일표이서에 보이는 경세학을 전개하였다. 일표이서 가운데 강진에서 완성한 것은 『목민심서』뿐이었는데, 여기에는 강진에 대한 그의 절박한 현실 인식이 작용한 결과였다. 즉 『경세유표』에서 전개한 제도 개혁이 당위적으로 절실하였지만 강진의 절박한 현실을 보고 당시의 법 테두리 내에서라도 목민관들의 노력으로 백성들의 삶을 우선적으로 개선하기 위한 염원의 소산이었다. 『목민심서』는 중앙에서 유배 온 다산이 강진이라는 지역의 현실에 직접적으로 자극 받으면서 저술되었다는 점에서 중앙과 지방의 학술적 소통이 내용의 측면에서도 실현된 저작으로 볼 수 있다.

또한 그는 강진 지역을 중심으로 한 전라도 방언을 활용하여 '조선시'의 새로운 영역을 개척하였는데, 이 지역의 아름다움을 노래한 그의 시들은 이 지역 주민들의 자긍심의 원천이 되었다. 그리고 우리나라 전통 정원의 공간 구성을 계승·발전시킨 다산초당과 조석루에 대한 기록은 웰빙과 힐링은 추구하는 오늘날 정원 조형예술의 전범을 보인 것이었다.

강진에서 다산은 적지않은 제자들을 양성하였는데 이것은 다음 몇 가지 측면에서 중요하다고 생각된다. 우선 사족과 이족이라는 신분적 한계,

유교와 불교라는 이질적인 사상을 넘어서 본인의 능력에 따라 맞춤형 교육을 실현하였다는 점이다. 다음 다산의 아들과 손자를 포함한 제자들이 상당한 규모의 저작을 남겼다는 점이다. 이것은 추사학파를 비롯한 19세기 어떤 학자 그룹에 비겨도 손색없는 규모여서, 19세기 사상 지형을 새롭게 파악해야 할 필요성이 대두될 정도이다. 셋째 다산이 유배에서 풀려난 이후 강진 지역 제자들이 다수 상경하여 중앙 학계의 인물들과 교류하고, 특히 추사와 추사학파의 인정을 받았다는 점이다. 이것은 중앙과 지방이라는 지역간, 다산학과 추사학이라는 학파간 소통이라는 측면에 중요한 의미가 있었다. 이로써 다산학과 추사학이 서로 상호 보완하면서 발전한 측면이 존재한다는 점이 주목된다. 넷째 다산이 승려 출신 제자들이 다수 존재하고, 이들과 함께 『대둔사지』와 『만덕사지』 등을 편찬한 것은 유학과 불교가 서로 교류하고 소통하면서 상호작용하였다는 측면에서 중요한 의미가 있다.

이처럼 다산과 그가 강진에서 양성한 다산학단은 중앙과 지방이라는 지역적 한계, 사족과 이족이라는 신분적 한계, 유교와 불교라는 사상적 차이, 다산학과 추사학이라는 학파간의 간격을 넘어서 학술적으로 소통한 역사적 사례를 남겼다는 점에서 주목되어야 할 것이다. 다산 제자들의 학문과 저술은 다산 이후 다산의 방대한 학문체계를 보완하는 의미를 띠었으므로, 우리가 다산의 학문과 사상을 계승하고자 할 경우 우선적으로 검토하지 않으면 안 되는 대상이라고 보지 않을 수 없다.

1. 자료

『書經』,『周禮』,『禮記』,『論語』,『孟子』,『大學章句』,『中庸章句』,『史記』,『資治通鑑綱目』.

『朱子大全』,『朱子語類』,『魯齋遺書』,『牧民心鑑』.

『三國史記』,『朝鮮王朝實錄』(宣祖~正祖),『承政院日記』,『備邊司謄錄』.

『大東野乘』,『燃藜室記述』,『甲乙錄』.

『正祖丙午所懷謄錄』, 서울대학교 古典叢書, 1970.

『朝鮮民政資料 牧民篇』, 內藤吉之助, 1942.

『朝鮮民政資料叢書』, 驪江出版社, 1986.

茶山研究會, 1981,『譯註 牧民心書』I~VI, 창작과비평사.

丁海廉 校註, 2004,『經世遺表』原文, 現代實學社.

牧民攷(藏書閣本).

성균관대 대동문화연구원 편,『茶山學團資料集成』, 2008.

기어 자굉 편, 학래 이청 집, 양광식 역, 1998,『백련사지』, 강진문헌연구회.

김용흠 역주, 2012,『목민고·목민대방』, 혜안.

백승철 역주, 2014,『신편 목민고』, 혜안.

원재린 역주, 2012,『임관정요』, 혜안.

정호훈 역주, 2013,『선각』, 혜안.

허경진·김형태 옮김, 2007,『시명다식』, 한길사.

金尙憲,『淸陰集』, 民族文化推進會,『標點影印 韓國文集叢刊』77.

金誠一,『鶴峰集』, 民族文化推進會,『標點影印 韓國文集叢刊』48.

金長生,『沙溪全書』.

南九萬,『藥泉集』, 民族文化推進會,『標點影印 韓國文集叢刊』132.

朴世堂, 『西溪集』, 民族文化推進會, 『標點影印 韓國文集叢刊』 134.

朴世堂, 『西溪全書』, 太學社, 1979.

朴世采, 『南溪集』, 民族文化推進會, 『標點影印 韓國文集叢刊』 138~142.

朴知誠, 『潛冶集』, 民族文化推進會, 『標點影印 韓國文集叢刊』 80.

徐宗泰, 『晩靜堂集』, 民族文化推進會, 『標點影印 韓國文集叢刊』 163.

徐必遠, 『六谷遺稿』, 民族文化推進會, 『標點影印 韓國文集叢刊』 121.

宋時烈, 『宋子大全』, 民族文化推進會, 『標點影印 韓國文集叢刊』 112.

尹 拯, 『明齋遺稿』, 民族文化推進會, 『標點影印 韓國文集叢刊』 136.

尹 鑴, 『白湖集』, 民族文化推進會 刊行, 『韓國文集叢刊』 123.

李匡德, 『冠陽集』, 民族文化推進會, 『標點影印 韓國文集叢刊』 209.

李匡呂, 『李參奉集』, 『標點影印 韓國文集叢刊』 237.

李光佐, 『雲谷實記』.

李 貴, 『李忠定公章疏』 奎章閣 圖書番號 4777.

李 貴, 『默齋日記』(영인본), 延安李氏 忠定公派 宗中 發行.

李晩秀, 『屐園遺稿』, 民族文化推進會, 『標點影印 韓國文集叢刊』 268.

李睟光, 『芝峰集』, 民族文化推進會, 『標點影印 韓國文集叢刊』 66.

李是遠, 『沙磯集』, 民族文化推進會, 『標點影印 韓國文集叢刊』 302.

李 珥, 『栗谷全書』, 民族文化推進會, 『標點影印 韓國文集叢刊』 44~45.

李廷龜, 『月沙集』, 民族文化推進會, 『標點影印 韓國文集叢刊』 70.

李 滉, 『退溪集』, 民族文化推進會, 『標點影印 韓國文集叢刊』 31.

張 維, 『谿谷集』, 民族文化推進會 刊行, 『韓國文集叢刊』 92.

鄭齊斗, 『霞谷集』, 民族文化推進會, 『標點影印 韓國文集叢刊』 160.

丁若鏞, 『與猶堂全書』, 民族文化推進會, 『標點影印 韓國文集叢刊』 281.

趙文命, 『鶴巖集』, 民族文化推進會, 『標點影印 韓國文集叢刊』 192.

趙 翼, 『浦渚集』, 民族文化推進會 刊行, 『韓國文集叢刊』 85.

趙顯命, 『歸鹿集』, 民族文化推進會, 『標點影印 韓國文集叢刊』 212.

崔鳴吉, 『遲川集』, 民族文化推進會, 『標點影印 韓國文集叢刊』 89.

崔鳴吉, 『遲川先生續集』.

崔錫鼎, 『明谷集』, 民族文化推進會, 『標點影印 韓國文集叢刊』 154.

崔昌大, 『昆侖集』, 民族文化推進會, 『標點影印 韓國文集叢刊』 188.

洪良浩, 『耳溪集』, 民族文化推進會, 『標點影印 韓國文集叢刊』 241.

黃 裳, 『厄園遺稿』.

2. 저서

강만길, 2004, 『20세기 우리 역사』, 창작과비평사.

강세구, 1999, 『성호학통연구』, 혜안.

姜信曄, 2001, 『朝鮮後期 少論 研究』, 봉명.

강정인, 2004, 『서구중심주의를 넘어서』, 아카넷.

姜周鎭, 1971, 『李朝黨爭略史』, 서울대 출판부.

경기문화재단 실학박물관 편, 2012, 『조선의 牧民學 전통과 牧民心書』, 景仁文化社.

具山祐, 2003, 『高麗前期 鄕村支配體制 研究』, 혜안.

近代史研究會 編, 1987, 『韓國中世社會 解體期의 諸問題(上)』, 한울.

금장태, 2008, 『한국유학의 악론』, 예문서원.

금장태, 2011, 『다산 평전-백성을 사랑한 지성』, 지식과교양.

김대중 외, 1999, 『아시아적 가치』, 전통과현대.

金文植, 1996, 『朝鮮後期 經學思想研究』, 一潮閣.

金文植, 2000, 『정조의 경학과 주자학』, 문헌과 해석사.

김문용, 2005, 『홍대용의 실학과 18세기 북학사상』, 예문서원.

김상준, 2011, 『맹자의 땀, 성왕의 피-중층근대와 동아시아 유교문명』, 아카넷.

金相洪, 2003, 『茶山 文學의 再照明』, 단국대 출판부.

김석근 외 지음, 2000, 『민본주의를 넘어서』, 청계.

金成潤, 1997, 『朝鮮後期 蕩平政治 研究』, 지식산업사.

金成俊, 1990, 『牧民心鑑 研究』, 高麗大 民族文化研究所 出版部.

金玉根, 1977, 『朝鮮後期 經濟史研究』, 瑞文堂.

金容燮, 1988, 『朝鮮後期農學史研究』, 一潮閣.

金容燮, 2000, 『韓國中世農業史研究』, 지식산업사.

金容燮, 2004, 『新訂 增補版 韓國近代農業史研究 I -農業改革論·農業政策(1)』, 지식산업사.

金容燮, 2007, 『신정 증보판 朝鮮後期農業史研究 II』, 지식산업사.

김용옥, 1990, 『讀氣學說-최한기의 삶과 생각』, 통나무.

金容欽, 2006, 『朝鮮後期 政治史 研究 I -仁祖代 政治論의 分化와 變通論』, 혜안.

김인걸 외 지음, 2011, 『정조와 정조시대』, 서울대학교 출판부.

김인식, 2008, 『광복 전후 국가건설론』, 한국독립운동사편찬위원회.

金駿錫, 2003, 『朝鮮後期 政治思想史 研究-國家再造論의 擡頭와 展開』, 지식산업사.

金駿錫, 2005, 『韓國 中世 儒教政治思想史論 II』, 지식산업사.

金泰永, 1983, 『朝鮮前期 土地制度史研究』, 知識産業社.

金泰永, 1998,『실학의 국가 개혁론』, 서울대출판부.

문석윤, 2006,『湖洛論爭의 형성과 전개』, 동과서.

文勇植, 2001,『朝鮮後期의 賑政과 還穀運營』, 景仁文化社.

박석무, 2009,『유배지에서 보낸 편지』, 창작과비평사.

박재우, 2005,『고려 국정운영의 체계와 왕권』, 신구문화사.

박현모, 2001,『정치가 정조』, 푸른역사.

裵永東, 1992,『明末淸初思想』, 民音社.

宋載卲, 1986,『茶山詩 硏究』, 창작과비평사.

宋正洙, 1997,『中國近世鄕村社會史硏究』, 혜안.

송호정, 2003,『한국고대사 속의 고조선』, 푸른역사.

신병주, 2000,『남명학파와 화담학파 연구』, 일지사.

실시학사 편, 2012,『다산 정약용 연구』, 사람의무늬.

안병주, 1987,『儒敎의 民本思想』, 성균관대 대동문화연구원.

역사문제연구소 편, 1996,『한국의 '근대'와 '근대성' 비판』, 역사비평사.

歷史學會 編, 1981,『科擧』, 一潮閣.

연세대 국학연구원 편, 2005,『한국 중세의 정치사상과 周禮』, 혜안.

오금성 외, 2007,『명청시대 사회경제사』, 이산.

오영교, 2001,『朝鮮後期 鄕村支配政策 硏究』, 혜안.

오영교 편, 2004,『조선 건국과 경국대전체제의 형성』, 혜안.

오영교 편, 2005,『조선후기 체제변동과 속대전』, 혜안.

오영교 편, 2007,『세도정권기 조선사회와 대전회통』, 혜안.

愚伏先生紀念事業會, 1996,『愚伏鄭經世先生硏究』, 太學社.

禹仁秀, 1999,『朝鮮後期 山林勢力 硏究』, 一潮閣.

원유한 엮음, 1995,『홍이섭의 삶과 역사학』, 혜안.

원재린, 2003,『朝鮮後期 星湖學派의 形成과 學風』, 혜안.

劉明鍾, 1994,『性理學과 陽明學』, 연세대 출판부.

유봉학, 1995,『연암일파 북학사상 연구』, 일지사.

유홍준, 2002,『완당평전 1 - 일세를 풍미하는 완당바람』, 학고재.

柳仁熙, 1980,『朱子哲學과 中國哲學』, 汎學社.

柳在城, 1986,『丙子胡亂史』, 國防部戰史編纂委員會.

尹絲淳, 1985,『韓國儒學論究』, 玄岩社.

윤훈표·임용한·김인호, 2007,『경제육전과 육전체제의 성립』, 혜안.

이경구, 2007,『조선후기 安東 金門 연구』, 일지사.

李景植, 1986,『朝鮮前期 土地制度硏究』, 一潮閣.

李景植, 2005, 『韓國 古代·中世初期 土地制度史－古朝鮮~新羅·渤海』, 서울대 출판부.

이만규, 1947, 『조선교육사』, 거름출판사(1991).

李丙燾, 1987, 『韓國儒學史』, 亞細亞文化社.

李秉烋, 1984, 『朝鮮前期 畿湖士林派研究』, 一潮閣.

李相益, 2005, 『儒教傳統과 自由民主主義』, 심산.

李成珪, 1984, 『中國古代帝國成立史研究－秦國齊民支配體制의 形成』, 一潮閣.

李成茂, 1994, 『韓國의 科擧制度』(改正增補), 集文堂.

李成茂, 1995, 『朝鮮兩班社會研究』, 一潮閣.

이성무, 1997, 『한국 과거제도사』, 민음사.

이승환, 2004, 『유교 담론의 지형학』, 푸른숲.

李迎春, 1998, 『朝鮮後期 王位繼承 研究』, 集文堂.

李銀順, 1988, 『朝鮮後期黨爭史研究』, 一潮閣.

李在喆, 2001, 『朝鮮後期 備邊司研究』, 集文堂.

이지원, 2007, 『한국 근대 문화사상사 연구』, 혜안.

李泰鎭, 1985, 『朝鮮後期의 政治와 軍營制 變遷』, 韓國研究院.

李熙煥, 1995, 『朝鮮後期黨爭研究』, 國學資料院.

임형택, 2000, 『실사구시의 한국학』, 창작과비평사.

임혜봉, 2001, 『茶聖 초의선사와 대둔사의 다맥』, 예문서원.

전덕재, 2006, 『한국고대사회경제사』, 태학사.

全炯澤, 1989, 『朝鮮後期 奴婢身分研究』, 一潮閣.

鄭萬祚, 1997, 『朝鮮時代 書院研究』, 集文堂.

정 민, 2011, 『다산의 재발견』, 휴머니스트.

정 민, 2011, 『삶을 바꾼 만남』, 문학동네.

정 민, 2011, 『새로 쓰는 조선의 차 문화』, 김영사.

鄭奭鍾, 1983, 『朝鮮後期社會變動研究』, 一潮閣.

정석종, 1994, 『조선후기의 정치와 사상』, 한길사.

정성철, 1974, 『실학파의 철학사상과 사회정치적 견해(上)』, 백의(1989).

정옥자 외, 1999, 『정조시대의 사상과 문화』, 돌베개.

정진영, 1998, 『조선시대 향촌사회사』, 한길사.

정호훈, 2004, 『朝鮮後期 政治思想 研究』, 혜안.

정홍준, 1996, 『조선 중기 정치권력구조 연구』, 高麗大 民族文化研究所.

趙東杰, 1998, 『現代 韓國史學史』, 나눔출판.

조성산, 2007, 『조선후기 낙론계 학풍의 형성과 전개』, 지식산업사.

조성을, 2016, 『年譜로 본 茶山 丁若鏞－샅샅이 파헤친 그의 삶』, 지식산업사.

趙永祿, 1989,『中國近世政治史研究』, 지식산업사.

조윤선, 2002,『조선후기 소송연구』, 國學資料院.

지교헌 외, 1994,『韓國思想家의 새로운 발견 2－趙翼 硏究』, 한국정신문화연구원
    철학종교연구실.

지두환, 1998,『조선시대 사상사의 재조명』, 역사문화.

陳在敎, 1999,『耳溪 洪良浩 文學 硏究』, 성균관대 大同文化硏究院.

차기진, 2002,『조선후기의 西學과 斥邪論 연구』, 한국교회사연구소.

車文燮, 1973,『朝鮮時代軍制研究』, 단대출판부.

車長燮, 1997,「朝鮮後期閥閱研究」, 一潮閣.

蔡雄錫, 2000,『高麗時代의 國家와 地方社會－'本官制'의 施行과 地方支配秩序』,
    서울대 출판부.

千寬宇, 1979,『近世朝鮮史研究』, 一潮閣.

崔潤晤, 2006,『朝鮮後期 土地所有權의 발달과 地主制』, 혜안.

平木實, 1982,『朝鮮後期奴婢制研究』, 知識産業社.

하일식, 2006,『신라 집권 '관료제' 연구』, 혜안.

한국고대사학회, 2007,『한국고대사 연구의 새 동향』, 서경문화사.

韓國實學研究會, 1998,『韓中實學史研究』, 민음사.

한국역사연구회 17세기 정치사 연구반,『조선중기 정치와 정책－인조~현종 시기』,
    아카넷.

한림대 한국학연구소 편,『21세기 한국학, 어떻게 할 것인가』, 푸른역사.

韓相權, 1996,『朝鮮後期 社會와 訴冤制度』, 一潮閣.

한영규, 2013,『조희룡과 추사파 중인의 시대』, 학자원.

한정수, 2007,『한국 중세 유교정치사상과 농업』, 혜안.

함영대, 2011.『성호학파의 맹자학』. 태학사.

함재봉, 2000,『유교 자본주의 민주주의』, 전통과현대.

玄相允, 1949,『韓國儒學史』, 民衆書館.

홍이섭, 2003,『洪以燮 全集』1~8, 연세대학교 출판부.

황의동, 2005,『우계학파 연구』, 서광사.

황태연, 2011,『공자와 세계 1－공자의 지식철학(상)』, 청계.

3. 논문

강석화, 2003,「홍양호－18세기 후반의 참보수」,『63인의 역사학자가 쓴 한국사
    인물 열전 2』, 한영우선생정년기념논총간행회.

강석화, 2005, 「耳溪 洪良浩의 생애와 학문관」, 『震檀學報』 100, 震檀學會.

강석화, 2013. 「다산의 중앙정부조직안과 관료제의 공적 운영」, 『다산과 현대』 6호, 연세대 국학연구원 부설 강진다산실학연구원.

姜信曄, 1990, 「朝鮮後期 南溪 朴世采의 禮治論」, 『慶州史學』 9, 동국대 국사학회.

강신엽, 1990, 「17世紀 後半 朴世采의 蕩平策」, 『東國歷史敎育』 2, 동국역사교육회.

姜信曄, 1991, 「南九萬의 國防思想」, 『民族文化』 4, 民族文化推進會.

강신엽, 1993, 「南九萬의 政治思想」, 『素軒南都泳博士古稀紀念歷史學論叢』.

姜信曄, 1994, 「崔錫鼎의 政治思想」, 『東國史學』 28, 東國史學會.

강신엽, 1994, 「崔錫鼎의 生涯와 思想」, 『芝邨金甲周敎授華甲紀念史學論叢』.

강지은, 2007, 「서계(西溪) 박세당(朴世堂)의 『대학사변록(大學思辨錄)』에 대한 재검토」, 『韓國實學研究』 13, 韓國實學學會.

강지은, 2011, 「尹鑴의 『讀書記』와 朴世堂의 『思辨錄』이 朱子學 批判을 위해 저술되었다는 주장의 타당성 검토(Ⅰ)-『大學』의 '格物' 註釋에 대한 재고찰을 중심으로」, 『韓國實學研究』 22, 韓國實學學會.

고동환, 1993, 「19세기 부세운영의 변화와 呈訴 운동」, 『국사관논총』 43, 국사편찬위원회.

고동환, 2007, 「조선후기 도시경제의 성장과 지식세계의 확대」, 한림대 한국학연구소 편, 『다시 실학이란 무엇인가』, 푸른역사.

고동환, 2012, 「19세기 후반 지식세계의 변화와 다산(茶山) 호출(呼出)의 성격」, 『다산과 현대』 4·5 합본호, 연세대 국학연구원 부설 강진다산실학연구원.

高錫珪, 1985, 「16·17세기 貢納制 改革의 方向」, 『韓國史論』 12, 서울대 국사학과.

高成勳, 1993, 「朝鮮後期 變亂研究」, 동국대 박사논문.

고영진, 1994, 「16세기 후반~17세기 전반 枕流臺學士의 활동과 의의」, 『서울학연구』 3, 서울시립대 서울학연구소.

具德會, 1988, 「宣祖代 후반(1594~1608) 政治體制의 재편과 政局의 動向」, 『韓國史論』 20, 서울대 국사학과.

구만옥, 2006, 「朝鮮後期 科學技術史 研究와 '實學'」, 『韓國實學思想研究 4』, 혜안.

구사회·김규선, 2012, 「새 자료 『치원소고(卮園小藁)』와 황상(黃裳)의 만년 교유」, 『동악어문학』 58, 동악어문학회.

권내현, 1997, 「숙종대 지방통치론의 전개와 정책운영」, 『역사와 현실』 25, 한국역사연구회.

권영국, 1992, 「14세기 전반 '개혁정치'의 내용과 그 성격」, 『역사와 현실』 7, 한국역사연구회.

琴章泰, 1992, 「17세기 朝鮮朝 禮學派의 禮學과 그 社會意識」, 『宗敎學研究』 11,

서울대 宗敎學硏究會.

金甲童, 1993, 「왕권의 확립과정과 호족」, 『한국사 12』, 국사편찬위원회.

金甲千, 1998, 「仁祖朝 정치의 '適實' 지향성에 관한 연구」, 서울대 박사논문.

김건태, 1999, 「갑술·경자 양전의 성격」, 『역사와 현실』 31, 한국역사연구회.

김건태, 2000, 「경자양전 시기 가경전과 진전 파악 실태」, 『역사와 현실』 36, 한국역사
　　　연구회.

김경미, 2009, 「인문적 삶을 위한 전통의 복원－21세기 실학 연구의 전망과 지향」,
　　　『인문과학』 43, 성균관대 인문학연구원.

金敬泰, 1990, 「茶山의 賑恤糧穀 需給論」, 姜萬吉·鄭昌烈 외, 『茶山의 政治經濟思想』,
　　　창작과비평사.

金光洙, 1997, 「古代國家形成論」, 金容燮敎授停年紀念 韓國史學論叢刊行委員會 편,
　　　『韓國史 認識과 歷史理論』, 지식산업사.

김기승, 2005, 「다산 정약용의 부국강병형 국가 개혁 사상－『경세유표』를 중심으로」,
　　　『韓國史學報』 19, 高麗史學會.

金基興, 1997, 「三國의 對民收取」, 金容燮敎授停年紀念 韓國史學論叢刊行委員會
　　　편, 『韓國 古代·中世 支配體制와 農民』, 지식산업사.

김도형, 2004, 「개항 전후 實學의 변용과 근대개혁론」, 연세대 국학연구원 편, 『전통의
　　　변용과 근대개혁』, 태학사.

金度亨, 2005, 「洪以燮의 現實認識과 歷史硏究」, 『東方學志』 130, 연세대 국학연구원.

김문식, 1999, 「정조의 주자서 편찬과 그 의의」, 정옥자 외, 『정조시대의 사상과
　　　문화』, 돌베개.

김문식, 2003, 「홍양호의 북학론」, 『문헌과 해석』 24, 문헌과해석사.

김봉남, 2008, 「『醉綠堂遺稿』 解題」, 『다산학단문헌집성 2』, 성균관대 동아시아학
　　　술원.

金相五, 1974, 「懷尼師生論의 是非와 丙申處分에 대하여」, 『論文集』 1, 전북대 문리대.

金仙卿, 1986, 「『朝鮮民政資料叢書』 해제」, 『朝鮮民政資料叢書』, 驪江出版社.

김선경, 2010, 「조선후기 목민학의 계보와 『목민심서』」, 『朝鮮時代史學報』 52, 朝鮮
　　　時代史學會.

김선경, 2012, 「『목민심서』 연구 : 통치기술의 관점에서 읽기」, 『歷史敎育』 123,
　　　歷史敎育硏究會.

김성규, 1998, 「경세정운도설에 대한 홍양호의 서평」, 『문헌과 해석』 3, 문헌과해석사.

김성보, 2005, 「洪以燮의 한국근현대사 인식」, 『동방학지』 130, 연세대 국학연구원.

김성보, 2008, 「'내재적 발전'의 시각, 어떻게 재구성할 것인가」, 국학연구원 60주년
　　　기념 국제학술대회 발표문, 『21세기 한국학 : 세계 보편 담론을 향하여』.

김성우, 1997, 「17세기의 위기와 숙종대 사회상」, 『역사와 현실』 25, 한국역사연구회.

김성윤, 2002, 「英祖代 中半의 政局과 '壬午禍變'」, 『역사와 경계』 43, 부산경남사학회.

金世奉, 1995, 「朝鮮 肅宗初 老少分岐에 대한 一考察」, 『史學志』 第28輯, 檀國大史學會.

김세봉, 2003, 「예론(禮論)의 전개와 그 양상」, 한국역사연구회 17세기 정치사 연구반, 『조선중기 정치와 정책 – 인조~현종 시기』, 아카넷.

金安淑, 1986, 「孝宗年間 奴婢推刷都監 설치의 배경과 성격」, 『嶠南史學』 2, 嶺南大 國史學會.

金 燁, 1975, 「商鞅의 什伍聯坐制 研究」, 『大丘史學』 9, 大丘史學會.

金英珠, 1982, 「耳溪 洪良浩의 牧民思想 – 『牧民大方』을 중심으로」, 『淑大史論』 11·12合輯, 숙명여대 사학회.

김영진, 2008, 「酉山 丁學淵 資料 解題」, 성균관대 대동문화연구원 편, 『茶山學團資料集成 1』, 성균관대 동아시아학술원.

김영하, 2007, 「古代의 개념과 발달단계론」, 『한국고대사연구』 46, 한국고대사학회.

金容燮, 1968, 「18世紀 農村知識人의 農業觀」, 『韓國史研究』 2, 韓國史研究會.

김용섭, 1976, 「우리나라 近代 歷史學의 發達」, 『한국의 역사인식(하)』, 창작과비평사.

金容燮, 1976, 「朝鮮後期 農業問題와 實學」, 『東方學志』 17, 연세대 국학연구원.

金容燮, 1985, 「朱子의 土地論과 朝鮮後期 儒者」, 『延世論叢』 21, 연세대 대학원.

金容燮, 1988, 「近代化過程에서의 農業改革의 두 方向」, 『韓國資本主義性格論爭』, 대왕사.

김용흠, 1996, 「朝鮮後期 老·少論 分黨의 思想基盤 – 朴世堂의 『思辨錄』 是非를 中心으로」, 『學林』 17, 연세대 사학연구회.

김용흠, 2000, 「朝鮮後期 肅宗代 老·少論 대립의 論理 – 甲戌換局 직후를 중심으로」, 『河炫綱教授定年紀念論叢 – 韓國史의 構造와 展開』, 혜안.

金容欽, 2001, 「浦渚 趙翼의 學問觀과 經世論의 性格」, 『韓國實學의 새로운 摸索』, 景仁文化社.

김용흠, 2001, 「肅宗代 後半의 政治 爭點과 少論의 內紛」, 『東方學志』 111, 연세대 국학연구원.

김용흠, 2004, 「조선전기 훈구·사림의 갈등과 그 정치사상적 함의」, 『東方學志』 124, 연세대학교 국학연구원.

김용흠, 2005, 「17세기 政治的 갈등과 朱子學 政治論의 分化」, 오영교 편, 『조선후기 체제변동과 속대전』, 혜안.

金容欽, 2006, 「遲川 崔鳴吉의 責務意識과 官制變通論」, 『朝鮮時代史學報』 37, 朝鮮時代史學會.

김용흠, 2006, 「仁祖反正의 名分과 政權의 正統性 論爭」, 『歷史學研究』 27, 호남사학회.

김용흠, 2006,「仁祖代 前半 정치적 갈등과 朋黨論－李貴와 金瑬의 대립을 중심으로」, 『역사와 경계』 60, 부산경남사학회.

김용흠, 2006,「仁祖代 元宗 追崇 論爭과 王權論」, 『學林』 27, 연세대학교 史學硏究會.

김용흠, 2006,「잠야(潛冶) 박지계(朴知誡)의 효치론(孝治論)과 변통론」, 『역사와 현실』 61, 한국역사연구회.

金容欽, 2006,「17세기 前半 經世論의 두 경향」, 『역사문화연구』 24, 한국외국어대학교 歷史文化硏究所.

김용흠, 2006,「丁卯胡亂과 主和·斥和 論爭」, 『韓國思想史學』 26, 韓國思想史學會.

金容欽, 2006,「丙子胡亂期 主和·斥和 論爭」, 『東方學志』 135, 연세대학교 국학연구원.

김용흠, 2006,「19세기 전반 勢道政治의 형성과 政治運營」, 『韓國史硏究』 132, 韓國史硏究會.

김용흠, 2007,「延平 李貴의 政治論과 學問觀」, 『韓國思想史學』 29, 韓國思想史學會.

김용흠, 2007,「조선 세조대 정치를 보는 시각과 생육신」, 『역사와 현실』 64, 한국역사연구회.

김용흠, 2008,「정치세력과 정치운영」, 한국사연구회 편, 『새로운 한국사 길잡이(上)』, 지식산업사.

김용흠, 2008,「南溪 朴世采의 變通論과 皇極蕩平論」, 『東方學志』 143, 연세대 국학연구원.

김용흠, 2009,「역사와 학문에 '건너뛰기'란 없다」, 『내일을 여는 역사』 36, 서해문집.

김용흠, 2009,「숙종대 소론 변통론의 계통과 탕평론－明谷 崔錫鼎을 중심으로」, 『韓國思想史學』 32, 韓國思想史學會.

김용흠, 2009,「조선후기 정치와 실학」, 『다산과 현대』 2, 연세대 강진다산실학연구원.

김용흠, 2009,「조선후기의 왕권과 제도정비」, 이태진교수 정년기념논총 간행위원회, 『국왕, 의례, 정치』, 태학사.

김용흠, 2010,「한국 중세 국가 연구의 방향과 사회인문학」, 『동방학지』 150, 연세대 국학연구원.

김용흠, 2010,「18세기 '牧民書'와 지방통치－『牧民攷』를 중심으로」, 『韓國思想史學』 35, 韓國思想史學會.

김용흠, 2010,「肅宗代 前半 懷尼是非와 蕩平論－윤선거·윤증의 논리를 중심으로」, 『韓國史硏究』 148, 韓國史硏究會.

김용흠, 2010,「연평 이귀, 실학과 탕평론의 선구자」, 『내일을 여는 역사』 39, 내일을 여는 역사재단.

김용흠, 2011,「18세기 官人·實學者의 政治批評과 蕩平策－耳溪 洪良浩를 중심으로」, 『역사와 경계』 78, 부산경남사학회.

김용흠, 2011, 「'조선후기 실학'과 사회인문학」, 『東方學志』 154, 연세대 국학연구원.

김용흠, 2011, 「洪良浩 實學思想의 系統과 『牧民大方』」, 『朝鮮時代史學報』 56, 朝鮮時代史學會.

김용흠, 2012, 「당론서(黨論書)를 통해서 본 회니시비(懷尼是非) - 『갑을록(甲乙錄)』과 『사백록(俟百錄)』 비교」, 『역사와 현실』 85, 한국역사연구회.

김용흠, 2012, 「다산의 국가 구상과 정조 탕평책」, 『다산과 현대』 4·5 합본호, 연세대 강진다산실학연구원.

김용흠, 2012, 「『목민대방』 해제」, 『목민고·목민대방』, 혜안.

김용흠, 2013, 「21세기에 조선후기는 무엇을 말할 수 있나? : 조선후기를 보는 시각과 정치사 연구」, 『歷史學報』 219, 歷史學會.

김용흠, 2013, 「홍이섭 사학의 성격과 조선후기 실학」, 『韓國實學研究』 25, 韓國實學學會.

김용흠, 2014, 「다산 실학의 성격과 국가 구상 - 21세기 유학의 변용 가능성 탐색」, 『한국학논집』 56, 계명대 한국학연구원.

김용흠, 2014, 「전쟁의 기억과 정치 - 병자호란과 회니시비」, 『韓國思想史學』 47, 韓國思想史學會.

김용흠, 2014, 「조선의 주류 지식인은 왜 사문난적이 되었나? - 서계 박세당의 삶과 사상」, 『내일을 여는 역사』 57, 내일을여는역사재단.

김용흠, 2014, 「17세기 공론과 당쟁, 그리고 탕평론」, 『朝鮮時代史學報』 71, 朝鮮時代史學會.

김용흠, 2015, 「중앙과 지방의 학술 소통 : 다산학과 다산학단」, 『다산과 현대』 8, 연세대 강진다산실학연구원.

김용흠, 2015, 「삼전도의 치욕, 복수는 어떻게? - 미촌 윤선거의 북벌론과 붕당 타파론」, 『내일을 여는 역사』 61, 도서출판선인.

김용흠, 2016, 「조선의 정치에서 무엇을 볼 것인가 - 탕평론·탕평책·탕평정치를 중심으로」, 『한국민족문화』 58, 부산대학교 한국민족문화연구소.

김용흠, 2016, 「스승을 비판한 백의정승 - 명재 윤증의 탕평론과 회니시비」, 『내일을 여는 역사』 62, 민족문제연구소.

김용흠, 2016, 「주자학자 박세채가 탕평론을 제출한 사연」, 『내일을 여는 역사』 65, 민족문제연구소.

김용흠, 2016, 「조선후기 노론 당론서와 당론의 특징 - 『衡鑑』을 중심으로」, 『韓國思想史學』 53, 韓國思想史學會.

김용흠, 2017, 「백성을 하늘처럼 섬긴 다산 정약용의 삶과 사상」, 한국행정연구원 편저, 『역사학자들이 본 역사 속 행정 이야기』, 혜안.

김용흠, 2017, 「소론 정승이 장희빈을 살리려 한 이유는?—명곡 최석정의 정치 노선과 탕평론」, 『내일을 여는 역사』 66, 민족문제연구소.

김용흠, 2018, 「지천 최명길의 정치 활동과 유자의 책임의식」, 『백산학보』 111, 백산학회.

김용흠, 2018, 「서계 박세당의 『대학사변록』에 보이는 '경세' 지향 학문관」, 『한국사연구』 182, 한국사연구회.

김용흠, 2018, 「『목민심서』에서 무엇을 볼 것인가」, 『내일을 여는 역사』 73, 민족문제연구소.

김용흠, 2019, 「유교문화에 대한 오해와 이해」, 『내일을 여는 역사』 77, 민족문제연구소.

金潤坤, 1971, 「大同法의 施行을 둘러싼 贊反 兩論과 그 背景」, 『大東文化研究』 8, 성균관대학교 대동문화연구원.

金仁杰, 1988, 「조선후기 향촌사회 권력구조 변동에 대한 시론」, 『한국사론』 23, 서울대 국사학과.

金仁杰, 1997, 「1960, 70년대 '내재적 발전론'과 한국사학」, 『金容燮教授停年紀念 韓國史學論叢 1—韓國史認識과 歷史理論』, 지식산업사.

김인걸, 1997, 「민중의 사회적 결속」, 『한국사 36』, 국사편찬위원회.

김인호, 2007, 「고려시대 정치사의 시각과 방법론 연구」, 『역사와 현실』 66, 한국역사연구회.

김재홍, 2002, 「고대 사회와 철제 농기구」, 『한국 전근대사의 주요 쟁점』, 역사비평사.

金貞培, 1997, 「한국 고대의 정치발전 단계론」, 『한국사 4』, 국사편찬위원회.

金鍾洙, 1990, 「17세기 軍役制의 推移와 改革論」, 『韓國史論』 22, 서울대 국사학과.

김종수, 2002, 「박세당의 진리론과 사상 체계론」, 『韓國實學研究』 4, 韓國實學學會.

金駿錫, 1988, 「17세기 畿湖朱子學의 동향—宋時烈의 '道統' 계승운동」, 『孫寶基博士 停年紀念 韓國史學論叢』, 지식산업사.

金駿錫, 1992, 「朝鮮後期 黨爭과 王權論의 推移」, 『朝鮮後期 黨爭의 綜合的 檢討』, 韓國精神文化研究院.

金駿錫, 1998, 「西溪 朴世堂의 爲民意識과 治者觀」, 『東方學志』 100, 연세대 국학연구원.

金駿錫, 1998, 「17세기의 새로운 賦稅觀과 士大夫生業論」, 『歷史學報』 158, 歷史學會.

金駿錫, 1998, 「실학의 태동」, 『한국사 31』, 국사편찬위원회.

金駿錫, 1998, 「兩亂期의 國家再造 문제」, 『韓國史研究』 101, 韓國史研究會.

金駿錫, 1998, 「18세기 탕평론의 전개와 왕권」, 『東洋 三國의 王權과 官僚制』, 국학자료원.

김준석, 2000, 「『朱書百選』의 번역에 붙임」, 朱子思想研究會, 『朱書百選』, 혜안.

金駿錫, 2005, 「儒敎思想論」, 『韓國 中世 儒敎政治思想史論Ⅰ』, 지식산업사.

김준석, 2005, 「朝鮮時期 朱子學과 兩班政治」, 『韓國 中世 儒敎政治思想史論Ⅰ』, 지식산업사.

金俊亨, 1984, 「18세기 里定法의 展開-村落의 기능 강화와 관련하여」, 『震檀學報』 58, 震檀學會.

金俊亨, 1995, 「지방행정체제의 변화」, 『한국사 34』, 국사편찬위원회.

김진균, 2012, 「근대계몽기(1894~1910)의 다산 호출」, 『다산과 현대』 4·5합본호, 연세대 강진다산실학연구원.

김철준, 1975, 「홍이섭 사학의 성격」, 『나라사랑』 18, 외솔회.

金泰年, 2010, 「박세당의 『사변록』 저술 동기와 『대학』 본문 재배열 문제에 대한 검토」, 『韓國思想과 文化』 51, 한국사상문화학회.

金泰植, 2003, 「初期 古代國家論」, 『강좌 한국고대사 2』, 재단법인 가락국사적개발연구원.

金泰永, 2000, 「다산 經世論에서의 王權論」, 『茶山學』 창간호, 다산학술문화재단.

金泰永, 2003, 「遲川 崔鳴吉의 現實 變通論」, 『道山學報』 9, 道山學研究院.

金泰永, 2003, 「茶山의 국가 産業行政체계 개혁론」, 『韓國實學研究』 5, 韓國實學學會.

김태영, 2011, 「경세유표에 드러난 다산 경세론의 역사적 성격」, 『退溪學報』 129, 退溪學研究院.

김태영, 2012, 「茶山의 井田制論」, 실시학사 편, 『다산 정약용 연구』, 사람의 무늬.

김태영, 2013, 「조선 정법서의 전통과 경세유표」, 『다산과 현대』 6, 강진다산실학연구원.

김태영, 2013, 「다산의 통치법제와 통치이념론」, 『茶山學』 22, 다산학술문화재단.

金炫榮, 1987, 「'실학' 연구의 반성과 전망」, 近代史研究會 編, 『韓國中世社會 解體期의 諸問題(上)』, 한울.

김학수, 2001, 「17세기의 명가-潘南朴氏 西溪家門」, 『문헌과 해석』 16호, 문헌과해석사.

김현숙, 2007, 「고구려 나부체제의 형성과 해체」, 『한국고대사연구』 46, 한국고대사학회.

金亨姿, 1997, 「朝鮮後期 趙顯命의 政治·經濟思想」, 『實學思想研究』 9, 毋岳實學會.

김형종, 2014, 「명·청 시대 중국의 관잠서-황육홍(黃六鴻)의 『복혜전서(福惠全書)』를 중심으로」, 『다산과 현대』 7, 연세대 강진다산실학연구원.

金勳埴, 1993, 「朝鮮初期 義倉制度研究」, 서울대 박사논문.

나종석, 2013, 「인권에 대한 유교적 정당화의 가능성에 대한 연구」, 『다산과 현대』 6호, 연세대 강진다산실학연구원.

南仁國, 1993, 「귀족사회의 전개와 동요」, 『한국사 12』, 국사편찬위원회.

南智大, 1997, 「集權官僚制論」, 『金容燮敎授停年紀念 韓國史學論叢 1-韓國史 認識 과 歷史理論』, 지식산업사.

內藤吉之助, 1942, 「牧民篇解說」, 『朝鮮民政資料 牧民篇』.

노태돈, 2000, 「초기 고대국가의 국가구조와 정치운영」, 『韓國古代史硏究』 17, 서경 문화사.

도현철, 2005, 「麗末鮮初 改革思想의 展開와 『周禮』」, 연세대 국학연구원 편, 『한국 중세의 정치사상과 周禮』, 혜안.

문중양, 2005, 「홍이섭의 과학사 연구를 넘어서」, 『東方學志』 130, 연세대 국학연구원.

문중양, 2006, 「19세기 호남 실학자 李晴의 『井觀編』 저술과 서양 천문학 이해」, 『韓國文化』 37, 서울대 한국문화연구소.

미야지마 히로시, 2005, 「동아시아 세계 속의 한국학-한국사연구와 동아시아적 관점」, 한림대 한국학연구소 편, 『21세기 한국학, 어떻게 할 것인가』, 푸른역사.

朴光用, 1984, 「蕩平論과 政局의 變化」, 『韓國史論』 10, 서울대 국사학과.

朴光用, 1994, 「朝鮮後期 ‘蕩平’ 硏究」, 서울대 박사논문.

朴光用, 1985, 「英·正祖代 南人 세력의 정치적 위치와 西學政策」, 『韓國敎會史論文集 Ⅱ』, 韓國敎會史硏究所.

朴光用, 1997, 「영조대 탕평정국과 왕정체제의 정비」, 『한국사 32』, 국사편찬위원회.

박광용, 1997, 「정조대 탕평정국과 왕정체제의 강화」, 『한국사 32』, 국사편찬위원회.

朴光用, 1999, 「肅宗代 己巳換局에 대한 검토」, 『東洋學』 29, 단국대 동양학 연구소.

박광용, 2003, 「채제공-영조·정조 연간 실시된 탕평정국의 큰 기둥을 받친 남인 관료 정치가」, 한영우선생정년기념논총 간행위원회 엮음, 『63인의 역사학 자가 쓴 한국사인물열전 2』, 돌베개.

박명림, 2010, 「사회인문학의 창안」, 『東方學志』 149, 연세대 국학연구원.

박영도, 2013, 「위험사회와 유교적 공공성의 문법」, 『다산과 현대』 6호, 연세대 강진다 산실학연구원.

朴仁鎬, 1993, 「南九萬과 李世龜의 歷史地理硏究」, 『歷史學報』 138, 歷史學會.

박종기, 2008, 「정치사의 전개와 고려사회의 성격론」, 한국사연구회 편, 『새로운 한국사 길잡이(上)』, 지식산업사.

朴鍾進, 1986, 「高麗前期 義倉制度의 構造와 性格」, 邊太燮 編, 『高麗史의 諸問題』, 三英社.

朴鍾天, 1998, 「仁祖代 典禮論爭(1623-1635)에 대한 宗敎學的 再評價」, 『宗敎硏究』 17, 서울대 宗敎學硏究會.

朴鍾天, 2001, 「조선시대 典禮論爭에 대한 재평가-入承大統의 전례문제를 중심으로」,

『韓國思想과 文化』제11집, 한국사상문화학회.

박진태, 2013, 「다산의 토지문제 인식의 추이와 연속성」, 『다산과 현대』6, 연세대 강진다산실학연구원.

朴贊勝, 1990, 「丁若鏞의 井田制論 考察」, 尹絲淳 編, 『丁若鏞』, 高麗大 出版部.

박찬승, 1994, 「분단시대 남한의 한국사학」, 조동걸 외, 『한국의 역사가와 역사학(하)』, 창작과비평사.

박철상, 2009, 「다산학단에서 방산 윤정기의 위상」, 『다산과 현대』2, 연세대 강진다산 실학연구원.

박철상, 2010, 「치원 황상과 추사학파의 교유」, 『다산과 현대』3, 연세대 강진다산실학 연구원.

박현모, 2001, 「西學과 儒學의 만남 : 18세기 천주교 논쟁과 정조의 대응」, 『정치사상 연구』4집, 한국정치사상학회.

박현모, 2003, 「홍양호의 정치론, 원칙과 예외적 조치」, 『문헌과 해석』24, 문헌과해 석사.

朴熙秉, 1997, 「申欽의 學問과 그 思想史的 位置」, 『民族文化』20, 民族文化推進會.

배우성, 2001, 「17세기 정책논의구조와 김육의 사회경제정책관」, 『民族文化』24, 民族文化推進會.

배우성, 2003, 「사회정책적 논의의 정치적 성격」, 한국역사연구회 17세기 정치사 연구반, 『조선중기 정치와 정책』, 아카넷.

배우성, 2005, 「洪良浩의 地理認識」, 『震檀學報』100, 震檀學會.

裵琮道, 1995, 「전제왕권과 진골귀족」, 한국역사연구회 엮음, 『한국역사입문②, 중세 편』, 풀빛.

백민정, 2008, 「정약용 정치론에서 권력의 정당성에 관한 물음 — 帝命과 侯戴 논의에 대한 재성찰을 중심으로」, 『철학사상』29, 서울대 철학사상연구소.

백민정, 2010, 「정조의 사대부 인식과 정치철학적 입장 연구」, 『韓國實學硏究』20, 韓國實學學會.

백영서, 2010, 「사회인문학의 지평을 열며 — 그 출발점인 공공성의 역사학」, 『東方學 志』149, 연세대 국학연구원.

三浦國雄, 1982, 「17世紀 朝鮮에 있어서의 正統과 異端 — 宋時烈과 尹鑴」, 『民族文化』 18, 民族文化推進會.

서병국, 1965, 「訓民正音 解例本 이후의 李朝 국어학사 是非」, 『경북대 논문집』9.

徐仁源, 1991, 「耳溪 洪良浩의 北學論」, 『實學思想硏究』2, 무악실학회.

서인원, 1993, 「耳溪 洪良浩의 國防論」, 『素軒南都泳博士古稀紀念, 歷史學論叢』, 민 족문화사.

서인원, 1995, 「耳溪 洪良浩의 歷史認識」, 『東國史學』 29, 동국사학회.

서인원, 2000, 「耳溪 洪良浩 硏究의 現況과 課題」, 『東國史學』 34, 동국사학회.

서인원, 2003, 「耳溪 洪良浩의 實學思想」, 『韓國學論集』 37, 한양대 한국학연구소.

서인원, 2006, 「이계 홍양호의 생애와 사상」, 한양대 한국학연구소 편, 『19세기 조선 지식인의 문화지형도』, 한양대 출판부.

徐仁漢, 1984, 「仁祖初 服制論議에 대한 小考」, 『北岳史論』 創刊號, 북악사학회.

成樂熏, 1965, 「韓國政爭史」, 『韓國文化史大系[2]』, 高麗大 民族文化硏究所.

성범중, 1984, 「耳溪 洪良浩의 北塞文學에 대한 一考察」, 『冠嶽語文硏究』 9, 서울대 국문과.

성범중, 1985, 「이계 홍양호의 문학관과 문학활동」, 『한국문화연구』 2, 경기대.

小田省吾, 1923, 「李朝政爭略史」, 『朝鮮史講座』 分類史, 朝鮮史學會.

宋錫準, 1985, 「浦渚 趙翼 經學思想의 철학적 기초」, 『東洋哲學硏究』 6, 東洋哲學硏究會.

宋錫準, 1988, 「浦渚 趙翼의 性理說과 陽明學的 性格」, 『朝鮮朝 儒學思想의 探究』, 麗江出版社.

송석준, 1988, 「浦渚 趙翼의 經學思想－『大學困得』의 格治 誠意章을 中心으로」, 『공주사범대학논문집』 26.

송석준, 1992, 「韓國 陽明學과 實學 및 天主敎와의 思想的 關聯性에 關한 硏究」, 성균관대 박사논문.

송양섭, 2014, 「『목민심서』에 나타난 다산 정약용의 '인시순속(因時順俗)'적 지방재정 운영론」, 『다산과 현대』 7, 연세대 강진다산실학연구원.

송재소, 2006, 「동아시아 실학연구가 가야 할 길」, 『韓國實學硏究』 12, 韓國實學學會.

宋芝媛, 2005, 「이계 홍양호의 음악론」, 『震檀學報』 100, 震檀學會.

송찬섭, 2000, 「숙종대 재정 추이와 경자양전」, 『역사와 현실』 36, 한국역사연구회.

송호빈, 2009, 「耳溪 洪良浩의 天文觀에 나타난 사유방식의 궤적」, 『어문논집』 60, 민족어문학회.

송호정, 2007, 「고조선·부여·삼한」, 『한국고대사연구』 46, 한국고대사학회.

신병주, 1994, 「17세기 후반 소론학자의 사상」, 『역사와 현실』 13, 한국역사연구회.

신영주, 2001, 「18·19세기 홍양호 가(家)의 예술 향유와 서예 비평」, 『민족문학사연구』 18, 민족문학사연구소.

신익철, 2008, 「『宅相堂帖』·『丁黃契帖』 해제」, 『다산학단문헌집성 1집』, 성균관대 동아시아학술원.

신항수, 2005, 「비판적 시각으로 살펴본 실학 연구」, 『내일을 여는 역사』 21, 내일을여는역사재단.

심경호, 2008, 「17세기 초반 지성사의 한 단면」, 『한문학보』 18, 우리한문학회.

심경호, 2008, 「지천 최명길의 문학과 사상에 관하여」, 『한국한문학연구』 42, 한국한문학회.

沈載祐, 1998, 「조선후기 牧民書의 편찬과 守令의 刑政運營」, 『奎章閣』 21, 서울대 규장각.

安大會, 2005, 「茶山 제자 李綱會의 利用厚生學 — 船說·車說을 중심으로」, 『韓國實學研究』 10, 韓國實學學會.

安秉旭, 1981, 「朝鮮後期 民隱의 一端과 民의 動向」, 『韓國文化』 2, 서울대 한국문화연구소.

安秉直, 1985, 「牧民心書考異」, 『丁茶山研究의 現況』, 民音社.

안병직, 2012, 「茶山의 田賦改革論」, 실시학사 편, 『다산 정약용 연구』, 사람의무늬.

梁晋碩, 1989, 「18·19세기 還穀에 관한 연구」, 『韓國史論』 21, 서울대 국사학과.

梁晋碩, 1999, 「17세기 후반 환곡분급방식의 형성」, 『奎章閣』 22, 서울대 규장각.

여호규, 1995, 「3세기 고구려의 사회변동과 통치체제의 변화」, 『역사와 현실』 15, 한국역사연구회.

여호규, 2008, 「국가의 형성」, 한국사연구회 편, 『새로운 한국사 길잡이(上)』, 지식산업사.

염정섭, 2000, 「숙종대 후반 양전론의 추이와 경자양전의 성격」, 『역사와 현실』 36, 한국역사연구회.

吳甲均, 1977, 「英祖朝 戊申亂에 관한 考察」, 『歷史敎育』 21, 歷史敎育研究會.

吳京厚, 2002, 「朝鮮後期 『大芚寺志』의 編纂」, 『韓國思想史學』 19, 韓國思想史學會.

오경후, 2006, 「朝鮮後期 佛敎史 撰述과 『大東禪敎考』」, 『韓國思想과 文化』 35, 한국사상문화학회.

吳洙彰, 1985, 「仁祖代 政治勢力의 動向」, 『韓國史論』 13, 서울대학교 국사학과.

오수창, 1998, 「최명길과 김상헌」, 『역사비평』 봄호, 역사비평사.

오수창, 2003, 「국왕과 신료의 역학관계」, 한국역사연구회 17세기 정치사 연구반 편, 『조선중기 정치와 정책』, 아카넷.

오영교, 2007, 「『經世遺表』와 새로운 국가구상」, 오영교 편, 『세도정권기 조선사회와 대전회통』, 혜안.

오일주, 1992, 「조선후기 재정구조의 변동과 환곡의 부세화」, 『역사와 실학』 3, 歷史實學會.

吳仁澤, 1992, 「肅宗朝 量田의 推移와 庚子量案의 성격」, 『釜山史學』 23, 부산사학회.

오인택, 1996, 「17·18세기 量田事業 研究」, 부산대 박사논문.

오항녕, 1992, 「17세기 전반 서인 산림의 사상」, 『역사와 현실』 9, 한국역사연구회.

吳恒寧, 1993,「朝鮮 孝宗朝 政局의 變動과 그 性格」,『泰東古典研究』9, 翰林大泰東古典研究所.

禹景燮, 2005,「宋時烈의 世道政治思想 研究」, 서울대 박사논문.

禹仁秀, 1990,「朝鮮 孝宗代 北伐政策과 山林」,『歷史教育論集』15, 歷史教育學會.

禹仁秀, 1992,「朝鮮 顯宗代 政局의 動向과 山林의 役割」,『朝鮮史研究』1, 조선사연구회.

禹仁秀, 1993,「朝鮮 肅宗代 政局과 山林의 機能」,『國史館論叢』43, 국사편찬위원회.

禹仁秀, 1994,「朝鮮 肅宗朝 南溪 朴世采의 老少仲裁와 皇極蕩平論」,『歷史教育論集』19, 慶北大 師範大學 歷史教育科.

元裕漢, 1984,「耳溪 洪良浩의 貨幣經濟論」,『弘大論叢』16, 홍익대.

元裕漢, 2001,「韓國實學 理解視覺 擴大를 위한 試論」, 韓國史研究會 編,『韓國實學의 새로운 摸索』, 景仁文化社.

원유한, 2010,「민족사학의 영원한 스승, 홍이섭」,『다산과 현대』3, 강진다산실학연구원.

원재린, 2006,「順菴 安鼎福의 ‘牧民’觀－『臨官政要』「政語」 분석을 중심으로」,『韓國思想史學』26, 韓國思想史學會.

원재린, 2007,「遲川 崔鳴吉의 학문관과 정치운영론」,『韓國思想史學』29, 韓國思想史學會.

원재린, 2008,「순암 안정복의 鄕政方略－『臨官政要』「時措」 분석을 중심으로」,『大同文化研究』64, 성균관대 대동문화연구원.

원재린, 2012,「『임관정요』에 반영된 향정론 계승 양상」, 경기문화재단 실학박물관 편,『조선의 牧民學 전통과 牧民心書』, 景仁文化社.

원재린, 2012,「『임관정요』 해제」,『임관정요』, 혜안.

원재린, 2014,「근기남인계 목민학 전통과『목민심서』」,『다산과 현대』7, 연세대 강진다산실학연구원.

유봉학, 2007,「조선후기 경화사족의 대두와 ‘실학’」, 한림대 한국학연구소 편,『다시 실학이란 무엇인가』, 푸른역사.

尹南漢, 1972,「李朝 陽明學의 傳來와 受容의 問題」,『中央史論』1, 중앙대 사학연구회.

윤미길, 2002,「박세당의 사서주해에 대한 일고찰－다산과의 관련을 중심으로」,『국어교육』109, 한국어교육학회.

윤사순, 1996,「실학 의미의 변이」, 한국사상사연구회 편저,『실학의 철학』, 예문서원.

윤 정, 2004,「숙종대 端宗 追復의 정치사적 의미」,『韓國思想史學』22, 韓國思想史學會.

윤 정, 2006,「숙종대 太祖 諡號의 追上과 政界의 인식」,『東方學志』134, 延世大

國學硏究院.

윤 정, 2006, 「숙종대 『聖學輯要』 進講의 경위와 의미」, 『南冥學硏究』 21, 慶尙大學 校 慶南文化硏究院 南冥學硏究所.

윤해동, 2009, 「'숨은 신'을 비판할 수 있는가?」, 도면회·윤해동 엮음, 『역사학의 세기』, 휴머니스트.

이경구, 2014, 「18세기 말~19세기 초 지식인과 지식계의 동향」, 『韓國思想史學』 46, 韓國思想史學會.

李景植, 1973, 「17세기의 土地開墾과 地主制의 展開」, 『韓國史研究』 9, 韓國史研究會.

이경식, 2005, 「朝鮮 建國의 性格問題」, 연세대 국학연구원 편, 『중세사회의 변화와 조선 건국』, 혜안.

李京燦, 1988, 「조선 효종조의 북벌운동」, 『淸溪史學』 5, 청계사학회.

이군선, 2004, 「이계가와 우이동」, 『韓國漢文學硏究』 33, 한국한문학연구회.

李根浩, 1993, 「孝宗代 執權西人의 賦稅制度 變通論」, 『北岳史論』 3, 북악사학회.

李根浩, 2009, 「趙顯命의 現實認識과 國政運營論」, 『韓國思想史學』 32, 韓國思想史 學會.

李綺南, 1992, 「崔鳴吉의 政治活動과 權力構造 改編論」, 『擇窩許善道先生停年紀念 韓國史學論叢』, 一潮閣.

李東熙, 1981, 「朱子의 大學章句에 대한 硏究 -格物說을 중심으로」, 『東洋哲學硏究』 2, 東洋哲學硏究會.

李炳熙, 1997, 「中世封建社會論」, 『金容燮敎授停年紀念 韓國史學論叢 1 -韓國史 認識과 歷史理論』, 지식산업사.

이봉규, 2006, 「21세기 실학 연구의 문법」, 연세대 국학연구원 편, 『韓國實學思想硏究 1』, 혜안.

이봉규, 2012, 「經學的 脈絡에서 본 茶山의 政治論」, 실시학사 편, 『다산 정약용 연구』, 사람의 무늬.

李相培, 1992, 「英祖朝 尹志掛書事件과 政局의 動向」, 『韓國史研究』 76, 韓國史研究 會.

이상식, 2005, 「숙종 초기의 왕권안정책과 경신환국」, 『朝鮮時代史學報』 33, 朝鮮時 代史學會.

이상식, 2005, 「조선 肅宗代 君師父一體論의 전개와 왕권강화」, 『韓國史學報』 20, 高麗史學會.

李先敏, 1988, 「李珥의 更張論」, 『韓國史論』 18, 서울대 국사학과.

李仙喜, 2009, 「조선후기 영남지방 지방관의 행정소통 체계와 조정방식」, 『嶺南學』 16, 경북대 영남문화연구원.

李成珪, 1998,「漢代『孝經』의 普及과 그 理念」,『韓國思想史學』10, 韓國思想史學會.

李成珪, 1989,「諸子의 學과 思想의 理解」, 서울大學校東洋史學硏究室 編,『講座 中國史Ⅰ』, 지식산업사.

李成茂, 1992,「17世紀의 禮論과 黨爭」,『朝鮮後期 黨爭의 綜合的 檢討』, 韓國精神文 化硏究院.

李成茂, 1994,「교육제도와 과거제도」,『한국사 23』, 국사편찬위원회.

李成茂, 1999,「朝鮮時代의 王權」,『東洋 三國의 王權과 官僚制』, 國學資料院.

李世永, 1985,「18·19세기 穀物市場의 형성과 流通構造의 변동」,『한국사론』9, 서울 대 국사학과.

이세영, 1988,「현대 한국 사학의 동향과 과제」,『80년대 한국인문사회과학의 현단계 와 전망』, 역사비평사.

이승수, 2001,「17세기 노소 분기의 고민과 선택－西溪 朴世堂의 高弟子 西堂 李德壽」, 『문헌과 해석』16호, 문헌과해석사.

李迎春, 1989,「제1차 禮訟과 尹善道의 禮論」,『淸溪史學』6, 청계사학회.

李迎春, 1990,「潛冶 朴知誡의 禮學과 元宗追崇論」,『淸溪史學』7, 청계사학회.

李迎春, 1991,「沙溪 禮學과 國家典禮－典禮問答을 중심으로」,『沙溪思想硏究』, 沙溪 愼獨齋紀念事業會.

李迎春, 1998,「붕당정치의 전개」,『한국사 30』, 국사편찬위원회.

이영호, 1994,「해방 후 남한 사학계의 한국사 인식」,『한국사 23』, 한길사.

이영호, 2000,「西溪 朴世堂의『思辨錄·大學』에 대한 연구」,『漢文學報』2, 우리한문 학회.

이영호, 2009,「방산 윤정기 경학의 특징과 그 경학사적 위상」,『다산과 현대』2, 연세대 강진다산실학연구원.

이영훈, 1996,「다산의 정전제 개혁론과 왕토주의」,『민족문화』19, 민족문화추진회.

이영훈, 2001,「朝鮮後期 社會變動과 實學」, 韓國史硏究會 編,『韓國 實學의 새로운 摸索』, 景仁文化社.

이 욱, 1997,「숙종대 상업정책의 추이와 성격」,『역사와 현실』25, 한국역사연구회.

이윤갑, 1995,「한국 현대 민족사학의 전개와 민중사학」,『한국학논집』22, 계명대 한국학연구원.

李離和, 1975,「北伐論의 思想史的 檢討」,『創作과 批評』38, 창작과비평사.

이익주, 1992,「충선왕 즉위년(1298) '개혁정치'의 성격」,『역사와 현실』7, 한국역사연 구회.

이익주, 1995,「공민왕대 개혁의 추이와 신흥유신의 성장」,『역사와 현실』15, 한국역 사연구회.

이인재, 2002, 「한국 중세의 기점」, 『한국 전근대사의 주요 쟁점』, 역사비평사.

李在喆, 1992, 「遲川 崔鳴吉의 經世觀과 官制變通論」, 『朝鮮史研究』 1, 朝鮮史研究會.

李在喆, 2000, 「朝鮮後期 明谷 崔錫鼎의 現實認識과 政局運營 方案」, 『李樹健教授停年紀念 韓國中世史論叢』.

李在喆, 2001, 「士林政治期 南九萬의 現實認識과 政局運營論」, 『歷史教育論集』 26, 역사교육학회.

李廷喆, 2004, 「17세기 朝鮮의 貢納制 改革論議와 大同法의 成立」, 고려대 박사논문.

이종묵, 2003, 「홍양호와 삼각산 우이동」, 『문헌과 해석』 24, 문헌과해석사.

李鍾範, 1985, 「1728년 戊申亂의 性格」, 『朝鮮時代 政治史의 再照明』, 汎潮社.

이지원, 1990, 「16·17세기 전반 貢物 防納의 構造와 流通經濟的 性格」, 『李載龒還曆紀念韓國史學論叢』, 한울.

李哲成, 1991, 「肅宗末葉 庚子量田의 實態와 歷史的 性格」, 『史叢』 39, 고려대 역사연구소.

李哲成, 1993, 「18세기 田稅 比摠制의 實施와 그 성격」, 『韓國史研究』 81, 韓國史研究會.

李澈熙, 2006, 「茶山 詩學의 계승자 黃裳에 대한 평가와 그 의미−秋史·山泉의 巵園遺稿序 분석」, 『大東文化研究』 53, 성균관대 대동문화연구원.

이철희, 2008, 「『舫山先生遺稿 解題』, 『다산학단문헌집성』 3, 성균관대 동아시아학술원.

이철희, 2009, 「방산 윤정기의 저작에서 시와 역사의 만남−「교남회고」·『동환록』과 『이십일도회고시』의 관계조명」, 『다산과 현대』 2, 연세대 강진다산실학연구원.

이철희, 2014, 「방산 윤정기의 시세계에서 '紅葉傳聲'의 의미」, 『韓國漢文學研究』 55, 한국한문학연구회.

이철희, 2015, 「이청의 우물추락사실에 대한 해명」, 『語文研究』 167호, 韓國語文教育研究會.

李泰鎭, 1990, 「朝鮮王朝의 儒教政治와 王權」, 『韓國史論』 23, 서울대 국사학과.

李泰鎭, 1993, 「正祖」, 『韓國史市民講座』 13, 一潮閣.

이태진, 1997, 「한국 사학의 모더니즘으로부터의 탈출」, 『韓國史市民講座』 20, 一潮閣.

李泰鎭, 1998, 「상평청·진휼청의 설치 운영과 구휼문제」, 『한국사 30』, 국사편찬위원회.

이태진, 2002, 「유교적 경제발전 모델에 대한 역사적 변론」, 『의술과 인구 그리고 농업기술−조선 유교국가의 경제발전 모델』, 태학사.

이태훈, 2004, 「실학담론에 대한 지식사회학적 고찰―근대성 개념을 중심으로」, 전남대 사회학과 박사논문.

이해준, 2000, 「'관 주도' 지방지배의 심층화」, 한국역사연구회 조선시기 사회사 연구반, 『조선은 지방을 어떻게 지배했는가』, 아카넷.

李香美, 2003, 「朴世堂의 『大學思辨錄』 연구 : 體制와 格物致知說을 中心으로」, 성균관대 석사논문.

이헌창, 2007, 「한국사 파악에서 내재적 발전론의 문제점」, 『한국사 시민강좌』 40, 일조각.

이헌창, 2010, 「조선시대를 바라보는 제3의 시각」, 『韓國史硏究』 14, 韓國史硏究會.

이헌창, 2012, 「茶山 정약용의 國家制度論에 관한 一考察」, 『韓國實學硏究』 24, 韓國實學學會.

李賢珍, 2000, 「仁祖代 元宗追崇論의 推移와 性格」, 『北岳史論』 7, 북악사악회.

李賢珍, 2003, 「17세기 전반 啓運宮 服制論」, 『韓國史論』 49, 서울대 국사학과.

이희복, 2014, 「근세일본의 목민사상과 관련하여―小川和也의 『목민의 사상』을 통해서」, 『다산과 현대』 7, 연세대 강진다산실학연구원.

李熙煥, 2000, 「李光佐의 정치 활동과 老·少論의 대립」, 『朝鮮時代史學報』 14, 朝鮮時代史學會.

임유경, 1988, 「崔孝―逸話의 傳承과 變異樣相」, 『書誌學報』 22, 韓國書誌學會.

임현진, 1996, 「사회과학에서의 근대성 논의」, 역사문제연구소 편, 『한국의 '근대'와 '근대성' 비판』, 역사비평사.

林熒澤, 1990, 「茶山의 '民' 主體 政治思想의 이론적·현실적 근저―「湯論」 「原牧」의 이해를 위하여」, 姜萬吉 외, 『茶山의 政治經濟思想』, 창작과비평사.

임형택, 1998, 「丁若鏞의 康津 流配期의 교육활동과 그 성과」, 『韓國漢文學硏究』 21, 한국한문학연구회.

임형택, 2000, 「국학의 성립 과정과 실학에 대한 인식」, 백낙청 엮음, 『현대 학문의 성격』, 민음사.

임형택, 2003, 「21세기에 다시 읽는 실학」, 『大同文化硏究』 42, 성균관대 대동문화연구원.

임형택, 2007, 「목민심서(牧民心書)의 이해―다산 정치학과 관련하여」, 『韓國實學硏究』 13, 韓國實學學會.

임형택, 2008, 「『事大考例』 解題」, 『다산학단문헌집성』 8, 성균관대 동아시아학술원.

임형택, 2009, 「동아시아 실학의 개념 정립을 위하여」, 『韓國實學硏究』 18, 韓國實學學會.

장진범, 2010, 「에티엔 발리바르, 도래할 시민(권)을 위한 철학적 투쟁」, 홍태영 외, 『현대 정치철학의 모험』, 난장.

전덕재, 1990, 「4~6세기 농업생산력의 발달과 사회변동」, 『역사와 현실』 4, 한국역사
  연구회.

全海宗, 1959, 「釋實學」, 『震檀學報』 20, 震檀學會.

鄭景姬, 1993, 「肅宗代 蕩平論과 '蕩平'의 시도」, 『韓國史論』 30, 서울대 국사학과.

정경희, 1994, 「17세기 후반 '전향 노론' 학자의 사상」, 『역사와 현실』 13, 한국역사연
  구회.

鄭景姬, 1995, 「숙종 후반기 탕평 정국의 변화」, 『韓國學報』 79, 일지사.

鄭景姬, 2000, 「朝鮮前期 禮制·禮學 研究」, 서울대 박사논문.

鄭求福, 1981, 「實學」, 韓國史研究會 編, 『韓國史研究入門』, 지식산업사.

정동오, 2012, 「한국 전통정원의 공간구성과 다산 정약용」, 『다산과 현대』 4·5 합본호,
  연세대 강진다산실학연구원.

정두영, 1998, 「18세기 '君民一體' 思想의 構造와 性格」, 『朝鮮時代史學報』 5, 朝鮮時
  代史學會.

정두영, 2009, 「朝鮮後期 陽明學의 受容과 政治論」, 연세대 박사논문.

鄭萬祚, 1983, 「英祖代 初半의 蕩平策과 蕩平派의 活動」, 『震檀學報』 56, 震檀學會.

鄭萬祚, 1986, 「歸鹿 趙顯命 研究」, 『韓國學論叢』 8, 국민대 한국학연구소.

鄭萬祚, 1986, 「英祖代 中半의 政局과 蕩平策의 再定立」, 『歷史學報』 111, 歷史學會.

鄭萬祚, 1987, 「朝鮮後期 鄕村教學振興論에 대한 檢討－地方官의 興學策을 중심으
  로」, 『韓國學論叢』 10, 국민대.

鄭萬祚, 1990, 「肅宗朝 良役變通論의 展開와 良役對策」, 『國史館論叢』 17, 국사편찬
  위원회.

鄭萬祚, 1991, 「朝鮮 顯宗朝의 私義·公義 論爭」, 『韓國學論叢』 14, 國民大 韓國學研究
  所.

鄭萬祚, 1992, 「17世紀 中葉 山林勢力(山黨)의 國政運營論」, 『擇窩許善道先生停年紀
  念 韓國史學論叢』, 一潮閣.

鄭萬祚, 1992, 「朝鮮時代 朋黨論의 展開와 그 性格」, 『朝鮮後期 黨爭의 綜合的 檢討』,
  韓國精神文化研究院.

鄭萬祚, 1997, 「양역변통론의 추이」, 『한국사 32』, 국사편찬위원회.

鄭萬祚, 1998, 「붕당의 성격」, 『한국사 30』, 국사편찬위원회.

鄭萬祚, 1999, 「17세기 중반 漢黨의 정치활동과 國政運營論」, 『韓國文化』 23, 서울대
  한국문화연구소.

정 민, 2010, 「황상의 일속산방 경영과 산가생활」, 『다산과 현대』 3, 연세대 강진다산
  실학연구원.

정 민, 2011,「다산의 강진 강학과 제자 교학 방식」,『다산학』18, 다산학술문화재단.

정병설, 2005,「조선후기 한글소설의 성장과 유통－세책과 방각을 중심으로」,『震檀學報』100, 震檀學會.

鄭奭鍾, 1997,「『牧民心書』分析」,『金容燮教授停年紀念 韓國史學論叢 2－韓國 古代·中世의 支配體制와 農民』, 지식산업사.

정순우, 1985,「18세기 서당연구」, 한국학대학원 박사논문.

정순우, 2007,「서계 박세당 공부론의 역사적 성격」, 한국학중앙연구원 편,『서계 박세당 연구』, 집문당.

鄭良婉, 1993,「月嚴李匡呂論」,『江華學派의 文學과 思想(1)』, 韓國精神文化研究院.

鄭演植, 1993,「朝鮮後期 ‘役摠’의 운영과 良役 變通」, 서울대 박사논문.

정우봉, 2005,「耳溪 洪良浩 문학의 한 국면」,『震檀學報』100, 震檀學會.

鄭允炯, 1990,「茶山의 還上改革論」, 姜萬吉·鄭昌烈 외,『茶山의 政治經濟思想』, 창작과비평사.

鄭允炯, 1990,「茶山의 財政改革論」, 姜萬吉 외,『茶山學의 探究』, 民音社.

정일균, 2012,「1950/60년대 ‘근대화’와 다산 호출」,『다산과 현대』4·5합본호, 연세대 강진다산실학연구원.

鄭在薰, 1993,「霞谷 鄭齊斗의 陽明學 受容과 經世思想」,『韓國史論』29, 서울대 국사학과.

정진영, 2000,「국가의 지방지배와 새로운 세력」, 한국역사연구회 조선시기 사회사연구반,『조선은 지방을 어떻게 지배했는가』, 아카넷.

鄭昌烈, 1989,「實學」, 李家源 외,『韓國學研究入門』, 지식산업사.

鄭昌烈, 2006,「實學의 世界觀과 歷史認識」, 연세대 국학연구원 편,『韓國實學思想研究 1』, 혜안.

鄭台燮, 1990,「‘大禮議’의 典禮論 分析」,『東國史學』24, 東國史學會.

鄭台燮, 1994,「明末의 禮學」,『東國史學』28, 東國史學會.

정태헌, 1996,「한국의 식민지적 근대화 모순과 그 실체」, 역사문제연구소 편.『한국의 ‘근대’와 ‘근대성’ 비판』, 역사비평사.

정형지, 1997,「숙종대 진휼정책의 성격」,『역사와 현실』25, 한국역사연구회.

鄭豪薰, 1997,「18세기 政治變亂과 蕩平政治」,『金容燮教授停年紀念 韓國史學論叢 2－韓國 古代·中世의 支配體制와 農民』, 지식산업사.

정호훈, 2002,「朱子『孝經刊誤』와 그 성격」,『東方學志』116, 연세대 국학연구원.

鄭豪薰, 2003,「朝鮮後期 새로운 政治論의 전개와『孝經』」,『朱子思想과 朝鮮의 儒者』, 혜안.

정호훈, 2004,「18세기 전반 蕩平政治의 추진과『續大典』편찬」,『韓國史研究』127,

韓國史硏究會.

정호훈, 2004, 「조선후기 實學의 전개와 개혁론」, 연세대 국학연구원 편, 『전통의 변용과 근대개혁』, 태학사.

정호훈, 2004, 「조선전기 法典의 정비와 『經國大典』의 성립」, 오영교 편, 『조선 건국과 경국대전체제의 형성』, 혜안.

정호훈, 2005, 「18세기 전반 蕩平政治의 추진과 『續大典』의 편찬」, 오영교 편, 『조선후기 체제변동과 속대전』, 혜안.

정호훈, 2005, 「洪以燮의 實學 硏究」, 『동방학지』 130, 연세대 국학연구원.

정호훈, 2005, 「16세기 말 栗谷 李珥의 敎育論」, 『한국사상사학』 25, 한국사상사학회.

정호훈, 2006, 「實學者의 政治理念과 政治運營論」, 연세대 국학연구원 편, 『韓國實學思想硏究 2』, 혜안.

정호훈, 2009, 「한국 근·현대 실학 연구의 추이와 그 문제의식」, 『다산과 현대』 2, 연세대 강진다산실학연구원.

정호훈, 2010, 「15~6세기 牧民書의 전개와 牧民學」, 『韓國思想史學』 36, 韓國思想史學會.

정호훈, 2010, 「한국의 실학 연구와 『東方學志』」, 『東方學志』 151.

정호훈, 2013, 「『선각』 해제」, 『선각』, 혜안.

趙 珖, 1997, 「개요」, 『한국사 36』. 국사편찬위원회.

趙 珖, 1998, 「실학의 발전」, 『한국사 35』, 국사편찬위원회.

趙 珖, 2004, 「개항기 및 식민지시대 실학연구의 특징」, 『韓國實學硏究』 7, 韓國實學學會.

趙圭煥, 1997, 「16세기 還穀 運營과 賑資調達方式의 변화」, 『韓國史論』 37, 서울대 국사학과.

趙南浩, 1998, 「김상헌 가문의 유학사상」, 『북한강유역의 유학사상』, 한림대학교 아시아문화연구소.

조남호, 2006, 「정제두의 황극론 고찰」, 『陽明學』 16, 한국양명학회.

趙成山, 2007, 「李綱會의 經世思想－茶山學 繼承의 한 局面」, 『대동문화연구』 57, 성균관대 대동문화연구원.

조성산, 2008, 「李綱會 著作 解題」, 『다산학단문헌집성』 7, 성균관대 동아시아학술원.

조성을, 1992, 「17세기 전반 서인관료의 사상」, 『역사와 현실』 8, 역사비평사.

조성을, 2001, 「정약용과 화성 건설」, 유봉학 외, 『정조시대 화성 신도시의 건설』, 백산서당.

趙誠乙, 2006, 「朝鮮後期 實學의 理想國家와 政治體制論」, 연세대 국학연구원 편, 『韓國實學思想硏究 2』, 혜안.

조성을, 2006, 「‘조선후기실학’ 연구의 현황과 과제」, 한국사상사학회 편, 『한국사상사 입문』, 서문문화사.

조성을, 2007, 「『경세유표(經世遺表)』의 문헌학적 제문제 – 성립과정과 저술시기를 중심으로」, 『다산학』 10, 다산학술문화재단.

조성을, 2017, 「경세유표 연구의 제문제」, 『다산학』 31, 다산학술문화재단.

曺佐鎬, 1981, 「學制와 科擧制」, 『한국사 10』, 국사편찬위원회.

주보돈, 2008, 「정치체제」, 한국사연구회 편, 『새로운 한국사 길잡이』 上, 지식산업사.

中山八郎, 1957, 「明の嘉靖朝の大禮問題の發端に就いて」, 『人文硏究』 8-9, 大阪市立 大 文學會.

中山八郎, 1963, 「再ひ嘉靖朝の大禮問題の發端に就いて」, 『淸水博士追悼記念明代史 論叢』, 東京.

진재교, 1999, 「『耳溪集』 소재 「崔必恭傳」」, 『민족문학사연구』 14, 민족문학사연구소.

陳在敎, 2002, 「茶山學의 形成과 厄園 黃裳」, 『대동문화연구』 41, 성균관대 대동문화 연구원.

진재교, 2002, 「이계 홍양호의 「醫員傳」에 나타난 인물 형상」, 『민족문학사연구』 21, 민족문학사연구소.

진재교, 2003, 「18세기 朝鮮朝와 淸朝 學人의 학술교류 : 洪良浩와 紀昀을 중심으로」, 『古典文學硏究』 23, 한국고전문학연구회.

진재교, 2003, 「풍산(豊山) 홍문(洪門)과 이계(耳溪) 홍양호(洪良浩)」, 『문헌과 해석』 24, 문헌과해석사.

진재교, 2003, 「『북새잡요』에 나타난 북관의 진경과 변경민의 삶」, 『한국학논집』 37, 한양대 한국학연구소.

진재교, 2006, 「홍양호 한시에 나타난 북관의 진경과 변경민의 삶 – 『북새잡요』로 본 북관의 풍속지」, 한양대 한국학연구소 편, 『19세기 조선 지식인의 문화지 형도』, 한양대 출판부.

차병직, 2013, 「압구정 아줌마의 방향 전환 – 1996~참여연대 아카데미」, 『참여사회』 205호, 참여연대.

최광식, 2006, 「한국의 고대국가형성론」, 김정배 편저, 『한국고대사입문』 1, 신서원.

최기숙, 2008, 「조선후기 사대부의 생활공간과 글쓰기 문화 – 耳溪 洪良浩의 ‘記’를 중심으로」, 『古典文學硏究』 33, 한국고전문학회.

崔鳳永, 1992, 「壬午禍變과 英祖末·正祖初의 政治勢力」, 『朝鮮後期 黨爭의 綜合的 檢討』, 韓國精神文化硏究院.

崔誠桓, 2009, 「正祖代 蕩平政局의 君臣義理 연구」, 서울대 박사논문.

최성환, 2010, 「정조대 후반 탕평정국과 진산사건의 성격」, 『民族文化』 35, 한국고전

번역원.

崔信浩, 1989, 「耳溪 洪良浩의 文學論에 있어서의 道氣의 問題」, 『韓國漢文學硏究』 12, 한국한문학연구회.

최연식, 1995, 「공민왕의 정치적 지향과 정치운영」, 『역사와 현실』 15, 한국역사연구회.

崔完基, 1983, 「英祖朝 蕩平策의 贊反論 檢討」, 『震檀學報』 56, 震檀學會.

崔完基, 1997, 「개요」, 『한국사 33』, 국사편찬위원회.

崔完基, 1999, 「17世紀 危機論과 孝宗의 經濟政策」, 『國史館論叢』 86, 국사편찬위원회.

崔潤晤, 1992, 「肅宗朝 方田法 시행의 역사적 성격」, 『국사관논총』 38, 국사편찬위원회.

최윤오, 2000, 「조선후기 양안과 행심책」, 『역사와 현실』 36, 한국역사연구회.

최윤오, 2015, 「다산 정약용의 어린도설과 정전제」, 『한국민족문화』 56, 부산대.

최재목, 2004, 「江華 陽明學派 연구의 방향과 과제」, 『陽明學』 12, 한국양명학회.

최재목, 2005, 「동아시아에서 하곡 정제두의 양명학이 갖는 의미」, 『陽明學』 13, 한국양명학회.

최재목, 2012, 「1930년대 조선학 운동과 '실학자 정다산'의 재발견」, 『다산과 현대』 4·5합본호, 연세대 강진다산실학연구원.

최주희, 2017, 「19세기 전반 중앙재정의 문제와 다산의 중앙재정개혁론」, 다산학술문화재단 주관 제21회 다산학 학술회의 발표문.

하일식, 2005, 「고대사연구의 주요 쟁점과 과제」, 이화여대 한국문화연구원 편, 『한국사 연구 50년』, 혜안.

河炫綱, 1993, 「槪要」, 『한국사 12』, 국사편찬위원회.

韓基範, 1990, 「沙溪 金長生과 愼獨齋 金集의 禮學思想 硏究」, 충남대 박사논문.

한국역사연구회 공동연구, 1993, 「12세기 전반기 정치세력과 정치운영」, 『역사와 현실』 9.

한명기, 2003, 「丙子胡亂 패전의 정치적 파장」, 『東方學志』 119, 연세대학교 국학연구원.

한상권, 1992, 「18세기 중·후반의 농민항쟁」, 『1894년 농민전쟁연구』 2, 역사비평사.

韓相權, 1992, 「18세기 前半 明火賊 활동과 정부의 대응책」, 『한국문화』 13, 서울대 한국문화연구소.

한상권, 1994, 「조선시대 법전편찬의 흐름과 각종 법률서의 성격」, 『역사와 현실』 13, 한국역사연구회.

한상권, 2000, 「어사 파견과 지방지배 강화」, 한국역사연구회 조선시기 사회사 연구반, 『조선은 지방을 어떻게 지배했는가』, 아카넷.

한상권, 2011, 「정조의 군주론과 왕정」, 김인걸 외 지음, 『정조와 정조시대』, 서울대학교 출판부.

한영국, 1995, 「호구정책의 강화」, 『한국사 34』, 국사편찬위원회.

韓榮國, 1995, 「개요」, 『한국사 34』, 국사편찬위원회.

한영국, 1998, 「대동법의 시행」, 『한국사 30』, 국사편찬위원회.

한영우, 2007, 「'실학' 연구의 어제와 오늘」, 한림대 한국학연구소 편, 『다시 실학이란 무엇인가』, 푸른역사.

韓㳓劤, 1958, 「李朝實學의 槪念에 대하여」, 『震檀學報』 19, 震檀學會.

韓㳓劤, 1965, 「正祖丙午所懷謄錄의 分析的 硏究」, 서울대 論文集 제11집.

한정길, 2016, 「조선조 관료 지식인의 양명학관 연구(3)」, 『韓國思想史學』 52, 韓國思想史學會.

허태용, 2008, 「『西山筆記』 해제」, 『다산학단문헌집성』 2, 성균관대 동아시아학술원.

許興植, 1976, 「萬德寺志의 編纂과 그 價値」, 『萬德寺志』, 亞細亞文化社.

홍동현, 2015, 「1894년 강진지역 동학농민전쟁과 다산 정약용의 『경세유표』」, 『다산과 현대』 8, 연세대 강진다산실학연구원.

洪順敏, 1986, 「肅宗初期의 政治構造와 '換局'」, 『韓國史論』 15, 서울대 국사학과.

홍순민, 1992, 「17세기 말 18세기 초 농민저항의 양상」, 한국역사연구회 지음, 『1894년 농민전쟁연구 2』, 역사비평사.

洪順敏, 1998, 「붕당정치의 동요와 환국의 빈발」, 『한국사 30』, 국사편찬위원회.

洪順敏, 1998, 「조선후기 法典 編纂의 推移와 政治運營의 변동」, 『韓國文化』 21, 서울대 한국문화연구소.

홍영의, 1995, 「고려말 신흥유신의 추이와 분기」, 『역사와 현실』 15, 한국역사연구회.

4. 해외 논저(동양)

미조구찌 유조[溝口雄三] 외 지음, 동국대 동양사연구실 옮김, 2001, 『중국의 예치시스템』, 청계.

金谷 治 외 지음, 조성을 옮김, 1986, 『중국사상사』, 이론과 실천.

傅樂成 著, 辛勝夏 譯, 1998, 『中國通史(下)』, 知永社.

徐連達·吳浩坤·趙克堯 지음, 중국사연구회 옮김, 1989, 『중국통사』, 청년사.

가노 나오키[狩野直喜] 著, 吳二煥 譯, 1986, 『中國哲學史』, 乙酉文化社.

岩間一雄 지음, 김동기·민혜진 옮김, 『중국 정치사상사 연구』, 동녘.

楊國榮 지음, 김형찬·박경환·김영민 옮김, 1994, 『양명학』, 예문서원.

리보중 지음, 이화승 옮김, 2006, 『중국 경제사 연구의 새로운 모색』, 책세상.

任繼愈 編著, 전택원 옮김, 1990, 『中國哲學史』, 까치.

陳來 지음, 안재호 옮김, 1997, 『송명 성리학』, 예문서원.

陳淳 지음, 김영민 옮김, 1993, 『北溪字義(하권)』, 예문서원.

戶川芳朗·蜂屋邦夫·溝口雄三 지음, 조성을·이동철 옮김, 1990, 『유교사』, 이론과
　　　실천.

候外廬 엮음, 양재혁 옮김, 1989, 『중국철학사 中』, 일월서각.

候外廬 외 지음, 박완식 옮김, 1993, 『송명이학사 1』, 이론과실천.

候外廬 외 지음, 박완식 옮김, 1995, 『송명이학사 2』, 이론과실천.

葛榮晋, 1987, 『中國哲學範疇史』, 黑龍江人民出版社.

范文瀾, 1933, 『群經槪論』.

佐野公治, 1988, 『四書學史の硏究』, 創文社.

張立文, 1981, 『朱熹思想硏究』, 中國社會科學出版社.

張立文, 1982, 『宋明理學硏究』, 中國人民大學出版社.

張立文, 1995, 『中國哲學範疇發展史』(人道篇), 中國人民大學出版社.

諸橋轍次 外, 1974, 『朱子學入門』, 明德出版社.

板野長八, 1995, 『儒敎成立史の硏究』, 岩波書店.

板野長八, 2000, 『中國古代社會思想史の硏究』, 硏文出版.

幣原坦, 1907, 『韓國政爭志』, 三省堂書店.

5. 해외논저(서양)

데이비드 헬드, 박찬표 옮김, 2010, 『민주주의의 모델들』, 후마니타스.

도널드 베이커, 金世潤 譯, 1997, 『朝鮮後期 儒敎와 天主敎의 대립』, 一潮閣.

뚜웨이밍 지음, 김태성 옮김, 2006, 『문명들의 대화』, 휴머니스트.

라메쉬 미쉬라 지음, 남찬섭 옮김, 1996, 『복지국가의 사상과 이론』, 한울.

마이클 왈저 지음, 최홍주 옮김, 2009, 『정치철학 에세이』, 도서출판 모티브북.

앤드류 빈센트 지음, 권석원·서규선 옮김, 1992, 『국가론』, 도서출판 인간사랑.

에티엔 발리바르, 최원·서관모 옮김, 2007, 『대중들의 공포』, 도서출판 b.

조반니 아리기 지음, 강진아 옮김, 2009, 『베이징의 애덤 스미스―21세기의 계보』,
　　　도서출판 길.

존 M 홉슨 지음, 정경옥 옮김, 2005, 『서구 문명은 동양에서 시작되었다』, 에코리브르.

프랑스아·자비에 메랭 지음, 심창학·강봉화 옮김, 2000, 『복지국가』, 한길사.

지은이 | 김 용 흠

서울대학교 국사학과 학사, 연세대학교 대학원 문학석사·박사. 현재 연세대학교 국학연구원 연구교수

주요 논저

| 저서 | 『朝鮮後期 政治史 研究 I -仁祖代 政治論의 分化와 變通論』(2006) | 공저 | 『조선건국과 경국대전 체제의 형성』(2004), 『조선후기 체제변동과 속대전』(2005), 『세도정권기 조선사회와 대전회통』(2007), 『역사학자들이 본 역사속 행정 이야기』(2017), 『역사속 행정개혁과 소통』(2018), 『정암 조광조와 화순』(2019) | 역서 | 『목민고·목민대방』(2012), 『당의통략-조선의 정치와 당쟁을 다시 읽는다』(2020) | 공역 | 『사도세자의 죽음과 그 후의 기억-『현고기(玄皐記)』 번역과 주해』(2015), 『충역의 시비를 정하다-『정변록(定辨錄)』 역주』(2016), 『형감』(2019), 『대백록』(2019) | 논문 | 「정암 조광조의 주자학 수용과 경세론의 변용」(2019), 「서계 박세당의 『대학사변록』에 보이는 경세 지향 학문관」(2018), 「『경세유표』를 통해서 본 복지국가의 전통」(2017), 「조선의 정치에서 무엇을 볼 것인가-탕평론·탕평책·탕평정치」(2016), 「조선후기 노론 당론서와 당론의 특징-『형감(衡鑑)』을 중심으로」(2016), 「중앙과 지방의 학술 소통 : 다산학과 다산학단」(2015), 「17세기 공론과 당쟁, 그리고 탕평론」(2015)

조선후기 실학과 다산 정약용

김 용 흠 지음

초판 1쇄 발행 2020년 9월 15일

펴낸이 오일주
펴낸곳 도서출판 혜안

등록번호 제22-471호
등록일자 1993년 7월 30일

주소 04052 서울시 마포구 와우산로 35길 3(서교동) 102호
전화 02-3141-3711~2 / 팩스 02-3141-3710
이메일 hyeanpub@hanmail.net

ISBN 978-89-8494-646-0 93910

값 42,000 원